清初福建朱子学研究

方 遥◎著

中国社会科学出版社

图书在版编目（CIP）数据

清初福建朱子学研究／方遥著 . —北京：中国社会科学出版社，2016.11
ISBN 978 - 7 - 5161 - 9336 - 5

Ⅰ.①清…　Ⅱ.①方…　Ⅲ.①朱熹（1130—1200）—哲学思想—研究—清前期　Ⅳ.①B244.75

中国版本图书馆 CIP 数据核字（2016）第 273054 号

出 版 人	赵剑英
责任编辑	张　林
特约编辑	席建海
责任校对	高建春
责任印制	戴　宽

出　　版	中国社会科学出版社
社　　址	北京鼓楼西大街甲 158 号
邮　　编	100720
网　　址	http://www.csspw.cn
发 行 部	010 - 84083685
门 市 部	010 - 84029450
经　　销	新华书店及其他书店

印　　刷	北京君升印刷有限公司
装　　订	廊坊市广阳区广增装订厂
版　　次	2016 年 11 月第 1 版
印　　次	2016 年 11 月第 1 次印刷

开　　本	710×1000　1/16
印　　张	44
插　　页	2
字　　数	655 千字
定　　价	158.00 元

序　言

　　朱子学，又称"闽学"。何为"闽学"？仔细探究起来，似乎有些问题。在朱熹生活的南宋时期，"闽学"与周敦颐的"濂学"、二程兄弟的"洛学"、张载的"关学"并称，号为"濂、洛、关、闽"四学。这里所说的"濂、洛、关、闽"四学，显然是以学派开创者的所在地命名的。随着"濂、洛、关、闽"四学影响力的扩大，其子弟已不仅仅限定在其祖师爷所在的"濂、洛、关、闽"四个地方，很有可能分布于南宋时期的其他区域。如福建的杨龟山、游酢等人是二程兄弟的弟子，故有"洛学"南传的盛誉，而二程兄弟对此也颇为自得，称杨龟山、游酢在闽传学是"吾道南矣"！同样地，朱子学虽然号称"闽学"，但是朱熹的弟子也不仅限于福建一地，如刘清之，江西吉州庐陵人；程端蒙，江西鄱阳人；滕璘，徽州婺源人；余大雅与余大猷兄弟，信州上饶人；陈埴，浙江温州永嘉人；孙应时，绍兴府余姚人，等等。这些外省份的弟子，自然也自称为"闽学"传人。在南宋时期，"濂、洛、关、闽"事实上是一种理学学派的代称，或者是尊称（古人因为名讳的缘故，往往以乡梓地望称呼某人以示尊敬）。

　　然而不知从什么时候开始，"闽学"的内涵似乎大大缩小了，"闽学"的含义变成了朱子学在福建省内的传播，从而成为福建地域内的理学学问的俗称，或是一种地域性的学问的通称。近年来，"文化"一词变得十分时髦，于是有识之士与时俱进，往往又把"闽学"与"福建文化"等同起来。这样一来，"闽学"一词就越发难于规范捉摸了。

　　"闽学"也好，"福建文化"也罢，是这些年来福建当局所极力宣扬和推动的研究重点之一，研究"闽学"的专家也突然冒出了一大群。然而从我的眼光看来，雷声大雨点小，凑热闹、顺着竿子往上爬的人比较多，有实质性研究的人少之又少。正因为如此，近年来我们很少看到在学术上有所突破的有关"闽学"研究的重要成果问世，即使有一些论著，也往往承袭前人的论说，缺乏更为深入而细致的研究。我也因此问了一些热心"闽学"的高明人士，答复是前人对"闽学"的研究已经很深入了，现在很难突破，所以还是以"弘扬""宣传"为主。

我本人所学习的专业是明清历史，对于朱子学或"闽学"可以说是一个门外汉。对于高明人士的以上论说，我半信半疑。不过我的一位博士生方遥同学，家学渊源，有志于朱子学与"闽学"的研究。我想朱子学非我所长，无法胜任指导之责，于是师徒二人商量的结果，是各退一步，仅限于我比较熟悉的专业——明清时期的朱子学或"闽学"，或许可以对付过去。四年下来，方遥同学的博士论文交了上来，着实吓了我一跳。在如此之短的时间内，撰写的论文竟然多达五十余万字（据方遥同学说，由于在校学习时间的限制，其中还有不少内容尚未写进去，若今后继续下去，依然还有数十万字），则方遥同学的研究深度可想而知！

考虑到其研究内容主要涉及清代初期，故博士论文的题目定为《清初福建朱子学研究》。从方遥博士的论文中，我至少可以悟出两个方面的道理。一是如果福建省地方当局和高明人士真的要推进朱子学或"闽学"研究，仅限于口头上的呼喊是远远不够的，口头的呼喊只能创造出更多的学术垃圾；二是朱子学或"闽学"可继续深入研究的领域还有很多，只有像方遥博士那样静静地待在书斋和图书馆里，不浮不躁，潜心探究，才能在学术上有所收获，才能发掘出更多朱子学或"闽学"的新的研究领域，才能真正达到弘扬朱子学或"闽学"的文化高度。

现在，方遥的博士论文即将在中国社会科学出版社出版发行，我作为论文的指导教师，喜悦之情毋庸多言。我只是希望他再接再厉，稍作休整之后，把他尚未完成的"清初福建朱子学"研究继续开展下去，并且不断开拓新的领域，把清代中期福建朱子学、清代后期福建朱子学、明代福建朱子学、明清时期其他地区的朱子学的研究继续下去。这样，虽然我已无缘指导，他的研究也无须我指导了，但是读者可以从方遥博士今后的论著中，进一步了解朱子学的许多未经探索的领域与问题，而不致老是听到一些老生常谈的聒噪。

陈支平

2016 年 6 月于厦门大学国学研究院

目　录

绪　言 ……………………………………………………………… 1

第一章　清初福建朱子学对王学的纠驳与融摄 …………… 56

　第一节　朱王之争的历史背景与演变历程 ……………… 57

　第二节　清初福建朱子学对王学的纠驳 ………………… 88

　第三节　清初福建朱子学对王学的融摄

　　　　　——以李光地理学思想为中心 …………………… 187

第二章　清初福建朱子学中的经学思想与研究成果 ……… 271

　第一节　朱熹的经学观与经学方法 ……………………… 276

　第二节　清初福建朱子学者的经学观与经学方法 ……… 364

　第三节　清初重要福建朱子学者经学研究成果 ………… 388

　第四节　清初福建朱子学者对清初经学复兴的影响与推动 ………… 491

第三章 清初福建朱子学中的实学思想及其实践 …………………… 517

　第一节 朱子学中的实学因素 ……………………………………… 519

　第二节 李光地的实学研究 ………………………………………… 598

　第三节 蔡世远的实学研究 ………………………………………… 646

　第四节 蓝鼎元的实学研究 ………………………………………… 654

结　语 ……………………………………………………………… 673

参考文献 …………………………………………………………… 680

后　记 ……………………………………………………………… 696

绪　言

一　研究缘起

清代既是我国封建社会的最后一个朝代，许多传统的制度、文化都发展到历史的最高峰；又是传统社会向近代社会转型的一个过渡时期，构成了中国近代社会的开端。这种情况反映到学术思想史上，就表现出一种特殊的复杂性和多样性。既有对于传统文化的全面归纳总结，又有中西思想文化的激烈碰撞和交流融合。表面上看似在不断地尊古、复古，实则背后的动机一直在求新、求变。这就使得清代的学术思想史内容丰富，名家辈出，历史与现实意义突出，在整个中国思想史上占有重要的地位。同时，学术思想的变迁亦有其内在的规律与理路。由于清代思想整体上依然以儒家思想为主流，其发展演变自然与儒学本身所要面对和解决的问题紧密相关。在儒学内部发展和政治、经济、社会等外部因素不断变化的共同影响下，清代思想史的一大特色就是学术范式的多次转变。因此，研究清代的学术思想，不可避免要涉及分期的问题。

皮锡瑞在《经学历史》中提出："国朝经学凡三变。国初，汉学方萌芽，皆以宋学为根底，不分门户，各取所长，是为汉、宋兼采之学。乾隆以后，许、郑之学大明，治宋学者已鲜。说经皆主实证，不空谈义理。是为专门汉学。嘉、道以后，又由许、郑之学导源而上，《易》宗虞氏以求孟义，《书》宗伏生、欧阳、夏侯，《诗》宗鲁、齐、韩三家，《春秋》宗《公》《穀》二传。汉十四博士今文说，自魏、晋沦亡千余年，至今日而复明。实能述伏、董之遗文，寻武、宣之绝轨。是为西汉今文之学。"①

邓实在《国学今论》中亦认为清代学术凡三变："顺康之世，明季遗儒，越在草莽，开门讲学，惩明儒空疏无用，其读书以大义为先，惟求经世，不分汉宋，此一变也。乾嘉之世，考据之风盛行，学者治经，以实事求是为鹄，钻研训诂，谨守家法，是曰汉学。方、姚之徒，治古文辞，自谓因文见道，尸程、朱之传，是曰宋学。治汉学者诋宋，治宋学者诋汉，此再变也。道咸之世，常州学派兴，专治今文，上追西汉，标微言大义之学，以为名高，此三变也。"②

刘师培在《近代汉学变迁论》中将清代汉学之变迁分为怀疑派、征实派、丛缀派和虚诬派四个时期。其中，怀疑派起于顺康之交，以阎若璩辨《古文尚书》，胡渭、黄宗炎辨《易图》，以及陈启源《毛诗稽古编》、毛奇龄《四书改错》、万斯大《学礼质疑》等书的出现为代表，启汉学之初兴。征实派主要在乾嘉年间，以江永、戴震之学为代表，以实事求是为特征，乃汉学发展之顶峰。丛缀派约在嘉道之际，当汉学极盛之后，已渐露疲态，故不得不出于丛缀一途，以"据守""校雠""遮拾""涉猎"为能事，流于拾骨襞积之学。虚诬派亦在嘉道之后，以西汉今文经学复兴为特征。其学以空言相演，继以博辩，然运之于虚而不能证之以实，言之成理而不能持之有故，外托致用之名，中蹈揣摩之习，以至经术支离，莫此为甚。③

梁启超则在《清代学术概论》中将清学分为启蒙期、全盛期、蜕分期和衰落期四期。启蒙期正值晚明王学极盛而敝之后，乃出于对明学之反动，亦为清学立下规模。此期的代表人物首推顾炎武、胡渭和阎若璩，其次尚有颜元、李塨，黄宗羲、万斯同与王锡阐、梅文鼎等三派学者。各派研究方向虽异，反明学之性质则无不同。全盛期之代表人物为惠栋、戴震、段玉裁、王念孙、王引之等。其治学之根本方法在于实事求是、无征

① （清）皮锡瑞：《经学历史》，中华书局 2004 年版，第 249—250 页。

② 邓实：《国学今论》，章太炎、刘师培等撰，徐亮工编校《论中国近三百年学术史》，上海古籍出版社 2006 年版，第 329 页。

③ 参见刘师培《近代汉学变迁论》，《清儒得失论——刘师培论学杂稿》，中国人民大学出版社 2004 年版，第 271—273 页。

不信，研究范围则以经学为中心，衍及小学、音韵、史学、天算、水地、典章制度、金石、校勘、辑佚等。蜕分期始于庄存与之治《春秋公羊传》，代表人物为康有为、梁启超，以西汉今文经学之复兴为特征。康有为综集诸家学说，严划今古文分野，谓古文经传皆刘歆伪造，又立"孔子改制"说，借经术以文饰其政论。衰落期几与蜕分期同时，考据之学已为前人发挥殆尽，后起者大率因袭补苴，无复创作精神，更陷于门户之争，互相诋毁，渐为社会所厌弃。加之海通以来，西学输入，其运命自不能久延。然此期中，犹有俞樾、孙诒让等一二大师，为清学正统派最后之壁垒。①

而钱穆认为，清代三百年之学术精神仍自延续宋明理学而来，清代经学之盛为理学进展中应有之节目，故据理学之转变而将清代学术分为四阶段。第一阶段为晚明诸遗老时期，为学崇尚兼听并观、博学明辨，运思广而取精宏，操心危而虑患深。其所讲所学，有辨之益精，可以为理学旧公案作最后之论定者；有探之益深，可以自超于理学旧习套而另辟一崭新之蹊径者。第二阶段为顺、康、雍时期，士大夫既不能长守晚明诸遗老之志节，而满洲统治者亦倡导正学以牢笼人心，理学遂成为压束社会之利器。第三阶段为乾、嘉时期，聪明才智之士群凑于经籍考订之途，考据之学极盛，然其根底亦自理学而来，所得在经籍之沉浸，可补宋明理学之未逮。第四阶段为道、咸、同、光时期，学者怵于内忧外患，经籍考据不足以安定其心神，而经世致用之志复切，乃相率竞及于理学家言。惜其心意迫促，涵养浮露，所得较之明遗与乾嘉远为逊色。②

以上诸位前辈学者关于清学分期的讨论可以说是比较具有代表性的。从中不难看出，大部分学者都注意到了清代学术思想的丰富性和演变过程，同时又以考据学为清学的正统和主流，实际上是以考据学的兴起、发展与衰落为脉络来划分和理解清代学术思想史的。特别是梁启超的说法出现之后，由于其简洁明了，脉络分明，论述清晰，既能容纳前此诸家之说，又引出了"以复古为解放"的新论，遂为广大研究者所认可，并且不

----

① 参见梁启超《清代学术概论》，中华书局 2010 年版，第 5—9 页。
② 参见钱穆《清儒学案序》，《中国学术思想史论丛》（八），生活·读书·新知三联书店 2009 年版，第 412—413 页。

断得到复述，几乎成为清代学术思想史的理解样板和典型论述。相形之下，钱穆的说法虽视角独特，自成一家，且有意纠正梁氏之偏，但在事实上却长期未得到治清学者的太多响应。时至今日，学者们在探讨清代学术思想时，仍习惯于将研究焦点集中在考据学或乾嘉学派上，以至于不少人甚至下意识地将清学与考据学或汉学简单地等同起来。

诚然，考据学作为清学中最有特色、最具代表性的一门学问，不仅在治学方法上深刻影响了有清一代的学术和学者，演为一股时代学术思潮，将传统的儒家经史之学发展到一个崭新的高度，而且带动了久为学者所忽视的小学、音韵、天算、舆地、典章制度、金石、校勘、目录、辑佚等学问的繁荣兴盛，其流风余韵远及于今，功莫大焉。正是有赖于清代考据学者的努力，使得许多向称艰涩难读的古书，通过训诂、注释，变得可读可解了；许多窜乱芜杂、讹舛甚多的古书，通过校勘，得到了清理纠正；许多年久失传、真伪难辨的典籍，通过辑佚、辨伪，得以流传和辨明。其学不仅有功于古圣先贤，更为后人的进一步研究提供了极大的便利，奠定了坚实的基础。

不但如此，在一些学者看来，"中国旧有的学术，只有清代的'朴学'确有'科学'的精神"①，因而考据学的意义还在于产生了所谓的近代"科学精神"。这种精神"轻主观而重客观，贱演绎而尊归纳"，成为我国"科学发达之先驱"与"科学成立之根本要素"。② 同时，由于实证方法的形成和流行，导致了传统的学术观念和公认的学术范式受到致命的挑战，产生了新的考据学话语，其"与 20 世纪中国学术话语存在直接的连续性"③。

但是，回到学术思想本身的演变历史来看，将考据学过度地抬高和夸大，甚至将其等同于整个清学显然是不合适的。从时间上看，乾嘉之前，考据学尚处于成长阶段，经世之学一度兴盛，理学仍然占据思想界的主导

---

① 胡适：《清代学者的治学方法》，胡适著，季羡林主编《胡适全集》第一卷，安徽教育出版社 2003 年版，第 371 页。

② 参见梁启超《清代学术概论》，中华书局 2010 年版，第 158—160 页。

③ ［美］艾尔曼：《从理学到朴学——中华帝国晚期思想与社会变化面面观》，赵刚译，江苏人民出版社 1995 年版，第 179 页。

地位；而在乾嘉之后，西汉今文经学崛起，经世学风、朱子理学都有所复兴，单纯的经学考据已不再是学界的潮流，考据学的方法和意义也开始受到包括考据学者在内的越来越多人的反思和批判。

嘉庆年间，汉学正盛，江藩撰《国朝汉学师承记》一书，表彰经学考据，严划汉宋门户，扬汉抑宋。该书总结了乾嘉汉学的源流与发展，对于以惠栋为代表的汉学家极尽褒扬之能事，而将"深入宋儒之室……多骑墙之见，依违之言"①的顾炎武、黄宗羲附于卷末，对宋学则采取鄙夷之态度，攻击宋儒"邪说诡言，乱经非圣"，批评"濂、洛、关、闽之学，不究礼乐之源，独标性命之旨，义疏诸书，束之高阁，视如糟粕，弃等弁髦。盖率履则有余，考镜则不足也。元明之际，以制义取士，古学几绝。而有明三百年，四方秀艾困于帖括，以讲章为经学，以类书为博闻，长夜悠悠，视天梦梦，可悲也夫"②。此书一出，象征着汉学家对自身学术方法与学术精神的高度自觉，亦令汉学门户愈加森严，引起了不少学者的不满与反对，使得各派学者与汉学之间的争论愈发激烈。

龚自珍就曾因此致书江藩商榷，详细阐述了自己对于汉学名目的"十不安"③，反对汉宋对立、唯汉是从，主张清代自有学术，与汉人之学不尽相同，不应以"汉学"名之。方东树则著《汉学商兑》以护卫程朱，申宋黜汉，对江藩之书痛加攻驳。他在书中摘选清代汉学家与宋儒立异的观点，逐条加以辨析驳难，矛头所指，乾嘉之前的汉学家几乎无一幸免。方东树特别攻击汉学家所标榜的考据方法和"实事求是"，认为真正的实事求是"莫如程朱，以其理信，而足可推行，不误民之兴行。然则虽虚理，而乃实事矣"④。相反，汉学家离义理而专言考据，"只向纸上与古人争训诂形声，传注驳杂，援据群籍，证佐数百千条，反之身己心行，推之民人家国，了无益处，徒使人狂惑失守，不得所用。然则虽实事求是，而乃虚

---

① （清）江藩：《国朝汉学师承记》卷八，中华书局1983年版，第133页。
② （清）江藩：《国朝汉学师承记》卷一，中华书局1983年版，第4页。
③ 参见（清）龚自珍《龚自珍全集》第5辑《与江子屏笺》，中华书局1959年版，第346—347页。
④ （清）方东树：《汉学商兑》卷中之上，商务印书馆1937年版，第39页。

之至者也"①。他还进一步列举了所谓的汉学"六蔽",指其"弃本贵末,违戾诋诬,于圣人躬行求仁,修齐治平之教,一切抹杀,名为治经,实足乱经,名为卫道,实则畔道"②。而福建朱子学者谢金銮则提出了经学与经术的区分,主张通经须有术,以之修己治人,施于实用。所以他批评当时的考据学者"明于古,暗于今,徒事章句训解","喜搜求古书以为新博,愈古愈废之说则以为愈佳,将谓唐不如晋,晋不如汉,东汉又不如西汉,宋以下则鄙夷弗屑已矣。其于圣人之经也,不求其端,不讯其末,惟以抄袭旧说为尊古,以论辨折衷为武断。学虽博,以语修己致用之方则无术焉。此第谓之经学则可,不足以语经术也"③。随着清朝国势日颓,魏源目睹当时社会弊端丛生,危机四伏,有感于时势将变,亦力反汉学家泥古、信古之习,直指"自乾隆中叶后,海内士大夫兴汉学……争治诂训音声,爪剖爪析……锢天下聪明知慧使尽出于无用之一途"④,提倡通经致用,变古以利民。这些学者虽然与汉学家门户不同,争论之中不乏偏激、武断之言,但其批评也并非全是毫无根据的门户之见、意气之争,其中不少论断确能切中要害,直指其病。同时,这些批评集中出现于汉学繁荣之时,并且能够在思想界引起较大反响,也从另一个侧面预示了乾嘉汉学盛极转衰的命运。

对于考据学的批评显然并不仅限于考据学的异己者。在此之前,一些比较敏锐的考据学者就已经开始反思自身学术发展过程中暴露出来的问题。如皖派学者凌廷堪曾批评当时的汉学末流侈谈许、郑,"缘之以饰陋,借之以窃名",又浮慕惠、戴,"袭其名而忘其实,得其似而遗其真。……不明千古学术之源流,而但以讥弹宋儒为能事,所谓天下不见学术之异,其弊将有不可胜言者"⑤。有鉴于某些考据学者之固陋偏狭,王鸣盛特提古

① (清)方东树:《汉学商兑》卷中之上,商务印书馆1937年版,第39页。
② (清)方东树:《汉学商兑·序例》,商务印书馆1937年版,第1页。
③ (清)谢金銮:《复郑六亭书》,(清)徐世昌等编《清儒学案》卷六十六《翠庭学案》,中华书局2008年版,第2577页。
④ (清)魏源:《魏源集·武进李申耆先生传》,中华书局1983年版,第358—359页。
⑤ (清)凌廷堪:《校礼堂文集》卷二十三《与胡敬仲书》,中华书局1998年版,第203—206页。

今学术的会通，认为"知今不知古，俗儒之陋也；知古不知今，迂儒之癖也。心存稽古，用乃随时，并行而不相悖，是谓通儒"，又谓："声音文字，学之门也。得其门者或寡矣，虽然，苟得其门，又何求焉，终身以之，惟是为务，其他概谢曰'我弗知'，此高门中一司阍之老苍头耳。门户之事，熟谙虽极，行立坐卧，不离乎门，其所造诣，铃下而止，不敢擅自升堂阶，况敢窥房奥乎？"①焦循亦在此意义上力拒"考据"之名，批评"近之学者，无端而立一考据之名，群起而趋之。所据者汉儒，而汉儒中所据者，又唯郑康成、许叔重。执一害道，莫此为甚"②，并斥之为"补苴掇拾者之所为"③。他还反对某些考据学者借"汉学"自相标榜，以东汉注疏取代孔孟之道，"惟汉是求，而不求其是，于是拘于传注，往往扞格于经文。是所述者汉儒也，非孔子也。而究之汉人之言，亦晦而不能明，则亦第持其言，而未通其义也"④。王引之亦附和焦循的观点，直言不讳地指责惠栋"考古虽勤，而识不高，心不细，见异于今者则从之，大都不论是非。……足使株守汉学而不求是者爽然自失"⑤。甚至最能传戴震训诂考据之学的段玉裁，其晚年反思一生学术，也意识到考据与义理相分离所造成的危害，谓宋学关乎人生之根本，而自己"喜言训故考核，寻其枝叶，略其本根，老大无成，追悔已晚"⑥。此言出于一代经学大师之口，不可谓不痛切。他又见当时世道人心之败坏，将其归因于"弃洛、闽、关中之学不讲"，以致"立身苟简，气节败，政事芜，天下皆君子，而无真君子，未必非表率之过也。故专言汉学，不治宋学，乃真人心世道之忧，而况所谓

---

① （清）王鸣盛：《十七史商榷》卷八十二《唐以前音学诸书》，商务印书馆 1937 年版，第 892 页。

② （清）焦循：《里堂家训》卷下，《续修四库全书》第 951 册，上海古籍出版社 1995 年版。

③ （清）焦循：《雕菰集》卷十三《与孙渊如观察论考据著作书》，中华书局 1985 年版，第 214 页。

④ （清）焦循：《雕菰集》卷七《述难四》，中华书局 1985 年版，第 105 页。

⑤ （清）王引之：《王文简公文集》卷四《与焦里堂先生书》，（清）王念孙等撰，罗振玉辑《高邮王氏遗书》，江苏古籍出版社 2000 年版，第 205 页。

⑥ （清）段玉裁：《经韵楼集》卷八《博陵尹师所赐朱子小学恭跋》，上海古籍出版社 2008 年版，第 193 页。

汉学者如同画饼乎!"① 可以说，正是时代环境的急剧变化和考据学自身的学术缺陷导致了它在极盛之后的迅速衰败。

屈指算来，自惠栋复兴汉易，使"汉学之绝者千有五百余年，至是而粲然复章矣"②，至乾隆中叶皖派大兴，戴震名重天下，考据之学渐臻鼎盛，以至于原为朱子学重镇的"徽歙之间，自命通经服古之流，不薄朱子，则不得为通人"③，再到咸丰之后，其在太平天国和西方列强带来的双重打击下不可挽回地陷入没落，考据学作为一代学术思潮的辉煌实不过百年。如果再作进一步考察的话，甚至可以发现清代"多数士大夫没有参与或推进考据学严谨的发展"④。因为真正从事专门考据并以此名家的学者主要生活在以江苏、浙江、安徽为中心的江南地区，人数不多，只占士大夫阶层的一小部分。他们依靠官方、半官方及私人的赞助，凭借书院讲学、书信切磋和部分著作的传抄、刊刻等方式在学界交流传播学术，赢得个人声誉，组成了一个相对自主、拥有独特学术规则的共同体，从而形成了后人眼中似乎弥漫整个清代学术界的考据学风气。而这一风气在淡化多时之后，又在清末民初那个传统文化剧烈变革、中西思想激烈碰撞的年代，被一批受西方思想影响而又熟悉传统学术的学者从故纸堆中重新发掘出来，当作我国传统学术中固有的科学精神和科学方法加以表彰，并且希望以此为基础来沟通中学与西学、传统与现代。其实，梁启超在早先发表的《近世之学术》中亦曾注意到，即便是在乾嘉年间考据学最盛之时，"其学实仅盛于江左。江左以外，各省学子，虽往往传习，然不能成家"⑤。可是，随着梁启超晚年学术思想的转变，使他对于考据学的态度从有所批判转为大力推崇，这一观点也就不再被其提起。

---

① （清）段玉裁：《与陈恭甫书》，（清）陈寿祺《左海文集》卷四《附懋堂先生书三通》，《续修四库全书》第 1496 册，上海古籍出版社 1995 年版。

② （清）江藩：《国朝汉学师承记》卷二，中华书局 1983 年版，第 24 页。

③ （清）章学诚：《文史通义校注》卷三《书朱陆篇后》，叶瑛校注，中华书局 1985 年版，第 276 页。

④ ［美］艾尔曼：《从理学到朴学——中华帝国晚期思想与社会变化面面观》，赵刚译，江苏人民出版社 1995 年版，第 2 页。

⑤ 梁启超：《论中国学术思想变迁之大势》，上海古籍出版社 2006 年版，第 100 页。

　　与经学考据相比，学者们对于清代儒学的另一主要表现形态——理学的关注就少得多。在传统的清代思想史论述中，理学往往是被视若鸡肋，形同隐身的。将这一段完全跳过不讲固然不妥，但真要讨论起来似乎也无话可说，结果不免寥寥几笔，批评一番，草草带过了事。因此，不少学者很自然地将清代想象为理学的衰落之世，认为理学在清代是衰歇甚至断裂的。但是，事实恐怕并非如此简单。即便是在考据风气最兴盛的时代，其也远未在思想界取得一统天下的地位。作为清代经学考据的领袖，戴震对于考据学有一个很著名的说法："经之至者道也，所以明道者其词也，所以成词者字也。由字以通其词，由词以通其道，必有渐。"① 或者可以更简单地说："故训明则古经明，古经明则贤人圣人之理义明，而我心之所同然者，乃因之而明。"② 这种说法简明扼要地论述了考据学的合理性与合法性，几乎得到当时所有考据学者的认同，不啻为清代考据学之共识与口号。然而，就清代考据学的实际状况而言，是否已实现"故训明"或"古经明"暂且不提，起码距离"贤人圣人之理义明"还相差甚远。或者说，极少有向这方面主动努力的意思。除了戴震主张"义理即考核、文章二者之源"③，以《孟子字义疏证》为"生平论述最大者"④，明白地表示要建设新义理之外，大部分考据学者已完全丧失义理之兴趣，甚至讥戴震所著义理之书为"空说义理，可以无作"⑤，"群惜其有用精神耗于无用之地"⑥。

　　其实，在清初考据之风初起时，当时的考据学者尚怀有比较强烈的义理意识，其考据工作往往与其义理见解是紧密联系的。虽然考据学者对于理学家所主张的"由义理以定训诂"的观点是万万不能接受的，但在初期考据学者的考据工作中又确实可以发现义理之学所起的重要作用。据余英

---

① （清）戴震：《戴震文集》卷九《与是仲明论学书》，中华书局1980年版，第140页。
② （清）戴震：《戴震文集》卷十一《题惠定宇先生授经图》，中华书局1980年版，第168页。
③ （清）段玉裁：《戴东原先生年谱》，（清）戴震《戴震文集》，中华书局1980年版，第246页。
④ （清）戴震：《戴震全书》（六）《与段茂堂等十一札·第十札》，张岱年主编，黄山书社1995年版，第543页。
⑤ （清）章学诚：《文史通义校注》卷三《书朱陆篇后》，叶瑛校注，中华书局1985年版，第275页。
⑥ （清）章学诚：《文史通义·补遗续·答邵二云书》，古籍出版社1956年版，第368页。

时的研究，阎若璩的《古文尚书疏证》隐含反王学的目的，是有意识地借辨伪的方式来推翻陆王心学的经典依据，而毛奇龄著《古文尚书冤词》的一大原因则是为了维护王学；陈确对《大学》的辨伪，黄宗羲、黄宗炎、毛奇龄对《周易》的考证，都是冲着朱熹而来，目的是为了攻击朱学，而顾炎武、王懋竑、戴震等为朱子易学辩护的，都是在哲学立场上接近或同情朱子的。因此，这些学者的考据工作"可以说是理学争论的战火蔓延到文献研究方面来了"，"在很大程度上依然继承了理学传统中程、朱和陆、王的对垒"。① 从另一方面来看，由于儒家经典本身所蕴含的深刻的思想性和丰富的多义性，这就决定了考据学者在具体的考证经典的过程中，也很难做到与义理完全隔绝，他的思考和判断仍会自觉不自觉地受到来自义理方面的影响。即便是身为考据学大师的钱大昕，当他在注解经典的过程中遇到两难之境时，也不乏"据义理来决定训诂"的情况。② 由此可见，即便是单纯的文字训诂校勘，有时也不免要牵涉到考据者对于义理问题的理解和偏尚。

但是，对于许多考据学者来说，他们往往不能自觉地意识到考据与义理之间的这种内在联系。尤其是随着考据领域的扩大，考证方法的完善和学派壁垒的严苛，学者们沉浸于考据工作本身，渐渐失去乃至舍弃了前辈们所深藏而珍重的义理意识。原先的手段变为目的，怀有某种自觉意识的考据变为琐屑、单一的考据，原本蕴含辨明义理、经世致用之意的考据工作甚至成为某些人卖弄学识、弋荣邀宠的手段，从而成为另一种空虚无用之学。用凌廷堪的话说，就是："搜断碑半通，刺佚书数简，为之考同异，校偏旁，而语以古今成败，若坐雾雺之中，此风会之所趋，而学者之所蔽也。"③ 笃信程朱，而又兼擅金石、考据的翁方纲亦指出："考订之学，以衷于义理为主，其嗜博嗜琐者非也，其嗜异者非也，其矜己者非也。不矜

---

① 余英时：《清代思想史的一个新解释》，《中国思想传统的现代诠释》，江苏人民出版社2003年版，第174页。

② 参见钱穆《前期清儒思想之新天地》，《中国学术思想史论丛》（八），生活·读书·新知三联书店2009年版，第5—6页。

③ （清）凌廷堪：《校礼堂文集》卷二十三《大梁与牛次原书》，中华书局1998年版，第200页。

己、不嗜异、不嗜博嗜琐而专力于考订，斯可以言考订矣。考订者，对空谈义理之学而言之也。凡所为考订者，欲以资义理之求是也。而其究也，惟博辨之是炫，而于义理之本然反置不问者，是即畔道之渐所由启也。"[①]直到晚清，考据学的这种状况依旧没有发生根本变化，反而有愈演愈烈之势。故陈澧谓："百年以来，讲经学者训释甚精，考据甚博，而绝不发明义理以警觉世人。其所训释考据，又皆世人所不能解。故经学之书，汗牛充栋，而世人绝不闻经书义理。此世道所以衰乱也。"[②] 这一状况无疑极大地限制了考据学的规模和气象，在考据精细化、专门化的同时，也丧失了使学术进一步扩充和提升的机会，反而令其中潜藏的各种弊端日益暴露，从而加速了考据学的衰落。在此期间，虽然以戴震为代表的个别皖派学者在义理方面尚有所讨论和建设，试图弥缝考学的缺失，但既得不到学界的普遍接受和认可，也未形成一套完整、严密的新义理体系，其理论规模与所达到的深度、广度都与宋明理学相去甚远，不可同日而语。

正是因为清代的考据学者自动退出了义理的阵地，转而成为职业化的考据家，使得理学特别是朱子理学在很大程度上仍然垄断着义理的真理性和解释权，从而在思想界一直保持着相当的重要性。加之朱子理学数百年来一直担负着官方意识形态的角色，更使得这种思想上的重要性变为国家政治和社会生活中实实在在的支配力量。其通过经筵日讲、科举考试、政策律法、乡规民约、道德教条等形式将自身的影响力扩展到社会生活的方方面面，进而成为一套制度化的生活方式和全社会所普遍遵循的信仰与原则。从这一意义上来说，无论考据学在学术上取得多大的成功，也不过是少数精英知识分子所热衷的一项门槛很高的智力活动，只要它没有发展成为一套与社会现实需要及发展趋势相结合，并为政治权力所认可的意识形态，就不可能取代朱子学的地位。在广大深厚的民间社会，若以影响力论，"清代理学虽云衰歇，而程朱一派之潜势力，实未尝一日衰也。夫村塾蒙师，几无一不知有程朱章句集注者矣，而于经学最盛时代之经师及其

---

① （清）翁方纲：《复初斋文集》卷七《考订论上》之一，《续修四库全书》第1455册，上海古籍出版社1995年版。

② （清）陈澧：《陈兰甫先生遗稿》，杨寿昌整理，《岭南学报》1932年第二卷第三期。

著书，则除中流以上人物外，盖罕有知之者"①。因此，即便乾嘉考据学者普遍对于义理之学不感兴趣，甚至在学术上表示蔑视，但其作为传统语境下的儒家知识分子，在日常生活的各个方面仍摆脱不了义理的纠缠。他们大多从小就浸淫在各种看似不容怀疑的理学话语之中，以理学著作为教材，接受义理的灌输，并且学会熟练地运用理学话语进行发言、写作和考试，以此通过体制的认可而踏入仕途。在各种公开场合与官方场合中，他们也习惯性地使用理学话语进行交流和表达，"这些看上去很庄严、高超和正经的语言成为流行的话语，不用这一套话语就无法表达身份层次、价值趋向和文明理想，也无法在执普遍观念的社会中获得认同"②。故元和惠氏有"六经尊服郑，百行法程朱"之训，且为众多考据学者所反复引用，奉为圭臬。但是，如果对这句话的含义作进一步分析，不难发现其中的矛盾之处。因为汉学、宋学同为孔门之学而有取径之不同，宋儒的道德、修养和操行正是从其对于儒家经典的理解和体悟中得来，并以其义理思想为根本依据。考据学者若以汉儒之说为是，认为不由训诂则无以得义理之真，从而根本鄙薄、厌弃宋儒之理，又如何能法程朱之行呢？反过来说，既然考据学者依然要肯定、效法程朱之行，其言行举止背后的思想观念和潜意识必然不能与宋儒之义理彻底脱离干系。

正是由于大部分的考据学者并没有自己的义理足以与宋明理学家的义理相对抗，而在学术讨论和社会生活中又不能完全避免义理表达，自然只能沿袭宋明理学家的论述。"若讲及所为义理之学，其所讨论之问题，如理、气、性、命等，仍是宋明道学家所提出之问题。其所依据之经典，如《论语》《孟子》《大学》《中庸》等，仍是宋明道学家所提出之四书也。就此方面言，则所谓汉学家，若讲及所谓义理之学，仍是宋明道学家之继续者。"③ 甚至对清代考据学的思想革命意义评价甚高的梁启超，也曾注意到当时的考据学者"依然是'程朱中毒'。因为个个都从八股出身，从小读熟的集注或问早已蟠踞住他们的下意识……所以那时许多鼎鼎大名的学

---

① 萧一山：《清代通史》（一），华东师范大学出版社 2006 年版，第 797 页。
② 葛兆光：《中国思想史》（下），复旦大学出版社 2009 年版，第 412 页。
③ 冯友兰：《中国哲学史》（下册），华东师范大学出版社 2000 年版，第 302 页。

者——他们虽然口头上鄙夷宋学——我敢说一句放肆的话:'一个个都是稀稀薄薄、朦朦胧胧的程朱游魂披上一件许郑的外套。'"① 即便如艾尔曼所言,当时有部分学者自觉以考据为职业,弃仕从学,依靠官方或半官方的赞助进行图书编修、文献整理的工作,或通过担任官府幕宾、富户的家庭教师、书院教师等方式维持生计和学术研究,但其中真能彻底绝意科举、不登仕途者在整个传统知识分子群体中恐怕只能占极小的比例。再退一步说,即便不赴科举、不入仕途,其在读书著作、社会交往、书院讲学的过程中也不可能完全避开理学话语的影响,更何况对于儒家经典的考证本身就与考据者在义理方面的理解有着难以分割的先天关系。

诚如葛兆光所论,从整体上看,清代的思想世界在大部分时间内依然延续了前代的基调,官方的意识形态依然处于以程朱理学为中心的儒家学说的支持之下,大多数士人仍然在四书五经的教育与阅读中接受传统思想的熏陶,并且通过自身的社会、政治、学术活动将其巩固、传承下去。而乾嘉考据学的兴起,虽然在当时的思想界掀起一阵波澜,带来了一股新的风气,但是并没有产生如后来许多学者所想象的文艺复兴那样的影响力。与其说考据学彻底颠覆了原先的思想秩序,毋宁说在某种程度上造成了术与道的分裂,知识与思想的对立,真实性与真理性的冲突。这也就产生了诸如"六经尊服郑,百行法程朱"这样看似截然分明,实则自相矛盾的考据家话语。因此,就思想世界的总体面貌而言,在清代的大部分时间里,甚至包括乾嘉时代在内,"事实上还是官方认可的以儒家经典为依据的、以程朱理学对经典的解释为主的、作为道德伦理教条的意识形态话语笼罩着整个思想界"②,而理解清代理学也就对理解清代思想史具有特别重要的意义。

既然已经确认了理学在清代学术思想史中的地位,那么若要研究和理解清代理学,首先要关注的就是清初朱子学。这里所说的清初,主要是基于清代思想史进程的一个阶段划分,指的是以满洲政权入关,定都北京为始点,到乾隆中期考据学发展成熟之前的这一段时期,也就是学者们一般

---

① 梁启超:《戴东原哲学》,《饮冰室合集》第 5 册《文集之四十》,中华书局 1989 年版,第 60 页。

② 葛兆光:《中国思想史》(下),复旦大学出版社 2009 年版,第 412 页。

所认定的清代思想史的第一阶段。这一时期内虽然同时存在着经世之学、考据学、理学等多种学术形态，但以理学特别是朱子理学为思想界的主流。具体言之，一方面，当时的考据学尚在探索、积累阶段，研究领域还未最终划定，理论和方法也不成熟，且早期的考据学者亦不以单纯的训诂考据为限，其学术往往暗含义理讨论之目的；另一方面，经世之学虽称一时之盛，但因提倡者多为晚明遗民，深怀家国创痛，其学其人便往往与反清复明之政治目的相联系，且多对传统的社会政治制度做激烈批评，宜乎其不肯为清廷所用，经世之志亦不得施展，只能寄希望于将来推翻满洲统治，"有王者起，将以见诸行事，以跻斯世于治古之隆"①。但是，随着时间的流逝，顾炎武等人所冀望的"王者"终究也没有起来，反倒是清朝的统治渐趋稳固，明朝复国无望，加之清廷严厉的文化专制政策，屡兴文字狱，这种"革命"的经世之学在理论与实践上也就难以获得进一步的发展。

而就清初理学内部来说，明代盛极一时的王学受到学者们激烈的反思和批判，思想领域总体呈现出由王返朱之势。一方面，当时信奉朱子学的理学家甚多，他们或居庙堂之高，或处草野之间，共同推动了清初朱子学的复兴，从而为整个清代朱子学立下规模。这一时期，"以恪遵程朱名者，则有张履祥、陆世仪、陆陇其、李光地诸人。……置身显宦而兼以理学名者，汤斌、光地外，更有魏象枢、魏裔介、熊赐履、张伯行诸人。……其时更有谢文洊、应撝谦、刘原渌、朱用纯等，虽立说与程朱不尽吻合，然大旨亦宗程朱者也。此外以程朱自命者，尚有李生光、范镐鼎、汪佑、劳史、李来章、张鹏翼、朱泽云等，亦皆笃于躬行者也"②。清初诸大家中，王夫之于理学方面最具创见，其不仅宗师张载，且思想与朱熹亦多相合之处，后期尤推崇朱熹之四书学③。而为后世尊为清学开山的顾炎武，虽极

① （清）顾炎武：《亭林文集》卷四《与人书二十五》，《顾亭林诗文集》，中华书局1983年版，第98页。
② 萧一山：《清代通史》（一），华东师范大学出版社2006年版，第795—796页。
③ 王夫之在《礼记章句·中庸》篇首曾说："朱子《章句》之作，一出于心得，而深切著明，俾异端之徒无可假借，为至严矣……夫之不敏，深悼其所为而不屑一与之辨也，故僭承朱子之正宗为之衍。以附诸《章句》之下，庶读者知圣经之作，朱子之述，皆圣功深造体察之实。"见（清）王夫之《礼记章句》卷三十一《中庸》，岳麓书社2011年版，第1246页。

力抨击王学空疏祸国，但对朱熹却多推重，尤能弘扬朱熹"道问学"之旨以拯时弊。其谓朱子之学"主敬涵养，以立其本，读书穷理，以致其知，身体力行，以践其实，三者交修并尽"①，晚年更言："两汉而下，虽多抱残守缺之人；六经所传，未有继往开来之哲。惟绝学首明于伊洛，而微言大阐于考亭，不徒羽翼圣功，亦乃发挥王道，启百世之先觉，集诸儒之大成"②，直以内圣外王许之朱熹。清初著名经学家，被江藩《国朝汉学师承记》列为卷首第一人的阎若璩亦鄙薄明儒，而推崇以朱熹为代表的宋儒。其不仅提出"朱子出而前乎朱子众儒之说得朱子而论定"③，甚至将朱熹比作"三代以下之孔子"，"谓天不生宋儒，仲尼如长夜"④。即便是清初的王学一门，仍然坚持尊王黜朱立场的已经极少，大部分学者都对明末王学的流弊进行了深刻反思，或改宗程朱，或倡朱王调和，其论学旨趣渐与朱子学趋同。"总之，清初学者，力挽明季之学风以返于宋，其尊程朱者十之八九，不尊程朱者，十之一二而已。"⑤应该说，萧一山对于清初思想界的这一论断大体上是不错的。

另一方面，清初朱子学亦有其自身的学术特色，恐怕不能仅以宋明朱子学的简单重复视之。面对变化了的社会状况和时代环境，清初朱子学也在反思、总结传统理学的基础上，努力调整自身的形态，发掘固有的资源，借鉴他人的智慧，使原有的思想体系能够回应并解决新时代所提出的问题与要求。因此，有学者将清代理学的典型特征归结为"最顽强地坚守传统儒学基本立场特别是程朱理学立场而又能因时而变、反映时代特点的清初朱子学"⑥，是有一定道理的。

同时，看似水火不容的考据与理学学之间也存在着某种难以割裂的联

---

① （清）顾炎武：《日知录集释》卷十八《朱子晚年定论》，（清）黄汝成集释，上海古籍出版社2006年版，第1064页。
② （清）顾炎武：《亭林文集》卷五《华阴县朱子祠堂上梁文》，《顾亭林诗文集》，中华书局1983年版，第121页。
③ （清）阎若璩：《潜邱劄记》卷四，清乾隆十年眷西堂刻本。
④ （清）阎若璩：《潜邱劄记》卷一，清乾隆十年眷西堂刻本。
⑤ 萧一山：《清代通史》（一），华东师范大学出版社2006年版，第796页。
⑥ 林国标：《清初朱子学研究——对一种经世理学的解读》，湖南人民出版社2004年版，第21页。

系。章学诚于清代学者中素以辨别古今学术源流而见长。在他看来，朱子之学的特点在于"求一贯于多学而识，寓约礼于博文，其事繁而密，其功实而难"，而清代考据学的代表人物戴震、顾炎武、阎若璩等人皆通经服古、学求其是，而非专己守残、空言性命之流，其学术正是继承朱子之学而来，"实自朱子数传之后起也"。① 钱穆基本同意章学诚的看法，他指出："清代经学，亦依然延续宋、元以来，而不过切磋琢磨之益精益纯而已。理学本包孕经学为再生，则清代乾、嘉经学考据之盛，亦理学进展中应有之一节目。"② 从这个意义上说，清代的经学考据虽然对于宋明理学有所补充和修正，但只不过是益增其光耀而已，终不能逃脱宋明理学的范围与笼罩。而萧一山亦注意到考据学与理学之间存在的这种内在精神上的联系，反对将二者绝对地对立起来。在他看来，清儒所标榜的读书传注之学与程朱一派最为接近，实则延续了程朱理学的方法与精神，只不过其方法更为客观、科学而已。所以他说："清代虽以汉学为名，其实仍程朱一派尊经笃古之流风；惟益缩其范围于名物训诂之间而已。然则清学者，树汉学穷经之旗帜，用宋儒读书之精神以成立者也。"③ 事实上，考据学的产生、发展与成熟也确实离不开包括理学家在内的一大批不同派别的学者在思想与行动上的共同参与和推动。

可以说，学者们关于清代考据学思潮来源的讨论，不论是钱穆的"每转益进"说，将清代学术视为宋明理学的延续与补充；或余英时的"内在理路"说，认为宋明理学传统在清代并未完全消失，而是改换面目般地融入经史考证之中，从而将清代考据学视为儒学自身蕴含的内在理路的自然发展和范式更新；还是梁启超、胡适的"理学反动"说，将考据学的兴起归结为清人对于宋明理学空谈心性的厌倦甚至憎恶，最终演为一场轰轰烈烈的以复古为目的的古典考据运动，都从不同的角度揭示了考据学与理学

① （清）章学诚：《文史通义校注》卷三《朱陆》，叶瑛校注，中华书局1985年版，第264页。
② 钱穆：《清儒学案序》，《中国学术思想史论丛》（八），生活·读书·新知三联书店2009年版，第411—412页。
③ 萧一山：《清代通史》（一），华东师范大学出版社2006年版，第750页。

之间或正或反的关系。"学术之事,每转而益进,途穷而必变"①,故不识往者,亦无以知将来,若要在思想史的内部理解清代考据学的产生及其意义,也就必须对于之前及同时代的理学有一个清晰的认识。

综上所述,朱子学作为清代的官方意识形态,不仅在思想界始终占据相当重要的地位,掌握了儒家义理的解释权,更凭借其自身内在动力与政治权力渗透到民间基层和社会生活的方方面面,成为一套制度化的生活方式和全社会所普遍遵循的信仰与原则。而清初朱子学作为整个清代朱子学的基础和代表,同时又与清代最具特色的经典考据学相互联系,其重要性不言而喻。因此,研究清初朱子学,不仅对于清代理学的研究具有重要意义,而且有助于我们更加全面地理解和把握整个清代学术思想史的发展脉络与内在理路。

但是,自清末民初以来,由于受到种种因素的影响,有关清初朱子学的研究长期处于边缘地位,乏人问津。近年来,随着清代学术思想史研究的拓展与深入,开始有越来越多的学者注意到清初朱子学的存在与价值,并且在这方面做了许多开拓性的工作,累积了一批研究成果,其中不乏精辟之论。但就总体而言,目前的研究仍处于比较零散和初步的状态,与清初朱子学本身所具有的价值和意义尚不相称,还有很大的拓展空间。因此,今天仍然迫切需要将其作为一个整体加以综合、系统的讨论,发掘其在历史上的真实情况和完整面貌,并对它的历史价值和现实意义予以重新阐述。这也正是本书选择以清初朱子学作为研究对象的主要原因。

据《清代理学史》对于清代前期理学流布的基本情况的分析,当时理学发展比较繁荣、理学群体比较集中的区域主要包括河南、陕西、山西、江苏、浙江、福建、安徽和两湖等地区。其中,福建自然是清初朱子学最为集中和兴盛的地区之一。众所周知,朱熹出生于福建尤溪,受学于福建理学家李侗等人,其一生主要的学术活动和政治活动几乎都在福建进行,门生弟子也以福建籍为最多,因而朱熹的学说也被称为"闽学"。据陈荣

---

① 钱穆:《清儒学案序》,《中国学术思想史论丛》(八),生活·读书·新知三联书店 2009年版,第 414 页。

捷在《朱子门人》中的考证，朱熹共有弟子四百八十八人，范围遍布全国。仅就其中居里可知者而言，就有一百六十四人来自福建，超过总数的三分之一，而且最为后人所推重的朱门高弟如黄榦、陈淳、蔡元定、蔡沈、刘爚、李方子等人也多为福建人。故曰："朱子传之蔡西山、九峰、黄勉斋、陈北溪、李果斋诸先生，而浦城真西山又朱门之私淑也，有宋闽儒甲于天下。"① 正是由于一代又一代福建朱子学者不断地耕耘、传承与弘扬，使得福建俨然成为朱子学的大本营和根据地，形成了自己经久不坠、传承有序的理学传统。即便是在明代中后期阳明心学最为鼎盛之时，福建地区的朱子学仍非常兴盛，所受王学的影响亦相对有限。许多福建学者挺身而出，与王门中人反复辩论，积极捍卫朱子学的正统地位。"时则姚江之学大行于东南，而闽士莫之遵，其挂阳明弟子之录者，闽无一焉。此以知吾闽学者守师说，践规矩，而非虚声浮焰之所能夺。"② 直到清代，福建朱子学依然具有全国性的影响，并且成为清初朱子学复兴的重要基地之一。当时，不仅有李光地、蔡世远等一批闽籍理学名臣在朝提倡，影响皇帝，更有张伯行等官员在闽推广，刊刻出版了大量朱子学著作，并建立鳌峰等书院作为传播朱子学的阵地，敦聘著名朱子学者掌教书院，讲学其间，培养了大批福建朱子学人才。故清儒陈庚焕有云："自宋以来，闽士蔚兴，与中州埒。道南一脉，远绍洙峄，举濂、洛、关之统悉荟萃于闽，至今天下之士宗闽学焉。"③ 因此，将清初福建朱子学作为清初朱子学的一个典型来进行分析和研究，应该是比较具有代表性和说服力的。

二 20世纪以降清代学术思想史视野中的清初朱子学研究

就清初朱子学的研究历史和现状来看，除了林国标的《清初朱子学研究——对一种经世理学的解读》之外，将清初朱子学做一单独整体进行研

---

① （清）蓝鼎元：《鹿洲初集》卷六《送谢古梅太史还闽序》，《景印文渊阁四库全书》第1327册，台湾商务印书馆1983年版。
② （清）李光地：《榕村集》卷十三《重修蔡虚斋先生祠引》，《景印文渊阁四库全书》第1324册，台湾商务印书馆1983年版。
③ （清）陈庚焕：《惕园初稿》卷十五《拟重修福州文庙碑》，清道光元年木活字本。

究的专著尚少，学者们对于这方面内容比较集中的讨论，主要还是见于各种被命名为思想史、哲学史或学术史之类的著作当中。除此之外，尚有一些涉及清初朱子学某一侧面或某一人物的研究散见于其他相关著作或论文中。但一般而言，这一类研究成果最终也会通过各种形式反映、汇集到学术思想史的叙述当中。因此可以说，到目前为止，有关清初朱子学的研究内容主要还是置于整个学术思想史的大框架下进行叙述的。虽然因为思想史、学术史或哲学史著作在研究范式上的不同，可能导致其在内容取材、组织结构、论述重点等方面存在差异，因而对于清初朱子学的研究重点和关注程度也会有所不同，但是由于这种范式差异的模糊性和相对性，加之我国传统学术思想的特点，让这种差异在实际写作中又被进一步地缩小，从而使得我们可以从中发现某种共同的特征或趋势。因此，我们若是对各种思想史、学术史或哲学史著作中涉及这方面的内容进行集中考察，并且将其与当时的学术风气和时代背景结合起来，注意其在不同时期所表现出来的不同特色，就可以对20世纪以来清初朱子学研究的基本情况和发展历程有一个大概的了解和把握，从而总结其中的得失，为将来进一步的研究奠定坚实的基础，指示可能的方向。

20世纪初，随着清王朝的统治逐渐走到历史的尽头，最早对清代学术思想提出系统讨论和反思的学者应当首推章太炎。在1904年出版的《訄书》重订本中的《清儒》篇里，章太炎第一次对有清一代的学术思想变迁做了比较系统的清理和总结，可谓近代学者总结清代学术思想史的首出之作。他在文中虽然没有对清代学术的变迁做明确的分期和抽象的概括，但实际上是以考据学的发展演变为线索来叙述整个清代学术思想史的发展历程。该文继承了江藩《国朝汉学师承记》中吴、皖分派的思路，并详为分辨，[①] 着重介绍了两派的学术传承、治学特点以及清代学者在治经方面所取得的学术成果，旁及浙东之学、桐城派、常州学派等其他学派，为清代学术思想史的研究提出了一个最初的叙述框架，日后梁启超、刘师培、胡

---

① 梁启超即言："吴、皖派别之说，出自江氏《汉学师承记》，而章氏辨之尤严。"见梁启超《论中国学术思想变迁之大势》，上海古籍出版社2006年版，第99页。

适等人在这方面的研究都明显受到它的影响。

但是，我们也应该注意到，由于章太炎本身的学术渊源和治学好尚，其在评判各派学术时往往囿于门户之见，论断较为主观、激烈，难以做到十分的公正和客观。章氏作为古文经学家和史学家，"由俞樾方面接受汉学，以继承王引之、王念孙、段玉裁、戴震、顾炎武一派的学统；但同时他受浙东史学派的影响，兼祧了章学诚、全祖望、万斯同、黄宗羲一派的学统"①。因此，其自然以考据学为清代学术正统，推重戴震学派，亦对浙东之学表示尊敬，而对其他学派皆致不满，甚至于丑诋秽詈。至于清代朱子学，文中并未直接提及，仅以"清世理学之言，竭而无余华"② 一句带过。除《清儒》外，章氏尚有《汉学论》《清代学术之系统》等文讨论清代学术，但主要观点基本一致，议论亦绝少及于清代朱子学。如《清代学术之系统》一文的开头，章太炎在宣布清代于理学方面"亦不甚高明"之后，随即主动声明："现在只讲清代关于学力方面的学术，不讲天才方面的学术，就是半学力半天才的理学也不去讲他。"③ 由此可见，清代的朱子学并未出现在章氏的学术视野之内，在他所构建的清代学术系统中也没有朱子学的位置。

同时，章太炎于清末积极从事排满革命活动，屡遭清政府通缉，当《訄书》重订本出版之时，其正因《苏报》案被囚于狱中，故其思想中民族主义的因素十分浓厚，在评价清代学者时也往往以此为褒贬进退的首要标准。例如他在《訄书》重订本的《别录乙》中曾论及清初朱子学的几个重要人物魏象枢、魏裔介、汤斌、李光地的生平行事，便多所贬斥，谓："清儒多权谲。元、清惟衡、象枢，尚惨怛思反本。自裔介而下，思不义以覆宗国，其公山不狃所耻也。唯行己亦仍世益庳，裔介恃齐给，而斌诈谖饰俭，至于光地外淫。……自明季五君之丧（谓孙奇逢、王夫之、黄宗

---

① 周予同：《康有为与章太炎》，朱维铮编《周予同经学史论著选集》，上海人民出版社 1996 年版，第 109 页。

② 章太炎：《訄书·清儒第十二》，辽宁人民出版社 1994 年版，第 43 页。

③ 章太炎：《清代学术之系统》，马勇编《章太炎讲演集》，河北人民出版社 2004 年版，第 98 页。

羲、颜元、李颙也），道学亦亡矣。"① 故侯外庐言："太炎是一个极端的民族主义者，最反对清朝统治的人，他最怕言致用有利于清朝，所以他对于清代的人物评价第一义，首先是基于反满一点。"② 在此，章太炎虽未过多讨论这些朱子学者的学术思想，但我们从清代朱子学身上所附带的浓厚官学色彩，亦不难想见章氏之态度。可以说，章太炎在论述清代学术思想时所反映出来的这些特点和偏向，潜移默化地影响了此后相当长一段时期内的清代学术思想史研究。

譬如，刘师培于1905—1907年在《国粹学报》《民报》等刊物上连续发表多篇文章，支持章氏的观点，继续探讨清代学术思想史的相关问题。他在继承章太炎主要论点的基础上，又对清代学术思想的阶段划分、地域差异以及其中的汉宋之争、今古文之争做了进一步的考察和分析，颇有独到之见。

由于刘师培当时尚处于激烈的排满革命阶段，故其《清儒得失论》一文在评骘清代学者时，特别将学术与政术、思想与品行结合起来，突出了对其人其学的道德评判，从而得出了清儒"其学愈实，其遇愈乖"③ 的结论。他将明儒与清儒进行比较，认为明人多行，清人多病，"明儒之学用以应事，清儒之学用以保身。明儒直而愚，清儒智而谲。明儒尊而乔，清儒弃而湿"④。在此，刘师培极力推尊明儒的实行致用精神，与一般学者对于明儒思想特点的认识大相径庭，其用意显然在于抬高明儒以贬低清儒。

在他看来，清代学者由于受到满清政府的文化压迫和功名利禄的诱惑，丧失了用世之念和廉耻之心，仅以学术为进身之具，导致儒者之名日贱，而所治之学亦异。但也正因清儒之学不求用世，使得求是之汉学渐兴。刘师培认为，清代学术之所长唯在汉学，不仅因为清代汉学讲究无征不信，实事求是，不侈空言，更在于笃守汉学者大多好学慕古，淡泊自

---

① 章太炎：《訄书·别录乙第六十二》，辽宁人民出版社1994年版，第297页。
② 侯外庐：《近代中国思想学说史》，生活书店1947年版，第826页。
③ 刘师培：《清儒得失论》，《清儒得失论——刘师培论学杂稿》，中国人民大学出版社2004年版，第270页。
④ 同上书，第259页。

守，甘以不才自全，而言词章、经世、理学者则往往多污行。他几乎将清代最有名的学者从头至尾考察一遍，继而总结道："纯汉学者率多高隐，金石校勘之流虽已趋奔竞，然立身行己犹不至荡检逾闲。及工于词章者，则外饰倨傲之行，中怀鄙佞之实，酒食会同，惟利是逐。况经世之学假高名以营利，义理之学借道德以沽名，卑者视为利禄之途，高者用为利权之饵，外逞匡时化俗之谈，然实不副名，反躬自思亦必哑然失笑。"① 由此可见，刘师培对于清代理学和今文经学的评价是极低的，其态度之刻激不下于章太炎。

至于清初朱子学，文中亦略有提及。刘师培虽对应㧑谦、张履祥、孙奇逢、李颙、吕留良等清初理学家颇示肯定，但主要是表彰其不仕清廷的民族气节，并未涉及学术思想。而对汤斌、陆陇其、魏象枢、魏裔介、李光地等具有官方背景的朱子学者则大加鞭挞，指责汤斌"腼颜仕门，官至一品，贻儒学之羞"，陆陇其"拾张、吕之唾余，口诵洙泗之言，身事毡裘之主"，"裔介、光地尤工邪佞，鬻道于虏，炫宠弋荣"，② 并贬其学为伪学。在刘师培看来，清代朱子学仅为清廷的统治工具，且"帖括之家稍习宋明语录，束书不观，均得自居于理学"③，故治朱子学者大多为曲学阿世之徒，伪托朱子之学以钓声名、干利禄。

而在《近代汉学变迁论》中，刘师培又以清代汉学发展为线索，将清代学术变迁划分为怀疑派、征实派、丛缀派和虚诬派四期。从这些名称中不难看出，刘氏所推尊的是以江永、戴震为代表的所谓"征实之学"，而将今文学派贬为虚诬，指责其学穿凿附会、颠倒群经以伸己见，伪托致用之名以媚公卿，致使经术支离，而清学亦亡。同样，清代朱子学在这个叙述框架下也是没有位置的。

在《汉宋学术异同论》中，刘师培从义理学、章句学、象数学、小学等方面比较汉宋异同，其讨论的对象虽以汉儒和宋儒为主，但研究的出发

① 刘师培：《清儒得失论》，《清儒得失论——刘师培论学杂稿》，中国人民大学出版社2004年版，第269—270页。
② 同上书，第261页。
③ 同上书，第269页。

点却是在于厘清清代学术思想史中的汉宋之争，故而在论述中不可避免要直接或间接地涉及清代的考据学和理学。在他看来，清代考据学者虽不见汉宋学术之同然者，唯据其相异处攻击宋学，对宋学一概排斥，往往不免于门户之见，但其基本上继承了汉儒循律而治经的传统，故所得为多；而宋学则舍律而论学，治经不立准绳，悉凭己意，"侈言义理，求之高远精微之地，又缘词生训，鲜正名辨物之功"①，虽复偶有所得，但多语无左验，武断支离，且其攻击汉学亦属忘本之失。由此可见，刘师培对于思想史上的汉宋之争的基本立场亦是扬汉抑宋。

此外，刘师培在《南北学派不同论》《近儒学术统系论》等篇中亦有论及清初朱子学的内容，但皆极为简略零散，未成系统论述。平心而论，刘师培在清代学术思想史方面的研究在当时亦有较大的影响，钱玄同将其与康有为、梁启超、严复、章太炎、王国维等十二人并列，尊为清末民初对于国故研究之新运动中最为卓特者。只不过由于刘氏后来在政治上的反复无常，声名狼藉，使得许多学者在相关研究中都不愿提及他的名字，亦讳言受其影响。

1905 年，邓实在《国粹学报》上发表《国学今论》一文，亦讨论有清一代的学术思想。其基本思路近于章、刘，唯态度稍平和，主张汉宋兼采并包。他从肯定国学、保存国粹的目的出发，对清代学术思想给予极高的评价，认为"经学迈汉唐，性理越宋元，辞章驾魏晋"，且名儒辈出，为"前代所未有也"，"可谓神州学术之中兴矣"。②邓实试图以不立门户，只问真伪来调和汉宋之争与今古文之争，提出汉学、宋学皆为孔子之学，于孔子之道各有所得，其道不相为非，亦不可偏废，且"汉学、宋学，皆有其真，得其真而用之，皆可救今日之中国。……学者苟舍短取长，阙疑信古，则古人之学皆可为用"③，更何况今古文同一汉代之学，同一经儒之

---

① 刘师培：《汉宋学术异同论》，《清儒得失论——刘师培论学杂稿》，中国人民大学出版社 2004 年版，第 210 页。

② 邓实：《国学今论》，章太炎、刘师培等撰，徐亮工编校《论中国近三百年学术史》，上海古籍出版社 2006 年版，第 343 页。

③ 同上书，第 340 页。

名，以至于相互诋毁，势同水火，何其狭隘与无益。然而他同时又以经学为清代学术之宗主，其余诸学皆由经学而出，为经学之支流余裔，且谓乾嘉学术为清代学术之中兴，有所谓"大功四，小功四"，"实足以自成其一种之科学，永寿于名山者也"，①而其对清代的宋学与今文经学则皆有所批评，指责宗宋学者"愉惬禄仕"，今文学者"假其术以干贵人、觊权位"，乃"学术之末流"，②可见其亦不过欲以古文经学之立场来调和汉宋之争与今古文之争，非真持平之论也。

邓实认为，清代学术思想之变迁大致可分为三个阶段：顺康之世，学者以大义为先，惟求经世，不分汉宋；乾嘉之世，考据之风盛行，学者治经以实事求是为鹄，是曰汉学，此外又有桐城派治古文辞，自谓因文见道，尸程朱之传，是曰宋学，二者互相诋毁；道咸之世，常州学派兴起，专治今文，标微言大义之学。因此，他在叙述清初学术时，亦以"大义"和"经世"为标准，重点介绍了黄宗羲、顾炎武、王夫之、孙奇逢、李颙、颜元"六先生"及其后学，仅在该节末尾附带提及清初朱子学中的吕留良、陆世仪、张履祥、张尔岐四人，称其为"守程朱之学而能致用者"③。至于魏象枢、魏裔介、汤斌、李光地等身居高位的朱子学者，则以"巨蠹之蟊贼"称之，谓其"伪名道学，以腴媚时君"而无取焉。④

1904年，梁启超亦在《新民丛报》上发表《近世之学术》一文，即此前连载中断的《论中国学术思想变迁之大势》的第八章，分"永历康熙间""乾嘉间"和"最近世"三部分来论述清代的学术思想。当时梁启超正避居日本，积极宣传西方思想，并与亦曾赴日避难的章太炎交好，一度倾向章氏所提倡的排满革命论，故而文中屡次引用章太炎的观点，颇受其《清儒》篇的影响。正因为梁启超本身具有的今文经学的学术渊源，加上其接触到的西方近代哲学、史学和社会政治学说的影响，同时又吸收了古

---

① 邓实：《国学今论》，章太炎、刘师培等撰，徐客工编校《论中国近三百年学术史》，上海古籍出版社2006年版，第337—338页。
② 同上书，第330页。
③ 同上书，第334页。
④ 同上书，第344页。

文经学家章太炎关于清代学术和清代学者的一些论述与评价，使得此文对于清代学术思想史的态度和看法显得颇为复杂，甚至可以说是矛盾。

从总体上看，梁启超此文似对清代学术思想评价不高，多持批判的态度，故曰："综举有清一代之学术，大抵述而无作，学而不思，故可谓之为思想最衰时代。"[①] 但在同时，梁氏又对清代学术思想的发展演变持积极、乐观的态度，认为"剥与复相倚，其更化之机，章章然次第进行"[②]，又谓其"俨然若一有机体之发达，至今日而葱葱郁郁，有方春之气焉"[③]。对于清代的考据学，梁启超的态度亦复如是。他将经学考据视为清代学术的中坚和正统，一方面指责其"支离破碎，汩没性灵"[④]，不惟无益于国家社会，而且使得学术思想日趋消沉、衰落；另一方面却又赞扬考据学的研究方法，"谓其由演绎的进于归纳的，饶有科学之精神，且行分业之组织"[⑤]，并与西方培根创立的"归纳论理学"相比附，将其视作中国学术进化之征兆。而对于晚清今文学派，梁启超则持基本肯定的态度，认为其作为一种有力的怀疑派，打破了考据学一统天下的局面，既解放了学者的思想，开创了经世致用的风气，又起到了接引西方学术思想的作用，最终导致了思想界的大革命。

在"永历康熙间"一节中，梁启超对于清初朱子学的相关内容亦略有涉及。在论及清初学者时，他虽推许陆世仪、张履祥、张尔岐、吕留良为清初朱学大师，但主要依据恐怕还是在其气节与品行上，对于各人的学术成就则鲜有叙述，且认为"其在学界上之位置，不过袭宋、明之遗，不坠其绪，未足为新时代放一异彩也"[⑥]。至于汤斌、李光地、陆陇其等出仕清朝的清初朱子学者，则一概目为学界罪人，于清代学术思想无功而有罪，故仅置于章末附论之，以示其鄙薄之意。在梁启超看来，陆陇其、张伯行以尊朱黜王见称于时主，学术过于隘陋，且尊朱太过，亦妨碍学界思想之自由，而汤斌、李光地等人更被指为"学界蟊贼"，不但大节有亏，私德

---

① 梁启超：《论中国学术思想变迁之大势》，上海古籍出版社 2006 年版，第 106 页。
② 同上书，第 106 页。
③ 同上书，第 109 页。
④ 同上书，第 93 页。
⑤ 同上书，第 97 页。
⑥ 同上书，第 83 页。

败坏，其学术亦无足称，致使"宋明理学之末日至矣"①。

1920 年，梁启超欧游归来，借着为蒋方震所著《欧洲文艺复兴史》作序之机，写成《前清一代中国思想界之蜕变》一文，在《改造》杂志上连载，又经补充修改后单独出版，即《清代学术概论》。在欧游期间，梁启超近距离接触了其一贯宣扬的西方文明，又目睹了一战给欧洲各国造成的巨大灾难，对其固有思想造成了很大的震动。一方面，他打破了对近代科学的迷信，批判科学万能论，并将西方流行的个人主义、利己主义和进化论视为近代西方社会种种弊病乃至世界大战的根源；另一方面，他开始重新反思中国传统文化的价值及其对世界文明的意义，提倡以东方文明济西方文明之穷，同时又对文艺复兴以来欧洲文明居于领先地位的原因有了进一步的认识，从而对中国文化的前途更加充满信心。因此，在《清代学术概论》中，梁启超虽然继承了前作《近世之学术》中的一些观点和内容，并自谓"余今日之根本观念，与十八年前无大异同。惟局部的观察，今视昔似较为精密"②，但其中某些核心思想实已发生较大改变。

最为明显的转变就发生在梁氏对待清代学术思想的整体态度上。从具体内容上看，他对于清代学术思想史的人物选取和叙述框架与之前相比并无根本性的变化，但在总体评价上却变为基本肯定，仅在个别地方对其脱离实际表示遗憾和理解，而非原先那样大加批判。在此时的他看来，中国固有的学术思想之基础最符合世界新潮，因为清代学术思潮的"动机及其内容，皆与欧洲之'文艺复兴'绝相类。而欧洲当'文艺复兴期'经过以后所发生之新影响，则我国今日正见端焉"③。不难发现，梁氏笔下的清代已由"思想最衰时代"一变而为"文艺复兴"的时代。

其实，梁启超对于清代学术思想态度的转变，正是来源于他对清代考据学态度的变化。在此书中，梁启超将清代考据学与汉代经学、隋唐佛学、宋明理学相提并论，几乎是以考据学来指代整个清代学术思潮，而晚清今文经学亦从考据学中衍生而来，其他学派皆为附庸，可见其对于考据

---

① 梁启超：《论中国学术思想变迁之大势》，上海古籍出版社 2006 年版，第 96 页。
② 梁启超：《清代学术概论·自序》，中华书局 2010 年版，第 3 页。
③ 同上书，第 5 页。

学之推崇与重视。因此，他不仅以考据学的产生、发展、演变为线索，借用佛家生、住、异、灭的概念，将清代学术思想史分为启蒙期、全盛期、蜕分期和衰落期四个时期，并将其特征概括为"以复古为解放"，而且大力表彰其"轻主观而重客观、贱演绎而尊归纳"①的科学研究精神，认为它既造成了清代学术思想不断复古解放的效果，也必将令近代科学在我国成立与发达。梁氏昔日曾极力批判考据学为无用之学，祸国殃民，此时却主动为其辩解，认为所谓"有用""无用"只是相对名词，应提倡不问功利，为学术而学术的精神。 "凡真学者之态度，皆当为学问而治学问。……学问即目的，故更无有用无用之可言。……其实就纯粹的学者之见地论之，只当问成为学不成为学，不必问有用与无用，非如此则学问不能独立，不能发达。夫清学派固能成为学者也，其在我国文化史上有价值者以此。"②

但是，就在梁氏这部系统论述清代学术思想的著作中，却没有清初朱子学的位置，甚至于几乎找不到有关清代朱子学的内容，亦可怪也。

此后，梁启超利用在南开大学和清华国学研究院等处讲学的机会，于1925 年撰成《中国近三百年学术史》，并于 1929 年完整出版。此书的主旨依然是讨论"清朝一代学术变迁之大势及其在文化上所贡献的分量和价值"③，其中的主要观点和基本态度与《清代学术概论》差别不大，只不过研究所涉及的上下时限有所放宽，某些方面的内容和材料也更加丰富一些。同时，由于梁启超此时已相对远离政治活动，能够以学者的身份专心从事清代学术思想的研究，故而对于相关问题的探讨较之以往更显平允、客观，一些观点也酝酿得更加成熟。从这种意义上说，我们或许可以将这部书视为梁启超研究清代学术思想史的晚年定论。

值得注意的是，该书在组织结构上与之前的著作颇为不同，显然是作者经过思考后的有意为之。全书内容大致可分为三个部分，首先讨论清代学术变迁与政治的影响，其次叙述清初主要学术派别的发展情况和重要学

① 梁启超：《清代学术概论》，中华书局 2010 年版，第 158 页。
② 同上书，第 71 页。
③ 梁启超：《中国近三百年学术史》，东方出版社 1996 年版，第 1 页。

者，最后介绍清代学者整理旧学之总成绩。由此可见，作者试图通过不同的方式和角度来分析、理解清代学术思想的成就、演变历程和发展规律，"既保持了作者先前对清代学术史进行宏观研究的独具特色，同时又以专人、专题的研究，使宏观研究同局部的、具体的考察结合起来"①。

在论及黄宗羲的学术思想时，梁启超曾提出写作学术史的四个必要条件，其中第一点便是"叙一个时代的学术，须把那时代重要各学派全数网罗，不可以爱憎为去取"②，但他在此书中恐怕就没有完全做到这一点。全书不但以近半篇幅介绍清代考据学的各项成就，而且在第一部分简要叙述清代学术的发展历程之后，就几乎不再提及清代中后期除考据学之外的其他学派的发展情况、主要思想和学术成就，仅有个别学者因为考据方面的成果而被提及。这就不免给人造成一种印象，仿佛清初林立并起的各个学派在清中期之后统统消灭，皆归于经学考据一派，或是除了考据学外，再无他派学术可述。

同时，梁启超虽然在此书中十分重视清初思潮，也花费了八个章节、将近一半的篇幅来叙述清初学术思想，但从总体上看，基本还是将其作为一个反抗宋明理学、为清代考据学奠基的时代来进行描述，仿佛乾嘉考据的前奏一般。因此，在这八章之中，仅以一章叙述程朱学派及其依附者。其中重点考察了张履祥、陆世仪、陆陇其、王懋竑四人的生平、学术，认为"其专标程朱宗旨以树一学派，而品格亦岳然可尊"③，并附论孙承泽、李光地、方苞等人，指责其为依附草木的假道学。梁启超虽然承认清初思想界有一个由王返朱的过程，"许多学者走到程朱一路，即如亭林、船山、舜水诸大师，都可以说是朱学者流。自余如应潜斋、刁蒙吉、徐俟斋、朱柏庐……等气节品格能自异于流俗者不下数十辈，大抵皆治朱学。故当晚明心学已衰之后，盛清考证学未盛以前，朱学不能不说是中间极有力的枢纽"④，但又认为当时的程朱派多是慕名利、丧志节者依附其间，以致"清

① 陈祖武：《清代学术源流》，北京师范大学出版社2012年版，第391页
② 梁启超：《中国近三百年学术史》，东方出版社1996年版，第55页。
③ 同上书，第110页。
④ 同上书，第117页。

初程朱之盛，只怕不但是学术界的不幸，还是程朱的不幸哩"[①]。

　　应该说，梁启超的这两部著作作为清末民初以来最早讨论清代学术思想史的专著，广泛吸收了当时这方面研究的相关成果，特重学术思潮的考察，能够以相对开阔的视野，全面系统而又简洁明了、脉络清晰地总结、梳理了有清一代学术思想的变迁历程，从而为众多学者所认可、接受，并且不断得到各种形式的复述，长期以来几乎凝固为一种典范，塑造了后人对于清代学术思想史的基本认识，其影响可谓巨大。时至今日，大部分学者仍在利用梁氏著作中的材料与框架去理解和叙述清代学术思想史。

　　此外，当时尚有柳诒徵在其所著《中国文化史》第三编第七章中论及"清初诸儒之思想"。在他看来，清初学术成就最大者在于经世致用之学，而非反对理学或提倡汉学，因而推崇黄宗羲、顾炎武、王夫之、李颙、颜元等人，谓其博学而能躬行，亦承宋明诸儒之教，同时批评乾嘉学者不顾行检，专事博涉，流于语言文字之末。但该书并未具体讨论清初朱子学，仅在论述清初学者的经世致用思想时提及陆世仪、张履祥、张尔岐的相关主张，谓其博学笃志、砥节励俗。而罗振玉在《本朝学术源流概略》中亦讨论了清代的学术渊源、学术流派、学术得失以及学者研究之方法。其以经、史、子、集四部划分清代学术流派，并详述每一派的学术成就，汉宋兼采，不立门户，颇能为持平之论。文中不仅于子部中的"儒学"一节介绍了清代朱子学者治义理之学的著作，也在经学部分介绍了清代朱子学者治经的一些成绩，但全篇论述的重点还是在于考据学的成果与方法，并没有比较集中和具体的讨论到清初朱子学。

　　由此可见，20世纪初的这段时间作为清代学术思想史研究的发端期，不仅吸引了众多学者的关注，引发了比较激烈的讨论，产生了丰富的研究成果，而且与当时国家、民族和传统文化的前途与命运紧紧地纠缠在一起。虽然这些研究成果往往只是对于清学发展脉络的简要梳理，或是对清儒学术成就的初步总结，抑或是对于某一时期、某一学派、某

---

① 梁启超：《中国近三百年学术史》，东方出版社1996年版，第119页。

一人物的片段研究，许多重要的问题还来不及展开深入的讨论，但它却为后人进一步的研究提供了一种基本的叙述框架和理解思路。直到今天，我们只要随便翻开一本研究清代学术思想史的著作，几乎都可以强烈地感受到它的影响，从而使得我们既享受着它的恩惠，同时也为它所束缚和限制。

由于种种因素的影响，当时学者对于清代学术思想的关注点主要集中在考据学上，将其视为清代学术的主流和正统。虽然有些学者也注意到清初思潮的价值，但在具体论及清初学术时，其着眼点也主要在于提倡经世学说、反思理学弊病、阐发所谓"启蒙"思想以及表彰抗清不仕的民族气节等方面，而清初朱子学一般仅以附庸、从属的地位，在其中连带地得到叙述，甚至是作为反面代表加以批判。虽然也有个别清初朱子学者因其实学思想或民族气节得到表彰，但是大多数具有官方背景的著名朱子学者都属于被批判的对象。加之学者们对于清代反理学思想的普遍肯定，清代理学几乎只剩下负面的价值，自然没有人愿意全面、细致地讨论清代朱子学的思想意义和历史价值，只是简单地将其作为宋明理学在清代的苟延残喘或以伪朱子学视之。

相较之下，反倒是萧一山所著《清代通史》对清初朱子学给予了较多关注。该书的上、中两卷分别于1923年和1925年出版，被誉为中国第一部体系完整的新式清代通史。《清代通史》虽不是专门的学术史或思想史著作，但是由于作者特别重视文化在历史中的地位和作用，故而花费了较大的篇幅来记载清代文化，对于每一时期的学术思想也有比较详细的论述。

其中，上卷第七篇即讨论"清初学术思想之大势"。虽然作者仍以经学考据为清学的主流，视清学为明代理学反动的结果，并据此将清代学术思想史划分为"明学反动期""清学全盛期"和"今文学运动与东西文化输入时期"三期，从而基本延续了梁启超的叙述思路，但他同时注意到考据学与朱子学之间的联系，反对将二者绝对地对立，进而指出清儒所重视的读书传注之学实与程朱一派最为接近，只不过治经方法经过改良，更为客观、科学而已。从这一意义上说，清学即"树汉学穷经之旗帜，用宋儒读书之精神以成立者也"①。

此篇第三十三章专门叙述"清初之理学"。在总说部分，萧一山首先考察了清初理学各派的重要学者，分析其学术渊源与思想倾向，进而指出清初思想界存在一个由王返朱的趋势。"清初学者，力挽明季之学风以返于宋，其尊程朱者十之八九，不尊程朱者，十之一二而已。"② 接着，他又将清初理学家的学术特点概括为"王学之攻击""实践之注重"和"卫道之精神"三点。在他看来，清代理学虽云衰歇，理学家中亦少特出之人才，但"程朱一派之潜势力，实未尝一日衰也。夫村塾蒙师，几无一不知有程朱章句集注者矣，而于经学最盛时代之经师及其著书，则除中流以上人物外，盖罕有知之者"③。在"清初之程朱宗派"部分，作者分两节介绍了张履祥、陆世仪、陆陇其、李光地、谢文洊、应扨谦、刘源渌、朱用纯、刁包等清初朱子学者的生平、著述及思想主张，不但能分别指出各人的学术特色和主要成就，而且持论颇为平允。萧氏在《清代通史》中虽秉持"民族革命史观"，充分肯定排满革命，但在论及李光地、魏象枢、魏裔介、熊赐履、张伯行等清初理学名臣的学术思想时，却能以较为客观的态度就学论学，虽责其道统观念过深，立论往往失之偏狭，但并无夹带学术之外的批评和攻击。应该说，虽然萧一山对于清代学术思想史的整体理解仍处于梁启超等人所构建的主流叙述框架的笼罩之下，但他在《清代通史》中已经开始注意到清代理学与清初朱子学在清代学术思想史上的地位与价值，提出了一些独到的见解，这在当时各种新旧体例的清史著作中还是十分罕见的。

到了 20 世纪 30 年代之后，虽然大部分学者在研究清代学术思想时，仍然沿用或参照梁启超等人构建的叙述框架，但也有一些学者不满足于这种以考据学为主体来理解清代学术思想史的思路，进一步强调和阐发清初学术包括清初朱子学在内的价值和意义，从而构成了对于原有叙述框架的补充、修正，或是提出自己新的理解思路。他们在叙述清代学术思想史的

---

① 萧一山：《清代通史》（一），华东师范大学出版社 2006 年版，第 750 页。
② 同上书，第 796 页。
③ 同上书，第 797 页。

过程中，不再对清初朱子学视而不见或刻意回避，而是将其作为清初思想界的一支重要派别加以对待和讨论。在具体论述清初朱子学的时候，虽然不同学者关注的重点和秉持的立场各不相同，但基本方法都是选取其中的某些重要人物为代表进行考察，因而对于清初朱子学的叙述与评价主要表现为对个别重要朱子学者的叙述与评价。这种研究方法虽有其学术渊源与合理性，但是难以反映清初朱子学的全貌，也未能对其在整个清代思想史中的价值和地位，及其对当时社会政治的多方面影响做深入的探讨。

1932 年，蒋维乔出版《中国近三百年哲学史》一书，历述清初以迄民国初年中国哲学思想之变迁，将近三百年的哲学史划分为"复演古来学术"和"吸收外来思想"两大时期，并于每一时期中又详列各家各派的学说著作以做分析和比较。关于"复演古来学术时期"的提法，蒋维乔显然是受到梁启超论清代学术思想"以复古为解放"的说法影响，其对于复演过程的叙述也与梁氏基本相同。在此基础上，他将这一时期的思想派别大致概括为"理学派""考证学派"和"公羊学派"三大派，进而分八章加以论述。但与梁启超不同的是，蒋维乔以较大的篇幅介绍了清初理学各派的思想家代表及其主要思想，而并未过于强调这一时期作为考据学兴起的准备阶段的意义。

该书第一章即为"程朱学派"。其中，作者选取了顾炎武、陆世仪和陆陇其三人作为清初朱子学的代表，除了介绍其生平、著作外，亦探讨了各人主要的学说、思想。作者之所以把顾炎武归入清初朱子学派，是因为他认为顾炎武重视博学多闻，讲究经世致用，所以排斥陆王，专奉著实周到的朱子学，且其践履笃实，根本上极似程朱，故"可谓之程朱派之考证学者"①。在蒋维乔看来，陆世仪学术思想的最大特色在于能得朱熹著实之旨，提倡实学，不作虚空之谈，其为学虽少创说，但在解读周敦颐《太极图说》、论理气关系及性与气质关系等方面亦颇有新解，而陆陇其的学术特色则为独尊朱学而力辟王学，宣传朱学不遗余力，并能以之用于实地，振兴教化，且其关于太极、理气二论亦有可观之处。

---

① 蒋维乔：《中国近三百年哲学史》，岳麓书社 2011 年版，第 8 页。

与蒋著类似，钟泰于 1929 年出版的《中国哲学史》在叙述近世哲学史，即清代哲学史时，亦讨论了汤斌、陆世仪、陆陇其、张履祥等清初朱子学的代表人物。其篇幅虽然不长，仅就各人思想中的一二重点进行论述，但却清楚地反映出清初理学由王返朱、由虚至实的发展趋势。

30 年代初，冯友兰先生亦先后出版了所著《中国哲学史》上下册，被誉为第一部具有现代意义的完整的中国哲学史。作者于第十五章讨论清代哲学思想时，即直接将这一阶段以"道学之继续"名之。在此，冯先生承认清代学术思想的风尚已由宋学转向汉学，主张应于汉学家中探求清代哲学，但他又从思想根源上敏锐地指出，清代汉学家于义理方面所讨论的问题，仍是宋明道学家所提出的问题；其依据的经典，仍是宋明道学家所提出的四书。"就此方面言，则所谓汉学家，若讲及所谓义理之学，仍是宋明道学家之继续者。"[1] 同时，他还认为清代汉学家的学术贡献主要在于能够对宋明道学家提出的问题给予不同的解答，并且对于宋明道学家依据的经典给予不同的解释。"然即此较不同的解释，明末清初之道学家已略提出，汉学家所讲义理之学，乃照此方向，继续发展者。由此言之，汉学家之义理之学，表面上虽为反道学，而实则系一部分道学之继续发展也。"[2] 由是可见道学特别是程朱理学之于清代哲学的重要影响与意义。但是，由于冯先生所关注的重点在于清代哲学思想的发展与变化，而清代理学在他看来仅为传述，缺乏显著的新见解，因而书中主要讨论了颜元、刘宗周、王夫之、戴震等人的义理思想，并未对清初朱子学做专门的论述。

1937 年，钱穆出版《中国近三百年学术史》一书，以人为纲，自黄宗羲以迄康有为，迹其师承，跻其衍变，注重探讨学术源流，详述有清一代的学术思想。与梁启超等人不同的是，钱穆明确反对以经学考据为正统来概括整个清代学术，并且强调清代学术思想的渊源在于宋明理学，可远追溯于两宋，近讨源于晚明东林，而非简单的对于宋明理学的反动。在他看来，每个时代的学术都不是凭空产生的，也不会随着某个王朝的灭亡而突

---

①　冯友兰：《中国哲学史》（下册），华东师范大学出版社 2000 年版，第 302 页。
②　同上。

然消失，学术思想的发展与演变有其内在的逻辑和可以追踪的来龙去脉。因此，了解其中的内在逻辑和来龙去脉对于把握一个时代学术思想的实质就有着不可替代的重要意义。

在此之前，钱穆就曾指出："言清代学术者，率盛夸其经学考证，固也。然此在乾嘉以下则然耳。若夫清初诸儒，虽已启考证之渐，其经学中心固不在是，不得以考证限也。"① 而《中国近三百年学术史》第一章《引论》即论两宋学术与晚明东林学派，以此作为理解清代学术思想史的基础和关键。在他看来，"近世揭櫫汉学之名以与宋学敌，不知宋学，则无以平汉宋之是非。且言汉学渊源者，必溯诸晚明诸遗老。然其时如夏峰、梨洲、二曲、船山、桴亭、亭林、蒿庵、习斋，一世魁儒耆硕，靡不寝馈于宋学。继此而降，如恕谷、望溪、穆堂、谢山乃至慎修诸人，皆于宋学有甚深契诣。而于时已及乾隆。汉学之名，始稍稍起。而汉学诸家之高下浅深，亦往往视其所得于宋学之高下浅深以为判。道咸以下，则汉宋兼采之说渐盛，抑且多尊宋贬汉，对乾嘉为平反者。故不识宋学，即无以识近代也"②。换言之，宋明理学不仅未在清代消失，且其影响亦非仅及于清初，而是贯穿于整个清代学术思想史。

对于清初言朱子学者，钱穆大致将其分为三类："顾亭林、王船山、张杨园、吕晚村诸人持于野，孙承泽、魏裔介、熊赐履、李光地诸人唱于上，独稼书上不在天，下不在地，以俯仰而先得两庑之祀"③，并且注意到清初朱子学的一个中心问题便是尊朱黜王，辨别朱陆异同。但是，钱穆在书中并未安排一个专门的部分讨论清初朱子学，比较详细论述的清初朱子学者也仅有吕留良、王懋竑与朱泽沄三人，且关注的重点集中于尊朱黜王、经世之学与政治思想等方面，未能全面反映清初朱子学的完整面貌。同时，钱穆认为清初官方朱子学的兴盛很大程度上是源于满清政府的操纵和利用，不仅无益于学术，而且使风气虚伪，人心麻痹，因而对于孙承泽、魏裔介、熊赐履、李光地等官方朱子学者，仅在论及"清初之朱陆异

① 钱穆：《国学概论》，商务印书馆1997年版，第246页。
② 钱穆：《中国近三百年学术史》，九州出版社2011年版，第1页。
③ 同上书，第288页。

同论"等处附带提及，且多贬斥之语，谓其倡导朱子学乃"仰窥朝廷意旨，以尊朱辟王为梯荣捷径"[①]，这样也就难以客观反映清初朱子学的社会作用与历史意义。

1941年，正值抗战之际，钱穆又应中央政府之请编撰《清儒学案》。全书分为四编，自孙奇逢以迄郑杲，共立六十四学案，延续黄、全两家《明儒学案》与《宋元学案》之体例，"所录一以讲究心性义理，延续宋、明以来理学公案者为主，其他经籍考据，概不旁及……备晚近一千年理学升降之全"[②]。可惜书成之后未及出版，便于抗战胜利之后的回迁途中沉入长江，仅存序目一篇，尚可窥其大略。借由《清儒学案序》不难看出，钱穆此书基本延续了其在《中国近三百年学术史》中对于清代学术思想史的定位与理解思路，注重学术发展演变的自身逻辑，故提出："清代经学，亦依然延续宋、元以来，而不过切磋琢磨之益精益纯而已。理学本包孕经学为再生，则清代乾、嘉经学考据之盛，亦理学进展中应有之一节目。"[③]同时，钱穆根据理学之派别与流变，将清代学术思想史分为"晚明诸遗老""顺康雍""乾嘉"和"道咸同光"四个阶段。这样，清初这一时期就被区分为"晚明诸遗老"和"顺康雍"两个阶段。前者甚为光辉灿烂，结宋明理学之局而能尽其变，于义理、践履、经世等方面皆有超越宋明理学之处，而后者则表现出极强的政治性和工具性，理学遂沦为满洲统治者牢笼人心、压束社会之利器。因此，钱穆对清初朱子学的评价亦表现出这种二分法的特点。对于明末清初以张履祥、吕留良、陆世仪等人为代表的明遗朱子学，钱氏尚表示推许，认为其人践履笃实，志节高蹈，不仅能守程朱矩矱，亦开学术之新响，而对于顺康雍年间以官方正学为代表的朱子学则多致不满，如谓陆陇其不能守节勿仕，论学专务株守，门户之见过深，"居乡里为一善人，当官职为一循吏，如是而止"[④]；批评李光地"经其书

[①]　钱穆：《中国近三百年学术史》，九州出版社2011年版，第79页。
[②]　钱穆：《清儒学案序》，《中国学术思想史论丛》（八），生活·读书·新知三联书店2009年版，第416页。
[③]　同上书，第411—412页。
[④]　同上书，第412页。

而纬其行"①，"论学不免为乡愿，论人不免为回邪"②。

此后，钱穆又陆续发表了《陆桴亭学述》《顾亭林学述》《陆稼书学述》《吕晚村学述》《王白田学述》等文章，后收入《中国学术思想史论丛》，继续探讨清初朱子学的相关人物与问题。诸文特重学术思想之考察，较为全面地阐发了这些清初著名朱子学者的学术特点和思想要旨，不乏独到之见，颇能补此前《中国近三百年学术史》等著作之未详，唯其对于清初朱子学的基本看法则未发生明显改变。钱氏认为，朱子学之流衍可大致分为性理修养之学、经史考据之学和章句注释之学三个方面，其在清初之代表则为陆世仪、顾炎武、吕留良、王懋竑等人。钱穆极称陆世仪、顾炎武二人之学，谓其于理学经济、明体达用、内圣外王皆能兼而有之，故推为明末清初朱子学之表率。在他看来，陆世仪不但博闻堪比顾炎武，更邃于性理，"其阐明性理，则粹然考亭矩矱……而其言治道，亦复原本经史，博究古今之变，而尤能泯化史学襞积"③；而顾炎武论学虽表面上与理学面目不同，但其精髓所在皆出自朱子，非乾嘉学者可比，且"昔人多注意羽翼圣功，而亭林特潜心发挥王道"，又能合义理、考据为一体，"实为后人治朱学者开辟新疆宇，灌输新血脉"。④ 其论吕留良，则谓晚村虽以批选八股成名，却异于时俗之选手，能得朱子论文之渊旨，且深恶当时理学家之讲学纷纭，"专以朱子《四书注》为学，则实为理学史中所特有之格局"⑤；论王懋竑，则谓其以经史考据之业治朱子，虽不脱章句注释之圈套，"终为能以考据治朱学之唯一人物"⑥，"可为宋、明六百年理学作殿军"⑦。相较之下，陆陇其虽称清代第一醇儒、正学宗师，且操履纯正，仕宦不达，钱穆亦承认其为人与当朝权贵尊朱者不同，但仍批评其学术仅为一种四书

---

① 钱穆：《清儒学案序》，《中国学术思想史论丛》（八），生活·读书·新知三联书店 2009 年版，第 427 页。

② 同上书，第 412 页。

③ 同上书，第 22 页。

④ 同上书，第 84 页。

⑤ 同上书，第 159 页。

⑥ 同上书，第 217 页。

⑦ 同上书，第 209 页。

之学而已，乃明末讲章家言，显非朱子之学，又责其学门户之见太深，"深究之，则空洞无物。此乃理学中一乡愿，而依傍门户以自高"①。

平心而论，陆陇其与吕留良二人论学宗旨相同，皆崇朱黜王，一本朱子《四书章句集注》，可谓同为朱子四书之学，且吕留良门户之见更甚，不仅极力攻击明代心学家与讲学家为异端邪说，并南宋以下朱子学者而非之，至谓："儒者正学，自朱子没，勉斋、汉卿仅足自守，不能发皇恢张，再传尽失其旨。如何、王、金、许之徒，皆潜畔师说，不止吴澄一人也。自是讲章一派，日繁月盛，而儒者之学遂亡。"② 陆、吕二人学术相近，仅出处不同，而褒贬之间却悬绝若此，可见钱氏品评清初学术之标准。

新中国成立后，随着社会制度和意识形态的改变，马列主义和唯物史观成为学术界的指导思想，学者们的学术兴趣和研究方法亦随之发生转变。具体到清代学术思想史领域，除了乾嘉学派与经学考据的某些问题继续得到一定讨论之外，学者们的关注焦点主要集中于清代的"启蒙"思想、唯物论思想与反封建思想等方面，而清代朱子学作为官方哲学，往往被简单、笼统地视为封建制度的附庸与糟粕，从而长期处于被反对和批判的位置，相关人物与思想的研究自然也就乏人问津了。例如侯外庐主编的《中国思想通史》《中国思想史纲》《中国哲学简史》与杨向奎的《中国古代社会与古代思想研究》，作为当时出版的几部比较有影响力的思想史、哲学史著作，在叙述清代学术思想时，皆未论及清初朱子学。此后，由于"极左"思潮不断发展，"以阶级斗争为纲"的思想被贯彻到国家、社会的各个领域，学术研究受到政治运动的极大破坏，传统儒学更遭到严厉批判，关于清代朱子学的研究亦陷入停滞与倒退。

而在同一时间，台湾学界关于清代学术思想史与清初朱子学的研究仍在原有的轨道上延续着。除了上文提到的钱氏诸文之外，陆宝千所著《清代思想史》中的第三章亦讨论"康熙时代之朱学"。此章分为四节，第一

---

① 钱穆：《陆稼书学述》，《中国学术思想史论丛》（八），生活·读书·新知三联书店 2009 年版，第 151 页。

② （清）吕留良：《吕晚村先生文集》卷五《程墨观略论文》，《续修四库全书》第 1411 册，上海古籍出版社 1995 年版。

节主要介绍熊赐履、李光地、汤斌、张伯行、陆陇其、杨名时、朱轼、蔡世远等康熙朝重要的理学名臣；第二节以张烈的《王学质疑》为代表，较为细致地辨析了当时官方朱子学者对于王学理论的批判；第三节介绍陆世仪、张履祥、吕留良、朱用纯、应㧑谦等民间朱子学者；第四节则略论康熙朝之后朱学的衰落。总体而言，陆宝千对清初朱子学基本持肯定态度，指出清初朱子学的流行不仅源于朝廷的提倡，更是明末以来学术演变的自然趋势。而清初朱子学不仅影响于一代学术风尚，亦对当时社会的恢复与发展产生了积极作用，"清代前期国力之发皇，由于清圣祖能以程朱之学，为其施政之指导观念也"①，康熙一代之治，实有赖于诸多"从事于涵养主敬之学而淳行厚德"②的朱学官员。与此同时，在思想方面，作者也批评了官方朱子学者门户之见过深，理论水准不高，"于阳明知之不真，故评之不切，其所以断断于阳明者，欲借此以示尊朱耳"③，因而认为康熙一代之朱学在野而不在朝。对于民间朱子学，作者除了阐述其注重经世的学术特色之外，还根据朱、王对于"心"及为学工夫的不同理解，指出其"虽以尊朱为名，实为王学化之朱学，非朱学之本来面目"④，可谓独具只眼，颇有新意。

20 世纪八九十年代之后，随着政治的拨乱反正和经济的恢复发展，我国传统的历史文化与思想资源重新引起人们的关注与重视，许多学者试图通过不同的角度与面向来认识和叙述清代学术思想史，从而推动了相关研究的进一步深入与提高。其中，学术界对于清初朱子学的研究就取得了不少可喜的成果。

譬如，由侯外庐、邱汉生、张岂之主编的《宋明理学史》在叙述"明末清初对理学的总结及理学的衰颓"时，就颇为详细地讨论了陆世仪、陆陇其和李光地三位清初朱子学者的理学思想，其理论深度和取材范围皆是此前清初朱子学研究所少有的。

---

① 陆宝千：《清代思想史》，华东师范大学出版社 2009 年版，第 119 页。
② 同上书，第 157 页。
③ 同上书，第 142 页。
④ 同上书，第 147 页。

陈鼓应、辛冠洁、葛荣晋主编的《明清实学思潮史》则从实学思潮发展的角度阐述明清思想史，其中亦详细探讨了陆世仪"讲求实用为事"的思想、张履祥的"经济之学"思想、吕留良的"尊朱辟王"思想，以及陆陇其的"舍虚求实"思想等清初重要朱子学者的实学思想。而此后葛荣晋主编的《中国实学思想史》又进一步讨论了明清之际实学思潮高涨与朱子学复兴之间的关系。作者认为，清初统治者选择朱子学作为官方统治思想，既是当时社会政治需要的反映，也是晚明学术思想发展的必然结果。他将清初朱子学大致分为官方朱学和民间朱学两大类。其中，官方朱学的代表人物主要有魏裔介、魏象枢、汤斌、熊赐履、李光地、张伯行、张烈、陆陇其等人，而民间朱学的代表人物则有刁包、陆世仪、张履祥、吕留良、党成、张夏等人。清初的官方朱学和民间朱学之间虽有差异，但皆深受明清之际实学思潮的影响，同样具有注重实践实行、强调经世致用的时代特征，并且充实、发展了当时的实学思潮，因此不再是宋明理学的简单重复，而成为明清之际整个实学思潮的一个重要组成部分。"可以这样说，清初的朱子学是实学化了的朱子学，重在发扬朱子学中的重实践、重经世的实学精神，充分反映了清初的时代精神。"①

王茂、蒋国保、余秉颐、陶清所著《清代哲学》在论述清初程朱理学时，则根据从事者的身份、地位和讲论的内容，将其分为殿堂理学、馆阁理学与草野理学三种类型，与钱穆的分类颇相类。其中，殿堂理学的主要代表人物有熊赐履、李光地、魏裔介、张伯行等人。在作者看来，他们的哲学主要不是学术性的，而是政治性的。其不遗余力地排击王学，是为了镇服明末以来放纵的人心，以整理和建立封建主义的纲纪。而他们的理学讲论，也是为了向新的统治集团灌输理学常识，以此来保持理学的独尊地位。馆阁理学的主要代表人物是陆陇其与张烈，其人数亦复不少。此辈掊击王学最为出力，陆陇其的《学术辨》与张烈的《王学质疑》可为代表。他们不像殿堂人物那样出言矜慎圆融，而是敢于大胆论断明朝亡于王学，从政治上宣判王学的死刑，并将王学归于佛禅，从教义上开除王学的儒

①　葛荣晋主编：《中国实学思想史》（中卷），首都师范大学出版社1994年版，第458页。

籍。作者认为，馆阁理学是清初朱子学的主将，其对王学的批评带有相当的理论性，且有不少合理、中肯的成分，对于清初王学的衰退起到了重要作用。但他们的门户之见过深，亦招致后来学者的批评。而草野理学则以张履祥为代表，是许多在乡学者所日常实践的哲学。他们一般不做深入的理论探讨，也不做触及社会政治问题的议论辩说。对于程朱理学，他们幼而诵习，长而躬行，以"敬"或"静"的工夫操持身心。他们除了自己笃行守志以外，也开馆授徒，传播理学。对其而言，理学只是在乡里宗戚中酬酢周旋的实践原则。因此，草野理学是理学在社会中下层中的基础力量，但不是理论活动中的活跃成分。接着，作者具体论述了熊赐履、李光地、陆陇其、张履祥的理学思想，并且较为详细地分析了清初康熙年间张烈与毛奇龄关于王学是非的争论。在作者看来，正是由于朱学与王学的互相攻击，使得两派理论都停止发展，可谓两败俱伤，同归于尽。而朱、王两派理论的破产，则为清中叶考据学的兴起与发展扫清了道路。

汤一介、李中华主编，汪学群所著的《中国儒学史》（清代卷）在叙述框架和篇章结构上沿袭了梁启超对于清代学术思想发展脉络的理解，将清代儒学分为理学、汉学和今文经学三种先后相继的形态。作者指出，理学是清代儒学的第一种典型形态，以顺治、康熙、雍正三朝为盛，至乾隆、嘉庆时期开始衰落，从而又将清代理学分为"明代遗民的理学""顺治、康熙、雍正时期的理学"和"乾隆、嘉庆时期的理学"三个阶段。其强调在清代初期，理学占据统治地位，整个学术话语权归于理学，不仅是理学内部的争论，而且各种赞同或反对理学的观点、争论也都应该包括在理学研究的范围之内。因此，该书在叙述清代理学时，其考察范围与人物选取基本集中在清代初期，而朱子学作为清代理学的主流，自然在其中占据最大的分量。

汪学群在概括明代遗民理学的特点时，其中很重要的一条便是通过对王门后学的批判，使理学由王学转向朱子学，并为朱子学由民间之学转变为庙堂之学奠定了基础。而顺康雍时期的理学更是直接表现为朱子学的官方化。"这一时期的理学已失去明遗理学的宽容与豁达、朱王兼采以及批判济世的精神，而沦落于朱王之间的门户争论。伴随着朱王门户之争，王学为官方所不喜而逐渐被冷落，朱子学则登上庙堂，渐趋官方化，成为政治的附庸。"① 在具体论述清初朱子学的发展时，作者选取了张履祥、陆世仪和李光地三人作为代表，体现了清初朱子学由民间向官方转型的发展趋势。而在这一过程中，存在着明遗朱子学与儒臣朱子学两种典型形态。张履祥、陆世仪属于前者，而李光地则是后者的代表。"就学理而言他们虽然都奉朱子为圭臬，都尚躬行、务实，但由于政治立场不同，其用心也有所不同。明遗朱子学反思明亡教训，儒臣朱子学则使其变成官方之学而不遗余力，朱子学成了为新朝服务的意识形态。"②

　　龚书铎主编，史革新著《清代理学史》（上卷）则从理学自身发展演变的脉络、主要理学家的理学思想、理学内部的争论、理学与其他学派的交涉，以及理学与政治、社会、文化的关系等多个方面综合探讨了清初理学，其中自然有大量内容涉及清初朱子学。作者首先概述了顺治、康熙、雍正三朝的文化政策，认为清初政府奉行的崇儒重道、表彰理学的文化政策，康熙帝本人对于朱子理学的兴趣与偏尚，以及当时思想文化领域的高压政策，共同推动了清初理学特别是朱子学的兴盛。与此同时，从学术思想自身发展的角度，作者分析了明末清初的学术格局，将其特点归纳为提倡经学、重视诸子学、经世致用思潮兴起和西学传播四个方面，并且通过列举清初河南、陕西、山西、江苏、浙江、福建、安徽、两湖八个地区的重要理学家来说明清初理学的流布情况。

　　接着，作者介绍了清初理学士人的学术反思，以及早期启蒙思想家对于理学的批判，并且着重探讨了清前期重要的程朱理学家的理学思想。在此，史氏同样将这些程朱理学家分为"高居庙堂的理学家"和"民间的理学家"两大类。其中，前者以熊赐履、陆陇其、李光地为代表，后者则以陆世仪、张履祥、吕留良为代表。这两类程朱理学家作为清初理学复兴的重要力量，其学术思想与政治立场虽不尽相同，但在客观上却相互呼应，共同推动了当时程朱理学的复兴。此外，作者还讨论了清初的程朱、陆王

---

①　汪学群：《中国儒学史》（清代卷），北京大学出版社 2011 年版，第 24 页。
②　同上书，第 123 页。

之争，王门后学对于朱学的兼容，以及清初理学与颜李学派、经学、文学、西学的交涉和争论，比较全面地考察了清初朱子学与清初学术的关系，其中有不少问题是过去研究清初朱子学的学者所未曾措意的，从而反映出该书较为宽广的研究视野，进一步拓展了清代理学史研究的范围。

而作为一本专论清初朱子学的著作，林国标所著《清初朱子学研究》继承了葛荣晋在《中国实学思想史》中的相关判断，主要从经世之学的角度来理解清初朱子学的思想内涵与精神特质。这一点从其书的副标题《对一种经世理学的解读》亦可以清楚地看出来。全书分为引论、总论、分论与余论四部分，尤以总论和分论两部分为重点。总论部分从总体上介绍清初朱子学的学术背景、理论渊源、基本理论旨趣及其历史影响，而分论部分则将清初朱子学划分为"遗民期""重塑期"与"官学期"三个阶段，然后具体分析各个不同时期朱子学的代表人物的思想理论。

其中，"遗民期"以张履祥、陆世仪、张尔岐、吕留良等晚明遗民学者为代表，皆为在野的知识分子。作者认为，这一时期朱子学者的特点在于其尊奉程朱是发自内心的真情实感，是反思传统学术之后的理性选择，因而不仅对朱子学多有发挥和修正，对于王学的弊端亦能平实而论。同时，他们的生活实践与自身所倡导的理论基本一致，并且拥有担当道义的责任感。从学术思想上看，这一时期朱子学注重的是儒学中"为己"的一面，重视道德践履及对理论本身的理解。"重塑期"以陆陇其、熊赐履、张烈等具有官方背景的学者为代表，是大规模重塑和宣扬朱子学的时期，也是学者们重塑朱子学新样式以为统治者所理解和接受，并适应时代需要的时期。因此，这一时期的朱子学在理论上较少发挥，其着重点在于寻找到一种合适的解释样本，以使朱子学为统治者所接受。"官学期"则以汤斌、李光地、张伯行等理学名臣为代表，是朱子学已被统治者确立为官方意识形态之后走向综合化和实用化的时期。由于"官学期"的朱子学表现为一种折中性的理学，它的综合性和妥协性使其排除了"重塑期"的门户观念而具有某种开放性的品格。"这表明，纯理学在逐渐消逝，新的观念如科学观念、经世观念、实行观念在逐渐形成，这就为其他新学科的登场准备了条件。"① 应该说，林国标以经世之学来理解和概括清初朱子学有其合理性与解释力，但若仅仅将清初朱子学限制在经世之学的范围内，则又不免损害了其丰富性与复杂性，且容易在某些思想问题的解读上出现削足适履的可能。

除上述著作外，尚有一些专论朱子学的著作论及清初朱子学或清初福建朱子学，尽管其数量不多。譬如，高令印、陈其芳合著的《福建朱子学》就概述了清初朱子学复兴的背景、原因与表现，并且重点讨论了李光地、蔡世远、蓝鼎元、童能灵等清初福建朱子学者的理学思想。作者指出，随着清初朱子学乘明末王学衰落而兴起的趋势，福建学者几乎全部尊奉朱子学。且与全国其他地区相比，福建朱子学尤为兴盛。究其原因，既是由于清初朝廷对福建地区的特别重视，以及巡抚张伯行的大力提倡，也因为福建是朱子学的故乡，有阐扬朱子学的悠久传统。作者还认为，清初福建朱子学者为了复兴朱子学，特别注重读书、敦实、卫道、尚节义，并积极传道，从而形成了弃虚尚实的学术特点。傅小凡、卓克华所著《闽南理学的源流与发展》亦以朱子理学为研究对象，讨论了朱子理学在闽南地区的流传和发展过程。其中的清代部分选取李光地、蓝鼎元、蔡世远三位闽南朱子学者为代表，主要从本体论、主体论和认识论三个方面对其基本哲学思想进行了较为详细的梳理和诠释。尤其是通过考察每位朱子学者对于基本哲学范畴的不同解释，颇为准确地反映了他们各自的哲学思想特点。

三 清初朱子学研究的反思与本书的思路、构想

综上可知，到目前为止，我国学术界关于清初朱子学的研究主要还是置于整个学术思想史的大框架下进行叙述的，因而其研究视角、内容与成果除了受到政治、经济、社会环境等外部因素的影响之外，自然也受到各种传统或外来的思想史写法的影响。总的说来，前辈学者从不同角度对清

---

① 林国标：《清初朱子学研究——对一种经世理学的解读》，湖南人民出版社 2004 年版，第34 页。

初朱子学的时代背景、理论渊源和发展变化做了不少有益的讨论，特别是对某些重要的清初朱子学者的生平事迹、学术传承和基本思想做了比较详尽的考证和阐发，使得我们能够对清初朱子学的基本情况有一个大致的了解，为后来的研究者开辟了道路，奠定了基础，筚路蓝缕，功不可没。但是，不容讳言，长期以来在清初朱子学的研究领域内仍然存在并积累了一些问题，需要引起我们的足够重视和认真反思，以便更好地推进这方面的研究。

首先，在传统的思想史论述中，学者们对于清初朱子学普遍关注过少，评价较低。在翻阅相关的思想史著作时不难发现，许多作者在叙述到本该属于清初朱子学的思想年代或思想门类时，或者避而不谈，直接忽略，或者轻描淡写，一笔带过，抑或遵照惯例似的重复前人的那几句评语，很少见到真正深入的分析与批评。之所以会出现这种状况，大概有两方面原因。一方面，由于时代环境的影响，在相当长的一段时期内，救亡与启蒙成为中国人所面临的最为迫切的任务，反映到思想学术上，便突出地表现为向西方学习和反传统文化的思潮。因此，学者们关于清代思想史的研究兴趣便主要集中在清初经世学风与所谓"启蒙"思想、乾嘉考据及清末思想变革等几个方面，自然无暇顾及看似传统守旧的清初朱子学。另一方面，学者们在研究传统思想史的时候，习惯于把讨论的焦点集中在思想家或思想学派的义理思辨上，并以思想、义理的高深玄妙及其创造性、进步性等作为评价的主要标准，有意无意地忽略了其在历史上所占的真实地位，以及在当时学界和社会实际发挥的作用和影响，从而容易把复杂多因、曲折变化、综合形塑的思想史描绘成一部一线单传、线性发展、与外部历史环境相隔绝的单纯观念史。而清代一向被认为是理学之衰世，理学发展到清初已被视作穷途末路，清初朱子学只不过是宋明朱子学的余波，代表了传统理学的停滞、衰落乃至终结，因而在上面那种思想史中根本不存在它的位置，自然也就失去了研究的价值和必要。

随着时代的发展，环境的改变，上面所提到的第一种情况目前已然得到极大的改观，越来越多的学者开始注意到清初朱子学，并在这方面做了不少研究工作。而学术界中沿袭已久的对于清初朱子学和清代理学的偏见，显然并不符合历史事实。相信随着清代思想史研究的不断深入，当时思想界的实际情况也将日益清晰，其中的误解也就相对容易得到澄清。关于这一点，上文已多有论及，在此就不赘述了。倒是那种传统的思想史写作方法，深入人心，根深蒂固，其影响力之深远，时至今日恐怕仍然支配着很大一部分学者对于思想史的观察视角、叙述方式和研究方法。

诚然，宋明理学发展到清代，可以说是陷入了某种困境。尤其是在义理方面，承继有余而发明不足，确实呈现出一种停滞、衰落之相。有清一代，既没有出现像朱熹、王阳明那样开一代风气的理学宗师，也没有产生某种足以与前代比肩的理学思想体系。正如钱穆所云：“清儒理学既无主峰可指，如明儒之有姚江；亦无大脉络大条理可寻，如宋儒之有程朱与朱陆。”[①] 应该说，从北宋五子到阳明后学，从朱熹的“和会一切”到阳明的“扫荡一切”，历经数百年的发展演变，传统理学的思想余韵几乎已阐发殆尽，走到了自身理论逻辑的尽头。而明末清初以来思想界对于理学所谓空谈心性的批判，整体学术风气的转变，以及清代严厉的文化高压政策，都限制了理学思想的进一步突破与发展。因此，清代理学在义理方面呈现出这种衰落之相，可谓在情理之中，是完全可以理解的。

但是，如果变换一个角度来看待清初朱子学，我们又可以得到另外一种完全不同的理解。从儒学的思想观点和自身定位来看，它是主张积极入世的，因而具有十分强烈的实践品格和“以天下为己任”的担当精神，强调内圣与外王相贯通。儒者经过刻苦的学习、修养，达到体证天理、安身立命的境界之后，仍然希望由一身推及天下，由内圣推出外王，通过重新安排天下秩序，变“天下无道”为“天下有道”。余英时将其称为“儒家的整体规划”。由此不难看出，儒家所贵者并非“托之空言”，而是“见之行事”。故而孔子虽对管仲的个人品行颇有微词，却在更高的层面上许其以仁，赞扬“桓公九合诸侯，不以兵车，管仲之力也。如其仁，如其仁”[②]，又谓“如有博施于民而能济众……何事于仁，必也圣乎！尧、舜其

---

① 钱穆：《清儒学案序》，《中国学术思想史论丛》（八），生活·读书·新知三联书店 2009 年版，第 417 页。

② 《论语·宪问》，中华书局 2006 年版，第 213 页。

犹病诸"①。孟子虽重视心性修养，但他推崇伊尹，却以其"思天下之民，匹夫匹妇有不与被尧、舜之泽者，若己推而内之沟中，其自任以天下之重也"②。荀子则特别强调儒学的社会政治功能，认为大儒应该能一天下、安百姓，提出："儒者法先王，隆礼义，谨乎臣子而致贵其上者也。人主用之，则势在本朝而宜；不用，则退编百姓而悫，必为顺下矣。……无置锥之地而明于持社稷之大义；鸣呼而莫之能应，然而通乎财万物、养百姓之经纪。势在人上则王公之才也，在人下则社稷之臣，国君之宝也。……儒者在朝则美政，在下位则美俗。"③ 春秋战国之后，汉代今文学家主张"缘经术以饰吏治"，自不待言，即便到了理学大发展的宋代，理学家亦多怀民胞物与之心、拯民救世之志，冀图将其所得之道用之于世，以重建三代之治。故程颐曰："君子之道，贵乎有成，有济物之用，而未及乎物，犹无有也。"④ 陆九龄亦云："窃不自揆，使天欲平治天下，当今之世，舍我其谁？苟不用于今，则成就人才，传之学者。"⑤ 可证儒家的这种济世精神实乃一以贯之的。

从儒学发展演变的客观历史来看，自汉武帝"罢黜百家，独尊儒术"之后，儒学就成为我国传统社会的主导思想和官方意识形态，其发展过程是与现实政治紧密联系的。它不但为社会提供统一、权威的价值标准和行为规范，而且逐渐积淀为中华民族共同的文化心理结构和信仰体系。而朱子理学之所以能够在南宋之后的几百年中始终保持官方意识形态的地位，很重要的一点就在于其重视个人道德修养的同时，也注重对于自然事物、历史兴衰、典章制度、社会结构、礼制规范等各方面知识的讲习，并且它比较强调外在伦理规范的普遍性及其对人的制约作用，因而更切近现实政治和社会运行的需要，有利于维护政权的稳定、社会的秩序，以及大一统国家的凝聚力和向心力。

① 《论语·雍也》，中华书局 2006 年版，第 83 页。
② 《孟子·万章下》，中华书局 2006 年版，第 218 页。
③ （清）王先谦：《荀子集解》卷四《儒效》，中华书局 1988 年版，第 117—120 页。
④ （宋）杨时编辑：《二程粹言》卷之下《人物篇》，中华书局 1985 年版，第 99 页。
⑤ （清）黄宗羲、（清）全祖望：《宋元学案》卷五十七《梭山复斋学案·复斋文集》，中华书局 1986 年版，第 1873 页。

　　由此可见，传统的儒学，包括朱子学在内，并不像西方的哲学那样，只是一种单纯的学术理论或抽象思辨，而是一整套包罗万有的思想体系，以及支撑传统社会存续的精神主干。它不但要解决个人认识世界、修养身心和终极关怀等问题，还试图通过各个局部、各个层面上的不断努力，最终造成一个合理的人间秩序。可以说，由自家身心以至家国天下，都包括在儒学的范围之中。加之儒学与政治之间的紧密联系，使得儒学借由政治、经济、社会、教育种种制度的建立，成为一套制度化的生活方式和全社会所普遍遵循的信仰与原则，从而与生活于其中的每一个个体发生关系。因此，当我们在评价清初朱子学的时候，或许可以更多地从它的社会作用和历史价值方面来着眼，从中发现一些容易被传统思想史研究所忽略的事实。

　　若从这个角度观察，当明清鼎革之际，在政权更迭，人心不定，民族矛盾尖锐，社会经济、传统文化和原有的社会组织受到极大威胁和破坏的情况下，重新确立一套行之有效的思想信仰系统和伦理价值系统便成为社会上下的共同需要和当务之急。经过一番权衡较量，兼容思想性、政治性与实用性等多重属性的朱子学最终成为清朝统治者和汉族士人的共同选择，承担起"道统"与"治统"相合一的角色。故而康熙帝盛赞朱子学"体道亲切，说理详明，阐发圣贤之精微，可施诸政事，验诸日用，实裨益于身心性命……驾乎诸家之上"①，并下旨大量刊刻、颁布《性理大全》等程朱理学典籍，谓其"穷天地阴阳之蕴，明性命仁义之旨，揭主敬存诚之要，微而律数之精意，显而道统之源流，以至君德圣学、政教纲纪，靡不大小皆该，而表里咸贯，洵道学之渊薮，致治之准绳也"②。同时，清初朱子学者对于日常道德践履的普遍重视，及其在民间基层致力于推行教育、教化的努力，亦使得一般民众进入到制度化的道德秩序体制之中，从而导致承担、维护社会秩序与政治秩序的主体进一步由统治阶层向庶民阶

---

　　① 《康熙几暇格物编译注》卷上之下《文章体道亲切惟有朱子》，李迪译注，上海古籍出版社 2007 年版，第 65 页。

　　② （清）张玉书编：《圣祖仁皇帝御制文集》第一集卷一九《性理大全序》，《景印文渊阁四库全书》第 1298 册，台湾商务印书馆 1983 年版。

层扩展、转移。① 诚然，与清政权的紧密结合使得清初朱子学丧失了一定的独立性、批判性和创造性，却也奠定了儒家思想在清代的统治地位，推动了清朝政权的汉化，缓和了民族间的对立和隔阂，从而在维护国家统一，促进民族融合，稳定社会秩序，以及恢复、传承传统文化等方面发挥了积极作用，应该充分肯定其在历史上的价值和意义。

其次，由于中国近代以来所遭受的深重危机，民族主义成为社会各阶层、各领域的主流话语，学术界也不例外。正是因为长期受到民族主义思想的影响，加之学术与现实政治之间过于紧密的联系，使得学术界对于清初朱子学派普遍抱有某种成见，从而经常导致对清初朱子学者个人的一种先入为主的负面评价。在清末民初特殊的时代背景下，各地反清起义风起云涌，排满革命思想盛行，推翻专制统治，实行民主共和成为时代进步的要求。因此，清朝政权不但象征着异族的统治和压迫，同时也象征着万恶的封建专制制度。当时许多新派学者，包括对传统文化持认同态度的学者在内，都对革命表示同情，反对清政府的腐朽统治，并且借助于对明末清初这段惨痛历史的叙述来激发汉人的民族意识和反抗精神。同时，从鸦片战争到抗日战争，在整个中国近代史中，国家不断遭到外国列强的侵略与掠夺，亡国灭种的危机感时时刻刻萦绕在国民心头。在这种内外交困的环境中，人们很自然地会联想到明亡前后的那段历史，从而使得有关满洲入侵和压迫的集体记忆被不断地唤醒和强化。正如钱穆在其《中国近三百年学术史》自序中所言："斯编初讲，正值'九一八事变'骤起。五载以来，身处故都，不啻边塞，大难目击，别有会心。"② 在这种情况下，学者们在叙述明末清初这段历史的时候，有意无意地将明遗民塑造成为民族英雄、革命斗士或启蒙先驱，而许多清初朱子学者因为选择与清政府合作，出仕为官，便被目为丧失气节、贪慕禄利、背义邀宠的无耻小人、民族叛徒。因此，在评价清初朱子学者时，往往以道德评价代替学术评价和历史评价，一旦发现某人"大节"有亏，便很容易在处处都发现其品行不端的痕

---

① 参见［日］沟口雄三《转型期的明末清初》，［日］沟口雄三《中国的历史脉动》，乔志航、龚颖等译，生活·读书·新知三联书店 2014 年版，第 216—221 页。

② 钱穆：《中国近三百年学术史·自序》，九州出版社 2011 年版，第 3 页。

迹，于是宣布人格破产，其他方面的贡献与成就也就不值一提了。

当然，这种看法的产生在当时的时代背景和学术语境下有其合理性与必然性，是完全可以理解的。但是今天既然已经超脱了那个年代的具体情境，面对完全不同的时代课题，自然可以、也应该站在一个相对平等、客观的角度来重新审视那段历史和其中的人物。回到清初的实际情况，正如张履祥所云："方昔陆沉之初，人怀感愤，不必稍知义理者亟亟避之，自非寡廉之尤，靡不有不屑就之之志。既五六年于兹，其气渐平，心亦渐改，虽以向之较然自异，不安流辈之人，皆将攘臂下车，以奏技于火烈具举之日。"① 民族主义的话语虽然看似天经地义、不可辩驳，一旦其产生的社会、历史背景发生改变，其瓦解与消退的速度也同样出乎意料的迅速。随着时间的流逝，明亡的惨痛记忆在普通民众心中不免渐渐淡去，更年轻一辈的人甚至未曾经历过亡国之痛，其与明朝之间的联系仅仅存在于由老一辈的回忆、讲述与著作而得来的想象之中。而清朝皇帝也接受了汉人的传统文化和政治制度，实行"满汉一体"的怀柔政策，宣称"本朝之为满洲，犹中国之有籍贯"②，不断强调"自古帝王之有天下，莫不由怀保万民，恩加四海，膺上天之眷命，协亿兆之欢心，用能统一寰区，垂庥奕世。盖生民之道，惟有德者可为天下君。此天下一家，万物一体，自古迄今，万世不易之常经，非寻常之类聚群分，乡曲疆域之私衷浅见所可妄为同异者也。……我朝既仰承天命，为中外臣民之主，则所以蒙抚绥爱育者，何得以华夷而有更殊视"③，又提出"自我朝入主中土，君临天下，并蒙古极边诸部落俱归版图，是中国之疆土开拓广远，乃中国臣民之大幸，何得尚有华夷中外之分论哉"④，从而以一套文化、道德上的普遍主义，以及事功上的巨大成功，逐渐建构起清朝统治的合理性与合法性。

康熙二十三年（1684）之后，随着三藩之乱的平定和台湾的收复，使

---

① （清）张履祥：《杨园先生全集》卷四《与唐灏儒三》，中华书局 2002 年版，第 77 页。

② 《大义觉迷录》卷一，沈云龙主编《近代中国史料丛刊》第 36 辑，文海出版社 1969 年版，第 4 页。

③ 同上书，第 1—3 页。

④ 同上书，第 10 页。

得清政府基本确立了对全国范围的有效控制，清初以来一直动荡不安的局面终于得以安定。在此前后，康熙帝积极调整统治策略，推行一系列汉化政策，颁布了以儒家思想为核心的"圣谕十六条"作为治国纲领，又举山林隐逸，开博学鸿词，重开《明史》馆，以奖崇儒学，笼络士人，同时实行与民休息的政策，集中精力治理河务，整顿漕运，兴修水利，奖励垦荒，减免税赋，使得农业生产逐渐恢复，社会经济快速发展，一时人心思定，民族矛盾趋于缓和，激烈的民族主义在社会上越来越失去认同的基础。这时，反清复明实际上已成为一句空话，许多明遗民开始放弃与清政府的激烈对抗，转而与新朝的显宦、名流相互交往论学，甚至出游幕府，而其后辈子弟也逐渐出来应试做官，此所谓"遗民不世袭"也。若换个角度来看，长期的隐逸虽可成全一己的名节，但与儒家入世行道的基本原则不免有所冲突，亦很容易对儒学的地位与发展造成损害。如陆世仪即云："历观古今以来，大抵经时变革，一时贤者，不死于忠节，则归于隐遁，其或去而入于空释者，更多有之。……然而圣道自此日晦，世界自此日坏矣。"[1] 在这种情况下，如果仍然沿用严苛的道德标准来要求清初的朱子学者，显然是不合适的。更何况这种道德评价标准往往还带有浓厚的封建忠君思想和汉族中心主义的色彩。

再次，即便是那些重视清初朱子学价值与意义并从事相关研究的学者，其研究内容也主要集中在个别著名朱子学者的重要思想上，而这些重要思想又以心性理气、道德性命等形上学命题为主。这方面的研究成果虽然丰富了我们对于清初朱子学的认识，较为详尽地阐述了清初朱子学的哲学思想内涵，但又不免限制了观察的视角，忽略了学术与时代之间的互动关系，因而无法展现清初朱子学作为清初儒学主流形态的全部意义和完整面貌，反而给人一种衰落、重复的印象。

20 世纪以来，西方学术与思想开始大量传入我国，并且逐渐掌握学术话语的主导权，改变了我国传统思想学术的理解与研究范式。受到西方哲

---

① （清）陆世仪：《陆桴亭思辨录辑要》卷二十《治平类·学校》，中华书局 1985 年版，第204 页。

学形式、标准以及哲学史研究方法的影响，学者在研究传统儒学的时候，不免要先经过一番取舍拣择的工夫，从而将其中与西方哲学类似的思想内容抽离出来进行哲学分析和研究。久而久之，学者往往在不知不觉中就将当初抽离出来、经过整理剪裁的东西当作儒学本身。对于以心性之学著称的理学来说更是如此。人们往往将心性之学直接视作理学的全部内容。因此，必须将清初朱子学放在整个儒学传统与当时的时代环境之中加以考察，才能比较全面地了解它的真实面貌。

如前所述，这一状况的出现除了受到西方学术的影响之外，还与我国传统思想史类著作的写作方式有着深刻的关联。因为在传统的思想史研究和写作中，关注的焦点总是集中于个别天才思想家及其经典著作之上，然后简单地将其按照时间的先后顺序连贯起来，构成一个连续、稳定的整体，所以一部思想史很容易就会变成一幅《雅典学园》式的思想家展示画。而这幅思想史的展示画很可能由于过度的简化与理想化，而丢失了过多的细节与内容，从而导致不同程度的失真。如果将那些看似平淡、琐碎的细节填补上去，就会发现原来真实的、有血有肉的思想史并不完全是由这些天才思想家所独占和垄断，也往往不是像我们所想象的那样依照某种既定的模式一帆风顺地线性发展。

当我们意识到这一点，并开始反思传统的思想史写作方法的时候，不免更加清楚地发现其中所埋藏的种种问题和困难。对此，葛兆光就提出了他的三个疑问：第一，思想的历史与现实的历史在时间顺序上不一定同步，而天才思想家对于时代的影响方式和影响程度也有很大不同。"虽然这些天才思想可能在一般的知识、思想和信仰世界中获得常识，但它们总是溢出常识之外，成了思想史上的'非连续性'环节。"因此，"仅仅由思想精英和经典文本构成的思想似乎未必一定有一个非常清晰地延续的必然脉络，倒是那种实际存在于普遍生活中的知识与思想却在缓缓地接续和演进着，让人看清它的理路"。第二，"精英和经典的思想未必真的在生活世界中起着最重要的作用，尤其是支持着对实际事物与现象的理解、解释与处理的知识与思想，常常并不是这个时代最精英的人写的最经典的著作。……真正的思想，也许要说是真正在生活与社会支配人们对宇宙的解释的那些知识与思想，它并不全在精英和经典中"。第三，"思想史对于精英与经典的历史性的位置确认，常常是因为'溯源的需要''价值的追认''意义的强调'等原因引起的"。事实上，某些精英和经典在当时恐怕并未发生像思想史著作中所说的那么巨大与深远的影响，反而是一些被排除在书外的东西却有可能真的在思想史上留下过深深的印迹。① 应该说，葛兆光的这些批评颇能切中要领，且具有相当的代表性。它说明传统的思想史写作方法是存在缺陷的，难以完整反映思想历史的真实面貌。

其实，周作人在 20 世纪 30 年代谈到《达生编》《戒淫宝训》《太上感应篇》等广为流传的民间典籍的价值时，就曾注意到这一问题。在他看来，"研究中国文化，从代表的最高成绩看去固然是一种方法，但如从全体的平均成绩着眼，所见应比较地更近于真相"②。因此，他主张对于各种民间思想的典籍与不成文的风俗礼节要广加采集，深加研究，以此更好地了解国民思想的真相。而葛兆光则进一步提出了内涵更广的"一般知识、思想与信仰"的概念。他特别强调，"一般知识与思想"并不仅限于所谓的"小传统"，而是指"最普遍的也能被有一定知识的人所接受、掌握和使用的对宇宙间现象与事物的解释。这不是天才智慧的萌发，也不是深思熟虑的结果，当然也不是最底层的无知识人的所谓'集体意识'，而是一种'日用而不知'的普遍知识和思想"③。因此，我们在叙述思想史时，不仅要注意那些光彩夺目的精英和经典，还需特别关注看似平淡无奇、陈陈相因的"一般知识、思想与信仰的世界"。对历史上各种精英和经典的叙述和阐释作为思想史的重要内容，固然为我们所需要，但在传统的精英与经典的思想史之外，我们还需要另外一种"一般知识、思想与信仰世界"的历史。因为"一般的知识、思想与信仰"作为一种近乎平均值的知识、思想与信仰，往往在人们生活的现实世界中作为文化的底色或基石而存在。它作为精英与经典的思想背景，存在于精英、经典的思想与普通的社会和生活之间，是一个时代大多数人判断、解释、处理一切事物的真正依

---

① 参见葛兆光《中国思想史》（上），复旦大学出版社 2009 年版，第 10—12 页。
② 周作人：《看云集·拥护达生编等》，河北教育出版社 2002 年版，第 131 页。
③ 葛兆光：《中国思想史》（上），复旦大学出版社 2009 年版，第 14 页。

据。"它一方面背靠人们不言而喻的终极的依据和假设，建立起一整套有效的理解，一方面在日常生活中起着解释与操作的作用，作为人们生活的规则和理由。"①

当然，研究思想史方面的相关问题完全可以有多种理解思路和操作方法，而作为一般知识、思想与信仰的思想史到底应该如何书写本身还不是十分清晰和明确，学术界对此尚存许多争议。加之一般知识、思想与信仰世界的变化总是相对缓慢、渐进而细微的，而清初毕竟属于一个较短的时间段，要想从中发现并恰当地解释这种变化就显得并不那么容易。尽管如此，基于上述反思和考量，本书仍对清初福建朱子学的研究方式做出如下几点构想：

（1）将清初福建朱子学与王学、经学、实学等当时学术思想界中具有较大影响的思想或思潮结合起来进行考察。因为清初朱子学并非孤立存在的，它作为清初学术思想界的一支主要力量，在发展、演变的过程中必然要与其他重要的思想或思潮发生接触，进而相互影响与碰撞，共同塑造清初学术思想史的基本面貌。同时，朱子学作为清初一般学者、士人头脑中最普遍的思想背景，其思想内容与性质亦深刻影响了其他思想或思潮的发展与演变。因此，本书主要分为三个部分，分别从清初福建朱子学与王学、经学和实学的关系切入，分析、探讨清初福建朱子学者对于这些思想或思潮的态度与反应，以期较为全面地把握清初福建朱子学的时代特点与整体面貌，并从一个侧面揭示清初朱子学在时代学术思潮变迁中所发挥的作用。

（2）将清初福建朱子学与朱熹本人的学术思想联系起来进行考察。因为清初朱子学并非凭空产生的，而是朱熹的学术思想在清初的延续与表现，若对朱熹本人的学术思想缺乏一个清晰而准确的认识，就无法对清初福建朱子学中的许多问题做出恰当而正确的理解和判断。且由于本书所关注的一些问题，如朱子学与经学和实学的关系，并非之前朱子学研究的重点所在，故有必要对朱熹的相关思想做一个比较全面的梳理。因此，本书在正式讨论清初福建朱子学中的理学、经学与实学思想之前，都首先论述朱熹在这一方面的相关思想与学术成果。这样既可以表明清初福建朱子学

---

① 葛兆光：《中国思想史》（上），复旦大学出版社 2009 年版，第 14 页。

的思想渊源，又可以通过对比发现清初福建朱子学在哪些方面承袭了朱熹的思想，而在哪些方面有所调整、突破和创新，从而加深对清初福建朱子学思想特点的认识和理解。

（3）在关注清初福建朱子学者的义理思想的同时，也对其义理思想之外的其他学术思想与社会政治理论及实践活动予以关注，从而较为全面地了解清初福建朱子学在清初学术、政治、社会、教育等方面发挥的影响与作用。

（4）秉持一种相对客观的视角和"了解之同情"的态度来审视明末清初的学术思想史，尽量以学术自身的标准、思想内在的逻辑与学说产生的语境来理解和评价历史上的不同学者、学派及其思想，避免对其进行不必要的道德评判，或以道德评判主导乃至代替学术评价，亦不以后人的标准、观念或某种现实的目的来要求和臧否前人的言行与思想，以求尽可能地贴近古人的思想世界。

此外，理学包括朱子学对于现实社会产生影响与作用的另一个重要方式和途径便是在教育与教化方面的思想和实践，以及在基层社会管理与民间礼仪方面的设计和倡导。如李纪祥在讨论宋明理学与经世观念的问题时，就认为传统儒家外王之学的性质与意义在宋明时期发生了一个大的转变，儒学的"外域"已经逐渐由政治等方面转移到与教化有关的世界中来。理学家虽然仍具有关怀天下的性格，但他们所面对的外域已不再是"原外王"，因而更加强调和突出"师"与"儒"的品格。在此意义上，"'教化'可以说才是理学在实质上的外域"①。尽管理学家们未必都能自觉地意识到这一点，但从实际情况来看，理学家"对'大我'——'人间世'的真正贡献，却并不是在第一外域，而是在第二外域——'教化'，在'成圣成德之教'的散布上"②。而陈支平先生在探讨朱子学的内涵与意义时亦指出："我们从朱熹庞大的著作中，看到他的关于道德义理及性理等学说的论述之外，还可以看到他的大量关于如何兴学劝学、促进基层社

---

① 李纪祥：《经世观念与宋明理学》，《宋明理学与东亚儒学》，广西师范大学出版社 2010 年版，第 260 页。

② 同上。

会教育、端正民风习俗、遵循社会礼仪、重建家族宗族组织、推行乡族孝道等的记载。这些记载涉及十分草根性的社会实际现实问题，是很难用哲学化的语言予以评述的。但是这大量的涉及有关基层社会问题的文字，反映了朱熹以及其他的一些理学家们对于重构社会管理规范的重视与人文关怀。……无论是朱熹的基层劝学，还是引导端正民间风俗，都是脚踏实地的功夫，都是他们实施社会基础规范管理理想的基础性工作，而并不是那种形而上的哲学概念所可以画等号的。而这方面的内容，无论如何都是朱熹思想的一个重要组成部分，它所发挥的社会及历史作用，也不比他的那部分强调道德义理的形而上哲学逊色，甚至有过之而无不及。"① 但是，限于篇幅与学殖，本书可能无法就清初福建朱子学的这方面内容展开论述，只能留待日后再做详论。

---

① 　陈支平：《闽台儒学史导论》，《闽学研究》2015 年第 1 期。

第一章　清初福建朱子学对王学的
纠驳与融摄

　　在历史上，明末清初往往被学者们描述为一个"天崩地解"的时代。这一时期的剧烈动荡不仅表现为明清易代、政权更迭、战乱频仍，而且反映在学术思想领域的大变革上。原先煊赫一时的王学的迅速衰退，朱子学的再度兴盛，各种社会批判理论的振聋发聩，经世之学的短暂辉煌，汉学考据的潜滋暗长，以及中西学术的交流碰撞，共同向我们展示了清初学术思想的空前活跃和多姿多彩。但是，如果将观察的视野扩大、时段拉长，又会发现所谓的"天崩地解"似乎也只是一瞬之间的事情，整个思想世界在经历剧烈震动之后，又逐渐恢复了往日的平静。尽管国号由大明变成了大清，满洲皇帝取代了汉族皇帝，但朱子理学依然被树为官方的意识形态与统治思想，受到统治者的大力推崇，并因此继续作为科举取士的标准与社会生活的伦理规范而得到广大士人的诵习和一般民众的尊奉。而学术界上方变幻多端的思想风气，以及天才思想家们的超前论述，似乎也未显著地改变思想世界的底色。正是由于清初思想世界的这种多样性与二重性，使得当时居于主流地位的朱子学亦带有明显的复杂性，甚至是矛盾性。而这种复杂性和矛盾性首先便体现在清初朱子学的基本义理思想之中。作为宋明朱子学的延续与清代朱子学的典型，清初朱子学在义理思想方面自然表现出朱子学的一般特点。但是，经过百年心学思潮的洗礼，整个明代理学显示出一种明显的心学化特征。朱子学作为官方意识形态，虽在政治、社会生活中仍然占有统治地位，但在思想领域却已处于弱势。尤其是来自王学思想的猛烈冲击，使得朱子学面临着前所未有的深刻危机，故而不得不对自身的理论做出一定的调整，以应对王学的挑战。这种来自王学的影响实际上一直持续到清代。因此，若要谈论清初朱子学，王学绝对是一个无法回避的话题。况且在清初诸家并起、重建思想世界的大背景下，清初朱子学者既参加了反王学的思想运动，以争取正统思想的地位，又必须面对其他各家各派对宋明理学的种种批评和挑战，从而使其与王学之间的关系显得愈加复杂和暧昧。因此，若从清初朱子学对王学的纠驳与融摄这一角度来进行观察和思考，应该可以较好地把握清初福建朱子学在义理思想方面的变化与特点。

第一节　朱王之争的历史背景与演变历程

早在南宋年间理学思想刚刚发展到比较系统、成熟的时候，理学内部就存在着多种不同的思路与取向，其中在思想史上意义最为重大，亦最为后人所熟知与乐道的，自然首推"朱陆之辨"，而这一争论也被后世学者概括为理学与心学的对立和斗争。其实，从广义上说，朱子理学与象山心学同属宋明理学的范畴，二者都是在两宋时期儒学重建的背景下应运而生的理学形态，同样肯定和追求一种超越性的道德本体与普遍真理，也都曾经处于政治权力与主流思想的边缘，试图以理学原则改革现实政治，重塑思想秩序，因而在不少方面拥有相同或相似的见解与思路。例如，钱穆就反对以"心学"专属陆氏，认为理学家中"最能发挥心与理之异同分合及其相互间之密切关系者盖莫如朱子。故纵谓朱子之学彻头彻尾乃是一项圆密宏大之心学，亦无不可"[1]。而狄百瑞在《心学与道统》中亦指出，心学本为以程朱为代表的道学之一部分，程朱理学亦是心性之学，心学与道学之间的深刻差别与对立是在王阳明的时代才最终成立的。如此，便不难理解作为朱子学重要传人的真德秀为何要编纂《心经》以弘扬程朱之学，而服膺程朱理学的罗大经亦将其纂辑六经与周、程、张、朱语录而成之书命

---

① 钱穆：《朱子新学案》第2册《朱子论心与理》，九州出版社2011年版，第89页。

名为《心学经传》。直到明代，著名朱子学者陈真晟仍视程朱之学为心学正传，撰《心学图说》以阐明程朱之道。可以说，在不涉及朱、陆二人争论焦点的情况下，如果仅仅抽出他们个别的思想与言论，而不做细致地考证、辨析的话，其中的差别往往是很不容易分辨的。而朱熹与陆九渊之间的私人关系亦不像我们后人所想象的那样糟糕。在那次著名的鹅湖之会上，朱熹与陆氏兄弟各抒己见，往复论辩，虽然最终未能归于一是，闹得不欢而散，但双方此后依然保持联系，相互切磋学问，联络情谊。陆九渊继母去世时，陆氏兄弟曾致函朱熹问丧礼。后陆九龄去世，陆九渊又亲赴南康访问朱熹，请朱熹为其兄书墓志铭。而朱熹亦邀请陆九渊至白鹿洞书院讲学，谓其"发明敷畅，则又恳到明白，而皆有以切中学者隐微深锢之病，盖听者莫不竦然动心焉"[1]。据陈荣捷考证，"自淳熙二年（1175）初面以至绍熙三年（1192）象山之死，两人通信，几无年无之，或且一年数次。总共往来四十余通"[2]。此外，二人更在政治上相互支持，主张以理学之"道"改革南宋的现实政治。"即他们在争取'得君行道'这个大目标上是完全一致的"，且"彼此都好像愿意见到甚至帮助对方把握住'得君'的机会"。[3]

但从另一方面来说，"朱陆之辨"又是客观存在的。因为二人的理学思想确实在若干核心问题上存在着重大的矛盾和区别，且这种基本立场的区别是各方所始终坚持而不愿轻易妥协的，亦非他人所能调停。这一点从双方的文集和语录中都可以很清楚地看出来。朱熹、陆九渊、张栻、吕祖谦四人可谓南宋最重要的几个理学流派的创建者，且吕祖谦一直有调停朱陆之意，而在张栻和吕祖谦死后，朱、陆两派自然成为当时最具活力与影响力的理学派别，构成了思想上的直接对垒。朱熹曾说："伯恭门徒气宇厌厌，四分五裂，各自为说，久之必至销歇。子静则不然，精神紧峭，其

---

① （宋）朱熹：《朱文公文集》卷八十一《跋金谿陆主簿白鹿洞书堂讲义后》，朱杰人、严佐之、刘永翔主编《朱子全书》第 24 册，上海古籍出版社、安徽教育出版社 2002 年版，第 3853 页。

② 陈荣捷：《朱陆通讯详述》，《朱学论集》，华东师范大学出版社 2007 年版，第 164 页。

③ 余英时：《朱熹的历史世界——宋代士大夫政治文化的研究》，生活·读书·新知三联书店 2011 年版，第 437，439 页。具体内容详见该书下编第八章第三节《"得君行道"——朱熹与陆九渊》。

说分明，能变化人，使人且异而晡不同，其流害未艾也。"① 随着南宋理学的发展壮大，朱熹与陆九渊都感觉到有必要清理日益繁杂、歧说迭出的理学思想，使其定于一是，学者有所依归，因而二人之间的矛盾与分歧逐渐增多，争论亦趋于尖锐。特别是在双方的门人、后学那里，为了护卫师说，争夺正统，都有意识地划清彼此之间的思想边界，自固壁垒，并且相互激烈攻击，"宗朱者诋陆为狂禅，宗陆者以朱为俗学，两家之学各成门户，几如冰炭矣"②，最终演变为后人眼中看似水火不容、势不两立的局面。

从学术的传播范围和影响力来看，陆学虽然在江浙等地区一度取得了较大的影响，"至行在，士争从之游。言论感发，闻而兴起者甚众"，"还乡，学者辐辏，每开讲席，户外屦满，耆老扶杖观听"，③ 但从整体上看，仍无法与朱子学派相提并论。朱子学虽然在庆元年间遭遇了伪学风波的打击，但陆氏心学、浙东学派等朱学论敌也都受到当权者的打压和迫害。随着党禁的松弛，嘉定二年（1209）朱熹被谥曰"文"，嘉定三年（1210）追赠中大夫、宝谟阁直学士，宝庆三年（1227）赠太师，追封信国公，淳祐元年（1241）又与周敦颐、张载、二程一起从祀孔庙，意味着朱熹所建构的程朱一系道统的合法性正式得到朝廷的认可，朱子学开始向官学转型。正是由于朱子学逐渐成为官方意识形态，得以进入政治权力中心和民间社会，使得朱子学思想开始出现世俗化、功利化与教条化的倾向。吴澄就曾对此批评道："夫既以世儒记诵词章为俗学矣，而其为学亦未离乎言语文字之末，甚至专守一艺而不复旁通它书，掇拾腐说而不能自遣一辞……此则嘉定以后朱门末学之弊而未有能救之者也。"④ 此时的朱子学虽然尚未与科举仕进建立起正式的制度性联系，但已很明显地同官方教育和

---

① （宋）黎靖德编：《朱子语类》卷一百二十二，《朱子全书》第18册，上海古籍出版社、安徽教育出版社2002年版，第3859页。

② （清）黄宗羲、（清）全祖望：《宋元学案》卷五十八《象山学案》，中华书局1986年版，第1886页。

③ （元）脱脱等撰：《宋史》卷四百三十四《儒林四》，中华书局2000年版，第10053页。

④ （元）吴澄：《吴文正集》卷四十《尊德性道问学斋记》，《景印文渊阁四库全书》第1197册，台湾商务印书馆1983年版。

科举考试相互靠近和结合。"及甲辰、乙巳间，有用其说取甲科者，四方翕然，争售朱学。"① 学子与士人们见有利可图，"时竟趋之，即可以钓致科第功名。自此非《四书》《东西铭》《太极图》《通书》、语录不复道矣"②。相较之下，陆学既得不到政治权力的支持，又缺乏得力的传人为之阐扬光大，遂逐渐被边缘化，不复为朱子学之敌矣。

元皇庆二年（1313），元仁宗下诏恢复科举，以朱熹《四书章句集注》试士子，朱子学遂定为科场程式。"非程朱学不试于有司，于是天下学术凛然一趋于正。"③ 到了明代，朱子学依然被统治者悬为功令，以之作为官方的统治思想和科举取士的标准。但是，朝廷的思想控制和朱子学的僵化异化也引起了一些学者的不满与反感，理学内部的各种异见思想与渴望突破、变革的声音一直在潜滋暗长，积蓄力量。如陈献章就大力批判当时的记诵、词章之学与科第之文，认为"夫子之学，非后世人所谓学。后之学者，记诵而已耳，词章而已耳。天之所以与我者，固懵然莫知也。夫何故？载籍多而功不专，耳目乱而知不明，宜君子之忧之也"④。经过长时期的思想积累与铺垫，至明代中后期，王阳明的良知之学迅速崛起。其学与朱子立异，而与象山宗旨相近，"门徒遍天下，流传逾百年……嘉、隆而后，笃信程、朱，不迁异说者，无复几人矣"⑤，从而极大地改变了明代中后期的儒学面貌和思想取向。由于王学简易直截的特点，以及它所蕴含的鲜明的批判精神和理想主义特征，犹如一声惊雷，打破了当时学界沉闷、压抑的思想氛围，迅速演为一股风尚，征服了大批为陷入僵化、教条的程朱理学所束缚的士人和学者。正如顾宪成所云："当士人桎梏于训诂词章间，骤而闻良知之说，一时心目俱醒，恍若拨云雾而见白日，岂不大快！"⑥

---

① （宋）戴表元：《剡源文集》卷七《于景龙注朱氏小学书序》，《景印文渊阁四库全书》第1194册，台湾商务印书馆1983年版。

② （宋）周密：《癸辛杂识·后集·太学文变》，中华书局1988年版，第65页。

③ （元）欧阳玄：《圭斋文集》卷五《赵忠简公祠堂记》，《景印文渊阁四库全书》第1200册，台湾商务印书馆1983年版。

④ （明）陈献章：《陈献章集》卷一《道学传序》，中华书局1987年版，第20页。

⑤ （清）张廷玉等撰：《明史》卷二百八十二《儒林一》，中华书局2000年版，第4827页。

⑥ （明）顾宪成：《顾端文公遗书·小心斋札记》卷三，《续修四库全书》第943册，上海古籍出版社1995年版。

尽管如此，王学在相当长的一段时期内并未得到官方的认可，甚至被视为伪学、邪说，屡遭排挤和打压。当时，不断有人上疏攻击王阳明欲立异以为名，"倡异学之说，而士之好高务名者靡然宗之"①，请求朝廷"痛为禁革"，以崇正学、端士习、正人心。而嘉靖皇帝亦曾数次下诏，重申程朱理学的正统地位，直斥王阳明"放言自肆，诋毁先儒，号召门徒，声附虚和，用诈任情，坏人心术。近年士子，传习邪说，皆其倡导"②，诏令"自今教人取士，一依程朱之言，不许妄为叛道不经之书，私自传刻，以误正学"③，又命都察院"榜谕天下，敢有踵袭邪说，果于非圣者，重治不饶"④。但是，由于王阳明及其门人特别注意走民间路线，积极开辟扎根于民间社会的会讲、讲会活动，创建书院，订立乡约，以此教化士人学子乃至愚夫愚妇，使得王学的传播范围与社会影响得以迅速扩大。

王阳明曾自言：

> 吾居龙场时，夷人言语不通，所可与言者中土亡命之流。与论知行之说，更无抽格。久之，并夷人亦欣欣相向。及出与士夫言，反多纷纷同异，拍格不入。学问最怕有意见的人，只患闻见不多。良知闻见益多，覆蔽益重。反不曾读书的人，更容易与他说得。⑤

由此可见，正因为其思想最初不见容于流俗，不但得不到官方的认可与主流思想的理解、支持，反而"相与非笑而诋斥之，以为是病狂丧心之人耳"⑥，甚至被目为异端邪说而横遭禁止，这才促使王阳明将目光转向民间与民众。

---

① 《明世宗实录》卷十九，嘉靖元年十月乙未条，台湾"中研院"历史语言研究所 1965 年版。
② 《明世宗实录》卷九十八，嘉靖八年二月甲戌条，台湾"中研院"历史语言研究所 1965 年版。
③ 《明世宗实录》卷十九，嘉靖元年十月乙未条，台湾"中研院"历史语言研究所 1965 年版。
④ 《明世宗实录》卷九十八，嘉靖八年二月甲戌条，台湾"中研院"历史语言研究所 1965 年版。
⑤ （明）王守仁：《王阳明全集》卷三十二《传习录拾遗》，上海古籍出版社 1992 年版，第 1172 页。
⑥ （明）王守仁：《王阳明全集》卷二《传习录中·答聂文蔚》，上海古籍出版社 1992 年版，第 80 页。

对于王学这一新气象的意义，泰州学派的王栋曾说道：

> 自古士农工商，业虽不同，然人人皆共此学。孔门犹然。考其弟子三千，而身通六艺者，才七十二。其余则皆无知鄙夫耳。至秦灭学，汉兴，惟记诵古人遗经者，起为经师更相授受，于是指此学独为经生文士之业，而千古圣人原与人人共明共成之学，遂泯没而不传矣。天生我先师，崛起海滨，慨然独悟，真超孔子，直指人心，然后愚夫俗子不识一字之人皆知自性自灵、自完自足，不假闻见，不烦口耳，而二千年不传之消息一朝复明。①

在此意义上，清代学者焦循亦曾异常敏锐地点出朱王之学的差别：

> 余谓紫阳之学，所以教天下之君子，阳明之学，所以教天下之小人。……至若行其所当然，复穷其所以然，诵习乎经史之文，讲求乎性命之本，此惟一二读书之士能之，未可执颛愚顽梗者而强之也。良知者，良心之谓也。虽愚不肖、不能读书之人，有以感发之，无不动者。②

显然，焦循所说的"君子"指的是"读书之士"，而"小人"指的是农、工、商阶层的一般民众。这里所要表达的并不是王学不适合读书的士人，而是强调其在理论上对于一般民众需求与特点的重视，从而能够更加广泛地将儒家的成德之教传播、普及于社会各阶层。

因此，王阳明一生不仅创建、复兴了龙冈、文明、濂溪、稽山、敷文等书院，并讲学其间，而且开创了一种官方体制之外的，不同于传统书院教育，且不限于精英知识分子参加的会讲、讲会。嘉靖四年（1525）九月，王阳明回余姚省墓，于龙泉寺中天阁创立"龙山会"，每月以朔、望、初八、二十三为期，勉励诸生"勿以予之去留为聚散，或五六日，八九

---

① （明）王栋：《明儒王一庵先生遗集》卷一《会语正集》，（明）王艮等撰《王心斋全集》，江苏教育出版社 2001 年版，第 161 页。

② （清）焦循：《雕菰集》卷八《良知论》，中华书局 1985 年版，第 123 页。

日，虽有俗事相妨，亦须破冗一会于此。务在诱掖奖劝，砥砺切磋，使道德仁义之习日亲日近，则势利纷华之染亦日疏日远"①，从而使得这一活动成为制度。此为王学讲会之滥觞。此后，直至去世之前，王阳明始终记挂着余姚、绍兴、安福等地的讲会情况。"丁亥秋，师出征思、田，每遗书洪、畿，必念及龙山之会。"②当他听闻安福惜阴会勤行不辍，规模日隆，"远近豪杰闻风而至者以百数"时，则由衷感叹："此可以见良知之同然，而斯道大明之几，于此亦可以卜之矣。喜慰可胜言耶！"③

阳明去世后，其门人弟子讲学四方，更将会讲、讲会大力推行于各地，使王门的这一传统日益光大。"阳明殁后，绪山、龙溪所在讲学，于是泾县有水西会，宁国有同善会，江阴有君山会，贵池有光岳会，太平有九龙会，广德有复初会，江北有南谯精舍，新安有程氏世庙会，泰州复有心斋讲堂，几乎比户可封矣。"④不但像王畿这样的王门高弟"无一日不讲学、不会友，反复淳切，感孚鼓舞，期于必信而后已。……故语其会之所，则有水西、洪都、白鹿、怀玉、南都、滁阳、宛陵，几遍江南之地"⑤，即便如罗洪先门下萧天宠这样一般的王学中人亦得以频繁参与各地的讲会，其"在门十年，近而玄潭、青原、云津之会，远而芝城、象山、江都之游，无弗得从"⑥。而罗汝芳任太湖知县时，甚至以讲堂作公堂，"召诸生论学，公事多决于讲座"，后又"创开元会，罪囚亦令听讲。入觐，劝徐阶聚四方计吏讲学。阶遂大会于灵济宫，听者数千人"。⑦

据陈来先生的研究，王学讲会大致可分为"同志会"与"乡会"两种

① （明）王守仁：《王阳明全集》卷三十五《年谱三》，上海古籍出版社1992年版，第1294页。
② （明）王守仁：《王阳明全集》卷三十六《年谱附录一》，上海古籍出版社1992年版，第1334页。
③ （明）王守仁：《王阳明全集》卷六《寄安福诸同志》，上海古籍出版社1992年版，第222页。
④ （清）黄宗羲：《明儒学案》卷二十五《南中王门学案一》，中华书局2008年版，第578页。
⑤ （明）萧良干：《王龙溪先生全集序》，（明）王畿《王龙溪全集》，华文书局1970年版，第6页。
⑥ （明）罗洪先：《念庵文集》卷八《书萧天宠卷》，《景印文渊阁四库全书》第1275册，台湾商务印书馆1983年版。
⑦ （清）张廷玉等撰：《明史》卷二百八十三《儒林二》，中华书局2000年版，第4862—4863页。

类型。前者主要由王门中人或与之相关的知识分子参加，多讨论理论性或精神性的课题，带有较强的精英色彩，而后者的参与者主要为当地民众，内容以进德相劝为主，性质多是一种通俗化或世俗化的儒家会讲。这两者相互配合，相辅相成，有时又相互重叠，范围日广，规模日盛，有时一次讲会的时间甚至长达一月，人数超过千人。在其大力推动下，王学遂至风行天下，并广泛影响于士、农、工、商各阶层人士。可以说，"阳明学话语的建立、扩展及在明中后期对整个社会文化的笼罩，正是通过推行会讲、讲会的形式得以实现的"①。反过来，王学在民间与士人中的巨大影响和蓬勃发展也推动了官方对其态度的转变。万历十二年（1584），应内阁首辅申时行等大臣的请求，万历皇帝终于同意将王阳明与陈献章从祀孔庙。在这一过程中，申时行等人不仅称赞王阳明"祖述经训，羽翼圣真"，且以身发明孔孟之道，"比于以言发明，功尤大也"，还主张王学与朱学"互相发明，并行而不悖。……诚祀守仁、献章，一以明真儒之有用而不安于拘曲，一以明实学之自得而不专于见闻"。② 由此可见，当时朝野上下对于王学的舆论环境已然大为不同。

与此同时，从外部的社会环境来看，由于明中期之后商品经济的发展、社会财富的累积以及市民阶层的崛起，使得民间社会逐渐拥有了更大的空间与更多的资源，市民生活风气趋向多样化，伦理同一性的约束越来越小，造成了一种相对自由的空气，并呼唤一种能够与新的社会状况相适应的新思想的产生。而明中后期国家政治的长期混乱与中央集权的相对松弛也令官方意识形态的控制力不断降低，使得另外开辟思想表达和知识传播的渠道成为可能。而当时城市、交通、商业，以及造纸、印刷技术的发达也为王学的传播与流行提供了有利条件。

不过，随着王学思想的发展深化，其理论内部所隐含的各种矛盾冲突与内在紧张也不可避免地暴露出来。从思想史上看，不论对于程朱理学还

① 陈来：《明嘉靖时期王学知识人的会讲活动》，《中国近世思想史研究》，商务印书馆2003年版，第338页。
② 《明神宗实录》卷一百五十五，万历十二年十一月庚寅条，台湾"中研院"历史语言研究所1966年版。

是陆王心学，理与气、性与心、本质与存在、普遍性与个体性、本体与工夫之间的冲突和紧张，都是其必须面对而又始终难以彻底解决的根本性问题。诚如杨国荣所言，"心学的思考一开始便呈现出二重品格：心所内含的个体性规定与存在之维与理所表征的普遍规定及本质之维、先天本体（良知）与后天的工夫（致良知）"等关系的定位始终是一个理论难题。[①]阳明晚年之所以提出具有晚年定论性质的"四句教"，即"无善无恶是心之体，有善有恶是意之动，知善知恶是良知，为善去恶是格物"，并郑重嘱咐弟子"以后再不可更此四句宗旨。……我年来立教，亦更几番，今始立此四句"[②]，恐怕在很大程度上亦是希望借此统一以上几种范畴之间的矛盾与分歧。只是他的这一努力似乎并未达到预期的效果，反而埋下了王学分化的契机。明代思想史上著名的"天泉证道"便是王学思想内部矛盾暴露的一个象征性事件。

嘉靖六年（1527），王阳明受命出征思、田，临行前夕，与门下高弟王畿、钱德洪会于天泉桥。由于王、钱二人在对"四句教"的理解上意见相左，"惧远离之无正也"[③]，便各陈己见，就正于阳明。在王畿看来，"四句教""恐未是究竟话头。若说心体是无善无恶，意亦是无善无恶的意，知亦是无善无恶的知，物是无善无恶的物矣。若说意有善恶，毕竟心体还有善恶在"[④]。而钱德洪则认为，"心体是天命之性，原是无善无恶的。但人有习心，意念上见有善恶在，格致诚正，修此正是复那性体功夫。若原无善恶，功夫亦不消说矣"[⑤]。对此，王阳明则采取调和的态度，认为二人分别从本体和工夫的角度来理解"四句教"的内涵，各有所得，"二君之见正好相资为用，不可各执一边"，又谓："汝中之见，是我这里接利根人的；德洪之见，是我这里为其次立法的。二君相取为用，则中人上下皆可

---

① 杨国荣：《心学之思——王阳明哲学的阐释》，生活·读书·新知三联书店1997年版，第249页。

② （明）王守仁：《王阳明全集》卷三十五《年谱三》，上海古籍出版社1992年版，第1307页。

③ （明）王守仁：《王阳明全集》卷三十八《讣告同门》，上海古籍出版社1992年版，第1444页。

④ （明）王守仁：《王阳明全集》卷三《传习录下》，上海古籍出版社1992年版，第117页。

⑤ 同上。

引人于道。若各执一边，眼前便有失人，便于道体各有未尽。"①

根据《传习录》与《年谱》的记载，在"天泉证道"这段公案的结尾，王畿与钱德洪二人领受阳明的教训之后"俱有省"，看起来似乎皆大欢喜，王学的宗旨再次得到确认，学派内部亦重新得以统一。但在事实上，王、钱二人之间的思想分歧并未因此弥合，而王门后学中由于对王学宗旨的不同理解而产生的两种思想取向之间的矛盾与对立亦未得到有效的缓解。随着阳明的去世，王学阵营亦随之分化。关于王门后学的派别划分亦是学术界长期争论的一个问题，学者根据地域、师承、思想倾向等不同标准各有不同的划分方法，其中的利弊得失本书不欲展开讨论。此处仅就王门分化对于明中后期思想史产生的主要影响，依据其人对于心体与性体、本体与工夫等核心问题的不同态度，将阳明弟子大致划分为两大派别。

其中，以钱德洪、邹守益、罗洪先等人为代表的一派学者注重普遍之理与人的先天本质，强调未发之"心"与已发之"意"的区别，反对"现成良知"，因而重视工夫的作用，主张通过慎独、戒惧、守静、践履等致良知的方法来认识并复归原本"无善无恶"的心体。故钱德洪曰：

> 良知天理原非二义，以心之灵虚昭察而言谓之知，以心之文理条析而言谓之理。灵虚昭察，无事学虑，自然而然，故谓之良；文理条析，无事学虑，自然而然，故谓之天然。曰灵虚昭察，则所谓昭察者即文理条析之谓也。灵虚昭察之中，而条理不著，固非所以为良知；而灵虚昭察之中，复求所谓条理，则亦非所谓天理矣。今曰良知，不用天理，则知为空知，是疑以虚无空寂视良知，而又似以袭取外索为天理矣。②

其又谓王畿之见"伶俐直截，泥工夫于生灭者，闻其言自当省发。但

---

① （明）王守仁：《王阳明全集》卷三《传习录下》，上海古籍出版社1992年版，第117页。
② （清）黄宗羲：《明儒学案》卷十一《浙中王门学案一·员外钱绪山先生德洪·论学书》，中华书局2008年版，第232页。

渠于见上觉有着处，开口论说，千转百折，不出己意，便觉于人言尚有漏落耳"①。罗洪先则批评王畿"终日谈本体，不说功夫，才拈功夫，便指为外道，恐阳明先生复生，亦当攒眉也"②。邹守益同样强调工夫的重要性，谓：

> 良知之教，乃从天命之性，指其精神灵觉而言。恻隐、羞恶、辞让、是非，无往而非良知之运用，故戒惧以致中和，则可以位育，扩充四端，则可以保四海，初无不足之患，所患者未能明耳。好问好察以用中也，诵诗读书以尚友也，前言往行以蓄德也，皆求明之功也。③

进而批评"近来讲学，多是意兴，于戒惧实功，全不着力，便以为妨碍自然本体，故精神浮泛，全无归根立命处"④。

而以王畿、王艮等人为代表的一派学者则更偏向于肯定人的现实存在，要求取消心、意、知、物中的善恶区别，赋予心灵充分的合理性，以心说理，从而在高扬人的主体性，扫除外部世界强加于人身心上的各种束缚的同时，也可能导致工夫的消解、规范的失效、秩序的破坏和心灵的放纵。如王畿谓：

> 天命之性，粹然至善，神感神应，其机自不容已，无善可名。恶固本无，善亦不可得而有也，是谓无善无恶。若有善有恶，则意动于物，非自然之流行，着于有矣。自性流行者，动而无动，着于有者，动而动也。意是心之所发，若是有善有恶之意，则知与物一齐皆有，心亦不可谓之无矣。⑤

---

① （清）黄宗羲：《明儒学案》卷十一《浙中王门学案一·员外钱绪山先生德洪·论学书》，中华书局 2008 年版，第 233 页。

② （清）黄宗羲：《明儒学案》卷十八《江右王门学案三·文恭罗念菴先生洪先·论学书》，中华书局 2008 年版，第 401—402 页。

③ （清）黄宗羲：《明儒学案》卷十六《江右王门学案一·文庄邹东廓先生守益·东廓论学书》，中华书局 2008 年版，第 334 页。

④ 同上书，第 338 页。

⑤ （明）王畿：《王龙溪全集》卷一《天泉证道纪》，华文书局 1970 年版，第 90 页。

千古圣学，只从一念灵明识取，只此便是入圣真脉路。当下保此一念灵明便是学，以此触发感通便是教，随事不昧此一念灵明谓之格物，不欺此一念灵明谓之诚意，一念廓然，无有一毫固必之私谓之正心。直造先天羲皇，更无别路，此是易简直截根源，知此谓之知道，见此谓之见易，千圣之秘藏也。①

而王艮在回答何为庄敬持养工夫时则曰：

道一而已矣。中也，良知也，性也，一也。识得此理，则现现成成，自自在在。即此不失，便是庄敬；即此常存，便是持养，真不须防检。不识此理，庄敬未免着意，才着意，便是私心。②

其又谓："圣人之道，无异于百姓日用，凡有异者，皆谓之异端"③，"百姓日用条理处，即是圣人之条理处，圣人知便不失，百姓不知便为失"④。程朱理学家虽然也认同"人皆可以为尧舜"的说法，但事实上只是将其视为一种潜在的可能性与虚悬之境，以鼓励士人立志行道，希圣希贤。因为根据程朱理学的规定，必须经过长期而繁密的格物穷理工夫，掌握丰富的学识与才能，最终达到理无不穷、知无不尽的境界，方能成为圣人。这对于普通民众来说，几乎是不可能完成的。而在王艮这里，不仅认为人人本有的良知便是成圣的唯一根据，因而人只要明识自己的良知，使之持守不失，便是现成的圣人，而且主张应于百姓日用处发现圣人之道，几乎要将圣人与百姓的关系倒置过来，以百姓日用为圣人之道的评判标准了。

特别是以王艮及其后学为代表的泰州学派，充分发挥了王学思想中的自然主义因素和崇尚自由、自得的理想主义精神，大倡民间讲学之风，主

① （明）王畿：《王龙溪全集》卷十六《水西别言》，华文书局1970年版，第1123页。
② （清）黄宗羲：《明儒学案》卷三十二《泰州学案一·处士王心斋先生艮·心斋语录》，中华书局2008年版，第716页。
③ 同上书，第714页。
④ 同上书，第715页。

张百姓日用即道，意为心之主宰，反对"忍欲饰名""持念藏机"等刻意矫饰的道德修养工夫和知识学习，强调"性本具足，率性而众善出焉"，"必率性而后心安，心安而后气顺"，① 从而逐渐取消了凡人与圣人、世俗生活与超越境界、情感意识与心性本体之间的差别和对立，转而追求心灵的绝对自由、自适。正是由于其思想中带有一种唯意志论的倾向和鲜明的思想解放色彩，不仅受到大批久处程朱理学樊笼之中的士人学子的热烈欢迎与追捧，也迎合了当时商品经济发展下日益开放、多元的社会风气，遂异军突起，成为当时王门各派中最具吸引力和影响力的派别。其门人"上自师保公卿，中及疆吏司道牧令，下逮士庶樵陶农吏，几无辈无之"，"一时天下之士，率翕然从之，风动宇内，绵绵数百年不绝"。② 就连对泰州学派大有意见的黄宗羲，虽然指责王艮、王畿等人将佛家宗旨引入王学之中，"跻阳明而为禅"，但亦不得不承认"阳明先生之学，有泰州、龙溪而风行天下"。③

顺着这一思路发展下去，当泰州学派传至颜钧、罗汝芳、何心隐、李贽辈时，更是赋予个体心灵的本能、直觉以极端的合理性和最高的价值，将心灵上的一切束缚通通抖落，推崇"赤子之心""童心"，提倡"平时只是率性所行，纯任自然，便谓之道"④，"以赤子之心、不学不虑为的，以天地万物同体、彻形骸、忘物我为大。此理生生不息，不须把持，不须接续，当下浑沦顺适。……解缆放船，顺风张棹，无之非是"⑤，从而超出了传统儒家思想、行为规范与道德原则所能容许的边界，遂至"掀翻天地"，"以赤手搏龙蛇……非名教之所能羁络"的地步。⑥ 在晚明那样的社会历史环境下，这一简易直截、率意而为、甚至于"非圣无法"的思路无疑具有

---

① （明）王襞：《明儒王东厓先生遗集》卷一《语录遗略》，（明）王艮等撰《王心斋全集》，江苏教育出版社 2001 年版，第 215 页。

② （清）袁承业：《明儒王心斋先生师承弟子表》，（明）王艮撰，（清）袁承业辑《王心斋先生遗集》卷五"附录"，清宣统二年排印本。

③ （清）黄宗羲：《明儒学案》卷三十二《泰州学案一》，中华书局 2008 年版，第 703 页。

④ 同上。

⑤ （清）黄宗羲：《明儒学案》卷三十四《泰州学案三·参政罗近溪先生汝芳》，中华书局 2008 年版，第 762 页。

⑥ （清）黄宗羲：《明儒学案》卷三十二《泰州学案一》，中华书局 2008 年版，第 703 页。

极大的震撼力和诱惑力，"少年高旷豪举之士，多乐慕之。后学如狂，不但儒教溃防，而释宗绳检，亦多所清弃"①。大批士人以此为借口，放纵身心，无所忌惮，为所欲为，置儒家传统所一贯承担和维护的社会责任、道德修养、伦理规范于不顾，所谓"酒色财气不碍菩提路"，而讲学的泛滥、语录的流行亦助长了知识界束书不观、游谈无根的风气，对儒学的根本精神和思想基础造成了伤害。

所谓物极必反，随着王学的影响与势力臻于巅峰，其内在理路也被推衍到了极端，仿佛行人到家却再也无路可走一般。而当一种思想上的精神理念落实为现实生活实践的指导原则时，其思想上的破坏力亦逐渐转化为现实的破坏力，流弊滋甚，于是便有越来越多的学者起而矫之。其中，除了传统的朱子学者之外，自然以顾宪成、高攀龙为代表的东林学派最为著名。从学术思想上看，东林学派中的许多学者都是学兼朱、王的。他们深不满于当时政治、社会、思想领域存在的种种弊病，激烈批判王学泛滥所造成的空疏不学、是非不分、猖狂放荡的学风和士习，认为"姚江之弊，始也扫闻见以明心耳，究则任心而废学，于是乎《诗》《书》、礼、乐轻，而士鲜实悟；始也扫善恶以空念耳，究且任空而废行，于是乎名、节、忠、义轻，而士鲜实修"②，主张以程朱理学来纠正、补充王学的偏离与不足，以格物穷理来补救王学的蹈虚凌空。

顾宪成特别反对王阳明"无善无恶心之体"的观点，以及王畿由此引申出的"四无说"，认为"无善无恶之说伸，则为善去恶说必屈。为善去恶之说屈，则其以亲、义、序、别、信为土苴，以学、问、思、辨、行为桎梏，一切藐而不事者必伸"③。在他看来，"无善无恶"之说相当于赋予心灵以全部的合理性，使人一切解脱，无复挂碍，必然导致是非善恶之分的泯灭，以及学、问、思、辨、行等后天工夫的消解，高明之人便遁入

---

① （明）沈瓚：《近事丛残》卷一，厦门大学历史系编《李贽研究参考资料》（第1辑），福建人民出版社1975年版，第74页。

② （清）黄宗羲：《明儒学案》卷五十八《东林学案一·忠宪高景逸先生攀龙·杂著》，中华书局2008年版，第1424页。

③ （明）顾宪成：《顾端文公遗书·东林会约》，《续修四库全书》第943册，上海古籍出版社1995年版。

释、道二教，卑污之人则流为无忌惮。高攀龙亦指出："今必曰'无善无恶'，又须下转语曰：'无善无恶，乃所以为至善也。'明者自可会通，然而以之明心性者十之一，以之灭行检者十之九矣。"① 因此，东林学派特重工夫，反对王门后学轻视工夫而喜谈本体的倾向，强调"不患本体不明，只患工夫不密"②，"无工夫则为私欲牵引于外，有工夫则为意念束缚于中，故须物格知至，诚正乃可言也"③，又主张"学问不贵空谈，而贵实行也"④，"学问必须躬行实践方有益"⑤，大力提倡学以致用的精神。同时，东林学者所奉行的工夫也不再局限于个人的道德修养与日常践履，而是要以天下为己任，积极议论国家政治得失，关心民生疾苦，以恢复儒学经世济民的品格。故曰："官辇毂，念头不在君父上；官封疆，念头不在百姓上；至于水间林下，三三两两，相与讲求性命，切磨德义，念头不在世道上，即有他美，君子不齿也。"⑥ 又谓："居庙堂之上则忧其民，处江湖之远则忧其君，此士大夫实念也。居庙堂之上，无事不为吾君，处江湖之远，随事必为吾民，此士大夫实事也。"⑦

对于朱王之争，顾宪成指出：

> 以考亭为宗，其弊也拘。以姚江为宗，其弊也荡。拘者有所不为，荡者无所不为。拘者人情所厌，顺而决之为易；荡者人情所便，逆而挽之为难。昔孔子论礼之弊，而曰与其奢也宁俭。然则论学之

---

① （清）黄宗羲：《明儒学案》卷五十八《东林学案一·忠宪高景逸先生攀龙·论学书》，中华书局 2008 年版，第 1415 页。

② 同上书，第 1417 页。

③ （清）黄宗羲：《明儒学案》卷五十八《东林学案一·忠宪高景逸先生攀龙·会语》，中华书局 2008 年版，第 1403 页。

④ 同上书，第 1434 页。

⑤ （明）高攀龙：《高子遗书》卷五《会语》，《景印文渊阁四库全书》第 1292 册，台湾商务印书馆 1983 年版。

⑥ （清）黄宗羲：《明儒学案》卷五十八《东林学案一·端文顾泾阳先生宪成》，中华书局 2008 年版，第 1377 页。

⑦ （明）高攀龙：《高子遗书》卷八《答朱平涵》，《景印文渊阁四库全书》第 1292 册，台湾商务印书馆 1983 年版。

弊，亦应日与其荡也宁拘。①

高攀龙亦云：

> 吾儒学脉有二，孔、孟微见朕兆，朱、陆遂成异同，文清、文成便分两歧。我朝学脉惟文清得其宗。百年前，宗文清者多；百年后，宗文成者多。宗文成者，谓文清病实，而不知文成病虚。毕竟实病易消，虚病难补。今日虚病见矣，吾辈稽弊而返之于实。②

由此可见，顾、高二人都认为朱、王之学各有利弊，但考虑到当时学界、士人的实际状况，以及两家学术的不同特点，权衡利弊轻重，东林学者选择了由虚返实，以朱学济王学之穷，希望通过整合折中朱、王两家的思想，为陷入困境的明代理学寻找一条出路。但是，由于他们在思路上并未跳出传统理学的藩篱，仍然留在理学烂熟的旧概念、旧问题中打转，因而也就不可能找到新的道路。相较之下，东林学者对于经世学风的提倡，及其亲身参与政治活动的行为和理念，却产生了深远的影响，为日后经世致用之学的兴盛开辟了道路。

到了明末，偏向朱学的黄道周与偏向王学的刘宗周二位大儒皆对王学的弊病有所批评和补救，亦表现出一种调和朱王的倾向。其中，黄道周独持一种"天命之性"的性一元论，主张性至善无恶，因而严格划分性与气质的区别，力辨气质之性非性，反对王门学者以气质言性的倾向。他目睹当时"王畿、李贽之言满天下，世之治制举义者不归王则归李"③的状况，指责"归王之言幻，归李之言荡，于是勃溪溲溺、不则不洁之言皆形于文章，而文人才士始不复能束脩以自师于天下。……为王汝中、李宏甫则乱

---

① （明）顾宪成：《顾端文公遗书·小心斋札记》卷三，《续修四库全书》第943册，上海古籍出版社1995年版。

② （明）高攀龙：《高子遗书·景逸高先生行状》，《景印文渊阁四库全书》第1292册，台湾商务印书馆1983年版。

③ （明）黄道周：《黄漳浦集》卷二十一《冰天小草自序》，王德毅主编《丛书集成三编》第52册，新文丰出版公司1997年版，第491页。

天下无疑矣"①，因而特别重视经典的意义，以及后天的进学致知和践履力行工夫。在黄道周看来，圣人之学皆从好学中来，从多闻多识中来，"致知只是学耳"②。他反复告诫学生："此学岂有须臾可断，造次颠沛，正是学问大关。……我辈不实实用工，岂知好学、力行、知耻此六个字于吾身上一毫糊涂不去。如有一毫糊涂，又那得造次颠沛之用？历历以来，同是此义，不须疑也。"③同时，黄道周也很重视"戒惧"与"慎独"的工夫，强调"戒惧"是区分儒学与佛学、君子与小人的重要标准，而"慎独"则是"圣门吃紧入手处"④。故曰："阿难征心，似与吾儒不别，只欠戒惧一着耳"⑤，"君子、小人在《中庸》中了无分别，只有戒惧与无忌惮便天渊之别"⑥。又曰："古文继慎独于知至知本之后，正是格物大关。人都说独中无物，曾子说独中有十目十手。人都说皮面相觑，夫子独说肺肝如见。以此见肚皮盖屋，都是晶亮东西，容隐不得一物半物。"⑦

因此，黄道周反对泰州学派以不学不虑解释良知，认为"《易》曰'穷理尽性，以至于命'，又曰'乐天知命，故不忧'。乐天不从好学，此乐竟从何来？故良知不由致知，此良究竟何至？……不是不学不虑才训作良也"⑧。他还主张将阳明之学与其后学的发展流变区分开来，认为王学实由践履而来，可惜后儒不解，"都说从妙悟来，所以差了。……伊历过许多汤火，岂世儒口耳所就"⑨。

由此可见，黄道周并不像一般的朱子学者那样一味地反对阳明，将王学的意义与价值一概抹杀，他的一些思想观点亦受到王学的影响与启发，

---

① （明）黄道周：《黄漳浦集》卷二十二《谢光彝制义序》，王德毅主编《丛书集成三编》第52册，第507—508页。
② （明）黄道周：《榕坛问业》卷七，清乾隆文林堂重刊本。
③ 同上。
④ （明）黄道周：《榕坛问业》卷二，清乾隆文林堂重刊本。
⑤ （明）黄道周：《榕坛问业》卷十八，清乾隆文林堂重刊本。
⑥ （明）黄道周：《榕坛问业》卷二，清乾隆文林堂重刊本。
⑦ （明）黄道周：《榕坛问业》卷十六，清乾隆文林堂重刊本。
⑧ （明）黄道周：《榕坛问业》卷五，清乾隆文林堂重刊本。
⑨ （明）黄道周：《黄漳浦集》卷二十三《书王文成公碑后》，王德毅主编《丛书集成三编》第52册，第525页。

故"不能不与元晦抵牾"①。譬如，黄道周以格物致知、物格知至为儒门第一要义，反复申论，却主要不取朱子即物穷理之说，而是将其解释为明善诚身、知止至善，提出"明善即是致知，诚身即是格物，物格知至即是至命"②，"尽性亦止是诚，诚便物格，物格便知至。致知格物是明诚之义，物格知至是诚明之旨"③，转而与阳明"致良知"之说有相似处。因此，黄道周虽然在思想倾向与学问大端上接近朱子学，但是对于朱王之争却颇能持一种平允、客观的看法。他曾说道：

> 晦翁当五季之后，禅喜繁兴，豪杰皆溺于异说，故宗程氏之学，穷理居敬，以使人知所持循。文成当宋人之后，辞章训诂，汩没人心，虽贤者犹安于帖括，故明陆氏之学，易简觉悟，以使人知所返本。④

如此，即从思想史的角度指出，朱学与王学都是在一定的时代背景之下，乘一时的学术思潮而起，因而都具有逻辑上的合理性与必然性，蕴含着不同的意义和价值。

而刘宗周作为明末王学之殿军，其对王学思想的辩难与纠偏则反映出王学内部的自我反思与修正。对于王学的性质，以及以王学为禅学的指责，刘宗周强调阳明之学乃"本程、朱之说而求之，以直接孔、孟之传"，其言"固孔、孟之言，程、朱之言也"，⑤ 又谓"周子，其再生之仲尼乎！明道不让颜子，横渠、紫阳亦曾、思之亚，而阳明见力直追孟子。……由今读其言，如草蛇灰线，一脉相引，不可得而乱，敢谓千古宗传在是"⑥，从

---

① （明）黄道周：《黄漳浦集》卷二十一《王文成公集序》，王德毅主编《丛书集成三编》第52册，第497页。

② （明）黄道周：《榕坛问业》卷十七，清乾隆文林堂重刊本。

③ （明）黄道周：《榕坛问业》卷十，清乾隆文林堂重刊本。

④ （明）黄道周：《黄漳浦集》卷二十一《王文成公集序》，王德毅主编《丛书集成三编》第52册，第497页。

⑤ （明）刘宗周：《刘宗周全集》第4册《文编六·书序·重刻王阳明先生传习录序》，吴光主编，浙江古籍出版社2007年版，第30—31页。

⑥ （明）刘宗周：《刘宗周全集》第2册《语类七·圣学宗要·引》，吴光主编，浙江古籍出版社2007年版，第229页。

而以调和朱王的立场为王学辩护。对于王学的流变与现状，刘宗周则深感忧虑，指责"后人因其禅也而禅之，转借先生立帜，自此大道中分门别户，反成燕、越。而至于人禽之几，辄喜混作一团，不容分疏，以为'良知'中本无一切对待，由其说，将不率天下而禽兽食人不已"①，故辨之不遗余力。

在心性关系方面，刘宗周虽然认为"有心而后有性"②，"离心无性"③，以性为心之条理，表现出一种融合心、性的一元论思路，但他同时强调"独，一也，形而上者谓之性，形而下者谓之心"④，"人之所以为心者，性而已矣。以其出于固有而无假于外铄也"⑤，从而突出了性对心的规定与统摄，反映出一种由个体之心向普遍之性回归的倾向，遂与王门左派大相易趣。

刘宗周曾说：

> 向之妄意以为性者，孰知即此心是，而其共指以为心者，非心也，气血之属也。向也以气血为心，几至仇视其心而不可迩；今也以性为心，又以非心者分之以血气之属，而心之体乃见其至尊而无以尚，且如是其洁净精微，纯粹至善，而一物莫之或撄也。⑥
>
> 学莫要于知性，知性则能知此身之所以始与其所以终，时时庶有立地；知性则能知万物之所自始与其所自终，处处总属当身。⑦

---

①　（明）刘宗周：《刘宗周全集》第 4 册《文编六·书序·重刻王阳明先生传习录序》，吴光主编，浙江古籍出版社 2007 年版，第 31 页。

②　（清）黄宗羲：《明儒学案》卷六十二《蕺山学案·会语》，中华书局 2008 年版，第 1543 页。

③　同上书，第 1563 页。

④　（明）刘宗周：《刘宗周全集》第 2 册《语类十二·学言上》，吴光主编，浙江古籍出版社 2007 年版，第 390 页。

⑤　（明）刘宗周：《刘宗周全集》第 2 册《语类十·中庸首章说》，吴光主编，浙江古籍出版社 2007 年版，第 299 页。

⑥　（明）刘宗周：《刘宗周全集》第 2 册《语类九·原旨·原学中》，吴光主编，浙江古籍出版社 2007 年版，第 285 页。

⑦　（明）刘宗周：《刘宗周全集》第 2 册《语类十二·学言上》，吴光主编，浙江古籍出版社 2007 年版，第 377 页。

　　由此可见，刘宗周所重视的心并不是气血之属，也不是单纯的灵明知觉，而是具有"至尊无尚""洁净精微""纯粹至善"等特征的心本体。因此，只有"以性为心"，或者说化心为性，学以知性，方能了解自身以至天地万物的本性，进而超越形而下的感性领域，提升到形而上的普遍的理性本体。在杨国荣看来，刘宗周的这种心性论可以视作对于晚明学界自然主义、相对主义高涨所引起的理性失落、非理性膨胀这一状况的理论回应，其内在意向在于重建理性本体，恢复理性尊严。"他以相当的历史自觉，将时代的理论注意重心引向了人之为人的普遍本质，表现了对理性与人道的庄严维护。……刘宗周的这一思维走向，在某种意义上似乎由王学向程朱回归。"①

　　在心、意问题上，刘宗周特别突出意的本体地位与主宰作用，将意的概念置于心之上，主张意是"心之所存"，而非"心之所发"，意决定了心的活动方向与好善恶恶的本能，故曰："身之本在心，心之本在意"②，"心所向曰意，正如盘针之必向南也。……凡言向者，皆指定向而言，离定字，便无向字可下，可知意为心之主宰矣"③，"好善恶恶者意之动"④。由于意是一个具有很强个体性色彩的概念，所以从表面上看，刘宗周对于心、意问题的看法与泰州学派特别是王栋所主张的"自身之主宰而言，谓之心。自心之主宰而言，谓之意。心则虚灵而善应，意有定向而中涵"⑤的思想十分相似。这一点已为不少学者所注意到。虽然刘宗周在论述相关思想时并未提及王栋之名，且其弟子黄宗羲、董瑒等人皆认为刘宗周未曾

---

　　① 杨国荣：《心学之思——王阳明哲学的阐释》，生活·读书·新知三联书店 1997 年版，第 277—278 页。

　　② （明）刘宗周：《刘宗周全集》第 2 册《语类十二·学言上》，吴光主编，浙江古籍出版社 2007 年版，第 390 页。

　　③ （明）刘宗周：《刘宗周全集》第 2 册《语类十一·问答上·商疑十则，答史子复》，吴光主编，浙江古籍出版社 2007 年版，第 343 页。

　　④ （明）刘宗周：《刘宗周全集》第 3 册《文编三·书一·答史子复》，吴光主编，浙江古籍出版社 2007 年版，第 379 页。

　　⑤ （明）王栋：《明儒王一庵先生遗集》卷一《会语正集》，（明）王艮等撰《王心斋全集》，江苏教育出版社 2001 年版，第 148 页。

见过王栋之书，只是不谋而合，①使我们难以确证二者之间是否具有直接的继承关系，但考虑到刘宗周对于王艮"淮南格物论"的理解与认可，以及泰州学派在当时的巨大影响，其对泰州学派的思想主张应该有所了解，由此可以推测其关于心、意之辨的独特观点很有可能是受到了泰州学派相关思想的影响与启发。但是，若进一步分析的话，则会发现二者之间仍然隐含着深刻的、不容忽视的差异，而这点差异也象征着两派学术发展所呈现出的迥然不同的思想走向，反映出刘宗周对泰州王学的反思与纠正。杨国荣曾就此问题专门做过讨论。②

简言之，在王栋那里，意的特点是"不着四边，不赖倚靠"，"自作主张，自裁生化，故举而名之曰独。"③意的这种独立自主的品格，既有空所依傍、自作主宰的意思，又表示与其他意识现象相隔绝，无所制约。所谓"无一毫见闻、情识、利害所混，故曰独"④，"少间搀以见闻才识之能，情感利害之便，则是有所商量倚靠，不得谓之独矣"⑤。"见闻才识"可以理

---

① 黄宗羲曾说："先儒曰，意者心之所发，师以为心之所存。人心径寸间，空中四达，有太虚之象，虚故生灵，灵生觉，觉有主，是曰意。不然，《大学》以所发先所存，《中庸》以致和为致中，其病一也。然泰州王栋已言之矣。……师未尝见泰州之书，至理所在，不谋而合也。"［参见（清）黄宗羲《黄梨洲文集·先师蕺山先生文集序》，陈乃乾编，中华书局1959年版，第348页］董玚亦云："子（指刘宗周）以'意为心之所存'，其论似创，当时学者如董标、史孝复辈，惊为异说。……瑞生守其说，不敢以告人。距子辞世三十八年，得泰州王氏门人王一庵先生栋《遗集》二册读之，内有《会语》及《诚意问答》，所言与子恰合。……一庵氏师泰州，传格物之教，以溯良知。犹程门之豫章，而见从体验，不苟狥师说。子当年未见此集，一时诸未信者不减一桥、东崖诸人。"又说："先师刘子自崇祯丙子在京日，始订诚意之旨以示人，谓意者心之所存。戊寅，瑞生侍师，亲承音旨。时闻者谓与朱子、王子不符，起而争之。……逮先师辞世三十八年，得一庵王氏栋《遗集》，内有《会语》及《诚意问答》云……与先师之旨吻合。……一庵属泰州门人，凤禀良知之教者，而特揭意旨以示。惜闻者之徒守旧说而不能深求其在我，博考于诸儒，慢然疑先师之说，而不知前此已有不谋而同焉。"［参见（明）董玚《刘子全书钞述》，（明）刘宗周《刘宗周全集》第6册《附录五·刘子全书卷首资料》，吴光主编，浙江古籍出版社2007年版，第661—662、690—691页］
② 参见杨国荣《心学之思——王阳明哲学的阐释》，生活·读书·新知三联书店1997年版，第281—283页。
③ （明）王栋：《明儒王一庵先生遗集》卷一《会语正集》，（明）王艮等撰《王心斋全集》，江苏教育出版社2001年版，第149页。
④ （明）王栋：《明儒王一庵先生遗集》卷二《诚意问答》，（明）王艮等撰《王心斋全集》，江苏教育出版社2001年版，第201页。
⑤ （明）王栋：《明儒王一庵先生遗集》卷一《会语正集》，（明）王艮等撰《王心斋全集》，江苏教育出版社2001年版，第149页。

解为感性知觉与理性思维，而"情感利害"则与价值评价相关联。在现实生活中，人的意志的抉择固然不是完全出自理性的权衡计较与感性的观察判断，但也并不意味着其与"见闻才识""情感利害"等因素毫无关系。"王栋认为'意'的活动不能搀以见闻才识、情感利害，亦即以意志的自主（主宰）排斥了事实认知与价值评价对意志的调节；而意志一旦摆脱了后者的制约，即表现为一种独立不倚、绝对自由的精神力量。"① 同样，由于王栋赋予意以本体的地位和"独"的品格，因此强调诚意之功只能加于起心动念前的"不睹不闻"之境，而非动念之后，从而否定了察私防欲的后天工夫。因为心念一动，便属流行，若恶念已发，而后再着力禁遏，不但犹恐不及，且将不胜其烦且难矣。即便于乍动未显之际用功防范，亦恐心念生灭，顷刻不息，出入无时，令人莫可措手。"故慎本严敬而不懈怠之谓，非察私而防欲者也。"②

在王栋的论述中，良知也具有和"意"相同的属性，故其亦不认同"致良知"的提法。在他看来，"良知无时而昧，不必加知"③，"良知自洁净无私，不必加察"④，只需明识良知本体，敬慎修治，时时护持本心不失便可，更不消得"致"字。世之学者正是不察于此，故不免将"良知混于闻见而误以闻见之知为良知"，又或将"良知混于情识而误以情识之知为良知"。⑤ 所以王栋说："不识不知，然后能顺帝之则。今人只要多增见闻，以广知识，掺杂虚灵真体，如何顺帝则乎？盖人有知识，则必添却安排摆布，用智自私，不能行其所无事矣。"⑥

由此可见，王栋虽未直接提出率意而为、放任自然之类的思想，也提到要正心、诚意、慎独，但因为他对于意的主宰作用与"独"的品格的高

---

① 杨国荣：《心学之思——王阳明哲学的阐释》，生活·读书·新知三联书店 1997 年版，第 281—282 页。

② （明）王栋：《明儒王一庵先生遗集》卷一《会语正集》，（明）王艮等撰《王心斋全集》，江苏教育出版社 2001 年版，第 149 页。

③ 同上书，第 146 页。

④ 同上书，第 151 页。

⑤ 同上书，第 152 页。

⑥ 同上书，第 192 页。

扬，突出了意与意识活动中的理性等因素相隔绝且主宰理性等因素的特点，故透露出一种唯意志论和非理性主义的色彩。而他对于后天的道德省察、规范约束，以及知识学习的轻视与否定，亦显示出对于理性与工夫的拒斥，更加强化了"现成良知"的思想，加剧了本体与工夫的分离，从而为泰州后学"纵横任我""掀翻天地"的思想进境开辟了道路。

相较之下，刘宗周虽然也将意解释为"独"，但他并未着重强调意的绝对独立、无所制约的特点，而是将其与"知"相互结合，藏知于意，以知定意。所以他说："意之精神曰'知'"①，"意则心之所以为心也，知则意之所以为意也"②，"又就意中指出最初之机，则仅有知好知恶之知而已，此即意之不可欺者也。故知藏于意，非意之所起也"③。由此可见，知不但内在于意之中，与意不可分割，而且还作为意的核心与根据，对意的活动起着主导与规范的作用。刘宗周之所以将王阳明的"有善有恶意之动"改为"好善恶恶意之动"，便是要强调意所具有的好善恶恶的理性功能。而要确保意的好善恶恶功能的实现，则离不开知善知恶的"知"的范导。若是连是非善恶本身都分辨不清，好善恶恶自然无从谈起，甚至于率意而行，以非为是，认恶为善，最终出现南辕北辙、事与愿违的结果。故曰："知善知恶之知，即是好善恶恶之意。"④

可以说，正是晚明思想世界的混乱状况使刘宗周意识到，对于意志本体的过度强调必然导致意欲的膨胀、泛滥而无所归依。"夫求心之过，未有不流为猖狂而贼道也。"⑤ 为了挽救王门末流猖狂任欲、放荡无忌之弊，刘宗周在继承其他学者关于心、意关系的新思路的基础上，将带有个体性、非理性色彩的意与带有普遍性、理性色彩的知统一起来，以知来制

①　（明）刘宗周：《刘宗周全集》第 2 册《语类十四·会录》，吴光主编，浙江古籍出版社 2007 年版，第 517 页。

②　（明）刘宗周：《刘宗周全集》第 2 册《语类十二·学言上》，吴光主编，浙江古籍出版社 2007 年版，第 389 页。

③　同上书，第 389 页。

④　（清）黄宗羲：《明儒学案》卷六十二《蕺山学案·语录》，中华书局 2008 年版，第 1523 页。

⑤　（明）刘宗周：《刘宗周全集》第 4 册《文编六·书序·张慎甫四书解序》，吴光主编，浙江古籍出版社 2007 年版，第 17 页。

约、规范意的活动，从而进一步确立了普遍的理性本体的主导地位。

在工夫论方面，刘宗周主张以诚意、慎独为宗，这一点亦与其"主意"的思想学说直接关联。刘宗周认为，本体与工夫不可分割，"本体只是这些子，工夫只是这些子，并这些子，仍不得分此为本体，彼为工夫"①。既然以意、独为本体，自然要以诚意、慎独为工夫。"独之外，别无本体；慎独之外，别无工夫。"② 在刘宗周看来，以慎独作为为学的根本方法并不是他自己的发明，而是质诸千圣而不疑的儒学真传。故曰："《大学》言心到极至处，便是尽性之功，故其要归之慎独。《中庸》言性到极至处，只是尽心之功，故其要亦归之慎独。"③ 又言："《大学》之道，一言以蔽之，曰慎独而已矣。《大学》言'慎独'，《中庸》亦言'慎独'，慎独之外，别无学也。"④ 同时，刘宗周屡次强调："今世俗之弊，正在言复不言克，言藏密而不言洗心，言中和而不言慎独，言立大本而不言心官之思，言致知而不言格物，遂不免离相求心，以空指道，以扫除一切为学，以不立文字，当下即是性宗，何怪异学之纷纷也！"⑤ 由此可见，其提倡诚意、慎独的工夫也是为了对治当时学者以现成良知消解工夫，离工夫而空谈本体的危险倾向。

格物致知历来是理学家最为重视的工夫。关于格致与诚意的关系，刘宗周认为：

> 意者，至善之所止也，而工夫则从格致始。正致其知止之知，而格其物有本末之物，归于止至善云耳。格致者，诚意之功，功夫结在

---

① （明）刘宗周：《刘宗周全集》第 2 册《语类十二·学言上》，吴光主编，浙江古籍出版社 2007 年版，第 404 页。

② （明）刘宗周：《刘宗周全集》第 2 册《语类十·中庸首章说》，吴光主编，浙江古籍出版社 2007 年版，第 300 页。

③ （明）刘宗周：《刘宗周全集》第 2 册《语类十二·学言上》，吴光主编，浙江古籍出版社 2007 年版，第 390 页。

④ （明）刘宗周：《刘宗周全集》第 1 册《经术六·大学古记约义·慎独》，吴光主编，浙江古籍出版社 2007 年版，第 650 页。

⑤ （明）刘宗周：《刘宗周全集》第 3 册《文编三·书一·与以建二》，吴光主编，浙江古籍出版社 2007 年版，第 299 页。

主意中，方为真功夫，如离却意根一步，亦更无格致可言。故格致与诚意，二而一，一而二者也。①

在他看来，诚意工夫始于格致，止于至善，而格致工夫亦不可离开意根的规范，须以意为其核心与主导。因此，格致与诚意不可割裂，是一而二、二而一的关系。在对格物致知的具体内涵的理解上，刘宗周主张"格物之要，诚正以修身而已矣"②，"'格物'即格其反身之物，不离修者是，而'致知'即致其所性之知，不离止者是"③，依然以修身释格物，以致良知释致知，视即物穷理为支离，从而在基本精神上偏向王学。但他也并未完全否定朱熹对于格致的理解，认为"心以物为体，离物无知，今欲离物以求知，是张子所谓反镜索照也"④，又谓："滞耳目而言知者，狗物者也；离耳目而言知者，遗物者也。狗物者，弊至于一草一木亦用工夫；而遗物求心，又逃之无善无恶，均过也"⑤，主张对格致的理解应折中于二者。

因此，刘宗周所提倡的格致、诚意之功就不是单纯的心地工夫，而是要向事物上做工夫。"吾儒学问在事物上磨炼。不向事物上做工夫，总然面壁九年，终无些子得力。"⑥ "今学者动言万物备我，恐只是镜中花，略见得光景如此。若是真见得，便须一一与之践履过。"⑦ 这一点落实在现实生活中，便表现为严苛的道德律令与道德实践。刘宗周晚年所撰《人谱》有《证人要旨》《纪过格》《讼过法》《改过说》等篇，以自讼、自责、自惩为重要内容，列举了微过、隐过、显过、大过、丛过等五大类百余种罪

① （明）刘宗周：《刘宗周全集》第 2 册《语类十二·学言上》，吴光主编，浙江古籍出版社 2007 年版，第 390 页。

② （明）刘宗周：《刘宗周全集》第 1 册《经术六·大学古记约义·格致》，吴光主编，浙江古籍出版社 2007 年版，第 647 页。

③ 同上书，第 648 页。

④ （清）黄宗羲：《明儒学案》卷六十二《蕺山学案·语录》，中华书局 2008 年版，第 1518 页。

⑤ （明）刘宗周：《刘宗周全集》第 1 册《经术六·大学古记约义·格致》，吴光主编，浙江古籍出版社 2007 年版，第 648 页。

⑥ （明）刘宗周：《刘宗周全集》第 2 册《语类十四·会录》，吴光主编，浙江古籍出版社 2007 年版，第 535 页。

⑦ （明）刘宗周：《刘宗周全集》第 2 册《语类一·人谱续篇一·证人要旨》，吴光主编，浙江古籍出版社 2007 年版，第 8 页。

过及其产生根源，从而将人的思想、情感，以至一切的言行举止皆纳入严密的道德规范之中。为了对治如此多的罪过，刘宗周提出六条要旨，曰：凛闲居以体独、卜动念以知几、谨威仪以定命、敦大伦以凝道、备百行以考旋、迁善改过以作圣，又特别强调静坐讼过之法与省察之功，从中可以看出其对于外在的监督约束、礼义规范与道德实践的重视，以及借此重建儒家道德秩序的愿望。除静坐外，刘宗周亦认同读书的作用，提出"静坐是闲中吃紧一事，其次则读书"①，"人须用功读书，将圣贤说话反复参求，反复印证。一番疑，一番得力"②，屡屡称道朱熹"半日静坐，半日读书"之法，这些无不反映出刘宗周调和朱王的思想取向。

当时，王学左派日趋激进的思想发展与不断扩大的社会影响不仅受到了来自王门内外学者的反思与批判，也逐渐超出了官方意识形态所能容许的边界，从而再次遭受来自政治权力的打压。私人书院本是王门学者聚徒讲学、传播思想的主要阵地，也是王学思想影响社会的重要渠道，象征着明代中期之后相对自由开放的思想风气与学术环境。而这种自由思想与议论的风气却是强调中央集权、统一思想的张居正所最为痛恨的。当然，张居正反对私人书院与私人讲学有其复杂的政治、社会、经济原因，但最令他无法容忍、必欲除之而后快的无疑是这种民间力量对于官方思想的背离与反抗。他一贯主张学者要"以足踏实地为功，以崇尚本质为行，以遵守成宪为准，以诚心顺上为忠"③，自然要激烈地批评私人讲学"聚党贾誉，行径捷举，所称道德之说，虚而无当。……其徒侣众盛，异趋为事，大者摇撼朝廷，爽乱名实，小者匿蔽丑秽，趋利逃名"④。其中，所谓"摇撼朝廷，爽乱名实"便径直点出了讲学的头号罪过。在张居正看来，不但这些理学家不可随意讲学，"假令孔子生今之时，为国子司成，则必遵奉我圣

---

① （明）刘宗周：《刘宗周全集》第 2 册《语类一·人谱续篇一·证人要旨》，吴光主编，浙江古籍出版社 2007 年版，第 6 页。

② （明）刘宗周：《刘宗周全集》第 2 册《语类十四·会录》，吴光主编，浙江古籍出版社 2007 年版，第 525 页。

③ （明）张居正：《张太岳集》卷二十九《答南司成屠平石论为学》，上海古籍出版社 1984 年版，第 362 页。

④ 同上。

祖学规以教胄而不敢失坠；为提学宪臣，则必遵奉皇上敕谕以造士而不敢失坠，必不舍其本业而别开一门，以自蹈于反古之罪也"①。万历三年（1575），张居正在整顿官学时便曾上疏皇帝，请求敕谕"各提学官督率教官生儒，务将平日所习经书义理着实讲求，躬行实践，以需他日之用。不许别创书院，群聚徒党，及号召地方游食无行之徒，空谭废业"②。万历七年（1579），张居正更借查处常州知府施观民私创书院、科敛民财之机，以帝诏命毁天下书院，禁止私人讲学。只是当时书院讲学风气正盛，一时难以禁绝，大部分书院都通过改头换面的方式保存下来。

明万历三十年（1602），由于上疏弹劾王学者日多，原先支持王学，并将王阳明从祀孔庙的万历皇帝亦下诏严斥王学。诏曰："祖宗维世立教，尊尚孔子，明经取士，表章宋儒。近来学者不但非毁宋儒，渐至诋讪孔子，扫灭是非，荡弃行简，复安得忠孝节义之士为朝廷用？"③ 这些指责显然是针对以泰州学派为代表的王门左派所发。而泰州后学中的代表人物颜钧被诬下狱，发配充军，何心隐屡遭缉捕，狱中被杀，以及李贽在狱中自杀等一系列事件，都显示出王学激进思想在迅速发展之后所遭受的挫折与压制。与此同时，由于晚明各种社会矛盾、阶级矛盾与民族矛盾的集中爆发，国势急转直下，整个王朝处于风雨飘摇之中，也使得许多士人不得不将关注的重心转移到与经世济民、重建秩序、救亡恢复有关的实用之学上，从而无论在思想发展的内在理路，还是社会历史环境的客观要求上，都预示了王学的衰落。

所谓"无事袖手谈心性，临危一死报君王"④。孰知与故国之君一同逝去的除了袖手而谈之人外，还有其人所谈论的学问。可以说，正是明朝灭亡这一重大的历史突变构成了对于王学的致命打击。虽然我们无法准确估

---

①　（明）张居正：《张太岳集》卷二十九《答南司成屠平石论为学》，上海古籍出版社 1984 年版，第 362 页。

②　（明）张居正：《张太岳集》卷三十九《请申旧章饬学政以振兴人才疏》，上海古籍出版社 1984 年版，第 496 页。

③　《明神宗实录》卷三百七十，万历三十年三月乙丑条，台湾"中研院"历史语言研究所 1966 年版。

④　（清）颜元：《颜元集·存学编》卷一《学辨一》，中华书局 1987 年版，第 51 页。

计王学的流行对于明亡究竟产生了多大的影响，应负多重的责任，而今天的大部分学者恐怕也不会将明亡的主要原因归罪于王学，可是，当那些沉浸于亡国乱离之痛中的清初学者反思、总结明亡教训的时候，却是几乎异口同声地将这一惨剧的罪魁祸首指向王学。如顾炎武说：

> 王门高弟为泰州、龙溪二人。泰州之学一传而为颜山农，再传而为罗近溪、赵大洲。龙溪之学一传而为何心隐，再传而为李卓吾、陶石篑。昔范武子论王弼、何晏二人之罪深于桀、纣，以为一世之患轻，历代之害重，自丧之恶小，迷众之罪大。而苏子瞻谓李斯乱天下，至于焚书坑儒，皆出于其师荀卿高谈异论而不顾者也。①

> 以一人而易天下，其流风至于百有余年之久者，古有之矣。王夷甫之清谈，王介甫之新说，其在于今，则王伯安之良知是也。《孟子》曰："天下之生久矣，一治一乱。"拨乱世反之正，岂不在于后贤乎！②

陆陇其曰：

> 自阳明王氏，倡为良知之说，以禅之实，而托儒之名，且辑《朱子晚年定论》一书，以明己之学与朱子未尝异。龙溪、心斋、近溪、海门之徒，从而衍之，王氏之学遍天下，几以为圣人复起，而古先圣贤下学上达之遗法，灭裂无余。学术坏而风俗随之，其弊也至于荡轶礼法，蔑视伦常，天下之人，恣睢横肆，不复自安于规矩绳墨之内，而百病交作。……故至于启、祯之际，风俗愈坏，礼义扫地，以至于不可收拾。其所从来，非一日矣。故愚以为明之天下，不亡于寇盗，不亡于朋党，而亡于学术。学术之坏，所以酿成寇盗朋党之祸也。③

张履祥云：

---

① （清）顾炎武：《日知录集释》卷十八《朱子晚年定论》，（清）黄汝成集释，上海古籍出版社 2006 年版，第 1065 页。
② 同上书，第 1068 页。
③ （清）陆陇其：《学术辨·辨上》，中华书局 1985 年版，第 1—2 页。

姚江以异端害正道，正有朱紫、苗莠之别。其弊至于荡灭礼教。今日之祸，盖其烈也。①

近世学者，祖尚其（指陆九渊）说，以为捷径，稍及格物穷理，则谓之支离烦碎。夫恶支离则好直捷，厌烦碎则乐径省，是以礼教陵夷，淫邪日炽，而天下之祸不可胜言。②

王锡阐言：

自白沙、姚江倡学以来，糟粕六籍，刍狗圣贤，贻祸已极。而其曾玄支裔，日增月盛，南宗北派，面目虽殊，其实隐相祖述，以陷惑人心，不至学士大夫尽为魑魅罔两，其势不止。③

窃谓理无异而学有异，学其所学，则理其所理。然其所理，实非理也，学之敝也。伊洛高弟，已有倍其师说而流于禅者，至象山而溃金堤，至姚江而泛滥中国矣。学术坏而人心丧，崖山、蛮莫未必非其遗殃。④

王夫之亦谓：

降及正、嘉之际，姚江王氏出焉，则以其所得于佛、老者强攀是篇（指《中庸》）以为证据，其为妄也既莫之容诘，而其失之皎然易见者，则但取经中片句只字与彼相似者以为文过之媒。……迨其徒二王、钱、罗之流，恬不知耻，而窃佛、老之土苴以相附会，则害愈烈，而人心之坏，世道之否，莫不由之矣。⑤

王氏之学，一传而为王畿，再传而为李贽，无忌惮之教立，而廉耻丧，盗贼兴，中国沦没，皆惟怠于明伦察物而求逸获，故君父可以

---

① （清）张履祥：《杨园先生全集》卷四《答沈德孚二》，中华书局 2002 年版，第 85 页。
② （清）张履祥：《杨园先生全集》卷五《与何商隐一》，中华书局 2002 年版，第 111 页。
③ （清）王锡阐：《晓庵先生文集》卷二《与顾亭林书》，《清代诗文集汇编》第 105 册，上海古籍出版社 2010 年版，第 716 页。
④ 同上书，第 717—718 页。
⑤ （清）王夫之：《礼记章句》卷三十一《中庸》，岳麓书社 2011 年版，第 1246 页。

不恤，发肤可以不顾。陆子静出而宋亡，其流祸一也。①

这些论断显然带有较强的感情色彩，未必能十分的客观、准确，但不难从中看出清初各派学者对于陆王心学的普遍心理和基本态度。由于传统儒学特别是宋明理学中深刻的道德主义因素，使得旧时的学者往往将社会治乱的根源归结为人心。这里的人心便包括君心与民心。相较而言，宋儒似更强调君心，而明清之际的儒者则更为注重民心。（当然，这里所说的民心也包含士心。）究其原因，后者除了对于明代皇帝昏庸与政治腐败极度失望，以及对清政权的仇恨、排斥与畏忌之外，恐怕亦自觉不自觉地受到了王阳明所开创的"觉民行道"（余英时语）之路径潜移默化的影响。因为宋儒所期待的是"得君行道"，自然以君心为天下之大本，以"格君心之非"为要事。故程颢谓："治道亦有从本而言，亦有从事而言。从本而言，惟是格君心之非，正心以正朝廷，正朝廷以正百官。"②又谓："君仁莫不仁，君义莫不义。天下之治乱，系乎人君仁不仁耳。离是而非则生于其心，必害于其政，岂待乎作之于外哉？"③朱熹亦云："天下事有大根本，有小根本，正君心是大本"④，"天下之事千变万化，其端无穷而无一不本于人主之心者，此自然之理也。故人主之心正，则天下之事无一不出于正；人主之心不正，则天下之事无一得由于正"⑤。而阳明则将行道济世的重心由高高在上的君王转向社会大众，特别强调对于普通民众的教化。故其发为"拔本塞源论"，以为"天下之人心，其始亦非有异于圣人也，特其间于有我之私，隔于物欲之蔽，大者以小，通者以塞，人各有心，至有视其父子兄弟如仇雠者。圣人有忧之，是以推其天地万物一体之仁以教

---

① （清）王夫之：《张子正蒙注》卷九《乾称篇下》，中华书局 1975 年版，第 332 页。

② （宋）朱熹、吕祖谦编：《近思录》卷八《治体》，（清）张伯行集解，中华书局 1985 年版，第 237 页。

③ 同上书，第 239 页。

④ （宋）黎靖德编：《朱子语类》卷一百八，《朱子全书》第 17 册，上海古籍出版社、安徽教育出版社 2002 年版，第 3511 页。

⑤ （宋）朱熹：《朱文公文集》卷十一《戊申封事》，《朱子全书》第 20 册，上海古籍出版社、安徽教育出版社 2002 年版，第 590—591 页。

天下，使之皆有以克其私，去其蔽，以复其心体之同然"①，以此安天下之民，成三代之治。在此，治平天下的关键显然已由传统的"正君心"转变为觉醒、恢复天下之人心中共有之良知。此种精神经由王门后学特别是王学左派的传承、发展与实践，衍为一时风潮，后虽在政治权力的猜忌与打压下遭到很大的挫折与失败，但在明清之际特殊的时代环境下，仍可感受到其流风余韵的影响。所以顾炎武说：

> 目击世趋，方知治乱之关必在人心风俗，而所以转移人心，整顿风俗，则教化纲纪为不可阙矣。百年必世养之而不足，一朝一夕败之而有余。②

李颙亦谓：

> 大丈夫无心于斯世则已，苟有心斯世，须从大根本、大肯綮处下手，则事半而功倍，不劳而易举。夫天下之大根本，莫过于人心；天下之大肯綮，莫过于提醒天下之人心。然欲醒人心，惟在明学术，此在今日为匡时第一要务。③

张履祥则曰：

> 学术坏而心术因之，心术坏而世道因之，古今不易之理也。④

在大量类似的论述中，学术、人心、世道三者的联系被建立起来，并最后归根于学术。如此，明清之际的思想界便呈现出一副颇为奇特的景象，学者们在重视民心、倡导教化方面虽然继承了王学的精神，但其正人

---

① （明）王守仁：《王阳明全集》卷二《传习录中·答顾东桥书》，上海古籍出版社1992年版，第54页。
② （清）顾炎武：《亭林文集》卷四《与人书九》，《顾亭林诗文集》，中华书局1983年版，第93页。
③ （清）李颙：《二曲集》卷十二《匡时要务》，中华书局1996年版，第104页。
④ （清）张履祥：《杨园先生全集》卷二十七《愿学记二》，中华书局2002年版，第759页。

心、救世道的具体理论与实践恰恰是建立在批判王学思想的基础之上，从而形成了一场轰轰烈烈的反王学运动。

第二节　清初福建朱子学对王学的纠驳

在清初这场批判王学的思想运动中，朱子学者自然是占有重要地位的一支力量，为批判王学提供了有力的思想武器与理论依据。其他一些并不完全属于朱子学派的学者，甚至学宗陆王的学者，多半亦对朱熹表示尊崇，并主动吸收、借鉴朱子学的思想观点来批判、救正所谓的"王学末流"。但是，若进一步分析的话可以发现，不同学术立场与治学倾向的学者在批判王学的思路上往往有着不同的取向和重点。具体到清初福建朱子学者身上，其所关注的重点就与当时某些强调经世致用的学者所秉持的实用主义或功利主义取向有所不同。后者更强调知识与学术的实用性，要求学问能够直接操作、运用或产生现实的功利，直接有用于国计民生。如顾炎武自谓"凡文之不关于六经之指、当世之务者，一切不为"①，"止为一人一家之事，而无关于经术政理之大，则不作也"②。而颜元则以极富实用色彩的"六府""三事""三物""四教"③ 为儒学正统与圣贤真传，主张为学也应谋利计功，"正其谊以谋其利，明其道而计其功"④。在他看来，"唐、虞之儒，和三事、修六府而已，成周之儒，以三物教万民，宾兴之而已……孔门之儒，以四教教三千人而已……夫尧、舜之道而必以'事'名，周、孔之学而必以'物'名"⑤，"圣贤但一坐便商榷兵、农、礼、乐，

---

① （清）顾炎武：《亭林文集》卷四《与人书三》，《顾亭林诗文集》，中华书局 1983 年版，第 91 页。
② 同上书，第 96 页。
③ "六府"指水、火、金、木、土、谷，六者财用之所自出，故曰府。"三事"指正德、利用、厚生，三者人事之所当为，故曰事。"三物"指六德：知、仁、圣、义、忠、和，六行：孝、友、睦、姻、任、恤，六艺：礼、乐、射、御、书、数。"四教"指文、行、忠、信。
④ （清）颜元：《颜元集·四书正误》卷一《大学》，中华书局 1987 年版，第 163 页。
⑤ （清）颜元：《颜元集·习斋记余》卷三《寄桐乡钱生晓城》，中华书局 1987 年版，第 439 页。

但一行便商榷富民、教民"①，所以"性命之理不可讲也，虽讲，人亦不能听也，虽听，人亦不能醒也，虽醒，人亦不能行也"②，"心中醒，口中说，纸上作，不从身上习过，皆无用也"③。

相较之下，清初福建朱子学者虽不排斥经世致用，但更关注义理本身的辨析，强调实学实行必须首先从思想根源上辨别是非邪正，解决有关人的身心性命等大本大原处的问题。如李光地所说："但看如今学者，亦有终日用功讲习，躬行实践，岂必是假伪？然大本大源上实不曾见得，奈何？"④ 而这也使得清初福建朱子学者对于王学的批判在理论上并无太多新颖之处，基本沿袭了前代朱子学者的思路，主要从"性即理"与"心即理"、"尊德性"与"道问学"、"格物穷理"与"致良知"等问题入手，在理学内部对陆王之学进行辨析和批判。当然，这些问题也确实是程朱理学与陆王心学之间的重要差异与争论焦点所在，以此展开对陆王心学的纠驳也是题中应有之义。与此同时，在清初特定的历史背景下，福建朱子学者对于王学的反思或多或少都会以明末的那段历史作为一种经验基础与心理情感的出发点，希望通过朱子学思想的提倡来纠正、挽回王学对于国家、社会所造成的影响与伤害，蕴含着由虚返实的倾向。这些新的思想动向或隐或显地夹杂在各种旧理学概念的讨论之中，与明末清初日益高涨的实学思潮相互呼应。

一　"性即理"与"心即理"

众所周知，心性论作为宋明理学中最受关注、最具特色亦最富成果的理论议题之一，构成了宋明理学思想体系的核心与基石。李泽厚即提出宋明理学的主题在于"重建以人的伦常秩序为本体轴心的孔孟之道"，"不是宇宙观、认识论而是人性论才是宋明理学的体系核心"。⑤ 心性论作为传统

---

① （清）颜元：《颜元集·四书正误》卷四《论语下·子路》，中华书局1987年版，第214页。
② （清）颜元：《颜元集·存学编》卷一《总论诸儒讲学》，中华书局1987年版，第41页。
③ （清）颜元：《颜元集·存学编》卷二《性理评》，中华书局1987年版，第56页。
④ （清）李光地：《榕村语录》卷二，《榕村语录　榕村续语录》上册，中华书局1995年版，第32页。
⑤ 李泽厚：《中国古代思想史论》，生活·读书·新知三联书店2008年版，第235—236页。

儒家内圣之学的重要内容，其发端虽可追溯至先秦时期，但在秦汉之后却相对衰落，长期沉寂，直接导致了儒学在思想领域中的权威与影响力渐为释、道二教所侵夺，甚至威胁到儒家思想作为官方意识形态的统治地位。正是在这一背景下，宋代理学家通过吸收、借鉴释、道二教中有益的思想观念与思维模式，重新发掘、阐释先秦儒家经典中可与之对应的思想内容，使得儒家的心性理论在两宋时期发生了一次巨大的发展与飞跃，重塑了儒学的面貌与内涵，成功回应了释、道二教的挑战，从而维护了儒家思想的主导地位。由于心性论之于宋明理学的重要意义，朱子学与陆学或王学之间有关"性即理"与"心即理"的差异和争论，也就不只是简单的一字之差或对个别概念的不同理解，而是突出地代表了两家思想在心性论领域的整体差异，从而构成了"朱陆之辨"或"朱王之辨"的要点之一。

在宋代之前，传统儒家的人性论思想，不论是孟子的"性善论"，还是荀子的"性恶论"，都是一种性一元论，往往难以圆融地解释人性中善恶混杂所造成的种种复杂问题。而其他各种性无善恶论、性善恶混论等理论，或流于浅显粗糙，难以自圆其说，或不合于儒家主流伦理观念，都不能令学者普遍满足和信服。至北宋时，又出现了一种新的性二元论的理论倾向，主张将人性区分为"天地之性"和"气质之性"。其中，天地之性亦称天命之性、义理之性，是纯粹至善的，气质之性则有善有恶。人若是希望为善去恶、成圣成贤，就必须通过学习、修养等方法变化气质，以回复本然的天地之性。这种人性论肇始于周、张、二程等北宋理学家，直到南宋朱熹处方才发展到完善与成熟的阶段。

朱熹认为，世界由理和气构成，人禀受天地之理以为本性，即"天命之性"，又禀受天地之气以为形体，而"天命之性"落入气质形体中便有了"气质之性"，故极称程子"论性，不论气，不备；论气，不论性，不明"[1] 之语，主张论性与论气兼备。他说：

> 有气质之性，无天命之性，亦做人不得；有天命之性，无气质之

---

① （宋）程颢、程颐：《二程集·河南程氏遗书》卷六，中华书局 1981 年版，第 81 页。

性，亦做人不得。①

　　须是合性与气观之然后尽。②

　　由于理与气不离不杂，所以天命与气质亦是不离不杂的关系。一方面，"才有天命，便有气质，不能相离。若阙一，便生物不得。既有天命，须是有此气，方能承当得此理。若无此气，则此理如何顿放"③；另一方面，"未有此气已有此性，气有不存，性却常在。虽其方在气中，然气自气，性自性，亦自不相夹杂"④。需要注意的是，朱熹所说的天命之性与气质之性并非平行并立的两种性。前者作为后者的本体与根据，存在于后者中。故曰："气质是阴阳五行所为，性即太极之全体。但论气质之性，则此全体堕在气质之中耳，非别有一性也。"⑤

　　在现实世界中，理必须安顿在一定的形气之中才能成为人性，故而一切现实的人性皆非性之本体，而是气质之性。"大抵人有此形气，则是此理始具于形气之中，而谓之性。才是说性，便已涉乎有生而兼乎气质，不得为性之本体也。"⑥ 因此，朱熹亦将人性中先天具有的恶的因素归因于气质。天命之性来源于天理，自然是纯善无恶的，而气质则有清浊昏明之不齐。天命之性经过气质的熏染、障蔽，所呈现出来的现实的人性，即气质之性，便是有善有恶的。所以朱熹说：

　　天地间只是一个道理。性便是理。人之所以有善有不善，只缘气

---

　　① （宋）黎靖德编：《朱子语类》卷四，《朱子全书》第 14 册，上海古籍出版社、安徽教育出版社 2002 年版，第 193 页。

　　② （宋）黎靖德编：《朱子语类》卷五十九，《朱子全书》第 16 册，上海古籍出版社、安徽教育出版社 2002 年版，第 1889 页。

　　③ （宋）黎靖德编：《朱子语类》卷四，《朱子全书》第 14 册，上海古籍出版社、安徽教育出版社 2002 年版，第 192—193 页。

　　④ （宋）朱熹：《朱文公文集》卷四十六《答刘叔文》，《朱子全书》第 22 册，上海古籍出版社、安徽教育出版社 2002 年版，第 2147 页。

　　⑤ （宋）朱熹：《朱文公文集》卷六十一《答严时亨》，《朱子全书》第 23 册，上海古籍出版社、安徽教育出版社 2002 年版，第 2960 页。

　　⑥ （宋）黎靖德编：《朱子语类》卷九十五，《朱子全书》第 17 册，上海古籍出版社、安徽教育出版社 2002 年版，第 3196 页。

质之禀各有清浊。①

> 禀气之清者，为圣为贤，如宝珠在清冷水中；禀气之浊者，为愚为不肖，如珠在浊水中。所谓"明明德"者，是就浊水中揩拭此珠也。②

以上即为朱熹人性论思想之大概。由此可知，朱熹所说的"性即理"之"性"并非具体、现实的人性，而只能是天命之性，亦即性之本体。所以"性即理"这一命题的确切含义便是性之本体是理，本然之性是理。程颐尝言："性即理也，所谓理，性是也。天下之理，原其所自，未有不善。喜怒哀乐未发，何尝不善？发而中节，则无往而不善。"③此语极为朱熹所赞赏，以为"如'性即理也'一语，自孔子后，惟是伊川说得尽。这一句，便是千万世说性之根基"④，"伊川'性即理也'，自孔、孟后，无人见得到此，亦是从古无人敢如此道"⑤。

为了进一步说明性善的根源，朱熹发挥《易传》"一阴一阳之谓道，继之者善也，成之者性也"的思想，指出：

> 性者，人所受之天理；天道者，天理自然之本体，其实一理也。⑥
> 这个理在天地间时，只是善，无有不善者。生物得来，方始名曰"性"。只是这理，在天则曰"命"，在人则曰"性"。⑦

---

① （宋）黎靖德编：《朱子语类》卷四，《朱子全书》第14册，上海古籍出版社、安徽教育出版社2002年版，第196页。

② 同上书，第203页。

③ （宋）程颢、程颐：《二程集·河南程氏遗书》卷二十二上，中华书局1981年版，第292页。

④ （宋）黎靖德编：《朱子语类》卷九十三，《朱子全书》第17册，上海古籍出版社、安徽教育出版社2002年版，第3107—3108页。

⑤ （宋）黎靖德编：《朱子语类》卷五十九，《朱子全书》第16册，上海古籍出版社、安徽教育出版社2002年版，第1889页。

⑥ （宋）朱熹：《四书章句集注·论语集注》卷三《公冶长第五》，《朱子全书》第6册，上海古籍出版社、安徽教育出版社2002年版，第103页。

⑦ （宋）黎靖德编：《朱子语类》卷五，《朱子全书》第14册，上海古籍出版社、安徽教育出版社2002年版，第216页。

这就是说，理在天地间只是一个总的道理，为人所禀则表现为仁义礼智之本性。如果说程颐所说的"性即理"主要还是在一般的意义上说明人性的本质内容与天理相互符合，那么朱熹则更加明确地指出人的本性与天理之间具有直接的承继关系，从而将宇宙论与人性论贯穿起来。所以钱穆说："伊川性即理也之语，主要在发挥孟子性善义，只就人生界立论，而朱子则用来上通之于宇宙界。亦可谓朱子乃就其自所创立有关宇宙界之理气论而来阐申伊川此语之义。"[1]

而"心"在朱熹的思想体系中最主要的意义之一便是知觉。朱熹认为，性属未发，故不能知觉，心含已发，方能知觉。故曰：

> 灵底是心，实底是性，灵便是那知觉底。[2]
>
> 性只是理，情是流出运用处，心之知觉，即所以具此理而行此情者也。[3]

由于人心具有十分伟大的认识、思维能力，所以朱熹常常称赞心的虚灵与神妙：

> 此心至灵，细入豪芒纤芥之间，便知便觉，六合之大，莫不在此。又如古初去今是几千万年，若此念才发，便到那里；下而方来又不知是几千万年，若此念才发，便也到那里。这个神明不测，至虚至灵，是甚次第。[4]

与心的知觉能力相关联的便是心的主宰作用。所谓"心者，人之知觉

---

① 钱穆：《朱子学提纲》，生活·读书·新知三联书店 2005 年版，第 42 页。

② （宋）黎靖德编：《朱子语类》卷十六，《朱子全书》第 14 册，上海古籍出版社、安徽教育出版社 2002 年版，第 511 页。

③ （宋）朱熹：《朱文公文集》卷五十五《答潘谦之》，《朱子全书》第 23 册，上海古籍出版社、安徽教育出版社 2002 年版，第 2590 页。

④ （宋）黎靖德编：《朱子语类》卷十八，《朱子全书》第 14 册，上海古籍出版社、安徽教育出版社 2002 年版，第 613 页。

主于身而应事物者也"①。朱熹提出：

> 夫心者，人之所以主乎身者也，一而不二者也，为主而不为客者
> 也，命物而不命于物者也。②

> 心，主宰之谓也。动静皆主宰，非是静时无所用，及至动时方有
> 主宰也。③

这就是说，心是人身唯一的主宰，不论语默动静，人的言语、行动、情感、思维等一切行为都受到心的控制与支配，并对知觉到的事物做出适当的反应，从而体现出高度的能动性。但是，由于朱熹在论述心的主宰作用时间或使用"命万物""宰万物"等说法，便有学者据此认为朱熹所说的心就是万物的本体或万物的主宰者。这种观点显然是一种误解，陈来先生已辨之。因为朱熹"心为主宰的思想主要是把人作为实践活动的主体来考察心在个体实践活动中的作用"④，所以心并不能直接主宰万物，而是通过对人的实践活动的支配来实现"命万物"与"宰万物"。

对于心与性的关系，朱熹强调"心具众理"⑤，这个"理"便是人的本性，亦即人先天内在的道德本质。故曰：

> 理在人心，是之谓性。性如心之田地，充此中虚，莫非是理而
> 已。心是神明之舍，为一身之主宰。性便是许多道理，得之于天而具
> 于心者。⑥

----

① （宋）朱熹：《朱文公文集》卷六十五《大禹谟》，《朱子全书》第23册，上海古籍出版社、安徽教育出版社2002年版，第3180页。

② （宋）朱熹：《朱文公文集》卷六十七《观心说》，《朱子全书》第23册，上海古籍出版社、安徽教育出版社2002年版，第3278页。

③ （宋）黎靖德编：《朱子语类》卷五，《朱子全书》第14册，上海古籍出版社、安徽教育出版社2002年版，第229页。

④ 陈来：《朱子哲学研究》，华东师范大学出版社2000年版，第214页。

⑤ （宋）朱熹：《朱文公文集》卷三十二《问张敬夫》，《朱子全书》第21册，上海古籍出版社、安徽教育出版社2002年版，第1395页。

⑥ （宋）黎靖德编：《朱子语类》卷九十八，《朱子全书》第17册，上海古籍出版社、安徽教育出版社2002年版，第3305页。

性便是心之所有之理，心便是理之所会之地。性是理，心是包含该载，敷施发用底。①

可以说，心以性作为其内容与依据，性则通过心的知觉与主宰作用将自己表现出来。"道理固本有，用知，方发得出来。若无知，道理何从而见。"②

此外，朱熹极称张载"心统性情"之说，亦经常以"心统性情"的模式来分析心性关系。诚如陈来先生所指出的，在朱熹那里，"心统性情"这一命题具有两层含义。一是心兼赅性、情：

"心统性情"，统，犹兼也。③

性是未动，情是已动，心包得已动未动。④

性，其理；情，其用。心者，兼性情而言；兼性情而言者，包括乎性情也。⑤

朱熹认为，性静情动，性是心之体，是心所得于天的原理，情是心之用，是心感于物而发的功用，而心则是兼赅动静体用的知觉意识活动的总体。"心统性情"的另一层含义则是心主宰性、情：

性是体，情是用。性情皆出于心，故心能统之。统，如统兵之统，言有以主之也。……统是主宰，如统百万军。⑥

---

① （宋）黎靖德编：《朱子语类》卷五，《朱子全书》第 14 册，上海古籍出版社、安徽教育出版社 2002 年版，第 223 页。

② （宋）黎靖德编：《朱子语类》卷十七，《朱子全书》第 14 册，上海古籍出版社、安徽教育出版社 2002 年版，第 584 页。

③ （宋）黎靖德编：《朱子语类》卷九十八，《朱子全书》第 17 册，上海古籍出版社、安徽教育出版社 2002 年版，第 3304 页。

④ （宋）黎靖德编：《朱子语类》卷五，《朱子全书》第 14 册，上海古籍出版社、安徽教育出版社 2002 年版，第 229 页。

⑤ （宋）黎靖德编：《朱子语类》卷二十，《朱子全书》第 14 册，上海古籍出版社、安徽教育出版社 2002 年版，第 704 页。

⑥ （宋）黎靖德编：《朱子语类》卷九十八，《朱子全书》第 17 册，上海古籍出版社、安徽教育出版社 2002 年版，第 3304 页。

> 性者，心之理；情者，性之动；心者，性情之主。性对情言，心
> 对性情言。合如此是性，动处是情，主宰是心。①

在朱熹看来，心不仅兼赅性情，而且统率、管摄性情。心不仅需要在
已发的状态下以理智和德性主导、宰制各种情感、欲望、念虑，还需要在
未发之时主敬涵养、提撕警觉，使心处于平静、中和的状态，以此保证性
对意识活动的支配作用不受干扰。故曰："未发而知觉不昧者，岂非心之
主乎性者乎？已发而品节不差者，岂非心之主乎情者乎？"②

与通过天命与气质的划分来解释人性中善恶的来源这一方式类似，朱
熹亦将心区别为"道心"与"人心"，以此来解释心所表现出来的善恶邪
正。朱熹提出：

> 此心之灵，其觉于理者，道心也；其觉于欲者，人心也。③
> 心者……指其生于形气之私者而言，则谓之人心；指其发于义理
> 之公者而言，则谓之道心。人心易动而难反，故危而不安；义理难明
> 而易昧，故微而不显。④

由此可见，道心根源于天理，是纯善的，亦是隐微难明的，而人心则
来源于情欲与气质，是可善可恶的，若缺乏主宰、制约则极易流为不善。
他进一步指出：

> 心之虚灵知觉，一而已矣。而以为有人心、道心之异者，则以其
> 或生于形气之私，或原于性命之正，而所以为知觉者不同，是以或危
> 殆而不安，或微妙而难见耳。然人莫不有是形，故虽上智不能无人

---

① （宋）黎靖德编：《朱子语类》卷五，《朱子全书》第14册，上海古籍出版社、安徽教育
出版社2002年版，第224页。
② （宋）朱熹：《朱文公文集》卷四十二《答胡广仲》，《朱子全书》第22册，上海古籍出版
社、安徽教育出版社2002年版，第1902页。
③ （宋）朱熹：《朱文公文集》卷五十六《答郑子上》，《朱子全书》第23册，上海古籍出版
社、安徽教育出版社2002年版，第2680页。
④ （宋）朱熹：《朱文公文集》卷六十五《大禹谟》，《朱子全书》第23册，上海古籍出版
社、安徽教育出版社2002年版，第3180页。

心，亦莫不有是性，故虽下愚不能无道心。①

换言之，人只有一个心，所谓的道心、人心并不是真的有两个心存在，只是心的两个不同方面或两种思想内容而已。故曰：

> 只是这一个心，知觉从耳目之欲上去，便是人心；知觉从义理上去，便是道心。②
>
> 人只有一个心，但知觉得道理底是道心，知觉得声色臭味底是人心，不争得多。……非有两个心，道心、人心只是一个物事，但所知觉不同。③

在朱熹看来，由于人皆具有本性与形体，本性表现为道德意识，形体产生情感欲望，所以每个人都必然兼具道心与人心，圣人亦不能外。可以说，人心的自然属性与人的生存、发展紧密相关，因而朱熹亦在一定程度上肯定人心的合理性与必要性，认为人心所包含的各种生理欲望只是"危"的，并不就是"恶"的，反对将人心等同于需要摒除的"人欲"或"私欲"。所以他说：

> 人心，尧舜不能无；道心，桀纣不能无。盖人心不全是人欲，若全是人欲，则直是丧乱，岂止危而已哉？只饥食渴饮、目视耳听之类是也，易流故危。④
>
> 人心是知觉口之于味、目之于色、耳之于声底，未是不好，只是危。若便说做人欲，则属恶了，何用说危？⑤

---

① （宋）朱熹：《四书章句集注·中庸章句·中庸章句序》，《朱子全书》第6册，上海古籍出版社、安徽教育出版社2002年版，第29页。
② （宋）黎靖德编：《朱子语类》卷七十八，《朱子全书》第16册，上海古籍出版社、安徽教育出版社2002年版，第2663页。
③ 同上书，第2664页。
④ （宋）黎靖德编：《朱子语类》卷一百一十八，《朱子全书》第18册，上海古籍出版社、安徽教育出版社2002年版，第3746页。
⑤ （宋）黎靖德编：《朱子语类》卷七十八，《朱子全书》第16册，上海古籍出版社、安徽教育出版社2002年版，第2668页。

　　但是，由于人心易动，出入无时，莫知其向，若不加以引导、控制，则易流于不善，故仍须以道心统率、支配人心，"必使道心常为一身之主，而人心每听命焉，则危者安，微者著，而动静云为自无过不及之差矣"①。正因为如此，朱熹虽然承认道心、人心只是一个心，但确认和凸显二者之间的区别在朱子理学的思想体系中就具有特别重要的意义。只有明确道心代表天理，以道心主宰人心，方能在不消灭人心的条件下，使人的情欲念虑自觉以道德理性为指导，从而在实践上使人的一切行为、思想符合道德伦理的要求。"人心自是不容去除，但要道心为主，即人心自不能夺，而亦莫非道心之所为矣。"②

　　综上可见朱子理学心性论体系的丰富与完备，真可谓致广大而尽精微。也正因为如此，朱熹对于其中最重要的两个范畴——"性"与"心"都做了十分详尽的讨论与辨析，既肯定了性与心存在着密切关系，不容割裂，又明确指出二者之间的区别与差异极为关键，不容混淆。"心、性固只一理，然自有合而言处，又有析而言处。须知其所以析，又知其所以合，乃可。然谓性便是心，则不可；谓心便是性，亦不可。"③ 简言之，性是心之体，是心的知觉、思维、主宰作用的原则与依据。"性是心之道理，心是主宰于身者。四端便是情，是心之发见处。四者之萌皆出于心，而其所以然者，则是此性之理所在也。"④ 同时，性无情意、无计度、无造作，而心则有情意、有计度、有造作，故曰："心与性自有分别。灵底是心，实底是性。灵便是那知觉底。"⑤ 更为重要的是，性是纯粹至善的，心则是理与气合的产物，可分为道心和人心，是有善有恶的，故心之知觉不可能

①　(宋) 朱熹：《四书章句集注·中庸章句·中庸章句序》，《朱子全书》第 6 册，上海古籍出版社、安徽教育出版社 2002 年版，第 29 页。

②　(宋) 朱熹：《朱文公文集》卷五十六《答郑子上》，《朱子全书》第 23 册，上海古籍出版社、安徽教育出版社 2002 年版，第 2677 页。

③　(宋) 黎靖德编：《朱子语类》卷十八，《朱子全书》第 14 册，上海古籍出版社、安徽教育出版社 2002 年版，第 621 页。

④　(宋) 黎靖德编：《朱子语类》卷五，《朱子全书》第 14 册，上海古籍出版社、安徽教育出版社 2002 年版，第 225 页。

⑤　(宋) 黎靖德编：《朱子语类》卷十六，《朱子全书》第 14 册，上海古籍出版社、安徽教育出版社 2002 年版，第 511 页。

完全合乎理的要求。若以心为性，便是以知觉为性，乃佛家"作用是性"与告子"生之谓性"之说，必将导致以气质为天理，认人心做道心的结果。"此心固是圣贤本领，然学未讲、理未明，亦有错认人欲作天理处，不可不察。"①

此外，针对某些学者将朱熹所说的"性"混同于其他学者所说的"本心"的观点，陈来先生特别指出，作为心之本体的性"只是一个标志意识系统本质的范畴，无论如何也不能被赋予任何心的功能"，而朱熹所说的"心体"则指未发之心，即意识过程的原始状态，因而"在朱熹哲学的结构中并不需要'本心'这一类概念"。② 在朱熹看来，不论是未发之心还是已发之心，操存之心还是舍亡之心，皆是同一层次上的心，即同一个心，而没有本体之心与发用之心的区别。因此，无论从哪个角度看，在朱子理学的立场上都只能说"性即理"，而决不能承认"心即理"。

显然，朱熹对于心性概念的这种细致辨析在陆学与王学一系的学者那里被视为烦琐、支离，不仅是不必要的，而且导致了心与理的分离。王阳明在论学时便不愿区分心与性，认为心、性、理、知、命只是一件事，更不必分别，故而直接主张"心即理"：

> 心也者，吾所得于天之理，无间于天人，无分于古今。③
> 夫心之本体，即天理也。天理之昭明灵觉，所谓良知也。④
> 心之本体即是天理，天理只是一个，更有何可思虑得？⑤

在阳明那里，"心体""心之本体"指的都是心的本然状态、本来面目，并不等同于一般意义上朱子学者所说的"性"。在"心即理"的基础

---

① （宋）朱熹：《朱文公文集》卷五十四《答项平父》，《朱子全书》第 23 册，上海古籍出版社、安徽教育出版社 2002 年版，第 2541 页。
② 陈来：《朱子哲学研究》，华东师范大学出版社 2000 年版，第 248 页。
③ （明）王守仁：《王阳明全集》卷二十一《答徐成之二》，上海古籍出版社 1992 年版，第 809 页。
④ （明）王守仁：《王阳明全集》卷五《答舒国用》，上海古籍出版社 1992 年版，第 190 页。
⑤ （明）王守仁：《王阳明全集》卷二《传习录中·启问道通书》，上海古籍出版社 1992 年版，第 58 页。

上，王阳明进一步提出了"心外无理"的思想：

> 心外无物，心外无事，心外无理，心外无义，心外无善。①
> 心即理也。天下又有心外之事，心外之理乎？②

对于王阳明这一明显背离正统朱子理学的思想，不少学者表示困惑与怀疑。其弟子徐爱就曾问道："至善只求诸心，恐于天下事理有不能尽。……如事父之孝，事君之忠，交友之信，治民之仁，其间有许多理在，恐亦不可不察。"对此，阳明答道：

> 此说之蔽久矣，岂一语所能悟！今姑就所问者言之：且如事父，不成去父上求个孝的理；事君，不成去君上求个忠的理；交友治民，不成去友上、民上求个信与仁的理。都只在此心，心即理也。此心无私欲之蔽，即是天理，不须外面添一分。以此纯乎天理之心，发之事父便是孝，发之事君便是忠，发之交友治民便是信与仁。只在此心去人欲、存天理上用功便是。③

由此可见，在阳明看来，心不仅是知觉器官，更是天理的完整体现，而这个天理在阳明的理解中主要指道德法则。显然，道德法则不可能存在于道德行为的对象上，只能存在于道德主体心中，由道德主体通过道德实践自然而然地实现出来。若是认为理在事事物物上，进而即物穷理，便是离心求理，南辕北辙。所以他批评朱熹"谓：'人之所以为学者，心与理而已。心虽主乎一身，而实管乎天下之理，理虽散在万事，而实不外乎一人之心。'是其一分一合之间，而未免已启学者心、理为二之弊"④。同样在此意义上，阳明指出：

---

① （明）王守仁：《王阳明全集》卷四《与王纯甫二》，上海古籍出版社1992年版，第156页。
② （明）王守仁：《王阳明全集》卷一《传习录上》，上海古籍出版社1992年版，第2页。
③ 同上。
④ （明）王守仁：《王阳明全集》卷二《传习录中·答顾东桥书》，上海古籍出版社1992年版，第42页。

理也者，心之条理也。是理也，发之于亲则为孝，发之于君则为忠，发之于朋友则为信。千变万化，至不可穷竭，而莫非发于吾之一心。故以端庄静一为养心，而以学问思辨为穷理者，析心与理而为二矣。①

也就是说，理是人心中固有的条理，而心则是一切道德法则的根源。道德法则必须依靠心之条理作用于事事物物上方能实现，因而不可外心以求理。

在对心的含义的理解上，与朱熹相同的是，王阳明亦将心解释为知觉：

心不是一块血肉，凡知觉处便是心，如耳目之知视听，手足之知痛痒，此知觉便是心也。②

所谓汝心，亦不专是那一团血肉。若是那一团血肉，如今已死的人，那一团血肉还在，缘何不能视听言动？所谓汝心，却是那能视听言动的，这个便是性，便是天理。③

同时，阳明亦以心为身之主宰：

这性之生理，发在目便会视，发在耳便会听，发在口便会言，发在四肢便会动，都只是那天理发生，以其主宰一身，故谓之心。这心之本体，原只是个天理，原无非礼，这个便是汝之真己。这个真己是躯壳的主宰。④

心者身之主宰，目虽视而所以视者心也，耳虽听而所以听者心也，口与四肢虽言动而所以言动者心也。⑤

---

① （明）王守仁：《王阳明全集》卷八《书诸阳伯卷》，上海古籍出版社1992年版，第277页。
② （明）王守仁：《王阳明全集》卷三《传习录下》，上海古籍出版社1992年版，第121页。
③ （明）王守仁：《王阳明全集》卷一《传习录上》，上海古籍出版社1992年版，第36页。
④ 同上。
⑤ （明）王守仁：《王阳明全集》卷三《传习录下》，上海古籍出版社1992年版，第119页。

　　王阳明和朱熹虽然都认同心具有知觉与主宰的作用，但在具体论述心的过程中，朱熹往往将其置于心性关系的结构中进行讨论，明辨心性之间的异同与相互作用，并最终归结为理或性对心的规定与制约，而阳明则倾向于将心、性、理视为一物，甚至抛开性的概念，直接以心说理。因此，阳明可以说那能视听言动的便是性，便是天理，而朱熹就绝对不能如此说。对此，杨国荣认为，朱熹"在心性关系上表现为以性说心，这一思路更多地将心的先验性与超验性联系起来，而对心的经验内容未予以应有的注意。与此不同……王阳明在肯定心体具有先天的普遍必然之理的同时，又将其与经验内容与感性存在联系起来"①。所以王阳明既肯定了"喜怒哀惧爱恶欲，谓之七情。七者俱是人心合有的"②，又以"恻隐"之情释"仁"，谓："心，一而已。以其全体恻隐而言谓之仁"③，还以"乐"为心之本体，从而使心体染上了明显的感性色彩。在阳明看来，"'乐'是心之本体，虽不同于七情之乐，而亦不外于七情之乐。虽则圣贤别有真乐，而亦常人之所同有。但常人有之而不自知，反自求许多忧苦，自加迷弃。虽在忧苦迷弃之中，而此乐又未尝不存。但一念开明，反身而诚，则即此而在矣"④。也就是说，作为心之本体的乐，虽不是单纯感性的七情之乐，但亦包含了某种类似的情感形式和情感体验，而不同于抽象的道德理性。这种本体之乐作为心的本然状态，是人所共有、无时不存、无间于凡圣的，亦是心性修养所欲达到的最终目标和必然结果。因此可以说，"王阳明所说的心体既以理为本及形式结构（心之条理），又与身相联系而内含着感性之维。……以理为本（以性为体）决定了心的先天性（先验性），与感性存在的联系则使心无法隔绝于经验之外。这样，心体在总体上便表现为

---

　　① 杨国荣：《心学之思——王阳明哲学的阐释》，生活·读书·新知三联书店 1997 年版，第 73 页。

　　② （明）王守仁：《王阳明全集》卷三《传习录下》，上海古籍出版社 1992 年版，第 111 页。

　　③ （明）王守仁：《王阳明全集》卷二《传习录中·答顾东桥书》，上海古籍出版社 1992 年版，第 43 页。

　　④ （明）王守仁：《王阳明全集》卷二《传习录中·答陆原静书（又）》，上海古籍出版社 1992 年版，第 70 页。

先天形式与经验内容、理性与非理性的交融"①。

　　而王阳明之所以要在程朱所说的"性即理"之外特别强调"心即理""心外无理",或许亦可在此意义上得到一种理解。朱熹虽然也承认作为性的理先天地内在于人的心中,但由于其对理所采取的实体化的诠释方式,以及对带有明显超验色彩和普遍规范意义的性的突出与强化,特别是对于性规范、宰制心的作用的强调,使得性与理很容易被理解为外在于人的、异己的纯客观原则,如戴震所批评的"以理为'如有物焉,得于天而具于心'"②,从而与人的情感、意志等主观因素发生对立。而在实践中,朱子理学也确实表现出比较注重外在规范的普遍性及其对人的强制性等特点。相较之下,王阳明则更加强调理内在于心中,突出心、性、理的一致性,取消了心与理之间的各种中介因素,希望以此避免心与理的割裂和对立。可以说,阳明之所以提出"心即理""心外无理""心之条理即理"等命题,都是为了保证作为道德法则的理内化于道德主体心中,与心相互融合,而使外在的道德行为皆为心中之理的外化与实现。如此,"一方面,普遍之理不再仅仅表现为与主体相对的超验存在,另一方面,个体意识则开始获得了普遍性的品格"③,从而使得普遍的道德法则能够顺利转化为具体的道德行为,为人的行为提供理性范导与内在动力。

　　关于人性,王阳明虽然亦在一般的意义上承认天理"赋于人也谓之性"④,与程朱派理学家的理解相近,但在具体论述时,他又往往倾向于以气质论性,不提倡天命之性与气质之性的区分。他说:

　　　　"生之谓性","生"字即是"气"字,犹言气即是性也。气即是性,人生而静以上不容说,才说气即是性,即已落在一边,不是性之本原矣。孟子性善,是从本原上说。然性善之端须在气上始见得,若

---

　　①　杨国荣:《心学之思——王阳明哲学的阐释》,生活·读书·新知三联书店1997年版,第76页。

　　②　(清)戴震:《孟子字义疏证》卷上,中华书局1982年版,第4页。

　　③　杨国荣:《心学之思——王阳明哲学的阐释》,生活·读书·新知三联书店1997年版,第81页。

　　④　(明)王守仁:《王阳明全集》卷一《传习录上》,上海古籍出版社1992年版,第15页。

无气亦无可见矣。恻隐、羞恶、辞让、是非即是气，程子谓"论性不论气不备，论气不论性不明"，亦是为学者各认一边，只得如此说。若见得自性明白时，气即是性，性即是气，原无性气之可分也。①

王门高弟邹守益亦谓：

> 天性与气质，更无二件。人此身都是气质用事，目之能视，耳之能听，口之能言，手足之能持行，皆是气质，天性从此处流行。先师有曰："恻隐之心，气质之性也。"正与孟子形色天性同旨。其谓"浩然之气，塞天地，配道义"，气质与天性，一滚出来，如何说得"论性不论气"。后儒说两件，反更不明。除却气质，何处求天地之性？②

由此可见，阳明虽不否认有"性之本原"，但他所关注的显然不是不容说的"性之本原"，而是现实的人性，即气质之性。因为性本身是不显现的，性与性之善只有通过气质才能表现出来。人的一切行动思虑皆是气质用事，人之天性亦从此处流行，四端即是性善的表现。若无气质，亦无性善可见。孟子认为，恻隐之心、羞恶之心、辞让之心、是非之心是人心的本然状态，构成了人之为人的一般规定。朱熹将四端称为情，阳明则将其视为气、气质之性、性之表德。在阳明看来，气质不仅与性相伴而生，而且是性的完整体现，故曰："若见得自性明白时，气即是性，性即是气，原无性气之可分也。"由此可见，王阳明所说的性既是先天的普遍之理，也与人的情感、意识等经验内容和感性因素相互联系，同样体现了普遍性与个体性的统一。他之所以不提倡天命之性与气质之性的区分，恐怕亦是为了避免二者之间的冲突与对立。

此后，王阳明的这一思想经过王门后学的继承和发挥，逐渐发展为一种气质之性的性一元论，与明代中后期整个理学思维的发展趋势相一致，

---

① （明）王守仁：《王阳明全集》卷二《传习录中·启问道通书》，上海古籍出版社 1992 年版，第 61 页。
② （清）黄宗羲：《明儒学案》卷十六《江右王门学案一·文庄邹东郭先生守益·东廓语录》，中华书局 2008 年版，第 343 页。

打破了程朱理学性二元论的垄断地位。其中，刘宗周关于心性的看法即是这一思想的典型代表：

> 凡言性者，皆指气质而言也。或曰："有气质之性，有义理之性。"亦非也。盈天地间，止有气质之性，更无义理之性。如曰"气质之理"即是，岂可曰"义理之理"乎？①
>
> 心只有人心，而道心者，人之所以为心也。性只有气质之性，而义理之性者，气质之所以为性也。②
>
> 性是一，则心不得独二。天命之所在，即人心之所在；人心之所在，即道心之所在，此虞廷未发之旨也。③
>
> 须知性只是气质之性，而义理者，气质之本然，乃所以为性也。心只是人心，而道者人之所当然，乃所以为心也。人心道心，只是一心；气质义理，只是一性。④

在刘宗周看来，气是第一性的，理只是气之理，不在气先，亦不在气外。同样的道理，性也只是气质的性，并不存在独立于气质之外的性，所谓义理之性即气质之本性，此外别无义理之性，因而极力反对义理之性与气质之性的区分。刘宗周进一步指出，正如人只有一个性一样，人亦只有一个心，即人心。道心不是与人心并列对立的另一个心，只是人心的本然状态、人之所以为心的根据而已。若无人心则无道心，道心只能从人心中看出来。

自明代之后，以"性即理"与"心即理"为代表的心性论领域的思想差异就逐渐被一些学者提炼、归纳出来，作为朱陆之辨或朱王之辨的要点之一。如罗钦顺即言："程子言'性即理也'，象山言'心即理也'。至当

---

① （清）黄宗羲：《明儒学案》卷六十二《蕺山学案·语录》，中华书局 2008 年版，第 1526 页。

② （明）刘宗周：《刘宗周全集》第 2 册《语类十四·会录》，吴光主编，浙江古籍出版社 2007 年版，第 520 页。

③ （明）刘宗周：《刘宗周全集》第 2 册《语类十·说·中庸首章说》，吴光主编，浙江古籍出版社 2007 年版，第 300 页。

④ 同上书，第 301 页。

归一，精义无二，此是则彼非，彼是则此非，安可不明辨之！"① 而清初福建朱子学者亦主要站在"性即理"的立场上，以正统朱子理学为武器，对王学进行批判。

例如，李光地②指出，朱子学与陆王之学从表面上看既有不少相似的内容，又有一些明显的表达与方法差异，但其根本分歧则在于心性之辨。故曰："夫告、孟之差也，朱、陆之异也，在乎心性之源不合，仁义之实不著，非夫功之偏而不举，说之略而不全云尔"③，"象山之学，亦言志，亦言敬，亦言讲明，亦言践履，所谓与朱子异者，心性之辩耳。"④

对于心性之辨，李光地说道：

知心性之说，则知天命、气质之说。何以故？曰：知人则知天。夫性无不善，而及夫心焉，则过也，不及也，杂糅不齐，于是乎善恶生焉。天命无不善，而及夫气焉，则过也，不及也，杂糅不齐，于是乎善恶生焉。⑤

主于天，曰理也，气也；主于人，曰性也，心也。一也。之二者之在天人，又一也。一则不离，一而二则不杂。⑥

在他看来，心、性之间的差别与天命、气质的差别相同，且来源于天

---

① （明）罗钦顺：《困知记》卷下，中华书局1990年版，第37页。

② 李光地（1642—1718），字晋卿，号厚庵，别号榕村，福建安溪人，清初著名朱子学家、理学名臣。康熙九年（1670）进士，选翰林院庶吉士，散馆授编修。后参与平定三藩之乱，擢侍读学士，历官内阁学士、礼部侍郎、翰林院掌院学士、通政司通政使、兵部侍郎、方略馆总裁、顺天学政、直隶巡抚、吏部尚书、文渊阁大学士等职，政绩颇著。卒谥"文贞"，赠太子太傅。李光地学识渊博，除理学外，于经学、史学、历算、音韵、乐律等学问无不深究，门下多名士，又曾为康熙帝校理编辑《御纂朱子大全》《性理精义》诸书，君臣相得，其朱子学思想深刻影响了康熙帝，为清初朱子理学正统地位的确立发挥了极大作用。

③ （清）李光地：《榕村集》卷八《要旨续记》，《景印文渊阁四库全书》第1324册，台湾商务印书馆1983年版。

④ （清）李光地：《榕村集》卷七《初夏录二·通书篇》，《景印文渊阁四库全书》第1324册，台湾商务印书馆1983年版。

⑤ （清）李光地：《榕村集》卷八《尊朱要旨·气质一》，《景印文渊阁四库全书》第1324册，台湾商务印书馆1983年版。

⑥ （清）李光地：《榕村集》卷八《尊朱要旨·心性》，《景印文渊阁四库全书》第1324册，台湾商务印书馆1983年版。

命、气质的差别。因为人禀受天地之理与气而生，知人则知天。人之本性与天命之性属理，是纯粹至善的，而心则包含气质的因素，有过与不及，杂糅不齐，从而产生善恶，且心与性是不离不杂的关系，故心不同于理明矣。

从作用来看，李光地认为，性是生物之本，形是物生之迹，心则既非性，亦非形，"居形性之间，形性妙合，而心为之主"①。从心性关系来看，一方面，心具众理，"心者性之郭廓。心如物之皮壳，性是皮壳中包裹的"②；另一方面，性是心的本体与根据，"心亦性之所生也。及有此心，则性具于中，感物而动，而情生焉"③，"谓心乃能生者。心之所以能生，是之谓性焉尔"④。而心之所以具有无比强大的认识能力，能够周物而不遗，也是由于其以至大无外、无所不该的性作为根据。李光地特别强调性对于心的先在性与根源意义，故提醒学者："'心统性情'，形生神发后，便著如此说。若论自来，须先说性，而后及心，心亦性之所生也。"⑤

此外，心又有道心、人心之别。人心兼具善恶，由于"形气之用，徇之可以流而为恶，而失心之正，然亦不得谓之非心也"⑥，故曰"人心惟危"。"果心之即性，则何危之有与？"⑦据此，李光地批评王阳明以心为性，便是混淆了道心、人心之别。"姚江以一段灵明者为性，虽少近里，然所见乃心而非性也。心便有别，但看声色臭味，平时多少耽著，至遇疾病，便生厌恶；遇患难，便不复思想。惟孝弟忠信，则坎壈之中，转见诚

---

① （清）李光地：《榕村集》卷七《初夏录二·人心篇》，《景印文渊阁四库全书》第1324册，台湾商务印书馆1983年版。

② （清）李光地：《榕村语录》卷二十五，《榕村语录　榕村续语录》上册，中华书局1995年版，第450页。

③ 同上。

④ （清）李光地：《榕村集》卷七《初夏录二·人心篇》，《景印文渊阁四库全书》第1324册，台湾商务印书馆1983年版。

⑤ （清）李光地：《榕村语录》卷二十五，《榕村语录　榕村续语录》上册，中华书局1995年版，第450页。

⑥ （清）李光地：《榕村集》卷七《初夏录二·人心篇》，《景印文渊阁四库全书》第1324册，台湾商务印书馆1983年版。

⑦ （清）李光地：《榕村集》卷八《尊朱要旨·心性》，《景印文渊阁四库全书》第1324册，台湾商务印书馆1983年版。

笃。至于生死利害，更生精采。故知人心、道心，确然两个。"① 综上可见，在宋明理学的语境中，不加限定地主张"心即性""心即理"显然是不合适的。

李光地追根溯源，指出"心即性""心即理"之说来源于释氏，不但与程朱之学相背，亦不合于孔孟之道。他分析道：

> 孔子所谓"仁者，人也"，心性之合也。孟子所谓"仁，人心也"，心性之合也。然且有不仁之人，有不仁之心，是心不与性合也。心不与性合，而曰即心即性，可与？不可与？是知孔子所谓人者，立人之道，曰仁与义，非谓人为仁也。孟子所谓心者，恻隐之心，仁之端也，羞恶之心，义之端也，非谓心为性也。②

此处，李光地其实亦是借用理学中的心性之辨来阐释孔孟之言。仁义之性是人之为人的根本，也是培养人的终极目标，而仁义之人与仁义之心便是心与性的完美结合。但是，现实中的人却并不总是表现为仁，有不仁之人，有不仁之心，因而证明现实的人心并不总是与性理相合。同样，恻隐之心、羞恶之心只是仁义之端，若此善端不能加以护持、扩充，人心亦将流而为恶，故不能以心为性。

在揭露"心即理"说的错误之后，李光地又进一步批判了王阳明"心无善恶"的思想：

> 象山谓即心即理，故其论《太极图说》也，谓阴阳便是形而上者，此则几微毫忽之差，而其究卒如凿枘之不相入也。近日姚江之学，其根源亦如此，故平生于心、理二字往往混而为一。《答顾东桥书》引《虞书》，断自"道心惟微"以下，而截去上一语，晚岁遂有

---

① （清）李光地：《榕村语录》卷二十五，《榕村语录　榕村续语录》上册，中华书局1995年版，第446页。

② （清）李光地：《榕村集》卷八《尊朱要旨·心性》，《景印文渊阁四库全书》第1324册，台湾商务印书馆1983年版。

心无善恶之说。①

王阳明在《答顾东桥书》中曾说："其教之大端，则尧、舜、禹之相授受，所谓'道心惟微，惟精惟一，允执厥中'。"② 可见李光地所说的"断自'道心惟微'以下，而截去上一语"指的便是王阳明故意截去"十六字心传"中的"人心惟危"四字，欲以此隐藏危殆的人心，以便证明"心即理"，进而得出"心无善恶"的结论。

严格说来，王阳明其实并未直接主张心无善恶。其"四句教"中的首句乃是"无善无恶心之体"，无善无恶所指称的显然是心之本体，而不是笼统地说人心无善无恶。那么，如果明确地说心体无善无恶，或本心即性，李光地是否就能同意呢？答案显然是否定的。当面对诸如"姚江之说，谓心自仁，心自义，心自恻隐、羞恶、辞让、是非，其不然者，非本心也。以是谓即心即性，殆可与"之类的问题时，李光地回答道：

> 其言似，其意非。奚不曰仁义之心，道心也；其不然者，人心之流也，则心性之辩明矣。彼丽于孔孟而为是言也，其意则谓心之体如是妙也，故以觉为道。以觉为道，必以无为宗。以无为宗者，道亦无矣。故无善无恶心之体，姚江晚年之说也。其异于孔孟之旨，又奚匿焉？③

又曰：

> 王说之病，其源在"心之即理"。故其体察之也，体察乎心之妙也，不体察夫理之实也。心之妙在于虚，虚之极至于无，故谓无善无恶心之本，此其本旨也。其所谓心自仁义，心自恻隐、羞恶、辞让、

----

① （清）李光地：《榕村集》卷七《初夏录二·通书篇》，《景印文渊阁四库全书》第1324册，台湾商务印书馆1983年版。

② （明）王守仁：《王阳明全集》卷二《传习录中·答顾东桥书》，上海古籍出版社1992年版，第54页。

③ （清）李光地：《榕村集》卷八《尊朱要旨·心性》，《景印文渊阁四库全书》第1324册，台湾商务印书馆1983年版。

是非，是文之以孔孟之言，非其本趣也。①

由此可见，李光地对于王阳明"心无善恶"的批评并非完全出于误解。在他看来，所谓心之本体仍是具有知觉作用的心，而不能等同于性。即便阳明将"心即理""心无善恶"中的"心"解释为本心，也是为了混淆心与性的差别，打着孔孟的招牌，实则强调心性本体虚无、玄妙的特质，从而达到援释入儒的目的。

关于心体的善恶问题，阳明本人的论述并非十分清晰、毫无疑义，其在不同的时间、场合往往存在互异的表述，而所谓"无善无恶"的确切含义亦是复杂难解。无善无恶究竟是否等同于至善？是没有善恶，还是可善可恶？抑或所说的根本不是伦理意义上的善与恶？这一系列问题历来争论不休，见仁见智，这里无法一一复述。简单说来，我认为王阳明"无善无恶心之体"的思想显然吸收、借鉴了佛家特别是禅宗的相关思想，认为心之本体超越了一般意义上相对的、具体的善恶，而将其视为一种绝对待、不思议的先天状态。这种状态可以被称为"至善"，但又不完全等同于一般所说的纯善无恶的至善。它既带有传统伦理学意义上的善恶意涵，又非伦理学所能完全范围。这一点需要略加说明。

陈来先生曾详细考察了王阳明于不同时期所做的可与"无善无恶心之体"相互印证的各种表述，指出"无善无恶心之体"这一命题强调的是心体所具有的纯粹的无滞性与无执着性，并以此作为个人实现理想的自在境界的内在依据。② 应该说，陈来先生的这一论断思路独到，阐发入微，实发人之所未发，但似乎亦不必然要排斥"无善无恶"同时兼具伦理意义上的善恶含义。首先，"四句教"乃阳明深思熟虑后得出的晚年定论，若"无善无恶心之体"一句确实不具有任何伦理上的意涵，以阳明之大贤，为何一定要选择使用"善""恶"这样带有浓厚伦理意味的语词与表达方

---

① （清）李光地：《榕村集》卷八《尊朱要旨·知行二》，《景印文渊阁四库全书》第 1324 册，台湾商务印书馆 1983 年版。

② 参见陈来《有无之境——王阳明哲学的精神》第八章第二节《无善无恶》，北京大学出版社 2013 年版，第 189—197 页。

式，而无视其必然引发的巨大误解与非议？其次，"四句教"本身作为一个整体，其中的首句与后三句之间应有层层递进、一以贯之的一面，若将首句分割开来单独讨论似乎有所未备。如王门高弟王畿即谓："体用显微，只是一机；心意知物，只是一事。若悟得心是无善无恶之心，意即是无善无恶之意，知即是无善无恶之知，物即是无善无恶之物。"① 又言："天命之性，粹然至善，神感神应，其机自不容已，无善可名。恶固本无，善亦不可得而有也。是谓无善无恶。"② 由此可见，王畿认为心与意、知、物之间乃是体用关系，若心体是无善无恶的，则意、知、物自然也应是无善无恶的。反过来说，针对意、知、物三者所说的善恶显然是指伦理上的善恶，那么心体的无善无恶也应该相应具有伦理的含义。若针对心体所说的无善无恶仅指无滞性、无执着性，那就完全无法得出意、知、物三者皆无善无恶的结论。王畿所理解的"四无"说虽然与阳明的原版有所出入，未必能完全反映其本意，但阳明也并未反对王畿的"四无"说，反而特别赞赏王畿基于首句的理解与阐发，谓："四无之说，为上根人立教。……上根之人，悟得无善无恶心体，便从无处立根基。意与知、物，皆从无生，一了百当，即本体便是工夫，易简直截，更无剩欠，顿悟之学也"，又谓："汝中所见，我久欲发，恐人信不及，徒增躐等之病，故含蓄到今。此是传心秘藏，颜子、明道所不敢言者。今既已说破，亦是天机该发泄时，岂容复秘。"③ 由此可见，阳明所谓的"无善无恶心之体"确实具有伦理方面的意涵与目的，从而与正统儒学的性善论产生了巨大乃至根本性的差异。也只有从这个角度才能理解，为何当王畿道出他的想法时，会给阳明带来如此大的冲击与惊喜，又是"传心秘藏""含蓄到今"，又是"天机发泄""岂容复秘"，并且郑重其事，反复告诫。相较之下，所谓心体的无滞性、无执着性，或者说"无心""无念"的思想，起码在宋代就已经得到儒者的关注与阐发，恐怕算不上什么离经叛道、惊世骇俗的见解。不但程颢有

---

① （明）王畿：《王龙溪全集》卷一《天泉证道纪》，华文书局 1970 年版，第 89—90 页。
② 同上书，第 90 页。
③ 同上书，第 91—92 页。

"天地之常，以其心普万物而无心；圣人之常，以其情顺万事而无情"① 的说法，就连南宋前期并不以理学闻名的宰相留正亦谓："天何言哉！四时行焉，百物生焉。夫天之所以能成造化之功者，以其无容心也。是以生育肃杀自然有至理寓乎其间。夫圣人之心亦如是而已。举天下之事，是非利害杂然至乎其前，而吾一概以无心处之，方寸湛然，处处洞彻，天下之事焉往而不得其当哉！"② 由此不难看出，当时这一思想起码在接近理学的士人群体中已经获得了相当程度的认同。若阳明所说的心无善恶只是指心体的无滞性、无执着性，又何至于如此隐秘而慎重？

应当说，正是由于王阳明这一思想的模糊性与复杂性，使其在传播、发展的过程中，很容易被不同目的、立场的学者误解或曲解为心无善恶，从而对王学进行激烈批判，或是彻底倒向自然主义，以此作为放纵身心、肆意妄为的借口。从这一意义上看，李光地虽未直接对王阳明"无善无恶心之体"的思想内容做详尽的辨析，也未必完全理解其复杂内涵，但又确实抓住了其中的某些要点。一方面，他始终坚持朱子理学关于心性之辨的基本立场，指责阳明在心性问题上故意回避了道心、人心的关键差别；另一方面，他明确指出阳明的这一思想别有授受，乃根源于佛家以知觉作用为性，认心性为虚无的思想，并非出自孔孟本旨。若对这一点不加察觉，以非为是，终将导致一切道德规范与道德法则虚无化的严重后果。也正因为王学的心性思想更多地吸纳了佛教的智慧，而又证以孔孟之言，在正统的朱子学者看来不免似是而非，离经叛道，具有很强的迷惑性与危害性，故李光地要极力辨之。

综上，李光地指出，陆王之学"心性之原既差，则志其所志，养其所养，讲其所讲，行其所行，二本殊归，其道使然。今言陆王之学者，不谓其偏于德性而缺学问，则谓重在诚意而轻格物，此亦朱子论近世攻禅，若唐樞句骊守险者类也。……然则陆王二子之弊其应辨析者，固在心性人道

① （宋）程颢、程颐：《二程文集》卷二《答横渠张子厚先生书》，中华书局 1985 年版，第13 页。
② （宋）《皇宋中兴两朝圣政》卷五十《孝宗皇帝十》，乾道七年四月庚戌条，赵铁寒主编《宋史资料萃编》第 1 辑，文海出版社 1967 年版。

本原之际，不在讲学持守、知行先后之间也"①。在李光地看来，心性乃人之本原，心性论则是学术之源。王学固然存在"偏于德性而缺学问""重在诚意而轻格物"等问题，但这些都不是要害所在，其谬误根源在于错认心性，故所志、所养、所讲、所行不免皆错。若要彻底辩驳王学之弊，恢复孔孟之真，就不能光在为学方法、修养工夫等处用力，而应该釜底抽薪，于心性大本大原处讨个分晓。

李光坡②的心性思想与李光地相近。根据他的理解，"心"即"神"，主要表现为知觉、运用与主宰能力，而"性"则是内在于知觉的原则与本体，二者紧密关联却并不等同，其根本差别在于性实心虚，存在虚实之不同。故曰：

> 人身有神有性。神者，灵觉也，视性则微有迹，方诸魂魄精气则妙矣。以其内足以运夫仁义秉彝之良，而外以管乎四支百骸之用，动静由己，变化无方，几几乎性之事，惟有虚实之分耳。③

据此，李光坡指出，心学的主要错误便是将虚灵的知觉混同于作为本质的实理与实性，从而落入释氏"作用是性"之见而不自知。所谓"见云为之际皆明觉为之宰，不复体其所觉之实，而但以所为灵者当之，此守溪'性至虚至灵，如鉴之悬，物来则照，物去不留'之言。阳明表而出之，而不悟其仍于释氏之见"④。而这一思想的危害则在于将道德原则置于人心之外，进而导致"仁义礼智由外铄我"的结论，"使小慧之徒高者逃于幽

---

① （清）李光地：《榕村集》卷七《初夏录二·通书篇》，《景印文渊阁四库全书》第1324册，台湾商务印书馆1983年版。
② 李光坡（1651—1723），字耜卿，号茂夫，福建安溪人，大学士李光地之弟，清初福建朱子学者、经学家。弱冠为诸生，后屡试不第，遂绝意科举，家居不仕，授徒讲学。李光坡为学宗主程朱，旁及子、史，后专意三礼，先后撰成《周礼述注》二十四卷、《礼记述注》二十八卷、《仪礼述注》十七卷，并传于世。
③ （清）李光坡：《皋轩文编》卷一《性论下》，《清代诗文集汇编》第180册，上海古籍出版社2010年版，第503页。
④ 同上书，第503—504页。

禅，卑者至于狂悖"①。李光坡同时指出，心性之辨还与理气之别有关。性即是理，心虽不专是气，但包含气的因素。必先有知觉之理，后理与气合，心方能知觉。因此，若能明白"理气合而成觉"的道理，则知心不是性，亦不当以无善无恶名心。

综上，李光坡总结道："能觉者，心之灵也；所觉者，性之理也。见孺子入井而恻隐，见嘑尔蹴尔而羞恶。知恻隐、知羞恶者，神也。伤之切，痛之深，无所为而为；羞之甚，恶之挚，宁身死而不受，是专虚灵之神乎，抑有实然之性乎？是自外照乎，抑由中出乎？是理在气中发见乎，抑超于气上而为之主乎？然则必有是性为所知所觉之实际而不沦于虚，为能静能动之本体而不杂于气也，明矣。"②

童能灵③亦站在朱子理学的立场上，对心性问题做了较为集中、系统的剖析与论述，批判了陆王的心性思想。童能灵认为，"天地之间，止此理、气二者而已，此即古今学术之辨所由分也"④，因而主要从理气论的角度来理解和阐述心、性概念及其之间的区别与联系。对于性，他认同程朱"性即理"之说，特别强调性与人之间的亲切关系。故曰：

> 以理言之，则为当然之则，所谓"有物必有则"是也。其具于人心，即在人之则，而为性者也。⑤

> 性固是天理，然必就人生所禀言之，乃见性之所以得名也。不然，何以不即谓天理，必别之曰性耶？谓之性，则如云水性寒、火性热之性。盖人但知有此生则有此性，不知须有此性始有此生也。如水

---

① （清）李光坡：《皋轩文编》卷一《性论下》，《清代诗文集汇编》第 180 册，上海古籍出版社 2010 年版，第 504 页。

② 同上。

③ 童能灵（1683—1745），字龙俦，号寒泉，福建连城人，清初朱子学家。童能灵出身贫寒，澹泊世荣，潜心问学，笃于践履。自二十二岁补弟子员，为诸生者四十一年。乾隆元年（1736）举博学鸿词，又累举优行，皆以母老辞。早年曾游学于福州鳌峰书院，中年居武夷山，广求朱子遗书，晚年回乡讲学著述，曾受聘主持漳州芝山书院。

④ （清）童能灵：《冠豸山堂文集》下卷《朱陆渊源考》，《四库全书存目丛书》集部第 234 册，齐鲁书社 1997 年版，第 578 页。

⑤ 同上。

必须有寒之性方凝而成水，火则必须有热之性方发而成火，人则必须有生之性方有此生而为人也。①

性固是理，但须看到理之在人最为亲切，方见其为人之性也。盖人之生，气聚而生也。气之所以聚而生，则理为之也。②

在童能灵看来，人由气聚而生，但气不能自生，也不能自行，气的聚散变化皆理为之。理为气之主宰，亦为气之所以然者，因而性是人之所以为人的终极根据与基本前提，"须有此性始有此生"。理又根植于气之中，气为理之载体。天理须为人所禀，内在于人心之中，方成其为人性。所以说性是于人最为亲切之理。

而心对于童能灵来说，则是一个属于气的概念，属形而下者，其特性为虚灵不测、神明之妙。他说：

以气言之，则气之粗者凝而为形，其精爽则为心。心之精爽至于神明，故其体虚而无物，其用灵而不测。③

盖（心）只是气也。气之粗者，凝而为形，其精爽则为心。气之精爽，自能摄气，此心所以宰乎一身也。且既曰精爽，则亦无气之迹，而妙于气矣。顾只是气之精爽，非形而上之理也。④

由此可见，在童能灵的理解中，性属理，属形而上之道，心属气，属形而下之器，故心不能为性，心不能为理明矣。同时，心之虚灵亦表现为一种主宰、运用、知觉的能力。童能灵认为，人得至精至灵之生气以为魂魄，魂为阳之神，魄为阴之神，魂魄之合为心，便有主宰运用、知觉记当的作用。因此，心本身虽无声无臭，却能觉声觉臭，认识各种事物与义

---

① （清）童能灵：《理学疑问》卷二《性》，《四库全书存目丛书》子部第 28 册，齐鲁书社1995 年版，第 644 页。
② 同上。
③ （清）童能灵：《冠豸山堂文集》下卷《朱陆渊源考》，《四库全书存目丛书》集部第 234 册，齐鲁书社 1997 年版，第 578 页。
④ （清）童能灵：《理学疑问》卷一《心》，《四库全书存目丛书》子部第 28 册，齐鲁书社1995 年版，第 637 页。

理，主宰一身而运用之，而性则无情意、无计度、无造作，显然不具备任何运用与知觉能力，这也说明心不能为性，心不能为理。所以他说："性无为而心有觉，觉即精爽之所为也。性则是理，虽所觉者亦是理，而理初无觉也。此形而上下之分。"①

童能灵认为，心所具有的神明之妙大致可分为三个方面：

> 一曰神速，不疾而速，不行而至也；一曰神通，贯幽明，通远近，无所隔碍也；一曰神变，应事接物，变化不测也。然惟通故速，速亦是通，只是神通、神变二者而已。通与变是其神处，而明在其中矣。②

心之所以能通、能变，是由于心乃气之精爽，"清之极矣，无粗浊，自无渣滓昏隔，如何不通"，"精极则变，无粗浊，故无滞碍也，如何不变"。③据此，童能灵提出，心虽属气，而其精爽之至却可通极于性，故胡宏谓"心妙性情之德"，朱熹言"心妙众理"。"不然，性即理也，理寓于心，岂不反为心所昏隔耶？"④若心与性相互隔绝，不能相通，则心中之理亦将为心所遮蔽阻隔，无法发而为用。正因为心具有如此的神明之妙，又可通极于性，故而许多学者便容易将心性混为一谈。对此，童能灵强调："此又须知心之为物，只是气之精爽，其受气之浊者，亦有昏隔时。"⑤这就是说，心虽非形气之粗，但毕竟属气，不免有时要为气之粗浊者所遮蔽障碍，不能如性一般纯粹至善。心以性为体，其气之精爽可通极于性而有神明之妙，但不能因此认定心即是性，心即是理。

对于人性，童能灵进一步指出："人者，天地之生而万物之灵，故其性无所不绾。所谓万物备于我者，非独备其影象也，即万物之所以为物者

---

①　（清）童能灵：《理学疑问》卷一《心》，《四库全书存目丛书》子部第 28 册，齐鲁书社 1995 年版，第 637 页。
②　同上书，第 638 页。
③　同上。
④　同上。
⑤　同上。

绾于此焉。"① 由于天理包罗万有，万分具足，而人作为万物之灵，禀受天理之全体以为性，人性就不仅是人自身的根据与规定，也应该包括万物之所以为物的根据与规定。同时，人性之所以能够感物而动，发而为情，亦是因为人性中包含物理，性理与物理只是同一天理。"性所以感物而动者，性在内，物在外，然在内之性不是别物，只是理也。所谓理，便是在外之物之理也。舍物理，无以为吾之性矣。物理即吾性之理，此天下所以无性外之物也。"② 因此，人性与性理中显然包含了物理、事理、情理等多方面的丰富内容，并不只局限于道德规定与道德准则等伦理范畴。故曰：

> 凡天地之道，圣人之蕴，措之为礼乐刑政，垂之为《诗》《书》《易》象者，皆是理之所蟠际，即皆是性之所充周。而日用彝伦、视听言动之间，须臾而离之，则是自失其则而不诚无物矣。是以圣人之教，必使择之精而执之固，有以完其所以为性者焉。此其学固非可以一朝顿悟而一悟无余者矣。③

又曰：

> 吾性之理即物理。天下之物理多矣，大而天地，细而昆虫草木，皆各有理。自人言之，大而五伦，细而三百三千，各有一理，千条万派，用各不同，而皆具于吾性之内。……万理只一理，故性具万理，无头项杂凑之嫌。但性只一理者，正指未发之前，内无感触，端绪未见，条理未分，浑然而一理耳。……当此之时，气不用事，心理为一，本难分别，故于所谓正而不偏、亭亭当当者，理固宜然，而心亦如是也。学者于此时实难见得亲切，不若即理之万分、散于事物者——穷之，辨其万分者之不出一理，庶几心有把握，而涵泳之久，涣然

---

① （清）童能灵：《冠豸山堂文集》下卷《朱陆渊源考》，《四库全书存目丛书》集部第 234 册，齐鲁书社 1997 年版，第 578 页。
② （清）童能灵：《理学疑问》卷二《性》，《四库全书存目丛书》子部第 28 册，齐鲁书社 1995 年版，第 653 页。
③ （清）童能灵：《冠豸山堂文集》下卷《朱陆渊源考》，《四库全书存目丛书》集部第 234 册，齐鲁书社 1997 年版，第 578 页。

释，怡然顺矣。①

这里所说的"一朝顿悟而一悟无余者"，以及只求"一理"而不顾"万分"的为学方法，显然都是针对被目为禅学的陆王之学。

对于陆王心学一派的学者所宣称的种种神秘的顿悟体验，童能灵并不否认这种体验本身的真实性，而是通过分析这一现象产生的心理机制，指出其只不过是来源于心体虚灵不测、神明之妙的特性。他说：

> 心之精爽至于神明，故其体虚而无物，其用灵而不测。方其未用也，寂然而虚；及其既用也，亦寂然而虚，则其方用之际，亦谓必有常虚常寂者存于其中，而不得以心思求之，恐心思之有着而非虚也；不得以言语求之，恐言语之外喧而非寂也。②

正是由于心体虚灵不测，难以迹求，人们在追求心中存在的"常虚常寂者"时，便不能使用语言文字、逻辑思维等日常手段，因而往往容易陷入一种神秘的、非理性的境界之中。"心思路绝，言语道断，惟静惟默之际，而其为神明之本体，静极当动，敛极当发，介然有顷之间而偶尔感触，光明呈露，自觉自知，遂诧为神奇，得未曾有他人不见，师友莫与，而惟我独自得之者矣。……又有一种，静默之久，神明未瞑，亦未发用，迷离惝恍，虚实之间，有影象参差呈露于前，如睡初觉，如梦中见，原非实有，则遂以此为万物皆备之象呈于我矣。"③ 童能灵认为，这种神秘体验至多只是心体在极端静默状态下的一时呈露，而被偶尔感触，甚至是一种虚实之间迷离惝恍、真伪莫辨的幻觉、幻象，并非对于性理的完整、客观认识，自然也不具备他们所宣称的唯我独得、一朝顿悟、一悟无余的意义。

---

① （清）童能灵：《理学疑问》卷二《性》，《四库全书存目丛书》子部第 28 册，齐鲁书社 1995 年版，第 654—655 页。

② （清）童能灵：《冠豸山堂文集》下卷《朱陆渊源考》，《四库全书存目丛书》集部第 234 册，齐鲁书社 1997 年版，第 578 页。

③ 同上书，第 578 页。

　　据此，童能灵指出，不论是陆九渊闻鼓声振动窗棂而豁然有觉，还是王阳明龙场中夜悟道，抑或徐仲试镜中看花，杨慈湖鉴中见象，"自穷理者观之，此皆心之神明不得循其寂感动静之常，而束于空寂，为之变现光影如此。既已自为之眩而不自知，遂欲保以终身，惟恐或失。此正朱子所谓禅家作弄精神，到死不肯舍放者也。嗟夫！以心为理，此势必眩于心而一于虚寂之见者，必不得与事相操持，泛应之际，涉而不有，日用彝伦之地，皆归之于浮薄不可止矣。……且夫虚寂之体，岂得不以礼法为束缚而废弃之哉？"[1] 在他看来，陆王之学之所以将主静、顿悟作为最重要的为学方法与修养工夫，其根源还是在于误认心性，以心为理。若以心为理，一味地追求心之神明，必然会扰乱心性本身寂感动静的常态，陷入虚空寂灭的状态之中，从而执着、迷惑于心中闪现的虚幻光影，将其认作世界的实相或本质，并冀图保任终身。童能灵认为，这实际上正是禅家在主观上作弄精神的把戏，而非对于天理之实实有所得，学者若满足、沉溺于这种虚无高妙的境界之中，必将使心与现实事物相割裂，甚至以万事万物为虚幻，从而导致对日常的躬行践履、应事接物、日用彝伦等道德行为与道德规范的忽视和荒废。

　　此外，对于心与理的关系，以及心之神明的来源问题，童能灵主张心本于理，但心非即理。在他看来，人之一身止理、神、气、形四者而已。推其所由生，则"理生神，神生气，气生形，一以贯之也。……理生神，即所谓精爽也"[2]。理生心之神明，而其本身即寓于神明之中，故曰心具众理。前面曾经提到，心所具有的神通、神变等神明之妙是由于气的至清、至精、至灵，而追根溯源，又皆根源于理。理一分殊，就"理一"观之，"非独一身之内只此一个心……天地人物止此一个神明。原只一个，如何不通？原只一个，呼应自灵"[3]；就"分殊"观之，理一而散万心、应万

　　① （清）童能灵：《冠豸山堂文集》下卷《朱陆渊源考》，《四库全书存目丛书》集部第 234 册，齐鲁书社 1997 年版，第 579 页。
　　② （清）童能灵：《理学疑问》卷一《心》，《四库全书存目丛书》子部第 28 册，齐鲁书社 1995 年版，第 641 页。
　　③ 同上书，第 639 页。

心，心如何不通？理一而万、万而一，心如何不变？故曰："神明之妙本于理。"① 童能灵又以动静言心之神，而以理为所以动静者。有所以动静之理，方有动静之心，而心之动静又主宰形体之动静。童能灵指出，朱熹论《太极图》，以动静为心，以太极为性，性具于心，性与心本无先后可言，但据《太极图》推之，太极为动静之根底，性则当为心之根底，亦可证心之妙本于理。若从反面来看，世间虽有假仁假义之心，但这并非仁义之理本身为假，而是人在理解、运用上出现了偏差。所谓"假仁者不仁，苟无仁，彼安所假耶？假义者不义，苟无义，彼又安所假耶？……盗跖之不仁甚矣，不义亦甚矣，然尝以分均出后为仁义矣。假令跖不为盗，而以其分均者行赏，出后者居殿，谁得拒之仁义之外哉？乃知人心只是此理也，小人外是亦无以行其恶。故曰心本于理"②。

综上可见，童能灵虽然非常重视心的主宰、知觉的作用与能力，认为"天地之大，古今之远，心之所存，应念即至，乃知天地人物止此一个神明。……此心神明便是天之神明也"③，但却能始终恪守朱熹"性即理"的基本原则，强调心以理为本，理为心之神明之根基，从而明辨心性理气之异同，有力地批驳了陆王"心即理"的心性思想。

同样，蓝鼎元④亦认为，陆王之学与朱子学之间的根本差别并不在于是否讨论心，或者是否重视心，而在于对心性的不同理解。他说：

> 圣贤所以别于异端，其惟心学乎？人心惟危，道心惟微，千载心学之祖也。圣贤以道心为人心之主，异学养人心而弃其道心。故虽皆

---

① （清）童能灵：《理学疑问》卷一《心》，《四库全书存目丛书》子部第 28 册，齐鲁书社 1995 年版，第 641 页。

② 同上书，第 642 页。

③ 同上书，第 639 页。

④ 蓝鼎元（1680—1733），字玉霖，号鹿洲，福建漳浦人，清初朱子学家。少孤力学，究心性理，博览诸子百家，又喜经济之学，通达治体，以讲习程朱正学为职志。逾冠为诸生，后入鳌峰书院学习，表现优异，为张伯行所重视和礼遇，被赞为"经世之良材，吾道之羽翼"。雍正元年（1723）膺选拔贡，入太学，校书内廷，分修《一统志》。后任广东普宁知县，兼摄潮阳，迁广州知府。曾从兄蓝廷珍入台平叛，筹划军机，参赞政务，绥番抚民，参与治理台湾规划，提出了很多治台的策略与建议，被誉为"筹台之宗匠"，为台湾的稳定、开发和治理做出了重要贡献。

以心学为名．而是非邪正，相似而实不同者在此。①

　　蓝鼎元这里所说的异端，除了释、道二教之外，显然也包括陆王之学在内。蓝鼎元认为，"人心惟危，道心惟微"一句是义理之源、心学之祖，因而也是判断学问、义理是非真伪的根本标准。在他看来，朱子学明辨道心、人心，主张以道心主宰、制约人心，而陆王之学则忽视乃至泯灭道心、人心之间存在的差异与分歧，从而导致养人心而弃道心。因此，二者虽然都以心学为名，但其中却隐含着是非邪正的根本区别，言相似而实不同，只有以朱子学为代表的正统儒学才能称得上是真正的心学。

　　蓝鼎元进一步指出，人心以虚灵为特点，根源于知觉，而道心则根源于虚灵知觉之义理，故道心主宰人心。朱子学言心注重心的义理层面，故能以道心统率人心，培养心中的仁义礼智，使心的知觉作用能够符合道德法则的要求。而佛老与陆王之学则仅以知觉作用言心，舍性理而专言知觉，故不学不虑，不假修为，于一切事物都不理会，终日只是完养其精神魂魄，希望完全摒除心中所包含的丰富的知识与事物，必然导致以人心作道心。故曰：

　　　　主于义理者，惟恐义理不明，或有非理之视听言动，则失其所以为心。故必读书穷理，以致其知，而涵养省察，不敢有一息之或间。由是而为圣为贤为豪杰，皆此道心为之也。主于知觉者，则止欲全其知觉，惟恐心泊一事，思一理，或扰其昭灵寂静之神，故不顾善恶是非，不立语言文字。若老氏之无视无听，抱神以静，佛氏之净智妙圆，识心见性，象山之瞑目静坐，收拾精神，白沙之虚灵万象，阳明之良知，皆误以人心为道心者也。②

　　由于陆九渊和王阳明都标榜自己的学术直承孟子而来，而孟子又特别

---

　　①　（清）蓝鼎元：《棉阳学准》卷三《闲存录》，《四库全书存目丛书》子部第28册，齐鲁书社1995年版，第442页。

　　②　同上书，第442—443页。

关注心性问题，于儒学心性论多有开辟、发明之功，所以便不免有人产生疑问，认为陆王的心性思想皆本于孟子，似乎不应以异学视之。对于这一观点，蓝鼎元明确表示反对。他说：

> 孟子所言，仁义之心也；陆子所言，昭昭灵灵之心也。孟子求放心，必日学问之道是教人读书穷理，主敬求仁者也。陆子以闭目静坐为求放心，是教人屏事物，绝思虑，废语言文字意见，即心是道，明心见性者也。言似同而旨不同，恶可以诬孟子。①

在蓝鼎元看来，孟子所说的心是主于义理的仁义之心，而陆王所说的心则是主于知觉的虚灵之心。孟子以读书穷理、主敬求仁为学问之道，注重内外交修并进，以此求放逸之心，而陆王则以闭目静坐为求放心的工夫，欲使人摒除事物，断绝思虑，以心为理，取消一切读书讲论与经典注疏，显然是佛老一路的思想，从而与孟子之学有着本质上的区别，不可混为一谈。

由此不难发现，蓝鼎元和其他清初福建朱子学者大都清楚地认识到，性与心、道心与人心的区分和差异在朱子学的整个思想体系中具有极为重要的意义，而以心为理，以人心为道心正是陆王之学心性论与朱子学心性论之间的根本差异，也是陆王之学之所以错误的根源所在。若是否认性与心、道心与人心之间的区别，必然以个体的情感、欲望、意见为天理，从而导致是非善恶的混淆与道德秩序的崩溃。只有坚持以义理规范心，以道心统率人心，才能为善去恶，将人从世俗的功利境界提升到超越境界。

二 "尊德性"与"道问学"

除了以"心即理"与"性即理"为代表的心性论方面的重大差异之外，"尊德性"与"道问学"之间的区别与对立也被后人视为朱王之辨或朱陆之辨中的一项基本内容。许多学者相信朱子学与陆王之学的根本分歧

---

① （清）蓝鼎元：《棉阳学准》卷三《闲存录》，《四库全书存目丛书》子部第 28 册，齐鲁书社 1995 年版，第 443 页。

在于陆王主张尊德性，或者说以德性为第一义，而朱熹主张道问学，或者说以知识、学问为第一义。在历代的理学文献与理学家的讨论中，这一差别往往也被表述为"居敬"与"穷理"、"涵养"与"致知"、"约"与"博"、"一贯"与"多识"等概念的矛盾和对立。较早地，如吴澄尝言："朱子道问学工夫多，陆子静却以尊德性为主。"① 此后学者论及朱陆之辨，不管是否同意这一观点，都时常提到吴澄和他的这句话。直到清代，黄宗羲尚谓："先生（指陆九渊）之学，以尊德性为宗……同时紫阳之学，则以道问学为主"②，其子黄百家亦云："陆主乎尊德性……朱主乎道问学"③，可见这一看法在当时的一般学者中几乎已成为一种被普遍接受的共识。

但是，若仔细分析的话则不难发现，朱子理学与陆王心学同样作为一种追求超越的心性本体的道德主义哲学，二者都必然要将对于德性的培养与追求摆在第一位，无论哪一方都不可能单纯把知识的学习当作首要和最终的目标，以致出现以知识和学问凌驾于德性之上的情况。而就现实情况来看，陆王虽极力强调尊德性的意义，但在实践中亦不绝对排斥读书、讲论、著述等道问学的内容，而朱熹虽主张以道问学为先，但他最后的目标与指向仍在于尊德性，且其亦常常反思和批评所谓的"支离"之病。朱陆或朱王双方的这一方面情况亦为一些主张会通二家的学者所察觉，如程敏政即言："朱子之道问学，固以尊德性为本，岂若后之讲析编缀者，毕力于陈言；陆子之尊德性，固以道问学为辅，岂若后之忘言绝物者，悉心于块坐。"④ 而另一些朱子学者则主张朱熹"存心、穷理之功未尝偏废，非若陆子之专本而遗末"⑤。总之，片面地以尊德性归之于陆王，以道问学归之于朱熹，是不符合事实的。

---

① （元）虞集：《道园学古录》卷四十四《故翰林学士资善大夫知制诰同修国史临川先生吴公行状》，商务印书馆 1937 年版，第 747 页。

② （清）黄宗羲、（清）全祖望：《宋元学案》卷五十八《象山学案》，中华书局 1986 年版，第 1885 页。

③ 同上书，第 1888 页。

④ （明）程敏政：《篁墩文集》卷十六《道一编目录后记》，《景印文渊阁四库全书》第 1252 册，台湾商务印书馆 1983 年版。

⑤ （明）胡居仁：《胡文敬集》卷一《奉罗一峰》，《景印文渊阁四库全书》第 1260 册，台湾商务印书馆 1983 年版。

清初福建朱子学研究

但这是否意味着朱陆或朱王之间"尊德性"与"道问学"的差异和分歧完全出于后人的虚构？事实恐怕亦非如此。从另一方面来看，这种差异和分歧又是真实存在的。譬如，朱熹在与他人的书信中就曾屡屡反省自己对于道问学的偏重，自言：

> 大抵子思以来，教人之法惟以尊德性、道问学两事为用力之要。今子静所说，专是尊德性之事，而熹平日所论，却是问学上多了。所以为彼学者多持守可观，而看得义理全不仔细，又别说一种杜撰道理遮盖，不肯放下。而熹自觉虽于义理上不敢乱说，却于紧要为己为人上多不得力，今当反身用力，去短集长，庶几不堕一边耳。①

又谓：

> 近觉向来为学实有向外浮泛之弊，不惟自误，而误人亦不少。方别寻得一头绪，似差简约端的，始知文字言语之外真别有用心处。②
> 某向来自说得尊德性一边轻了，今觉见未是。上面一截便是一个坯子，有这坯子，学问之功方有措处。③

对此，陆九渊则以"既不知尊德性，焉有所谓道问学"④回应，强调应"先立乎其大者"。因为在他看来，只有在涵养德性、发明本心的基础上，才能明确道问学的目标与方向，学习、思辨、力行等行为才是合理与有意义的。所谓"未知学，博学个甚么？审问个甚么？明辨个甚么？笃行个甚么？"⑤而王阳明亦云："夫君子之论学，要在得之于心。……学也者，求以尽吾心也。是故尊德性而道问学，尊者，尊此者也；道者，道此者

---

① （宋）朱熹：《朱文公文集》卷五十四《答项平父》，《朱子全书》第23册，上海古籍出版社、安徽教育出版社2002年版，第2541页。
② （宋）朱熹：《朱文公文集》卷三十五《与刘子澄》，《朱子全书》第21册，上海古籍出版社、安徽教育出版社2002年版，第1552页。
③ （宋）黎靖德编：《朱子语类》卷六十四，《朱子全书》第16册，上海古籍出版社、安徽教育出版社2002年版，第2136页。
④ （宋）陆九渊：《陆九渊集》卷三十四《语录上》，中华书局1980年版，第400页。
⑤ 同上书，第428页。

· 124 ·

也。不得于心而惟外信于人以为学，乌在其为学也已！"①

由此可见，朱陆或朱王之间存在的"尊德性"与"道问学"的分歧，主要表现为二者作为儒门教人之法与为学之方的先后主次问题，而非基本理学思想原则上的对立。故黄宗羲虽仍将朱陆之辨归结为"尊德性"与"道问学"的差异，但亦补充道："先生（指陆九渊）之尊德性，何尝不加功于学古笃行，紫阳之道问学，何尝不致力于反身修德，特以示学者之入门各有先后。"②

此外，应该注意的是，朱子理学与陆王心学之间这种为学方法的差异往往不是孤立的，而是与其特定的思想体系，特别是其中的本体论和心性论相互联系。可以说，正是由于双方对于心性本体的不同理解，在很大程度上导致了其对于不同的为学方法与为学次序的强调与偏重。譬如，陆王主张"心即理""心外无事""心外无理"，自然要首先强调尽心、存心，通过涵养本原、发明本心来直接体认天理，因而对于知识、学问的讲求至多只具有辅助、次要的作用，甚至在某些情况下，还会产生负面的效应。而朱熹则主张"性即理""理一分殊"，在他看来，天理既具备于人心之中，又存在于万事万物中，既具有普遍同一性，又因具体事物的差别而表现出特殊性，所以需要通过读书讲论、即物穷理的积累工夫，对万事万物逐一进行细致的研究体察，再将其融会贯通起来，才能把握完整、客观的天理。故曰："圣人未尝言理一，多只言分殊。盖能于分殊中事事物物，头头项项，理会得其当然，然后方知理本一贯。不知万殊各有一理，而徒言理一，不知理一在何处。"③ 反过来说，也正因为双方所提倡的为学方法与其背后所设想和追求的天理密切关联，只有通过特定的为学方法与次第，才能达到体证天理、明善复性的目标，因此对于对方为学方法的批评往往便会越出相应的范围，最终连带着引向对其整个思想体系的批判。

---

① （明）王守仁：《王阳明全集》卷二十一《答徐成之二》，上海古籍出版社1992年版，第808—809页。
② （清）黄宗羲、（清）全祖望：《宋元学案》卷五十八《象山学案》，中华书局1986年版，第1886页。
③ （宋）黎靖德编：《朱子语类》卷二十七，《朱子全书》第15册，上海古籍出版社、安徽教育出版社2002年版，第975页。

具体而言，朱熹对于尊德性与道问学的态度比较复杂，大致可以从以下几个方面来把握。首先，从朱子理学思想的总体观点来看，朱熹是主张尊德性与道问学二者兼顾，交修并进，相辅为用的。譬如，当有学生问及"大道茫茫，何处下手"时，他回答道：

> "尊德性，道问学，致广大，尽精微，极高明，道中庸，温故，知新，敦厚，崇礼"，只从此下功夫理会。[①]

在此基础上，朱熹又将《中庸》所说的由"尊德性"至"崇礼"的十件事分为两大类，尊德性、致广大、极高明、温故、敦厚为一类，道问学、尽精微、道中庸、知新、崇礼为另一类。"自'尊德性'至'敦厚'凡五件，皆是德性上工夫。自'道问学'至'崇礼'，皆是问学上工夫。"[②]朱熹进一步指出，"'尊德性''致广大''极高明''温故''敦厚'，只是'尊德性'；'尽精微''道中庸''知新''崇礼'，只是'道问学'"[③]，"'尊德性'故能致广大、极高明、温故、敦厚，'温故'是温习此，'敦厚'是笃实此。'道问学'故能尽精微、道中庸、知新、崇礼。"[④]由此可见，尊德性与道问学二事最为根本，是为学纲领，其余八事则是细密工夫，十事可缩为二事，二事可统八事。

朱熹又说：

> 尊德性，所以存心而极乎道体之大也。道问学，所以致知而尽乎道体之细也。二者，修德凝道之大端也。[⑤]
>
> 圣贤教人，始终本末，循循有序，精粗巨细，无有或遗。故才尊

① （宋）黎靖德编：《朱子语类》卷一百一十八，《朱子全书》第18册，上海古籍出版社、安徽教育出版社2002年版，第3742页。
② （宋）黎靖德编：《朱子语类》卷六十四，《朱子全书》第16册，上海古籍出版社、安徽教育出版社2002年版，第2136页。
③ 同上书，第2136页。
④ 同上书，第2138—2139页。
⑤ （宋）朱熹：《四书章句集注·中庸章句》，《朱子全书》第6册，上海古籍出版社、安徽教育出版社2002年版，第53页。

德性，便有个"道问学"一段事，虽当各自加功，然亦不是判然两事也。……盖道之为体，其大无外，其小无内，无一物之不在焉。故君子之学，既能尊德性以全其大，便须道问学以尽其小。其曰致广大、极高明、温故而敦厚，则皆尊德性之功也。其曰尽精微、道中庸、知新而崇礼，则皆道问学之事也。学者于此，固当以尊德性为主，然于道问学，亦不可不尽其力，要当使之有以交相滋益，互相发明，则自然该贯通达，而于道体之全无欠阙处矣。①

在他看来，尊德性是存心的工夫，其对象是道体的宏观方面，而道问学是致知的功夫，其对象是道体的微观方面。二者针对的内容虽有大小多寡之不同，但皆为修德凝道之大端。"若有上面一截，而无下面一截，只管道是我浑沦，更不务致知，如此则茫然无觉。若有下面一截，而无上面一截，只管要纤悉皆知，更不去行，如此则又空无所寄。"② 只有两端用力，互相发明，交相促进，方能尽道体之全。

对于为学过程中的"博"与"约"的关系问题，朱熹提出：

圣人之教学者，不越博文约礼两事尔。博文，是"道问学"之事，于天下事物之理，皆欲知之；约礼，是"尊德性"之事，于吾心固有之理，无一息而不存。③

"博文约礼"，圣门之要法。博文所以验诸事，约礼所以体诸身。如此用工，则博者可以择中而居之不偏；约者可以应物而动皆有则。如此，则内外交相助，而博不至于泛滥无归，约不至于流遁失中矣。④

"博我以文，约我以礼"，圣门教人，只此两事。须是互相发明。

---

① （宋）朱熹：《朱文公文集》卷七十四《玉山讲义》，《朱子全书》第 24 册，上海古籍出版社、安徽教育出版社 2002 年版，第 3591—3592 页。
② （宋）黎靖德编：《朱子语类》卷六十四，《朱子全书》第 16 册，上海古籍出版社、安徽教育出版社 2002 年版，第 2139 页。
③ （宋）黎靖德编：《朱子语类》卷二十四，《朱子全书》第 14 册，上海古籍出版社、安徽教育出版社 2002 年版，第 834 页。
④ （宋）黎靖德编：《朱子语类》卷三十三，《朱子全书》第 15 册，上海古籍出版社、安徽教育出版社 2002 年版，第 1174 页。

约礼底工夫深，则博文底工夫愈明；博文底工夫至，则约礼底工夫愈密。①

又说：

> 学者当自博而约，自易而难，自近而远，自下而高，乃得其序。②
> 为学须是先立大本。其初甚约，中间一节甚广大，到末梢又约。……近日学者多喜从约，而不于博求之。不知不求于博，何以考验其约。……又有专于博上求之，而不反其约，今日考一制度，明日又考一制度，空于用处作工夫，其病又甚于约而不博者。要之，均是无益。③

朱熹所说的"博"与"约"，既指博文与约礼，有时也引申为博学与简约两种为学方法或学术风格。"博"略相当于"道问学"，"约"略相当于"尊德性"。虽然由于不同场合所面对的语境、对象与问题有所不同，朱熹关于为学次序的论述略有出入，但不论是先博后约，还是先约后博再约，都要求学者博约相济，互相发明，"博而有要，约而不孤"④，下学上达，循循有序，如此方能避免妄意凌躐之弊。若专事于博，则恐泛滥无所归宿；若专事于约，则学问缺乏根脚，容易流入异端。因此，朱熹既指责吕祖谦"只向博杂处用功，却于要约处不曾子细研究，病痛颇多"⑤，吕子约"一向务博，而不能反约"⑥，又批评陆九渊一派"只是要约，更不务

---

① （宋）黎靖德编：《朱子语类》卷三十六，《朱子全书》第 15 册，上海古籍出版社、安徽教育出版社 2002 年版，第 1340 页。

② （宋）朱熹：《朱文公文集》卷四十一《答程允夫》，《朱子全书》第 22 册，上海古籍出版社、安徽教育出版社 2002 年版，第 1859 页。

③ （宋）黎靖德编：《朱子语类》卷十一，《朱子全书》第 14 册，上海古籍出版社、安徽教育出版社 2002 年版，第 345—346 页。

④ （宋）朱熹：《朱文公文集》卷五十三《答沈有开》，《朱子全书》第 22 册，上海古籍出版社、安徽教育出版社 2002 年版，第 2527 页。

⑤ （宋）朱熹：《朱文公文集》卷三十一《与张敬夫》，《朱子全书》第 21 册，上海古籍出版社、安徽教育出版社 2002 年版，第 1333—1334 页。

⑥ （宋）黎靖德编：《朱子语类》卷一百二十，《朱子全书》第 18 册，上海古籍出版社、安徽教育出版社 2002 年版，第 3806 页。

博。本来虽有些好处，临事尽是凿空杜撰”①，还不忘时时反省自己的不得力处，可谓两脚行路，不堕一边。

同样，对于"居敬"与"穷理"、"涵养"与"致知"的关系，朱熹亦持相同的观点。应该说，朱熹所坚持的尊德性与道问学兼顾的思想，在很大程度上是受到二程特别是程颐的影响。二程虽未直接提出尊德性与道问学的关系问题，但程颐提出的"涵养须用敬，进学则在致知"② 这一重要观点却为朱熹所继承，并将其作为为学的基本原则而发扬光大。他说：

> 涵养、穷索，二者不可废一，如车两轮，如鸟两翼。③
>
> 涵养中自有穷理工夫，穷其所养之理；穷理中自有涵养工夫，养其所穷之理，两项都不相离。④
>
> 学者工夫，唯在居敬、穷理二事。此二事互相发。能穷理，则居敬工夫日益进；能居敬，则穷理工夫日益密。⑤
>
> 主敬以立其本，穷理以进其知，使本立而知益明，知精而本益固。⑥
>
> 主敬者存心之要，而致知者进学之功。二者交相发焉，则知日益明、守日益固。⑦

在朱熹看来，虽然心具万理，但亦不能忽视向外去求知识。所谓的根本枝叶、身心内外不应强作分别，须一贯交尽，精粗俱到。故曰："此理

① （宋）黎靖德编：《朱子语类》卷一百二十，《朱子全书》第18册，上海古籍出版社、安徽教育出版社2002年版，第3806页。
② （宋）程颢、程颐：《二程集·河南程氏遗书》卷十八，中华书局1981年版，第188页。
③ （宋）黎靖德编：《朱子语类》卷九，《朱子全书》第14册，上海古籍出版社、安徽教育出版社2002年版，第300页。
④ 同上。
⑤ 同上书，第301页。
⑥ （宋）：朱熹：《朱文公文集》卷七十五《程氏遗书后序》，《朱子全书》第24册，上海古籍出版社、安徽教育出版社2002年版，第3625页。
⑦ （宋）：朱熹：《朱文公文集》卷三十八《答徐元敏》，《朱子全书》第21册，上海古籍出版社、安徽教育出版社2002年版，第1718—1719页。

初无内外本末之间，凡日用间涵泳本原、酬酢事变，以至讲说辩论、考究寻绎，一动一静，无非存心养性、变化气质之实事。"① 为学若是专务于内，仅从心中求理，则物不尽；专务于外，仅靠即物穷理，则心不尽。物不尽与心不尽都是理不尽。学者只有于两方面共同用功，相互促进，内外如一，方能融会贯通，达到"众物之表里精粗无不到，吾心之全体大用无不明"② 的境界。

其次，就为学的终极意义与目的而言，朱熹主张尊德性是道问学的宗旨与归依，道问学则是尊德性的方法与手段，一切道问学都是为了尊德性。相信这一点在宋明理学的基本立场上是很容易得到理解的。故曰：

> 持敬是穷理之本。穷得理明，又是养心之助。③
>
> 非博文则无以为约礼，不约礼则博文为无用。约礼云者，但前之博而今约之，使就于礼耳。④

在朱熹看来，尊德性与道问学虽然并列为儒者为学的两大基本工夫，各自具有一定的独立性，但这并不意味着两种工夫之间了无干系，或只是一般的互相促进的关系。根据宋明理学的基本预设，德性始终是处于第一位的，知识只能排在第二位，知识的价值与意义需由德性赋予，而求知的最终目的也指向德性的培养与完满。在这一意义上，朱熹指出为学工夫"其实只两事，两事又只一事。只是个尊德性，却将个尊德性来道问学，所以说'尊德性而道问学'也"⑤。

需要注意的是，正是由于朱熹认为在整个理学思想体系中，作为一般

---

① （宋）朱熹：《朱文公文集》卷四十三《答李伯谏》，《朱子全书》第 22 册，上海古籍出版社、安徽教育出版社 2002 年版，第 1959 页。

② （宋）朱熹：《四书章句集注·大学章句》，《朱子全书》第 6 册，上海古籍出版社、安徽教育出版社 2002 年版，第 20 页。

③ （宋）黎靖德编：《朱子语类》卷九，《朱子全书》第 14 册，上海古籍出版社、安徽教育出版社 2002 年版，第 301 页。

④ （宋）黎靖德编：《朱子语类》卷三十三，《朱子全书》第 15 册，上海古籍出版社、安徽教育出版社 2002 年版，第 1179 页。

⑤ （宋）黎靖德编：《朱子语类》卷六十四，《朱子全书》第 16 册，上海古籍出版社、安徽教育出版社 2002 年版，第 2138 页。

的范畴，德性比知识具有更为根本与重要的地位，所以他有时也称尊德性为大者、本者，称道问学为小者、末者，提出"不先立得大者，不能尽得小者"①，"盖能尊德性便能道问学，所谓本得而末自顺也"②。但我们并不能因此断定朱熹与陆王在这一问题上观点一致，都主张学者为学应以尊德性为先。

再次，就为学的具体过程与内容而言，朱熹主张应以道问学为先，并以道问学为主。"须先致知而后涵养。"③"儒者之学，大要以穷理为先。盖凡一物有一理，须先明此，然后心之所发，轻重长短，各有准则。"④朱熹虽然十分强调尊德性的意义，但诚如陈来先生所言："尊德性一方面要以主敬养得心地清明，以为致知提供一个主体的条件；另一方面对致知的结果加以涵泳，所谓'涵泳于所已知'。因此，认识真理的基本方法是'道问学'，'尊德性'则不直接起认识的作用。"⑤换言之，狭义上的求学、为学概念几乎可以等同于道问学。离开了道问学，尊德性亦无法成立。故曰："万事皆在穷理后。经不正，理不明，看如何地持守，也只是空。"⑥

从另一方面来看，求知、问学的过程往往是异常漫长、艰辛的，而其内容又十分丰富、繁杂。相较之下，尊德性的工夫则显得相对简单、固定。因此，学者就必须将大量的时间与精力投入道问学中，以此保证所尊的德性建立在坚固牢靠的知识基础上。所以朱熹说：

> 问学功夫节目却多，尊德性功夫甚简约。且如伊川只说一个"主

---

① （宋）黎靖德编：《朱子语类》卷六十四，《朱子全书》第16册，上海古籍出版社、安徽教育出版社2002年版，第2137页。

② 同上。

③ （宋）黎靖德编：《朱子语类》卷九，《朱子全书》第14册，上海古籍出版社、安徽教育出版社2002年版，第303页。

④ （宋）朱熹：《朱文公文集》卷三十《答张钦夫》，《朱子全书》第21册，上海古籍出版社、安徽教育出版社2002年版，第1314页。

⑤ 陈来：《朱子哲学研究》，华东师范大学出版社2000年版，第399页。

⑥ （宋）黎靖德编：《朱子语类》卷九，《朱子全书》第14册，上海古籍出版社、安徽教育出版社2002年版，第303页。

一之谓敬，无适之谓一"，只是如此，别更无事。①

博文工夫虽头项多，然于其中寻将去，自然有个约处。圣人教人有序，未有不先于博者。……只得且待他事事理会得了，方可就上面欠阙处告语之。②

不是一本处难认，是万殊处难认，如何就万殊上见得皆有恰好处。③

先就多上看，然后方可说一贯。……学者宁事事先了得，未了得"一"字，却不妨。莫只悬空说个"一"字作大罩了，逐事事都未曾理会，却不济事。④

而对于道问学的对象与内容，朱熹则说：

"博学"，谓天地万物之理、修己治人之方皆所当学。⑤

圣贤之学，事无大小，道无精粗，莫不穷究无余。至如事之切身者，固未尝不加意；而事之未为紧要，亦莫不致意焉。⑥

圣贤所谓博学，无所不学也。自吾身所谓大经、大本，以至天下之事事物物，甚而一字半字之义，莫不在所当穷，而未始有不消理会者。虽曰不能尽穷，然亦只得随吾聪明力量理会将去，久久须有所至，岂不胜全不理会者乎。⑦

天下无书不是合读底，无事不是合做底。若一个书不读，这里便缺此一书之理；一件事不做，这里便缺此一事之理。大而天地阴阳，

---

① （宋）黎靖德编：《朱子语类》卷六十四，《朱子全书》第 16 册，上海古籍出版社、安徽教育出版社 2002 年版，第 2136 页。
② （宋）黎靖德编：《朱子语类》卷三十三，《朱子全书》第 15 册，上海古籍出版社、安徽教育出版社 2002 年版，第 1175—1176 页。
③ （宋）黎靖德编：《朱子语类》卷二十七，《朱子全书》第 15 册，上海古籍出版社、安徽教育出版社 2002 年版，第 989 页。
④ 同上书，第 979 页。
⑤ （宋）黎靖德编：《朱子语类》卷六十四，《朱子全书》第 16 册，上海古籍出版社、安徽教育出版社 2002 年版，第 2109 页。
⑥ 同上书，第 2137 页。
⑦ 同上书，第 2137—2138 页。

细而昆虫草木，皆当理会。一物不理会，这里便缺此一物之理。①

由此可见，朱熹理解的道问学所包含的内容是相当广泛的。限于当时的历史条件与理学家的身份，朱熹所说的道问学固然以读书，特别是阅读儒家经典，体察其中的性命道德之理为主，但绝不仅限于此。在他眼中，从理气心性、太极阴阳，到礼乐刑政、名物度数、天文地理、军旅职官，再到古今世变、治乱存亡，其中虽有本末缓急之别，但学者皆应尽其所能，着意理会。"虽未能洞究其精微，然也要识个规模大概，道理方浃洽通透。若只守个些子，捉定在这里，把许多都做闲事，便都无事了。如此，只理会得门内事，门外事便了不得。所以圣人教人要博学！"② 因此，重视知识便成为朱子学在宋明理学各派别中的一大特色。

此外，朱熹的这一思想倾向亦有其针对性与现实意义。当时，理学家中普遍存在一种喜欢高谈心性，而不重视读书、问学的风气，钱穆认为"其病亦始自程门"③。朱熹也说："只为汉儒一向寻求训诂，更不看圣人意思，所以二程先生不得不发明道理，开示学者，使激昂向上，求圣人用心处，故放得稍高。不期今日学者乃舍近求远，处下窥高，一向悬空说了，扛得两脚都不着地。"④ 由于二程特重发明义理，又往往以静坐存心指示学者，故道南一脉，如杨时、罗从彦、李侗等人皆以静坐立教。至朱熹之时，不惟陆九渊一派为然，即便是与朱熹学脉相近的程门后学亦多有好高骛远、避实就虚之弊。对此，朱熹甚为忧虑，屡屡批评"今时学者心量窄狭，不耐持久，故其为学，略有些少影响见闻，便自主张，以为至足，不能遍观博考，反复参验。其务为简约者，既荡而为异学之空虚，其急于功利者，又溺而为流俗之卑近，此为今日之大弊，学者尤不可以不戒"⑤，故

① （宋）黎靖德编：《朱子语类》卷一百一十七，《朱子全书》第18册，上海古籍出版社、安徽教育出版社2002年版，第3688页。
② 同上书，第3704—3705页。
③ 钱穆：《朱子新学案》第3册《朱子论当时学弊（下）》，九州出版社2011年版，第301页。
④ （宋）黎靖德编：《朱子语类》卷一百一十三，《朱子全书》第18册，上海古籍出版社、安徽教育出版社2002年版，第3600页。
⑤ （宋）朱熹：《朱文公文集》卷七十四《玉山讲义》，《朱子全书》第24册，上海古籍出版社、安徽教育出版社2002年版，第3592页。

希望通过对道问学的提倡来纠挽时弊。

与朱熹相比，王阳明对于"尊德性"与"道问学"的态度则较为简单、明确。在这一问题上，王阳明主要沿袭了陆九渊的基本立场，主张为学应以尊德性为先，并以尊德性为主，且其议论往往有更甚于陆九渊处，愈加轻视道问学的意义，从而使得王学与朱学在为学方法上的分歧和冲突更显尖锐。

由于王阳明提倡良知之教，对他来说，良知即是人内在的道德法则，以及对这一法则的知觉与洞察，因而尊德性的工夫便主要表现为体认固有之良知，致吾心之良知于事事物物。王阳明特别强调："良知之外，别无知矣。故'致良知'是学问大头脑，是圣人教人第一义"，"大抵学问功夫只要主意头脑是当"。① 也就是说，尊德性构成了整个为学过程的核心与基本内容。这其实可以看作"既不知尊德性，焉有所谓道问学"的另一种说法。

与尊德性主要关注内在的心性不同，道问学自然要诉诸外在的知识与见闻。在王阳明看来，外在的知识、见闻与内在的德性之间并无直接联系，知识与见闻只是良知的发用，因而知识的积累、见闻的多寡对于德性的培养来说完全是外在的、不相干的。故曰：

> 夫子尝曰"盖有不知而作之者，我无是也"，是犹孟子"是非之心，人皆有之"之义也。此言正所以明德性之良知，非由于闻见耳。②
>
> 良知不由见闻而有，而见闻莫非良知之用，故良知不滞于见闻，而亦不离于见闻。③
>
> 若主意头脑专以致良知为事，则凡多闻多见，莫非致良知之功。盖日用之间，见闻酬酢，虽千头万绪，莫非良知之发用流行，除却见

---

① （明）王守仁：《王阳明全集》卷二《传习录中·答欧阳崇一》，上海古籍出版社1992年版，第71页。

② （明）王守仁：《王阳明全集》卷二《传习录中·答顾东桥书》，上海古籍出版社1992年版，第51页。

③ （明）王守仁：《王阳明全集》卷二《传习录中·答欧阳崇一》，上海古籍出版社1992年版，第71页。

闻酬酢，亦无良知可致矣。故只是一事。①

在此，王阳明之所以说"良知不离于见闻"，"除却见闻酬酢，亦无良知可致"，只是为了强调知识、见闻与人的种种行为皆为良知之发用，故良知的实现与推致离不开见闻，而不是说德性由知识、见闻而来，或知识、见闻是德性的基础。为此，他敢于非议孔子之言，提出："若曰'多闻，择其善者而从之，多见而识之'，则是专求诸见闻之末，而已落在第二义矣。"② 而朱熹虽同样以尊德性为最终归宿，但其主张尊德性需以道问学为基础和手段，德性有资于见闻，在阳明看来，"此与专求之见闻之末者虽稍不同，其为未得精一之旨，则一而已"③。

当然，王阳明对于知识与见闻的这些看法并不意味着其本人不读书，或者一味地反对学者读书问学。只是说在他的为学思想中，道问学特别是知识性的问学与德性的成就和完满无关，至多只具有外在、边缘的意义。因此，只要在尊德性的主意头脑下，学者亦不妨去道问学，既不需要刻意提倡，也不需要特别反对。故曰：

> 世之学者，业辞章，习训诂，工技艺，探赜而索隐，弊精极力，勤苦终身，非无所谓深造之者。然亦辞章而已耳，训诂而已耳，技艺而已耳。非所以深造于道也，则亦外物而已耳，宁有所谓自得逢原者哉！古之君子，戒慎不睹，恐惧不闻，致其良知而不敢须臾或离者，斯所以深造乎是矣。④

> "博学"之说，向已详论。……使在我果无功利之心，虽钱谷兵甲，搬柴运水，何往而非实学？何事而非天理？况子、史、诗、文之

---

① （明）王守仁：《王阳明全集》卷二《传习录中·答欧阳崇一》，上海古籍出版社 1992 年版，第 71 页。

② （明）王守仁：《王阳明全集》卷二《传习录中·答顾东桥书》，上海古籍出版社 1992 年版，第 51 页。

③ （明）王守仁：《王阳明全集》卷二《传习录中·答欧阳崇一》，上海古籍出版社 1992 年版，第 71 页。

④ （明）王守仁：《王阳明全集》卷七《自得斋说》，上海古籍出版社 1992 年版，第 265—266 页。

类乎？使在我尚存功利之心，则虽日谈道德仁义，亦只是功利之事，况子、史、诗、文之类乎？"一切屏绝"之说，是犹泥于旧习，平日用功未有得力处，故云尔。①

而当弟子问"名物度数，亦须先讲求否"时，阳明亦答道："人只要成就自家心体，则用在其中。如养得心体，果有未发之中，自然有发而中节之和，自然无施不可。苟无是心，虽预先讲得世上许多名物度数，与己原不相干，只是装缀，临时自行不去。亦不是将名物度数全然不理，只要知所先后，则近道。"② 但是，学者若未能体认良知，先立大本，而惟务道问学，则将对德性的培养产生负面作用，读书博学适足以害道。③ 正是在这一意义上，王阳明提出：

> 后世不知作圣之本是纯乎天理，却专去知识才能上求圣人。以为圣人无所不知，无所不能，我须是将圣人许多知识才能逐一理会始得。故不务去天理上着工夫，徒弊精竭力，从册子上钻研，名物上考索，形迹上比拟，知识愈广而人欲愈滋，才力愈多而天理愈蔽。④
>
> 圣人之学日远日晦，而功利之习愈趋愈下。……盖至于今，功利之毒沦浃于人之心髓，而习以成性也几千年矣。相矜以知，相轧以势，相争以利，相高以技能，相取以声誉。……记诵之广，适以长其敖也；知识之多，适以行其恶也；闻见之博，适以肆其辨也；辞章之富，适以饰其伪也。⑤

需要注意的是，王阳明在某些论述中似乎也表现出对于道问学的某种

---

① （明）王守仁：《王阳明全集》卷四《与陆原静》，上海古籍出版社 1992 年版，第 166 页。
② （明）王守仁：《王阳明全集》卷一《传习录上》，上海古籍出版社 1992 年版，第 21 页。
③ 王阳明的这一观点在心学的思想传统中亦有其来源与依据。如陆九渊就曾说过："若其心正，其事善，虽不识字，亦自有读书之功。其心不正，其事不善，虽多读书，有何所用？用之不善，反增罪恶耳。"见（宋）陆九渊《陆九渊集》卷二十三《荆门军上元设厅皇极讲义》，中华书局 1980 年版，第 285 页。
④ （明）王守仁：《王阳明全集》卷一《传习录上》，上海古籍出版社 1992 年版，第 28 页。
⑤ （明）王守仁：《王阳明全集》卷二《传习录中·答顾东桥书》，上海古籍出版社 1992 年版，第 56 页。

肯定与重视，值得细加剖析。譬如，王阳明在讨论朱陆之辨时亦曾提出，既以"尊德性"许之象山，就不可谓其"堕于禅学之虚空"，既以"道问学"许之朱子，则不可谓其"失于俗学之支离"，又谓象山"未尝不教其徒读书穷理"，只是强调书中义理需"体之于身"，而朱子"为言虽未尽莹，亦何尝不以尊德性为事"，只是"虑恐学者之躐等而或失之于妄作"，故多道问学之功，①　其意似在调停两可，欲以尊德性、道问学二者并重。但他言辞之间仅论道问学之弊，却一语未及尊德性不当可能带来的危害，接下来又着重强调："夫君子之论学，要在得之于心。……苟尽吾心以求焉，则不中不远矣。学也者，求以尽吾心也。是故尊德性而道问学，尊者，尊此者也；道者，道此者也。不得于心而惟外信于人以为学，乌在其为学也已！"②　可见其论学的重心与归宿仍在存心、尽心的尊德性上。因此可以说，王阳明在《答徐成之》二书中虽不乏对于朱陆二人学术异同的客观评价，亦未完全否定朱熹的道问学，但从整体上看，仍属阳明早期，其学尚未大行时，打着调停朱陆的旗号，实则右陆非朱的翻案文字。而王门高弟钱德洪则以其中为朱熹辩解的部分为阳明未全之论，故置此二书于阳明文集之外集，又在重编《传习录》时将其删去，不复收录。

又如，王阳明曾说：

> 惟一是惟精主意，惟精是惟一功夫，非惟精之外复有惟一也。精字从米，姑以米譬之：要得此米纯然洁白，便是惟一意；然非加春簸筛拣惟精之工，则不能纯然洁白也。春簸筛拣是惟精之功，然亦不过要此米到纯然洁白而已。博学、审问、慎思、明辨、笃行者，皆所以为惟精而求惟一也。他如博文者，即约礼之功；格物致知者，即诚意之功；道问学即尊德性之功；明善即诚身之功，无二说也。③

---

①　参见（明）王守仁《王阳明全集》卷二十一《答徐成之（一、二）》，上海古籍出版社1992年版，第806—810页。

②　（明）王守仁：《王阳明全集》卷二十一《答徐成之二》，上海古籍出版社1992年版，第808—809页。

③　（明）王守仁：《王阳明全集》卷一《传习录上》，上海古籍出版社1992年版，第13页。

在阳明看来，"惟精"指的是细致精密的工夫，而"惟一"则是一于本心、良知。博学、审问、慎思、明辨等道问学的工夫便相当于"惟精"，而尊德性则相当于"惟一"。如此，这段话似乎是说，道问学是尊德性的途径与手段，必须通过道问学方能实现尊德性，非于道问学之外别有所谓尊德性。但是，由于阳明所说的"舂簸筛拣"之功究竟为何尚不十分清晰，因而其完整意涵仍有待追问。

此后，阳明在回答弟子关于《中庸》中"尊德性"一条的疑问时，又进一步谈到了这一问题：

> 道问学即所以尊德性也。晦翁言"子静以尊德性诲人，某教人岂不是道问学处多了些子"，是分尊德性、道问学作两件。且如今讲习讨论，下许多工夫，无非只是存此心，不失其德性而已。岂有尊德性，只空空去尊，更不去问学？问学只是空空去问学，更与德性无涉？如此，则不知今之所以讲习讨论者，更学何事！①

据此，我们不但可以更加准确地理解阳明所说的上一段话，而且能够证明他对于尊德性与道问学的基本立场并未发生改变。因为阳明显然不是在一般的意义上主张道问学为尊德性的途径。在他看来，儒者的学问只应有一种，即关于内在德性的学问，因而他所说的博学、讲习讨论、道问学等工夫都是有所限定的，其核心都是"存此心""不失其德性"。换言之，王阳明所说的作为尊德性途径的道问学，只是"尊德性"式的道问学，而不是我们一般所理解的容纳了知识性内容的道问学。所以他要强调尊德性与道问学只是一件事，无二说也。而单纯的知识性的道问学在王阳明的思想体系中，既无独立的价值与地位，也不能作为尊德性的基础与途径，从而与朱熹"天地万物之理、修己治人之方皆所当学"的问学观大异其趣。

自明代中期王学崛起之后，随着王学对于朱子学的胜利，王学遂长期占据思想界的主导地位，而内向的尊德性亦得以压倒外向的道问学，成为

①　（明）王守仁：《王阳明全集》卷三《传习录下》，上海古籍出版社1992年版，第122页。

学者主要的为学方法，并被推衍至极。在这一背景下，朱子学自身道问学的传统亦不能不受到影响。一些朱子学者主动接受王学思想，实际上向王学转变，而另一些朱子学者也不得不正视王学的批评，从而对自身的思想体系进行反思与调整，以应对王学的挑战。直到清初，王学对于儒学特别是理学的深刻影响仍然可以清楚地看出来。在为学问题上，与宋代的朱子学者相比，清初朱子学者对于尊德性的重视程度显然较高，论述也更为突出。尽管如此，在尊德性与道问学的关系问题上，清初福建朱子学者依然继承了朱子学的基本理论立场，主张尊德性与道问学兼顾，并积极肯定道问学的价值与意义，从而在一定程度上批判、纠正了王学偏主尊德性的弊端，以及由此造成的束书不观、游谈无根的恶劣风气。

譬如，李光地即云：

> 《中庸》一书，是道学的传。"尊德性而道问学，致广大而尽精微，极高明而道中庸，温故而知新，敦厚以崇礼。"敬义夹持，既要存心，又要致知。①

> 性，诚而已矣，故圣贤之学，亦诚而已矣。明根于诚，而诚又根于明。诚者，成始成终之道，而明在其间。故《中庸》曰："自诚明，谓之性；自明诚，谓之教。诚则明矣，明则诚矣。"实理浑然，而万物皆备于我，此所以谓自诚明而为性之体。万物散殊，无非完其性之固有，此所以谓自明诚而为教之用。事于性者，尊德性之事也。事于教者，道问学之事也。《易》曰："忠信，所以进德也。修辞立其诚，所以居业也。"忠信即诚也。主于忠信，以诚致明，尊德性也，故德修而为业之本。辞修诚立，以明致诚，道问学也，故业可居而为德之资。德业相资，故诚明相生也。②

---

① （清）李光地：《榕村语录》卷二，《榕村语录　榕村续语录》上册，中华书局1995年版，第32页。

② （清）李光地：《榕村集》卷六《初夏录一·诚明篇》，《景印文渊阁四库全书》第1324册，台湾商务印书馆1983年版。

> 诚敬者，德性之事，德也。修辞立诚，义以方外者，问学之事，业也。①

由此可见，李光地虽然十分强调尊德性的基础地位与根本意义，但同时主张尊德性与道问学必须兼顾，二者相辅相成，互相发明。李光地显然很注重运用《中庸》自身的重要概念相互阐释，以构成一内部贯通的思想系统。在他看来，"诚"属德性，"明"属学问。明根于诚，而诚又根于明。由德性推出学问，体现了性之本体，无所不该；由学问达到德性，体现了教化之用，万殊无非一理。于天性本体上用功，便是尊德性；于教化发用上用功，便是道问学，二者须交修并进。主于忠信，以诚致明，则能修养德性而为学业之本；辞修诚立，以明致诚，则能积累学问而为德性之资。德业相资，故诚明相生。学者在为学过程中，既要存心，又要致知，"尊德性而能道问学者，君子也"②。

具体到为学过程中的"博""约"关系问题，李光地亦主张博约相资，不可偏废。在他看来，博是约的手段与方法，约是博的纲领与归宿。故曰：

> 不博学无以为笃志之地，然博学而不笃志，徒以广见闻、资口耳而已。③

> 学问先要有约的做根，再泛滥诸家，广收博采。原亦不离约的，临了仍在约的上归根复命。④

李光地认为，兼顾尊德性与道问学作为儒学的一项基本原则，也是区分儒学与释、道二教的重要标准。儒家讲究修身养性，佛老亦讲究修身养

---

① （清）李光地：《榕村集》卷六《初夏录一·诚明篇》，《景印文渊阁四库全书》第1324册，台湾商务印书馆1983年版。
② 同上。
③ （清）李光地：《榕村语录》卷四，《榕村语录 榕村续语录》上册，中华书局1995年版，第69页。
④ （清）李光地：《榕村语录》卷二十四，《榕村语录 榕村续语录》上册，中华书局1995年版，第423页。

性，但儒家讲尊德性的时候，必然连着道问学，在追求心性本原时，必然要在学问、践履上下一番切实工夫。尊德性虽是儒者为学的根本，但万事万物皆有其理，兴衰治乱皆有其道，儒者所要学习和处理的对象与内容远远超出伦理道德的范围，因此，要成就理想的圣贤人格，就少不了对于知识与学问的讲求。所以他说：

> 《中庸》……五章只说实心，若不在道上逐一细加切实工夫，与佛氏之清寂何异？故上言实心，则曰诚，曰性，曰至诚，曰至圣，曰致曲，曰前知，曰自成，曰无息；下言道，曰发育，曰三百、三千，曰不骄、不倍，曰议礼、制度、考文，曰不谬、不悖、无疑、不惑，曰世道、世法、世则。既尊德性矣，而又必要道问学；既致广大矣，又必要尽精微；既极高明矣，又必要道中庸；既温故敦厚矣，又必要知新崇礼。以及议礼、制度、考文，考三王，建天地，质鬼神，俟圣人，世为道，世为法，世为则。至此，然后能尽其道也。然却离不得根本，故论至道必扯着至德；道问学等必扯着尊德性等；作礼乐必扯着德，离不了实心。故曰："修道以仁。"此本末相资，内外交养，方为圣学之全。①

> 异端操持此心，曷尝不是根本工夫，只是少了一边也。吾儒戒慎恐惧，是根本工夫，却不曾少却学问一边。所以某说，《中庸》下半部是破异端最切紧处，"至诚"是说根本，"至圣"便说"礼仪""威仪"，"尊德性"又要"道问学"。②

在此基础上，李光地明确指出，朱陆之辨的一个重要方面便是二人为学方法的差异，而这种差异主要表现在二人对待尊德性与道问学两种工夫的不同态度：

---

① （清）李光地：《榕村续语录》卷二，《榕村语录 榕村续语录》下册，中华书局 1995 年版，第 570—571 页。

② （清）李光地：《榕村语录》卷五，《榕村语录 榕村续语录》上册，中华书局 1995 年版，第 82 页。

朱子为学，先立志主敬，以为学问之地，而又加以学问之功。象山只先立乎其大者，把心养定，便无欠阙，读书亦只检切于身心者读之，只要借书将治心功夫鞭策的更紧些，不是要于书中求道理，所谓"六经注我，我注六经"也。他看朱子不拘何书都不放过，于文义细碎处，皆搜爬一番，便道是务外逐末，都是闲账，耽阁工夫。①

换言之，朱熹为学注重尊德性与道问学兼顾，而陆九渊则将为学的内容限制在心性修养的范围之内，认为只要把心养定，使心地澄澈，便可自动解决人生的一切问题，不用再向外去寻求事物的道理。而读书的范围亦被其限定为"切于身心者"，故学者读书并不是要从书中寻求客观的道理，只是借此将治心的功夫鞭策得更紧些，从而使学问丧失了独立的价值，而成为尊德性的附庸。因此，他批评陆九渊"不知天地间无一非道理，只守一心，则理有未穷，性便不尽。《中庸》所以说'至诚'了，又说'圣人之道，礼仪三百，威仪三千'。略差便不是。故君子既要尊德性，又要道问学，存心、致知，一面少不得。象山不可谓不高明，只是少'道中庸'一边耳"②。可以说，李光地对陆学的这些分析与批评也完全适用于王学。

"尊德性只是提醒此心，道问学便有许多事。"③ 李光地本人对于音韵、历算、乐律、道术、兵法等多门学问抱有广泛的兴趣，并取得了相当的研究成绩，在清初朱子学者中当属佼佼者。当然，对于李光地来说，道问学的主要方法仍是读书讲论。他十分强调读书的作用，我们在他的语录与文章中可以看到大量讨论读书方法与读书态度的内容。同时，李光地亦很注重学者之间的相互交流与借鉴。他服膺顾炎武的音韵之学，便问音韵于顾炎武；欣赏梅文鼎的历算之学，便问历算于梅文鼎。其与人论学，若有一言之合，即改己说以从之。所以他说："出门之功甚大，闭户用功，何尝不好，到底出门闻见广。使某不见顾宁人、梅定九，如何得知音韵、历算

---

① （清）李光地：《榕村语录》卷一，《榕村语录 榕村续语录》上册，中华书局 1995 年版，第 5 页。

② 同上书，第 6 页。

③ （清）李光地：《榕村语录》卷八，《榕村语录 榕村续语录》上册，中华书局 1995 年版，第 141 页。

之详。佛门中'遍参历扣'最是妙义。岂必高明人，就是寻常人，亦有一知半解。"①

由此可见，李光地对于书本文字与记诵见闻是持正面的肯定态度，认为学者为学不能缺少各种知识、见闻的积累与支持，知识与德性并不矛盾，因而反对王阳明对于知识、见闻的轻视与排斥。他说：

> 夫书史文字，记诵见闻，不可去也。书史文字，无非道也；记诵见闻，无非心也。古之人不曰观理，曰博文；不曰求道，曰格物。博学然后笃志，切问然后近思，离经然后辩志，敬业然后乐群，博习然后亲师，论学然后取友，知类然后通达，操缦然后安絃，博依然后安诗，杂服然后安礼。内外无所择，本末无所弃，苟曰徒为博则远矣。夫穷理求道而又奚择焉？奚弃焉？王氏曰："树之初生，删其繁枝；人之初学，除其杂好。"夫谓无益之文章技艺，岂直初学尔，终身除可也，非读书穷理之谓。吾闻种树者，刊其条，伤其根，其枝繁，其根大。学闻以养心，不闻以害道。孔子之学，一则曰多闻多见，再则曰多闻多见，又曰好古，敏以求之者也，一以贯之，而何害于道。若种树而必芟其枝者，小芟而干不大，大芟而树死，望其修乔不可得也。②

在李光地看来，书史文字记载了圣人之言与各种文物、制度、事迹，无非是道理的体现，而记诵见闻则是心的功能与作用，最终亦是为了达到修养心性的目的。古代的圣人之所以不直接说观理、求道，而要说博文、格物，就是为了直观切近地指示学者为学的方法与入手处，使学者能够由博至约，本末兼赅，下学上达，循循有序，最终实现德性的完满。因此，他反对王阳明"人之初学，除其杂好"的观点，认为初学者不应盲目拒绝

---

① （清）李光地：《榕村语录》卷二十四，《榕村语录　榕村续语录》上册，中华书局1995年版，第431页。

② （清）李光地：《榕村集》卷八《尊朱要旨·知行二》，《景印文渊阁四库全书》第1324册，台湾商务印书馆1983年版。

各种有益的知识，而要多闻多见，博闻强识，学以养心。为了更清楚地说明这个道理，他以种树为喻，将知识的学习比作枝叶，将德性的修养比作根本，不但根本决定枝叶，枝叶反过来亦能影响根本。只有善养枝叶，保证枝繁叶茂，才能促进根本的壮大与整棵树的健康成长。如此，知识与德性之间便呈现出一种良性互动的关系。

此外，李光地还注意到，学者若是一味地偏于尊德性，而忽视了道问学的工夫，往往容易师心自用，自作主张，以至于出现读圣贤书而不信圣贤的情况。在一般儒者看来，孔子之言毫无疑问属于客观的知识与不易的真理，是评价一切是非善恶的标准，而王阳明却大胆主张应以自己的本心与良知为评价一切的最终标准，宣称："夫学贵得之心。求之于心而非也，虽其言之出于孔子，不敢以为是也，而况其未及孔子者乎！求之于心而是也，虽其言之出于庸常，不敢以为非也，而况其出于孔子者乎！"[①] 其之所以能够有如此自信与魄力，不能不说与他尊德性所得之深，而较少学问的羁绊有直接的关系。对此，蓝鼎元甚为不满，认为"阳明谓求心而非，虽其言之出于孔子，不敢以为是。呜呼！言至于孔子，尚须待其求心而后是非乃定乎"[②]，又批评其"于达摩、慧能，则无疑义；于孔子，则必求心无非，而后敢以为是，于曾子、子思、孟子，则皆有所不满"[③]，实乃阳儒阴释。而李光地则进一步将王学的这一思想倾向与明末的乱局联系起来，指出："大抵风俗人心之坏，皆起于读圣贤书，不信圣贤。某幼时，曾闻耆老云：'孔子之书，不过是立教如此，非是要人认以为实。'岂不是痴人说梦！明末人都是此见，风气虽嘉靖以后方坏，却是从阳明开此一派。"[④] 若从这一角度观察，道问学就不仅仅与学者个人的为学有关，而且关涉到社会治乱、家国兴亡等现实中的重大问题。考虑到宋明理学在传统社会后期

---

① （明）王守仁：《王阳明全集》卷二《传习录中·答罗整庵少宰书》，上海古籍出版社1992年版，第76页。

② （清）蓝鼎元：《棉阳学准》卷三《闲存录》，《四库全书存目丛书》子部第28册，齐鲁书社1995年版，第448页。

③ 同上。

④ （清）李光地：《榕村语录》卷二十四，《榕村语录　榕村续语录》上册，中华书局1995年版，第429页。

所担负的角色及其发挥的深刻影响，这一推论对于思想意识所起的作用虽不免估价过高，但也并非全无依据。李光地平生绝少论及明亡之事，对王学的批评也主要限于理论思想的范围之内，但由此条可以看出，对于王学与明末社会、政治间的关系，其看法应与明末清初学者的主流意见相近，惟态度较平和尔。

与李光地类似，其他清初福建朱子学者对于尊德性与道问学的论述虽有详略之不同，但基本观点则无太大差别。例如，蓝鼎元主要是从居敬与穷理的关系角度来讨论这一问题的。他说：

> 居敬以立其本，穷理以致其知，有交修并进，而无先后者也。居敬则此心有主，必穷理以充之。穷理则此心有物，必居敬以纯之。敬至而穷理始精，理明而居敬愈固。二者缺一不可，而分为两事者亦非也。①

蓝鼎元指出，敬是"传心之要而出治之本"②，贯穿内圣外王与本末动静，"主敬则天理常存，而人欲不能入。主敬则无欲而静，可以解万端之纷纭，平万境之偏陂"③，因而"敬"与"主敬"在儒学中占有最为核心的地位，是学者为学的基本工夫与根本保障。与此同时，蓝鼎元又充分肯定了朱熹提出的"儒者之学，大要以穷理为先"的观点，认为格物穷理正是居敬中的实事，也是分判儒学正统与陆王等异学的重要特征。"异学求心而不求理，是以其流为清静寂灭。圣学格物穷理，以致其知，是以泛应曲当，至于从心所欲不逾矩。故知居敬穷理，圣贤彻始彻终之实学也。"④ 因此，蓝鼎元主张居敬与穷理、尊德性与道问学须相互发明，交修并进，缺一不可。

对于道问学的对象与方法，蓝鼎元同样重视读书博学、多闻多识的意

---

① （清）蓝鼎元：《棉阳学准》卷四《闲存录》，《四库全书存目丛书》子部第28册，齐鲁书社1995年版，第456页。

② 同上书，第455页。

③ 同上。

④ 同上书，第455—456页。

义。在他看来，只有读书精熟，方能脱离蒙昧，真正理解圣贤所说的道理。而这正是培养德性的前提条件。故曰：

> 读书不熟，则圣贤之精意不出，惝恍游移，终于蒙昧而已矣。若经传正史之外，子集百家，典章故实，虽毕世不能穷也，必句句而记诵之，所得能几何哉！涉猎多，则神智日益。如珍馐罗列，厌饫之后，亦归无有，而晬面盎背，有不知其所以然而然者。①

与一般学者读书只拣切于身心者不同，蓝鼎元素习经世之务，其眼光与见识显然更为广阔、通达。在他看来，学者读书的范围不应局限于经传正史之中，子集百家、典章故实等有益的知识与学问都应考究而记诵之。因为知识的学习需要积累，涉猎越多，所得越多。即使无法穷究所有知识，或习得的知识一时难以直接运用，但亦不妨其内化于人的知识体系之中，潜移默化地增益神智，产生不知其所以然而然的好处。

不惟得自书本上的间接知识，蓝鼎元对于现实生活中各种直接的经验与见闻也很重视。在他看来，包括自然事物在内的事事物物皆有其理，都是学问研究的对象，而经验与见闻则是获得这些知识的重要途径。尤其是一些知识与道理超出了人们一般所能理解的范围和惯例，只有通过亲身的经验与见闻才能认识，非寻常所能测度，亦非悬想可得。学者若能由此而处处用心，则无处不是学问。譬如，当蓝鼎元在台湾目睹火山奇景之后，便不禁感叹道：

> 天下事之不可解，非寻常所能测度，类如斯已。未尝经目见耳闻，自以为予智莫己若，直夏虫不足与语冰耳。君子所以叹学问无穷，而致知格物之功，又当兼阅历验之也。②

---

① （清）蓝鼎元：《棉阳学准》卷四《闲存录》，《四库全书存目丛书》子部第 28 册，齐鲁书社 1995 年版，第 458 页。
② （清）蓝鼎元：《东征集》卷六《纪火山》，《景印文渊阁四库全书》第 369 册，台湾商务印书馆 1983 年版。

　　一般的朱子学者虽然多将格物致知理解为即物穷理，但其获取知识的主要途径依然是读书讲论等间接方式。因此，蓝鼎元主张格物致知所获得的知识与道理仍有必要经过经验与见闻的检验，不仅肯定了外在事物与经验见闻具有独立的价值，而且赋予其一种客观准则的意义，对于朱子学的认识论与方法论都是一个有益的补充。

　　正因为蓝鼎元为道问学规划了如此宏伟的蓝图，所以他强调读书穷理乃终身事业，无有止息，切不可急于求成，见异思迁。他说：

　　　　学以渐乃能有进，文既博方可返约。自古及今，无一蹴即至之圣贤也。朝树基而夕欲观成，则高者必入于异端之顿悟，卑者必至于卤莽灭裂，窃近似以为真，不自知其差毫厘而谬千里也。此之谓凌躐，凌躐最害道。①

　　由此亦可证明，蓝鼎元所理解的圣贤境界正是建立在博学于文与循序渐进的为学基础之上，绝非陆王心学所说的易简功夫一朝顿悟所能达到的。加之儒者所追求的道心与德性往往隐微难明，一有不慎，便容易导致毫厘千里之差，因而更需要以广博、客观的知识、学问基础作为保证。只有"不凌节以求进，不见异而思迁，虽上达不忘下学焉，斯可与入道矣"②。

三　"格物穷理"与"致良知"

　　众所周知，"格物致知"的概念出自《大学》中所谓的"八条目"。《大学》本是《礼记》中的一篇，长期以来并未引起学者特别的重视。后在唐宋儒学复兴的背景下，经中唐韩愈的发掘与表彰，特别是宋代二程、朱熹等理学家的推崇与阐释，《大学》一书被赋予了崭新的意义和内涵，成为所谓的"初学入德之门"，与《论语》《孟子》《中庸》合称"四书"，

---

①　（清）蓝鼎元：《棉阳学准》卷四《闲存录》，《四库全书存目丛书》子部第28册，齐鲁书社1995年版，第472页。
②　同上。

一同构成了新儒学经典系统的核心内容。

从内容上看,《大学》一般被视为儒者为学、修养的基本纲领与儒家学派的政治哲学理论。而格物、致知作为《大学》"八条目"的开端与起点,既是诚意、正心、修身、齐家、治国、平天下的根本工夫,又是沟通主体与客体的桥梁,自然成为新儒学认识论、工夫论与政治理论的核心概念。但是,由于《大学》本身缺乏对于格物致知的确切解释,在先秦的其他典籍中也未发现对格物、致知两个词语的使用可供参照,遂使其真正含义成为后儒反复争论的一个焦点问题。特别是宋明理学家们,习惯于根据其对格物致知等基本概念与命题的发明和理解来建立自己的思想体系,从而使得学者对格物致知的不同解释往往成为分辨不同理学派别的一个重要标志。例如,"格物穷理"与"致良知"便突出地代表了朱学与王学在这方面的一个理论特色与基本差异。

朱熹对于格物致知的整体看法与成熟意见大致反映在他为《大学》所作的"格物致知补传"中:

> 所谓致知在格物者,言欲致吾之知,在即物而穷其理也。盖人心之灵莫不有知,而天下之物莫不有理,惟于理有未穷,故其知有不尽也。是以大学始教,必使学者即凡天下之物,莫不因其已知之理而益穷之,以求至乎其极。至于用力之久,而一旦豁然贯通焉,则众物之表里精粗无不到,而吾心之全体大用无不明矣。此谓格物,此谓知之至也。①

在《大学章句》草成之后,朱熹又在与江德功的书信中对这一问题做了进一步的补充说明:

> 夫"天生烝民,有物有则",物者形也,则者理也,形者所谓形而下者也,理者所谓形而上者也。人之生也固不能无是物矣,而不明

---

① (宋)朱熹:《四书章句集注·大学章句》,《朱子全书》第6册,上海古籍出版社、安徽教育出版社2002年版,第20页。

其物之理，则无以顺性命之正而处事物之当，故必即是物以求之。知求其理矣，而不至夫物之极，则物之理有未穷，而吾之知亦未尽，故必至其极而后已，此所指"格物而至于物，则物理尽"者也。物理皆尽，则吾之知识廓然贯通，无有蔽碍，而意无不诚、心无不正矣。此《大学》本经之意，而程子之说然也。[1]

对于格物致知乃至《大学》全书的理解，朱熹特重"格物"二字，指出："此一书之间，要紧只在'格物'两字，认得这里着，则许多说自是闲了。……然天下所以平，却先须治国；国之所以治，却先须齐家；家之所以齐，却先须修身；身之所以修，却先须正心；心之所以正，却先须诚意；意之所以诚，却先须致知；知之所以至，却先须格物。本领全只在这两字上。"[2] 至于"格物"二字的具体含义，朱熹解释道：

格，至也。物，犹事也。穷至事物之理，欲其极处无不到也。[3]
物格者，物理之极处无不到也。[4]
故致知之道，在乎即事观理，以格夫物。格者，极至之谓，如"格于文祖"之格，言穷之而至其极也。[5]
物格者，事物之理，各有以诣其极而无余之谓也。[6]

简言之，朱熹所理解的格物就是即物穷理。若要全面表述，则如陈来先生所论，格物应包含"即物""穷理"与"至极"三个要点。即物就是要接触事物，穷理就是要研究物理，而至极则表示要穷至物理之极处。若

---

① （宋）朱熹：《朱文公文集》卷四十四《答江德功》，《朱子全书》第22册，上海古籍出版社、安徽教育出版社2002年版，第2037—2038页。

② （宋）黎靖德编：《朱子语类》卷十四，《朱子全书》第14册，上海古籍出版社、安徽教育出版社2002年版，第425—426页。

③ （宋）朱熹：《四书章句集注·大学章句》，《朱子全书》第6册，上海古籍出版社、安徽教育出版社2002年版，第17页。

④ 同上。

⑤ （宋）朱熹：《四书或问·大学或问》，《朱子全书》第6册，上海古籍出版社、安徽教育出版社2002年版，第512页。

⑥ 同上。

物之理有未穷，则吾之知亦未尽，格物的工作就不算完成。

而关于"致知"二字的含义，朱熹说道：

> 致，推极也。知，犹识也。推极吾之知识，欲其所知无不尽也。①
>
> 知至者，吾心之所知无不尽也。②
>
> 致者，推致之谓，如"丧致乎哀"之致，言推之而至于尽也。③

由此可见，朱熹所理解的致知就是知识的扩充。虽然朱熹所说的致知之"知"有时也指人的知觉能力，但在大多数情况下都指知识。针对许多学者将致知视为与格物不同的另一种工夫，陈来先生指出："朱熹所说的'致知'只是指主体通过考究物理而在主观上得到的知识扩充的结果。致知作为格物的目的和结果，并不是一种与格物并行的、独立的、以主体自身为认识对象的认识方法或修养方法。"④ 正如朱熹所说："格物只是就一物上穷尽一物之理，致知便只是穷得物理尽后，我之知识亦无不尽处，若推此知识而致之也。此其文义只是如此才认得定，便请依此用功。但能格物，则知自至，不是别一事也。"⑤ 格物与致知只是同一个求知穷理过程的两个不同方面，"致知，是自我而言；格物，是就物而言"⑥，"格物，以理言也；致知，以心言也"⑦。致知虽是格物的目的与结果，但作为一种为学工夫来说，其本身已蕴含于格物穷理之中，并在格物的过程中自然得以实现。故曰：

---

① （宋）朱熹：《四书章句集注·大学章句》，《朱子全书》第6册，上海古籍出版社、安徽教育出版社2002年版，第17页。

② 同上。

③ （宋）朱熹：《四书或问·大学或问》，《朱子全书》第6册，上海古籍出版社、安徽教育出版社2002年版，第512页。

④ 陈来：《朱子哲学研究》，华东师范大学出版社2000年版，第288页。

⑤ （宋）朱熹：《朱文公文集》卷五十一《答黄子耕》，《朱子全书》第22册，上海古籍出版社、安徽教育出版社2002年版，第2377—2378页。

⑥ （宋）黎靖德编：《朱子语类》卷十五，《朱子全书》第14册，上海古籍出版社、安徽教育出版社2002年版，第473页。

⑦ 同上。

格物致知只是穷理。①

于这一物上穷得一分之理，即我之知亦知得一分；于物之理穷二分，即我之知亦知得二分；于物之理穷得愈多，则我之知愈广。其实只是一理，"才明彼，即晓此"。②

若不格物，何缘得知。而今人也有推极其知者，却只泛泛然竭其心思，都不就事物上穷究。如此，则终无所止。③

应该说，朱熹格致说的最大特色便在于它显著的理性色彩与知识取向。虽然朱子学作为宋明理学的一种主要形态，必然要以明善复性作为学者为学的出发点和归宿，但朱熹在格物致知问题上所反复讨论与强调的重点显然并不在此，而在于为学过程的中间一段内容，即广泛、具体而现实的求知穷理工夫。朱熹认为，"天下之物，则必各有所以然之故，与其所当然之则，所谓理也，人莫不知，而或不能使其精粗隐显，究极无余，则理所未穷，知必有蔽"④。"所以然之故"指的是事物的本质与规律，而"所当然之则"主要指道德准则与规范，二者构成了理的主要内容。而格物致知就是要探究、穷尽有关事物本质、规律与道德准则、规范的知识，从而最大限度地扩充人心中的知识，最终实现德性的提升与完满。

具体来说，事物是无限的，而理普遍存在于一切事物之中，有物必有则，关于事物之理的知识自然也是无限的，因而朱熹所理解的格物的范围与对象是极其广泛的。故曰："上而无极、太极，下而至于一草、一木、一昆虫之微，亦各有理。一书不读，则阙了一书道理；一事不穷，则阙了

---

① （宋）朱熹：《朱文公文集》卷五十一《答黄子耕》，《朱子全书》第 22 册，上海古籍出版社、安徽教育出版社 2002 年版，第 2378 页。

② （宋）黎靖德编：《朱子语类》卷十八，《朱子全书》第 14 册，上海古籍出版社、安徽教育出版社 2002 年版，第 607 页。

③ （宋）黎靖德编：《朱子语类》卷十五，《朱子全书》第 14 册，上海古籍出版社、安徽教育出版社 2002 年版，第 473 页。

④ （宋）朱熹：《四书或问·大学或问》，《朱子全书》第 6 册，上海古籍出版社、安徽教育出版社 2002 年版，第 512 页。

一事道理；一物不格，则阙了一物道理。须着逐一件与他理会过。"① 又说："遇事接物之间，各须一一去理会始得。不成是精底去理会，粗底又放过了；大底去理会，小底又不问了。如此，终是有欠阙。但随事遇物，皆一一去穷极，自然分明。"② 可见从理论上说，上自天地阴阳，下至一草一木，无论精粗、大小、贵贱，没有一件事物不是格物穷理的对象。

有鉴于格物的对象十分广泛，对学者来说是一项无比庞大、无有止息的终身事业，朱熹唯恐学者贪求捷径，或好高骛远，只去追求那些精微高妙的心性之理，因而特别强调从事物特别是日用常行的事物上穷理的意义。他说：

> "穷理"二字不若格物之为切，便就事物上穷格。③
>
> 人多把这道理作一个悬空底物。《大学》不说穷理，只说个格物，便是要人就事物上理会，如此方见得实体。所谓实体，非就事物上见不得。④
>
> 圣人只说"格物"二字，便是要人就事物上理会。且自一念之微，以至事事物物，若静若动，凡居处饮食言语，无不是事，无不各有个天理人欲。须是逐一验过，虽在静处坐，亦须验个敬、肆。⑤
>
> 而今只且就事物上格去。如读书，便就文字上格；听人说话，便就说话上格；接物，便就接物上格。精粗大小，都要格它。久后会通，粗底便是精，小底便是大，这便是理之一本处。⑥

在朱熹看来，"理"字虚而"物"字实，若"言理，则无可捉摸，物

---

① （宋）黎靖德编：《朱子语类》卷十五，《朱子全书》第14册，上海古籍出版社、安徽教育出版社2002年版，第477页。
② 同上书，第466页。
③ 同上书，第469页。
④ 同上。
⑤ 同上书，第467页。
⑥ 同上书，第466页。

有时而离；言物，则理自在，自是离不得"①。因此，《大学》之所以说格物，而不径说穷理，正是为了指示学者从客观切近的事物上穷究物理，如此用功方有把捉处，才能见得实体、实理。

朱熹既然如此重视即物穷理的意义，自然要肯定见闻之知的价值。宋明理学家为了突出德性的价值，往往喜谈"德性之知"与"见闻之知"的差别，甚至是对立。如张载说："见闻之知，乃物交而知，非德性所知；德性所知，不萌于见闻。"② 程颐继承了张载的这一思想，亦云："闻见之知，非德性之知。物交物则知之，非内也，今之所谓博物多能者是也。德性之知，不假闻见。"③ 由此可见，张载与程颐虽未直接将见闻之知与德性之知对立起来，否定见闻的意义，但却认为德性不依赖于人们对外在事物的经验与知识，从而将见闻之知置于边缘与次要的地位。相较之下，朱熹在他的格致思想中显然是将知识与见闻视为德性培养不可或缺的重要基础，自然不能认同这种将德性与知识、见闻相互割裂与对立的观点。因此，当有学生问及"有闻见之知否"时，朱熹回答："知，只是一样知，但有真不真，争这些子，不是后来又别有一项知。"④ 在他看来，见闻之知与德性之知同样是知，各有其作用与价值，关键在于真与不真，能否"知得到，信得及。如君之仁，子之孝之类，人所共知而多不能尽者，非真知故也"⑤。而对于张载的不同观点，朱熹则解释道："张子此说，是说圣人尽性事"，但一般人尚未达到圣人的境界，故"如今人理会学，须是有见闻，岂能舍此？先是于见闻上做功夫到，然后脱然贯通。盖寻常见闻，一事只知得一个道理，若到贯通，便都是一理"⑥。由此可见，朱熹虽不主张

---

　　① （宋）黎靖德编：《朱子语类》卷十五，《朱子全书》第 14 册，上海古籍出版社、安徽教育出版社 2002 年版，第 469 页。

　　② （宋）张载：《张载集·正蒙·大心篇》，中华书局 1978 年版，第 24 页。

　　③ （宋）程颢、程颐：《二程集·河南程氏遗书》卷二十五，中华书局 1981 年版，第 317 页。

　　④ （宋）黎靖德编：《朱子语类》卷三十四，《朱子全书》第 15 册，上海古籍出版社、安徽教育出版社 2002 年版，第 1255 页。

　　⑤ （宋）黎靖德编：《朱子语类》卷六十四，《朱子全书》第 16 册，上海古籍出版社、安徽教育出版社 2002 年版，第 2103 页。

　　⑥ （宋）黎靖德编：《朱子语类》卷九十八，《朱子全书》第 17 册，上海古籍出版社、安徽教育出版社 2002 年版，第 3311 页。

学者滞于耳目见闻，但又确乎将其视为扩充知识与明心见性的重要基础和必要途径。所以他屡屡告诫学者不可轻忽见闻，"闻见之知要得正当，亦非易事，诚未可轻厌而躐等也"①。

同时，知识的增进与扩充也是一个不断积累的漫长过程，为了能够顺利达到理无不穷、知无不尽的目的，朱熹亦很强调格物致知中的积累之功。所谓"格物致知，大学之端，始学之事也。一物格，则一知至，其功有渐，积久贯通"②。面对某些学者所主张的"一物格而万理通"的观点，朱熹指出，虽然从根本上说理一分殊，万物一理，但具体的一物之理并不等同于普遍的"理一"，而普遍的"理一"又无法直接认识，所以仍需通过对分殊的万事万物的具体道理不断穷索，利用所谓"今日格一物，明日格一物"的踏实工夫，才能由个别上升到一般，最终把握普遍而完整的天理。"圣人教人，不是理会一件，其余自会好。须是逐一做工夫。"③若仅仅只格一物一理便欲通晓万事万物之理，不但绝不可能办到，且近于禅宗的顿悟工夫，有误认天理，流于异端之患。故曰：

> 万理虽只是一理，学者且要去万理中千头百绪都理会，四面凑合来，自见得是一理。不去理会那万理，只管去理会那一理……只是空想象。④

> 天下岂有一理通便解万理皆通。也须积累将去。如颜子高明，不过闻一知十，亦是大段聪明了。学问却有渐，无急迫之理。有人尝说，学问只用穷究一个大处，则其他皆通。如某正不敢如此说，须是逐旋做将去。不成只用穷究一个，其他更不用管，便都理会得。岂有

① （宋）朱熹：《朱文公文集》卷四十七《答吕子约》，《朱子全书》第 22 册，上海古籍出版社、安徽教育出版社 2002 年版，第 2166 页。
② （宋）朱熹：《朱文公文集》卷七十二《吕氏大学解》，《朱子全书》第 24 册，上海古籍出版社、安徽教育出版社 2002 年版，第 3493 页。
③ （宋）黎靖德编：《朱子语类》卷四十六，《朱子全书》第 15 册，上海古籍出版社、安徽教育出版社 2002 年版，第 1618 页。
④ （宋）黎靖德编：《朱子语类》卷一百一十七，《朱子全书》第 18 册，上海古籍出版社、安徽教育出版社 2002 年版，第 3692 页。

此理。为此说者，将谓是天理，不知却是人欲。①

当然，严格说来，除了外在的自然事物与人的活动事为，人心中的德性、情感、思维、念虑也应包含在格物的范围之内。以陆九渊为代表的一些学者就将格物理解为格心、明心，而以朱熹的格物之说为支离、外驰。他们认为，心属内为本，物属外为末，既然心具万理，万物皆备于我，那么只需向心内求理，反身而诚，发明本心即可，若向万事万物上求理则不免于舍心求迹、舍内求外之弊。而这种格物论正是朱熹所最为反对且辨之不遗余力的。朱熹虽也赞同"心具万理""人心之灵莫不有知"，但这并不意味着他认为人心在即物穷理之前便已先天地具备对于所有知识与道理的清楚、完整认识。在他看来，人心中所先天具有的"理"与"知"只是一种知觉能力与一些最基本的道德原则，即所谓"良知"，且知而不尽，并非一切具体的知识与道理。而余英时则将这种人心固有之理看作一种"理解的先天形式——类同于，但不等于康德思想中的'范畴'"②。不论如何，若不通过后天的学习和实践，人就无法获得各种具体的知识与道理，并将潜在的道德原则转化为现实的道德意识与道德行为。故曰："万理虽具于吾心，还使教他知始得。今人有个心在这里，只是不曾使他去知许多道理。"③况且常人并非生知的圣人，"人之所以为学者，以吾之心未若圣人之心故也。心未能若圣人之心，是以烛理未明，无所准则，随其所好，高者过，卑者不及，而不自知其为过且不及也"④，因而更须通过格物的工夫来扩充知识，明白义理。

与此同时，朱熹还指出，作为现实中的人，由于受到气质与欲望的干扰和遮蔽，人心中所本具的知识和道理往往难以觉察、实现与扩充，因此

---

① （宋）黎靖德编：《朱子语类》卷十八，《朱子全书》第 14 册，上海古籍出版社、安徽教育出版社 2002 年版，第 598 页。

② 余英时：《宋明理学与政治文化》，广西师范大学出版社 2006 年版，第 75 页。

③ （宋）黎靖德编：《朱子语类》卷六十，《朱子全书》第 16 册，上海古籍出版社、安徽教育出版社 2002 年版，第 1936 页。

④ （宋）朱熹：《朱文公文集》卷四十二《答石子重》，《朱子全书》第 22 册，上海古籍出版社、安徽教育出版社 2002 年版，第 1920 页。

必须借助对外在事物的考察、探究来认识义理，而不能单纯依靠存心、明心的方法致知。所以他说：

> 大抵人之一心，万理具备，若能存得，便是圣贤，更有何事？然圣贤教人，所以有许多门路节次，而未尝教人只守此心者，盖为此心此理虽本完具，却为气质之禀不能无偏。若不讲明体察，极精极密，往往随其所偏，堕于物欲之私而不自知。是以圣贤教人，虽以恭敬持守为先，而于其中又必使人即事即物，考古验今，体会推寻，内外参合。盖必如此，然后见得此心之真，此理之正，而于世间万物、一切言语无不洞然了其黑白。①

> 人之有是身也，则必有是心；有是心也，则必有是理。若仁、义、礼、智之为体，恻隐、羞恶、恭敬、是非之为用，是则人皆有之，而非由外铄我也。然圣人之所以教，不使学者收视反听，一以反求诸心为事，而必曰"兴于《诗》，立于礼，成于乐"，又曰博学、审问、谨思、明辨而力行之，何哉？盖理虽在我，而或蔽于气禀物欲之私，则不能以自见。学虽在外，然皆所以讲乎此理之实，及其浃洽贯通而自得之，则又初无内外精粗之间也。②

正是基于其心性论的基本观点，朱熹清楚地意识到人心之中包含着危险与不善的因素，因而心中之理若不能建立在极精极密的客观研究基础之上，必将堕于物欲之私而不自知，从而成为各种错误的根源。

朱熹的格物论虽以对外在事物的考究为主要内容，但这并不意味着其否定存心、明心的意义，也不能因此断定朱熹所提倡的格致工夫与心无关。在他看来，"不是此心，如何去穷理？不成物自有个道理，心又有个道理，枯槁其心，全与物不接，却使此理自见？万无是事！不用自家心，

---

① （宋）朱熹：《朱文公文集》卷五十四《答项平父》，《朱子全书》第 23 册，上海古籍出版社、安徽教育出版社 2002 年版，第 2543 页。

② （宋）朱熹：《朱文公文集》卷八十《鄂州州学稽古阁记》，《朱子全书》第 24 册，上海古籍出版社、安徽教育出版社 2002 年版，第 3800 页。

如何别向物上求一般道理？不知物上道理却是谁去穷得？"① "理遍在天地万物之间，而心则管之；心既管之，则其用实不外乎此心矣。然则理之体在物，而其用在心也。"② 因此，无论是认识物理，扩充知识，还是运用、实践道理，都离不开心的作用。同样，所谓反身而诚、反求诸己的工夫亦极必要，只不过应置于物格知至之后方为恰当。"反身而诚，乃为物格知至以后之事，言其穷理之至，无所不尽，故凡天下之理，反求诸身，皆有以见，其如目视、耳听、手持、足行之毕具于此，而无毫发之不实耳。固非以是方为格物之事，亦不谓但务反求诸身，而天下之理，自然无不诚也。"③ 也就是说，只有在物格知至之后，反身而诚才能有所得，才能见到实心实理。总之，在朱熹看来，学者为学只当论合为与不合为，不应论内外浅深。"若合做，则虽治国平天下之事，亦是己事。"④ 如周公思兼三王，以施四事，其有不合者，仰而思之，夜以继日，幸而得之，坐以待旦，岂能说是支离、外驰？

当然，格物致知作为一项基本的为学工夫，不论理论上说得多么精妙，最终还须落实到实践之中。朱熹诚然为学者的成圣成贤设计了一套宏伟而完美的方案，但在现实情况下，事物无尽而人力有穷，要想达到物无不格、知无不尽的理想境界几乎是不可能的。对此，不但包括朱熹门人在内的各派学者抱有持续的疑虑，就是朱熹本人也意识到了这一问题。为了尽可能地克服这一困难，朱熹又对格物致知的具体方法做了一些必要的说明与规定。

首先，朱熹指出，格物虽然要求穷尽事物之理，无所不格，但用功之处却有轻重缓急、先后次序，"须是从切己处理会去。待自家者已定叠，

---

① （宋）黎靖德编：《朱子语类》卷一百二十一，《朱子全书》第18册，上海古籍出版社、安徽教育出版社2002年版，第3839页。
② （宋）黎靖德编：《朱子语类》卷十八，《朱子全书》第14册，上海古籍出版社、安徽教育出版社2002年版，第628页。
③ （宋）朱熹：《四书或问·大学或问》，《朱子全书》第6册，上海古籍出版社、安徽教育出版社2002年版，第530—531页。
④ （宋）黎靖德编：《朱子语类》卷十五，《朱子全书》第14册，上海古籍出版社、安徽教育出版社2002年版，第468页。

然后渐渐推去，这便是能格物"①。若只是泛穷天下万物之理，而不务切己，则将陷于程颐所批评的"玩物丧志""游骑无归"。其次，朱熹认为，格物致知的工作经由持续不断的积累过程，将会自然而然地达到豁然贯通的境界。故曰："'积习既多，自当脱然有贯通处'，乃是零零碎碎凑合将来，不知不觉，自然醒悟。其始固须用力，及其得之也，又却不假用力。"② 需要注意的是，朱熹所说的贯通"就是指能够从普遍原理的高度来把握具体事物，从万事万理上升到万事一理"，是一种"由特殊到普遍的飞跃"，③ 须以具体经验、知识的长期穷索与积累为基础，因而不能等同于禅宗的顿悟之说。再次，朱熹提出，若要真正穷尽万事万物之理，还必须使用"类推"的方法。程颐曾说："格物，非欲尽穷天下之物，但于一事上穷尽，其他可以类推。……若一事上穷不得，且别穷一事，或先其易者，或先其难者，各随人浅深。譬如千蹊万径，皆可以适国，但得一道而入，则可以推类而通其余矣。盖万物各具一理，而万理同出一原，此所以可推而无不通也。"④ 朱熹对此表示赞同，认为"'一处通而一切通'，则又颜子之所不能及，程子之所不敢言，非若类推积累之可以循序而必至也"⑤，"欲识其义理之精微，则固当以穷尽天下之理为期。但至于久熟而贯通焉，则不待一一穷之，而天下之理固已无一毫之不尽矣。举一而三反，闻一而知十，乃学者用功之深、穷理之熟，然后能融会贯通，以至于此"⑥。因此，学者在由积累而至贯通的前后，皆须通过这种举一反三、由此及彼的方法，因其已知之理"而又益推其类以通之，至于一日脱然而贯通焉，则于天下之物，皆有以究其义理精微之所极，而吾之聪明睿智，亦

① （宋）黎靖德编：《朱子语类》卷十五，《朱子全书》第 14 册，上海古籍出版社、安徽教育出版社 2002 年版，第 463 页。
② （宋）黎靖德编：《朱子语类》卷十八，《朱子全书》第 14 册，上海古籍出版社、安徽教育出版社 2002 年版，第 601 页。
③ 陈来：《朱子哲学研究》，华东师范大学出版社 2000 年版，第 307 页。
④ （宋）朱熹：《四书或问·大学或问》，《朱子全书》第 6 册，上海古籍出版社、安徽教育出版社 2002 年版，第 525 页。
⑤ 同上书，第 530 页。
⑥ （宋）朱熹：《朱文公文集》卷五十二《答姜叔权》，《朱子全书》第 22 册，上海古籍出版社、安徽教育出版社 2002 年版，第 2460 页。

皆有以极其心之本体而无不尽矣"①。

关于格物致知的具体手段与途径，朱熹说道：

> 若其用力之方，则或考之事为之著，或察之念虑之微，或求之文字之中，或索之讲论之际。使于身心性情之德，人伦日用之常，以至天地鬼神之变，鸟兽草木之宜，自其一物之中，莫不有以见其所当然而不容已，与其所以然而不可易者。②

由此亦可看出，朱熹所主张的格物的对象和手段还是比较丰富多样的，由内到外，由静至动，从主观到客观，从个体到群体，都已包括在内。但是，由于受到客观时代条件的制约和理学学术倾向的影响，在现实中，朱子学者格物致知的方式依然以读书讲论为主，故不少学者直接将朱熹的格致论概括为"读书穷理，以致其知"。可以说，"朱熹讲的格物穷理，主要目的是通过读书讲学和道德践履把握道德的准则及一般原理，而不在于经过具体的实践活动具体地掌握客观事物的本质及规律，应用于技术发明和人类进步。……朱熹的格物学说首先是为士大夫和官僚阶级提供一种旨在最终提高人的道德境界的基本方法"③。若就这一意义上讲，朱熹的格致思想与其他的理学派别又无本质区别。

此外，从另一个角度来考察，诚如陈来先生所指出的，朱陆或朱王之间关于格物致知的分歧与差异"直接关系到与方法相联结的目的——培养何种理想人格。……朱熹之所以主张格物穷理、读书博览，是认为只有这种方法才能提供给人一种全面实现人格发展的方法"④。传统儒家的圣人观认为，圣人不仅是道德人格的模范，也应是学识技艺的极致，不仅要"好仁""修德""依仁"，还须"好学""讲学""游艺"。只有达到"仁且智"的境界，才是圣人人格的完整体现。而孔子正是这样一个具有高尚道德和

---

① （宋）朱熹：《四书或问·大学或问》，《朱子全书》第 6 册，上海古籍出版社、安徽教育出版社 2002 年版，第 528 页。
② 同上书，第 527—528 页。
③ 陈来：《朱子哲学研究》，华东师范大学出版社 2000 年版，第 297 页。
④ 同上书，第 416 页。

广博学识的人格典范。这种德智兼备的圣人观虽然产生于先秦，但对后世的儒者与儒学却有着广泛而深刻的影响。即便是在宋明理学尊德性的氛围之下，依然有不少儒者执着于道问学的追求。如朱熹即云："古者论圣人，都说聪明"①，"圣主于德，固不在多能，然圣人未有不多能者"②，又说："自古无不晓事情底圣贤，亦无不通变底圣贤，亦无关门独坐底圣贤。圣贤无所不通，无所不能，那个事理会不得？如《中庸》'天下国家有九经'，便要理会许多物事。如武王访箕子陈《洪范》，自身之视、听、言、貌、思，极至于天人之际，以人事则有八政，以天时则有五纪，稽之于卜筮，验之于庶征，无所不备。如《周礼》一部书，载周公许多经国制度，那里便有国家当自家做？……圣人虽是生知，然也事事理会过，无一之不讲。"③ 又如阳明弟子在听闻师说之后，依然对圣人所应具备的知识、才力与标准问题抱有疑问，这才引得阳明就此问题更发为"成色分两"之论。如此便不难理解朱熹的格致论为何要包括知识的学习、技艺的培养与事物规律的探究等丰富的内容。

与此同时，由于儒学的入世性格与治平理想，其与社会政治之间始终保持着紧密的联系。自中唐之后，《大学》就被儒者视为儒家政治哲学最为重要的经典文献与思想来源，而格物致知的最终目的亦被设定为治国平天下。既然说朱熹的格致学说是为士大夫、官僚阶级乃至帝王提供一种基本方法，那么这种方法就不能仅仅是一套道德修养的方法，而应该同时提供有关自然事物、历史事变、政治结构、典章名物以及各种为国家统治所需要的礼制规范等方面的广泛知识，从而实现儒家内圣外王的终极理想。故曰："《大学》所言格物致知，只是说得个题目，若欲从事于其实，须更博考经史，参稽事变，使吾胸中廓然无毫发之疑，方到知止有定地位。不

---

① （宋）黎靖德编：《朱子语类》卷二十八，《朱子全书》第 15 册，上海古籍出版社、安徽教育出版社 2002 年版，第 1030 页。

② （宋）黎靖德编：《朱子语类》卷三十六，《朱子全书》第 15 册，上海古籍出版社、安徽教育出版社 2002 年版，第 1334 页。

③ （宋）黎靖德编：《朱子语类》卷一百一十七，《朱子全书》第 18 册，上海古籍出版社、安徽教育出版社 2002 年版，第 3704—3705 页。

然，只是想象个无所不通底意象，其实未必通也。"① 也正是在此意义上，朱熹批评陆九渊"为一乡善士则可；若欲理会得为人许多事，则难"②。

与朱熹所强调的"即物穷理"相比，王阳明的格物致知思想则以"致良知"为最大特色。从表面上看，二者似乎截然不同，但在事实上，阳明的这套格致论却正是由对朱熹格致论的不满与反动中逐渐发展出来。对于自己格致思想的由来，阳明曾自述道：

> 众人只说格物要依晦翁，何曾把他的说去用？我着实曾用来。初年与钱友同论做圣贤，要格天下之物，如今安得这等大的力量？因指亭前竹子，令去格看。钱子早夜去穷格竹子的道理，竭其心思，至于三日，便致劳神成疾。当初说他这是精力不足，某因自去穷格。早夜不得其理，到七日，亦以劳思致疾。遂相与叹圣贤是做不得的，无他大力量去格物了。③

这便是王阳明"亭前格竹"的故事。这个故事说明，阳明早年亦曾接受朱熹对于格物致知的解释，并积极将其付诸实践，尽管这种认同可能只是青年阳明的一种误解。因为格物虽要求穷尽事物，无所不格，但用功却须讲究相应的方法与次第。对此，朱熹曾说："格物之论，伊川意虽谓眼前无非是物，然其格之也，亦须有缓急先后之序，岂遽以为存心于一草木器用之间而忽然悬悟也哉？且如今为此学而不穷天理、明人伦、讲圣言、通世故，乃兀然存心于一草木、一器用之间，此是何学问？"④ 又谓："今日学者所谓格物，却无一个端绪，只似寻物去格。"⑤ 这里所谓的"无一个

---

① （宋）朱熹：《朱文公文集》卷六十三《答孙敬甫》，《朱子全书》第23册，上海古籍出版社、安徽教育出版社2002年版，第3065页。

② （宋）黎靖德编：《朱子语类》卷一百一十九，《朱子全书》第18册，上海古籍出版社、安徽教育出版社2002年版，第3755页。

③ （明）王守仁：《王阳明全集》卷三《传习录下》，上海古籍出版社1992年版，第120页。

④ （宋）朱熹：《朱文公文集》卷三十九《答陈齐仲》，《朱子全书》第22册，上海古籍出版社、安徽教育出版社2002年版，第1756页。

⑤ （宋）黎靖德编：《朱子语类》卷十八，《朱子全书》第14册，上海古籍出版社、安徽教育出版社2002年版，第611页。

端绪，只似寻物去格"，"兀然存心于一草木、一器用之间"，恐怕说的便是与阳明格竹类似的情况。应该说，亭前格竹的失败被阳明本人视为自己早年思想发展过程中的一个重要事件。这一事件虽未促使阳明完全否定朱熹之学，却使其对朱熹的格致论产生了极大的怀疑和动摇，并由此陷入长期而艰难的思索之中。"事实上，困扰阳明早年思想的主要课题就是《大学》中的'格物'问题。"[①]

正德元年（1506），王阳明因抗疏直谏，得罪大珰刘瑾，被廷杖下狱，几至不免。后贬谪贵州龙场驿，一路上又遭刘瑾遣人追杀，历尽艰险，方于正德三年（1508）春抵达。"龙场在贵州西北万山丛棘中，蛇虺魍魉，虫毒瘴疠，与居夷人鴃舌难语，可通语者，皆中土亡命。旧无居，始教之范土架木以居"，生活条件极为艰辛，阳明于此"因念：'圣人处此，更有何道？'忽中夜大悟格物致知之旨，寤寐中若有人语之者，不觉呼跃，从者皆惊。始知圣人之道，吾性自足，向之求理于事物者误也"。[②] 这便是著名的"龙场悟道"，其核心便在于对唐宋以来争论不休的格物致知问题的新解释。可以说，"龙场悟道"正是阳明在长期思考格致问题的基础上，经由此次百死千难的磨砺，最终以某种类似神秘体验的方式迸发出来的深刻觉解，也是其新思想的真正起点。

王阳明由"龙场悟道"得到关于格致问题的新觉解之后，自然而然地引出其以"心即理"为代表的心性思想。所谓"圣人之道，吾性自足，向之求理于事物者误也"便是"心即理"的一种简单、粗略的表述。阳明通过"心外无物""心外无理"的思想，把外在事物从儒者的认识对象中剔除出去，便将为学用功的重心由外物转向内心，从而把格物理解为格心，否定了朱熹即物穷理的思想。这一时期，王阳明虽然还未以"良知"或"致良知"概括其学术，但他关于格物致知的基本观点显然已经初步形成。

对于"格物"二字，王阳明解释道：

---

① 陈来：《有无之境——王阳明哲学的精神》，北京大学出版社 2013 年版，第 110 页。

② （明）王守仁：《王阳明全集》卷三十三《年谱一》，上海古籍出版社 1992 年版，第 1228 页。

格物，如《孟子》"大人格君心"之"格"，是去其心之不正，以全其本体之正。但意念所在，即要去其不正以全其正，即无时无处不是存天理，即是穷理。天理即是"明德"，穷理即是"明明德"。①

格者，正也。正其不正，以归于正也。②

又说：

意之所在便是物。如意在于事亲，即事亲便是一物；意在于事君，即事君便是一物；意在于仁民爱物，即仁民爱物便是一物；意在于视听言动，即视听言动便是一物。所以某说无心外之理，无心外之物。③

由此可见，"格"就是"正"，即"正其不正以归于正"，而"物"则指"意之所在"。在阳明看来，心之本体无有不正，但因为人心在现实中往往受到私欲障蔽，已非心之本体，所以格物就是要纠正人心的不正，使其恢复本体之正。由阳明以"去其心之不正"为格物，可见其所说的"意念所在"之物即是心中之物。据此，他批评朱熹"所谓'格物'云者，在即物而穷其理也。即物穷理，是就事事物物上求其所谓定理者也。是以吾心而求理于事事物物之中，析'心'与'理'而为二矣。……夫析心与理而为二，此告子'义外'之说，孟子之所深辟也"④。

在格致论中，朱熹强调外向的即物穷理，因而更关注格物问题，而阳明早年深受朱熹影响，亦以格物为自己思想的核心问题。中年之后，阳明的心学思想愈加成熟，先是以诚意为本，以诚意统率格物，后又经过一系列的理论探索与现实磨难，最终将思想的重心由诚意转向致知，以"致良知"为自己晚年论学与教法的宗旨。对此，阳明自言：

---

① （明）王守仁：《王阳明全集》卷一《传习录上》，上海古籍出版社 1992 年版，第 6 页。
② 同上书，第 25 页。
③ 同上书，第 6 页。
④ （明）王守仁：《王阳明全集》卷二《传习录中·答顾东桥书》，上海古籍出版社 1992 年版，第 45 页。

吾"良知"二字，自龙场已后，便已不出此意，只是点此二字不出，于学者言，费却多少辞说。今幸见出此意，一语之下，洞见全体，直是痛快，不觉手舞足蹈。学者闻之，亦省却多少寻讨功夫。学问头脑，至此已是说得十分下落，但恐学者不肯直下承当耳。[1]

其又于正德十六年（1521）致邹守益的信中说道：

近来信得致良知三字，真圣门正法眼藏。往年尚疑未尽，今自多事以来，只此良知无时不具足。譬之操舟得舵，平澜浅濑，无不如意，虽遇颠风逆浪，舵柄在手，可免没溺之患矣。[2]

因此可以说，阳明自觉以"致良知"总结、概括自己的学术宗旨，标志着其较为完善的心学思想体系的正式完成。

关于"致知"一词的理解，王阳明提出，致知之"知"便是"良知"，"致吾心之良知，致知也"[3]。"良知"一词源自《孟子》，所谓"人之所不学而能者，其良能也；所不虑而知者，其良知也。孩提之童无不知爱其亲者，及其长也，无不知敬其兄也"[4]。阳明继承了孟子的这一思想，将良知视为人先天内在的道德本质。故曰："知是心之本体，心自然会知：见父自然知孝，见兄自然知弟，见孺子入井自然知恻隐，此便是良知不假外求。"[5]

在将良知纳入自己的思想体系，并以其作为核心概念的同时，王阳明又进一步扩展、丰富了良知的思想内涵。在他看来，良知便是天理、道，便是每个人成圣成贤的内在依据，也是判断是非善恶的根本准则。

---

[1] （明）钱德洪：《刻文录叙说》，（明）王守仁《王阳明全集》卷四十一，上海古籍出版社1992年版，第1575页。

[2] （明）王守仁：《王阳明全集》卷三十四《年谱二》，上海古籍出版社1992年版，第1278—1279页。

[3] （明）王守仁：《王阳明全集》卷二《传习录中·答顾东桥书》，上海古籍出版社1992年版，第45页。

[4] 《孟子·尽心上》，中华书局2006年版，第295页。

[5] （明）王守仁：《王阳明全集》卷一《传习录上》，上海古籍出版社1992年版，第6页。

所以他说：

> 吾心之良知，即所谓天理也。致吾心良知之天理于事事物物，则事事物物皆得其理矣。①

> 良知是天理之昭明灵觉处，故良知即是天理。思是良知之发用。若是良知发用之思，则所思莫非天理矣。良知发用之思自然明白简易，良知亦自能知得。若是私意安排之思，自是纷纭劳扰，良知亦自会分别得。盖思之是非邪正，良知无有不自知者。②

又说：

> 心之良知是谓圣。圣人之学，惟是致此良知而已。自然而致之者，圣人也；勉然而致之者，贤人也；自蔽自昧而不肯致之者，愚不肖者也。愚不肖者，虽其蔽昧之极，良知又未尝不存也。苟能致之，即与圣人无异矣。此良知所以为圣愚之同具，而人皆可以为尧舜者，以此也。③

复曰：

> 道即是良知。良知原是完完全全，是的还他是，非的还他非，是非只依着他，更无有不是处。这良知还是你的明师。④

> 良知者，孟子所谓"是非之心，人皆有之"者也。是非之心，不待虑而知，不待学而能，是故谓之良知。⑤

> 尔那一点良知，是尔自家底准则。尔意念着处，他是便知是，非

---

① （明）王守仁：《王阳明全集》卷二《传习录中·答顾东桥书》，上海古籍出版社1992年版，第45页。

② （明）王守仁：《王阳明全集》卷二《传习录中·答欧阳崇一》，上海古籍出版社1992年版，第72页。

③ （明）王守仁：《王阳明全集》卷八《书魏师孟卷》，上海古籍出版社1992年版，第280页。

④ （明）王守仁：《王阳明全集》卷三《传习录下》，上海古籍出版社1992年版，第105页。

⑤ （明）王守仁：《王阳明全集》卷二十六《大学问》，上海古籍出版社1992年版，第971页。

便知非，更瞒他一些不得。尔只不要欺他，实实落落依着他做去，善便存，恶便去。他这里何等稳当快乐。①

由此可见，阳明除了强调良知的先天性与普遍性外，还特别强调良知作为"是非之心"的意义。其之所以以良知为"天理""道"和"准则"，亦主要由于良知具有"知是知非""好善恶恶"的功能与作用，可以判断、监督、规范人的意识活动。反过来看，由于阳明所说的天理取得了良知的形式，故不同于外在的道德命令，而成为内在的道德要求，从而与其心性论的相关思想相互呼应，区别于强调外在道德规范的朱子理学。

关于"致良知"，王阳明则说：

> 知是心之本体，心自然会知。……若良知之发，更无私意障碍，即所谓"充其恻隐之心，而仁不可胜用矣"。然在常人不能无私意障碍，所以须用致知格物之功胜私复理。即心之良知更无障碍，得以充塞流行，便是致其知。②

> 致者，至也，如云丧致乎哀之致。《易》言"知至至之"，"知至"者，知也；"至之"者，致也。"致知"云者，非若后儒所谓充广其知识之谓也，致吾心之良知焉耳。③

> 如知其为善也，致其知为善之知而必为之，则知至矣；如知其为不善也，致其知为不善之知而必不为之，则知至矣。知犹水也，人心之无不知，犹水之无不就下也；决而行之，无有不就下者。决而行之者，致知之谓也。此吾所谓知行合一者也。④

> 知如何而为温凊之节、知如何而为奉养之宜者，所谓知也，而未可谓之致知。必致其知如何为温凊之节者之知，而实以之温凊，致其知如何为奉养之宜者之知，而实以之奉养，然后谓之致知。……吾子

① （明）王守仁：《王阳明全集》卷三《传习录下》，上海古籍出版社1992年版，第92页。
② （明）王守仁：《王阳明全集》卷一《传习录上》，上海古籍出版社1992年版，第6页。
③ （明）王守仁：《王阳明全集》卷二十六《大学问》，上海古籍出版社1992年版，第971页。
④ （明）王守仁：《王阳明全集》卷八《书朱守谐卷》，上海古籍出版社1992年版，第277页。

谓："语孝于温清定省，孰不知之？"然而能致其知者鲜矣。若谓粗知温清定省之仪节，而遂谓之能致其知，则凡知君之当仁者皆可谓之能致其仁之知，知臣之当忠者皆可谓之能致其忠之知，则天下孰非致知者邪？以是而言，可以知致知之必在于行，而不行之不可以为致知也明矣。①

据此，陈来先生指出，王阳明的"致良知"观念应包含"扩充""至极""实行"三个要点。"至"字既有极点之意，又表现为向极点运动的过程。阳明以"至"训"致"，即是扩充良知而至其极的意思。与朱熹所理解的致知不同，阳明所要扩充的不是知识，而是内在的良知。而良知又有本体、发用之分。人虽皆有良知，亦可见良知发用所表现出来的道德意识与道德行为，但为私欲障蔽，往往不能自觉良知本体之全。因此，需要运用致良知的工夫，从那些发见出来的良知进一步扩充至极，去除私欲障蔽，方能明识良知本体之全。

从另一方面看，正如良知不仅表现为知是知非、知善知恶，还表现为好善恶恶一样，致良知本身也应包含为善去恶、依良知而行的意义。所谓"致其知为善之知而必为之""致其知为不善之知而必不为之""决而行之"，意思都是致良知就应当依照良知的要求去实行，化道德意识为道德行为，使事事物物都符合理义的规范。因此，王阳明往往还以知行合一的思想来理解致良知。在他看来，良知是知，致则有力行之义，故致良知便囊括了知与行在内。若仅仅知而不行，便不可谓之致知或致良知。在此意义上，阳明批评朱熹的格物致知之说"只一知字尚未有下落，若致字工夫，全不曾道着矣。此知行之所以二也"②。此外，阳明还认为，由于良知本身具有"好善恶恶"的倾向，故必然要求将所知贯彻到行动中，付诸实践，如此才能快乐、心安。反之，若知而不行，不能致其良知，虽不能因此说良知不真，但却可说其知之不真。以阳明早年常用的一个说法为例，

---

① （明）王守仁：《王阳明全集》卷二《传习录中·答顾东桥书》，上海古籍出版社 1992 年版，第 48—50 页。

② （明）王守仁：《王阳明全集》卷五《与陆原静二》，上海古籍出版社 1992 年版，第 189 页。

若一个人知道当孝弟而不能孝弟，便是未知，这里并不是说他知孝知弟的良知为未知，而是说他并未真实见得孝弟之良知。故曰："意念之发，吾心之良知既知其为善矣，使其不能诚有以好之，而复背而去之，则是以善为恶，而自昧其知善之良知矣。意念之所发，吾心之良知既知其为不善矣，使其不能诚有以恶之，而复蹈而为之，则是以恶为善，而自昧其知恶之良知矣。若是，则虽曰知之，犹不知也。"①

需要注意的是，随着阳明晚年教法的转变与思想的完善，其关于格物的理解也发生了一些调整与变化。譬如他说：

> 先儒解格物为格天下之物，天下之物如何格得？且谓一草一木亦皆有理，今如何去格？纵格得草木来，如何反来诚得自家意？我解格作正字义，物作事字义。……然亦不是悬空的致知，致知在实事上格。如意在于为善，便就这件事上去为；意在于去恶，便就这件事上去不为。去恶固是格不正以归于正，为善则不善正了，亦是格不正以归于正也。如此，则吾心良知无私欲蔽了，得以致其极，而意之所发，好善去恶，无有不诚矣！诚意工夫，实下手处在格物也。②

> 若鄙人所谓致知格物者，致吾心之良知于事事物物也。吾心之良知，即所谓天理也。致吾心良知之天理于事事物物，则事事物物皆得其理矣。致吾心之良知者，致知也。事事物物皆得其理者，格物也。是合心与理而为一者也。③

> 然欲致其良知，亦岂影响恍惚而悬空无实之谓乎？是必实有其事矣。故致知必在于格物。物者，事也，凡意之所发必有其事，意所在之事谓之物。格者，正也，正其不正以归于正之谓也。正其不正者，去恶之谓也。归于正者，为善之谓也。夫是之谓格。《书》言"格于上下"，"格于文祖"，"格其非心"，格物之格，实兼其义也。良知所

---

① （明）王守仁：《王阳明全集》卷二十六《大学问》，上海古籍出版社 1992 年版，第 972 页。
② （明）王守仁：《王阳明全集》卷三《传习录下》，上海古籍出版社 1992 年版，第 119—120 页。
③ （明）王守仁：《王阳明全集》卷二《传习录中·答顾东桥书》，上海古籍出版社 1992 年版，第 45 页。

知之善，虽诚欲好之矣，苟不即其意之所在之物而实有以为之，则是物有未格，而好之之意犹为未诚也。良知所知之恶，虽诚欲恶之矣，苟不即其意之所在之物而实有以去之，则是物有未格，而恶之之意犹为未诚也。今焉于其良知所知之善者，即其意之所在之物而实为之，无有乎不尽。于其良知所知之恶者，即其意之所在之物而实去之，无有乎不尽。然后物无不格，而吾良知之所知者无有亏缺障蔽，而得以极其至矣。①

这里所说的"在实事上格""就这件事上去为""实有其事""即其意之所在之物而实为之"，都是强调格物需要在实事上格，以避免悬空致知之弊。由此可见，阳明晚年虽然在字义上仍然训"格"为"正"，训"物"为"事"，但事物的具体所指则有所变化。此时，物显然不仅指心中之物、意念之物，同时也指现实中的事物。因此，"格物"一词虽然仍保有正心、格其非心的含义，但同时也应包含纠正事物之不正，使事事物物皆得其理的意思。这两方面合起来，才是"四句教"所谓"为善去恶是格物"的完整含义，且后者的意义往往更为凸显。从表面上看，阳明也主张在事物上格物，似乎与朱熹的格物论类似，但二者之间其实仍然存在巨大的差别。因为在阳明的思想中，不论是格物还是格心，其方法与目的都不是知识的学习与增长，而是道德上的为善去恶。而他之所以要做出这样的转变，更加强调在实际事物上格物，或许是为了解决早年仅仅将格物解释为格心所造成的一些理论上的困难，从而使其心学思想体系更为完善与自洽。

尽管阳明晚年做了这样的调整与努力，但其格物致知理论中隐藏的问题并未完全得以解决。譬如陈来先生就曾指出："在致良知思想形成之后，根据阳明哲学的逻辑，首先应致良知，以辨明意念的善恶；然后诚其好善恶恶之意；最后即事即物实落为善去恶之事。这个顺序，即致知→诚意→

---

① （明）王守仁：《王阳明全集》卷二十六《大学问》，上海古籍出版社 1992 年版，第 972 页。

格物，与《大学》本文的'格物→致知→诚意'的工夫次序有所不合。"①
其实，就阳明自己的论述来看，"格物→致知→诚意"与"致知→诚意→
格物"这两种逻辑进路与用功次序都是可以成立的，都有其理论依据。一
方面，阳明固然主张首先致良知，以辨明意念的善恶，然后诚其好善恶恶
之意，最后即事即物实落为善去恶之事；但在另一方面，阳明又主张"致
知必在于格物"，"诚意工夫实下手处在格物"，反复强调应当首先在事物
上实用为善去恶的格物之功，使事事物物皆归于正，皆得其理，从而使致
知、诚意避免悬空无实之弊。若物有未格，则意犹未诚。如此，格物又当
在致知之前，作为致知与诚意的手段和基础，而"最后即事即物实落为善
去恶之事"的阶段则完全可以理解为"修身"。

应该说，王阳明的思想体系中之所以会出现这样重大的矛盾与困难，
在很大程度上正是由于他的格物论同时容纳了正物与正心的双重含义，且
同属伦理道德的范畴，从而使得格物、致知、诚意、正心、修身等基本概
念的具体含义与实践范围往往混在一起，纠缠不清。例如，若以格物为格
其非心，主张格物应在意念上实落为善去恶，则又以诚意为心念之发上的
好善恶恶，那么格物与诚意、正心之间便差别几稀。若以格物为正事物，
主张格物应在实事上为善去恶，则又以致知为致其良知而必为之，依良知
而行为善去恶之事；以修身为为善去恶，使人的行为符合道德规范，那么
格物与致知、修身之间的区别亦难以截然分辨。加之阳明在不同场合论述
格物、致知、诚意、正心、修身的相关问题时，往往并不十分严谨周密，
习惯于将其中的某些概念联用合说，甚至相互混用，从而更加剧了这些概
念的混淆。从这一意义上看，假如阳明仅仅将格物解释为正物或正心，虽
然仍不免面临某些问题，或许可以避免一些更大的困难。

对于阳明思想中存在的这一问题，湛若水与罗钦顺皆有所批评，相信
王门弟子中亦有此疑问，故促使阳明不得不对此给予一定的回应与解答。
在正德末年与罗钦顺论格物问题时，阳明就曾表示，由于"理无内外，性
无内外，故学无内外"，若语其要，则所谓格物、致知、诚意、正心、修

---

① 陈来：《有无之境——王阳明哲学的精神》，北京大学出版社 2013 年版，第 146—147 页。

身的区分"惟其功夫之详密，而要之只是一事"。① 他进一步解释道：

格物者，《大学》之实下手处，彻首彻尾，自始学至圣人，只此工夫而已。非但入门之际有此一段也。夫正心诚意、致知格物，皆所以修身而格物者，其所用力，日可见之地。故格物者，格其心之物也，格其意之物也，格其知之物也；正心者，正其物之心也；诚意者，诚其物之意也；致知者，致其物之知也。此岂有内外彼此之分哉？理一而已。以其理之凝聚而言，则谓之性；以其凝聚之主宰而言，则谓之心；以其主宰之发动而言，则谓之意；以其发动之明觉而言，则谓之知；以其明觉之感应而言，则谓之物。故就物而言谓之格，就知而言谓之致，就意而言谓之诚，就心而言谓之正。正者，正此也；诚者，诚此也；致者，致此也；格者，格此也。皆所谓穷理以尽性也。②

阳明晚年虽然调整了有关格物的解释，增加了"在实事上格"的规定，但基于其理无内外、性无内外、学无内外的一贯立场，故在《大学问》中再次强调："身、心、意、知、物者，是其工夫所用之条理，虽亦各有其所，而其实只是一物。格、致、诚、正、修者，是其条理所用之工夫，虽亦皆有其名，而其实只是一事。"③ 如此说来，则格物、致知、诚意、正心、修身虽名称各异，但在本质上只是同一件事，即穷理尽性或为善去恶。其用功对象虽有心、物之不同，但归根结底都要归结到心上。而格物作为《大学》的实下手处，不仅是一种入门功夫，而且彻首彻尾，贯穿于从格物到诚意乃至修身的整个过程。阳明的这一说法虽可部分解释其思想体系中某些基本概念在含义与使用上的混乱情况，却无法完全解决由此引发的学者在为学方法与用功次第问题上的混乱与争议，从而也为日后

---

① （明）王守仁：《王阳明全集》卷二《传习录中·答罗整庵少宰书》，上海古籍出版社1992年版，第76页。
② 同上书，第76—77页。
③ （明）王守仁：《王阳明全集》卷二十六《大学问》，上海古籍出版社1992年版，第971页。

王门的分裂埋下了伏笔。

除此之外，我们同样可以从希望培养何种理想人格的角度来观察和解释朱、王格致论之间的差异及其原因。如果说朱熹格致论的施教对象主要是士大夫以上的官僚阶层，那么王阳明格致论所针对的主要对象则是社会中下层的普通民众。既然朱熹以官僚士大夫为主要施教对象，那么要求他们穷究物理，读书博览，掌握有关自然事物、历史事变、政治结构、典章名物以及礼制规范等方面的广泛知识就有其合理性与必要性。但是，由于王阳明创造性地将施教的重心转移到普通民众身上，走所谓"觉民行道"的路线，那么旧的格致论中对于知识、才智、为学方法，乃至经济、生活、文化条件等方面的较高要求就显得不切实际，完全无法适用，必须重新设计一套更为简易直截，人人皆可学可为的新方法，以及与之相配套的新理论才行。这就是阳明所说的"须做得个愚夫愚妇，方可与人讲学"①。因此，阳明便提出了他的"成色分两说"与格物致知论，特别突出人作为伦理主体所具有的能动性、自主性与意志自由。

在他看来，"圣人之所以为圣，只是其心纯乎天理，而无人欲之杂。犹精金之所以为精，但以其成色足而无铜铅之杂也。人到纯乎天理方是圣，金到足色方是精。……然圣人之才力，亦是大小不同，犹金之分两有轻重。……才力不同而纯乎天理则同，皆可谓之圣人；犹分两虽不同，而足色则同，皆可谓之精金。……盖所以为精金者，在足色而不在分两；所以为圣者，在纯乎天理而不在才力也。故虽凡人而肯为学，使此心纯乎天理，则亦可为圣人；犹一两之金比之万镒，分两虽悬绝，而其到足色处可以无愧。故曰'人皆可以为尧、舜'者以此。学者学圣人，不过是去人欲而存天理耳，犹炼金而求其足色"②。也就是说，与成色是判断精金的唯一标准一样，德性是判断圣人的唯一标准。任何人只要做到心中纯乎天理，不论其才力如何悬绝，都可以无愧于圣人之称。这也就跨越了原先横亘在普通民众与圣人之间看似不可逾越的鸿沟，使得人人都获得了成为圣人的

---

① （明）王守仁：《王阳明全集》卷三《传习录下》，上海古籍出版社1992年版，第116页。
② （明）王守仁：《王阳明全集》卷一《传习录上》，上海古籍出版社1992年版，第27—28页。

现实可能。故曰："果能于此处调停得心体无累，虽终日做买卖，不害其为圣为贤。"① 这种伦理一元的圣人观完全将知识性的因素排除在外，显然与朱熹所理解和倡导的德智兼备的圣人观大异其趣。在此基础上，阳明进一步提出他的格物致知论，认为凡人的本心、良知都是至善与完满的，但为后天私欲障蔽，才有不善，故只需格其非心，在日常事务上实用为善去恶工夫，扩充其良知以至其极，便可成为圣人。正是因为有了这样一套圣人观和格致论，王阳明才能够自信地宣称："我这里言格物，自童子以至圣人，皆是此等工夫。但圣人格物，便更熟得些子，不消费力。如此格物，虽卖柴人亦是做得，虽公卿大夫以至天子，皆是如此做"②，"吾辈用功只求日减，不求日增。减得一分人欲，便是复得一分天理，何等轻快脱洒！何等简易！"③ 在此意义上，他批评以朱熹为代表的学者"不知作圣之本是纯乎天理，却专去知识才能上求圣人。以为圣人无所不知，无所不能，我须是将圣人许多知识才能逐一理会始得。故不务去天理上着工夫，徒弊精竭力，从册子上钻研，名物上考索，形迹上比拟，知识愈广而人欲愈滋，才力愈多而天理愈蔽"④。

由上可知，不论是在朱熹还是王阳明的学术思想中，格物致知论都占据着极为核心的位置，成为朱、王二人学术创新，建构自己理学思想体系的重要理论基础。但是，由于《大学》本身并未对格物致知的具体含义给出一个明确的解释，汉唐流传下来的古本甚至很可能存在脱文与错简的问题，这就给学者们的重新诠释提供了极好的机会，促进了理学的繁荣，同时也造成了无止境的争论和不同学派间的尖锐对立。甚至在同门之内、师弟之间，对于格物致知的理解也往往因各人资质、性格、经历等方面的不同而有所差异。清初福建朱子学者中同样存在这样的情况。同时，从整体上看，有明一代正是心学思想蓬勃发展的时代，尊德性之学在思想界占了

---

① （明）王守仁：《王阳明全集》卷三十二《传习录拾遗》，上海古籍出版社 1992 年版，第1171 页。

② （明）王守仁：《王阳明全集》卷三《传习录下》，上海古籍出版社 1992 年版，第 120 页。

③ （明）王守仁：《王阳明全集》卷一《传习录上》，上海古籍出版社 1992 年版，第 28 页。

④ 同上。

上风，因而学者对于格物致知工夫的理解与实践也偏向于内向的格心、明心。在明代心学思想长期的影响与冲击之后，与朱熹相比，清初福建朱子学者对于通过"今日格一物，明日格一物"的积渐方法，在万事万物上探求知识与道理，并最终实现穷尽物理、无所不知的目标的信心与热情都有所消退，格物的范围明显缩小，并且更加注重伦理道德方面知识的学习与践履。加之清初福建朱子学者多未能够像朱熹、王阳明那样建构起自己较为完整的思想体系，故对格致问题的论述不免显得比较单一、零散和粗糙。

尽管存在这样的变化，但清初福建朱子学者作为朱子学派的一分子，其格物致知思想仍以朱熹的格致学说为基底，并未完全越出朱子学的范围。换言之，清初福建朱子学者大体上仍然认同朱熹以"穷理"训"格物"的解释，在理论上也承认于事物上穷理的价值与意义，注重在日用切己处实用格物之功，并将即物穷理、读书博学、增广见闻等作为学者为学的重要基础与入手处，综合运用朱子学的心性论、认识论与工夫论思想对王学的格物致知理论进行纠正和批判。

在清初福建朱子学者中，相对而言，李光地的格物致知思想算是比较丰富且突出的。他的格致论虽然未必能够完全代表其他清初福建朱子学者的格致思想，但在很大程度上却集中反映了清初福建朱子学在这一问题上的演变趋势与思想特点，也是清初福建朱子学在格致论方面取得的一项重要理论成果，值得我们关注。

对于格物致知在儒家学说中的重要地位与作用，李光地还是给予了极大的肯定。一方面，从国家政治的角度来看，格物致知构成了治平天下的根源与基础。"古之欲明明德于天下者，当自国而递先之。至于诚意而尤在于究极事物，以致其知。正以物格知至，然后能诚意；以正心修身，而家国天下可得而治也。"[1] 另一方面，从认识论与工夫论的角度来看，格物致知亦是儒者进学与修德的始基。"事物之理，即吾心之性也。吾之性，

---

① （清）李光地：《榕村集》卷六《初夏录一·大学篇》，《景印文渊阁四库全书》第1324册，台湾商务印书馆1983年版。

即天地之命也。然欲尽性至命者，必自穷理始。此《大学》之教所以先于格物也。"[1] 从为政与为学这两个方面来阐述格物致知的意义，李光地正是继承了程朱理学对于《大学》思想的基本理解。

面对历代以来层出不穷的各种格物学说，李光地总结评论道：

> 格物之说，郑康成是一说，司马温公是一说，程朱是一说，王阳明又是一说。自然是程朱说得确实。[2]

> 自宋以来，格物之说纷然。扞御外物而后知至道，温公司马氏之言也。必穷万物之理同出于一为格物，知万物同出乎一理为知至，蓝田吕氏之言也。以求是为穷理，上蔡谢氏之言也。天下之物不可胜穷也，然皆备于我而非从外得，反身而诚，则天地万物之理在我，龟山杨氏之言也。物物致察，宛转归己，又曰即事即物，不厌不弃，而身亲格之，武夷胡氏父子之言也。格，正也，物，事也，去其不正以归于正，则又近年姚江王氏之说也。古注之说不明，而诸家又纷纭若此，此古人入德之方所以愈枝也。程朱之说至矣。司马氏、王氏，不同道而姑舍是。余诸子皆学程门者，宜乎各有所至矣。然朱子之意，犹谓程子之言，内外无间，而本末有序，非如诸儒者，见本则有薄末之心，专内则有遗外之失，又或以外合内，而不胜其委曲之烦，皆未能得乎程氏明彼晓此、合外内之意，及积累既多，豁然贯通之指也。[3]

> 旧说解"格"作"来"，温公解"格"作"去"。如来之说，则当作感召天下之物。如去之说，则"物"是物欲，如"耳目之官不思，而蔽于物"之"物"，言能去其物欲，则心体便自虚明。阳明以"格"为"正"，"物"为"事"，正事者，格其不正以归于正也。凡此诸说，

---

① （清）李光地：《榕村集》卷三十《御制论诗发示覆奏劄子》，《景印文渊阁四库全书》第1324册，台湾商务印书馆1983年版。

② （清）李光地：《榕村语录》卷一，《榕村语录　榕村续语录》上册，中华书局1995年版，第9页。

③ （清）李光地：《榕村集》卷七《初夏录二·通书篇》，《景印文渊阁四库全书》第1324册，台湾商务印书馆1983年版。

自然非是。程朱以格物为穷理，当矣，然亦须就要紧处格将去。①

在他看来，宋明诸儒的格物之说虽不乏可取之处，但从整体上看，仍以程朱格物穷理之说最为确实、恰当。因为诸儒的格物说"见本则有薄末之心，专内则有遗外之失，又或以外合内，而不胜其委曲之烦"，都没能正确处理内外本末之间的关系，而有失偏颇，不能如程朱之说一般内外无间、本末有序。在此，李光地指出程朱的格物方法具有"明彼晓此""合外内"与"积累既多，豁然贯通"等特点，与上文对朱熹格物论所做的分析对照，其见解还是相当准确的。

关于格物致知的具体含义，李光地说道：

> 物，事即物也；本末终始，即物中之理也。格之，则知所先后。②
>
> 心身、家国、天下，是物也；修身、齐家、治国、平天下，是事也。本，即修身，故曰："壹是皆以修身为本，其本乱而末治者否矣。"③
>
> 何谓知至？知本之谓也。盖家国天下，末也；身者，本也。④

由此可见，李光地虽然在基本立场上愿意认同朱熹的格致论，但在格物致知的具体内涵的理解上却不能不与朱熹有所出入。譬如，在朱熹那里，格物之"物"泛指万事万物，上自太极阴阳，下至一草一木，无论精粗、大小、贵贱，都是格物穷理的对象。而李光地虽然同样将格物之"物"解释为事物，但又将事物归结为修身、齐家、治国、平天下等道德活动与政治活动，因而格物的主要内容便是穷格身、家、国、天下与修、齐、治、平之中所蕴含的理。这种格物解释显然缩小了格物的范围，增强

---

① （清）李光地：《榕村集》卷二十三《鳌峰讲义》，《景印文渊阁四库全书》第 1324 册，台湾商务印书馆 1983 年版。

② （清）李光地：《榕村语录》卷一，《榕村语录　榕村续语录》上册，中华书局 1995 年版，第 9 页。

③ 同上。

④ （清）李光地：《榕村集》卷六《初夏录一·大学篇》，《景印文渊阁四库全书》第 1324 册，台湾商务印书馆 1983 年版。

了其中的伦理属性，虽不同于陆王之学所说的格心、明心，或单纯的为善去恶，但也不同于朱熹所理解的穷尽物理的格物说。又如，朱熹所说的格物致知就是要通过研究物理的方法来扩充知识，最终将我的知识扩充至极，达到物无不格、知无不尽的目的。所谓"知至者，吾心之所知无不尽也"①。而李光地则将物理理解为事物的本末始终，因而格物就是明辨事物的本末始终，知至就是知本、知所先后。这也与朱熹的格致论不尽相同。

李光地本人显然也意识到了他与朱熹格致论之间的这种差别，故又处处牵合文义，曲为解说，试图证明自己的格致论与朱熹的格致论之间并无本质差异。例如，朱熹以"即凡天下之物，莫不因其已知之理而益穷之，以求至乎其极"为致知工夫，而李光地则以知所先后为致知。但他又认为朱熹的致知工夫"即在知所先后内"。因为"事物皆格，至本末始终俱透，方为格物之全功。《大学》恐人疑惑'知至''至'字，为当穷尽天下之物，始谓之至，故又曰：'以修身为本。'本乱末未有治者，厚者薄，未有薄者厚者。'此谓知本，此谓知之至。'朱子说'极'字，即是'本'字，一物皆有一物之极，即此一物之原本"②。在李光地看来，朱熹所说的"至乎其极"的"极"字就是"本末始终"的"本"字，穷极事物便是要穷格事物之本原。因此，若达到朱熹所要求的事物皆格、表里精粗无不到的境界，便是事物的本末始终俱透，自然能够做到知本、知所先后。又如，朱熹以"众物之表里精粗无不到，而吾心之全体大用无不明"为知至，而李光地则以知本末始终为知至，认为"表里精粗"似不如"本末始终"之为亲切。但他同时强调："精即本，粗即末，表即终，里即始也。《大学》除此处，别无'物'字，而道理又极完全。以此诠格物之义，则程朱之意益明，而古注、涑水、姚江之说皆绌矣。"③ 由此可见，李光地不仅认为自己的格致论与朱熹的格致论本质相同，而且由于他的修正，使得"程朱之意

---

①　（宋）朱熹：《四书章句集注·大学章句》，《朱子全书》第 6 册，上海古籍出版社、安徽教育出版社 2002 年版，第 17 页。

②　（清）李光地：《榕村语录》卷一，《榕村语录　榕村续语录》上册，中华书局 1995 年版，第 10—11 页。

③　同上书，第 9 页。

益明"，而阳明之徒无容置喙，从而捍卫了程朱理学。

在调整、改造了朱熹的格致论之后，李光地便对陆王心学的格致论提出批评。在他看来，陆王一派的学者之所以在格物致知的问题上犯错，是因为没有正确理解《大学》中"知止"一节的意思，从而导致一味地偏向尊德性，忽略了道问学的工夫。他说：

> 子静、阳明辈攻驳格物，就是"知止"节头路未清。"知止"若如《章句》说，何须又用"定""静""安""虑"许多字面来赞他？圣贤等闲不轻说出"定""静"等字。"定""静"是为学根基，只是有此根基，却又要件件理会。"尊德性"是"道问学"之基，只是"尊德性"又不可不"道问学"。①

关于"知止"一节，朱熹在《大学章句》中说道："止者，所当止之地，即至善之所在也。知之，则志有定向。静，谓心不妄动。安，谓所处而安。虑，谓处事精详。得，谓得其所止。"② 李光地赞同朱熹将知止解释为志有定向，认为知止就是立志，就是"知所望慕归向"。接着，他进一步提出：

> 知止者，开端浅切之事也。知止则志有定向，所谓立志以端其本。至于能静，则心不为物动；能安，则心不为物危。此则又有以继其志而持乎其志也。能虑，即下之格物、致知；能得，即下之诚意，而有以得乎明德、新民、止至善之实也。……"物有本末"至"知之至也"，以能虑言也。凡物则有本末矣，凡事则有终始矣，循其本末终始而先后之，此《大学》之道也。然必于本末终始而知所先后，乃可以近道。③

---

① （清）李光地：《榕村语录》卷一，《榕村语录　榕村续语录》上册，中华书局 1995 年版，第 8 页。

② （宋）朱熹：《四书章句集注·大学章句》，《朱子全书》第 6 册，上海古籍出版社、安徽教育出版社 2002 年版，第 16 页。

③ （清）李光地：《榕村集》卷六《初夏录一·大学篇》，《景印文渊阁四库全书》第 1324 册，台湾商务印书馆 1983 年版。

古人先有小学一段工夫，聪明已开，趋向已正，故《大学》直从明新说起。然毕竟有个头，有个根基，立志是个头，从心上打叠是个根基。此节便是此意。知止者，知道要做何等事、何等人，如此然后志有定向。志既定，虽旁边有人戏闹，都似不闻不见一般，非静而何？既能静，虽走到戏闹场上，自然不被他引去，只安然在此，非安而何？心至此，于事理方能入，才可用格致工夫，所谓"能虑"也。理明然后可实体于身，实措于事，所谓"能得"也。得之于己，即天下之理得矣，意诚以下之事也。注中"志有定向""心不妄动""所处而安"，皆无可易，只"处事精详"难说。……程朱不将此节作头，竟像工夫只从格致做起，故陆王乘此以售其说。①

在李光地看来，"知止"与"知至"不同，知止当在格物致知之前，而不应在物格知至之后。知止便是立志，能够知是知非，明白自己要做何等事、何等人，从而确定自己的志向，朝着正确的方向努力。志向既定后，心便能平静、安定下来，既不为外物所惊动，也不为外物所引诱。这便是"能静"与"能安"。李光地认为，"知止"与"静"、"安"乃开端浅切之事，是学者为学的根基与起头处，属于小学的范围。而《大学》则要从格物致知说起。格物致知即是"能虑"，诚意即是"能得"。诚意之后的所得便是天下之理，亦即明德、新民、止至善之实。因此，李光地所说的"子静、阳明辈……'知止'节头路未清"，应该就是指陆王一派误将"知止"与"定""静""安""虑"混为一谈，又将"定""静""安""虑"都当作格物致知的工夫，没有搞清它们之间的区别。而程朱又没有明确将知止等立根基的工夫放在格致论之前讲清楚，给予其适当的位置，仿佛学者的为学工夫径从格物致知做起，从而使陆王的谬说能够得以流行。

李光地既以"虑"为格物致知，又主张"虑"字应作"察理精详"讲，而不应解作"处事精详"，这就突出了格物作为穷理、察理等"知"

① （清）李光地：《榕村语录》卷一，《榕村语录　榕村续语录》上册，中华书局1995年版，第8页。

的方面的内容与属性，从而既反对陆王将格物解作向内的明心、正心，也反对阳明晚年将格物理解为行，要在事物上实行为善去恶之事。李光地认为，"定""静"虽是为学根基，但又不能始终局限于"定""静"这样的初始阶段。学者有此根基之后，又要将事物件件理会，循其本末始终而知所先后，如此方为《大学》之道。换言之，尊德性是道问学之基，但尊德性又不可不道问学。阳明曾说："诚意之功只是个格物。"① 李光地指出，阳明"以格物为诚意功夫，似乎未悖也，然以为善去恶为格物则谬矣。其谬之谬者，曰无善无恶心之体。此则于圣门传授全失，宜乎其学大弊而不可支也"②。在此，李光地并不是要反对为善去恶，而是反对阳明以格物为行。先知后行是李光地继承自朱熹的一贯主张。同样，李光地亦不完全排斥阳明所说的"致良知"，只是强调致良知须以格物穷理为基础。因为良知虽人人固有，但由于受到先天的气禀与后天的积习的影响与障蔽，往往难以直接发挥作用，所以必须借助格物穷理的办法来去蔽明善。若无格物穷理的工夫，则所谓良知只是空虚浮泛的良知，既不合于当然之理，亦无法转化为现实、自觉的道德意识与道德行动。故曰：

　　穷理工夫甚大，与主敬、存诚并重。但观王阳明"致良知"，欲破朱子格物说，到后来做诗出韵，写字写别字，论古将事记错了，此岂良知中应尔乎？穷理格物，而良知乃致也。③

　　致良知之说，谓诚意谨独即所以致其知也。愚以为不然。人之禀有高下，其习有浅深，虽是非之心，人固有之，其应念而随觉者几希。即其微有觉焉，而未有亲切之见，远大之识，亦终无以发其惭怍之心，而决其勇往之力。故必穷理致思，讲明开悟，然后俛焉日有，

---

① （明）王守仁：《王阳明全集》卷一《传习录上》，上海古籍出版社1992年版，第6页。
② （清）李光地：《榕村集》卷六《初夏录一·大学篇》，《景印文渊阁四库全书》第1324册，台湾商务印书馆1983年版。
③ （清）李光地：《榕村语录》卷四，《榕村语录　榕村续语录》上册，中华书局1995年版，第71页。

孳孳而不能自已也。①

面对王学一派对于朱熹格致论的种种非议与攻击，李光地认为很大一部分缘自他们自身的误解与曲解。其中，最明显的例子便是王阳明的"亭前格竹"。对此，李光地曾反复申说道：

《语类》中，"穷理只就自家身上求之"一段，说格物甚精。王阳明因格竹子致病，遂疑朱子之说，岂知朱子原未尝教人于没要紧处枉用心思也。②

圣人说出"格"字、"物"字，已包尽各条件，但其归必以知本为知至。朱子之说，与此颇异。然不照着他说，终不能知本。其言或考之事为之著，或察之念虑之微，或求之文字之中，或索之讲论之际。又谓如身心性情之德，人伦日用之常，天地鬼神之变，禽兽草木之宜，实尽格物之义。阳明攻之，非也。朱子原以身心性情居首，并非教人于没要紧处用心。其实身心性情之德，果能穷本极源，人伦日用，能外是乎？天地鬼神，禽兽草木，能外是乎？③

程朱以格物为穷理，当矣，然亦须就要紧处格将去。如舜明于庶物，察于人伦，人伦中平庸无奇，何可思索？不知就上须大段与他思索一番，方得透彻。子孝臣忠，如何方是孝，如何方是忠，大有事在。物物各有一性，性即理也，物性犹吾性也。物各有牝牡雌雄，是其夫妇之性。海燕哺雏，雌雄代至，饮食之恩也；羽毛稍长，引雏习飞，教诲之义也，是其母子之性。同巢鸟兽，无不相倡相和，是其兄弟之性。类聚群分，是其朋友之性。就中必有为之雄长者，是其君臣之性。盖物虽殊，而性则一。此处穷尽，便见得万物一体，廓然有民胞物与之意。而所谓生之有道，取之有节，此心自不容已。至如草木

① （清）李光地：《榕村集》卷二《读书笔录》，《景印文渊阁四库全书》第1324册，台湾商务印书馆1983年版。
② （清）李光地：《榕村语录》卷一，《榕村语录　榕村续语录》上册，中华书局1995年版，第11页。
③ 同上书，第11—12页。

臭味，种种各别，此则医家之所宜悉，而非儒者急务。阳明因见一竹推格不去，遂不以程朱之言为然，殊不知格物原非止留心于一草一木之间，而欲其忽然顿悟。然苟因此遂废却格物工夫，则何处可以著心乎？①

在李光地看来，朱熹所说的格物对象固然包括万事万物，但其中又以身心性情等切己、根本者为首要内容，并非教人于没要紧处泛然用心。因此，王阳明以格竹为格物，便属于对朱熹格物论的一种误解，是"不知格物原非止留心于一草一木之间，而欲其忽然顿悟"。而其以天下之物无法尽格来攻击朱熹的格物论，也就不能成立了。

李光地既然批判了王阳明对于朱熹格物论的错误看法，那么他所理解的格物对象又是什么呢？是否仅仅指"自家身上"的"身心性情之德"？如果对以上这几段材料再做进一步分析的话，我们便能更加准确、细致地理解李光地的格致思想。李光地反复强调，格物致知的目的就是要明善知性，就是要知本。而所谓的"身心性情之德"便是"善"，便是"性"，便是"本"。因此，无论是明身心性情之德，还是知本，都是格物致知所要达到的目的，而不是格物致知的全部内容。在达到知本的目的之前，格物的具体过程可以包含广泛的对象与多种的方法，尽管其中有本末、始终之不同。所以李光地要说"圣人说出'格'字、'物'字，已包尽各条件"，又认为若不按照朱熹所说的"或考之事为之著，或察之念虑之微，或求之文字之中，或索之讲论之际"的方法，穷格"身心性情之德，人伦日用之常，天地鬼神之变，禽兽草木之宜"，终不能知本。只不过是在明身心性情之德后，却又发现人伦日用之常、天地鬼神之变、禽兽草木之宜原来皆在其中。

根据李光地的理解，学者之所以能够通过穷格外在事物之理的方法来明了自家身心，是由于理一分殊，人与物在性理本体上具有同一性。"性

---

① （清）李光地：《榕村集》卷二十三《鳌峰讲义》，《景印文渊阁四库全书》第1324册，台湾商务印书馆1983年版。

者，善而已矣。物之性犹人之性，人之性犹我之性。知其性善之同，而尽之之本在我，此所以为知性明善也，此所以为知本也。"① 由此可见，李光地所要格的物理首先便是事物中与人相同的仁义礼智之性。于此处格物，便是就要紧处格去。譬如，一般人皆知子孝臣忠，但究竟如何方是孝，如何方是忠，却多半只是心中一个模糊、抽象的意识，不容易明确了解，也就难以完全落实。若通过格物的方法，在事事物物上发现、明察忠孝之道，便能更为具体、透彻地理解有关忠孝的道理，并且激发心中原有的道德意识，使自己的行为符合道德的要求。因此，李光地特别重视与人的身心性情关系密切的日用人伦之事，认为"男女饮食，自外言之，即治国平天下之要；自内言之，即格物致知、诚意正心、修身齐家之要"②，而那些与人的身心性情无直接关系的事物自身所特有的性质与规律，如"草木臭味，种种各别"，则主要属于各种专门职业所要研究的内容，"非儒者急务"。

同时，为了与陆王心学的一味存心相区别，李光地还强调了格物要本末兼到的必要性。他说：

> 格致之义，朱子说，一件格到十分便是格，十件各格到九分九厘，亦算不得格。此最说得好。那一厘不到处便是本，知得本处，方是十分。③

在此，李光地首先强调的自然是那最后一厘的"本"，但在所谓的"格到十分"中，显然已经包含了由本到末的全部内容。接着，他进一步指出，格物致知固以知本为目的，但不能只是悬空想象一个"本"，或单纯在"本"上用功。学者应该在事事物物上着实理会，对事物的本末始终都有一个真切的认识，才能知所先后。若只是守着一个"本"，必将陷于

---

① （清）李光地：《榕村集》卷六《初夏录一·大学篇》，《景印文渊阁四库全书》第 1324 册，台湾商务印书馆 1983 年版。
② （清）李光地：《榕村语录》卷十四，《榕村语录　榕村续语录》上册，中华书局 1995 年版，第 244 页。
③ （清）李光地：《榕村语录》卷一，《榕村语录　榕村续语录》上册，中华书局 1995 年版，第 5 页。

虚寂。故曰：

> 学问固以存心为本，却又不是只守着这个本就无事了。"物有本末"，须是从本至末无不理会；"事有终始"，须是从始至终无不讲究，方能知所先后。若只守着一个心，便落陆象山、王阳明一路学问。①

关于格物致知与培养何种理想人格的问题，李光地说道：

> 圣人首聪明睿智，《大学》先格物致知，人总以明白为主。若心里不明白，则刚为暴，仁为懦，勇为乱，许多好字面，俱可变坏。孔子圣之至，亦是始条理与他圣异。两汉人物尽好，然底里病痛，只坐有些不明白。不明白，纵使天姿纯粹，只做到两汉之功业、节义而止，不能复向上。②

由此可见，在李光地的圣人观中，以聪明睿智为圣人的首要条件。他反对以"聪明睿智"属质，而以"仁义礼知"属德的观点，认为二者"要是质都是质，要是德都是德，如何分别？四德唯智是两个，有居四德之先者，有居四德之后者。必先见得何者是仁、是义、是礼，方可行，是在先的；及行到粲然分明，井然不差，是在后的"③。可见其对于"智"的重视，以"智"为成始成终之事。李光地又以"格物致知"与"聪明睿智"对举，显然是将格物致知视为实现聪明睿智的方法与途径。在他看来，孔子之所以为圣之至，也是由于"始条理与他圣异"。这个"始条理"，用孟子的话说，属于"智之事"，若参照《大学》所示的为学次第，则当为格物致知。因此，李光地强调："然则人性之德，动于智，生于仁，盛于礼，止于义；然则君子之学，启于智，存于仁，达于礼，成于义。知行之序，

---

① （清）李光地：《榕村语录》卷一，《榕村语录　榕村续语录》上册，中华书局1995年版，第5页。

② （清）李光地：《榕村语录》卷二十四，《榕村语录　榕村续语录》上册，中华书局1995年版，第421页。

③ （清）李光地：《榕村语录》卷八，《榕村语录　榕村续语录》上册，中华书局1995年版，第146页。

性命之理，不可易矣"①，故一般人若要希圣希贤，便须通过格物致知的方法，使自己心里明白。从李光地所举的两汉人物的例子可以推断，他所说的"明白"首先指的是对于儒学义理的明白，但根据理一分殊、万物一体的思想，从广义上说，这个"明白"也应包括对于各种事物的所以然之理与所当然之则的明白。

在王阳明看来，德性是评判圣人的唯一因素，任何人只要心中纯乎天理，便可称为圣人。而李光地则认为，德性的自觉与实现都离不开"智"的因素。刚、仁、勇固然是善性，但如果作为主体的人心里不明白，则刚可为暴，仁可为懦，勇可为乱，各种善的德性就难以顺利转化为善的行为，反而有可能转变为恶。阳明还提出："圣人无所不知，只是知个天理；无所不能，只是能个天理。圣人本体明白，故事事知个天理所在，便去尽个天理。不是本体明后，却于天下事物都便知得，便做得来也。"② 这里同样涉及圣人的标准问题。阳明的意思并不是说，圣人的所知所能仅限于天理的范围之内，而是说只有对于天理的认识和实践才构成评判圣人的必要条件。除此之外，其他的知识与能力都不是圣人所必需的，不属于圣人的本质规定。而李光地则将圣人的无所不知、无所不能直接理解为圣人对各种知识与技能的广泛掌握，从而突出了圣人在"智"与"用"方面的规定。因此，在讨论历算问题时，李光地要感叹周公无所不知、无所不能，而在论及孔子亦无所不知、无所不能时，不是直接说孔子如何知天理，而是以"观门人身通六艺者，尚七十二人，则夫子可知已"的方式证明之，并且强调"礼乐经天纬地，不消说已。射御，以文兼武，书数之用甚大。身通乎此，其用备矣"③。由此可见，李光地所理解的理想人格还是比较注重人的精神领域的全面发展，且具有一定的致用性质。而要培养这样的理想人格，就必须借助格物穷理的工夫。因为在朱子学看来，若不通过格物穷理

---

① （清）李光地：《榕村集》卷八《尊朱要旨·知行一》，《景印文渊阁四库全书》第 1324 册，台湾商务印书馆 1983 年版。

② （明）王守仁：《王阳明全集》卷三《传习录下》，上海古籍出版社 1992 年版，第 97 页。

③ （清）李光地：《榕村续语录》卷十六，《榕村语录　榕村续语录》下册，中华书局 1995 年版，第 764 页。

的方法，不仅无法获得各种具体的知识与技能，而且难以正确、充分地认识心中的德性，并将其转化为现实的道德行为。故李光地又从学术思想的社会影响的角度批判了王学格致论，指出："尝观朱子平生著书，最重者《大学》。《大学》之说，最要者穷理。百余年来，陈献章、王守仁辈破除穷理之论，而易以认天理、致良知之说，故士无实学，而世无实用。"①

综上所述，清初福建朱子学对于王学的纠驳可谓既是准确的，又是有失偏颇的；既是成功的，又并非如他们严词批判的那般彻底。首先，清初福建朱子学者选择"性即理"与"心即理"、"尊德性"与"道问学"、"格物穷理"与"致良知"三个主题对王学进行纠正和批驳，本身虽不新鲜，在大的论证思路上也无重大理论创新之处，但又确实针对朱学与王学之间存在的核心问题与主要分歧做了比较全面的辨析和讨论，在批判王学的负面社会影响的同时，注重发掘其背后的思想根源，在宣传、捍卫朱子理学的过程中，亦对其中的某些理论做了一定适应时代特色的调整和发挥，并非像某些学者所说的那样一成不变、一无是处。其次，从清初福建朱子学者对于王阳明的批判中可以看出，不少学者其实对阳明的整个心学思想体系缺乏全面、客观、深入的认识，加之受到门户之见的影响，使得他们对阳明思想的理解与批判往往流于粗糙和片面，显示出某种脸谱化与表象化的倾向。其中某些被指为王阳明所说因而遭到大加鞭挞的理论观点，不但与阳明本人的思想有所出入，甚至根本就是阳明所反对的，不免给人一种无的放矢之感。但是，若从另一个角度来看，这些被批判的王学思想虽然经过了不同程度的简化、发挥与变形，但也并非某人某派凭空虚构出来的，而是明末清初思想界确实存在，并为众多学者所公认的严重问题，也是王学快速膨胀、泛滥所导致的必然后果，其中大部分的思想观点都可以在阳明那里找到某种源头或依据，可以说是阳明的部分思想，特别是阳明思想中的主观主义、自然主义、直觉主义、个体主义等新趋势与新精神在不同角度和不同层面上发展演变的逻辑结果。因而清初福建朱子学者所直接面对的也就不是阳明思想本身这样一套相

---

① （清）李光地：《榕村集》卷三十《御制论诗发示覆奏劄子》，《景印文渊阁四库全书》第1324 册，台湾商务印书馆 1983 年版。

对单一的思想理论，而是各种为王门后学所不断诠释与发挥，并充斥、主导着明末思想世界的"泛王学"思想，以及由此给原有的社会秩序、学术规范和价值体系造成的种种混乱与破坏。面对这种状况，清初福建朱子学者对各种王学思想之间的异同演变往往无暇细辨，而是直接追根溯源，将主要的错误与责任归罪于阳明，亟欲廓清其负面影响，以恢复朱子学的主导地位。因此，清初福建朱子学者对于王学的批判虽然存在种种偏颇之处，却恰好反映了学术思想史上每次重大思想转变时期的一般情况与普遍规律，有其现实的逻辑性与内在的合理性。

此外，从清初反王学运动的结果来看，包括朱子学者在内的清初学者对于王学的猛烈批判确实使其遭到了致命的打击，从此失去了思想界的主导地位，陷入长期的衰颓之中，而朱子学则重新成为思想界的主流，清初朱子学者的努力不可谓不成功。但是，由宋至清，朱子学本身也处于整个理学思想范式发展演变的大潮流之中。各种理学流派在相互辩论、斗争的过程中，也在相互吸收、借鉴与融合。特别是经过明代王学百年的洗礼与冲击，朱子学作为王学的主要论敌，已在各个方面主动或被动地受到王学的影响与改造。到了清初，在理学思想未发生根本性变化的情况下，要想完全清除王学的影响，将朱子学与王学截然分开，回复到朱子学的原初状态，既不现实，也无意义，不符合思想发展的客观规律。有关这一方面的内容，将在下一节中做进一步的讨论。

第三节　清初福建朱子学对王学的融摄
——以李光地理学思想为中心

一　朱子学融摄王学的可能与基础

众所周知，陆九渊与王阳明是宋明理学中心学一系的主要代表人物，构成了心学思想发展后先相继的两座高峰，故后世学者往往以陆、王二人并称，并将他们的思想学说合称为陆王心学。而陆学与王学之间的这种紧密联系，尤其在心学与理学的对立中表现得特别明显，并且由于心学与理学的斗争而不断得到确认和强化。从历史上看，朱陆异同作为一个正式的理论课题，发端于元、明时期的吴澄与程敏政等人，最初体现的主要是朱子学内部和会朱陆的一种思想倾向，并非强调朱陆之间的分歧与斗争。而心学与理学之间的深刻对立，则要等到阳明心学思想体系形成之后才真正建构起来。特别是王阳明所作的《朱子晚年定论》，吸收了此前朱子学者和会朱陆的理论成果，以世传的朱熹思想为其中年未定之说，而取朱熹文集中可与心学相通的观点为其晚年定论，以此证明自己所立新说与朱熹的定论并无冲突，从而为自己的学说寻找可靠的权威依据。但是，由于《朱子晚年定论》在内容的选取与编排上存在所谓"以中年为晚年"的错误，又多断章取义之病，对于不合己意者，一概视而不见，其间更有"知其晚岁固已大悟旧说之非，痛悔极艾，至以为自诳诳人之罪不可胜赎"，"慨夫世之学者徒守朱子中年未定之说，而不复知求其晚岁既悟之论，竞相呶呶以乱正学，不自知其已入于异端"等语，[1] 不仅未能消除世人对于朱王异同的种种疑惑，反而激起了朱子学者的强烈反弹，纷纷指责阳明援陆入朱、阳朱阴陆，"矫假推援，阴谋取胜，皆是借朱子之言，以形朱子平日之非，以著象山之是，以显后学之当从。阳虽取朱子之言，而实则主象山之说也。阳若取朱子，而实抑朱子也。……一则即朱子以攻朱子，一则借朱子以誉象山，一则挟朱子以令后学也"[2]。正如李纪祥所言："'朱陆异同'由于《朱子晚年定论》之故，遂与王学联系在一起；谈'朱陆异同'就是谈'朱王之学的对立与分辨或异同'。陈建《学蔀通辨》一书所以重要，便是因为此书明显地突出与揭示了'朱陆异同'与'王学'联系的质疑，提出了陆学死灰复燃的忧虑，从而将攻击、批评王学的焦点放在《朱子晚年定论》一书，同时也更深刻地联系了'陆王'。"[3] 后世学者特别是

---

① （明）王守仁：《王阳明全集》卷七《朱子晚年定论序》，上海古籍出版社 1992 年版，第 240—241 页。

② （明）陈建：《学蔀通辨》卷一《前编上》，商务印书馆 1936 年版，第 6 页。

③ 李纪祥：《理学世界中的"历史"与"存在"——"朱子晚年"与〈朱子晚年定论〉》，《宋明理学与东亚儒学》，广西师范大学出版社 2010 年版，第 193 页。

心学的批评者多接受了这种设定，因而习惯于将陆学与王学笼统地视作与朱子学相对立的同一种思想学说，在概念的实际使用中也往往互相混用，而不作区分。但是，若对阳明的思想发展与思想内容做一细致的考察，便会发现王学与陆学之间的关联其实并没有人们此前想象的那么紧密与深刻。

一方面，据《年谱》记载，王阳明于正德三年（1508）在贵州龙场时已悟得"圣人之道，吾性自足，向之求理于事物者误也"①的格物致知之旨，并与五经相互印证而无疑义，从而奠定了其学术思想的基本精神与宗旨。但是，直到正德六年（1511）在京师时，因门下王舆庵与徐成之争论朱陆之学不决，王阳明才第一次较为详细地谈及关于朱陆异同的看法，并以折中朱陆的形式，事实上为陆学做了辩护。而在此之前，阳明似乎绝少提及陆九渊的思想学说，也未明确对陆学表示支持。正德四年（1509），王阳明受提学副使席书之聘主讲贵阳书院，席书曾以朱陆异同之辨质诸阳明。阳明却有意避谈朱陆之学，而告之以自己所悟知行合一之学，又以五经、诸子证之，往复数次，终使席书领悟到阳明之深意，即"朱陆异同，各有得失，无事辩诘，求之吾性本自明也"②。此外，关于阳明早年的思想发展历程，湛若水曾有"五溺"之说，称其"初溺于任侠之习；再溺于骑射之习；三溺于辞章之习；四溺于神仙之习；五溺于佛氏之习。正德丙寅，始归正于圣贤之学"③；钱德洪有"三变"之说，谓"先生之学凡三变……少之时，驰骋于辞章；已而出入二氏；继乃居夷处困，豁然有得于圣贤之旨，是三变而至道也"④；而黄宗羲则转述王畿的"三变"之说，谓"先生之学，始泛滥于词章，继而遍读考亭之书，循序格物，顾物理吾心终判为二，无所得入。于是出入于佛、老者久之。及至居夷处困，动心忍性，因念圣人处此更有何道？忽悟格物致知之旨，圣人之道，吾性自足，

---

① （明）王守仁：《王阳明全集》卷三十三《年谱一》，上海古籍出版社 1992 年版，第 1228 页。

② 同上书，第 1229 页。

③ （明）湛若水：《阳明先生墓志铭》，（明）王守仁《王阳明全集》卷三十八，上海古籍出版社 1992 年版，第 1401 页。

④ （明）钱德洪：《刻文录叙说》，（明）王守仁《王阳明全集》卷四十一，上海古籍出版社 1992 年版，第 1574 页。

不假外求。其学凡三变而始得其门"①，其中都未提及陆学的影响。由此可见，阳明早年对于陆学与朱陆异同问题并不甚措意，其主要精力在于追求自得之学，而在其心学思想探索与形成的过程中，亦未发现来自陆学的特殊影响。不论出于阳明的自述，还是他人的旁证，都无法证明王学与陆学之间存在直接的承继关系。

另一方面，王阳明虽然屡次对陆九渊表示回护和赞赏，主张陆学乃孟子之学，褒扬"象山之学简易直截，孟子之后一人。……其大本大原断非余子所及也"②，"真有以接孟子之传"③，又谓"象山辩义利之分，立大本，求放心，以示后学笃实为己之道，其功亦宁可得而尽诬之"④，但从总体上看，阳明在讲学与著述中提及陆九渊之处并不多见，其直接引用或讨论陆氏思想则更少，显示其并未将陆学视为自己主要的思想渊源。且阳明对陆学亦有所批评和不满，如谓象山"学问思辨、致知格物之说……未免沿袭之累"⑤，"致知格物，自来儒者皆相沿如此说，故象山亦遂相沿得来，不复致疑耳。然此毕竟亦是象山见得未精一处，不可掩也"⑥，又谓陆子之学"只是粗些"⑦。特别是在知行合一、格物致知等王学思想体系的核心问题上，都突出体现了阳明的创造精神，从中不难发现王学与陆学的显著差异。由此可见，王阳明与陆九渊的心学思想有同有异，其相同点主要体现在整体的理论倾向与为学宗旨上，而在具体问题的理解与论述上则多有不同。用阳明的话说，就是陆学在理论上较为粗糙，又不够彻底，未免沿袭之累。也正因为陆学在王学中并不占有特别重要的地位，所以阳明对于他和陆九渊之间的思想异同并不在意，而对陆氏的评论也多是整体性与概括性的，显然不欲对其思想做深入的探讨。当有人提及陆王之间的思想差异

---

① （清）黄宗羲：《明儒学案》卷十《姚江学案·文成王阳明先生守仁》，中华书局 2008 年版，第 180 页。

② （明）王守仁：《王阳明全集》卷五《与席元山》，上海古籍出版社 1992 年版，第 180 页。

③ （明）王守仁：《王阳明全集》卷七《象山文集序》，上海古籍出版社 1992 年版，第 245 页。

④ （明）王守仁：《王阳明全集》卷二十一《答徐成之二》，上海古籍出版社 1992 年版，第 809 页。

⑤ （明）王守仁：《王阳明全集》卷五《与席元山》，上海古籍出版社 1992 年版，第 180 页。

⑥ （明）王守仁：《王阳明全集》卷六《答友人问》，上海古籍出版社 1992 年版，第 210 页。

⑦ （明）王守仁：《王阳明全集》卷三《传习录下》，上海古籍出版社 1992 年版，第 92 页。

时，阳明回答道："君子之学，岂有心于同异？惟其是而已。吾于象山之学有同者，非是苟同；其异者，自不掩其为异也。"① 可以说，在当时朱子学笼罩的学术氛围下，王阳明更多的是把陆九渊视为与自己思路相近、气质相投、境遇相似的知己与盟友，而非其学术思想的直接来源。当阳明倡导自得之新说，却不为世儒所理解，饱受非议攻击时，很容易联想到陆学的命运，而其门人弟子关于朱陆之学的疑问与争论，也必然促使阳明意识到自己学说与陆学之间的相似之处。如此，方能理解为何阳明对朱陆异同历来不感兴趣，却又会突然为此大发感慨，感叹"今晦庵之学，天下之人童而习之，既已入人之深，有不容于论辩者。而独惟象山之学，则以其尝与晦庵之有言，而遂藩篱之。使若由、赐之殊科焉，则可矣，而遂摈放废斥，若碔砆之与美玉，则岂不过甚矣乎"，又谓"晦庵之学，既已若日星之章明于天下；而象山独蒙无实之诬，于今且四百年，莫有为之一洗者"，因而激烈批评"世之儒者，附和雷同，不究其实，而概目之以禅学"，甚至表示"欲冒天下之讥，以为象山一暴其说，虽以此得罪，无恨"。② 在此，阳明显然将自己想象成了明朝的陆九渊，而他所说的既是历史上陆学的遭遇，也可以是当下王学的遭遇，所以他才要情不自禁地为陆九渊大声辩白、大呼冤枉了。综上，若说王学与陆学宗旨相近则可，若说王学与陆学完全一致，或王学直接承袭陆学而来则无可靠依据，恐难成立。

　　与王学和陆学之间暧昧不明的关系相比，王学与朱学之间的关系可能反而比较明确和清晰。尽管这一点在过去往往未能引起学者的注意，或者说，被朱王两派学者之间的门户之争给有意无意地掩盖和忽略了。简单来说，王阳明和他的心学思想诞生于朱子学笼罩的时代，其一生的大部分时间都处在和朱熹奋斗的过程当中，而他心中始终关怀的心性关系、为学次第、格物致知等问题也是朱熹哲学中的核心问题。我们甚至可以说，朱子学既是王学的一个重要的"他者"，又构成了王学的某种前提和基础，而王学则是集宋代理学之大成的朱子学在明代的另一种延续和发展，虽然这

---

① （明）王守仁：《王阳明全集》卷六《答友人问》，上海古籍出版社 1992 年版，第 209 页。
② （明）王守仁：《王阳明全集》卷二十一《答徐成之二》，上海古籍出版社 1992 年版，第809 页。

种延续在表面上采取了反叛的形式，并且最终发展到了朱子学的反面。①

从王阳明的思想发展历程来看，自其十二岁进入塾学正式接受儒学教育，或许已经从教材中初步接触到朱子学的思想理论。因此，当少年阳明发出"登第恐未为第一等事，或读书学圣贤耳"的宏愿之后，又遍求朱熹遗书读之，并且按照朱熹格物致知的方法去学为圣贤。如此便有了著名的"亭前格竹"的故事。② 当然，"亭前格竹"或许只是出于阳明早年对朱熹格物说的一种误解，在当时也未实际发生什么特殊的影响，但当阳明晚年与弟子论及格物问题，追溯自己格物思想的来源时，却特别提到这件事情，并将其与"龙场悟道"先后并列，可见阳明确乎将其视为自己早年思想发展历程中的一件具有象征性意义的事件。由此，既彰显了格物致知问题在王学思想中的重要地位，又侧面反映出阳明对于自己的学术思想自始便与朱子学相互关联的一种确认。而在当时，格竹的失败虽使阳明感到沮丧，从而对朱熹的格物说有所疑惑，但他并未因此放弃对于朱子学的兴趣。弘治二年（1489），阳明由南昌返回余姚，途经广信时，拜谒了著名理学家娄谅。娄谅语以宋儒格物之学，谓"圣人必可学而至"③，使阳明深有感触。相信阳明此时对于朱熹的格物说必然有了新的了解，重新恢复了由格物而学至圣人的信心，后遂与亲友子弟一同讲析经义，广读诸经子史，走上了读书穷理的路子。弘治十一年（1498），阳明因读朱熹上宋光宗疏，见内有"居敬持志，为读书之本，循序致精，为读书之法"之言，遂于格物之法又有所领悟，后悔此前涉猎虽广，却未能循序以进，宜无所

---

① 关于王学与朱学的关系，岛田虔次曾说："阳明学一般被说成是陆象山学问的复兴、继续……但是，如同已述，当时是朱子学的时代，他也是从朱子学出发的。"（见［日］岛田虔次《朱子学与阳明学》，蒋国保译，陕西师范大学出版社 1986 年版，第 82 页）唐君毅则说："阳明之学，归宗近陆象山，然实由朱子之学发展而出。"（见唐君毅《阳明学与朱子学》，《唐君毅全集》卷十八《哲学论集》，台湾学生书局 1990 年版，第 508 页）刘述先同样认为，"就阳明所完成的思路看来，他的思想须由朱子转手而来，故朱子的思想竟是阳明之一重要渊源。……朱子的思想的确是阳明哲学探索的起点；乃是通过与朱子思想的对反与销融，才完成了阳明哲学思想的成熟理路。"（见刘述先《朱子哲学思想的发展与完成》，台湾学生书局 1984 年版，第 579 页）

② 据陈来先生考证，"亭前格竹"之事当在弘治二年（1489）王阳明 18 岁之前，而非学者一般所认为的弘治五年（1492）。详见陈来《有无之境——王阳明哲学的精神》，北京大学出版社 2013 年版，第 312—313 页。

③ （明）王守仁：《王阳明全集》卷三十三《年谱一》，上海古籍出版社 1992 年版，第 1223 页。

得，于是又按照朱熹的方法循序读书，"思得渐渍洽浃，物理吾心终若判而为二也"①。由此可见，朱子学中的格物问题构成了阳明早年思想发展的核心问题。弘治年间，王阳明虽泛滥辞章，出入二氏，又曾为兵法、养生之学，但圣人之学始终是其钦慕追求的主要目标。他"自念辞章艺能不足以通至道，求师友于天下又不数遇"②，最终仍然选择朱熹的格物之学作为求圣的途径。但朱子学却无法完全消除阳明内心的困惑与难题，屡次令其沉思致疾，故又促使阳明寻找、探索不同的思想方向与进路。直到正德初年，经过百死千难的磨砺之后，王阳明在龙场大悟格物致知之旨，解决了长期以来一直困扰他的"物理吾心终若判而为二"的问题，这才真正确立了自己学术思想的根本宗旨，从而可以比较彻底地摆脱朱熹格物说的羁绊，进而与朱子学分庭抗礼。

"龙场悟道"虽然使阳明不再信服朱熹的格致说，但这并不意味着阳明与朱子学之间的关联被彻底割断。事实上，在"龙场悟道"后相当长的一段时期内，王学与朱学之间仍然保持着复杂而微妙的关系，而这种关系主要沿着两条看似矛盾的道路平行向前发展。一方面，阳明积极讲学授徒，标举新说，以其自得的新思想与当时居于正统地位的朱子学相抗衡、争胜，甚至有意通过与朱子学的这种对立来彰显自己的思想特色，于是便有古本《大学》与《传习录》的刻印行世。其中，《传习录》主要从正面表达、展示阳明心学的理论与主张，而印行古本《大学》则是为了取代朱熹《大学章句》的权威地位，从而推翻朱熹格致论的理论依据，为自己重新诠释《大学》思想提供经典支持。另一方面，阳明仍对朱熹保持尊重，甚至自觉不自觉地流露出对于朱子学权威地位的某种认同。譬如他屡次提到"仆于晦庵亦有罔极之恩，岂欲操戈而入室者"③，"平生于朱子之说如神明蓍龟，一旦与之背驰，心诚有所未忍"④。其不仅肯定朱熹为圣人之

---

① （明）王守仁：《王阳明全集》卷三十三《年谱一》，上海古籍出版社1992年版，第1224页。
② 同上。
③ （明）王守仁：《王阳明全集》卷二十一《答徐成之二》，上海古籍出版社1992年版，第809页。
④ （明）王守仁：《王阳明全集》卷二《传习录中·答罗整庵少宰书》，上海古籍出版社1992年版，第78页。

徒，称赞朱熹"折衷群儒之说，以发明六经、《语》《孟》之旨于天下，其嘉惠后学之心，真有不可得而议者"①，而且认为朱熹之学亦以尊德性为事，所谓"支离"者乃后学之弊，非晦庵之罪。故曰："其心虑恐学者之躐等而或失之于妄作，使必先之以格致而无不明，然后有以实之于诚正而无所谬。世之学者挂一漏万，求之愈繁而失之愈远，至有敝力终身，苦其难而卒无所入，而遂议其支离。不知此乃后世学者之弊，而当时晦庵之自为，则亦岂至是乎？"② 而对于朱王异同，阳明则曰："吾说与晦庵时有不同者，为入门下手处有毫厘千里之分，不得不辩。然吾之心与晦庵之心未尝异也。若其余文义解得明当处，如何动得一字？"③ 甚至对于王学与朱学分歧焦点之一的格物问题，阳明亦谓："凡某之所谓格物，其于朱子'九条'之说，皆包罗统括于其中；但为之有要，作用不同，正所谓毫厘之差耳。"④ 由此可见阳明对待朱子学的另一面态度。

当然，阳明的这些说法中或许包含有策略性的因素，即为了减少来自朱子学的批评，减轻新思想传播所遭遇的阻力，但其用语甚重，言辞恳切，再结合当时的学术氛围、思想语境与阳明自身的生活经历、性格特点等因素全面考虑，恐怕亦不能将其全然视为违心之论。朱子学的权威与地位，既是经由历代官方的政治权力所确认的，又是在理学思潮发展演变的过程中自然形成的。因此，对于元代之后的任何一位理学家而言，朱子学都是一个必须认真面对与思考的理论前提，因而亦是长期埋藏在阳明心中难以跨越的一道坎。阳明虽然始终不肯将朱熹纳入自己的道统谱系之中，但这绝不意味着阳明可以无视朱熹的存在，可以像忽略陆王异同那样忽略朱王异同。所以，虽然阳明在"龙场悟道"之后，经过反复的"痛反深抑""搜剔斑瑕"，已确认自己的新思想"精明的确，洞然无复可疑"，但当他发觉自己"独于朱子之说有相抵牾"时，仍感到"恒疚于心"，有所

---

① （明）王守仁：《王阳明全集》卷二十一《答徐成之二》，上海古籍出版社 1992 年版，第 809 页。

② 同上书，第 808 页。

③ （明）王守仁：《王阳明全集》卷一《传习录上》，上海古籍出版社 1992 年版，第 27 页。

④ （明）王守仁：《王阳明全集》卷二《传习录中·答罗整庵少宰书》，上海古籍出版社 1992 年版，第 77 页。

不忍。而在借由吴澄、程敏政等朱子学者和会朱陆的思路，发现朱熹"晚岁固已大悟旧说之非"，而与自己思想一致时，又"自幸其说之不谬于朱子，又喜朱子之先得我心之同然"。① 如此，便有了《朱子晚年定论》之作。阳明显然是希望通过构建一个区别于"传统朱子"的"晚年朱子"形象，来对朱子学重新定论，从而在王学与朱学之间达成某种和解与共识，进而将朱子学同化于自己的思想体系之中，使学术归于一是。李纪祥就特别重视《朱子晚年定论》所透露出来的意义，将其视为探讨王学思想渊源的一大关键。在他看来，从吴澄调和朱陆的思想倾向，到程敏政《道一编》中提出"朱陆早异晚同论"，再到王阳明的《朱子晚年定论》，形成了一条思想发展的脉络。"这一脉络，显示阳明学由朱学/朱门而来的继承性及其历史脉络。因此，虽然王学在明代终究形成了朱、王对立的历史现实与可观样态，但是，却并不是陆——王（由'陆'到'王'）的脉络，而是实由朱门中主张朱陆调和论的朱子学脉转化而出。……以'朱子晚年'为构词（源出于程敏政的'早'异'晚'同之'晚'），而在形式上则以'朱陆异同论'的历史场域为媒介，到阳明手上而开出的阳明学，就可以视为是对朱子学后续的接续。"②

当然，《朱子晚年定论》的提出亦从侧面反映出阳明的思想尚在发展之中，其自己对此恐怕亦未达到十分的自信，故于朱熹尚有依傍之意，仍旧试图通过朱熹的旧权威来证立自己的新思想，借助"旧典新诠"来实现"托古改制"。因此，当阳明因言论与朱熹有异，抑或攻击朱熹之说，而遭到猛烈围攻时，其反应便是"取朱子晚年悔悟之说，集为定论，聊藉以解纷"，又感叹"无意中得此一助，亦颇省颊舌之劳"。③ 由此可以推断，以《朱子晚年定论》为代表的阳明长期以来对于朱子学的这种复杂态度，或许就是其晚年所称的"乡愿意思"。据《年谱》记载，嘉靖二年（1523），

---

① （明）王守仁：《王阳明全集》卷七《朱子晚年定论序》，上海古籍出版社 1992 年版，第240—241 页。

② 李纪祥：《理学世界中的"历史"与"存在"——"朱子晚年"与〈朱子晚年定论〉》，《宋明理学与东亚儒学》，广西师范大学出版社 2010 年版，第195—196 页。

③ （明）王守仁：《王阳明全集》卷四《与安之》，上海古籍出版社 1992 年版，第 173 页。

"邹守益、薛侃、黄宗明、马明衡、王艮等侍，因言谤议日炽。先生曰：'诸君且言其故。'有言先生势位隆盛，是以忌嫉谤；有言先生学日明，为宋儒争异同，则以学术谤；有言天下从游者众，与其进不保其往，又以身谤。先生曰：'三言者诚皆有之，特吾自知诸君论未及耳。'请问。曰：'吾自南京已前，尚有乡愿意思。在今只信良知真是真非处，更无掩藏回护，才做得狂者。使天下尽说我行不掩言，吾亦只依良知行。'"① 这里所说的"谤议"，显然主要因阳明之学术，特别是王学与朱学之间的是非同异而起。但在讨论其缘故时，阳明却不论他人的忌嫉毁谤，而将"谤议"与"乡愿意思"径直联系起来，明显是在反思自己过去的学术态度与矛盾心理。对此，孙锵更是直言："王学本独有千古，可俟百世。何必借朱子为定论？况明言其不必尽出于晚年哉？观'委曲调停'四字，先生盖犹有乡愿之见。而王学所以予人口实者，正在此也。"② 其实，阳明自己又何尝不懂得这个道理？他在此前为自己所作的《朱子晚年定论》辩护时就曾说道："夫道，天下之公道也；学，天下之公学也；非朱子可得而私也，非孔子可得而私也。天下之公也，公言之而已矣。故言之而是，虽异于己，乃益于己也；言之而非，虽同于己，适损于己也。"③ 其立论何其高广，只是当时学术尚未臻化境，不足以完全支撑这一理想。直至其晚年揭出致良知之教，方才真正做到空所依傍，唯求于心，只依良知而行，更无掩藏回护。故曰："近来信得致良知三字，真圣门正法眼藏。往年尚疑未尽，今自多事以来，只此良知无时不具足。譬之操舟得舵，平澜浅濑，无不如意，虽遇颠风逆浪，舵柄在手，可免没溺之患矣。"④ 此时的阳明，自信"圣人之学，惟是致此良知而已。……致良知之外无学矣"⑤，故既不必依附朱子，也不必同于陆子，最终彻底走上了立异于朱熹的道路。需要注意

---

① （明）王守仁：《王阳明全集》卷三十五《年谱三》，上海古籍出版社 1992 年版，第 1287 页。

② 陈荣捷：《王阳明传习录详注集评》，台湾学生书局 1983 年版，第 254 页。

③ （明）王守仁：《王阳明全集》卷二《传习录中·答罗整庵少宰书》，上海古籍出版社 1992 年版，第 78 页。

④ （明）王守仁：《王阳明全集》卷三十四《年谱二》，上海古籍出版社 1992 年版，第 1278—1279 页。

⑤ （明）王守仁：《王阳明全集》卷八《书魏师孟卷》，上海古籍出版社 1992 年版，第 280 页。

的是，阳明晚年虽专意于"致良知"宗旨的宣讲，几乎不再主动提及有关"朱子晚年"或"朱陆异同"的话题，①并告诫门人"各自且论自己是非，莫论朱、陆是非"②，但由于其讨论的主要内容仍是格物致知问题，故仍不免与朱熹的格致理论有所交涉。

　　从王学思想的形式与进路上看，其基本继承了宋代理学特别是朱子理学所建构的经典体系、理论框架与主要论题。譬如，朱熹正式确立了以四书为核心的新儒学经典体系，终身致力于对四书的重新诠释，并主要以《大学》和《中庸》为思想资料建立起自己的理学思想体系。而阳明之学正是产生、发展于朱子学笼罩的思想环境之中，其具体内容与整体框架亦是借由四书特别是《大学》所提供的思想材料与范畴出发，从而构筑自己的心学思想体系。钱德洪即云："吾师阳明先生，平时论学，未尝立一言，惟揭《大学》宗旨，以指示人心。"③因此，阳明一定要通过恢复《大学》古本的方式来建立自己的思想根基。又如，朱熹特别重视《大学》中的格物致知问题。其自少年时代受教诵读《大学》，直至临终前仍在修改《大学章句》。可以说，正是由于朱熹对《大学》中格物致知等概念的创造性诠释，使得格致理论成为新儒学认识论、工夫论和政治理论的核心与基础。同样，格物致知问题亦构成了贯穿王学思想体系的线索与核心。阳明心学正是由对格物问题的思考与领悟开其端，又以"致良知"为最后定论，其他诸如"心即理""知行合一""尊德性""诚意"等重要理论与观念，皆可与其格致论取得联系，互相阐释，并最终统一于"致良知"之学。由此可见，王学在思想理论的概念范畴、结构框架与经典依据等方面

---

　　①　惟《答顾东桥书》中有"合心与理为一，则凡区区前之所云，与朱子晚年之论，皆可以不言而喻矣"之语，仍以"心即理"为朱子晚年定论，是一例外。

　　②　（明）王守仁：《王阳明全集》卷二《传习录中·启问道通书》，上海古籍出版社1992年版，第60页。

　　③　（明）钱德洪：《续刻传习录序》，（明）王守仁《王阳明全集》卷四十一，上海古籍出版社1992年版，第1584页。

皆与朱子学相近，而与陆学较为不同。①

不仅如此，阳明心学中的某些重要思想亦曾受到朱子学的影响与启发，甚至直接借用朱熹的观点与概念来阐述、论证自己的理论。陈荣捷就曾指出："《传习录》重要之点有三：一为至善是心之本体，二为独知乃良知，三为心外无理。三者皆借重朱子之言，以为解释。"② 其中，阳明言心之本体，乃引朱熹"尽夫天理之极，而无一毫人欲之私"③ 以释之；其解独知为良知，谓"所谓人虽不知，而己所独知者，此正是吾心良知处"④，则引朱熹《大学章句》释诚意章中"独者，人所不知而己所独知之地也"⑤ 之语。朱熹注《大学》之"明明德"云："明德者，人之所得乎天，而虚灵不昧，以具万理而应万事者也。但为气禀所拘，人欲所蔽，则有时而昏；然其本体之明，则有未尝息者。故学者常因其所发而遂明之，以复其初也。"⑥ 而阳明亦谓："明德者，天命之性，灵昭不昧，而万理之所从出也。……于凡事物之感，莫不有自然之明焉；是其灵昭之在人心，亘万古而无不同，无或昧者也，是故谓之明德。其或蔽焉，物欲也。明之者，去其物欲之蔽，以全其本体之明焉耳"⑦，又云："虚灵不昧，众理具而万事

---

① 对此，唐君毅亦云："阳明之格物致良知之论，则由朱子之格物致知之论发展出，初与象山之格物致知之论无甚关系。此外阳明之论心之体与用、未发与已发、天理与人欲、存养与省察、戒慎恐惧等内心修养工夫问题；皆是承朱子之说而出。此与象山之罕言体用，不喜天理人欲之分，亦不多论已发、未发、存养、省察等工夫问题，而只重先'明道''明理''先立乎其大者'，亦不同其论。"见唐君毅《阳明学与朱子学》，《唐君毅全集》卷十八《哲学论集》，台湾学生书局1990年版，第509页。

② 陈荣捷：《朱子新探索》，华东师范大学出版社2007年版，第404页。

③ （宋）朱熹：《四书章句集注·大学章句》，《朱子全书》第6册，上海古籍出版社、安徽教育出版社2002年版，第16页。

④ （明）王守仁：《王阳明全集》卷三《传习录下》，上海古籍出版社1992年版，第119页。

⑤ （宋）朱熹：《四书章句集注·大学章句》，《朱子全书》第6册，上海古籍出版社、安徽教育出版社2002年版，第21页。

⑥ 同上书，第16页。

⑦ （明）王守仁：《王阳明全集》卷七《亲民堂记》，上海古籍出版社1992年版，第250—251页。

出。心外无理，心外无事"①，皆直述朱熹之言，不可不谓其有得于朱子学。②刘述先则指出，王门极为重视的、被誉为"写出千古同体万物之旨，与末世俗习相沿之弊"③的"拔本塞源论"，其"拔本塞源"一词，很可能也是阳明取之于朱熹者。④与此同时，也正是由于王学与朱学在思想形式上拥有如此多的相似之处，因而王学的深刻意义与独特精神更须通过与朱学的对反而彰显。"阳明自谓此间之差不过毫厘，他的思想是由对治朱学的流弊所发展完成的一个新的圣学的形态，没有朱学的渊源与对反，必不会有王学，事至显然。"⑤

因此可以说，明代的王学是在宋代理学特别是朱子理学的基础上，融会了佛道的智慧，进而主要通过自得自悟的方式，对朱子理学加以深刻的反思、批判而逐步形成的，因而具有补充、修正朱子理学的这一层意义，也可以视作对朱子理学的一种偏取性的继承。这便构成了王学与朱学之间相互影响、借鉴、融合的思想基础。

若从朱子学的立场和角度来审视王学与朱学之间的关系，亦可从中发现清初朱子学融摄王学的可能性与必要性。首先，作为相互融摄的基本前提，不论程朱理学还是陆王心学，同样从属于宋明理学的大系统之下，都是一种以德性的培养和道德秩序的建立为根本目标的道德理想主义。在此基础上，由于不同学者在问题意识、关注重心与学术性格等方面的差异，导致了其对于儒学义理的不同体证与实践，使得理学和心学各有其理论的优势与局限，从而蕴含了综合互补的潜在要求。南宋后期，朱子理学虽然在从政治到思想的各个领域都取得了对于陆学的全面胜利，但这并未完全消灭心学在思想上的合理性与特殊魅力。尤其是朱子学自身的封闭僵化与

---

①　（明）王守仁：《王阳明全集》卷一《传习录上》，上海古籍出版社1992年版，第15页。
②　陈荣捷还指出，刘宗周曾摘录阳明书札、杂著与《传习录》集为《阳明传信录》三卷，每条加以按语，其中对于朱、王思想印合处颇多发明，言之最切。参见陈荣捷《朱子新探索》，华东师范大学出版社2007年版，第404—406页。
③　（明）钱德洪：《刻文录叙说》，（明）王守仁《王阳明全集》卷四十一，上海古籍出版社1992年版，第1575页。
④　参见刘述先《朱子哲学思想的发展与完成》，台湾学生书局1984年版，第593页。
⑤　刘述先：《朱子哲学思想的发展与完成》，台湾学生书局1984年版，第595页。

世俗化，日益丧失了思想的活力与追求，引起了一批厌恶平庸、功利与琐屑的朱子学者的强烈不满。他们主动吸收、借鉴陆氏心学中的思想资源，使得朱子学内部逐渐出现一股或明或暗的调和朱陆、援陆入朱的思路。

其中，元代的吴澄就是这样一个朱子理学心学化的关键性人物。吴澄虽学近朱熹，曾称赞朱熹集周、程、张、邵数子之大成而为中兴之豪杰，又以"绍朱子之统自任"①，但他同时主张"朱、陆二师之为教一也"，批评"二家庸劣之门人，各立标榜，互相诋訾"，致使"道之无传，而人之易惑难晓也"②。吴澄认为，"朱子之教人也，必先之读书讲学；陆子之教人也，必使之真知实践。读书讲学者，固以为真知实践之地；真知实践者，亦必自读书讲学而入"③，所以朱陆之学相辅相成，殊途同归。作为一名朱子学者，他指责朱门后学往往滞于语言文字而溺其心，"既以世儒记诵词章为俗学矣，而其为学亦未离乎言语文字之末，甚至专守一艺而不复旁通它书，掇拾腐说而不能自遣一辞，反俾记诵之徒嗤其陋，词章之徒议其拙，此则嘉定以后朱门末学之弊，而未有能救之者也。……况止于训诂之精，讲说之密，如北溪之陈，双峰之饶，则与彼记诵词章之俗学，相去何能以寸哉？"④ 由此可见，在吴澄眼中，当时的朱门末学之弊主要在于门户之见与为学之方。

为了救正这一弊病，吴澄一方面倡导学者自思、自立、自得，不依傍门户；另一方面吸收陆学的为学方法，特重尊德性之学。譬如他说："朱子道问学工夫多，陆子静却以尊德性为主。问学不本于德性，则其弊偏于言语训释之末，果如陆子静所言矣。今学者当以尊德性为本，庶几得之"⑤，又强调："夫所贵乎圣人之学，以能全天之所以与我者尔。天之与

① （元）虞集：《道园学古录》卷四十四《故翰林学士资善大夫知制诰同修国史临川先生吴公行状》，商务印书馆 1937 年版，第 744 页。
② （元）吴澄：《吴文正集》卷二十七《送陈洪范序》，《景印文渊阁四库全书》第 1197 册，台湾商务印书馆 1983 年版。
③ 同上。
④ （元）吴澄：《吴文正集》卷四十《尊德性道问学斋记》，《景印文渊阁四库全书》第 1197 册，台湾商务印书馆 1983 年版。
⑤ （元）虞集：《道园学古录》卷四十四《故翰林学士资善大夫知制诰同修国史临川先生吴公行状》，商务印书馆 1937 年版，第 747 页。

我，德性是也。是为仁义礼智之根株，是为形质血气之主宰，舍此而他求，所学果何学哉？"① 其教学者，"每先令其主一持敬以尊德性，然后令其读书穷理以道问学"，欲学者"先反之吾心，而后求之五经"。② 如此种种，皆可见其以陆学改造朱子学的思路。

一般说来，一定的为学方法总是与一定的心性理论相联系。吴澄在提倡尊德性的同时，还肯定陆九渊的"本心"之说，将心视为"天之所以与我，人之所以为人"的本质。由于德性具于心中，本心以德性为内容，故尊德性便是"以心为学"，而能否"以心为学"则成为区分圣学与俗学的标准。"夫学亦多术矣。词章记诵，华学也，非实学也。政事功业，外学也，非内学也。知必真知，行必力行，实矣，内矣。然知其所知，孰统会之？行其所行，孰主宰之？无所统会，非其要也；无所主宰，非其至也。孰为要，孰为至？心是已。天之所以与我，人之所以为人者在是。不是之求而他求焉，所学何学哉？"③ 因此，吴澄虽不反对外在的见闻和格物，但特别强调反求于心的为学方法及其意义，表示："若曰徒求之五经而不反之吾心，是买椟而弃珠，此则至论。不肖一生切切然，惟恐堕此窠臼。"④ 这些无不体现出吴澄和会朱陆的思想特色。

吴澄之后，朱子学内部的朱陆调和论仍在不断地延续与发展。譬如，吴澄门下的虞集就深受其师影响，主张朱陆乃"相望扶植斯文者"，"入德之门，容或不同，教人之方，容有小异，其皆圣人之徒也"，学者若能"因二贤之差殊而精考神会焉，于圣人之精微遂可推见"。⑤ 虞集在《跋朱先生答陆先生书》中又列举了朱熹答叶公谨书、与胡季随书以及答陆九渊书中的三段材料，一则曰："近日亦觉向来说话有太支离处，反身以求，

① （元）吴澄：《吴文正集》卷四十《尊德性道问学斋记》，《景印文渊阁四库全书》第 1197 册，台湾商务印书馆 1983 年版。

② （元）吴澄：《吴文正集》卷三《答田副使第三书》，《景印文渊阁四库全书》第 1197 册，台湾商务印书馆 1983 年版。

③ （元）吴澄：《吴文正集》卷七《王学心字说》，《景印文渊阁四库全书》第 1197 册，台湾商务印书馆 1983 年版。

④ （元）吴澄：《吴文正集》卷三《答田副使第三书》，《景印文渊阁四库全书》第 1197 册，台湾商务印书馆 1983 年版。

⑤ （元）虞集：《道园学古录》卷三十四《送李伯宗序》，商务印书馆 1937 年版，第 580 页。

正坐自己用功亦未切尔。因此减去文字工夫，觉得气象甚适"，一则曰：
"衰病如昔，但觉日前用功泛滥，不甚切己，方与一二学者力加鞭约，为
克己求仁之功，亦粗有得力处"，一则曰："病中绝学捐书，却觉得身心颇
相收管，似有少进步处。向来泛滥，真是不济事"，① 皆所谓悔悟向来为学
支离之语。加之其中"衰病如昔""病中绝学捐书"等语，更给人一种晚
年之感。对于朱熹的这些说法，虞集本人的解释是朱熹"平日问辨讲明之
说极详，至此而切己反求之功愈切，是以于此稍却其文字之支离，深忧夫
词说之泛滥，一旦用力，而其效之至速如此，故乐为朋友言之也"②。显
然，虞集的主要目的在于强调朱、陆二人在"反身以求"即尊德性上拥有
共识，而非全然否定道问学的意义，但其所使用的"支离—悔悟—反求"
的叙述方式，则为其他朱陆调和论者提供了一种可供发挥的重要思路。

元末的郑玉亦是当时提倡调和朱陆的代表学者之一。《宋元学案》称：
"继草庐而和会朱、陆之学者，郑师山也。草庐多右陆，而师山则右朱，
斯其所以不同。"③ "右朱"的郑玉虽然认为陆九渊"高明不及明道，缜密
不及晦庵……其教尽是略下功夫，而无先后之序，而其所见，又不免有知
者过之之失"④，但亦承认"其简易光明之说，亦未始为无见之言也。故其
徒传之久远，施于政事，卓然可观，而无颓堕不振之习"⑤，故谓"陆氏之
所以异于朱子者，非若异端之别为一端绪也。特所见出于高明，而或谓智
者过之耳"⑥。对于朱陆异同，郑玉解释道："二先生相望而起也，以倡明
道学为己任。……陆子之质高明，故好简易；朱子之质笃实，故好邃密。
盖各因其质之所近而为学，故所入之途有不同尔。及其至也，三纲五常，

---

① （元）虞集：《道园学古录》卷四十《跋朱先生答陆先生书》，商务印书馆 1937 年版，第
686 页。

② 同上。

③ （清）黄宗羲、（清）全祖望：《宋元学案》卷九十四《师山学案》，中华书局 1986 年版，
第 3125 页。

④ （元）郑玉：《师山遗文》卷三《与汪真卿书》，《景印文渊阁四库全书》第 1217 册，台湾
商务印书馆 1983 年版。

⑤ 同上。

⑥ （明）程敏政：《道一编》卷六《贞白郑氏表融堂钱先生墓略》，《续修四库全书》第 936
册，上海古籍出版社 1995 年版。

仁义道德，岂有不同者哉？况同是尧舜，同非桀纣，同尊周孔，同排释老，同以天理为公，同以人欲为私，大本达道，无有不同者。……朱子之说，教人为学之常也；陆子之说，高才独得之妙也。"① 因此，他同样批评"近时学者，未知本领所在，先立异同。宗朱子则肆毁象山，党陆氏则非议朱子，此等皆是学术风俗之坏，殊非好气象也"②，主张于朱陆之学求同存异，"息党同伐异之论，而为至当精一之归"③。按照郑玉的理解，朱学与陆学的区别主要是源于二人学术性格与个人气质的差异所导致的为学之方的不同，其在学术思想的大本达道方面则并无不同。因此可以推论，若在朱门后学中出现倾向于"高明"与"简易"的思路时，会很容易，也很自然地产生对于陆学的好感与同情，进而出现融合心学因素的朱子学形态。

与郑玉约略同时，亦主朱陆调和论的著名学者尚有赵汸。赵汸之学发端于黄泽，而成就于虞集，大体延续了朱门的学脉。但他对于朱门末流以辨析文义、纂集群言即为朱子之学深感不满，而于陆学别有会心，故颇为陆学辩护。在他看来，"儒学之学，莫严于义利之辨，而学术之弊，率由气禀之偏"④，所以朱陆之学在入门方式上虽然有异，但其根本宗旨却无不同，二家之学可谓殊途同归。赵汸承认朱陆异同确实客观存在，所谓"简易支离之说，邃密深沉之言，终有未合"⑤，但二者之间的尖锐对立却是由于两派学者的"毫分缕析""石称丈量"所造成和加深的。因此，他不愿直接谈论朱陆异同的细枝末节，而主张"征之于二先生之所自言者"⑥。于是，他引用了朱熹《答项平甫》中所谓"今当反身用力，去短集长，庶不

①　（元）郑玉：《师山集》卷三《送葛子熙之武昌学录序》，《景印文渊阁四库全书》第1217册，台湾商务印书馆1983年版。

②　（元）郑玉：《师山遗文》卷三《与汪真卿书》，《景印文渊阁四库全书》第1217册，台湾商务印书馆1983年版。

③　（明）程敏政：《道一编》卷六《贞白郑氏表融堂钱先生墓略》，《续修四库全书》第936册，上海古籍出版社1995年版。

④　（元）赵汸：《东山存稿》卷二《对问江右六君子策》，《景印文渊阁四库全书》第1221册，台湾商务印书馆1983年版。

⑤　同上。

⑥　同上。

堕于一偏"一段，认为由此可见朱子进德之序；又引用陆九渊《祭吕伯恭文》中"追惟曩昔，粗心浮气，徒致参辰，岂足酬议"一段，认为由此可知陆氏克己之勇，最后提出他的推断："夫以二先生之言至于如是，岂鹅湖之论至是而各有合邪？使其合并于暮岁，则其微言精义必有契焉，而子静则既往矣。抑不知子朱子后来德盛仁熟所谓'去短集长'者，使子静见之，又当以为如何也？"① 也就是说，赵汸认为朱、陆早年思想虽有不合处，但二人随后对于自己的思想皆有所反思，出现互相靠近的倾向，因而其晚年思想最终必然相契。按照他的说法，似乎朱熹晚年的思想转变更为明显，且这一转变发生在陆九渊去世之后，陆氏不及见之。显然，赵汸的这一论断暴露了他在事实判断方面的严重错误。因为据陈建考证，朱熹《答项平甫》书作于淳熙十年（1183），尚在朱、陆辩无极太极之前五年，正是所谓"中年疑信相半未定之际"②，难称晚年，且陆九渊并未过世。而陆九渊当时也确实见到了朱熹的"去短集长"之议，只不过他的回应是"然吾以为不可，既不知尊德性，焉有所谓道问学"③，亦看不出任何要与朱熹相契的意思。但是，赵汸提出的朱陆早异晚同的初步设想，以及看似客观的"征之于二先生之所自言者"的论证方式，却为日后的朱陆调和论者提供了一个重要的理论基础。

可以说，明代程敏政的《道一编》及其朱陆早异晚同说，正是朱子学内部这一股和会朱陆思路的自然发展与逻辑结果。程敏政认为，"朱、陆二氏之学始异而终同，见于书者可考也。不知者往往尊朱而斥陆，以其早年未定之论，而致夫终身不同之说，惑于门人记录之手，而不取正于朱子亲笔之书耶。"④ 为此，他在《道一编》中摘取朱、陆二家言论及往还之书，而各为之论断，"分朱陆异同为三节，始焉若冰炭之相反，中焉则疑

---

① （元）赵汸：《东山存稿》卷二《对问江右六君子策》，《景印文渊阁四库全书》第1221册，台湾商务印书馆1983年版。

② （明）陈建：《学蔀通辨》卷二《前编中》，商务印书馆1936年版，第14页。

③ （宋）陆九渊：《陆九渊集》卷三十四《语录上》，中华书局1980年版，第400页。

④ （明）程敏政：《篁墩文集》卷二十八《道一编序》，《景印文渊阁四库全书》第1252册，台湾商务印书馆1983年版。

信之相半，终焉若辅车之相倚。朱陆早异晚同之说于是乎成矣"①。可以说，程敏政的《道一编》是以朱熹的思想转变为主体进行组织和论述的，通过早晚编年的方式，使原先笼统、模糊的"朱、陆二师之为教一也"成为似乎确然可考的"早异晚同"，或者更直接地说"朱同于陆"，从而将传统的朱陆调和论发展到一个新的阶段，成为日后学者讨论朱陆异同的一种理论典型。

而那个始终与朱熹奋斗，却又因"于朱子之说有相抵牾"而感到"恒疚于心"的王阳明，很自然地便将这一思路转手过来，把"朱陆异同"改造为"朱王异同"，为自己的新思想进行论证，故有《朱子晚年定论》之作。关于《朱子晚年定论》与《道一编》之间的关系，阳明说道："近年篁墩诸公尝有《道一》等编，见者先怀党同伐异之念，故卒不能有入，反激而怒。今但取朱子所自言者表章之，不加一辞，虽有褊心，将无所施其怒矣。"② 从内容上看，《朱子晚年定论》所选录的朱熹书信大部分皆见于《道一编》，而在某些关键问题的论述与处理上，亦沿袭了程敏政等人的基本方法。例如，阳明同样选择"取朱子所自言者表章之"的方式来进行论证；同样将世传的朱子学视为"中年未定之说"，而以朱熹思想中有合于己说的部分作为其"晚年定论"；同样指责"诸《语类》之属，又其门人挟胜心以附己见，固于朱子平日之说犹有大相缪戾者"。③ 在《朱子晚年定论》的篇末，阳明还特别提到了真德秀、许衡、吴澄三位朱门后学中的代表人物，认为"朱子之后，如真西山、许鲁斋、吴草庐亦皆有见于此，而草庐见之尤真，悔之尤切"④，并摘录吴澄《尊德性道问学斋记》中推崇尊德性之学的大段文字作为结尾。由此，一方面体现了阳明对于朱子学内部长期存在的融合理学与心学这一思想脉络的历史发展的认识与认同，另一方面则显示了理学与心学之间似乎并没有不可逾越的鸿沟，二者在发展演

---

① （明）陈建：《学蔀通辨·提纲》，商务印书馆 1936 年版，第 1 页。
② （明）王守仁：《王阳明全集》卷四《与安之》，上海古籍出版社 1992 年版，第 173 页。
③ （明）王守仁：《王阳明全集》卷七《朱子晚年定论序》，上海古籍出版社 1992 年版，第 240 页。
④ （明）王守仁：《王阳明全集》卷三《附录·朱子晚年定论》，上海古籍出版社 1992 年版，第 141 页。

变的过程中完全可以相互吸收借鉴，甚至发生相互转化。而这正是整个明代理学发展状况的真实写照。

以王学为代表的明代各种心学思想，其早期大多受到朱子学或正或反的刺激与影响，具有深浅不一的朱子学背景和渊源，但在其学树立之后，往往又反过来对朱子学造成影响与冲击。因此，单以思想学术而论，明代理学总体上是朝着心学化的方向发展，并以对于心学思想的各种可能性的充分开掘与创造为最大成绩。诚如黄宗羲所言："有明文章事功，皆不及前代，独于理学，前代之所不及也，牛毛茧丝，无不辨析，真能发先儒之所未发。程、朱之辟释氏，其说虽繁，总是只在迹上，其弥近理而乱真者，终是指他不出。明儒于毫厘之际，使无遁影。"① 这里所谓的"理学"自然主要指心学，而黄宗羲所要极力表彰的正是明代心学在心性辨析上的突出贡献，已将心性问题分析至微、推拓至极，故能使任何"乱真者"无所遁影，远远超出了宋代程朱理学的水平。

作为理学的一部分，明代朱子学的发展亦不能自外于整个理学思潮的发展演变。朱子学本身并不缺乏丰富的心性思想，亦非不重视心的作用，只不过其更加突出理的普遍客观性与规范意义，主张将个体主观的"心"建立在普遍客观的"理"的基础上。因此，其在强调修养心性的同时，还注重经典文本的探讨、客观知识的学习与外在规范的建立，希望能在尊德性与道问学之间取得某种平衡。但这种平衡其实是极难维持的，事实上人们总是习惯于将偏向道问学一路的思想视为朱学正宗，其弊端则易流于训诂讲说、因循守旧，变为无关身心的口耳之学。而这一点不仅刺激了明代心学的兴起，而且成为王学攻击的主要目标，最终使得朱子学丧失了思想领域的主导地位。在这种情况下，即便是持尊朱黜王立场的朱子学者，为了回应王学的批评和挑战，亦不得不将关注与讨论的重心更多地转移到尊德性这一方面的问题上，并且对朱子学的原有理论进行了一番反思与调整，逐渐吸纳了一些王学的思想因素。由于清初朱子学在理学的基本义理方面并未出现重大突破，主要仍沿袭明代朱子学的思路而来，自然不可能

① （清）黄宗羲：《明儒学案·发凡》，中华书局 2008 年版，第 14 页。

完全排除其中的王学色彩。

此外，若从一种学说所处的思想背景来考察，清初朱子学对于王学的融摄恐怕亦有其现实的需要。经过明清之际的巨变，清初的思想格局与前代相比，已然发生了较大变化，各种思潮一时并起，朱王对峙之局渐渐淡化，二者之间的门户之争也不再是学者们最为关注的核心议题。在理学流行的时代，程朱理学与陆王心学不免相互争胜，各不相让，甚至势同水火，但在理学遭遇困境的时候，却不免给人一种唇亡齿寒之感。那些主张实用主义的学者就常常不加区分地攻击整个宋明理学为空虚无用之学。譬如，潘平格即言："朱子近羽，陆子近缁"①，将理学家一概目为僧道，指责程、朱、王、罗之学皆若释老一般舍家国天下，遗人伦日用，不合于孔孟之道。颜元论学，虽主要以宋儒为直接的攻击对象，但他对于程朱理学的许多批评实际上对王学也同样适用。因为站在"习行经济"的立场上看，王学与朱学并无本质区别。"两派学辩，辩至非处无用，辩至是处亦无用。盖闭目静坐、读、讲、著述之学，见到处俱同镜花水月，反之身措之世，俱非尧、舜正德、利用、厚生，周、孔六德、六行、六艺路径；虽致良知者见吾心真足以统万物，主敬、著、读者认吾学真足以达万理，终是画饼望梅。"② 他甚至将朱王之学比作杀人之学，激烈地表示"果息王学而朱学独行，不杀人耶！果息朱学而独行王学，不杀人耶！今天下百里无一士，千里无一贤，朝无政事，野无善俗，生民沦丧，谁执其咎耶！"③ 李塨继承师说，全盘否定宋明理学的宗旨、内容与方法，抨击程朱、陆王之学皆以讲性天为务，违背了圣人的"事物之教"，故为无用之禅学。在他看来，"古之所为道，礼乐文物体诸身而措诸世，为天地建实功，为民物树实业"，至"宋明而下，天地气移而南，张、程后有朱晦庵、陆象山、王阳明，各树门帜，著书立说，鼓动一世，于圣经外益以无极、主静、致良知等名，六七百年，相从而靡"，其学"徒讲之口，笔之书，玩弄心性，

---

① （清）李塨：《恕谷后集》卷十三《醒莽庵文集序》，中华书局1985年版，第162页。

② （清）颜元：《颜元集·习斋记余》卷六《阅张氏王学质疑评》，中华书局1987年版，第493页。

③ 同上书，第494页。

含咀章句，轻礼乐名物，使二氏之空幻，俗学之浮靡，窜入其中，人材日萎，气运日消，虽攟然自附于古圣贤，而一如秦鼎之暗移而不觉"。①

提倡通经致用的费密虽不同意颜、李废弃一切知识讲习的极端实用主义思路，但亦批评程、朱、陆、王等理学家援佛入儒，变乱儒学，有损于"实"与"中"两义，为世道人心之大害。他考察了儒学演变的历史，指出：

> 自魏晋老氏之说始入于儒，吾道杂乱之所由起，浮虚之所由出也。儒说遂小而妄矣。……王、程、朱、陆之说再倡，学者皆谈性命神化为闻道，以治天下国家为绪余，以好古多识为名物度数、玩物丧志，一切勋业文章、深仁上智，皆以为非圣人之道。天地之悬隔，比魏晋之说，其流虽异，其源则同。且自号正学，以从之者庶有作圣之资。王守仁复实良知宗旨……学者愈恣，极蔓衍而无所忌。……自宋佛氏之说始入于儒，吾道杂乱之所由盛，浮虚所以日炽也。儒说愈执而诬矣。魏晋之清谈虽老庄显行，而传经诸儒守圣门之遗，尚得撑抵。宋之理学则改经更注，以就其流入佛氏之曲说，而儒害益深益大。②

又谓：

> 清谈害实，始于魏晋，而固陋变中，盛于宋南北。自汉至唐，异说亦时有，然士安学同，中实尚存。至宋而后，齐逞意见，如七国战争，专事口舌，学术日杂，屡为后儒臆说所乱，未能淹洽古说，又不降心将人情物理平居处事点勘离合，说者自说，事者自事，终为两断。一段好议论，美听而已。圣人生平可考，乡党所记可征，弟子问答可据。后儒所论，惟深山独处，乃可行之，城居郭聚，有室有家，

---

① （清）李塨：《恕谷后集》卷一《送黄宗夏南归为其尊翁六十寿序》，中华书局1985年版，第1页。
② （清）费密：《弘道书》卷下《圣门定旨两变序记》，王德毅主编《丛书集成续编》第154册，新文丰出版公司1989年版，第196—197页。

必不能也。盖自性命之说出，而先王之三物、六行亡矣；四书之本
行，而圣门之六经、四科乱矣。学者所当痛心，而喜高好僻之儒反持
而不下。无论其未尝得而空言也，果静极矣，活泼泼地会矣，坐忘
矣，冲漠无朕，至奥心无不腔子，性无不复，即物之理无不穷，本心
之大无不立，而良知无不致矣，亦止与达摩面壁、司马承祯坐忘、天
台止观同一门庭，则沙门方士之能事耳。何补于国？何益于家？何关
于政事？何救于民生？安能与古经之修身、齐家、治国、平天下
合哉？①

　　在此，费密除了批评理学空谈心性、无裨实用外，还在治学方法上指
责其"改经更注""齐逞意见""未能淹洽古说"，使得汉唐注疏之学尽废，
而古经之义殆绝。作为清代经学考据的先声，费密主张将实学与经学结合
起来，通过经学来发明古圣贤"通人事以致用"的宗旨，恢复儒学的实学
面貌。为了从根本上否定宋明儒的心性之学，他提出"以经为准"的原
则，认为"圣人之道，惟经存之。舍经，无所谓圣人之道"②，故"欲闻圣
人之道，必以经文为准。不合于经，虚僻哓哗，自鸣有得，其谁信之？"③
而在对经文的解释上，费密认为汉儒去古未远，重视家法，尚遗孔门之
旧，且"古今不同，非训诂无以明之。训诂明而道不坠"④，因而主张尊信
汉儒注疏，由汉儒之学上达圣人之旨，批评宋明理学家"自取私说，妄改
古经，追贬七十子，尽削汉唐守道诸儒，恶足信乎？"⑤ 由是可以推知，在
那些不持特定理学立场的经学考据学者看来，朱学与王学同样存在改经更

---

① （清）费密：《弘道书》卷下《圣门定旨两变序记》，王德毅主编《丛书集成续编》第 154
册，新文丰出版公司 1989 年版，第 204 页。
② （清）费密：《弘道书》卷上《道脉谱论》，王德毅主编《丛书集成续编》第 154 册，新文
丰出版公司 1989 年版，第 159 页。
③ （清）费密：《弘道书》卷上《道脉谱论》，王德毅主编《丛书集成续编》第 154 册，新文
丰出版公司 1989 年版，第 156 页。
④ （清）费密：《弘道书》卷上《原教》，王德毅主编《丛书集成续编》第 154 册，新文丰出
版公司 1989 年版，第 168 页。
⑤ （清）费密：《弘道书》卷上《古经旨论》，王德毅主编《丛书集成续编》第 154 册，新文
丰出版公司 1989 年版，第 164 页。

注、离经言理、杜撰私议等问题，在这方面的错误可谓并无二致。

当然，总体来说，清初大部分学者在批判王学的时候，并未直接攻击朱子学，甚至常常利用朱子学的理论观点来批判王学，但与当时兴起的各种新思路、新趋向相比，朱、王二者间的差距只不过是五十步笑百步，可谓其异不胜其同。因此，随着思想界反王学运动的扩大和深入，其批判的逻辑与思路不可避免地要延伸到朱子学身上，从而对朱子学的合理性与合法性造成冲击，甚至威胁到朱子学的正统地位。事实上，由于清初王学的迅速衰落，朱子学则在官方权力的扶植与众多理学家的推动下趋于兴盛，已然成为下一个革命对象，故有越来越多主张实用主义或经学考据的学者将学术批判的重心转移到朱子学身上。在这种情况下，朱子学者若继续保持对王学激烈批判的策略，不但作用不大，且将愈发偏离学术争论的正轨，养成空疏、虚伪、功利的学风，最终导致整个理学的崩溃与败坏。如主张调和朱王的彭定求在与力黜王学的陆陇其辩论时就曾指出："自《三鱼堂集》出，而奉为枕秘者，益复恣簧鼓，逞戈矛，若非排击文成不为功者。然文成之绪言几绝，而朱子之学卒未有明也。是岂侍御初志哉？呜呼！良知丧而害之中于世道人心者深矣。"① 而汤斌亦云："若夫姚江之学，嘉、隆以来，几遍天下矣。近年有一二巨公倡言排之，不遗余力，姚江之学遂衰，可谓有功于程朱矣。然海内学术，浇漓日甚，其故何欤？盖天下相尚以伪久矣。巨公倡之于上，随声附和者多，更有沉溺利欲之场，毁弃坊隅，节行亏丧者，亦皆著书镂版，肆口讥弹，曰：'吾以趋时局也。'亦有心未究程朱之理，目不见姚江之书，连篇累牍，无一字发明学术，但抉摘其居乡居家隐微之私，以自居卫道闲邪之功。夫讦以为直，圣贤恶之。"② 因此，当清初朱子学发展到一定阶段之后，逐渐呈现出某种开放性与包容性的倾向，一些重要的朱子学者开始淡化门户之争，有意识地借鉴王学思想中的有益因素来调整、完善朱子学思想体系，以此巩固朱子学的统治地位。

---

① （清）彭定求：《姚江释毁录》，余重耀辑《阳明先生传纂》卷五《附录二》，上海中华书局1924年版，第15页。

② （清）汤斌：《汤潜庵集》卷上《答陆稼书书》，中华书局1985年版，第25页。

　　具体到清初福建朱子学上来看，福建朱子学者以朱子学融摄王学的现象亦表现得较为明显，且对这一思想趋向的形成发挥了较大的推动作用。在清初福建朱子学的代表人物中，除了蓝鼎元比较激烈地排斥和抨击陆王心学外，李光地、蔡世远、童能灵等学者皆未对陆王心学表示全面否定，也未将朱陆或朱王之间的矛盾上升到不可调和的程度。他们出于尊朱的立场，自然不免对陆王心学多有批评，但主要限制在辨析义理、探讨学术的范围之内，较少情绪化与口号式的攻击和谩骂，同时能够承认陆王在学术、事功、人品等方面亦不乏可取之处，透露出一种相对客观、包容的学术精神。如蔡世远①即云：“宋朝当理学昌明之会，周、程、张、朱数君子比肩而起，德性问学之功昭昭若揭于天壤。学者有厌苦于格物穷理之烦者，倡为心学之说，恃其超悟，凌躐等级，一以致虚立本为宗，其弊不为佛氏明心见性之学不止。是以有心斯道者起而攻之。然其为人大都义利辨，取与严，出处正，特以学术之差有以误天下后世，不能不急为辨耳。今之人方且营营逐逐于外而无所止，尚虑其流入为明心见性之学哉？”②

　　尤其是李光地，其理学思想以程朱为宗，又兼采陆王之说，可谓清初朱子学者中融摄王学的突出代表。对于李光地的学术成就，历来褒贬不一，但对其不拘门户的学术特点则是有所公论。如《国朝文录》称：“文贞之学，本之朱子而能心知其意，极推透以畅其旨，不阿附以盖其失”③，又称：“安溪宗朱子而能别白其是非”④。《四库全书总目提要》则谓：“光地之学，源于朱子而能心知其意，得所变通，故不拘墟于门户之见。其诂经兼取汉唐之说，其讲学亦酌采陆王之义，而于其是非得失，毫厘千里之介，则辨之甚明，往往一语而决疑似。以视党同伐异之流，斥姚江者无一

---

　　①　蔡世远（1681—1732），字闻之，号梁村，别号扪斋，福建漳浦人，清初朱子学家。康熙四十八年（1709）进士，改庶吉士。以李光地之荐，分修《性理精义》，书成回籍。掌教鳌峰书院，以正学教之，门人甚众。雍正初，特召授翰林院编修，直上书房，侍诸皇子读。历官侍讲学士、内阁学士、礼部侍郎、经筵讲官等职。卒赠礼部尚书，谥“文勤”。

　　②　（清）蔡世远：《二希堂文集》卷一《学规类编序》，《景印文渊阁四库全书》第1325册，台湾商务印书馆1983年版。

　　③　（清）李祖陶辑：《国朝文录·榕村全集文录引》，《续修四库全书》第1669册，上海古籍出版社1995年版。

　　④　同上。

字不加排诋，攻紫阳者无一语不生讪笑，其相去不可道里计。盖学问既深，则识自定而心自平，固宜与循声佐斗者迥乎异矣。"① 《清儒学案》亦云："安溪学博而精，以朱子为依归，而不拘门户之见。"② 与此同时，李光地作为康熙朝的理学名臣与朱学领袖，十分留心于奖掖后进、拔擢人才与推进学术，不仅主持编纂了《朱子全书》《性理精义》等权威性的官方理学典籍，而且荐举、培养了大批优秀的朱子学者，有力推动了清初朱子学的重振与复兴。如蔡世远、杨名时、陈鹏年、冉觐祖、赵申乔等众多在当时颇具名望的朱子学者皆出自其门下。可以说，李光地不拘门户、融摄陆王的学术旨趣对于清代中前期福建乃至全国朱子学的思想特点与发展趋向都有着较为广泛的影响。因此，本节主要以李光地的理学思想为代表来探讨清初福建朱子学对王学思想的融摄。需要说明的是，这里所说的"融摄王学"并不仅仅指其某一理论观点与阳明本人完全相同，或是直接继承阳明而来，而是主要指其理论观点吸收、借鉴了包括阳明本人与阳明后学在内的阳明学派具有代表性的思想因素，或者从消极的方面来说，这些理论观点的重要来源与背景正是明代中后期以来经过阳明学派所改铸的王学化的理学思想。

二 李光地不拘门户、宗朱兼王的学术路线

清初朱子学之所以给人一种因循守旧、惟袭陈言、了无新意的印象，很大程度上是由于某些著名的朱子学者因门户之见过严而陷于故步自封，往往为了尊朱卫道而表现出一种对于朱子学的夸张、霸道的教条主义和盲信态度，故容易惹人反感。如熊赐履曾说："有孔子之六经，朱子之解经，天地古今之理备矣，顾学者真知实践何如尔"，"道理经先圣先贤发挥殆尽，学者只合遵守奉行，不须更去饶舌也"，③ 进而主张"非六经、《语》

---

① （清）永瑢等撰：《四库全书总目》卷九十四《子部·儒家类四》"榕村语录"条，中华书局 1965 年版，第 799 页。

② （清）徐世昌等编：《清儒学案》卷四十《安溪学案上》，中华书局 2008 年版，第 1531 页。

③ （清）熊赐履：《下学堂札记》卷一，《续修四库全书》第 947 册，上海古籍出版社 1995 年版。

《孟》之书不得读，非濂、洛、关、闽之学不得讲，敦崇实行，扶持正教，一洗从前浮薄偏曲之陋习与空虚荒诞之邪说"①。陆陇其则谓："夫朱子之学，孔孟之门户也。学孔孟而不由朱子，是入室而不由户也。故陇其谓今日有志于圣学者，有朱子之成书在，熟读精思而笃行焉，如河津余干可矣"②，"尊孔子而非孔子之术者，皆绝其道，勿使并进。尊朱子而非朱子之说者，皆绝其道，勿使并进。四书、五经之注，固学者所当奉以为式，不敢稍叛矣"③。而吕留良亦云："凡朱子之书，有大醇而无小疵，当笃信死守，而不可妄置疑凿于其间"④，"凡天下辨理道，阐绝学，而有一不合于朱子者，则不惜辞而辟之耳"⑤。由此可见，清初那些主张独尊朱子，死守朱子之学，反对对朱子学做任何发挥与改动的学者并非仅仅出自上层朱学官僚，也不应完全将其归结为政治上的动机或个人功利的目的。究其原因，恐怕还要在当时激烈的反王学的思想氛围下寻求理解。

前面已经谈到，朱子学与王学绝非单纯的敌对关系，二者在许多问题上拥有类似的思路，可以通过各种具体的方式与途径实现相互之间的借鉴、调和甚至转化。事实上，王学恰恰构成了宋明理学史上对于朱子学意义最为重大的一次变动与修正。因此，想要彻底肃清王学的思想影响，重振朱子理学，就必须首先清整门户，确定一个清晰的思想疆界。于是一些朱子学者便采取复古的策略，着意维护朱子学的纯粹性，将朱熹本人的思想学说视为完满自足、不容更改的真理，通过不断复述的方式确立朱子学的标准形式，从而尽量不给王学等异端思想留下辩解、附会的余地。因此，陆陇其要坚决反对学者"有自辟门户、自起炉灶之意，而不肯纯以朱

①　（清）熊赐履：《经义斋集》卷一《应诏万言疏》，《四库全书存目丛书》集部第 230 册，齐鲁书社 1997 年版，第 220 页。

②　（清）陆陇其：《陆稼书先生文集》卷一《答嘉善李子乔书》，中华书局 1985 年版，第 15—16 页。

③　（清）陆陇其：《三鱼堂外集》卷四《道统》，《景印文渊阁四库全书》第 1325 册，台湾商务印书馆 1983 年版。

④　（清）吕留良：《吕晚村先生文集》卷一《与张考夫书》，《续修四库全书》第 1411 册，上海古籍出版社 1995 年版。

⑤　同上。

子为师"①，严格地批评那些在他看来不纯粹、不彻底的理学思想，特别是各种试图调和朱王的观点。他不仅指责黄宗羲、孙奇逢回护阳明，使"天下学者，多被他教得不清楚"②，而且批评东林学派的顾宪成、高攀龙"未能脱姚江之藩篱，谓其尊朱子则可，谓其为朱子之正脉则未也"③，认为二人虽"痛言王氏之弊，使天下学者复寻程朱之遗规……然至于本源之际，所谓阳尊而阴篡之者，犹未能尽绝之也"④，其目的都是为了严划朱王分界，杜绝各种"以程朱之意解姚江之语"或"以姚江之意解程朱之语"的情况发生，以求尽绝王学之病。同样，吕留良对于许衡、吴澄等朱门后学的严厉批判也不仅出于发挥夷夏之辨的民族思想，还在于不满他们对朱子学的背离与篡改。所以他说："儒者正学，自朱子没，勉斋、汉卿仅足自守，不能发皇恢张，再传尽失其旨。如何、王、金、许之徒，皆潜畔师说，不止吴澄一人也。自是讲章一派，日繁月盛，而儒者之学遂亡。"⑤ 吕留良特别指出，正是由于朱门后学不明朱熹的章句传注之说，故流于鄙悖陈腐的讲章制艺之学，久而久之，人心厌恶，遂将学者驱入异学之中，"一入其中，益厌薄章句传注文字不足为，而别求新得之解"⑥，"故讲章诸名宿，其晚年皆归于禅学。然则讲章者，实异端之涉、广，为彼驱除难耳。故曰独存异端也"⑦。因此，吕留良同时反对讲章与讲学两种倾向，一意固守朱熹《四书章句集注》以为学，"终不敢有毫发之疑"，"宾宾然守朱子之说，有一不合，即以为畔道而不敢从"。⑧

应该说，某些清初朱子学者的这一尊朱策略在短期内确实起到了较好

---

① （清）陆陇其：《陆稼书先生文集》卷一《答嘉善李子乔书》，中华书局1985年版，第16页。
② （清）陆陇其：《三鱼堂日记》卷下，中华书局1985年版，第115页。
③ （清）陆陇其：《陆稼书先生文集》卷一《答嘉善李子乔书》，中华书局1985年版，第16页。
④ （清）陆陇其：《学术辨·辨上》，中华书局1985年版，第2页。
⑤ （清）吕留良：《吕晚村先生文集》卷五《程墨观略论文》，《续修四库全书》第1411册，上海古籍出版社1995年版。
⑥ （清）吕留良：《吕晚村先生文集》卷一《答叶静远书》，《续修四库全书》第1411册，上海古籍出版社1995年版。
⑦ （清）吕留良：《吕晚村先生文集》卷五《程墨观略论文》，《续修四库全书》第1411册，上海古籍出版社1995年版。
⑧ （清）吕留良：《吕晚村先生文集》卷一《答吴晴岩书》，《续修四库全书》第1411册，上海古籍出版社1995年版。

的效果，帮助朱子学在政治与思想领域迅速恢复了主导地位，但也不可避免地使朱子学趋向守旧、狭隘与僵化，这在传统理学遭遇挑战、各种新思想蓬勃发展的时代背景下显然是非常不利的。年代稍后的李光地就对这种墨守朱子、不思进取的治学态度明确表示反对，批评"读书人不思经义，株守传注，字字胶执，牵经合传，甚至并传意亦失之，如近世陆稼书、吕晚村、仇沧柱等，真村学究。名为遵程朱，何尝有丝毫发明？"[1] 他又解释道：

> 许鲁斋云："学问到有朱子，已经都说明，只力行就是了。"此语似是而非，恰像人已无不明白，只欠得力行。其实不能明白者尽多，乍见似显浅，人人与知，却中间难理会处无限。只当云熟讲深思而力行之，方无弊。且如尧舜以来之道，至文武已无不明备，周公又仰而思之，夜以继日，何为也？《易经》，文、周阐发已明，孔子又"韦编三绝"，何为也？说是前人说明，亦要我在身心上实实体会亲切方好。近人不是想翻程朱之案，便谓程朱发明已尽，不必措意。都不是。申公曰："为政不在多言，顾力行何如。"语虽结实，亦未详尽，不讲明如何行得。夫子拈一"信而好古"为宗，就中又开出许多方法。如所谓"阙疑"，"阙"殆择善而从，不是见古不论是非，一概深信不疑也。[2]

> 程朱大段与孔孟若合符节，所谓"先圣后圣，其揆一也"。若微文碎义，安能处处都不差？若使不差，伊川何以亦有不依明道处？朱子何以亦有不依二程处？盖主于发明道理，不为人也。即朱子于《四书注》，至垂绝犹改，可见他亦不以自己所见为一定不移，何况于人！[3]

---

① （清）李光地：《榕村续语录》卷十六，《榕村语录　榕村续语录》下册，中华书局1995年版，第785页。

② （清）李光地：《榕村语录》卷二十四，《榕村语录　榕村续语录》上册，中华书局1995年版，第430页。

③ （清）李光地：《榕村语录》卷十七，《榕村语录　榕村续语录》上册，中华书局1995年版，第303页。

在李光地看来，程朱之学与其他学说相比固然最为优胜，但这并不意味着程朱已将义理一口道尽，后人于此可以不必措意，只需遵照实行便是。许多道理见于日用之间，看似简单浅显，人人皆知，其实中间大有深意，待人思索，正是学者用功之地。若对先圣先贤所阐明的道理抱持着一味接受、无所用心的态度，无形中就遮蔽了其中最为关键的部分。因为儒学是关乎人的身心性命的学问，只有经过熟讲深思而力行之，方能使心与理融合无间，才是真正的为己之学。若不能将所得的义理于自家身心上实实体会一番，孔孟之理还是孔孟之理，程朱之理还是程朱之理，终究与己无关。

李光地进一步指出，即便是程朱之学，亦不是完美无缺、不可改动的。"所谓程朱当从者，非谓一字不可异同也。"[①] 如程颐之学与程颢有所不同，朱熹之学与二程有所不同，朱熹直至去世前仍在修改《四书章句集注》，都说明程朱之说并非不可改易。而这种思想上的不同与改变，正是程朱理学充满生机，不断发展、完善的明证。也可以说，正因为程朱之说亦有所未备，故理学尚有进步的空间，学者更要于此用功深思，深造自得。朱熹曾说："读书无疑者，须教有疑；有疑者，却要无疑；到这里方是长进"[②]，又表彰李郁所言"学者读书，须是于无味处当致思焉。至于群疑并兴，寝食俱废，乃能骤进"[③]。而李光地亦云："读书最怕是无疑，道理本平常，看去不过如此，其实进一步，又一层"[④]，"无味处致思，至于群疑并兴，是超凡入圣关头"[⑤]。由此可见，李光地确乎继承了孔子"多闻

---

① （清）李光地：《榕村续语录》卷十六，《榕村语录　榕村续语录》下册，中华书局 1995 年版，第 785 页。

② （宋）黎靖德编：《朱子语类》卷十一，《朱子全书》第 14 册，上海古籍出版社、安徽教育出版社 2002 年版，第 343 页。

③ （宋）黎靖德编：《朱子语类》卷十，《朱子全书》第 14 册，上海古籍出版社、安徽教育出版社 2002 年版，第 315 页。

④ （清）李光地：《榕村语录》卷一，《榕村语录　榕村续语录》上册，中华书局 1995 年版，第 14 页。

⑤ （清）李光地：《榕村语录》卷二十四，《榕村语录　榕村续语录》上册，中华书局 1995 年版，第 424 页。

阙疑"、朱熹"无疑者须教有疑"的怀疑精神。若将这种怀疑精神继续推论下去，则不仅程朱之说可以怀疑，即便是孔子之言，亦须经过心中的思索体察，论个是非明白。例如，李光地在论述理气关系时，认为学者之所以"于程说则韪之，于朱说则疑之"，是因为程子之说与孔子之言相符。对此，他公开表示异议，直言："夫徒以言出夫子而不敢疑之也，又乌能信？"① 这种强调怀疑与自得的学术精神与阳明所提倡的"学贵得之心"的思想亦是相通的。

对于陆王心学，李光地虽有所批评，但并不纠缠于门户之争，亦未将其价值一概抹杀。他不仅能于具体的理论观点上辨别陆王之非，而且能主动发掘、吸收陆王思想中的优点与合理处，承认陆王于程朱有助，可以陆王之学来弥补程朱之所未备。关于儒学中几种主要派别的学术特点，李光地曾做过一个比喻：

> 佛家有经师，有法师，有禅师。经师是深通佛经，与人讲解；法师是戒律精严，身体力行；禅师是不立文字，参悟正觉。儒门亦似有此三派。郑、贾诸公，经师也；东汉诸贤，壁立万仞，法师也；陆子静、王阳明禅师也。程朱便是三乘全修，所以成无上正果。②

由此可见，李光地虽将程朱理学列为诸家之首，但也并不否认陆王心学为儒门的一个重要组成部分。他以陆王为儒门中的禅师，虽不免包含有近禅的批评意味，但也委婉地承认其具有"参悟正觉""直指本源"的能力和特长。同时，李光地还肯定了陆王之学与孟学之间的关系，认为陆王之学可溯源自孟子。譬如，李光地尝以朱熹拟之孔子，而谓孟子主于发明人心，终未免簸弄精神，故开陆九渊、王阳明一派。其在讨论朱陆异同时，亦谓陆学的兴起"盖见世之支离沉溺，而不能以自振，故刊落摆脱，

① （清）李光地：《榕村集》卷八《尊朱要旨·理气》，《景印文渊阁四库全书》第1324册，台湾商务印书馆1983年版。
② （清）李光地：《榕村语录》卷十八，《榕村语录　榕村续语录》上册，中华书局1995年版，第306页。

直接乎孟氏之传"①。而这一判断大体上也可以适用于王学。

论及陆九渊其人其学，李光地皆不乏称道之辞，如谓："象山之学，与建阳称同异，然其喻义责志之章，朱子左次焉。游其门者，且异而哺不同，是亦百世之师矣"②，"康节、象山与洛闽分流，然其所造高明，后之君子慎师焉，不可讥也"③，又谓："陆子静文字坚卓，轮对劄子，千秋之龟鉴也，第五篇更切中后世情事"④，"陆子静才本大，其为荆门州，至境内无贼，路不拾遗。又明敏于事，造一城，估计五十万人者，他用五千人，克日而就。若不死，便大用，必有可观。……使子静为相，必用朱子；朱子为相，必用子静"⑤。儒者之学，不外乎内圣外王，李光地在这两方面对陆九渊的评价不可谓不高。在他看来，朱陆之辨主要还是表现为为学之方的不同，"陆氏之反约也速，收功也近，其教人之法则径而多疏；朱子之用力也渐，卫道也严，其教人之法则周而无弊也"⑥。由于陆九渊疏于道问学之功，故其"议论举措之间犹未免于精神用事，而气不可掩，不如朱子之粹然平中，有以极其规矩准绳于无憾也"⑦。但这些差异并不妨碍朱、陆二人在"破末俗之陋，传圣贤之心，洗训诂之讹，发精微之意"等大方向上保持一致，且"陆氏之论躬行，必先于明理；其言穷理，必深思力索以造于昭然而不可昧，确然而不可移"，亦与朱熹知行之学同归。⑧ 故李光地在奉旨编纂弘扬理学正统的《性理精义》时，虽以朱子学思想为基础，但亦不避象山之名，收录了不少陆九渊的言论与观点。

---

① （清）李光地：《榕村集》卷十七《朱陆析疑》，《景印文渊阁四库全书》第1324册，台湾商务印书馆1983年版。

② （清）李光地：《榕村集》卷一《观澜录·学》，《景印文渊阁四库全书》第1324册，台湾商务印书馆1983年版。

③ （清）李光地：《榕村集》卷一《观澜录·诸儒》，《景印文渊阁四库全书》第1324册，台湾商务印书馆1983年版。

④ （清）李光地：《榕村续语录》卷六，《榕村语录　榕村续语录》下册，中华书局1995年版，第635页。

⑤ 同上书，第350页。

⑥ （清）李光地：《榕村集》卷十七《朱陆析疑》，《景印文渊阁四库全书》第1324册，台湾商务印书馆1983年版。

⑦ 同上。

⑧ （清）李光地：《榕村集》卷十七《朱陆析疑》，《景印文渊阁四库全书》第1324册，台湾商务印书馆1983年版。

　　至于阳明之学，李光地不但赞赏其恢复《大学》古本的做法，而且认为其论良知与万物一体等处甚精，所讲立志、修养等语"皆是其自己得力处，言之亲切警动，亦极好"①。此外，李光地还屡屡称道其事功，以"贤豪""英物"许之阳明。如谓："正学迂腐无用，若以王姚江处其位，恐永乐未必成事。姚江满腹机权，故是英物。其平宁王，皆教官、典史、知县、知府驱市人而战，真是大才"②，又谓："若吾儒做事，却在根本上讲。王姚江学术虽偏，然为朝廷办事却识大体，其平蛮所至，即立郡县，便清其根。回兵所到，即顺势平其所未奉诏者，而台谏乃纷然哗噪，治其擅兵之罪。可厌之极！"③ 时人孙承泽主张尊朱黜王，常借《正德实录》中有人参劾阳明与宁王交通，及闺门秽事攻击阳明。李光地对此不以为然，直言："吾辈评其学术不正，只论学术可已，此等诽谤，恐不足凭。贤豪岂能免此？"④

　　就总体而言，在陆、王二人中，李光地对于陆九渊评价较高，认为阳明不及象山，阳明之学虽源自象山，而其之失大。但在事实上，自王学成立之后，由于其思想体系的完整与精致，已然成为心学一系思想的主要代表，陆学的作用与影响几乎被王学所取代。加之王学与朱学之间的复杂关系，以及清代理学对于明代理学的承继，李光地的理学思想所融摄的王学因素显然较陆学为多，其对于朱子学的调整和改造也更多地受到王学思想的影响。王阳明在回应罗钦顺对其"决与朱子异"的批评时曾说道："不忍牴牾朱子者，其本心也；不得已而与牴牾者，道固如是，不直则道不见也。……夫道，天下之公道也；学，天下之公学也；非朱子可得而私也，非孔子可得而私也。天下之公也，公言之而已矣。故言之而是，虽异于

　　① （清）李光地：《榕村续语录》卷十六，《榕村语录　榕村续语录》下册，中华书局1995年版，第764页。
　　② （清）李光地：《榕村续语录》卷八，《榕村语录　榕村续语录》下册，中华书局1995年版，第667—668页。
　　③ （清）李光地：《榕村续语录》卷十八，《榕村语录　榕村续语录》下册，中华书局1995年版，第823页。
　　④ （清）李光地：《榕村语录》卷二十，《榕村语录　榕村续语录》上册，中华书局1995年版，第352页。

己，乃益于己也；言之而非，虽同于己，适损于己也。益于己者，己必喜之；损于己者，己必恶之。然则某今日之论，虽或于朱子异，未必非其所喜也。"① 而李光地亦认为程朱之说并非一定不易，其对程朱理学的改造完全符合程朱的学术原则，"盖主于发明道理，不为人也"。他因对朱熹的《大学》改本不能"心通而默契"，故主张从阳明之说，复《大学》古本。其间虽"缅惟朱子平生用力此书为多"而感到"廻惶倚阁"，但"念朱子之道非一时之道，盖将取信于天下万世焉尔"，故仍"直其所见，待方来之朱子而折中焉"。② 在注经解经时，李光地亦不免有时与朱熹意见相左，如谓《礼记》陈澔注不如郑玄注，《春秋》胡安国传不如啖助、赵匡等三家之清通简要。对于这些与朱熹不同的观点，李光地主张不妨"折衷而存之，归于发明圣经，此有何害？固程朱所心喜者"③。由此可见，李光地治学，不论是修正朱学，还是融摄王学，皆以发明义理为主要目的和取舍标准，并非以学派门户为转移。这种客观、开放、自主的学术精神不仅有得于程朱，恐怕亦有得于陆王。

三 "理即性"与"人欲非恶"

作为一名朱子学者，在心性问题上的基本立场与首要观点便是"性即理"。对于这一点，李光地自然表示赞同，并且具体论述了性与理的一致性，以及性与心、理与心之间的差别。但他在阐发这一问题的时候，并不仅仅是重复前人的原话，而是从中引出了自己"理即性"的观点，这就与程朱的旧说有所不同，构成了李光地理学思想的重要基础和鲜明特色。

关于"理即性"，李光地说道：

> 自汉以下，儒者以气质为性，故程子为之说曰："性即理也。"言

① （明）王守仁：《王阳明全集》卷二《传习录中·答罗整庵少宰书》，上海古籍出版社1992年版，第78页。

② （清）李光地：《榕村集》卷十《大学古本私记旧序》，《景印文渊阁四库全书》第1324册，台湾商务印书馆1983年版。

③ （清）李光地：《榕村续语录》卷十六，《榕村语录 榕村续语录》下册，中华书局1995年版，第785页。

气之中有亘古今不易之理，是之谓性，不可以气为性也。自是至今日，虽人能言理，实未免于以气为理，故宜为之说曰："理即性也。"言气之中有亘古今不易之性，是之谓理，不可以气为理也。①

　　程子言"性即理也"，今当言"理即性也"。不知性之即理，则以习为性，而混于善恶；以空为性，而入于虚无。不知理之即性，则求高深之理，而差于日用；溺泛滥之理，而昧于本源。性即理也，是天命之无妄也；理即性也，是万物之皆备也。②

　　由此可见，李光地将程朱理学原有的"性即理"改为"理即性"，其中包含着清晰而深刻的思想意图，是对"性即理"说的一种补充和修正，并非字面上的随意更改。而他之所以要在"性即理"之外特别提出"理即性"，主要基于两方面的原因。

　　一方面，"理即性"是为了与其"理先气后"的理气论相呼应，以此来佐证程朱的理气论，从而反对某些学者以气为理的倾向。在李光地看来，罗钦顺、蔡清等人否定朱熹的"理先气后"之说，主张"理气一物"，便是以气为理。但要证明"理先气后"，单靠"性即理"往往难以讲清，若说"理即性"则较为明白易晓。故曰：

　　是理非即性乎？喜怒哀乐，惟其有仁之理，故有喜；惟其有义之理，故有怒；惟其有礼之理，故有乐；惟其有智之理，故有哀。中乎仁之节，则喜得其理矣；中乎义之节，则怒得其理矣；中乎礼之节，则乐得其理矣；中乎智之节，则哀得其理矣。未发之先，此理充满，坚实于中，若谓无此理，则何以忽然有喜？忽然有怒？忽然有哀乐乎？由此观之，则有条理之处，固即未发之理为之，而可谓之无乎？

---

　　①　（清）李光地：《榕村集》卷七《初夏录二·人心篇》，《景印文渊阁四库全书》第 1324 册，台湾商务印书馆 1983 年版。

　　②　（清）李光地：《榕村语录》卷二十六，《榕村语录　榕村续语录》上册，中华书局 1995 年版，第 457 页。

故谓之"诚",谓之"至诚"也。[①]

　　性者,生物之本也;气者,生物之具也。由此观之,道、器安得谓无上下?阴阳有终始,天地有混辟,而其性终古不移,故混兮辟兮,终则有始。由此观之,理、气安得谓无后先?[②]

李光地指出,仁义礼智是喜怒哀乐的内在根源。喜怒哀乐未发之时,便有仁义礼智之理充塞心中;发而皆中节,则得仁义礼智之理。若无此先验之理,则喜怒哀乐之情亦无由产生。不仅人有仁义礼智之性,万事万物皆有其性。性作为生物之本,内在并表现于具体事物的现象中,是天地万物生成、运动、变化的原因与法则。性又作为万物之始,存在于天地阴阳之先,天地万物有生灭始终,而性则终古不移,不因具体事物的变化而改变。因此,性与气之间兼具逻辑上的因果关系与时间上的派生关系,性先于气,故理先气后。

另一方面,"理即性"是要以性说理,为看似外在、抽象的理赋予内在而具体的规定,使学者既不因求高深之理而差于日用,也不因溺泛滥之理而昧于本源。为此,李光地对"性即理"与"理即性"这两个看似相同的命题的不同内涵做了必要的分疏。"性即理"是以理规定性,强调性源于天,真实无妄。而"理即性"是以性规定理,突出了理的普遍性、内在性与伦理性。在宋明理学的思想语境中,理是天地万物所共有的普遍客观的本质、规律与准则,而性则是理在人或事物上的具体体现,主要指仁义礼智等先天内在的道德原则与道德本质。二者之间具有直接的承继关系,在内容上应是完全相同的。但是,由于二者的侧重点略有不同,因而在概念的具体运用与表达上往往可以反映出学者的思想偏向与特殊用意。李光地虽然并不否认"性即理",但他特别强调"今当言理即性",显然是将关注的重心放在后者上,希望以此解决"性即理"说所隐含的一些问题。简

---

① (清)李光地:《榕村续语录》卷十七,《榕村语录　榕村续语录》下册,中华书局 1995 年版,第 794 页。

② (清)李光地:《榕村集》卷七《初夏录二·太极篇》,《景印文渊阁四库全书》第 1324 册,台湾商务印书馆 1983 年版。

言之，"理即性"将理的主要内容限制在道德伦理的范围之内，同时将人的道德本性提升到本体的地位，从而凸显了本体的伦理化与人的主体性。而李光地这一思想的提出，明显受到了来自王学的刺激与影响。

王阳明提出"心即理"说的思想背景亦是程朱理学的"性即理"。上文曾经提到，程朱的"性即理"说突出了本体的普遍必然性与规范意义，试图建立一种超验的理性本体。其负面作用是使性与理很容易被理解为外在于人的、异己的纯客观原则。如何将这种外在的普遍必然原则转化为个体自觉的道德意识与道德行为便成为一个难题。所以王阳明屡屡批评朱熹"析心与理为二"，于事事物物上离心求理，割裂了主体与本体之间的紧密联系。而阳明之所以主张"心即理"，其中一个根本原因正是为了沟通心与理这两个性质相异的范畴，使得先天形式与经验内容、理性与感性、普遍性与个体性在心体中相互融合，以重建心性本体。通过"心即理"的思路，阳明将原本属于心的性质与特点渗入理中，使理既具有先天的普遍必然性，又不与感性存在和经验因素完全隔绝，从而扬弃了理的抽象性与超验性，缓解了心与理、心与性、人心与道心之间的紧张。他又将理纯粹理解为内在的道德法则与道德原理，强调"心外无理""心外无善""心外无学"，所以明理、求理便是明善知性，从而为儒者的为学规定了明确的内容与方向。同时，王阳明不以理为心的认识对象，而将其视为主体自身的一个规定，这就体现出道德主体为自己立法的意义，极大地彰显了人作为道德主体的能动性、自主性与自律性。

阳明之后，以泰州学派为代表的王学左派继承并发展了阳明以心说理、融合心理的思路，进一步突出了心体中与个体存在相联系的个体性、主观性与非理性特征，倾向于以主体的意志、情感、欲求等因素来说明、规定理，甚至以个体心灵的本然状态为理，主张以一念灵明自作主宰，从而更加强化了人的主体性、能动性，以及良知本体的内在性、经验性与见在性。这种见在良知直接体现并展开于人的日用常行之中。故曰："良知天性，往古来今，人人具足，人伦日用之间举而措之耳。"① 这一思想发展下去，其结论便是以百姓为圣人，以日用常行为道，所谓"圣人之道，无异于百姓日用，凡有异者，皆谓之异端"②，"百姓日用条理处，即是圣人之条理处"③。因此，儒者既不应忽略内在的德性而去穷索或服从外在、异己的规律或规范，亦不必脱离具体、现实的实践活动而去追求抽象、超验的未发寂然之体，只需在日用常行中率良知而行便可。

诚然，李光地对于程朱"性即理"的改造并没有像王阳明的"心即理"一样走得那么远，但其"理即性"说在强调本体的伦理性与人的主体性方面确实表现出某些与"心即理"相似的理论特点与思想意图。朱熹曾说："理在人心，是之谓性。性如心之田地，充此中虚，莫非是理而已。心是神明之舍，为一身主宰。性便是许多道理，得之于天而具于心者。"④由此可见，按照朱子理学的一般观点，性构成了沟通、联系心与理的中间环节。性虽禀受于天，具有先验性、普遍性、客观性等特征，但其作为理在人心中的具体形态，又与经验、个体、主观的心紧密相连，因而性与心之间显然拥有比理与心更为内在和切近的关系。

"君子所性，仁义礼智根于心。"⑤ "恻隐之心，仁之端也；羞恶之心，义之端也；辞让之心，礼之端也；是非之心，智之端也。"⑥ 仁义礼智之性作为人的道德本质，根植于人心之中，必然要表现为恻隐、羞恶、辞让、是非等道德感情与道德意识。性虽不能知觉，但性与知觉亦不能分离。人必须通过知觉来认识性与理，而性也须通过对知觉的支配作用才能将自己实现出来。故曰："性只是理，情是流出运用处，心之知觉，即所以具此

---

① （明）王艮：《明儒王心斋先生遗集》卷二《尺牍密证·答朱思斋明府》，（明）王艮等撰《王心斋全集》，江苏教育出版社 2001 年版，第 47 页。

② （清）黄宗羲：《明儒学案》卷三十二《泰州学案一·处士王心斋先生艮·心斋语录》，中华书局 2008 年版，第 714 页。

③ 同上书，第 715 页。

④ （宋）黎靖德编：《朱子语类》卷九十八，《朱子全书》第 17 册，上海古籍出版社、安徽教育出版社 2002 年版，第 3305 页。

⑤ 《孟子·尽心上》，中华书局 2006 年版，第 298 页。

⑥ 《孟子·公孙丑上》，中华书局 2006 年版，第 69 页。

理而行此情者也"①，"道理固本有，用知，方发得出来。若无知，道理何从而见"②。在此意义上，心与性"此两个说着一个，则一个随到，元不可相离，亦自难与分别。舍心则无以见性，舍性又无以见心"③。而李光地正是通过"理即性"这一思想，将外在的天理与内在的心性更加紧密地联结起来，并将理的本质规定为仁义礼智之善性，以回应那些指责朱子学"心外求理""析心与理为二"的批评。

因此，李光地所理解的理也就不是冰冷无情的客观规律或绝对命令，而是与天地万物的生成、发展直接关联的性命之理。故曰：

> 向以当然者言理，故谓阴阳动静之类，终古不易，终古不乱，是乃所谓当然。当然之为自然，自然之为其所以然也。以其不偏谓之中，以其不杂谓之善。自以为此论当矣。至于蔼然而生，凛然而肃，则以是为落形气而未之道也。既乃思之，大《易》言贞元，孔孟语仁义，皆不离其蔼然、肃然者，而性命之理存焉。且使所谓阴阳动静者，无可爱可慕之实，徒曰不偏之为善尔，则是土苴木札，剂量而食可以疗饥；木叶鹑衣，编袭而衣可以适体也。是天地之间尽泛然无情之物。所谓道者，不过自动自静，出入乎机，而偶与自然者会。此其与庄老之学相去几何，而于吾圣门之道远矣。乃今知所谓善者，即蔼然者善也；即肃然者善也。有蔼然之理，故有蔼然之气以生物，是生物之理善也。有肃然之理，故有肃然之气以成物，是成物之理善也。中也者，所以完此善者也，非谓中善也。④

在李光地看来，理固然是阴阳动静之类先验、永恒、普遍必然的规律

---

① （宋）朱熹：《朱文公文集》卷五十五《答潘谦之》，《朱子全书》第23册，上海古籍出版社、安徽教育出版社2002年版，第2590页。

② （宋）黎靖德编：《朱子语类》卷十七，《朱子全书》第14册，上海古籍出版社、安徽教育出版社2002年版，第584页。

③ （宋）黎靖德编：《朱子语类》卷五，《朱子全书》第14册，上海古籍出版社、安徽教育出版社2002年版，第222页。

④ （清）李光地：《榕村集》卷八《要旨续记》，《景印文渊阁四库全书》第1324册，台湾商务印书馆1983年版。

与原则。但是，如果仅仅以此来理解和规定理或道，那么将使宇宙运行成为一纯粹自动自发的机械过程，从而割裂了天人之间的亲密关系，取消了包括人在内的天地万物的价值与意义。这便与老庄所说的"自然无为"之道相差无几，远离了圣人立教的宗旨。因为以《周易》为代表的传统儒家宇宙论并不以天为与人无关的、纯自然的天，而是选择以人道发明天道，将天的运行类比于人事，以"生"作为天地的根本德性，高度赞颂天道所蕴含的生生之大德，从而赋予自然不断生长、积极刚健的生命性质。故曰："天地之大德曰生"①，"日新之谓盛德，生生之谓易"②。又曰："昔者圣人之作《易》也，将以顺性命之理，是以立天之道曰阴与阳，立地之道曰柔与刚，立人之道曰仁与义。"③ 据此，李光地认为，理得自于天，自然具有与天相同的创生性与亲和性，所以理就不能仅仅是不偏不杂之理，还应当是蔼然、肃然的性命之理。其本质特征是善，直接表现为生物、成物。

根据李光地的理解，"德即性也，故曰：'天地之大德曰生。'心也者，其生机也；情也者，其生意也；性之德，则其生理也。德有四，曰：元、亨、利、贞，而统之者，元也。元也者，一生生之善而已矣。《孝经》曰：'天地之性，人为贵。'《记》曰：'人者，天地之德。'是故天地之性之德返之于身而可知也"④。由是可知，上述性命之理也就是决定万物生存与发展的根本原则，而此根本原则最为集中、完整地体现在人的本性上，亦即是人的道德本质。因此，这种性命之理虽然纯粹至善，超然形气之表，但又根源于这个生生不息、天人合一的现实世界，特别是与人的感性存在和心理感情相联系，带有鲜明的道德品格与生命色彩，这便是李光地所说的"可爱可慕之实"。

为了进一步突出本体的伦理性与人的主体性，李光地还将"性"提升

① 周振甫译注：《周易译注·系辞下》，中华书局 1991 年版，第 256 页。
② 同上书，第 235 页。
③ 周振甫译注：《周易译注·说卦》，中华书局 1991 年版，第 281 页。
④ （清）李光地：《榕村集》卷一《观澜录·性》，《景印文渊阁四库全书》第 1324 册，台湾商务印书馆 1983 年版。

到宇宙本体的地位，多从本体、本源的角度来描述、规定"性"，显示出一种"以性代理"的思想倾向。譬如他说：

人物尚有性，岂天地之大而无性？太极者，天地之性也。①

极也者，纯粹以精之理，至真而无妄，至善而无恶。其为物也不二，其为道也不息。此所谓天地之性，而万物得之，亦各一其性，有若以之为根底标准者然。②

理即性也，实实有个本体在，即乾之元，而人之性也。有此，便不得不动，不得不静。故朱子解"太极"曰："即阴阳，而指其本体不杂乎阴阳而为言。"极精。③

天下无性外之物，而性无不在，故浑然太极之全体，无不各具于一物之中。诚也，性也。朱子所以言太极也，即其所以言理也。由是而赋于万物，散为万事，皆此理尔，此性尔。④

与朱熹以"理"释太极有所不同，李光地更偏向于以"性"释太极，认为"向来都将'理'字训'太极'，还有说不去的，惟以'性'字训，则皆通矣"⑤。他特别重视太极所蕴含的生生之大德，及其作为万物生存、发展所必需的核心与根据的意义，强调太极至真无妄，至善无恶，而这些性质和特点都与李光地所理解的"性"相一致。同时，李光地亦注重从人物之性的角度来理解、阐释太极。他指出，万物之性皆由太极赋予，不仅理一分殊，而且性一分殊。万物所表现出来的具体的道德行为或道德规范虽有不同，但这只是偏向的差异，其背后作为根据的本性则并无二致。若

---

① （清）李光地：《榕村语录》卷二十六，《榕村语录　榕村续语录》上册，中华书局1995年版，第456页。

② （清）李光地：《榕村集》卷七《初夏录二·太极篇》，《景印文渊阁四库全书》第1324册，台湾商务印书馆1983年版。

③ （清）李光地：《榕村语录》卷二十六，《榕村语录　榕村续语录》上册，中华书局1995年版，第457页。

④ （清）李光地：《榕村集》卷七《初夏录二·人心篇》，《景印文渊阁四库全书》第1324册，台湾商务印书馆1983年版。

⑤ （清）李光地：《榕村语录》卷十八，《榕村语录　榕村续语录》上册，中华书局1995年版，第310页。

无这点根据，事物就不能存在。而由性无不在，无物不具，可见万物之中皆有太极。"天下无性外之物，即虎狼之父子，蜂蚁之君臣，雎鸠之夫妇，他固不能相通，然既有那一件，太极便都全在那一件。"①

李光地这里所说的作为本体的性固然直接指天地之性，而其实质内容则来源于人的道德属性。朱熹虽然也谈论天地之性，但天地之性在朱熹那里主要仍是一个针对人的概念，即人禀受天理而来的本然之性。而李光地则更为明确地将人的道德属性提升到宇宙本体的地位，将伦理原则作为天地化生与万物存在的根据、法则。由此既保证了道德伦理的先验性与普遍必然性，又保证了本体的至善性。所以他说："今欲求物之性，总离不了五伦。不特虎狼父子，蜂蚁君臣，雎鸠夫妇，即草木亦然。以类丛生，是其朋友也；有牝牡，是其夫妇也；移树必是花开时，问其故，曰：'树最护花，欲结子也'，是其父子也。其不能全者，形器限之也。其不能断者，同一性善也。天地与人共此一性，所以万古不易，万古不息。"② 性善的实质是生理，生理则在心里，如程子所云"心如谷种"。因此，性是一种内在的规定性，而非外在的规定性。它既有先验的一面，"连天地亦不知其所以然。只是不如此，便过不得"，又与人的心理情感相联系，"只是如此便安，不如此便不安"。③

关于性与理的关系，李光地进一步说道：

> 性者，理之总名耳。著而为道，则有阴阳、刚柔、仁义之两名，而性其合也。④
>
> 性为之主，理者其流也，命者其源也。⑤

① （清）李光地：《榕村语录》卷十八，《榕村语录　榕村续语录》上册，中华书局1995年版，第310页。

② （清）李光地：《榕村语录》卷二十五，《榕村语录　榕村续语录》上册，中华书局1995年版，第447页。

③ 同上书，第444—445页。

④ （清）李光地：《注解正蒙》卷上《诚明篇第六》，《景印文渊阁四库全书》第697册，台湾商务印书馆1983年版。

⑤ （清）李光地：《榕村集》卷二《经书笔记》，《景印文渊阁四库全书》第1324册，台湾商务印书馆1983年版。

所谓理者，即性命之流行于事物者尔。①

性者，浑然一无极之真而已。……率之斯为道，散之斯为理，故有涂辙之可循，条贯之可析。②

由此可见，"性"在事实上已经取代"理"，成为李光地理学思想体系中指涉本体的主要范畴。在"性—理"关系中，"性"拥有比"理"更为根本与重要的地位。在李光地那里，性、命、理、道等范畴既可分说，也可合说。若合说，则"理即性"，"性命皆理也"，"道亦理也"。若分说，则"在事物为理，人之所禀为性，天之所降为命。命本以天言，性本以人言，理本以事物言。……理以事物条理言，道以人所行之路言"③。命虽本之于天，但"'命'字仍非本源，天有天之性，若没有缘故，命个甚么？"④也就是说，追根溯源，天性为万物、万理之本源。而这个作为本源的天性，按照李光地的说法，亦是借用字眼，其实质就是人之本性。因此，性便成为天地万物背后最普遍的本质与根据，而理则主要作为性在事物上的具体流露与体现，即由性所规定的事物的条理。由于性只是最普遍的本质规定，只有散而为理，方有途辙之可循，条贯之可析，故尽性必须穷理。反过来说，理虽散在万物，其统则在乎人心，所谓"万物皆备于我"，故穷理不离知性。据此，李光地指出，对于"理即性"，"知之者以为万物皆备于我，则性与理一也；不知者求理于外，其于性也日远矣"⑤。由是亦可看出，李光地之所以要详细地讨论和分析性、理关系，其最终目的并不在于区分性与理，而是要在以性为本的基础上重构性与理的一致性。

通过"理即性"等思想，李光地成功地将朱子学的理本体改造为性本

① （清）李光地：《周易观彖》卷十二《说卦传》，《景印文渊阁四库全书》第42册，台湾商务印书馆1983年版。
② （清）李光地：《榕村集》卷七《初夏录二·人心篇》，《景印文渊阁四库全书》第1324册，台湾商务印书馆1983年版。
③ （清）李光地：《榕村语录》卷二十六，《榕村语录 榕村续语录》上册，中华书局1995年版，第458页。
④ 同上。
⑤ （清）李光地：《榕村集》卷一《观澜录·诸儒》，《景印文渊阁四库全书》第1324册，台湾商务印书馆1983年版。

体，所以一些学者将他的理学思想概括为"性本论"。若是按照传统的
"性即理"的理解，那么"性本论"与"理本论"似乎并无实质差别。但
是，由于李光地对朱子学的这一改造受到了王学的影响，因而其对于性的
理解和规定已与朱熹有所不同。在朱熹的理学思想中，由于以先天的普遍
必然的理来规定性，所以性是静的、未发的，是无知觉、无情意、无计
度、无造作的，其中排除了一切感性、经验的因素，因而具有超验的倾
向。而在王阳明的心学思想中，心即性，心即理，心与性之间并不存在本
质区别，所以性在事实上可以等同于本心、良知或心之本体。由于阳明所
说的心体并不是超验的理性本体，而是先天形式与经验内容、理性与非理
性的交融统一，那么他所说的性自然也具有心体的这些特征。相比之下，
李光地所理解的性则带有调和朱王的色彩。从总体上看，李光地继承了朱
熹"性即理"的基本思想，强调性的纯粹至善，以此批评阳明"心即性"
"心即理""心无善恶"的说法。但是，在具体论述、分析性的性质和特点
时，李光地又吸收、借鉴了阳明关于心性的一些看法，从而强化了作为本
体的性与主体的情感、意识等经验内容和感性因素之间的联系。

譬如，王阳明以"乐"为心之本体，认为本体之乐"虽不同于七情之
乐，而亦不外于七情之乐。虽则圣贤别有真乐，而亦常人之所同有。但常
人有之而不自知"[1]。而李光地亦以"乐"为性。孟子曾说："仁之实，事
亲是也；义之实，从兄是也；智之实，知斯二者弗去是也；礼之实，节文
斯二者是也；乐之实，乐斯二者，乐则生矣；生则恶可已也？"[2] 后儒在解
释这段文字时，因为不敢以"乐"名性，故多以仁、义、礼、智、乐为
道，而以事亲、从兄为性。李光地认为这种说法颠倒了性与道的内容，主
张应以"乐"为性。他说：

> 仁义礼智乐是天命之性，事亲从兄是率性之道，人因不敢以乐为

① （明）王守仁：《王阳明全集》卷二《传习录中·答陆原静书（又）》，上海古籍出版社1992年版，第70页。
② 《孟子·离娄上》，中华书局2006年版，第167页。

性，故说得支离。不知吾性之中即礼，吾性之和即乐，中和可谓非性乎？①

根据李光地的理解，性在内，道在外，性指本质、根据，道指途径、方法。由于"性"之理虚而难见，故须通过"道"来指示其实而可循者。因此，仁、义、礼、智、乐方是性，事亲、从兄则是道。同时，他又指出礼、乐本质上是同一件事，"礼可以名性，乐独不可名性乎？盖礼之和乐处，即是乐也"②。

王阳明又以"诚"为心之本体，而李光地亦云：

> 性，诚而已矣。③
> 诚者之诚，就当"性"字说。④
> 诚便是实理，实理便是性。⑤
> 诚也，中也，太极也，即性也。⑥

按照传统朱子理学的理解，"乐""诚"等范畴只能用来表征心，而不能用来表征性。而在阳明心学中，性或本心则是可以兼括动静与已发未发的。李光地虽然以性为"未发之中""浑然一无极之真"，但他又表示"中者，性之不偏不倚、无过不及。有未发之不偏不倚，而后有已发之无过不及"⑦，"言性以仁义，以四德，盖亦自发用之后而推原其本体，分别其名

---

① （清）李光地：《榕村语录》卷六，《榕村语录　榕村续语录》上册，中华书局 1995 年版，第 91 页。
② 同上。
③ （清）李光地：《榕村集》卷七《初夏录二·诚明篇》，《景印文渊阁四库全书》第 1324 册，台湾商务印书馆 1983 年版。
④ （清）李光地：《榕村语录》卷八，《榕村语录　榕村续语录》上册，中华书局 1995 年版，第 136 页。
⑤ 同上书，第 137 页。
⑥ （清）李光地：《榕村语录》卷二十六，《榕村语录　榕村续语录》上册，中华书局 1995 年版，第 456 页。
⑦ 同上。

状之云尔"①，"情、意、志，皆心之动也，性则涵于静，著于动，而所受于天之理也。凡情之中节，意之诚，志之正者，皆性也"②，从而将仁义礼智与性之无过不及视为性的已发状态。如此，则李光地所说的性似乎亦是贯穿动静与已发未发的，这便与朱熹的观点有所不同。

李光地还相当注重借助爱、孝等经验性的概念来阐释、说明"性"。李光地曾说："性之所以为性者，善而已矣。性之所以为善者，仁而已矣。在天地则为生物之本体，所谓'大德曰生'者也。"③ 在他看来，性善的本质就是天地生生之德，而这个生生之德便集中表现为仁。仁又是人心的本质，是人心与天心相通的关键。"仁者，人得天地生物之心以为心，无此则禽兽之不如矣。"④ "仁者，心之所以为心，一而二，二而一者也。"⑤ 因此，人性中的四德、五常并非完全平列的关系，而是以"仁"为本。"仁为五常之本者，以其为天地生物之心，而人得之以为心。"⑥ "盖仁也者，偏言则一事，专言则包四者，故仁义礼智皆仁也。"⑦ 显然，李光地将仁视为人性中最根本的原则，义、礼、智、信皆可从属于仁。而仁在李光地的思想中主要可以用爱和孝来说明。

关于爱与仁的关系，李光地说道：

> 人心中只有一团生理，发出来便是爱，爱不可即谓之仁，然其理

---

① （清）李光地：《榕村集》卷七《初夏录二·人心篇》，《景印文渊阁四库全书》第 1324 册，台湾商务印书馆 1983 年版。

② （清）李光地：《榕村集》卷二《读书笔录》，《景印文渊阁四库全书》第 1324 册，台湾商务印书馆 1983 年版。

③ （清）李光地：《榕村集》卷七《初夏录二·人心篇》，《景印文渊阁四库全书》第 1324 册，台湾商务印书馆 1983 年版。

④ （清）李光地：《榕村语录》卷七，《榕村语录 榕村续语录》上册，中华书局 1995 年版，第 125 页。

⑤ （清）李光地：《榕村语录》卷十八，《榕村语录 榕村续语录》上册，中华书局 1995 年版，第 319 页。

⑥ （清）李光地：《榕村语录》卷七，《榕村语录 榕村续语录》上册，中华书局 1995 年版，第 123 页。

⑦ （清）李光地：《榕村集》卷六《初夏录一·孟子篇》，《景印文渊阁四库全书》第 1324 册，台湾商务印书馆 1983 年版。

则仁也。①

　　博爱也，行而宜也，皆仁义之发，性之用也。②

　　在此，李光地以仁为爱之理，爱为仁之发用，与程朱的说法相一致。但是，李光地对于仁、爱关系的理解并不止于此，他更欣赏韩愈以爱言仁的观点，因而认为程朱之说有所未备。他说：

　　程子谓退之以博爱为仁为非，盖谓其举用而遗体。然以愚观之，欲以一言尽仁体，未有善于博爱者也。《易》曰："天地之大德曰生"，又曰："大生广生"，夫此即博爱之谓也。程子曰："仁，生理也"，朱子申之，曰："天地以生物为心，而人物之生，因各得夫天地生物之心以为心"，夫此亦博爱之谓也。《论语》立人达人，程朱以为状仁之体。夫立人达人者，博爱而已。言博爱则体用具举，固无嫌于体之遗也。行而宜之意亦如是。盖行者用，而宜之者心。故周子亦取其语，曰："爱曰仁，宜曰义。"爱、宜，心也；爱、宜之德，性也。朱子曰："爱者，仁之情；仁者，爱之性。"然则性情一也，而以爱言仁者，岂有疵哉？③

　　在李光地看来，爱或博爱虽属于情，但"性情一也"，情亦可以言性。天地生生之德是博爱，立人达人亦是博爱，这些都属于仁之体。因此，博爱不仅可以用来表征仁之用，也可以表征仁之体，"言博爱则体用具举"。
　　李光地不仅以爱言仁，还以孝言仁。他说：

　　天下道理只是仁义，义又出于仁，义不是冰冷的仁，心之有节制处便是义。道理说到仁，已顶尖了，只是囫囵说个仁，难道墨子"兼

──────────

　　①　（清）李光地：《榕村语录》卷二十五，《榕村语录　榕村续语录》上册，中华书局1995年版，第448页。
　　②　（清）李光地：《榕村集》卷二十二《书韩子原道后》，《景印文渊阁四库全书》第1324册，台湾商务印书馆1983年版。
　　③　（清）李光地：《榕村集》卷六《初夏录一·孟子篇》，《景印文渊阁四库全书》第1324册，台湾商务印书馆1983年版。

爱"亦算做仁？佛家"慈悲"亦算做仁？仁之道，却要从孝做起。①

儒家谈仁或爱，主张爱有差等。从广义上说，孝亦是爱的一种，而且是爱的开端起点与首要原则。李光地之所以反对以墨子的"兼爱"和佛家的"慈悲"为仁，正是因为这种爱并不是建立在孝的基础上，违背了爱有差等的原则。换言之，只有以孝为基础，由孝中自然推广发用出来的爱，才能算作真正的仁。从这个角度看，以孝言仁构成了对以爱言仁的一种补充与深化。同时，孝不仅是一种道德情感，更落实为一种道德行为。李光地曾说："事犹理也。……仁合内外，兼体用，故以事言之，欲其易晓。"②所以他以孝言仁，亦是恐性命之理空泛难晓，故就性与仁的实处立言。"五常之性，德也，礼、信、义、智皆统于仁，而仁之最笃处，莫过于孝。"③

爱之所以要以孝为基础，是因为孝与生生之德直接相关。因此，孝不仅是仁之始，还是仁之本、德之本。故曰："仁为五常之本，孝又为仁之本。……孝为仁之本者，又以亲为吾身所自生，良心真切，莫先于此也。"④ 由是可知，李光地对于"孝为仁之本"的理解首先是基于一种主观性的心理原则与血缘、情感基础。他进一步指出，仁义礼智皆是德，而仁是德之元，"仁以亲亲为大，仁之实，事亲是也"⑤，所以孝为"至德"。同样，五伦皆是道，而父子是五伦之首，有父子然后有君臣，有君臣然后有上下，假如父子之道不立，他教亦无从而有，所以孝为"要道"。

正是由于李光地将孝作为仁之本与德之本，所以他所理解的孝就不仅

---

① （清）李光地：《榕村语录》卷十七，《榕村语录　榕村续语录》上册，中华书局1995年版，第301页。

② （清）李光地：《榕村语录》卷十八，《榕村语录　榕村续语录》上册，中华书局1995年版，第319页。

③ （清）李光地：《榕村语录》卷十七，《榕村语录　榕村续语录》上册，中华书局1995年版，第303页。

④ （清）李光地：《榕村语录》卷七，《榕村语录　榕村续语录》上册，中华书局1995年版，第123页。

⑤ （清）李光地：《榕村语录》卷十七，《榕村语录　榕村续语录》上册，中华书局1995年版，第304页。

仅局限于孝敬父母，而是提升到了与天地万物为一体的层面。在他看来，人不仅有自己的生身父母，天地、乾坤亦是人的父母。所谓：

> 生吾者父，由父而祖，而曾，而高，而始祖，以及始祖所自出，非天地而何？非天地与吾为一体而何？所以《太极图》下二圈，一个是天地生人，一个是父母生人。①

> 人告以身从父母生，即性亦从父母赋，须当守身尽性以为孝，人都信得及。若告以天地为吾大父母，必笑为迂远矣。惟使他由父母，而推之于父母之父母，累进而直上，溯至厥初生民，非天地之气化而何？《西铭》即是此二圈图说，故曰："乾称父，坤称母。"②

因此可以说，父母是人之小天地，而天地是人大年难老之大父母。人不仅应知孝父母，也应知孝天地。"其实如此等去孝天地，就如此等去孝父母，还是比例相同的意思。"③ 李光地指出："天地开一大世界，日月升沉，山川融结，却是为何？无非为生人之地。……天地生人，非是要你美衣丰食，驱役万类，暴殄天物也，要你赞助天地耳。"④ 因此，人若是能够参赞天地，辅相万物，厚生玉成，便是孝天地，便是穷理尽性。"理便是性，性与祖宗、天地、鬼神一也。"⑤ 由于人与万物都是天地所生，都是天地的子孙，所以万物皆具天地之心，皆能呼吸相通。人若知孝天地，便可知万物一体、民胞物与。因此，孝是无穷尽、无界限的，须由一己之孝扩充、推广出去，亲亲而仁民，仁民而爱物，极其至，便可通于神明，光于四海。李光地特别强调："道理不到此，原未完备。孝道不到爱尽天下人，

---

① （清）李光地：《榕村语录》卷十七，《榕村语录　榕村续语录》上册，中华书局1995年版，第302页。
② （清）李光地：《榕村语录》卷十八，《榕村语录　榕村续语录》上册，中华书局1995年版，第307页。
③ （清）李光地：《榕村语录》卷十七，《榕村语录　榕村续语录》上册，中华书局1995年版，第304页。
④ （清）李光地：《榕村语录》卷十八，《榕村语录　榕村续语录》上册，中华书局1995年版，第307页。
⑤ （清）李光地：《榕村语录》卷十七，《榕村语录　榕村续语录》上册，中华书局1995年版，第302页。

亦不算完得孝道。"①

　　总而言之，李光地虽然仍坚持性与心、性与气质之间的区分，但在具体论述、阐发性的时候，其关注的重点显然并不是性的超验性或纯粹客观性，而是强调其中所蕴含的至善性与生命意义，从而使作为本体的性与主体的经验、情感、意识等因素紧密关联。用形象的话说，李光地所说的性并不是冰冷无情的绝对命令，而是"热的""活的"生命本质和人伦准则。"仁是一个生意周流，滚热的，什么道理都离这个不得。"② 人由尽己之性，便可尽人之性，进而视天下人物皆为一体，痛痒相关，公其所有而己不劳，使世界呈现出一团和乐之象。因此，李光地曾多次称赞王阳明以仁爱之心阐述万物一体的思想。这种一体之仁亦即王阳明所说的良知，它既得自普遍必然的天命之性，又根源于个体内在的心理需要与情感本能。正是在这种仁爱观中，"万物一体"与"爱有差等"两种看似冲突的原则得到了某种统一。当人在伦理实践中面对问题时，仁爱之心自然会做出相应的反应与选择，不论是表现为博爱万物，还是爱有差等，皆是出于心安理得，非安排而后有者。

　　在宋明理学的概念体系中，人欲往往与天理相对。李光地既然主张"理即性"，使得普遍必然的先验之理与主体的经验内容和感性因素相互联系，客观上也就缓解了天理与人欲、道心与人心之间的紧张和冲突。因此，在理欲问题上，李光地认为人欲非恶，在相当程度上承认个体情欲的合理性，不主张以"存天理，灭人欲"的激烈手段来压抑以至消灭人的感性欲望，并且在实践中要求尽量照顾、满足民众的合理欲望。这与明代后期以来主张个性解放，要求重视个体存在的情感、欲望与利益的新思想趋向是相一致的。

　　由于朱子理学偏重于强调性与理的普遍性、客观性与超验性，这就使得性与理倾向于一种外在的强制规范与法则，并且表现出一种理性优先的

---

① （清）李光地：《榕村语录》卷十七，《榕村语录　榕村续语录》上册，中华书局1995年版，第302页。

② （清）李光地：《榕村语录》卷六，《榕村语录　榕村续语录》上册，中华书局1995年版，第105页。

本质主义特征。因此，朱熹虽未一概否定和排斥人的情感、欲望，但以情欲为危殆，主张对个体存在的感性因素和自然本能采取较为严苛的警惕和限制态度，以道德理性来压抑、宰制人的情感、欲望与需求，从而将个体的欲求降低到最低程度，化人心为道心，使人的感性情欲消融、同化于理性本质之中。

具体来看，朱熹虽然有时亦在中性的意义上使用"人欲"一词，但在多数情况下，仍是将人欲视为天理的对立面来进行解释与批判的。譬如他说：

> 盖天理莫知其所始，其在人则生而有之矣。人欲者，梏于形、杂于气、狃于习、乱于情而后有者也。①

> 熹窃以谓人欲云者，正天理之反耳。谓因天理而有人欲则可，谓人欲亦是天理则不可。盖天理中本无人欲，惟其流之有差，遂生出人欲来。②

> 天理、人欲，虽非同时并有之物，然自其先后、公私、邪正之反而言之，亦不得不为对也。③

> 心之所主，又有天理、人欲之异。二者一分，而公私邪正之途判矣。盖天理者，此心之本然，循之则其心公而且正；人欲者，此心之疾疢，循之则其心私而且邪。④

由此可见，朱熹以天理为善的、公的、正的，而以人欲为恶的、私的、邪的。由于天理纯粹至善，所以天理中本无人欲，而人的本性中也不应有人欲存在，唯其蔽于形气，狃于习心，流于不正，故生出恶的人欲

---

① （宋）朱熹：《朱文公文集》卷七十三《胡子知言疑义》，《朱子全书》第24册，上海古籍出版社、安徽教育出版社2002年版，第3556页。
② （宋）朱熹：《朱文公文集》卷四十《答何叔京》，《朱子全书》第22册，上海古籍出版社、安徽教育出版社2002年版，第1842页。
③ （宋）朱熹：《朱文公文集》卷四十二《答胡广仲》，《朱子全书》第22册，上海古籍出版社、安徽教育出版社2002年版，第1902页。
④ （宋）朱熹：《朱文公文集》卷十三《延和奏劄二》，《朱子全书》第20册，上海古籍出版社、安徽教育出版社2002年版，第639页。

来。因此，朱熹主张严辨天理人欲，进而"明天理，灭人欲"。故曰："学者须是革尽人欲，复尽天理，方始是学"①，"人之一心，天理存，则人欲亡；人欲胜，则天理灭，未有天理人欲夹杂者。学者须要于此体认省察之"②。

诚然，朱熹这里所说的人欲并非泛指人所有的欲望，后者主要以"人心"指称。在概念的使用上，朱熹对于"人心"与"人欲"做了一个大致的区分。人心指人的感性欲念，圣人亦不能无，故只是危的，而人欲则略相当于私欲，主要指那些过度追求利欲，甚至违背道德规范的欲念，故属于恶。用朱熹的话说："人心是知觉口之于味、目之于色、耳之于声底，未是不好，只是危。若便说做人欲，则属恶了，何用说危？"③ "人心，尧舜不能无；道心，桀纣不能无。盖人心不全是人欲，若全是人欲，则直是丧乱，岂止危而已哉？"④ 但是，人心与人欲之间的这种区分又是很不明显的。如何界定某种情感、欲求究竟是合理还是过度，并没有一个严格与明确的标准。以朱熹经常使用的一个比喻"饮食者，天理也；要求美味，人欲也"⑤ 为例，似乎只要是追求个人利益与物质享受的欲念都可以被归为人欲。如此，在现实生活中，除了满足基本的生存需要外，人的大部分非道德性的情感、欲念似乎都有可能被视作需要克治、消灭的人欲。⑥

而在王阳明那里，由于以"心即理"扬弃了性与理的抽象性和超验性，使得先天形式与经验内容、理性与非理性、普遍性与个体性得以在心

---

① （宋）黎靖德编：《朱子语类》卷十三，《朱子全书》第 14 册，上海古籍出版社、安徽教育出版社 2002 年版，第 390 页。

② 同上书，第 388—389 页。

③ （宋）黎靖德编：《朱子语类》卷七十八，《朱子全书》第 16 册，上海古籍出版社、安徽教育出版社 2002 年版，第 2668 页。

④ （宋）黎靖德编：《朱子语类》卷一百一十八，《朱子全书》第 18 册，上海古籍出版社、安徽教育出版社 2002 年版，第 3746 页。

⑤ （宋）黎靖德编：《朱子语类》卷十三，《朱子全书》第 14 册，上海古籍出版社、安徽教育出版社 2002 年版，第 389 页。

⑥ 此外，朱熹还曾说过："人心，私欲耳，岂孟子所欲操存哉？"［见（宋）朱熹《朱文公文集》卷四十二《答吴晦叔》，《朱子全书》第 22 册，第 1919 页］"心一也，操而存则义理明而谓之道心，舍而亡则物欲肆而谓之人心。自人心而收回，便是道心；自道心而放出，便是人心。"［见（宋）朱熹《朱文公文集》卷三十九《答许顺之》，《朱子全书》第 22 册，第 1751—1752 页］可见其对于"人心"与"人欲"的区分亦不是一贯和绝对的。

体中相互融合，起码在理论上显示出王学对于个体存在的情感、欲望、意志等感性因素具有更大的包容性与接纳度。在阳明看来，"喜怒哀惧爱恶欲，谓之七情。七者俱是人心合有的"①，"良知虽不滞于喜怒忧惧，而喜怒忧惧亦不外于良知也"②。据此可以推断，阳明虽然在理欲问题上同样主张存天理，去人欲，"必欲此心纯乎天理，而无一毫人欲之私"③，但他对于"人欲"的理解和界定应该不至于像朱熹那样严格与宽泛。同样，阳明虽然仍主张以戒慎恐惧、省察克治等工夫来存天理，去人欲，但他所强调的主要是在积极方面的存天理、正念头，而非消极方面的去人欲、断念头。同时，他还积极肯定了"何思何虑""物来顺应""勿忘勿助"等修养方法的意义，反对以强制的方式禁绝各种情欲、念虑，指出："先儒所谓志道恳切，固是诚意，然急迫求之，则反为私己，不可不察也。……学问之功何可缓，但恐着意把持振作，纵复有得，居之恐不能安耳。"④ 这些都显示出阳明对于人的情感、欲望等感性因素的平和与宽容。

事实上，诚如李泽厚所言，在阳明哲学中，"道心"（天理）与"人心"（人欲）已经紧密相连，不可分离了。道心既反对人心，又必须依赖人心才能存在。"尽管'心''良知''灵明'在王阳明那里被抽象提升到超越形体物质的先验高度，但它毕竟不同于'理'，它总与躯壳、物质相关联。从而理性与感性常常变成了一个东西而紧相纠缠以致不能区别，于是再进一步便由理性统治逐渐变成了感性统治。"⑤ 在阳明之后，以泰州学派为代表的王学左派便发展了阳明思想中的自然主义、个体主义与直觉主义等因素，强调对于个体存在的非理性方面的关注，从而将王学进一步推向感性化与心理化。同时，由于突出了良知的见在性与既成性，一方面使得理性与感性、良知与明觉、道心与人心、天理与人欲愈加混杂在一起而难以分别，另一方面则使为善去恶、"存天理，去人欲"等工夫失去了存

---

① （明）王守仁：《王阳明全集》卷三《传习录下》，上海古籍出版社1992年版，第111页。
② （明）王守仁：《王阳明全集》卷二《传习录中·答陆原静书（又）》，上海古籍出版社1992年版，第65页。
③ 同上书，第66页。
④ （明）王守仁：《王阳明全集》卷四《答徐成之》，上海古籍出版社1992年版，第145页。
⑤ 李泽厚：《中国古代思想史论》，生活·读书·新知三联书店2008年版，第257页。

在的必要性，导致了工夫的消解。因此，王门左派学者大多标榜率性而为，纯任自然，反对以外在的理性规范来约束和压抑心灵的自然与自由状态，甚至以人欲为天理，认人心作道心。如颜钧认为"平时只是率性所行，纯任自然，便谓之道。及时有放逸，然后戒慎恐惧以修之。凡儒先见闻，道理格式，皆足以障道"①。何心隐亦谓："性而味，性而色，性而声，性而安逸，性也。乘乎其欲者也。"②而李贽更是极端突出个体存在的价值与意义，提倡为己、自适，"不必矫情，不必逆性，不必昧心，不必抑志，直心而动"③，直以"私""利"作为"公""义"的基础。其自称："我以自私自利之心，为自私自利之学，直取自己快当，不顾他人非刺。故虽屡承诸公之爱，诲谕之勤，而卒不能改者，惧其有碍于晚年快乐故也"④，又主张："夫私者，人之心也。人必有私而后其心乃见，若无私则无心矣"⑤，"士贵为己，务自适。如不自适而适人之适，虽伯夷、叔齐同为淫僻；不知为己，惟务为人，虽尧、舜同为尘垢秕糠"⑥。此后，明末清初的顾炎武、黄宗羲、王夫之等学者虽然都对王学左派痛加鞭挞，但同时又从不同角度肯定了人的欲望的合理性与必然性，承认个体对于欲望、利益的追求来自人的天性，并且将这一思想推广、运用到政治、社会、经济等领域，构成了中国近代启蒙思潮的先声。

受此影响，李光地亦对人的情感、欲望等感性因素抱有较高的宽容度。他虽然仍坚持道心与人心、天理与人欲的分辨，但并不主张将天理与人欲对立起来，也不对人心与人欲这两个概念做特别的区分，反对将人的一切欲望都不加分别地归结为恶。与朱熹一样，李光地亦将人的形体视作人欲的来源。因此，论证形体非恶便构成了人欲非恶的前提与基础。所以他说：

---

① （清）黄宗羲：《明儒学案》卷三十二《泰州学案一》，中华书局2008年版，第703页。
② （明）何心隐：《何心隐集》卷二《寡欲》，中华书局1960年版，第40页。
③ （明）李贽：《焚书》卷二《为黄安二上人三首》，中华书局1974年版，第228页。
④ （明）李贽：《焚书》增补一《寄答留都》，中华书局1974年版，第711页。
⑤ （明）李贽：《藏书》卷三十二《德业儒臣后论》，中华书局1959年版，第544页。
⑥ （明）李贽：《焚书》增补一《答周二鲁》，中华书局1974年版，第694页。

善固本之性，恶亦必寻其根。朱子谓："阳主生，阴主杀"，"主"字觉得太重。如形体阴也，心思阳也，岂有形体主于为恶之理？然恶则从形体而生。故人以心思为主，而贯彻形体，则形体亦善。以形体为主，而役使天君，则心思亦恶。善出于心，恶亦出于心。如君命官，尽忠效职，乃君命也；枉法行私，非君命也。然尽忠效职，固凭君命以行事；即枉法行私，何尝不假君命以作威？毕竟尽忠效职者，君命之本然；枉法行私，非君命之本然也。①

理须活看。如阳善阴恶，若说阳是生气，阴是杀气，生气善，杀气恶，如此天何为用此杀气？岂有意欲杀乎？有阳不能无阴，犹之有阴不能无阳也，岂有善必须有恶乎？盖天阳也，地阴也，人之心神阳也，形体阴也。人心本无不善，即形体亦非不善，特不善皆起于形体耳。从其大体为大人，从其小体为小人。耳欲好声，目欲淫色，四肢安于惰慢，以饥渴之害为心害，何者不生于形体？若天君泰然，百体从令，则惟有一善而已，不见有不善，惟有一阳而已，不见有阴也。如君岂可无臣？父岂可无子？夫岂可无妻？然若臣不禀君之令，子不从父之教，妻不受夫之节制，便不好。若臣能尽职，子能承教，妻能宜家，但见君父及夫之好处而已，虽各分些功名，而不专其美也。此方说得通。②

在李光地看来，人的心思属阳，形体属阴，所以二者是相互依存、相辅相成的关系，任何一方都不可能脱离对方而独立存在。同时，形体作为人生存与发展的物质基础，人的一切情感、欲求以至道德本性都必须通过形体才能表现出来。若形体为恶，则人性之善亦无法实现。因此，李光地指出朱熹的"阳主生，阴主杀"之说不妥，"主"字用得太重，容易让人将形体误认为恶。根据他的理解，天性至善，人的心思与形体皆根于天地

---

① （清）李光地：《榕村语录》卷二十五，《榕村语录　榕村续语录》上册，中华书局1995年版，第445页。

② （清）李光地：《榕村语录》卷二十六，《榕村语录　榕村续语录》上册，中华书局1995年版，第458页。

生生之德，本质上并无不善，关键在于以何者为主。由于人心以天命之性为体，而形体不免蔽于习气之私，所以若以心思为主而贯彻形体，则为善；若以形体为主而役使天君，则为恶。李光地进一步指出，善的实现虽以心思为主导，但亦离不开形体的配合，不可以心思专其美。譬如国治、家齐，人们往往只注意到君、父、夫的好处，其实背后亦有赖于臣能尽职、子能承教、妻能宜家。另外，从表面上看，恶虽从形体而生，但为善为恶的关键则在人心。因为心作为意识活动的主体，具有高度的主观能动性，是人的一切行为的主宰，在人的道德实践活动中始终处于支配地位。从这个意义上说，"善出于心，恶亦出于心"，不能将恶单纯归咎于形体。

在论证形体非恶的基础上，李光地又进一步论述了人欲非恶：

> 人心惟危，人欲也。人欲者，耳目口鼻四肢之欲，是皆不能无者，非恶也。徇而流焉则恶矣，故曰危。[1]

> 南轩以为"人心"人欲，"道心"天理，朱子非之。然人欲亦未是不好底字。如耳目口鼻之于声色臭味，俱是人欲，然却离这个，道心亦无发见处。但溢于其节，方见病痛，故曰"惟危"耳。又如一条山径，上面靠山，下临不测之渊也，行得到通达去处，但不可不谓之危。[2]

> 当年与德子谔、徐善长所言皆错。其时于一切天理人欲，都从动静分看，便不是。阴与阳都是好的，如何说阳善阴恶？阳气也，阴形也。气非理也，然气与理近。犹之心非性也，然心与性近。一切欲心都从形体上生来，如鼻欲闻好香，口要吃好味之类，凡此非即恶也。中节仍是善，惟过则恶耳。虞廷说"道心"，是从天理而发者，说"人心"，是从形体而发者。饥渴之于饮食，是人心也；嘑蹴不受，则仍道心也。人心、道心，大体、小体，都从此分别。能中节，则人心

---

① （清）李光地：《榕村集》卷二《读书笔录》，《景印文渊阁四库全书》第 1324 册，台湾商务印书馆 1983 年版。

② （清）李光地：《榕村续语录》卷三，《榕村语录　榕村续语录》下册，中华书局 1995 年版，第 593 页。

与道心一矣。①

由于人欲根源于形体，为人生存、发展所必不可少，故其本身并不是恶的，唯流于放纵而无节制则为恶。李光地显然注意到了朱熹关于人心与人欲的区分，亦同意朱熹"饮食者，天理也；要求美味，人欲也"的判断，但他却并不以"要求美味"为恶。因为在他看来，如鼻欲闻好香，口要吃好味之类的物质欲望，只要能够符合礼义的规范，就仍然是善的。如此，无疑在一定程度上肯定了人们追求物质欲望与利益的合理性。同时，李光地认为天理亦蕴含于人欲之中，道心有待于人欲而发见。因为人的活动与行为皆有其生理基础，这便是最基本的欲望，如饥食渴饮，说它是天理亦可，说它是人欲亦可。如果离开这一点欲望，则道德行为亦无法实现。他还以悬崖边的山路比之人欲，认为其虽然危险，但只要遵循一定的途辙，不逾越界限，终将行到通达去处。

与一般理学家多关注私欲不同，李光地还注意到人欲中"公欲"的存在。他说："夫公天下之欲不为恶，惟有己则私耳。"② 因为公则仁，公不但是天理的标志，亦是化人欲为天理的工夫。天理之所以隐微难明，便在于私欲障蔽。若能克去己私，廓然大公，则天理自然显现，人欲亦是天理。由于程朱理学提倡的是一种高调的道德理想主义，其后学往往存在讳言功利、疏于实务、不近人情的毛病，不仅自己对于实际的事功不屑一顾，而且动辄以严厉的道德标准衡量一切，对于那些讲求功利与实用的学者横加批评。"凡治财赋者，则目为聚敛；开阃扞边者，则目为粗材；读书作文者，则目为玩物丧志；留心政事者，则目为俗吏。"③ 这也是时人多批评理学高唱道德、无裨实用的重要原因之一。而李光地提出"公天下之欲不为恶"，在客观上为事功的合理性提供了理论依据，从而肯定了儒者建功立业、经世致用的志向与追求。

---

① （清）李光地：《榕村语录》卷二十五，《榕村语录 榕村续语录》上册，中华书局 1995 年版，第 450—451 页。

② （清）李光地：《榕村集》卷七《初夏录二·人心篇》，《景印文渊阁四库全书》第 1324 册，台湾商务印书馆 1983 年版。

③ （宋）周密：《癸辛杂识·续集下·道学》，中华书局 1988 年版，第 169 页。

李光地既然肯定了人欲的合理性与必要性，人欲和天理就不再处于互不相容的对立状态，而取得了某种共存的基础与可能。在这种情况下，人们所要做的就是用天理去统率、范导人欲，而不是"革尽人欲"。李光地本人几乎从不使用"存天理，灭人欲"这样的激烈说法，因为绝对的"灭人欲"必然导致对于天地生生之德的损害。在他看来，仅仅做到"克伐怨欲不行"之所以还称不上"仁"，亦是因为单纯地压抑、克治欲念会使人心冰冷僵硬，缺乏生机，阻碍了仁体的生意周流。故遏人欲必须以存天理为基础，而欲存天理还须在生意周流处体认。在此意义上，李光地指出，曾点之乐虽有不足之处，欠缺一点惕厉的意思，但其心是热的，有万物一体之意，"狂强于狷者以此"①。

四 "格物致知"与"知性明善"

格物致知论作为宋明理学中的一个核心议题与基础性理论，既是李光地理学思想中富有特色与创造性的一个部分，亦是其融摄陆王之学的主要方面与典型表现之一。对于各家各派的格致论，李光地虽然多次表示"格物之说……自然是程朱说得确实"②，"自宋以来，格物之说纷然。……程朱之说至矣"③，"程朱以格物为穷理，当矣"④，并强调自己关于格物致知的理解与朱熹并无本质区别，但只要考察其格致论的具体内容，就会发现李光地在朱子理学基础上对于陆王格致论的融摄是深刻且多方面的。

从表面上看，李光地格致论与朱熹格致论之间最明显的一点差异在于，朱熹主要以即物穷理言格致，而李光地则偏重于以知本、知性明善言格致。李光地的这种理解显然受到了陆王心学的影响，表现出一种折中程

---

① （清）李光地：《榕村语录》卷四，《榕村语录　榕村续语录》上册，中华书局1995年版，第51页。
② （清）李光地：《榕村语录》卷一，《榕村语录　榕村续语录》上册，中华书局1995年版，第9页。
③ （清）李光地：《榕村集》卷七《初夏录二·通书篇》，《景印文渊阁四库全书》第1324册，台湾商务印书馆1983年版。
④ （清）李光地：《榕村集》卷二十三《鳌峰讲义》，《景印文渊阁四库全书》第1324册，台湾商务印书馆1983年版。

朱、陆王的思想意图。他说：

> 陆象山《答赵咏道书》，引《大学》从"物有本末"起，至"格物"止，引得极精。两"物"字便是一个，把物之本末，事之终始讲究明白，便知所先后。未有知本末终始，而尚倒置从事者。知所先后，便有下手处，岂不近道。故下便接先后说去。……知所先后，即知本，知本，便是知之至。[①]

> 格物之说，至程朱而精，然"物有本末"一节，即是引起此意。物，事即物也；本末终始，即物中之理也。格之，则知所先后，而自诚意一下，一以贯之矣。象山陆子看得融洽，未可以同异忽之。[②]

> 《大学》古文曰"物有本末"，即物也；"知所先后"，即格也；"壹是皆以修身为本，本乱而末治者，否矣"，即物有本末也；"此谓知本，此谓知之至也"，即知所先后，物格而后知至也。象山陆氏引"物有本末"至"致知格物"为一意，以证为学讲明先于践履之事，其指固如此。陆谭经诚非朱伦，独此一义，愚窃以为甚精。[③]

> 虽然，程子之说，则真圣门穷理之要矣，而施之《大学》，则文意犹隔。盖《大学》所谓格物者，知本而已。物有本末，而贵乎格之而知其本。……象山陆氏之言曰："为学有讲明，有践履。《大学》致知格物，讲明也；修身正心，践履也。'物有本末，事有终始，知所先后，则近道矣。''欲修其身者先正其心，欲正其心者先诚其意，欲诚其意者先致其知，致知在格物。'自《大学》言之，固先乎讲明矣。"又曰："学问固无穷止，然端绪得失则当早辩，是非向背可以立决。'物有本末，事有终始，知所先后，则近道矣。'于其端绪知之不至，悉精毕力求多于末，沟浍皆盈，涸可立待，要之其终，本末俱失。"愚谓陆子之意，盖以物有本末，知所先后，连格物致知以成文，

---

①　（清）李光地：《榕村语录》卷一，《榕村语录　榕村续语录》上册，中华书局1995年版，第8—9页。

②　同上书，第9页。

③　（清）李光地：《榕村集》卷二十二《书韩子原道后》，《景印文渊阁四库全书》第1324册，台湾商务印书馆1983年版。

其于古人之旨既合，而警学之理尤极深切，视之诸家，似乎最优，未可以平日议论异于朱子而忽之也。就诸家中，则龟山之说独为浑全。盖虽稍失《大学》浅近示人之意，而实圣门一贯之传也。①

考之《大学》本文，其中并无"穷理"之说，程朱将"格物"解释为"穷理"，显系一种发挥创造。李光地认为，程朱以穷理言格物固然大体不差，但却未能突出格物工夫的核心与关键，故与《大学》文意犹隔。若以"物有本末，事有终始，知所先后，则近道矣"一节来解释格物之义，则直截了当，无须假借，既符合圣人之旨，又可收警示学者之效。他进一步指出，物即事，本末始终即物中之理，所以格物穷理就是要知其本末始终。只要将事物的本末始终讲究明白，便可知所先后，使言行有所准则，从而避免在实践活动中犯错。知所先后亦即是知本。若能知本，便是达到了知至的境界。在此意义上，李光地表彰了陆九渊将"格物致知"与"知所先后"沟通融合的说法，认为其说"视之诸家，似乎最优"。

此外，李光地还附带肯定了杨时的格物说，认为其说虽有失浅近，但于诸家中"独为浑全"，"实圣门一贯之传"。按照李光地的理解，杨时格物论的要点在于"天下之物不可胜穷也，然皆备于我而非从外得，反身而诚，则天地万物之理在我"，并引朱熹之言赞曰："道丧千载，两程勃兴，有卓其绪，龟山是承。"② 但在事实上，杨时主张的这种"反身而诚"的格物论因与心学将格物理解为格心的基本思路相似，恰恰受到了朱熹的明确反对与批评。朱熹指出："惟杨氏反身之说为未安耳。盖反身而诚者，物格知至，而反之于身，则所明之善无不实，有如前所谓如恶恶臭、如好好色者，而其所行自无内外隐显之殊耳。若知有未至，则反之而不诚者多矣，安得直谓但能反求诸身，则不待求之于外，而万物之理，皆备于我，而无不诚哉？况格物之功，正在即事即物而各求其理，今乃反欲离去事物

---

① （清）李光地：《榕村集》卷七《初夏录二·通书篇》，《景印文渊阁四库全书》第 1324 册，台湾商务印书馆 1983 年版。
② 同上。

而专务求之于身，尤非《大学》之本意矣。"① 李光地既然表彰陆九渊与杨时的格物论，便不能不与朱熹之说有所抵牾，这正反映出其在格物致知问题上对于心学思想的吸收与借鉴。

关于事物的"本末始终"，李光地进一步解释道：

> 心身、家国、天下，是物也；修身、齐家、治国、平天下，是事也。本，即修身，故曰："壹是皆以修身为本，其本乱而末治者否矣。"始，即齐家，《书》曰："始于家邦，终于四海。"故曰："其所厚者薄，而其所薄者厚，未之有也。"②

> 何谓知至？知本之谓也。盖家国天下，末也；身者，本也。天子有天下，等而下之，虽庶人亦有家，本乱则末乱，厚者薄则无所不薄也。能知乎此之谓知本，能知乎此之谓知之至也。③

> 物有本末，而贵乎格之而知其本。末者，天下国家也；本者，身也。知天下国家不外于吾身之谓知本，知本则能务本矣。此古人言学之要，《大学》之首章，《学记》之卒章，其致一也。④

李光地的这种以身为本，以天下国家为末，认为天下国家不外于吾身的格物思想显然与泰州王艮的"淮南格物论"存在相通之处。在对格物问题的理解上，王艮同样以"格物"之"物"为"物有本末"之"物"，认为格物就是要知本，知本就是知之至。他说：

> "自天子以至于庶人"以下数句，是释"格物致知"之义。"格物"之"物"，即"物有本末"之"物"，"其本乱而末治者否矣，其

---

① （宋）朱熹：《四书或问·中庸或问》，《朱子全书》第 6 册，上海古籍出版社、安徽教育出版社 2002 年版，第 591 页。

② （清）李光地：《榕村语录》卷一，《榕村语录　榕村续语录》上册，中华书局 1995 年版，第 8—9 页。

③ （清）李光地：《榕村集》卷六《初夏录一·大学篇》，《景印文渊阁四库全书》第 1324 册，台湾商务印书馆 1983 年版。

④ （清）李光地：《榕村集》卷七《初夏录二·通书篇》，《景印文渊阁四库全书》第 1324 册，台湾商务印书馆 1983 年版。

所厚者薄而其所薄者厚，未之有也"，此"格物"也。故即继之曰"此谓知本，此谓知之至也"。①

"物有本末"，故"物格"而后"知本"也。"知本"，"知之至"也。"知至"，"知止"也。"自天子以至于庶人"至"此谓知之至也"一节，乃是释"格物致知"之义。②

严格说来，陆九渊只是将"物有本末"一节与"格物致知"合说，以此论证讲明先于践履，又以"物有本末"一节说明应当早辨端绪得失，先立乎其大者，并未直接以知本、知所先后来解释格物。而王艮则明确提出应以"自天子以至于庶人"至"此谓知之至也"一节来解释"格物致知"之义，"格物"之"物"即是"物有本末"之"物"，故物格而后知本，知本即知之至。

关于"物有本末"与"格物"的具体含义，王艮进一步说道：

> "格"如"格式"之格，即后"絜矩"之谓。吾身是个矩，天下国家是个方，絜矩则知方之不正，由矩之不正也，是以只去正矩，却不在方上求。矩正则方正矣。方正则成格矣。故曰"物格"。吾身对上下、前后、左右是"物"。絜矩是"格"也。③

> 身与天下国家一物也，惟一物，而有"本末"之谓。"格"，絜度也，度于本末之间，而知"本乱而末治者否矣"，此"格物"也。"物格"，"知本"也，"知本"，"知之至"也。故曰"自天子以至于庶人，壹是皆以修身为本"也。④

> 身也者，天地万物之本也，天地万物，末也。知身之为本，是以

---

① （明）王艮：《明儒王心斋先生遗集》卷一《语录》，（明）王艮等撰《王心斋全集》，江苏教育出版社2001年版，第3页。
② （明）王艮：《明儒王心斋先生遗集》卷一《答问补遗》，（明）王艮等撰《王心斋全集》，江苏教育出版社2001年版，第34页。
③ 同上。
④ 同上。

"明明德"而"亲民"也。①

《大学》曰"物有本末",是吾身为天地万物之本也。能立天下之本,然后能知天地之化育,夫焉有所倚?②

在王艮看来,"格"即絜度、絜矩之义,"物"即身与天下国家。从万物一体的观点来看,天地万物皆为一体,身与天下国家亦为一物,但其中又有本末先后的差别。身即是本,天下国家即是末。因此,格物首先不是某种具体的认识或修养工夫,而是一种"度于本末之间"而知所先后的见解与识度,即通过"比则推度"来确定事物之间的本末、主次关系。格物的目的就是要确认"身"作为"天下国家"之本的地位与价值,进而通过反己修身、正身的方法来正天下国家。

同时,王艮还由"以身为本"的格物论引申出尊身、安身、爱身、保身的思想。在他看来,个体的存在与生命是最根本的,甚至拥有与"道"同等的地位。"身与道原是一件,至尊者此道,至尊者此身。尊身不尊道不谓之尊身,尊道不尊身不谓之尊道。须道尊身尊,才是'至善'。"③ 因此,安身和保身便成为良知良能的基本意义,无间于凡圣,具有最高的价值。只有安身、保身,才能成己成物,治平天下。"'安身'者,'立天下之大本'也。……身未安,本不立也。……不知'安身',则'明明德''亲民',却不曾立得天下国家的本,是故不能主宰天地,斡旋造化。"④ "安身以安家而'家齐',安身以安国而'国治',安身以安天下而'天下平'也。故曰'修己以安人','修己以安百姓','修其身而天下平'。不知安身便去干天下国家事,是之谓'失本'也。……不知身不能保,又何

---

① (明)王艮:《明儒王心斋先生遗集》卷一《答问补遗》,(明)王艮等撰《王心斋全集》,江苏教育出版社 2001 年版,第 33 页。

② (明)王艮:《明儒王心斋先生遗集》卷二《尺牍密证·答林子仁(又)》,(明)王艮等撰《王心斋全集》,江苏教育出版社 2001 年版,第 44 页。

③ (明)王艮:《明儒王心斋先生遗集》卷一《答问补遗》,(明)王艮等撰《王心斋全集》,江苏教育出版社 2001 年版,第 37 页。

④ 同上书,第 33 页。

以保天下国家哉?"① 由此亦可看出,王艮虽提倡明哲保身,但并未将其导向一种极端利己主义,而是根据其"本末一物"的"淮南格物论",始终将"本"与"末"、"身"与"天下国家"联系在一起,试图以个体存在为标准与尺度,去重新塑造一套合理的天下秩序。

　　阳明之后,王艮的"淮南格物论"可谓王门中最具特色的格物学说之一。赵贞吉曾说:"越中良知,淮南格物,如车两轮,实贯一毂。后有作者,来登此车,无以未觉,而空著书"②,将王艮的"淮南格物"与阳明的良知学说相提并论,共同作为王学的思想基础,可见其在当时思想界的重要性与影响力。后世学者对"淮南格物论"的评价则褒贬不一。一些学者对其颇为不满,批评王艮"别立说以为教,苟非门户之私,则亦未免意见之殊耳"③,但也有不少学者持肯定态度,认为其深得《大学》之旨,甚至将其视作王艮最重要的理论创造。譬如,虽对王学左派多有批评的刘宗周就曾称赞道:"后儒格物之说,当以淮南为正。曰:'格知身之为本,而家国天下之为末。'"④ 而全祖望亦云:"七十二家格物之说,令末学穷老绝气不能尽举其异同。至于以'物'即'物有本末'之'物',此说最明了。盖物有本末,先其本,则不逐其末,后其末,则亦不遗其末,可谓尽善之说","心斋是说,乃其自得之言。……盖语物而返身,至于心、意、知,即身而推,至于家国天下,更何一物之遗者? 而况先格其本,后格其末,则自无驰心荒远,与夫一切玩物丧志之病。……故心斋论学,未必皆醇,而其言格物,则最不可易。"⑤ 以李光地学识之广博,不可能不了解王艮的"淮南格物论"。由此可以推断,李光地以"身为本,天下国家为末",以"知本""知所先后"言格物的格物论很有可能受到了王艮"淮南格物论"

---

　　① (明)王艮:《明儒王心斋先生遗集》卷一《答问补遗》,(明)王艮等撰《王心斋全集》,江苏教育出版社 2001 年版,第 34 页。
　　② (明)董燧等编:《王心斋先生遗集》卷四《翰林院编修内江文肃赵公大洲贞吉撰墓铭》,于浩辑《宋明理学家年谱》第 11 册,北京图书馆出版社 2005 年版,第 387 页。
　　③ (清)黄宗羲:《明儒学案》卷十九《江右王门学案四·郎中陈明水先生九川·明水论学书》,中华书局 2008 年版,第 459 页。
　　④ (明)刘宗周:《刘宗周全集》第 2 册《语类十二·学言下》,吴光主编,浙江古籍出版社 2007 年版,第 448 页。
　　⑤ (清)全祖望:《经史问答》卷七,江苏广陵古籍刻印社 1990 年版,第 222—224 页。

的启发与影响。李光地虽未特别讨论有关安身、保身的问题，但亦不反对明哲保身的思想。他还有意将明哲保身与人的道德本性联系起来，主张"明哲保身，道之用也"①，并为遭受误解的"明哲保身"正名、辩护，提出《诗经》"'既明且哲'四句，承'王躬是保'。自己不能保身，焉能保王躬？'明哲保身'，非如世俗所谓趋利避害也。《孝经》言守富、守贵、保禄位，都说与道德学问是一事，何况保身？"②

诚然，由于双方在思想基础与理论背景上的差异，李光地的格物论与王艮的"淮南格物论"在细节上仍存在诸多不同之处，不能将其简单地等而视之。特别是李光地并未如王艮那样，由格物知本引申出对于个体存在的生命价值与意志作用的极度高扬，而是强调："性者，善而已矣。物之性犹人之性，人之性犹我之性，知其性善之同而尽之之本在我，此所以为知性明善也，此所以为知本也"③，从而将格物的重心转移到知性明善上。从这一点来看，李光地的格物论显然更接近传统理学的思路。

需要注意的是，李光地将格物理解为知本、知性明善，并不必然与朱熹所说的即物穷理相冲突。因为二者所指涉的对象并不完全相同。前者主要说的是格物的目的，而后者则偏重于格物的方法。事实上，朱熹亦以知性明善为格物穷理的根本目的，而李光地也未否认即物穷理的作用与意义，仍将其作为格物的一项基本方法。李光地格物论与朱熹格物论的关键区别在于，朱熹在主张通过格物把握道德原则、提高道德修养的同时，亦注重研究各类具体事物的性质、规律，并将穷究物理作为知性明善的重要前提与基础；而李光地由于受到笼罩明代思想界的心学尤其是王学思潮迅速发展所导致的理学内向化的刺激与影响，在格致论上更加明确和突出了格物的道德属性与伦理优先性，相对忽视和抑制了其对客观事物之理的关注，从而缩小了格物的范围，减弱了格物的知识性与认识论意义。

---

① （清）李光地：《榕村集》卷六《初夏录一·中庸篇》，《景印文渊阁四库全书》第 1324 册，台湾商务印书馆 1983 年版。

② （清）李光地：《榕村语录》卷十三，《榕村语录　榕村续语录》上册，中华书局 1995 年版，第 239 页。

③ （清）李光地：《榕村集》卷六《初夏录一·大学篇》，《景印文渊阁四库全书》第 1324 册，台湾商务印书馆 1983 年版。

　　在朱熹看来，理普遍存在于一切事物之中，"天下之物，则必各有所以然之故，与其所当然之则，所谓理也"①，因而格物穷理的范围与对象是极其广泛的。"上而无极、太极，下而至于一草、一木、一昆虫之微，亦各有理。一书不读，则阙了一书道理；一事不穷，则阙了一事道理；一物不格，则阙了一物道理。须着逐一件与他理会过。"② 这明显展现出朱熹格物论的知识取向，及其对于人的认识能力的乐观与自信态度。但是，过于强调知识的讲求，而又缺乏具体、可行的研究物理的方法，往往使学者流于训诂讲说一途而忽略了身心的修养，迷失了对于德性的根本追求。这一弊端在明代引起了越来越多学者的重视与忧虑。如阳明即云："先儒解格物为格天下之物，天下之物如何格得？且谓一草一木亦皆有理，今如何去格？纵格得草木来，如何反来诚得自家意？"③ 而李光地同样意识到，朱熹在知识研究上的这种理想主义在现实中是难以实现的。知识与道理是无穷的，而个人的时间、精力与能力等条件都有限，要想做到物无不格、理无不穷、知无不尽显然是不可能的。况且自然事物之理与人的道德法则毕竟属于不同的范畴，穷理求知的过程并不必然会与人的道德修养发生直接关系。即便能够穷尽自然事物之理，读遍古今之书，亦难以直接、自发地实现知性明善的根本目的。因此，李光地特别突出格物穷理的伦理意涵，反复强调朱熹格物论"原以身心性情居首，并非教人于没要紧处用心"④，又谓朱熹《中庸章句》"注云：'物之所以自成。''物'是君臣父子之类，即是'道'字，莫认做万物之物。……'物之终始''物'字亦然"⑤，从而将格物的主要对象限定在与道德性命有关的方面，而将与此无关的各种具体知识排除在格物的范围之外。

---

　　① （宋）朱熹：《四书或问·大学或问》，《朱子全书》第6册，上海古籍出版社、安徽教育出版社2002年版，第512页。

　　② （宋）黎靖德编：《朱子语类》卷十五，《朱子全书》第14册，上海古籍教育出版社2002年版，第477页。

　　③ （明）王守仁：《王阳明全集》卷三《传习录下》，上海古籍出版社1992年版，第119页。

　　④ （清）李光地：《榕村语录》卷一，《榕村语录 榕村续语录》上册，中华书局1995年版，第11—12页。

　　⑤ （清）李光地：《榕村语录》卷八，《榕村语录 榕村续语录》上册，中华书局1995年版，第133页。

朱熹以"至"训"格"，"至"有"极至"之意，故曰："格，至也。物，犹事也。穷至事物之理，欲其极处无不到也。"① 李光地虽然接受朱熹训"格"为"至"的解释，但又特别指出：

> 极，如"皇极""太极"之极，是中间透顶处，不是四旁到边处。"极"字，亦有作边际训者，如"四极""八极"之类，但非此注"极"字之义。②

> 朱子说"极"字，即是"本"字，一物皆有一物之极，即此一物之原本。今人说"极"字，像四面都到的一般，非也。③

结合朱熹格物论的具体论述来看，朱熹所说的"极"字显然是兼括极点与边际两义的。但李光地仅取极点之义，而排斥边际之义，便是为了否定格物须格尽天下之物的观点，从而突出其以知本言格物的思想。在李光地看来，"极"即是"本"，穷极事物之理就是知本，而这个"本"便是人之善性。所以他说：

> 《语类》中，"穷理只就自家身上求之"一段，说格物甚精。王阳明因格竹子致病，遂疑朱子之说，岂知朱子原未尝教人于没要紧处枉用心思也。人与物本同一性，禽兽真心发现处，与人一样。或止一节，比人更专笃，这个是万物一源的，所谓本也。子思、孟子不说格物，而曰明善，曰知性，正是《大学》知本之意。说到性与善，则程朱之说愈显然明白，而包括无余矣。④

朱熹诚然说过"说穷理，只就自家身上求之，都无别物事"⑤，但这主

---

① （宋）朱熹：《四书章句集注・大学章句》，《朱子全书》第 6 册，上海古籍出版社、安徽教育出版社 2002 年版，第 17 页。

② （清）李光地：《榕村语录》卷一，《榕村语录　榕村续语录》上册，中华书局 1995 年版，第 9 页。

③ 同上书，第 10—11 页。

④ 同上书，第 11 页。

⑤ （宋）黎靖德编：《朱子语类》卷十四，《朱子全书》第 14 册，上海古籍出版社、安徽教育出版社 2002 年版，第 426 页。

要是为了说明仁义礼智为理之根源，以及格物穷理应从切己处下手，并非朱熹格物论的主要内容与核心思想。相反，即物穷理才是朱熹格物论的真正重点所在。而李光地偏偏要从皇皇的《朱子语类》中挑出这句话来表彰，正是为了强调在自家身上知性明善的意义。当然，"在自家身上求之"并不能完全等同于格心、正心，但起码与心学的内向格物说拥有较多的相似性。在李光地看来，万物一源，同出于善，人与物本同一性，所以只要能于身心性情之德上穷本极源，则人伦日用、天地鬼神、禽兽草木之理皆不外乎是。

同时，朱熹还很强调积累与贯通在格物致知过程中发挥的重要作用。朱熹认为，只要通过今日格一物，明日格一物的积累工夫，用力既久，自然有豁然贯通处，最终可以达到"众物之表里精粗无不到，而吾心之全体大用无不明"的境界。对此，李光地亦有不同看法：

> 学问全要知本，知本之学，所学皆归于一本。格物之说……自然是程朱说得确实，但细思之，亦有未尽。如云格物也，不是物物都要格尽，也不是格一物便知天下之物。积累多时，自有贯通处。这个说话，便似子夏之答子游。子游讥门人小子，"本之则无"，子夏只应答以洒扫、应对、进退，正是培养他根本处。人之初生，天性未漓，大人者不失其赤子之心，使之入孝出弟，一切谨愿。后来盛德大业，都从此出，故曰："蒙以养正，圣功也。"子夏却说成君子之道，毕竟先末而后本。子游、子夏都将本字看得太高妙。即如"一贯"章，都说零碎工夫尽做到了，只不晓得本源，故经夫子点化，便洞然无疑。若其初不晓得本源，日用之间如何用功？果然如此，多学而识正是用功处，夫子何以截断曰"非也"？特其初要将一去贯，终乃贯于一耳。以此起头，以此煞尾，圣贤学问都是如此。离了本便无末，但不可云只要本不须末耳。[1]

---

[1] （清）李光地：《榕村语录》卷一，《榕村语录　榕村续语录》上册，中华书局1995年版，第9—10页。

　　在他看来，日常的积累之功固不可少，但格物最重要的不是积累，而是知本。若不知本，则一切具体的工夫都无根基。这个"本"并不高妙，即人人固有之善性，亦即孔子所说的"一以贯之"的"一"。儒者为学既以知本为根基，最后又回复到本源上，始终都要以"本"来贯穿，不是仅仅通过今日格、明日格的零碎积累便可自发达到贯通的结果。

　　至于即物穷理的内容与作用，李光地还说道："程朱以格物为穷理，当矣，然亦须就要紧处格将去。如舜明于庶物，察于人伦，人伦中平庸无奇，何可思索？不知就上须大段与他思索一番，方得透彻。子孝臣忠，如何方是孝，如何方是忠，大有事在。物物各有一性，性即理也，物性犹吾性也。物各有牝牡雌雄，是其夫妇之性。海燕哺雏，雌雄代至，饮食之恩也；羽毛稍长，引雏习飞，教诲之义也，是其母子之性。同巢鸟兽，无不相倡相和，是其兄弟之性。类聚群分，是其朋友之性。就中必有为之雄长者，是其君臣之性。盖物虽殊，而性则一。此处穷尽，便见得万物一体，廓然有民胞物与之意。而所谓生之有道，取之有节，此心自不容已。至如草木臭味，种种各别，此则医家之所宜悉，而非儒者急务。……《大学》所谓格物，《中庸》又谓之明善，《孟子》又谓之知性。盖格物只是明个善，明善只是知个性。"①由此可见，李光地所理解的即物穷理的主要内容仍是思索、认识事物中包含的伦理原则与道德属性，以此来发现、印证人自身固有的善性，进而领悟万物一体、民胞物与之意，并使自己的行为自觉符合天理、天性的要求。在李光地看来，这样的即物穷理才是知本的重要方式。

五　复《大学》古本与归宗诚意

　　格物致知之说出自《大学》，而学者关于格物致知的不同理解往往与其对《大学》版本的选择和改订紧密关联。《大学》一书作为宋明理学最重要的经典依据之一，亦引发学者最多的争议。二程在表彰、阐发《大学》之余，有感于《大学》文义失序，疑有简编散脱，故对《大学》文字

---

　　①　（清）李光地：《榕村集》卷二十三《鳌峰讲义》，《景印文渊阁四库全书》第1324册，台湾商务印书馆1983年版。

各有改订，理正篇次，遂启后儒改订《大学》的风气。此后，各种《大学》改本层出不穷，而关于《大学》文本的考据和改订亦成为宋代以后儒家经学中反复争论的一个基本问题。其中，自然以朱熹与王阳明的两次变动影响最为深远。

二程虽然怀疑汉唐所传的《大学》旧本存在错简，但并未指出内有阙文，亦未提出"分经厘传"的概念。而朱熹则在二程改本的基础上，不仅进一步调整了篇章次序，而且将全书分为经与传两部分，并作"格物致知补传"以补阙文。这便构成了朱熹《大学》改本的主要特色与最大贡献。按照朱熹的理解，《大学》中提出"明明德""新民""止于至善"三纲领与"格物""致知""诚意""正心""修身""齐家""治国""平天下"八条目的一部分为经，乃孔子之言，而曾子述之；对三纲领、八条目进行解说与论证的另一部分为传，可分为十章，是曾子之意，而门人记之。在经传两分、纲目对举的结构下，朱熹发现传的部分基本上是按照顺序来逐条解释经中的三纲领、八条目，但其中唯独缺少了对"格物"与"致知"的解释，且将对于"诚意"的解释误置于传文的开头。因此，朱熹将传文中释"诚意"的部分移至"所谓修身在正其心"一章之前，又作"格物致知补传"以弥补本应论证"致知在格物"与"诚其意在致知"两部分内容的缺失。此外，朱熹还调整了"诗云瞻彼淇澳"与"子曰听讼犹吾人"两段文字的位置，亦将其纳入到对三纲领、八条目的解释之中。

从总体上看，朱熹对于《大学》的改订还是持之有故、言之成理的，并且颇具创造性与启发性。经其改订的《大学》新本由于结构严谨，文义整然，理据圆熟，获得了当时众多学者的遵从。加之元代之后，朱熹的《四书章句集注》在科举中被悬为功令，奉为程式，拥有了来自政治权力的认可与支持，遂使《大学章句》成为日后流传最广、影响最大的《大学》版本。此后，虽然不断有学者对朱熹"移其文，补其传"的处理方式表示不满，尤其反对朱熹自撰的"格致补传"，并提出了各种不同的《大学》改本，但都影响有限，亦未能超出朱熹对于《大学》义理思想的理解，因而无法从根本上动摇朱熹《大学章句》的权威地位。这一状况直到明代中期王阳明的出现才有所改变。

阳明心学亦以《大学》作为核心的理论依据，但他并不同意朱熹"即物穷理"的格物说，也反对朱熹"分章补传"的《大学》改本。阳明认为，《大学》古本既无错简，也无阙文，其书止为一篇，原无经传之可分，根本无须任何改订。在他看来，《大学》古本恰恰体现出圣人之学简易明白的特点，"且旧本之传数千载矣，今读其文词，即明白而可通；论其工夫，又易简而可入，亦何所按据而断其此段之必在于彼，彼段之必在于此，与此之如何而缺，彼之如何而补，而遂改正补缉之？无乃重于背朱而轻于叛孔已乎？"① 因而主张去朱熹之分章而削其补传，以恢复《大学》的本来面貌。可以想象，在朱子学权威的笼罩下，当阳明最初提出这一主张时，必然遭到了众人激烈的非议与责难，连他最亲近的门人弟子亦感到"闻而骇，既而疑，已而殚精竭思"②。但随着王学在短时期内的迅速崛起，以至风靡天下，越来越多的学者开始接受阳明对于《大学》思想的新解释，并改信《大学》古本，遂逐渐撼动了朱熹《大学章句》的垄断地位。

不过，由于《大学》古本的文字与结构在客观上确实存在不容易说清的地方，所以尽管阳明对于《大学》古本的提倡在当时产生了较大的影响，但并未完全平息人们对《大学》的疑惑，此后仍不断有学者提出新的《大学》改本。同时，由于阳明对《大学》古本的提倡与其对《大学》思想的心学解读直接相关，在明末清初批判王学的思想背景下，不少朱子学者都对阳明挟《大学》古本以售其说的做法大加批判。如张烈即谓阳明"恐人攻己，则援古本《大学》以为据，此挟天子令诸侯之智也；著《朱子晚年定论》，此以敌攻敌之术也。以行兵之权谋，用之于讲学，其心术险谲而技穷可知"③。陆陇其亦言："阳明之复古本，则不过欲借'知本'二字自伸其良知之说。……自阳明而后，专以知本为格物者，皆不可究诘。"④ 张履祥则说："复《古本》，是姚江一种私意，大指只是排黜程、朱

---

① （明）王守仁：《王阳明全集》卷二《传习录中·答罗整庵少宰书》，上海古籍出版社 1992 年版，第 76 页。

② （明）王守仁：《王阳明全集》卷一《传习录上》，上海古籍出版社 1992 年版，第 1 页。

③ （清）张烈：《王学质疑》附录《读史质疑四》，中华书局 1985 年版，第 9 页。

④ （清）陆陇其：《三鱼堂文集》卷一《大学答问》，《景印文渊阁四库全书》第 1325 册，台湾商务印书馆 1983 年版。

以伸己说耳。今试虚心熟玩《大学》之书，谓文无阙终不可也，谓简无错终不可也，谓经、传辞气无异终不可也，则知《章句》之为功不小矣。"① 而吕留良更云："凡朱子斡补字义，虽本文所无，必须提阐。自隆、万来以注（指《四书章句集注》）为支离，必以浑融脱略为妙，亦本于异学。改复古本《大学》，入室操戈之私意，而微言大义随之澌灭矣。"② 相较之下，李光地却能破除门户之见，力主恢复《大学》古本，提出"《大学》初无经传，乃一篇首尾文字"③，而格致传亦不须补，从而肯定阳明恢复《大学》古本的功绩。

李光地关于《大学》版本的基本看法和主要理由已集中体现在他的《大学古本私记旧序》与《大学古本私记序》中。其文曰：

> 《大学》旧本，自二程子各有更定，朱子因之，又加密焉，订为今本。然五百年来，不独持异议者不允，自金华诸子、元叶丞相、明方学士，以至蔡虚斋、林次崖数公，皆恪守朱学而群疑朋兴，递有窜动。所不能泯然于学者之心，补传其最也。地读朱子之书垂五十年，凡如《易》之卜筮，《诗》之雅郑，周子无极之旨，邵氏先天之传，哤哤纷挐，至今未熄，皆能烛以不惑，老而愈坚。独于此书，亦牵勉应和焉，而非所谓心通而默契者。间考郑氏注本，寻逐经意，窃疑旧贯之仍，文从理得。况知本、诚身二义尤为作《大学》者枢要所存，似不应使溷于众目中，而致为陆王之徒者得以攘袂扼腕，自托于据经诘传，以售其私也。缅惟朱子平生用力此书为多，持此有年，廻惶倚阁。又念朱子之道非一时之道，盖将取信于天下万世焉尔。自当时晚出鲰生，挟难竞质，沛然如江河之决，无闭拒者，则今日之听莹于

---

① （清）张履祥：《杨园先生全集》卷二，中华书局 2002 年版，第 25 页。
② （清）吕留良：《吕晚村先生四书讲义》卷四《论语一》，《四库禁毁书丛刊》经部第 1 册，北京出版社 1997 年版，第 518 页。
③ （清）李光地：《榕村集》卷六《初夏录一·大学篇》，《景印文渊阁四库全书》第 1324 册，台湾商务印书馆 1983 年版。

胸，而援鹑已远，为宜直其所见，待方来之朱子而折中焉。①

《大学》古本，自二程兄弟所更既不同，朱子考订又异。学者尊用虽久，而元明以来，诸儒谨守朱说者，皆不能允于心而重有篡置，为异论者又无足述也。愚思朱子所补，致知格物一传耳，然而诚意致知、正心诚意，其阙自若也。其诚意传文释体迥然与前后诸章别，来学之疑，有由然已。余姚王氏古本之复，其号则善，而说义乖异，曾不如守旧者之安。欲为残经征信，不亦难乎？夫程朱之学，得其大者，以为孔孟之传，盖定论也。程子之说格物，朱子之说诚意，圣者复起，不能易焉，而余姚皆反之。编简末事，又何足以云？文章制度，今古异裁，以晚近体读古书，则往往多失。何则？其详略轻重，离合整散，不可以行墨求，而必深探其本指者，古人之书也。《大学》之宗，归于诚意，格物明善者，其开端择术事耳。朱子亦既言之，而不能无疑于离合整散之间，是以有所更缉。今但不区经传，通贯读之，则旧本完成，无所谓缺乱者。若大义一惟程朱是据，汙不至阿其所好，或以为习心入之先者，不知言者也。②

由此可见，李光地之所以不同意朱熹的《大学》改本，主要有两方面原因。一是朱熹的《大学》改本面世之后，并未取得学者的一致认同，反而激起后人更多的争议，即便在朱门内部，亦不断有学者提出新的改本，且争论的焦点尤其集中在关键的"格致补传"上，这说明朱熹的改订很可能有所未确，不得不让李光地对朱熹的《大学》改本仔细审视，严肃对待。更为重要的是，李光地对于朱熹区分经传、移文、补传的改订方式始终不得于心，无法做到"心通而默契"，故不能苟同。而他之所以主张恢复《大学》古本，亦主要出于对《大学》思想宗旨的把握。针对朱熹的《大学章句》，阳明提出"其书止为一篇，原无经传之分。格致本于诚意，

---

① （清）李光地：《榕村集》卷十《大学古本私记旧序》，《景印文渊阁四库全书》第 1324 册，台湾商务印书馆 1983 年版。

② 同上。

原无缺传可补"① 作为恢复古本的基本理由。而李光地显然也认同阳明所说的这两点，故称《大学》古本"文从理得"，"今但不区经传，通贯读之，则旧本完成，无所谓缺乱者"。按照李光地的理解，《大学》首章所谓"物有本末，事有终始，知所先后，则近道矣"与"自天子以至于庶人，壹是皆以修身为本。其本乱而末治者，否矣。其所厚者薄，而其所薄者厚，未之有也。此谓知本，此谓知之至也"即释格物致知，而下一章"所谓诚其意者……故君子必诚其意"即释诚意。由于知本、诚身二义为《大学》之枢要，所以格致与诚意须特别加以强调，而不应使其混杂于众目之中。如此便解释了《大学》古本为何要将论证格致与诚意的两部分内容置于全篇开头，且文体、章法亦与下文释正心、修身、齐家、治国、平天下各部分不一致。同时，因为格物致知乃开端择术之事，属于诚意的工夫，所以"首章格物之义既明，则其继以诚意，非错简也"②。在此基础上，李光地进一步指出，古今文章体裁不同，不能简单地以今人的标准去衡量、裁剪古人之书，否则必然会造成许多失误。因为古人之书内容的详略轻重与结构的离合整散不能仅靠表面上的文字来判断，而必须深入发掘其背后的思想宗旨。据此，李光地认为《大学》原本很可能并不存在如后人所想象的那样的严谨结构，反对以经传两分、纲目对举的严格形式来理解、改订《大学》，而是主张从古本的原文出发，来把握《大学》的思想宗旨。当然，李光地为了表明自身坚定的朱学立场，不免要指责阳明在《大学》义理的阐发上"说义乖异"，皆与程朱相反，主张"大义一惟程朱是据"，但这并不足以证明李光地的《大学》思想完全未受到阳明心学的影响。

《大学》作为四书之一，经过宋代二程、朱熹等理学家的推崇与阐释，已成为宋明理学认识论、工夫论与政治理论的基本思想来源和理论依据，构成了新儒学经典系统的核心内容。特别是对于《大学》中三纲领、八条目的具体含义及其相互关系的不同理解，往往成为区分不同学派，甚至是

---

① （明）王守仁：《王阳明全集》卷三十三《年谱一》，上海古籍出版社1992年版，第1254页。
② （清）李光地：《榕村集》卷二十二《书韩子原道后》，《景印文渊阁四库全书》第1324册，台湾商务印书馆1983年版。

正统与异端的重要标志。因此，大部分理学家对于《大学》版本的选择与改订，就不是一种单纯的经学考据与训诂行为，而是与其特定的思想背景和理论意图紧密关联。譬如，朱熹在《大学章句》中建构的这样一种严密完整、平衡包容的文本结构与思想框架，便是其理学思想体系的直接反映。而他之所以不惜采取补传这样明显有违注疏常规的方式，也正显示出其对格物致知的特别重视，以至于一定要在《大学》文本中为其奠定坚实的理论基础。同样，王阳明之所以一定要推翻朱熹的《大学章句》而改用其他版本，亦是要为他的心学思想寻找一个坚固而又有别于朱熹的经典依据，以便能够更好地与朱子学相抗衡。而恢复《大学》古本对于阳明来说，无论是从思想还是策略上考虑，无疑都是一个相当好的选择。诚如顾宪成所言："朱子之格物，阳明之致知，俱可别立宗。若论《大学》本指，尚未尽合。要之，亦正不必其尽合也。"① 因此，李光地既然主张遵从阳明之说，恢复《大学》古本，其对《大学》思想的理解与阐释必定会受到王学的较大影响。

具体来说，阳明信用《大学》古本对其心学思想的阐发起码存在两点有利之处。首先，与《大学章句》相比，《大学》古本中被认为是解释诚意的那部分内容被大大提前，置于八条目之首，这就为突出诚意找到了经典依据。② 其次，阳明将古本中紧接着释诚意之下的"诗云瞻彼淇澳……民之不能忘也"一段视作"引《诗》言格物之事"③，这就摆脱了朱熹提倡即物穷理的格致补传，从而为其利用"心外无物""心外无理""心外无学"的心学原则来重新解释格物致知提供了先决条件，同时引出了"诚意

---

① （明）顾宪成：《顾端文公遗书·小心斋札记》卷十四，《续修四库全书》第 943 册，上海古籍出版社 1995 年版。

② 杜维明认为，"意"在王阳明所提出的"身""心""意""知"这一相互关系的内在结构中占有中心地位，"这也就是王阳明坚持要回到所谓《大学》古本上的根本原因。在这个'古本'中，'意'似乎比朱熹修改过的本子占有更为突出的位置"。参见杜维明《仁与修身——儒家思想论集》，生活·读书·新知三联书店 2013 年版，第 177 页。

③ （明）王守仁：《王阳明全集》卷三十二《大学古本傍释》，上海古籍出版社 1992 年版，第 1194 页。

工夫实下手处惟格物"① 的结论。而这两点在李光地的理学思想中亦可找到相应的表现。关于格物，李光地的解释虽与阳明本人有所区别，但其格物论的某些基本内容与思想倾向却明显受到陆王心学的深刻影响，而与朱熹"即物穷理"的格物论不能尽合。这一点在上一节中已做了比较详细的讨论，此处不再赘述。至于诚意，李光地亦将其称为《大学》的枢纽和宗旨而给予了高度的重视。

陈来先生曾经指出："在阳明对《大学》的诠释中，与朱子的基本区别是，诚意和致知受到特别的重视，江西平藩之前他一直以诚意来统帅格物，平藩之后以致知为宗旨，建立哲学体系。"② 换言之，在正德末年揭致良知之教以前，阳明哲学主要表现为一种"诚意之学"。在这一时期，阳明对于《大学》思想的阐释正是以诚意为学问的中心与"头脑"的。所以他说："《大学》之要，诚意而已矣。诚意之功，格物而已矣"③，"君子之学以诚意为主。格物致知者，诚意之功也"④，"若'诚意'之说，自是圣门教人用功第一义。但近世学者乃作第二义看，故稍与提掇紧要出来，非鄙人所能特倡也"⑤。可以说，将诚意作为《大学》思想的核心与为学工夫的首要环节，正是阳明心学的一个突出特点。而当他的弟子意识到这一点，并表示疑问："文公《大学》新本，先'格致'而后'诚意'工夫，似与首章次第相合。若如先生从旧本之说，即'诚意'反在'格致'之前，于此尚未释然"时，阳明回答道：

《大学》工夫即是明明德，明明德只是个诚意，诚意的工夫只是格物致知。若以诚意为主，去用格物致知的工夫，即工夫始有下落，即为善去恶无非是诚意的事。如新本先去穷格事物之理，即茫茫荡

① （明）王守仁：《王阳明全集》卷三十二《大学古本傍释》，上海古籍出版社1992年版，第1194页。
② 陈来：《有无之境——王阳明哲学的精神》，北京大学出版社2013年版，第116页。
③ （明）王守仁：《王阳明全集》卷七《大学古本序》，上海古籍出版社1992年版，第242页。
④ （明）王守仁：《王阳明全集》卷四《答王天宇（二）》，上海古籍出版社1992年版，第163页。
⑤ （明）王守仁：《王阳明全集》卷二《传习录中·答顾东桥书》，上海古籍出版社1992年版，第41页。

荡，都无着落处；须用添个敬字方才牵扯得向身心上来。然终是没根源。若须用添个敬字，缘何孔门倒将一个最紧要的字落了，直待千余年后要人来补出？正谓以诚意为主，即不须添敬字。所以提出个诚意来说，正是学问的大头脑处。于此不察，直所谓毫厘之差，千里之谬。大抵《中庸》工夫只是诚身，诚身之极便是至诚；《大学》工夫只是诚意，诚意之极便是至善。工夫总是一般。今说这里补个敬字，那里补个诚字，未免画蛇添足。①

在阳明看来，诚意是各种具体为学工夫的根基与统帅，可以保证学者在实际的用功过程中不偏离尊德性的目标和方向而流于支离。也就是说，"唯有诚意能把伦理的优先性明确显示出来，以诚意为核心，《大学》的整个工夫结构才能具有整体的内向性"②。而敬的作用亦已包含在诚意之内，有了诚意这个"大头脑"，就不需要在格物致知之外另添一个"敬"字来与之相对，作为补充与引导了。

由以上对于诚意的定位与阐释亦可看出，阳明并非孤立地强调诚意在《大学》中的优先性与重要性，而是注意把诚意与格物致知结合起来，使其成为一个紧密联系的整体性结构。所以他说："不务于诚意而徒以格物者，谓之支；不事于格物而徒以诚意者，谓之虚；不本于致知而徒以格物诚意者，谓之妄。支与虚与妄，其于至善也远矣。合之以敬而益缀，补之以传而益离。"③ 在此，阳明主要批评的显然是朱熹在《大学章句》中着意突出格物的理解与改订方式。关于诚意与格致的关系，阳明提出，诚意是格致的主意，格致是诚意的工夫。所谓"惟一是惟精主意，惟精是惟一功夫。……他如博文者，即约礼之功；格物致知者，即诚意之功；道问学即尊德性之功；明善即诚身之功，无二说也"④。在阳明看来，之所以要以格致为诚意的工夫，一方面是由于"意未有悬空的，必着事物，故欲诚意则

---

① （明）王守仁：《王阳明全集》卷一《传习录上》，上海古籍出版社 1992 年版，第 38—39 页。
② 陈来：《有无之境——王阳明哲学的精神》，北京大学出版社 2013 年版，第 117 页。
③ （明）王守仁：《王阳明全集》卷七《大学古本序》，上海古籍出版社 1992 年版，第 243 页。
④ （明）王守仁：《王阳明全集》卷一《传习录上》，上海古籍出版社 1992 年版，第 13 页。

随意所在某事而格之，去其人欲而归于天理，则良知之在此事者无蔽而得致矣"①；另一方面则由于"意之所发，有善有恶，不有以明其善恶之分，亦将真妄错杂，虽欲诚之，不可得而诚矣。故欲诚其意者，必在于致知焉"②。而之所以要以诚意为格致的主意，是因为只有在诚意的统率、规范下，才能将格致的对象限定在尊德性的范围之内，使格致的工夫服从于尊德性的目的，从而避免格物致知变为纯粹的求知活动，以确保《大学》实践的伦理优先性。

对于阳明这种"以诚意为本"的《大学》思想，李光地在大体上亦表示赞同。所以他说："《大学》之宗，归于诚意。"③又说："姚江之言曰：'《大学》只是诚意，诚意之至便是至善；《中庸》只是诚身，诚身之至便是至诚。'愚谓王氏此言，虽曾、思复生，必有取焉。……其言致知、诚意也，则以格物为诚意功夫。夫以格物为诚意功夫，似乎未悖也。"④

为了论证诚意在《大学》中的核心地位，李光地不仅将诚意与格物致知联系起来，把格致视为"诚意中事"，而且进一步将诚意贯穿于三纲领、八条目之中，使之成为统率《大学》诸工夫的真正灵魂。一方面，李光地以诚意为明德、新民、止至善之要，认为《大学》古本释诚意一章已总括三纲领之意涵，而诚意之"诚"尤为实现三纲领的决定性因素。故曰：

> 夫诚则形，形则著，著则明，明则动。至诚而不动者，未之有也。故引《淇澳》以证其表里之符，晖光之盛，感人之深。终之以"盛德至善，民不能忘"，则明德、新民、止至善三者皆总之矣。自明者，以诚明之也。新民者，以诚新之也。仁、敬、孝、慈、信，各止其所，以诚止之也。以其分，有明德、新民之殊，而贯之者，一诚而已。无讼，民之新也。使民无讼，明明德于天下之极也。无情不尽其

---

① （明）王守仁：《王阳明全集》卷三《传习录下》，上海古籍出版社 1992 年版，第 91 页。
② （明）王守仁：《王阳明全集》卷二十六《大学问》，上海古籍出版社 1992 年版，第 971 页。
③ （清）李光地：《榕村集》卷十《大学古本私记序》，《景印文渊阁四库全书》第 1324 册，台湾商务印书馆 1983 年版。
④ （清）李光地：《榕村集》卷六《初夏录一·大学篇》，《景印文渊阁四库全书》第 1324 册，台湾商务印书馆 1983 年版。

辞。盖民不自欺，大畏厥志，则民自有指视之严而谨其独也。诚之效，至于如此。①

另一方面，诚意又是八条目内在的统率和根据，而正心、修身、齐家、治国、平天下等条目皆是诚意的展开与实现。故曰：

> "学"者，格物致知之事，诚意之端也；"自修"者，谨独之事，诚意之实也；"恂慄""威仪"者，心正身修之事，诚意之验也；至于"民不忘"，则齐、治、均、平之机，诚意之应也。②

> 《大学》自均、平、齐、治，本之诚意，犹《中庸》《孟子》自治民、获上、顺亲、信友，本之诚身也。诚则有以成己，有以成物，而明德、新民、止至善之道在我。所谓明善、格物，盖所以启思诚之端，而非思诚以外事也。③

又曰：

> 盖天下之本在国，国之本在家，家之本在身，而心者又身之主也，意者又心之主也，故必诚其意，然后可以正心、修身而家国天下可得而理矣。此其先后之序，皆理势之自然。④

> 正心、修身统于诚意，无可疑者。若自齐家以下，则本前章明德、新民之义，而有所谓诚以化之者焉，有所谓诚以处之者焉。如一家之观型，国与天下之兴起，非诚不动，所谓化之也。一家爱恶之施，一国赏罚之令，天下人才、财用、用舍、聚散之权，皆必因其公理而我无容私焉，所谓处之也。……后学不察，以谓家国天下别有措

---

① （清）李光地：《榕村集》卷六《初夏录一·大学篇》，《景印文渊阁四库全书》第1324册，台湾商务印书馆1983年版。
② （清）李光地：《榕村四书说·大学古本说》，《景印文渊阁四库全书》第210册，台湾商务印书馆1983年版。
③ （清）李光地：《榕村集》卷六《初夏录一·大学篇》，《景印文渊阁四库全书》第1324册，台湾商务印书馆1983年版。
④ （清）李光地：《榕村四书说·大学古本说》，《景印文渊阁四库全书》第210册，台湾商务印书馆1983年版。

置区画而不统于诚意，则非矣。①

自释正心、修身以至终篇，不过著其展转相关之效，以见一诚之尽乎修己治人之要而已。……语其功之不可阙，则自身、家而国、天下，盖有言行坊表之著，纪纲法度之施，然非诚则无所以行之。故曰："诚者，圣人之本。"又曰："王道本于诚意也。"②

据此，李光地指出，诚意乃《大学》根本要旨，与《中庸》所言"诚身"意义类似，相互呼应。其形式上虽为八条目之一，但地位超出于其他条目之上，不应与其他条目一例看待。所以他说："所谓'诚其意'者，经中文法原一变，非无缘故。且以诚意为八条目之一，亦欠轻重，不过节次只得如此说耳。如明善、诚身，《中庸》虽与治民、获上、信友等一例说，然岂可一例看？明善即格致，是诚意中事。到得诚意，则正心、修身功夫皆到，只随时加检点耳。古本原明明白白，特提诚意。诚意总言，即是诚身，故章末便及心体可见。"③ 也正因为李光地与王阳明一样，将格物致知视为诚意中事，以诚意范围格致，所以他的格致论亦表现出一种鲜明的伦理优先性格。

同样在此意义上，李光地对韩愈《原道》中包含的《大学》思想表示赞赏，不认可朱熹对于韩愈的批评。在朱熹看来，韩愈的《原道》虽有表彰《大学》之功，但是"其言极于正心诚意，而无曰致知格物云者，则是不探其端，而骤语其次，亦未免于择焉不精，语焉不详之病矣"④。因为根据朱熹的理解，格物致知既是学者为学工夫的起始处，又是《大学》思想体系的根基与核心所在，脱离格物致知的正心诚意是不可靠的，所以韩愈所言止于正心诚意，而不及格物致知，显然犯了躐等的错误，是由于其对

① （清）李光地：《榕村四书说·大学古本说》，《景印文渊阁四库全书》第210册，台湾商务印书馆1983年版。
② （清）李光地：《榕村集》卷六《初夏录一·大学篇》，《景印文渊阁四库全书》第1324册，台湾商务印书馆1983年版。
③ （清）李光地：《榕村语录》卷一，《榕村语录 榕村续语录》上册，中华书局1995年版，第11页。
④ （宋）朱熹：《四书或问·大学或问》，《朱子全书》第6册，上海古籍出版社、安徽教育出版社2002年版，第512页。

《大学》思想理解不足所导致的。而李光地则根据其"以诚意为本"的《大学》思想，认为韩愈引《大学》止于诚意的做法，正是其"所以能识《大学》之意者"。他说：

> 《大学》之道，推之至于正心诚意，尽矣。身由是修，家由是齐，国、天下由是治且平。《中庸》《孟子》所谓"诚之者，人之道也"，"至诚而不动者，未之有也"，"凡为天下国家有九经，而所以行之一也"。是故语道至于诚，至矣。《大学》之格物致知，盖《中庸》之明善而所以诚其身者也，不在诚之外也。……诚者，圣人之本也；明者，诚之端也。异氏不明理而自谓诚，则折之之辞，当止于诚意正心，不当上及格致。其所以治心而外天下国家，则不能格物之由也。故韩子引经不完，是韩子所以为《大学》之意者也。①

在此，李光地再次强调，诚意为《大学》之道的根本，《大学》工夫至于诚意实际上已经完成。果能诚意，则其后的修身、齐家、治国、平天下皆为自然而然之事。格物致知虽在诚意之前，但亦不外于诚意，仍是一种在诚意统率下，以诚意为目的的明善工夫。

此外，针对程朱在《大学》原有工夫之外另补一个"敬"字的做法，李光地不以为然，主张"敬"不须补，这一点亦与阳明的看法一致。尽管在具体的论述上，二人的说法略有不同。他说：

> 《大学或问》中，提出"敬"字，以补古人小学工夫。盖养育德性之功，小学已豫，故大学直截说起。其实"定""静"等字，即跟小学说来，只应于定静节提明此意，不须添补。②
>
> 自古圣贤言学，未有不以立志、存心为之地者。盖立志则心自存，心存则志益笃，然后以之穷理而思可精，反之于身而德可据也。

---

① （清）李光地：《榕村集》卷二十二《书韩子原道后》，《景印文渊阁四库全书》第 1324 册，台湾商务印书馆 1983 年版。

② （清）李光地：《榕村语录》卷一，《榕村语录　榕村续语录》上册，中华书局 1995 年版，第 7 页。

古之入大学者，皆于小学之中涵养而启发者素矣。故其秀且俊者，必能识所趣向，以定其志，收敛宁静，以安其心，而不患于明善诚身之无本。此节之义，盖小学、大学承接之关要也。后世养蒙无具，而欲遽从事于大学，则无所以为之地者，故程子、朱子以"敬"字补其阙。若以此节为立志、存心、端本之事，则《大学》无阙义矣。①

李光地认为，朱熹之所以要在解释《大学》时特意另外提出"敬"字，是因为后世之人缺乏小学一段工夫，所以必须以"敬"来弥补小学的培养德性之功。但他同时指出，《大学》首章所说的"定""静""安"即是立志、存心、端本的工夫，实际上已经包含了"敬"的意义与作用，完全可以作为格物致知的本源与基础。因此，学者只需于《大学》"知止而后能定，定而后能静，静而后能安，安而后能虑，虑而后能得"一节中领会、阐明此意便可，不用再另外添补一个"敬"字。可以说，不论是王阳明所强调的以诚意统率格致，还是李光地所主张的以"定""静""安"为格致根基，都反映出一种尊德性为道问学之本、尊德性在道问学之先的思想倾向。

综上所述，不难发现，李光地在义理思想上对于王学的融摄是有意识、有条理、多方面的，其中不乏深刻之处。不论对于朱学还是王学，李光地都不是一味地照搬照抄，而是基于自己的理解与体悟，对各家学说进行批判性的吸收与折中，以此来建构和阐发自己的理学思想体系，从而对清初福建朱子学产生了较为广泛的影响。与许多思想家一样，李光地的学术思想在不同的时期与阶段亦表现出一些不同的特点。相对来说，其早年思想中包含的陆王心学因素较多，可以较为明显地看出其对陆王心学的肯定与融摄，而其晚年思想则更加突出了对于朱熹与朱子学的尊崇，进一步强化了其学术的朱子学立场。究其原因，一些学者认为

---

① （清）李光地：《榕村四书说·大学古本说》，《景印文渊阁四库全书》第 210 册，台湾商务印书馆 1983 年版。

主要是出于帝王好尚与政治得失的考量，无疑具有一定的道理。① 但是，如果就此认定李光地在其晚年为了讨好皇帝、沽名邀宠而完全否定自己此前大半生的学术主张，彻底与陆王之学划清界限，转而盲信朱学，显然也不符合历史事实。

据《文贞公年谱》与《榕村谱录合考》记载，李光地于康熙三十一年（1692）51 岁时，撰《初夏录》成；康熙五十六年（1717）76 岁时，讲学福州鳌峰书院，其内容经门人录为《鳌峰讲义》；康熙四十九年（1710）至康熙五十六年（1717）69—76 岁间，陆续撰成《中庸余论》《大学古本私记》《中庸章段》《读论语札记》《读孟子札记》，即《榕村四书说》。② 在李光地晚年的这些著述中，仍然可以发现不少与陆王心学相近，而不同于朱子理学的思想观点。这一点在与《大学》相关的诸概念的论述中表现得尤为明显。其具体内容在本章各节的讨论中已多有叙及。康熙五十四年（1715），李光地归闽途中道出铅山，谒鹅湖书院，撰《重建鹅湖书院记》一文，对陆九渊的学问、人格仍多有称许。此外，据张叙《榕村语录序》、徐用锡《榕村语录跋》、李清植《榕村语录跋》记载，《榕村语录》由李光地门人徐用锡与光地孙李清植纂辑，其主要内容亦出于二人的记录。③ 而徐用锡于康熙三十三年（1694）方从学李光地，李清植则出生于康熙二十九年（1690），问学于李光地的时间当更晚。据此可以推测，《榕村语录》主要反映的正是李光地的晚年思想，而其中亦多折中程朱、陆王之语。由是可见，李光地学宗程朱，兼采陆王的思想特点是一以贯之的。李光地晚年虽然有意强化了尊朱的立场，屡屡表示恪守朱学，并奉旨主持编纂《朱子全书》《性理精义》等重要理学典籍，成为康熙皇帝身边最受信任的理

---

① 如陈祖武说："剖析李光地一生学术思想的演变过程，我们可以看到，他尊朱学术宗尚的确立，并不是建立于踏实而严密的学术研究基础之上的。相反，以帝王好尚、政治得失为转移依据的投机色彩则十分浓厚。"参见陈祖武《〈榕村语录〉及李光地评价》，《福建论坛》1990 年第2 期。

② 参见（清）李清植《文贞公年谱》与（清）李清馥《榕村谱录合考》，《北京图书馆藏珍本年谱丛刊》第 85 册，北京图书馆出版社 1999 年版。

③ 参见（清）李光地《榕村语录》卷首，《榕村语录　榕村续语录》上册，中华书局 1995 年版，第 1—5 页。

学名臣，但在私人的讲学与著述中并未完全改变其一贯的思想特点与学术主张。从某种意义上看，这或许也可以视作清代"公众话语"与"私人话语"相互分裂的一种表现。①

第二章　清初福建朱子学中的
经学思想与研究成果

　　与上一章中所讨论的清初福建朱子学者对待王学的态度类似，其对于经学亦表现出一种既批评又提倡的复杂态度。究其原因，一方面固然源自朱子学自身的思想传统与学术特点，另一方面则明显受到清初特定的思想背景与学术发展趋势的刺激和影响。从学术渊源上看，宋明理学作为汉代经学之后传统儒学的又一典型形态，自然以对义理的讲求与发明为最显著的特色。按照宋代学者的主流看法，汉儒仅能传经，而不足以传道，其烦琐的章句训诂之学不仅不能发明圣人之道，反而使圣人之道愈加隐晦支离，几至断绝，以致有"秦人焚书而书存，汉儒穷经而经绝"[①]之说。而自韩愈提出新儒学的道统论以来，汉儒亦始终被排除在道统谱系之外。可以说，宋明理学正是通过对汉代经学的批判与革命来建立起自己学术的合理性与合法性。与此同时，宋明理学作为传统儒学的基本属性，又决定了它虽然注重义理的发挥，但仍离不开对儒家经典文本的理解与诠释。也就是说，宋明理学虽然反对汉代经学的治学方法与治学目的，但其义理之学实际亦建立在汉学经学的基础之上，仍然有赖于汉儒的传经之功与注经成果。诚如钱穆所言："理学之兴，浅言之，若为蔑弃汉、唐而别创。深言之，则实包孕汉、唐而再生。苟非汉、唐诸儒补缉注疏勤恳于前，则宋、明理学何所凭借而产苗?"[②]对于这一点，相信大部分朱子学者都能表示认同。

---

　　① （明）焦竑：《焦氏笔乘·续》卷三《秦不绝儒学》，中华书局1985年版，第197页。
　　② 钱穆：《清儒学案序》，《中国学术思想史论丛》（八），生活·读书·新知三联书店2009年版，第411页。

从时代背景上看，自明代中后期起，在激烈的理学义理之争的掩盖下，一股重视经典研究的新趋势已悄然兴起。[1] 譬如，嘉靖年间的归有光就较早站出来反对空言讲论，提倡通经学古。他说："圣人之道，其迹载于六经，其本具于吾心。……心之蒙弗亟开，而假于格致之功。是故学以征诸迹也。迹之著，莫六经若也。六经之言，何其简而易也。不能平心以求之，而别求讲说，别求功效，无怪乎言语之支，而蹊径之旁出也。"[2] 又说："汉儒谓之讲经，而今世谓之讲道。夫能明于圣人之经，斯道明矣。道亦何容讲哉？凡今世之人，多纷纷然异说者，皆起于讲道也"[3]，"夫天下学者，欲明道德性命之精微，亦未有舍六艺而可以空言讲论者也"[4]。约略同时而稍早的杨慎亦云："宋儒之失，在废汉儒而自用己见耳。……六经作于孔子，汉世去孔子未远，传之人虽劣，其说宜得其真。宋儒去孔子千五百年矣，虽其聪颖过人，安能一旦尽弃旧而独悟于心邪"[5]，并批评"逃儒叛圣者，以六经为注脚；倦学愿息者，谓忘言为妙筌"[6]。同样为汉儒打抱不平的还有当时的郑晓。他说："宋儒有功于吾道甚多，但开口便说汉儒驳杂，又讥讪训诂，恐未足以服汉儒之心。宋儒所资于汉儒者十七八，只今诸经书传注，尽有不及汉儒者。宋儒议汉儒太过，近世又信宋儒太过。要之，古注疏终不可废也。"[7] 即便是在当时理学家的言论中，也可以发现这种趋势的影响与痕迹。如罗钦顺为了论证"性即理"与"心即理"孰是孰非，不仅引用了《周易》中大量的言"性"、言"心"之语作

---

① 《四库全书总目提要》有云："明之中叶，以博洽著者称杨慎，而陈耀文起而与争……次则焦竑，亦喜考证……惟以智崛起崇祯中，考据精核，迥出其上。风气既开，国初顾炎武、阎若璩、朱彝尊等沿波而起，始一扫悬揣之空谈。"见（清）永瑢等撰《四库全书总目》卷一百一十九《子部·杂家类三》"通雅"条，中华书局1965年版，第1028页。

② （明）归有光：《归震川全集》卷七《示徐生书》，世界书局1936年版，第81页。

③ （明）归有光：《归震川全集》卷九《送何氏二子序》，世界书局1936年版，第104页。

④ （明）归有光：《归震川全集》卷九《送计博士序》，世界书局1936年版，第114页。

⑤ （明）杨慎：《升庵集》卷四十二《日中星鸟》，《景印文渊阁四库全书》第1270册，台湾商务印书馆1983年版。

⑥ （明）杨慎：《升庵集》卷二《周官音诂序》，《景印文渊阁四库全书》第1270册，台湾商务印书馆1983年版。

⑦ （清）朱彝尊：《经义考》卷二百九十七《通说三》，《景印文渊阁四库全书》第680册，台湾商务印书馆1983年版。

为佐证，还得出了"学而不取证于经书，一切师心自用，未有不自误者也"①的结论。而焦竑作为泰州门下健将，在义理方面虽一尊阳明、心斋，但同时又以博学考订著称于世。在他看来，"经之于学，譬之法家之条例，医家之《难经》，字字皆法，言言皆理，有欲益损之而不能者。孔子以绝类离伦之圣，亦不能释经以言学，他可知已。汉世经术盛行而无当于身心，守陋保残，道以寖晦。近世谈玄课虚，争自为方，而徐考其行，我之所崇重，经所诎也；我之所简斥，经所与也。向道之谓何？而卒与遗经相刺谬。此如法不禀宪令，术不本轩、岐，而欲以臆决为工，岂不悖哉！"②

随着明末学风日敝，学术界要求由虚返实、复兴经学的呼声亦随之高涨。如钱谦益即以理学为害道之俗学，主张回归经典，以挽救学术弊病。在他看来，经典构成了一切学术的根基与标准，若离开对经典本身的研究与考证，各以己意为是，必将流于无意义的空谈与无休止的纷争。"九经六艺，炳若丹青。律数小学，具有谱牒。今不为爬搔搜剔，溯本穷源，经学乱于蛙紫，史家杂于秕稗，众表竞指，百喙争鸣。……故曰蔽于俗学"③，"俗学之弊，能使人穷经而不知经，学古而不知古，穷老尽气，盘旋于章句占毕之中，此南宋以来之通弊也"④。钱谦益又比较了汉宋学术的区别，认为汉儒之学循序渐进，学有根底，不言性命之空理，而宋儒则自谓得不传之学，扫除章句，一归于身心性命。受此影响，"近代儒者，遂以讲道为能事，其言学愈精，其言知性知天愈眇，而穷究其指归，则或未必如章句之学，有表可循，而有坊可止也。汉儒谓之讲经，而今世谓之讲道。圣人之经，即圣人之道也。离经而讲道，贤者高自标目，务胜于前人；而不肖者汪洋自恣，莫可穷诘。……胥天下不知穷经学古，而冥行擿埴，以狂瞽相师。驯至于今，轻材小儒，敢于嗤点六经，詆毁三传，非圣

---

① （明）罗钦顺：《困知记》卷上，中华书局 1990 年版，第 37 页。

② （明）焦竑：《澹园续集》卷一《邓潜谷先生经纬序》，《澹园集》，中华书局 1999 年版，第 760 页。

③ （清）钱谦益：《牧斋有学集》卷三十八《答徐巨源书》，上海古籍出版社 1996 年版，第 1313—1314 页。

④ （清）钱谦益：《牧斋初学集》卷三十五《赠别方子玄进士序》，上海古籍出版社 1985 年版，第 992—993 页。

无法，先王所必诛不以听者，而流俗以为固然。生心而害政，作政而害事，学术蛊坏，世道偏颇，而夷狄寇盗之祸，亦相挺而起"①。故其提出"今诚欲回挽风气，甄别流品，孤撑独树，定千秋不朽之业，则惟有反经而已矣"②，"诚欲正人心，必自反经始；诚欲反经，必自正经学始"③。关于正经学之法，钱谦益强调"六经之学，渊源于两汉，大备于唐、宋之初，其固而失通，繁而寡要，诚亦有之，然其训故皆原本先民，而微言大义，去圣贤之门犹未远也"，因此"学者之治经也，必以汉人为宗主，如杜预所谓原始要终。寻其枝叶，究其所穷，优而柔之，厌而饫之，涣然冰释，怡然理顺，然后抉摘异同，疏通凝滞。汉不足求之于唐，唐不足求之于宋，唐、宋皆不足，然后求之近代。"④ 可以说，钱谦益这种"通经汲古"的学术思想为清初的经学复兴奠定了重要的理论基础。

钱氏之外，方以智亦有"藏理学于经学"⑤之说，主张"古今以智相积，而我生其后，考古所以决今，然不可泥古也"⑥。其于文字、音韵、名物、度数等方面皆有细致之考证，提出了"是正古文，必藉它证，乃可明也"⑦，"历考古今音义，可知乡谈随世变而改矣。不考世变之言，岂能通古今之诂，而是正名物乎"⑧，"小学有训诂之学，有字书之学，有音韵之学，从事《苍》《雅》《说文》，固当旁采诸家之辩难，则上自金石钟鼎、石经碑帖，以至印章款识，皆所当究心者"⑨ 等治经方法，可谓清代考据学之先驱。

①（清）钱谦益：《牧斋初学集》卷二十八《新刻十三经注疏序》，上海古籍出版社 1985 年版，第 851 页。

②（清）钱谦益：《牧斋有学集》卷三十八《答徐巨源书》，上海古籍出版社 1996 年版，第 1314 页。

③（清）钱谦益：《牧斋初学集》卷二十八《新刻十三经注疏序》，上海古籍出版社 1985 年版，第 851 页。

④（清）钱谦益：《牧斋初学集》卷七十九《与卓去病论经学书》，上海古籍出版社 1985 年版，第 1706 页。

⑤（明）方以智：《青原志略》卷首，华夏出版社 2012 年版，第 13 页。

⑥（明）方以智：《通雅》卷首之一《音义杂论·考古通说》，中国书店 1990 年版，第 20 页。

⑦（明）方以智：《通雅》卷首之一《音义杂论·辨证说》，中国书店 1990 年版，第 22 页。

⑧（明）方以智：《通雅》卷首之一《音义杂论·方言说》，中国书店 1990 年版，第 30 页。

⑨（明）方以智：《通雅》卷首之二《小学大略》，中国书店 1990 年版，第 39 页。

　　这一学术趋势延续到清初，又增添了反思明亡教训的意义，发展得更为迅速与壮大，获得了包括理学家在内的众多学者的肯定与支持。如汤斌即云："夫所谓道学者，六经四书之旨体验于心，躬行而有得之谓也，非经书之外，更有不传之道学也。故离经书而言道，此异端之所谓道也；外身心而言经，此俗儒之所谓经也。"① 而以顾炎武为代表的清初经史考据学者，不仅提出了"经学即理学"的响亮口号，而且丰富了考据学的研究方法，开拓了考据学的研究范围，撰写了一批具有示范性意义的经史考辨著作。这一方面纠正了空疏的学风，树立了经学研究的典范，促成了清代考据学的全面兴盛，另一方面又对传统理学的思想基础造成了重大冲击。如阎若璩著《尚书古文疏证》，姚际恒著《古文尚书通论》，朱彝尊作《尚书古文辨》等辨世传《古文尚书》为伪书；胡渭著《易图明辨》，黄宗羲著《易图象数论》，黄宗炎著《图学辨惑》，毛奇龄著《太极图说遗议》《河图洛书原舛篇》辨《河图》《洛书》《先天图》《太极图》等易图非孔门本有；姚际恒著《礼记通论》辨《大学》《中庸》非圣人之学；毛奇龄著《四书改错》攻击朱熹的《四书章句集注》"无一不错……真所谓聚九州四海之铁，铸不成此错矣"②。而《古文尚书·大禹谟》中的"人心惟危，道心惟微，惟精惟一，允执厥中"十六字心传正是理学心性论的重要根据，《河图》《洛书》《先天图》《太极图》等易图是理学宇宙生成论的重要材料，《大学》《中庸》则是理学工夫论的主要来源。这些学者的本意虽然未必是要彻底推翻整个宋明理学，但这些考证成果在清初集中出现，形成一股学术风气，确实极大地动摇了理学的思想基础。因此，清初朱子学者既对经学的迅速崛起感到担忧，又对其中与朱子学传统相合甚至有补于朱学之处表示认同与接纳，积极吸收其合理因素，在经学研究方面取得了一定的成绩，推动了清初经学的复兴与发展。

---

　　① （清）汤斌：《汤斌集》第一编《汤子遗书》卷三《重修苏州府儒学碑记》，中州古籍出版社 2003 年版，第 132 页。

　　② （清）毛奇龄：《四书改错》卷一，清嘉庆十六年金孝柏学圃刻本。

第一节　朱熹的经学观与经学方法

一　朱熹对待经学的基本态度

朱熹作为宋代理学的主要代表人物与集大成者，必然首先要对汉代经学提出批评：

> 汉初诸儒专治训诂，如教人亦只言某字训某字，自寻义理而已。至西汉末年，儒者渐有求得稍亲者，终是不曾见全体。①
>
> 汉儒初不要穷究义理，但是会读，记得多，便是学。②
>
> 早来说底，学经书者多流为传注，学史者多流为功利，不则流入释、老。③

在朱熹看来，汉儒注经专事于名物训诂而疏于发明义理，忽略了对于儒学内在价值的探求，使得圣人之道日渐湮没在琐碎的章句训诂之中，以至于儒学无法有效回应释、道二教的挑战而陷入深刻的危机之中。所谓"（孟子）没而遂失其传焉。则吾道之所寄，不越乎言语文字之间，而异端之说日新月盛，以至于老、佛之徒出，则弥近理而大乱真矣"④。因此，朱熹特别推崇二程在发掘经典义理，继承圣贤道统方面的巨大功绩，甚至可与孔孟相提并论。他说："自尧、舜以下，若不生个孔子，后人去何处讨分晓？孔子后若无个孟子，也未有分晓。孟子后数千载，乃始得程先生兄

---

① （宋）黎靖德编：《朱子语类》卷一百三十七，《朱子全书》第18册，上海古籍出版社、安徽教育出版社2002年版，第4247页。

② （宋）黎靖德编：《朱子语类》卷一百三十五，《朱子全书》第18册，上海古籍出版社、安徽教育出版社2002年版，第4203页。

③ （宋）黎靖德编：《朱子语类》卷一百一十四，《朱子全书》第18册，上海古籍出版社、安徽教育出版社2002年版，第3621页。

④ （宋）朱熹：《四书章句集注·中庸章句·中庸章句序》，《朱子全书》第6册，上海古籍出版社、安徽教育出版社2002年版，第30页。

弟发明此理。今看来，汉、唐以下诸儒说道理见在史策者，便直是说梦！"①

朱熹认为，读经、解经应以理解、阐释义理为主，对于圣人之道的体认与契会远比字词的训诂考据更为重要。因此，求道明理才是学者治经的根本目的，训诂注疏只是为了达到这一目的的一种手段。"圣人言语本自明白，不须解说。只为学者看不见，所以做出注解，与学者省一半力。"②切不可将手段当作目的，为注经而注经，以致舍本逐末、本末倒置。在朱熹看来，不仅是注疏，甚至经典本身作为圣人之道的载体，亦是为传道、求道而服务的，只要掌握了圣人之道，也就意味着超越了经典，则经典与传注的有无也就无关紧要了。故曰："经之于理，亦犹传之于经。传，所以解经也，既通其经，则传亦可无；经，所以明理也，若晓得理，则经虽无，亦可。"③又曰："经之有解，所以通经。经既通，自无事于解，借经以通乎理耳。理得，则无俟乎经。"④此即得意忘言、得鱼忘筌之意。同时，朱熹还指出，学者治经不应仅限于对经典文本的解释与阐发，最后还须反诸身心，切己体认，才能实有所得。因为书中的这些道理"皆是自家合下元有底，不是外面旋添得来"⑤。所以他强调"读书，不可只专就纸上求理义，须反来就自家身上推究。……自家见未到，圣人先说在那里。自家只借他言语来就身上推究，始得"⑥。只有如此，方能将外在的经典文本转化为内在的精神生命，使经学成为一种为己之学。

以上朱熹的这些看法所体现出来的经学观确实与汉儒有着显著的区

---

① （宋）黎靖德编：《朱子语类》卷九十三，《朱子全书》第17册，上海古籍出版社、安徽教育出版社2002年版，第3096页。

② （宋）黎靖德编：《朱子语类》卷十九，《朱子全书》第14册，上海古籍出版社、安徽教育出版社2002年版，第658页。

③ （宋）黎靖德编：《朱子语类》卷一百三，《朱子全书》第17册，上海古籍出版社、安徽教育出版社2002年版，第3422页。

④ （宋）黎靖德编：《朱子语类》卷十一，《朱子全书》第14册，上海古籍出版社、安徽教育出版社2002年版，第350页。

⑤ （宋）黎靖德编：《朱子语类》卷十，《朱子全书》第14册，上海古籍出版社、安徽教育出版社2002年版，第313页。

⑥ （宋）黎靖德编：《朱子语类》卷十一，《朱子全书》第14册，上海古籍出版社、安徽教育出版社2002年版，第337页。

别。尽管如此，理学作为儒学的一种基本形态，依然要承认先圣先贤与经典的权威性和真理性，不可能脱离对经典的阅读、理解和阐释。而大部分理学家的思想亦来源于对经典的理解，并通过诠释经典文本的方式来进行表达。即便是出于自得自悟，也必须在经典中寻找依据，与经典相互印证，以此建立自身的合理性与合法性。因此，经典之于儒者的重要性与特殊地位仍是不可取代的。朱熹即云："上古未有文字之时，学者固无书可读，而中人以上，固有不待读书而自得者。但自圣贤有作，则道之载于经者详矣，虽孔子之圣，不能离是以为学也。"① 而汉儒毕竟去古未远，经典讹舛窜乱尚少，又能穷年累月地专力于章句训诂之学，在经典的注释方面自然有其独特的优势。朱熹对于汉儒在传经、注经上的功绩并不讳言，对古注亦多许可，表现出一种客观、公允的态度。譬如他说：

> 汉、魏诸儒正音读、通训诂、考制度、辨名物，其功博矣。学者苟不先涉其流，则亦何以用力于此？②

> 郑康成是个好人，考礼名数大有功，事事都理会得。如汉《律令》亦皆有注，尽有许多精力。东汉诸儒煞好。卢植也好。③

> 《礼记》有王肃注，煞好。太史公《乐书》载《乐记》全文，注家兼存得王肃。又郑玄说觉见好。④

> 近看《中庸》古注，极有好处。如说篇首一句，便以五行、五常言之。后来杂佛老而言之者，岂能如是之愨实耶？⑤

> "至诚无息"一段，郑氏曰"言至诚之德著于四方"是也。诸家多将做进德次第说，只一个"至诚"已该了，岂复更有许多节次不须

---

① （宋）朱熹：《朱文公文集》卷四十三《答陈明仲》，《朱子全书》第 22 册，上海古籍出版社、安徽教育出版社 2002 年版，第 1951 页。
② （宋）朱熹：《朱文公文集》卷七十五《语孟集义序》，《朱子全书》第 24 册，上海古籍出版社、安徽教育出版社 2002 年版，第 3631 页。
③ （宋）黎靖德编：《朱子语类》卷八十七，《朱子全书》第 17 册，上海古籍出版社、安徽教育出版社 2002 年版，第 2942 页。
④ 同上。
⑤ （宋）朱熹：《朱文公文集》卷三十五《答吕伯恭》，《朱子全书》第 21 册，上海古籍出版社、安徽教育出版社 2002 年版，第 1524 页。

说入里面来？古注有不可易处，如"非天子不议礼"一段，郑氏曰："言作礼乐者，必圣人在天子之位"，甚简当。①

此外，朱熹亦对汉儒治经的某些方法、原则表示赞赏，认为值得后人学习、借鉴。譬如他说：

> 汉儒训释文字，多是如此，有疑则阙。②
>
> 汉儒注书，只注难晓处，不全注尽本文，其辞甚简。③
>
> 尝谓今人读书，得如汉儒亦好。汉儒各专一家，看得极子细。今人才看这一件，又要看那一件，下梢都不曾理会得。④
>
> 其治经必专家法者，天下之理固不外于人之一心，然圣贤之言则有渊奥尔雅而不可以臆断者，其制度、名物、行事本末又非今日之见闻所能及也，故治经者必因先儒已成之说而推之。借曰未必尽是，亦当究其所以得失之故，而后可以反求诸心而正其缪。此汉之诸儒所以专门名家，各守师说，而不敢轻有变焉者也。但其守之太拘，而不能精思明辨以求真是，则为病耳。然以此之故，当时风俗终是淳厚。⑤
>
> 传注，惟古注不作文，却好看。只随经句分说，不离经意最好。疏亦然。⑥
>
> 盖平日解经最为守章句者，然亦多是推衍文义，自做一片文字，非惟屋下架屋，说得意味淡薄，且是使人看者将注与经作两项功夫做

---

① （宋）黎靖德编：《朱子语类》卷六十四，《朱子全书》第16册，上海古籍出版社、安徽教育出版社2002年版，第2130页。

② （宋）黎靖德编：《朱子语类》卷七十八，《朱子全书》第16册，上海古籍出版社、安徽教育出版社2002年版，第2634页。

③ （宋）黎靖德编：《朱子语类》卷一百三十五，《朱子全书》第18册，上海古籍出版社、安徽教育出版社2002年版，第4203页。

④ （宋）黎靖德编：《朱子语类》卷一百二十一，《朱子全书》第18册，上海古籍出版社、安徽教育出版社2002年版，第3841页。

⑤ （宋）朱熹：《朱文公文集》卷六十九《学校贡举私议》，《朱子全书》第23册，上海古籍出版社、安徽教育出版社2002年版，第3360页。

⑥ （宋）黎靖德编：《朱子语类》卷十一，《朱子全书》第14册，上海古籍出版社、安徽教育出版社2002年版，第351页。

了，下稍看得支离，至于本旨，全不相照。以此方知汉儒可谓善说经者，不过只说训诂，使人以此训诂玩索经文，训诂、经文不相离异，只做一道看了，直是意味深长也。①

由此可见，朱熹虽然认为汉儒未识圣人之道，但并不因此抹杀汉儒在经学上的成就与长处，甚至承认二程与自己说经亦有不及之处，这一点尤为其他学者所不能及。针对宋儒中流行的鄙薄汉儒、废弃传注的不良风气，朱熹就曾屡次予以批评纠正。他说："秦、汉诸儒，解释文义虽未尽当，然所得亦多。今且就分数多处论之，则以为得其言而不得其意，与夺之际似已平允。若更于此一向刻核过当，却恐意思迫窄而议论偏颇，反不足以服彼之心。"② 又说："摆落传注，须是两程先生方始开得这口。若后学未到此地位，便承虚接响，容易呵叱，恐属僭越，气象不好，不可以不戒耳。"③ 按照朱熹的说法，汉儒注解经文既然"所得亦多"，又能使"训诂、经文不相离异"，那么学者于此用功深思，更进一层，由言以达意，便可得圣人之道，而汉学、宋学亦可兼容共存。

朱熹在探讨汉儒经学的是非得失的同时，也对宋学中包含的各种弊端加以针砭，其尖锐处甚至超过对汉学的批评。譬如他说：

今之谈经者，往往有四者之病：本卑也，而抗之使高；本浅也，而凿之使深；本近也，而推之使远；本明也，而必使至于晦。此今日谈经之大患也。④

大率近日学者例有好高务广之病，将圣人言语不肯就当下著实处看，须要说教玄妙深远，添得支离蔓衍，未论于己无益，且是令人厌听。若道理只是如此，前贤岂不会说？何故却只如此平淡简短，都无

① （宋）朱熹：《朱文公文集》卷三十一《答张敬夫》，《朱子全书》第21册，上海古籍出版社、安徽教育出版社2002年版，第1349页。
② 同上书，第1339页。
③ （宋）朱熹：《朱文公文集》卷三十五《答吕伯恭》，《朱子全书》第21册，上海古籍出版社、安徽教育出版社2002年版，第1524页。
④ （宋）黎靖德编：《朱子语类》卷十一，《朱子全书》第14册，上海古籍出版社、安徽教育出版社2002年版，第351页。

一种似此大惊小怪底浮说？①

只为汉儒一向寻求训诂，更不看圣人意思，所以二程先生不得不发明道理，开示学者，使激昂向上，求圣人用心处，故放得稍高。不期今日学者乃舍近求远，处下窥高，一向悬空说了，扛得两脚都不著地。其为害反甚于向者之未知寻求道理，依旧只在大路上行。今之学者却求捷径，遂至钻山入水。②

窃谓秦汉以来，圣学不传，儒者惟知章句训诂之为事，而不知复求圣人之意，以明夫性命道德之归。至于近世，先知先觉之士始发明之，则学者既有以知夫前日之为陋矣。然或乃徒诵其言以为高，而又初不知深求其意。甚者遂至于脱略章句，陵籍训诂，坐谈空妙，展转相迷，而其为患反有甚于前日之为陋者。③

从朱熹总结归纳的宋儒谈经"四病"来看，不论是本卑使高、本浅使深，还是本近使远、本明使晦，其病根都在于好谈义理，好为高论，遂脱离经文本义而唯以己意说经。学者为了说明自己的道理，往往不惜故弄玄虚，穿凿附会，强解硬说，以致掩盖了经典的本意，令圣人之道不复可见。此种风气本属理学之流弊，亦可谓由二程开其端。而要对治这一弊病，不仅需要再次确认经典之于儒学的基础性地位，摆正经传之间的关系，还有赖于借鉴汉儒治经的合理方法。例如，针对某些学者解经时注脚成文，注与经各为一事的问题，朱熹认为"须只似汉儒毛孔之流，略释训诂名物及文义理致尤难明者，而其易明处，更不须贴句相续，乃为得体。盖如此，则读者看注即知其非经外之文，却须将注再就经上体会，自然思虑归一，功力不分，而其玩索之味，亦益深长矣"④。而另一些学者解经虽

① （宋）朱熹：《朱文公文集》卷五十六《答赵子钦》，《朱子全书》第23册，上海古籍出版社、安徽教育出版社2002年版，第2642—2643页。
② （宋）黎靖德编：《朱子语类》卷一百一十三，《朱子全书》第18册，上海古籍出版社、安徽教育出版社2002年版，第3600页。
③ （宋）朱熹：《朱文公文集》卷七十五《中庸集解序》，《朱子全书》第24册，上海古籍出版社、安徽教育出版社2002年版，第3640页。
④ （宋）朱熹：《朱文公文集》卷七十四《记解经》，《朱子全书》第24册，上海古籍出版社、安徽教育出版社2002年版，第3581页。

务为简洁，但气象浅迫，兼之玩索未精，涵养不熟，于言语之间多有粗率而碍理处，亦可取法于汉唐之儒。因为前贤说经虽或烦冗，"然其源深流远，气象从容，实与圣贤微意泯然默契"①。

综上可知，朱熹不但不反对经学，反而相当重视经典的研究和阐释工作，力图将理学思想的论述建立在坚固可靠的经学基础之上。而这一点正是朱子理学与心学的一个显著区别。根据朱熹的观点，格物穷理是学者为学的首要方法和基本工夫。格物穷理虽有"考之事为之著""察之念虑之微""求之文字之中""索之讲论之际"等途径，但由于受到各方面因素的制约，在实践中不免仍以读书为主要方式。而读书的核心与重点自然是儒家经典。关于读书特别是读经的重要意义，朱熹说道：

> 盖为学之道，莫先于穷理，穷理之要必在于读书。……至论天下之理，则要妙精微，各有攸当，亘古亘今，不可移易。唯古之圣人为能尽之，而其所行所言，无不可为天下后世不易之大法。其余则顺之者为君子而吉，背之者为小人而凶。吉之大者，则能保四海而可以为法；凶之甚者，则不能保其身而可以为戒。是其粲然之迹、必然之效，盖莫不具于经训史册之中。欲穷天下之理而不即是而求之，则是正墙面而立尔。此穷理所以必在乎读书也。②

> 圣人作经，以诏后世，将使读者诵其文，思其义，有以知事理之当然，见道义之全体而身力行之，以入圣贤之域也。其言虽约，而天下之故，幽明巨细，靡不该焉。欲求道以入德者，舍此为无所用其心矣。③

朱熹认为，圣贤与经典是合一的，读书的过程即是入道的过程。古圣先贤虽不可复见，但圣贤之道载于经典，若经典之旨不明，则道统之传转晦，

---

① （宋）朱熹：《朱文公文集》卷六十四《答或人》，《朱子全书》第 23 册，上海古籍出版社、安徽教育出版社 2002 年版，第 3140 页。

② （宋）朱熹：《朱文公文集》卷十四《甲寅行宫便殿奏札二》，《朱子全书》第 20 册，上海古籍出版社、安徽教育出版社 2002 年版，第 668—669 页。

③ （宋）朱熹：《朱文公文集》卷八十二《书临漳所刊四子后》，《朱子全书》第 24 册，上海古籍出版社、安徽教育出版社 2002 年版，第 3895 页。

故而研习、阐释经典不仅是学者求道入德的必由之路，更是每一个儒者不可推卸的责任和义务。除此之外，经典中还包含了各个方面的丰富知识，所谓"天下之故，幽明巨细，靡不该焉"，能够为儒者的为学、修养，乃至经世济民、治平天下提供具体的方法，指示正确的途径。

　　但在心学一派的学者看来，经典对于学者的成圣成德工夫而言，显然不是核心与必要的。如陆九渊就曾自言其学乃"因读《孟子》而自得之于心也"①。在此，"因读《孟子》而自得之于心"与"得之于《孟子》"的意义显然是大为不同的。对于前者来说，《孟子》只是作为一种可能的媒介而存在，并不具有不可替代的绝对意义。用他自己的话说："自得，自成，自道，不倚师友载籍。"② 类似地，陆九渊在鹅湖之会上曾欲向朱熹发问："尧舜之前何书可读？"③ 意谓无书亦可成圣。而当有人问其"胡不注六经"时，他直接回答："六经当注我，我何注六经。"④ 这些都明白地表现出陆九渊对待经典的态度。但是，离开了经典，圣人之道又将如何发明与传承呢？陆九渊曾作诗云："墟墓兴哀宗庙钦，斯人千古不磨心"⑤，又谓："宇宙便是吾心，吾心即是宇宙。东海有圣人出焉，此心同也，此理同也。西海有圣人出焉，此心同也，此理同也。南海北海有圣人出焉，此心同也，此理同也。千百世之上至千百世之下，有圣人出焉，此心此理，亦莫不同也。"⑥ 在他看来，圣人之道与天地之理皆具于心中，任何人皆可自得于心，反倒是外在的语言文字存在被篡改、曲解的可能，故经典并非求道明理所必需。所谓"人孰无心，道不外索，患在戕贼之耳，放失之耳"⑦。学者只需反求诸己，存心、养心、求放心，便可发明本心之善。反过来说，"若其心正，其事善，虽不曾识字，亦自有读书之功。其心不正，其事不

---

① （宋）陆九渊：《陆九渊集》卷三十六《年谱》，中华书局 1980 年版，第 498 页。
② （宋）陆九渊：《陆九渊集》卷三十五《语录下》，中华书局 1980 年版，第 452 页。
③ （宋）陆九渊：《陆九渊集》卷三十六《年谱》，中华书局 1980 年版，第 491 页。
④ 同上书，第 522 页。
⑤ （宋）陆九渊：《陆九渊集》卷三十四《语录上》，中华书局 1980 年版，第 427 页。
⑥ （宋）陆九渊：《陆九渊集》卷三十六《年谱》，中华书局 1980 年版，第 483 页。
⑦ （宋）陆九渊：《陆九渊集》卷五《与舒西美》，中华书局 1980 年版，第 64 页。

善，虽多读书，有何所用？"① 同时，既然人人心中皆具圣人之道，那么凡人与圣人之间的限隔就被打破，"成圣"便可转换为"成人"。而"成人"的关键则在于尽其所以为人之道，故可曰："若某则不识一个字，亦须还我堂堂地做个人。"②

陆九渊对待经典的这种态度多为后来的心学家所继承。如明初的陈献章亦提倡自得之学，主张舍弃书册，于静中涵养善端，体验心之本体。他说："夫养善端于静坐，而求义理于书册，则书册有时而可废，善端不可不涵养也。……诗、文章、末习、著述等路头，一齐塞断，一齐扫去，毋令半点芥蒂于我胸中，夫然后善端可养，静可能也。……存存默默，不离顷刻，亦不着一物，亦不舍一物，无有内外，无有大小，无有隐显，无有精粗，一以贯之矣。此之谓自得。"③ 对于经典，其特提"六经糟粕"之说，谓："六经，夫子之书也；学者徒诵其言而忘味，六经一糟粕耳，犹未免于玩物丧志"④，还屡屡作诗云："古人弃糟粕，糟粕非真传。……吾能握其机，何必窥陈编"⑤，"圣人与天本无作，六经之言天注脚。百氏区区赘疣若，汗水充栋故可削。……读书不为章句缚，千卷万卷皆糟粕"⑥，"千卷万卷书，全功归在我。吾心内自得，糟粕安用那"⑦，可谓心学家的这类思想中最为激烈、极端的表述。

而就王阳明来看，其在"龙场悟道"之后曾作《五经臆说》，以经典与所悟之理相互印证，后又作《大学古本旁释》阐释《大学》思想，使其学术具备了一定的经典诠释学的意味。但若进一步考察则不难发现，他这么做的主要目的仍是为自己的心学思想辩护、张目，而并非出于对经典本身的关注，或是注释经典的兴趣。如在《五经臆说序》的开篇，阳明就强

---

① （宋）陆九渊：《陆九渊集》卷二十三《荆门军上元设厅皇极讲义》，中华书局 1980 年版，第 285 页。

② （宋）陆九渊：《陆九渊集》卷三十五《语录下》，中华书局 1980 年版，第 447 页。

③ （明）陈献章：《陈献章集·陈献章诗文续补遗·与林缉熙书（十五）》，中华书局 1987 年版，第 975 页。

④ （明）陈献章：《陈献章集》卷一《道学传序》，中华书局 1987 年版，第 20 页。

⑤ （明）陈献章：《陈献章集》附录二《白沙先生行状》，中华书局 1987 年版，第 879 页。

⑥ （明）陈献章：《陈献章集》卷四《题梁先生芸阁》，中华书局 1987 年版，第 323 页。

⑦ （明）陈献章：《陈献章集》卷四《藤蓑》，中华书局 1987 年版，第 288 页。

调了"得鱼而忘筌，醪尽而糟粕弃之"的道理，指出圣人之学虽具于五经，"然自其已闻者而言之，其于道也，亦筌与糟粕耳"，并批评"世之儒者求鱼于筌，而谓糟粕之为醪也"。① 所以他自称其书"不必尽合于先贤，聊写其胸臆之见"，并告诫学者"观吾之说而不得其心，以为是亦筌与糟粕也，从而求鱼与醪焉，则失之矣"。② 此后，阳明更因"自觉学益精，工夫益简易"，遂不复出《五经臆说》以示人，连钱德洪亦不得见。问其故，曰："只致良知，虽千经万典，异端曲学，如执权衡，天下轻重莫逃焉，更不必支分句析，以知解接人也。"③ 可见其对于注释经典的态度。与此相应，阳明反复强调"学贵得之心"，将人的本心与良知视为判断是非善恶的根本准则，所谓"求之于心而非也，虽其言之出于孔子，不敢以为是也，而况其未及孔子者乎！求之于心而是也，虽其言之出于庸常，不敢以为非也，而况其出于孔子者乎！"④ 关于经典与心的关系，他说道："昔者圣人之扶人极，忧后世，而述六经也，犹之富家者之父祖虑其产业库藏之积，其子孙者或至于遗忘散失，卒困穷而无以自全也，而记籍其家之所有以贻之，使之世守其产业库藏之积而享用焉，以免于困穷之患。故六经者，吾心之记籍也，而六经之实则具于吾心；犹之产业库藏之实积，种种色色，具存于其家。其记籍者，特名状数目而已。"⑤ 显然，明心才是为学之根本，而经典仅相当于账簿之用。若"不知求六经之实于吾心，而徒考索于影响之间，牵制于文义之末"⑥，则为乱经、侮经、贼经。可以说，这方面的思想才是阳明哲学的真正核心与精神所在。

对于心学的这类治学风格与经典观念，朱熹自然表示反对，并一概将

---

① （明）王守仁：《王阳明全集》卷二十二《五经臆说序》，上海古籍出版社 1992 年版，第 876 页。

② 同上。

③ （明）王守仁：《王阳明全集》卷二十六《五经臆说十三条》，上海古籍出版社 1992 年版，第 976 页。

④ （明）王守仁：《王阳明全集》卷二《传习录中·答罗整庵少宰书》，上海古籍出版社 1992 年版，第 76 页。

⑤ （明）王守仁：《王阳明全集》卷七《稽山书院尊经阁记》，上海古籍出版社 1992 年版，第 255 页。

⑥ 同上。

其斥为禅学。他说：

> 平日不曾子细玩索义理，不识文字血脉，别无证佐考验，但据一时自己偏见，便自主张，以为只有此理，更无别法，只有自己，更无他人，只有刚猛剖决，更无温厚和平，一向自以为是，更不听人说话。此固未论其所说之是非，而其粗厉激发，已全不似圣贤气象矣。[①]

> 世衰道微，异论蜂起，近年以来，乃有假佛释之似以乱孔孟之实者。其法首以读书穷理为大禁，常欲学者注其心于茫昧不可知之地，以侥幸一旦恍然独见，然后为得。盖亦有自谓得之者矣，而察其容貌辞气之间、修己治人之际，乃与圣贤之学有大不相似者。……夫读书不求文义，玩索都无意见，此正近年释氏所谓看话头者。[②]

由此可见，在朱熹看来，且不论其说之是非，凡是忽略、厌弃读书穷理而直求顿悟本心的学问都是禅学。与心学相比，朱熹虽然也常常谈到"自得"，但他所说的"自得"主要是指通过读书穷理、涵养心性等方式深造以道而自然得之，并非自得之于内心。故曰："学是理，则必是理之得于身也，不得于身，则口耳焉而已矣。然又不可以强探而力取也，必其深造之以道，然后有以默识心通，而自然得之也。盖造道之不深者，用力于皮肤之外，而责效于旦夕之间；不以其道者，从事于虚无之中，而妄意于言意之表。是皆不足以致夫默识心通之妙而自得之。必也多致其力而不急其功，必务其方而不躐其等，则虽不期于必得，而其自然得之，将有不可御者矣。"[③] 而黄榦亦谓朱熹"其于读书也，又必使之辨其音释，正其章句，玩其辞，求其义，研精覃思，以究其所难知；平心易气，以听其所自

---

① （宋）朱熹：《朱文公文集》卷五十三《答刘仲升》，《朱子全书》第 22 册，上海古籍出版社、安徽教育出版社 2002 年版，第 2488 页。

② （宋）朱熹：《朱文公文集》卷六十《答许生》，《朱子全书》第 23 册，上海古籍出版社、安徽教育出版社 2002 年版，第 2876 页。

③ （宋）朱熹：《四书或问·孟子或问》卷八，《朱子全书》第 6 册，上海古籍出版社、安徽教育出版社 2002 年版，第 961 页。

得"①。可见朱熹的"自得"必须建立在读书精详的基础之上。

同时，朱熹亦承认凡人之心与圣人之心具有同一性，但这种同一性更多的是一种潜在的同一性，而非现实的同一性，故学者切不可轻易以圣人自居，以己心为圣人之心。相反，人之所以要为学，正是因为"吾之心未若圣人之心"。心未能若圣人之心，则"烛理未明，无所准则，随其所好，高者过，卑者不及，而不自知其为过且不及也。……故学者必因先达之言以求圣人之意，因圣人之意以达天地之理，求之自浅以及深，至之自近以及远，循循有序，而不可以欲速迫切之心求也。夫如是，是以浸渐经历，审熟详明，而无躐等空言之弊"②。由浅入深、自近及远、下学上达、循序渐进，历来是朱熹论学的重点所在，而读圣贤之书正构成了学者为学的基础工夫。

因此，朱熹强调，读书虽不是为学的全部内容，但绝不可废弃读书，否则亦无以为学，无以见道。他说：

> 学不是读书，然不读书，又不知所以为学之道。圣贤教人，只是要诚意、正心、修身、齐家、治国、平天下。所谓学者，学此而已。若不读书，便不知如何而能修身，如何而能齐家、治国。圣贤之书说修身处便如此，说齐家、治国处便如此，节节在那上，自家都要去理会，一一排定在这里。来，便应将去。③

> 学固不在乎读书，然不读书则义理无由明。要之，无事不要理会，无书不要读。若不读这一件书，便阙了这一件道理；不理会这一事，便阙这一事道理。④

> 人之为学固是欲得之于心，体之于身。但不读书，则不知心之所

---

①　（宋）黄榦：《勉斋先生黄文肃公文集》卷三十四《朱先生行状》，《北京图书馆古籍珍本丛刊》第 90 册，书目文献出版社 1988 年版，第 703 页。

②　（宋）朱熹：《朱文公文集》卷四十二《答石子重》，《朱子全书》第 22 册，上海古籍出版社、安徽教育出版社 2002 年版，第 1920 页。

③　（宋）黎靖德编：《朱子语类》卷一百一十八，《朱子全书》第 18 册，上海古籍出版社、安徽教育出版社 2002 年版，第 3736 页。

④　（宋）黎靖德编：《朱子语类》卷一百二十，《朱子全书》第 18 册，上海古籍出版社、安徽教育出版社 2002 年版，第 3779 页。

得者何事。①

　　蒙教以"勿恃简策，须是自加思索，超然自见无疑，方能自信"，此又区区平日之病，敢不奉承。然此一义，向非得之简策，则传闻袭见，终身错认圣贤旨意必矣。又况简策之言，皆古先圣贤所以加惠后学、垂教无穷，所谓"先得我心之同然"者将于是乎在，虽不可一向寻行数墨，然亦不可遽舍此而他求也。……凡吾心之所得，必以考之圣贤之书，脱有一字之不同，则更精思明辨，以益求至当之归，毋惮一时究索之劳，使小惑苟解而大碍愈张也。②

　　在朱熹看来，经典与吾心并非了无干涉，经典所载的圣贤之言实乃"先得我心之同然"者，同时亦是判断、检验吾心之所得的标准与根据。因此，研习经典不仅是为了了解义理，更是为了正心、明心、存心，知天地圣人之心元不外乎吾心，而非"欲画于浅近而忘深远，舍吾心以求圣人之心、弃吾说以徇先儒之说也"③。

二　朱熹提倡的经学研究范式

（一）经传相分，直求本义

提倡"经传相分"是朱熹经学的一项显著特色。束景南就将"经传相分，就经求经"视为朱熹确立的新的解经方法论原则之一。④ 蔡方鹿亦指出："经传相分作为普遍的经学方法论原则，贯穿在朱熹经学思想的各个方面。"⑤ 具体而论，对于《诗经》，朱熹主张将《毛传》与经区分开来，分别对待，以经解经，以《诗》说《诗》。他说：

---

① （宋）黎靖德编：《朱子语类》卷十一，《朱子全书》第14册，上海古籍出版社、安徽教育出版社2002年版，第331页。

② （宋）朱熹：《朱文公文集》卷四十二《答吴晦叔》，《朱子全书》第22册，上海古籍出版社、安徽教育出版社2002年版，第1919—1920页。

③ （宋）朱熹：《朱文公文集》卷四十二《答石子重》，《朱子全书》第22册，上海古籍出版社、安徽教育出版社2002年版，第1920页。

④ 参见束景南《朱子大传》，福建教育出版社1992年版，第754页。

⑤ 蔡方鹿：《中国经学与宋明理学研究》，人民出版社2011年版，第614页。

《诗》疏云："汉初为传训者，皆与经别行。《三传》之文不与经连，故石经书《公羊传》皆无经文，而《艺文志》所载《毛诗故训传》亦与经别。及马融为《周礼》注，乃云欲省学者两读，故具载本文，而就经为注。"据此，则古之经、传本皆自为一书。①

朱熹指出，"经传相分"本是一项古代旧有的原则，"古之经、传本皆自为一书"。如在《汉书·艺文志》中，《毛诗经》与《毛诗诂训传》就是分开著录的，二者并不相连。直到东汉以后，才出现"就经为注"的现象，而《诗经》亦"引经附传"，人为地将经传合并在一起，使后人难以认识经传的原貌。且后世所传，又仅毛传郑笺一家而已，学者"因讹踵陋，百千万言而不能有以出乎二氏之区域"，故只有突破解《诗》尽宗毛氏的旧传统，"三百五篇之微词奥义，乃可得而寻绎"。②

对于《周易》，朱熹主张将其分为《易经》与《易传》两个部分，并在《周易本义》中把"十翼"从经文中分离出来，列于上下经之后，使其不相扰乱。他说：

周，代名也；易，书名也。其卦本伏羲所画，有交易变易之义，故谓之易。其辞则文王周公所系，故系之周。以其简袠重大，故分为上下两篇。经则伏羲之画，文王周公之辞也。并孔子所作之传十篇，凡十二篇。中间颇为诸儒所乱，近世晁氏始正其失，而未能尽合古文。吕氏又更定著为经二卷，传十卷，乃复孔氏之旧云。③

朱熹指出，《周易》的形成有一个历史过程。最初由伏羲画卦，未有文字，后文王、周公依卦作卦爻辞，形诸文字，这部分即为《易经》。再后来，孔子作"十翼"，以义理释经，则为《易传》。《易经》以卜筮为主，

---

① （宋）朱熹：《朱文公文集》卷六十六《记嵩山晁氏卦爻象象说》，《朱子全书》第23册，上海古籍出版社、安徽教育出版社2002年版，第3218页。
② （宋）朱熹：《朱文公文集》卷七十六《吕氏家塾读诗记后序》，《朱子全书》第24册，上海古籍出版社、安徽教育出版社2002年版，第3654—3655页。
③ （宋）朱熹：《周易本义》卷一《周易上经》，北京大学出版社1992年版，第1页。

《易传》以说理为主，二者各有侧重，应区分开来，各自阐释，而不能混为一谈。

在考察了古《易》的版本之后，朱熹进一步指出：

> 《汉·艺文志》："《易经》十二篇，施、孟、梁丘三家。"颜师古曰："上、下经及十翼，故十二篇。"是则《彖》《象》《文言》《系辞》始附卦爻而传于汉欤？先儒谓费直以《彖》《象》《文言》参解《易》爻，以《彖》《象》《文言》杂入卦中者自费氏始。其初费氏不列学官，惟行民间。至汉末，陈元、郑康成之徒学费氏，古十二篇之《易》遂亡。孔颖达又谓，辅嗣之意，《象》本释经，宜相附近，分爻之《象》辞各附当爻。则费氏初变乱古制时，犹若今《乾》卦《彖》《象》系卦之末欤？古经始变于费氏，而卒大乱于王弼，惜哉！①

朱熹举《汉书·艺文志》为证，认为在西汉费直之前，《易经》与《易传》尚是独立的。费直始将《彖》《象》《文言》等传文杂入卦中，其学经陈元、郑玄等人的传承，到王弼时更将经传合一，以老庄之理释《易》，造成了以传解经、以义理释《易》的解《易》原则的流行，掩盖了经文的本义。而王弼的这一思路又为程颐所继承和发扬，以理学义理释《易》，并著为《易传》，成为宋代易学义理派的代表。对此，身为理学家的朱熹却颇为不满，认为"《易》本卜筮之书。后人以为止于卜筮；至王弼用老、庄解后，人便只以为理，而不以为卜筮，亦非"②。其又指出程氏《易传》"义理精……只是于本义不相合。《易》本是卜筮之书，卦辞爻辞无所不包，看人如何用。程先生只说得一理"③，甚至批评程颐"要立议论

---

① （宋）朱熹：《朱文公文集》卷六十六《记嵩山晁氏卦爻象象说》，《朱子全书》第 23 册，上海古籍出版社、安徽教育出版社 2002 年版，第 3217 页。

② （宋）黎靖德编：《朱子语类》卷六十六，《朱子全书》第 16 册，上海古籍出版社、安徽教育出版社 2002 年版，第 2181—2182 页。

③ （宋）黎靖德编：《朱子语类》卷六十七，《朱子全书》第 16 册，上海古籍出版社、安徽教育出版社 2002 年版，第 2217 页。

教人，可向别处说，不可硬配在《易》上说"①，"先通得《易》本指后，道理尽无穷推说不妨。若便以所推说者去解《易》，则失《易》之本指矣"②。在朱熹看来，既然《周易》在客观上包含经、传两个性质不同的部分，在历史发展中又形成了以象数或义理解经两种不同的传统，就应该将二者区别开来，分清《易经》的本义与引申义，立足于《易经》的本文来解释《易经》，以恢复其作为卜筮之书的原貌，并使义理的阐发能够有所依据，不悖经义。故曰：

> 须是将伏羲画底卦做一样看，文王卦做一样看，文王、周公说底象、彖做一样看，孔子说底做一样看，王辅嗣、伊川说底各做一样看方得。③

> 孔子之《易》非文王之《易》，文王之《易》非伏羲之《易》，伊川《易传》又自是程氏之《易》也。故学者且依古《易》次第，先读本爻，则自见本旨矣。④

对于三礼，朱熹主张以《仪礼》为经，《礼记》为传，《周礼》为纲领。他说：

> 《仪礼》是经，《礼记》是解《仪礼》。如《仪礼》有《冠礼》，《礼记》便有《冠义》；《仪礼》有《昏礼》，《礼记》便有《昏义》；以至燕、射之类，莫不皆然。⑤

> 《仪礼》，礼之根本，而《礼记》乃其枝叶。《礼记》乃秦、汉上下诸儒解释《仪礼》之书，又有他说附益于其间。今欲定作一书，先

---

① （宋）黎靖德编：《朱子语类》卷六十九，《朱子全书》第16册，上海古籍出版社、安徽教育出版社2002年版，第2323页。
② （宋）黎靖德编：《朱子语类》卷六十八，《朱子全书》第16册，上海古籍出版社、安徽教育出版社2002年版，第2271页。
③ （宋）黎靖德编：《朱子语类》卷六十七，《朱子全书》第16册，上海古籍出版社、安徽教育出版社2002年版，第2211页。
④ 同上书，第2214页。
⑤ （宋）黎靖德编：《朱子语类》卷八十五，《朱子全书》第17册，上海古籍出版社、安徽教育出版社2002年版，第2899页。

以《仪礼》篇目置于前，而附《礼记》于后。如《射礼》，则附以《射义》。……《仪礼》旧与六经、三传并行，至王介甫始罢去。其后虽复《春秋》，而《仪礼》卒废。今士人读《礼记》而不读《仪礼》，故不能见其本末。①

又说：

《周官》一书，固为礼之纲领，至其仪法度数，则《仪礼》乃其本经，而《礼记》《郊特牲》《冠义》等篇乃其义说耳。前此犹有三礼、通礼、学究诸科，礼虽不行，而士犹得以诵习而知其说。熙宁以来，王安石变乱旧制，废罢《仪礼》，而独存《礼记》之科，弃经任传，遗本宗末，其失已甚。而博士诸生又不过诵其虚文以供应举，至于其间亦有因仪法度数之实而立文者，则咸幽冥而莫知其源。一有大议，率用耳学臆断而已。……故臣顷在山林，尝与一二学者考订其说，欲以《仪礼》为经，而取《礼记》及诸经史杂书所载有及于礼者，皆以附于本经之下，具列注疏诸儒之说，略有端绪。②

朱熹认为，《仪礼》乃礼之本经，而《礼记》则是秦、汉前后诸儒解释《仪礼》之书，故礼学应以《仪礼》为根本。因此，他批评王安石废罢《仪礼》，以《礼记》取而代之的做法是"弃经任传，遗本宗末"。同时，朱熹也指出了《礼记》与《仪礼》之间的相关性，主张将《礼记》等传注附在《仪礼》经文之后，一方面帮助学者理解经文，以解决《仪礼》难读的问题；另一方面使《礼记》所述之理建立在《仪礼》所载之事的基础上，则理、事不相分离，避免离事言理。

对于《尚书》，朱熹明确指出历来被视为解《书》正宗的《孔安国尚书传》与《孔安国尚书序》（即《大序》）皆非西汉孔安国所撰，而出于后

---

① （宋）黎靖德编：《朱子语类》卷八十四，《朱子全书》第 17 册，上海古籍出版社、安徽教育出版社 2002 年版，第 2888 页。

② （宋）朱熹：《朱文公文集》卷十四《乞修三礼劄子》，《朱子全书》第 20 册，上海古籍出版社、安徽教育出版社 2002 年版，第 687—688 页。

人的伪托。他说：

> 《尚书》注并序，某疑非孔安国所作。盖文字善困，不类西汉人文章，亦非后汉之文。①

> 《尚书》决非孔安国所注，盖文字困善，不是西汉人文章。安国，汉武帝时，文章岂如此！但有太粗处，决不如此困善也。如《书序》做得善弱，亦非西汉人文章也。②

> 某尝疑孔安国书是假书。比毛公《诗》如此高简，大段争事。汉儒训释文字，多是如此，有疑则阙，今此却尽释之。岂有百千年前人说底话，收拾于灰烬屋壁中与口传之余，更无一字讹舛？……况先汉文章重厚有力量，今《大序》格致极轻，疑是晋、宋间文章。况孔《书》至东晋方出，前此诸儒皆不曾见，可疑之甚。③

朱熹不仅根据文体风格、注解方法、出现时间等因素判定《尚书》的《孔传》与《孔序》皆伪，而且批评"孔安国解经最乱道，看得只是《孔丛子》等做出来"④，从而主张黜退《孔传》《孔序》，使学者能够从《孔传》《孔序》的障蔽与束缚中解脱出来，直接探求《尚书》的本义。

同时，朱熹还认为系于《尚书》各篇之前的《书序》（即《小序》）非孔子所作，乃出于周秦间经师之手。他说：

> 《小序》断不是孔子做。⑤

> 某看得《书小序》不是孔子作，只是周、秦间低手人作。⑥

> 《书序》恐只是经师所作，然亦无证可考，但决非夫子之言耳。⑦

---

① （宋）黎靖德编：《朱子语类》卷七十八，《朱子全书》第16册，上海古籍出版社、安徽教育出版社2002年版，第2633页。

② 同上。

③ 同上书，第2634—2635页。

④ 同上书，第2634页。

⑤ 同上书，第2633页。

⑥ 同上书，第2631—2632页。

⑦ （宋）朱熹：《朱文公文集》卷五十一《答董叔重》，《朱子全书》第22册，上海古籍出版社、安徽教育出版社2002年版，第2360页。

此百篇之序出孔氏壁中，《汉书·艺文志》以为孔子纂《书》而为之序，言其作意。然以今考之，其于见存之篇虽颇依文立义，而亦无所发明。其间如《康诰》《酒诰》《梓材》之属，则与经文又有相戾者；其于已亡之篇，则伊阿简略，尤无所补，其非孔子所作明甚。①

在朱熹看来，《书序》只是依傍《尚书》经文而作，不但对经文无所发明，而且颇有与经文之意不合者，从中亦无法了解《尚书》亡佚篇章的真相，所以绝不可能是孔子所作。由于《书序》"相承已久"，朱熹对其并不取全盘否定的态度，但有鉴于当时学者不顾《尚书》经文，而只理会《书序》的弊病，朱熹在漳州刊刻《尚书》时，"一以诸篇本文为经，而复合序篇于后，使览者得见圣经之旧，而不乱乎诸儒之说"②。

对于《春秋》，朱熹亦指出《春秋》本经与"三传"之说有所区别，而"三传"之间又各具特色，互有长短，不能单纯以传解经。他说：

> 以《三传》言之，《左氏》是史学，《公》《谷》是经学。史学者记得事却详，于道理上便差；经学者于义理上有功，然记事多误。③
> 《左氏》所传《春秋》事，恐八九分是。《公》《谷》专解经，事则多出揣度。④
> 《左氏传》是个博记人做，只是以世俗见识断当它事，皆功利之说。《公》《谷》虽陋，亦有是处，但皆得于传闻，多讹谬。⑤

《朱子语类》又载：

> 李丈问："《左传》如何？"曰："《左传》一部，载许多事，未知

---

① （宋）朱熹：《朱文公文集》卷六十五《尚书》，《朱子全书》第 23 册，上海古籍出版社、安徽教育出版社 2002 年版，第 3152 页。

② （宋）朱熹：《朱文公文集》卷八十二《书临漳所刊四经后》，《朱子全书》第 24 册，上海古籍出版社、安徽教育出版社 2002 年版，第 3889 页。

③ （宋）黎靖德编：《朱子语类》卷八十三，《朱子全书》第 17 册，上海古籍出版社、安徽教育出版社 2002 年版，第 2841 页。

④ 同上书，第 2840 页。

⑤ 同上。

是与不是。但道理亦是如此，今且把来参考。"问："《公》《谷》如何？"曰："据他说亦是有那道理，但恐圣人当初无此等意。"①

　　问："《公》《谷》传，大概皆同？"曰："所以林黄中说，只是一人，只是看他文字疑若非一手者。"或曰："疑当时皆有所传授，其后门人弟子始笔之于书尔。"曰："想得皆是齐、鲁间儒，其所著之书，恐有所传授，但皆杂以己意，所以多差舛。其有合道理者，疑是圣人之旧。"②

　　在朱熹看来，《左传》是史学，长于记事而蔽于说理，多世俗功利之见，而《公羊传》《谷梁传》是经学，长于义理而记事多误，且所说之理亦有非圣人原意者，故"三传"皆有所未备。他进一步指出，《春秋》主要应作为史书来看，所谓的《春秋》大义即见于史事之中，所以学者解读《春秋》时应于史事中直见圣人之意，避免陷于穿凿附会。故曰："《春秋》只是直载当时之事，要见当时治乱兴衰，非是于一字上定褒贬"③，"此是圣人据鲁史以书其事，使人自观之，以为鉴戒尔。其事则齐威、晋文有足称，其义则诛乱臣贼子。若欲推求一字之间，以为圣人褒善贬恶专在于是，窃恐不是圣人之意。"④

　　对于《大学》，朱熹将其分为经一章与传十章两个部分。其中，开首一段"大学之道，在明明德……此谓知本，此谓知之至也"为经，提出"三纲领""八条目"，被认为是孔子之言，曾子述之；而经以下的部分为传，是逐条对"三纲领""八条目"及其相互关系进行解说与论证，被认为是曾子之意，门人记之。如此，则理解"三纲领""八条目"便成为注解《大学》的关键所在。

　　对于《孝经》，朱熹亦将其分为经一章与传十四章两个部分。其中，原《孝经》的前六章，即"仲尼闲居，曾子侍坐。……孝无终始而患不及

① （宋）黎靖德编：《朱子语类》卷八十三，《朱子全书》第 17 册，上海古籍出版社、安徽教育出版社 2002 年版，第 2840 页。
② 同上书，第 2842 页。
③ 同上书，第 2832 页。
④ 同上书，第 2833 页。

者，未之有也"为经，被认为是孔子、曾子问答之言，而曾子门人记之；经以下的部分为传，被认为是后人据《左传》《国语》等史传文字缀辑而成，用以解释经文。在朱熹看来，《孝经》经文虽"亦不免有离析增加之失"，但"其首尾相应，次第相承，文势连属，脉络通贯，同是一时之言，无可疑者"，^① 而传文则属拼凑，且多附会、害理之言，故不应与经文相混杂。

除了上面所提到的经、传之外，每部儒家经典背后都有各种传注疏释存在。一般来说，经由圣人所作，或记圣人之言，拥有最高的权威性与真理性。而传注则比较复杂，既有出于先圣先贤者，但更多的则是后儒所作。特别是某些后儒对经典的注解与诠释，仅为一家之言却托之于圣人，难免驳杂不纯，不可尽信。若将其与经文相混杂，往往会导致经文本义的扭曲与淆乱。即便是先圣先贤所作之传，也应与经文有所区别，各究其义，使经传之旨各明。在朱熹看来，经典本身构成了经学研究的核心与根本，传注仅是经文的附庸，是使人们认识经文本义的工具与手段，二者之间的关系不容颠倒。所谓"圣经字若个主人，解者犹若奴仆。今人不识主人，且因奴仆通名，方识得主人，毕竟不如经字也"^②。因此，朱熹既批评了汉唐诸儒只重章句训诂，援传入经，以传代经，甚至"宁言周孔误，不道郑服非"的弊病，也批评了宋儒脱离经典本义而空谈义理的不良学术风气。相较之下，朱熹作为南宋时人，不但不讳言后一种弊病的存在，反而因其现实性而对其危害认识更深，批评也较多。譬如他说：

> 自孔、孟灭后，诸儒不子细读得圣人之书，晓得圣人之旨，只是自说他一副当道理。说得却也好看，只是非圣人之意，硬将圣人经旨说从他道理上来。……圣贤已死，它看你如何说，他又不会出来与你争，只是非圣贤之意。他本要自说他一样道理，又恐不见信于人。偶

---

① （宋）朱熹：《朱文公文集》卷六十六《孝经刊误》，《朱子全书》第 23 册，上海古籍出版社、安徽教育出版社 2002 年版，第 3205 页。

② （宋）黎靖德编：《朱子语类》卷十一，《朱子全书》第 14 册，上海古籍出版社、安徽教育出版社 2002 年版，第 351 页。

然窥见圣人说处与己意合，便从头如此解将去，更不子细虚心，看圣人所说是如何。正如人贩私盐，担私货，恐人捉他，须用求得官员一两封书，并掩头行引，方敢过场务，偷免税钱。今之学者正是如此，只是将圣人经书拖带印证己之所说而已，何尝真实得圣人之意？却是说得新奇巧妙，可以欺惑人，只是非圣人之意。①

大抵近世说经者，多不虚心以求经之本意，而务极意以求之本文之外，幸而渺茫疑似之间略有缝罅，如可钩索，略有形影，如可执搏，则遂极笔模写，以附于经，而谓经之为说本如是也。其亦误矣。②

近见学者多是先立己见，不问经文向背之势，而横以义理加之。其说虽不悖理，然非经文本意也。如此则但据己见自为一书亦可，何必读古圣贤之书哉？所以读书，政恐吾之所见未必是，而求正于彼耳。惟其阙文断简、名器物色有不可考者，则无可奈何，其他在义理中可推而得者，切须字字句句反复消详，不可草草说过也。③

朱熹指出，学者之所以要读经，正是因为不知自己的思想、见解是否正确，故以圣贤之言为标准，而取正于经书。因此，注经、解经必须以经文本身为基础，特别是将其中与义理有关的重要内容"字字句句反复消详"，完整掌握经典的本旨，然后再从中推说义理。若一以己意为是，甚至硬将己意加诸经典，挟经自重，强经以同己，则丧失了经学的本来目的，即便道理说得再好，也与圣人之意无关。同样，正因为有大量这样唯以己意解经的传注存在，学者治经亦须注意经传相分，超越先儒的传注，以经典本文为最终依据，而不能一味地以传解经、因循旧说。正如朱熹告诫学者："须是将本文熟读，字字咀嚼教有味。若有理会不得处，深思之；又不得，然后却将注解看，方有意味。如人饥而后食，渴而后饮，方有

---

① （宋）黎靖德编：《朱子语类》卷一百三十七，《朱子全书》第 18 册，上海古籍出版社、安徽教育出版社 2002 年版，第 4240—4241 页。

② （宋）朱熹：《朱文公文集》卷五十一《答万正淳》，《朱子全书》第 22 册，上海古籍出版社、安徽教育出版社 2002 年版，第 2415 页。

③ （宋）朱熹：《朱文公文集》卷六十四《答或人》，《朱子全书》第 23 册，上海古籍出版社、安徽教育出版社 2002 年版，第 3133 页。

味。不饥不渴而强饮食之，终无益也。"①

而在朱熹对于经典本义的强调中，实际上又包含了探求经典"文义"与经典"本意"两层含义。简言之，经典文义主要指经文的字面意思，而经典本意则指圣人作经之意图。因此，探求经典文义侧重于对语言文字、名物度数的注解与考释，要求注解者本人尽量不出现，略相当于"解释"；而探求经典本意则强调对隐藏于经文背后的圣人之意的领悟，是经典解释的进一步深化，更加突出解释者个人的思想因素与作用，略相当于"理解"或"诠释"。相对而言，"解释"是局部的、直接的、分析的，而"理解"或"诠释"则是整体的、间接的、综合的。

关于探求圣人本意的意义，朱熹说道：

> 大抵圣贤之言多是略发个萌芽，更在后人推究，演而伸，触而长，然亦须得圣贤本意。不得其意，则从那处推得出来？②
>
> 须见圣人本意，方可学《易》。③
>
> 善可为法，恶可为戒，不特《诗》也，他书皆然。古人独以为"兴于诗"者，《诗》便有感发人底意思。今读之无所感发者，正是被诸儒解杀了，死着《诗》义，兴起人善意不得。如《南山有台》序云："得贤，则能为邦家立太平之基。"盖为见《诗》中有"邦家之基"字，故如此解。此序自是好句，但才如此说定，便局了一诗之意。若果先得其本意，虽如此说亦不妨。正如《易》解，若得圣人《系辞》之意，便横说竖说都得。今断以一义解定，《易》便不活。④

根据宋明理学的基本预设，圣人之心浑然一理，与天地同德，圣人的

---

① （宋）黎靖德编：《朱子语类》卷十一，《朱子全书》第14册，上海古籍出版社、安徽教育出版社2002年版，第349页。

② （宋）黎靖德编：《朱子语类》卷六十二，《朱子全书》第16册，上海古籍出版社、安徽教育出版社2002年版，第2043页。

③ （宋）黎靖德编：《朱子语类》卷七十，《朱子全书》第16册，上海古籍出版社、安徽教育出版社2002年版，第2362页。

④ （宋）黎靖德编：《朱子语类》卷八十，《朱子全书》第17册，上海古籍出版社、安徽教育出版社2002年版，第2757页。

言行、思虑即是天理的体现，所谓"圣人之言，即圣人之心；圣人之心，即天下之理"①，"道便是无躯壳底圣人，圣人便是有躯壳底道。学道便是学圣人，学圣人便是学道"②。因此，对圣人之意的追求即是对天理的追求。而朱熹作为宋代理学家的主要代表，其经学研究以义理阐释为主，自然要将对圣人本意的追求摆在更为重要的位置上。特别是由于圣人本意往往具有一定的内在性和复杂性，并非如字面意思那般直观可见，甚至可能与字面意思有所不合。因此，对经典文义的了解往往不能直接实现对圣人本意的把握，学者在掌握经典文义的基础上，还须更求圣人作经之本意。在朱熹看来，对圣人本意的探求虽然并不完全等同于义理的阐发，因为圣人作经的原意并不都是为了直接说理，但对圣人思想意图的领悟却是推究、引申、阐发经典义理的必要前提与基础。若能先得圣人本意，则意味着获得了极大的诠释自由，"便横说竖说都得"。当然，由于思想观念的表达要以文本为载体，所以经典"文义"与"本意"在某种程度上拥有一致性，在实际的经学研究中要将二者截然区分开是很困难的。同时，二者之间又存在着相辅相成的密切关系，学者对于圣人思想意图的领悟往往有赖于对文本字面意思的准确把握，而对圣人思想意图的领悟反过来又将促进学者对文本字面意思的正确解读，因而二者也不应该被割裂、对立。总之，不论是对于经典文义还是圣人本意的关注和强调，都是紧紧围绕着"圣人—经典"这个中心，都清楚地反映出朱熹对于经典解释的直接性与客观性的重视和追求。

（二）以"四书"代"五经"

提倡以"四书"代"五经"，建构以四书为核心的新儒学经典体系，亦是朱熹经学的基本特征和重大成就，深刻地影响、塑造了此后儒家经学研究的内容与范式。从四书之学的形成过程来看，对于四书的发掘与提倡固然不始于朱熹，但最后却是由朱熹总其成的。可以说，四书的集成与四

---

① 　（宋）黎靖德编：《朱子语类》卷一百二十，《朱子全书》第 18 册，上海古籍出版社、安徽教育出版社 2002 年版，第 3805 页。

② 　同上书，第 4059 页。

书学的确立是继西汉董仲舒表彰六经之后，儒学史上的又一重大事件。以董仲舒为代表的汉儒通过对六经的推尊，使五经立于学官，从而借助政治权力取得了思想上的统治地位，而以程朱为代表的宋儒则通过对四书的表彰，使四书取代了五经的地位，成为儒学的基本典籍。这一典据变动，不仅有力地支撑、推动了传统儒学从汉唐经学向宋明理学的范式转换，而且使儒学找到了新的思想基点，又重新焕发了生机，成功地维护了儒学在传统社会后期的思想主导地位。

从学术思想史上看，在宋代以前，四书的地位与影响远远无法与五经相提并论。尤其是在中唐之前，《孟子》《大学》《中庸》基本上处于被忽视与埋没的状态。其中，《孟子》只是一部子书，而《大学》《中庸》还是《礼记》中的两篇文字，《中庸》虽曾有过单行本，但皆未得到学者的特别重视。即便是地位最高的《论语》，在汉代也仅附于五经之后，主要作为教育儿童的幼学之书，而唐代用以设科取士的"九经"中亦不包括《论语》。至中唐时，韩愈、李翱等学者开始表彰四书，方才正式开启了所谓"四书升格运动"的序幕。譬如，韩愈对孟子特别推崇，将孟子纳入其建构的儒学道统之中，认为列圣相传之道由"孔子传之孟轲，轲之死，不得其传焉"[1]，并强调"孟轲师子思，子思之学盖出曾子，自孔子没，群弟子莫不有书，独孟轲氏之传得其宗。……故求观圣人之道，必自孟子始"[2]。同时，韩愈在《原道》中引用《大学》思想，李翱作《复性书》阐发《中庸》中的性命之道，二人皆借《大学》《中庸》发挥儒家固有之义理，抵御佛教的扩张，从而赋予了这两篇文字较高的地位和意义。

入宋之后，宋儒又沿着韩愈、李翱开辟的这一思路继续前进。如范仲淹就曾借用《中庸》思想言"道"，提出："诚而明之，中而和之，揖让乎圣贤，蟠极乎天地，此道之致也。必大成于心，而后可言焉。"[3] 更多学者

---

① （唐）韩愈：《韩昌黎文集校注》卷一《原道》，马其昶校注，上海古籍出版社 1986 年版，第 18 页。

② （唐）韩愈：《韩昌黎文集校注》卷四《送王秀才序》，马其昶校注，上海古籍出版社 1986 年版，第 261—262 页。

③ （宋）范仲淹：《范文正公集》卷六《南京府学生朱从道名述》，商务印书馆 1937 年版，第 85 页。

发挥尊孟思想，如柳开认为，孔子之后，"杨墨交乱，圣人之道，复将坠矣。……孟轲氏出而佐之，辞而辟之，圣人之道复存焉"①，欧阳修谓："君子之于学也，务为道。……其道，周公、孔子、孟轲之徒常履而行之者是也。……孔子之后，惟孟轲最知道"②，孙复则说："孔子既没，千古之下，攘邪怪之说，夷奇险之行，夹辅我圣人之道者多矣，而孟子为之首，故其功钜"③，石介亦云："孔子既没，微言遂绝，杨墨之徒，榛塞正路，孟子正人心，息邪说，诋诐行，放淫辞，劝齐宣、梁惠七国之君以行仁义"④，皆衍韩愈道统之说。稍后，二程、张载、王安石等重要思想家亦表示尊孟，并着重从《孟子》中发掘儒家的心性思想与修养理论。特别是二程，不仅指出"孟子有功于圣门不可言"⑤，"孔子没，传孔子之道者，曾子而已。曾子传之子思，子思传之孟子，孟子死，不得其传，至孟子而圣人之道益尊"⑥，而且常将《孟子》与《论语》并列，认为"学者当以《论语》《孟子》为本。《论语》《孟子》既治，则六经可不治而明矣"⑦，"学者先须读《论》《孟》。穷得《论》《孟》，自有个要约处，以此观他经，甚省力"⑧，隐然将原本附于五经之后的《论语》《孟子》置于五经之先，作为经学之本。此外，二程还大力表彰《大学》《中庸》，以《大学》为"初学入德之门"，《中庸》为"孔门传授心法"，极大地彰显了二书的重要性。正是在北宋诸儒的努力推动下，《孟子》由子入经，《论语》的地位愈加尊崇，"孔孟之道"逐渐取代了"周孔之道""孔颜之道"，而《大学》《中庸》亦从《礼记》中独立出来，成为儒家思想的基本典据。据章权才

---

① （宋）柳开：《河东集》卷六《答臧丙第一书》，《景印文渊阁四库全书》第1085册，台湾商务印书馆1983年版。

② （宋）欧阳修：《居士外集》卷十六《与张秀才第二书》，《欧阳修全集》，中国书店1986年版，第481—482页。

③ （宋）孙复：《孙明复小集·兖州邹县建孟庙记》，《景印文渊阁四库全书》第1090册，台湾商务印书馆1983年版。

④ （宋）石介：《石徂徕集》卷上《与士建中秀才书》，中华书局1985年版，第24页。

⑤ （宋）程颢、程颐：《二程集·河南程氏遗书》卷十八，中华书局1981年版，第221页。

⑥ （宋）程颢、程颐：《二程集·河南程氏遗书》卷二十五，中华书局1981年版，第327页。

⑦ 同上书，第322页。

⑧ （宋）程颢、程颐：《二程集·河南程氏遗书》卷十八，中华书局1981年版，第205页。

研究，"从宋初到朱熹前，有关《论语》的著作不下七十部；有关《孟子》的著作不下四十部；有关《大学》的著作不下十部；有关《中庸》的著作不下二十部"①。这些学术成果为四书系统的最终形成奠定了坚实的思想基础。

但在朱熹之前，宋代学者关于《孟子》一书的质疑与非议一直没有间断，"尊孟"与"贬孟"的争论持续百年，而"四书"一词亦未被正式提出，《论语》《孟子》《大学》《中庸》四部经典还未紧密结合起来，真正形成一个内在联系的有机整体。② 据束景南考证，直到淳熙九年（1182），朱熹在婺州浙东提举任上将《大学章句》《中庸章句》《论语集注》《孟子集注》集为一编合刻，经学史上与"五经"相对的"四书"之名才正式出现，并首次作为一个整体结集出版。③ 此后，朱熹又反复修订、完善《四书章句集注》，不断将自己在理学思想上的新观点、新体悟融入四书的解释之中，最终使得以四书为核心的新儒学经典体系宣告成立。对于朱熹集注四书的重大意义，朱熹门人李方子曾做了明确的揭示："其考诸先圣而不谬，建诸天地而不悖，百世以俟圣人而不惑者，则以订正群书，立为准则，使学者有所据依循守，以入于尧舜之道，此其勋烈之尤彰明盛大者。《语》《孟》二书，世所诵习，为之说者亦多，而析理未精，释言未备。《大学》《中庸》，自程子始表章之，然《大学》次序不伦，阙遗未补，《中庸》虽为完篇，而章句浑沦，读者亦莫知其条理之灿然也。先生搜辑先儒之说而断以己意，汇别区分，文从字顺，妙得圣人之本旨，昭示斯道之标

---

① 章权才：《宋代退五经尊四书的过程与本质》，《学术研究》1996 年第 2 期。
② 《宋史·道学传》中虽有二程"表章《大学》《中庸》二篇，与《语》《孟》并行"的说法［见（元）脱脱等撰《宋史》卷四百二十七《道学一》，中华书局 2000 年版，第 9937 页］，吴澄于《活人书辩序》中亦云"由汉以来，《大学》《中庸》混于《戴记》，《孟子》七篇侪于诸子，河南程子始提三书，与《论语》并"［见（元）吴澄《吴文正集》卷十九《活人书辩序》，《景印文渊阁四库全书》第 1197 册，台湾商务印书馆 1983 年版］，但这只是出于元人的概括与印象，二程本人似乎并未直接提出"并行"之说。
③ 参见束景南《朱熹年谱长编》，华东师范大学出版社 2014 年版，第 731 页。另外，章权才认为，朱熹结集四书"决不是简单的拼凑，而是一种具有内在逻辑、体现特定思想体系的结合。结集的结果，就形成了一个具有内在关联的整体，形成了原来各部分都无法比拟的新的理论力量"。参见章权才《宋代退五经尊四书的过程与本质》，《学术研究》1996 年第 2 期。

的。又使学者先读《大学》，以立其规模，次及《语》《孟》，以尽其蕴奥，而后会其归于《中庸》。尺度权衡之既定，由是以穷诸经，订群史，以及百氏之书，则无理之不可精，无事之不可处矣。"① 此后，朱注四书又被历代统治者悬为科举功令，四书义理之学遂取代五经训诂之学成为经学研究的主流与核心。

关于四书与五经的不同特点及其相互关系，朱熹说道：

《语》《孟》工夫少，得效多；六经工夫多，得效少。②

今学者不如且看《大学》《语》《孟》《中庸》四书，且就见成道理精心细求，自应有得。待读此四书精透，然后去读他经，却易为力。③

人自有合读底书，如《大学》《语》《孟》《中庸》等书，岂可不读？读此四书，便知人之所以不可不学底道理，与其为学之次序，然后更看《诗》《书》、礼、乐。某才见人说看《易》，便知他错了，未尝识那为学之序。④

《诗》《书》是隔一重两重说，《易》《春秋》是隔三重四重说。《春秋》义例、《易》爻、象虽是圣人立下，今说者用之，各信己见，然于人伦大纲皆通，但未知曾得圣人当初本意否？……今欲直得圣人本意不差，未须理会经，先须于《论语》《孟子》中专意看他，切不可忙。⑤

圣人作经，以诏后世，将使读者诵其文，思其义，有以知事理之当

---

① （宋）真德秀：《西山读书记》卷三十一《朱子传授》，《景印文渊阁四库全书》第706册，台湾商务印书馆1983年版。

② （宋）黎靖德编：《朱子语类》卷十九，《朱子全书》第14册，上海古籍出版社、安徽教育出版社2002年版，第644页。

③ （宋）黎靖德编：《朱子语类》卷一百一十五，《朱子全书》第18册，上海古籍出版社、安徽教育出版社2002年版，第3639页。

④ （宋）黎靖德编：《朱子语类》卷六十七，《朱子全书》第16册，上海古籍出版社、安徽教育出版社2002年版，第2226页。

⑤ （宋）黎靖德编：《朱子语类》卷一百四，《朱子全书》第17册，上海古籍出版社、安徽教育出版社2002年版，第3431页。

然，见道义之全体而身力行之，以入圣贤之域也。……然去圣既远，讲诵失传，自其象数名物、训诂凡例之间，老师宿儒尚有不能知者，况于新学小生，骤而读之，是亦安能遽有以得其大指要归也哉！故河南程夫子之教人，必先使之用力乎《大学》《论语》《中庸》《孟子》之书，然后及乎六经，盖其难易、远近、大小之序固如此而不可乱也。①

在朱熹看来，五经与四书之间存在着难易、远近、大小的差别。五经时代久远，文辞古奥，讲诵失传，其中的象数名物、训诂凡例多有难以确知者。加之在流传过程中屡遭散佚、窜乱，又"为先儒穿凿所坏，使人不见当来立言本意"②，故五经难看难解，非初学者所能把握。相比之下，四书则多直说日用眼前事，内容明白易晓，文字也较为浅显。根据朱熹提倡的先易后难、由浅入深、由近及远的认识规律与学习方法，自然四书先于五经。

更为关键的是，四书以阐发义理为主要目的，是圣贤为了"言义理以晓人"而作，故说理最为直接、完整、系统，理学家最为重视的那些范畴、概念与命题亦多来源于四书之中。而五经的制作本意则非为了直接阐发义理，其与义理至多只有间接的关系。例如朱熹认为，《易经》"本为卜筮而作，皆因吉凶以示训诫"③，"《易》自是别是一个道理，不是教人底书"④；《诗经》多是诗人为了"感物道情、吟咏情性"而作，故"看《诗》，义理外更好看他文章"⑤，"读《诗》正在于吟咏讽诵，观其委曲折旋之意，如吾自作此诗，自然足以感发善心"⑥；《仪礼》主要记载古代的

---

①（宋）朱熹：《朱文公文集》卷八十二《书临漳所刊四子后》，《朱子全书》第 24 册，上海古籍出版社、安徽教育出版社 2002 年版，第 3895 页。

②（宋）朱熹：《朱文公文集》卷四十八《答吕子约》，《朱子全书》第 22 册，上海古籍出版社、安徽教育出版社 2002 年版，第 2213 页。

③（宋）朱熹：《朱文公文集》卷八十二《书临漳所刊四经后》，《朱子全书》第 24 册，上海古籍出版社、安徽教育出版社 2002 年版，第 3890 页。

④（宋）黎靖德编：《朱子语类》卷六十七，《朱子全书》第 16 册，上海古籍出版社、安徽教育出版社 2002 年版，第 2226 页。

⑤（宋）黎靖德编：《朱子语类》卷八十，《朱子全书》第 17 册，上海古籍出版社、安徽教育出版社 2002 年版，第 2756 页。

⑥ 同上书，第 2759 页。

仪节、名物、度数；而《春秋》则近史书，"只是直载当时之事，要见当时治乱兴衰，非是于一字上定褒贬"①，读《春秋》"且当看史功夫，未要便穿凿说褒贬道理"②。故曰："《诗》《书》是隔一重两重说，《易》《春秋》是隔三重四重说。"因此，从理学家以义理解经的立场来看，自然四书重于五经。学者为学当以发明四书义理为先、为主，而五经转非所急。当然，朱熹并不否认五经中存在义理，也不反对学者从五经的文字中推衍、引申出义理，但这毕竟与圣人本意隔了几层，同样会导致所谓"工夫多，得效少"的问题。难怪朱熹也要无奈地感叹："某平生也费了些精神理会《易》与《诗》，然其得力则未若《语》《孟》之多也，《易》与《诗》中所得似鸡肋焉。"③

　　而就朱熹本人的经学实践来看，其亦于四书之学上用功最勤，用力最多，可谓穷毕生精力以治之。朱熹编撰的与四书有关的著述即有《四书章句集注》《四书或问》《四书音训》《论孟精义》《论语集解》《论语要义》《论语训蒙口义》《论语详说》《孟子要略》《孟子问辨》《孟子集解》《中庸辑略》《中庸详说》《大学集传》《大学详说》《大学启蒙》等。故黄榦谓："先生著述虽多，于《语》《孟》《中庸》《大学》尤所加意。若《大学》《论语》，则更定数四，以至垂没。《大学》'诚意'一章，乃其绝笔也。"④另据钱穆统计，《朱子语类》全书共一百四十卷，四书部分即占五十一卷，当全书篇幅三分之一以上；五经部分二十六卷，仅约四书部分篇幅的一半。其他各卷中，涉及四书的内容亦远胜其涉及五经的内容。⑤钱穆还指出，朱熹《四书章句集注》之作"乃是效法汉儒经学工夫而以之移用于语孟，逐字逐句，训诂考据，无所不用其极，而发挥义理则更为深至"，故

　　① （宋）黎靖德编：《朱子语类》卷八十三，《朱子全书》第17册，上海古籍出版社、安徽教育出版社2002年版，第2832页。
　　② （宋）朱熹：《朱文公文集》卷六十《答潘子善》，《朱子全书》第23册，上海古籍出版社、安徽教育出版社2002年版，第2920页。
　　③ （宋）黎靖德编：《朱子语类》卷一百四，《朱子全书》第17册，上海古籍出版社、安徽教育出版社2002年版，第3431页。
　　④ （宋）黄榦：《勉斋先生黄文肃公文集》卷三十四《朱先生行状》，《北京图书馆古籍珍本丛刊》第90册，书目文献出版社1988年版，第704页。
　　⑤ 参见钱穆《朱子新学案》第4册《朱子之四书学》，九州出版社2011年版，第189页。

称"四书学乃朱子全部学术之中心或其结穴"。① 因此可以说，朱熹的四书学集中体现了其建构的以阐发义理为主，融理学与经学为一炉的新学术范式。②

对于自己倾注了大半生心力的《四书章句集注》，朱熹亦表现出特别的自信与重视。他说：

> 某《语孟集注》，添一字不得，减一字不得。……又曰：不多一个字，不少一个字。③
>
> 《论语集注》如秤上称来无异，不高些，不低些。④
>
> 某于《论》《孟》，四十余年理会，中间逐字称等，不教偏些子。⑤
>
> 读书别无法，只管看，便是法。……某那《集注》都详备，只是要人看。无一字闲。那个无紧要闲底字，越要看。自家意里说是闲字，那个正是紧要字。⑥

陈淳亦云：

> 文公四书，一生精力在是，至属纩而后绝笔，为义极精矣。凡立语下字，端端的的，如逐字秤过一般，无一字苟且过。……注文与经文字字元自照应，有一字当数十字者，有一字当数千百字者，不可草草率略，皮肤上走过。⑦

---

① 钱穆：《朱子学提纲》，生活·读书·新知三联书店 2005 年版，第 183—184 页。

② 周予同亦云："朱熹之于经学，以《四书》为最详慎"，"朱熹之于《四书》，为其一生精力之所萃；其剖析疑似，辨别毫厘，远在《易本义》《诗集传》等书之上。名物度数之间，虽时有疏忽之处，不免后人之讥议；然当微言大义之际，讬经学以言哲学，实自有其宋学之主观的立场"。参见周予同《周予同经学史论著选集》，上海人民出版社 1996 年版，第 168—169 页。

③ （宋）黎靖德编：《朱子语类》卷十九，《朱子全书》第 14 册，上海古籍出版社、安徽教育出版社 2002 年版，第 655 页。

④ 同上。

⑤ 同上。

⑥ 同上。

⑦ （宋）陈淳：《北溪大全集》卷三十三《答杨行之》，《景印文渊阁四库全书》第 1168 册，台湾商务印书馆 1983 年版。

由此可以想见朱熹注解四书之详慎与用心。因此，朱熹反复告诫门人弟子"《集注》且须熟读，记得"，"学者将注处，宜子细看"，"如看得透，存养熟，可谓甚生气质"，①又说："前辈解说，恐后学难晓，故《集注》尽撮其要，已说尽了，不须更去注脚外又添一段说话。只把这个熟看，自然晓得，莫枉费心去外面思量。"②

相较之下，朱熹对于五经的态度就显得比较复杂。他一方面仍然肯定五经的价值，要求学者认真理会，但另一方面又认为其中某些内容并非十分重要，或根本无法理解，因而不需要像研治四书那样逐字逐句推求阐释，以至于连一个闲字也不放过。譬如，对于《诗经》，朱熹提出"看《诗》，且看他大意。如《卫》诸诗，其中有说时事者，固当细考。如《郑》之淫乱底诗，苦苦搜求他，有甚意思"③，"看《诗》，不须得着意去里面训解，但只平平地涵泳自好"④。对于《尚书》，朱熹认为其"收拾于残阙之余，却必要句句义理相通，必至穿凿。不若且看他分明处，其他难晓者姑阙之可也"⑤，又谓"《尚书》有不必解者，有须着意解者，有略须解者，有不可解者"⑥，"如《盘庚》之类，非特不可晓，便晓了亦要何用？如周《诰》诸篇，周公不过是说周所以合代商之意。是他当时说话，其间多有不可解者，亦且观其大意所在而已"⑦。对于礼书，朱熹认为"而今考得礼子细，一一如古，固是好；如考不得，也只得随俗不碍理底行去"⑧。

---

① （宋）黎靖德编：《朱子语类》卷十九，《朱子全书》第14册，上海古籍出版社、安徽教育出版社2002年版，第655页。

② 同上书，第656页。

③ （宋）黎靖德编：《朱子语类》卷八十，《朱子全书》第17册，上海古籍出版社、安徽教育出版社2002年版，第2755页。

④ 同上书，第2761页。

⑤ （宋）黎靖德编：《朱子语类》卷七十八，《朱子全书》第16册，上海古籍出版社、安徽教育出版社2002年版，第2630页。

⑥ （宋）朱熹：《朱文公续集》卷三《答蔡仲默》，《朱子全书》第25册，上海古籍出版社、安徽教育出版社2002年版，第4717页。

⑦ （宋）黎靖德编：《朱子语类》卷七十八，《朱子全书》第16册，上海古籍出版社、安徽教育出版社2002年版，第2633页。

⑧ （宋）黎靖德编：《朱子语类》卷八十九，《朱子全书》第17册，上海古籍出版社、安徽教育出版社2002年版，第3002页。

对于《春秋》，朱熹则屡谓"《春秋》难看，此生不敢问"①，"《春秋》难看，平生所以不敢说着"②，"《春秋》无理会处，不须枉费心力。……尽教它是《鲁史》旧文，圣人笔削，又干我何事耶?"③ 由此亦可看出朱熹对待四书、五经的不同态度与研究方法。

此外，朱熹表彰四书，重建儒学经典体系，还是为了与其建构儒学道统的行为相互呼应和配合。④ 当时，由韩愈首先提出的"尧、舜、禹、汤、文、武、周公、孔子、孟子"这一圣人之道的传授谱系，经过二程等人的继承与发扬，已逐渐成为宋代儒者的一种共识。而朱熹的历史意识和教学观念，使其特别重视经典与道之间的关系，强调经典是圣贤之道赖以传承的基础，始终致力于发掘和阐释相关的经典来支撑、论证和完善儒家的道统体系。因此，朱熹选择将四书与道统结合起来，并将其纳入道统的论述中。他在《四书章句集注》中说道：

> 若吾夫子，则虽不得其位，而所以继往圣、开来学，其功反有贤于尧、舜者。然当是时，见而知之者，惟颜氏、曾氏之传得其宗。及曾氏之再传，而复得夫子之孙子思，则去圣远而异端起矣。子思惧夫愈久而愈失其真也，于是推本尧、舜以来相传之意，质以平日所闻父师之言，更互演绎，作为此书，以诏后之学者。……自是而又再传以得孟氏，为能推明是书，以承先圣之统，及其没而遂失其传焉。⑤

---

① （宋）黎靖德编：《朱子语类》卷八十三，《朱子全书》第 17 册，上海古籍出版社、安徽教育出版社 2002 年版，第 2871 页。

② （宋）黎靖德编：《朱子语类》卷三十四，《朱子全书》第 15 册，上海古籍出版社、安徽教育出版社 2002 年版，第 1204 页。

③ （宋）朱熹：《朱文公续集》卷二《答蔡季通》，《朱子全书》第 25 册，上海古籍出版社、安徽教育出版社 2002 年版，第 4678 页。

④ 周予同曾说："'四书'成立的原因是什么呢？'四书'构筑了一套道统理论。《论语》——孔子，《大学》——曾子，《中庸》——子思，《孟子》——孟子。这样，孔子、曾子、子思、孟子的道统确立了。"参见周予同《中国经学史讲义》，上海人民出版社 2012 年版，第 63 页。

⑤ （宋）朱熹：《四书章句集注·中庸章句·中庸章句序》，《朱子全书》第 6 册，上海古籍出版社、安徽教育出版社 2002 年版，第 30 页。

又说：

> 及周之衰，贤圣之君不作，学校之政不修，教化陵夷，风俗颓
> 败，时则有若孔子之圣，而不得君师之位以行其政教，于是独取先王
> 之法，诵而传之，以诏后世。……而此篇者，则因小学之成功以著大
> 学之明法，外有以极其规模之大，而内有以尽其节目之详者也。三千
> 之徒，盖莫不闻其说，而曾氏之传独得其宗，于是作为传义，以发其
> 意。及孟子没而其传泯焉，则其书虽存，而知者鲜矣！①

在朱熹所厘定的这一道统体系中，以人言，则是孔子、曾子、子思、
孟子；以书言，则是《论语》《大学》《中庸》《孟子》。如此，不仅填补了
孔子与孟子之间的道统传授环节，而且使得经典与圣贤在道统中形成一种
同构关系。而四书最初亦被称为"四子书"，表明其既代表了经典，也代
表了圣贤。由此可以推断，朱熹之所以要将《大学》归之于曾子，将《中
庸》归之于子思，在很大程度上亦是出于建构孔孟间道统的需要。反过来
说，四书的提出亦清理、明确了孔子以下道统与道学的传承谱系，即便是
孔门中地位最高、最受孔子青睐的颜子，虽然有时仍出现在朱熹的道统论
述中，但由于他没有留下经典，并不在"四书"或"四子"的范围之内，
因而亦逐渐消失在后人的道统谱系中。

圣贤之人与圣贤之道因经典而显，亦因经典而传。从这一意义上看，
朱熹结撰《四书章句集注》不仅是发明、建构道统的需要，也表明了自己
以道统自任的意愿与雄心。而这一点在朱熹自己的话语中亦可以得到印
证。譬如，朱熹曾自述其撰写《大学章句》的缘由道：

> 宋德隆盛，治教休明。于是河南程氏两夫子出，而有以接乎孟氏
> 之传，实始尊信此篇而表章之，既又为之次其简编，发其归趣，然后
> 古者大学教人之法、圣经贤传之指，粲然复明于世。虽以熹之不敏，

---

① （宋）朱熹：《四书章句集注·大学章句·大学章句序》，《朱子全书》第6册，上海古籍
出版社、安徽教育出版社2002年版，第14页。

亦幸私淑而与有闻焉。顾其为书犹颇放失，是以忘其固陋，采而辑之，间亦窃附己意，补其阙略，以俟后之君子。①

又述撰写《中庸章句》的缘由曰：

盖子思之功于是为大，而微程夫子，则亦莫能因其语而得其心也。惜乎其所以为说者不传，而凡石氏之所辑录，仅出于其门人之所记，是以大义虽明，而微言未析。至其门人所自为说，则虽颇详尽而多所发明，然倍其师说而淫于老、佛者，亦有之矣。熹自蚤岁即尝受读而窃疑之，沉潜反复，盖亦有年，一旦恍然似有以得其要领者，然后乃敢会众说而折其中，既为定著章句一篇，以竢后之君子。②

其言虽极谦虚，但其身任道统、当仁不让的态度亦极明显。

与此同时，唐宋儒者建立道统的一个重要目的还在于回应释、道二教在思想上的挑战。儒家的道统既有模仿佛家传灯系统的意味，又是对释、道异统的抗衡与否定。而朱熹通过对四书的表彰和重新诠释，不仅充实、巩固了儒家的道统理论，而且从中充分发掘了儒家自身固有的心性论、认识论、工夫论等方面的思想资源，建立了一套体用兼备、内外兼顾、可与释、道二教相匹敌的哲学形上学体系，并以入室操戈的方式对释、道二教进行深层次的理论批判，从而成功地回应了释、道二教的挑战，重新夺回了儒学在思想领域的主导地位。因此可以说，"朱熹的《四书集注》又是他从逃禅归儒以来不断批判佛老的一个总结，《四书集注》包含了一个在当时历史条件下所能达到的最高的排佛思想体系"③。

当然，朱熹主张以四书代五经并不是要取消或否定五经的经典地位与学术价值，而是从理学的立场和需要出发，试图调整并重新定义四书与五

---

① （宋）朱熹：《四书章句集注·大学章句·大学章句序》，《朱子全书》第6册，上海古籍出版社、安徽教育出版社2002年版，第14页。
② （宋）朱熹：《四书章句集注·中庸章句·中庸章句序》，《朱子全书》第6册，上海古籍出版社、安徽教育出版社2002年版，第30—31页。
③ 束景南：《朱子大传》，福建教育出版社1992年版，第383页。

经之间的相互关系。通过集注四书等一系列努力，朱熹成功地以四书取代了五经在经学中原有的核心与基础地位，形成了先四书后五经、以四书统率五经的全新经典体系与治学模式。众所周知，朱熹论学最重次第程序，要求学者通过由易到难、由近及远、循序渐进的方式逐步实现对圣人之道的完整把握，切不可急迫以求、妄意躐等。而为学次第的一个重要方面便是读书之序，读书之序其实正反映出朱熹所理解的入道之序。朱熹主张学者通过先治说理较为直接、系统、详细的四书，初步认识并正确理解圣人之道的大旨后，再去理会艰涩、繁杂的五经，以发明其中的义理与事实，把握圣人之学的全体。

朱熹对读书之序的讲求亦体现在其建构的四书学体系中。关于研治四书的次序，朱熹并未简单地按照四书作者的时代顺序进行排列，而是根据四书自身的内在逻辑与性质特点，得出了以《大学》为先，《论语》《孟子》次之，《中庸》为末的治学次序。他说：

> 学问须以《大学》为先，次《论语》，次《孟子》，次《中庸》。《中庸》工夫密，规模大。①

> 某要人先读《大学》，以定其规模；次读《论语》，以立其根本；次读《孟子》，以观其发越；次读《中庸》，以求古人之微妙处。《大学》一篇有等级次第，总作一处，易晓，宜先看。《论语》却实，但言语散见，初看亦难。《孟子》有感激兴发人心处。《中庸》亦难读，看三书后，方宜读之。②

> 某说个读书之序：须是且著力去看《大学》，又著力去看《论语》，又着力去看《孟子》。看得三书了，这《中庸》半截都了，不用问人，只略略恁看过。不可掉了易底，却先去攻那难底。③

---

① （宋）黎靖德编：《朱子语类》卷十四，《朱子全书》第 14 册，上海古籍出版社、安徽教育出版社 2002 年版，第 419 页。

② 同上。

③ （宋）黎靖德编：《朱子语类》卷六十二，《朱子全书》第 16 册，上海古籍出版社、安徽教育出版社 2002 年版，第 2003—2004 页。

对此，黄榦亦云：

> 先生教人，以《大学》《语》《孟》《中庸》为入道之序，而后及诸经。以为不先乎《大学》，则无以提纲挈领而尽《论》《孟》之精微；不参之以《论》《孟》，则无以融会贯通而极《中庸》之旨趣。然不会其极于《中庸》，则又何以建立大本，经纶大经，而读天下之书，论天下之事哉？①

陈淳则曰：

> 圣门事业浩博无疆，而用功有节目，读书有次序。初学入德之门，无如《大学》。此书见得古人规模节序，在诸书中为提纲振领处，必先从事于此，而《论》《孟》次之，《中庸》又次之。四书皆通，然后胸中权衡尺度分明，轻重长短毫发不差，乃可以读天下之书，论天下之事，于是乎井井绳绳，莫不各有条理而不紊矣。②

李方子也说：

> 先生……又使学者先读《大学》，以立其规模，次及《语》《孟》，以尽其蕴奥，而后会其归于《中庸》。尺度权衡之既定，由是以穷诸经，订群史，以及百氏之书，则无理之不可精，无事之不可处矣。③

由此可见，《大学》—《论语》—《孟子》—《中庸》作为学者的读书之序与入道之序，必然得到了朱熹的特别强调，已成为朱门中的不刊之论。而朱熹之所以提出这样的先后次序，主要基于两方面的考虑。一方面，从难

---

① （宋）黄榦：《勉斋集》卷三十六《朱先生行状》，《景印文渊阁四库全书》第1168册，台湾商务印书馆1983年版。

② （宋）陈淳：《北溪大全集》卷二十六《答陈伯澡三》，《景印文渊阁四库全书》第1168册，台湾商务印书馆1983年版。

③ （宋）真德秀：《西山读书记》卷三十一《朱子传授》，《景印文渊阁四库全书》第706册，台湾商务印书馆1983年版。

易程度上看，《大学》"有等级次第，总作一处，易晓，宜先看"；《论语》虽"只说实事"①，但由于"言语散见，初看亦难"，故在《大学》之后；《孟子》"多言理义大体"，又"言存心养性，便说得虚"，② 故更难一些；《中庸》则"多说无形影，如鬼神，如'天地参'等类，说得高，说下学处少，说上达处多"③，最难，故置于最后。另一方面，从逻辑、作用上看，《大学》总论"三纲领""八条目"，为四书乃至整个儒学的纲领与基础；《论语》《孟子》则是对圣人之道的进一步展开和论述；《中庸》作为"孔门传授心法"，说理最为精微，为"造道之阃奥"④。因此，朱熹主张学者先读《大学》，以定其规模；次读《论语》，以立其根本；次读《孟子》，以观其发越；次读《中庸》，以求圣人之微妙处，由此领会圣人之道，进而读天下之书，论天下之事，则可无往而不利。

（三）义理与训诂相结合

朱熹作为宋代理学家的主要代表，自然以阐发义理为其经学的基本特色与主要内容，这一点应无疑义。但是，与包括程门学者在内的许多宋代儒者不同的是，朱熹在强调义理解经的同时，亦不鄙弃训诂考据。譬如他说：

> 某寻常解经，只要依训诂说字。⑤
> 某于文字，却只是依本分解注。⑥
> 某解书，如训诂一二字等处，多有不必解处，只是解书之法如

① （宋）黎靖德编：《朱子语类》卷十九，《朱子全书》第14册，上海古籍出版社、安徽教育出版社2002年版，第646页。
② 同上。
③ （宋）黎靖德编：《朱子语类》卷六十二，《朱子全书》第16册，上海古籍出版社、安徽教育出版社2002年版，第2004页。
④ （宋）黄榦：《勉斋先生黄文肃公文集》卷三十六《祭晦庵朱先生》，《北京图书馆古籍珍本丛刊》第90册，书目文献出版社1988年版，第734页。
⑤ （宋）黎靖德编：《朱子语类》卷七十二，《朱子全书》第16册，上海古籍出版社、安徽教育出版社2002年版，第2419页。
⑥ （宋）黎靖德编：《朱子语类》卷一百五，《朱子全书》第17册，上海古籍出版社、安徽教育出版社2002年版，第3445页。

此。亦要教人知得，看文字不可忽略。①

由此可见，朱熹不但不排斥训诂，反而对其颇为重视，将其视为解经的一项基础方法与必要工夫。为了强调这一点，朱熹甚至在自己的经学研究中有意突出了训诂方法的使用，以此为其他学者树立榜样。

朱熹之所以如此重视训诂考据，与其追求经典本义的思想密切相关。在他看来，圣人之道载于经典，须通经以明理，但由于经典制作的时代久远，其中的字词意思、名物制度多已发生改变，今人难以直接了解，训诂考据就成为通晓经典本义的必要前提与手段。因此，朱熹主张在治经中将义理阐发与训诂考据结合起来，使所发之义理建立在经典本义的基础上。故曰：

字画音韵是经中浅事，故先儒得其大者多不留意。然不知此等处不理会，却枉费了无限辞说牵补，而卒不得其本义，亦甚害事也。②

字求其训，句索其旨，未得乎前，则不敢求其后；未通乎此，则不敢志乎彼。如是循序而渐进焉，则意定理明，而无疏易凌躐之患矣。③

学者观书，先须读得正文，记得注解，成诵精熟。注中训释文意、事物、名义，发明经指，相穿纽处，一一认得，如自己做出来底一般，方能玩味反复，向上有透处。若不如此，只是虚设议论，如举业一般，非为己之学也。曾见有人说《诗》，问他《关雎》篇，于其训诂名物全未晓，便说："乐而不淫，哀而不伤。"某因说与他道："公而今说《诗》，只消这八字，更添'思无邪'三字，共成十一字，便是一部《毛诗》了。其他三百篇，皆成查滓矣。"④

① （宋）黎靖德编：《朱子语类》卷一百五，《朱子全书》第17册，上海古籍出版社、安徽教育出版社2002年版，第3446页。
② （宋）朱熹：《朱文公文集》卷五十《答杨元范》，《朱子全书》第22册，上海古籍出版社、安徽教育出版社2002年版，第2289页。
③ （宋）朱熹：《朱文公文集》卷七十四《读书之要》，《朱子全书》第24册，上海古籍出版社、安徽教育出版社2002年版，第3583页。
④ （宋）黎靖德编：《朱子语类》卷十一，《朱子全书》第14册，上海古籍出版社、安徽教育出版社2002年版，第349页。

　　在一般理学家眼中，训诂考释文字音韵乃是"经中浅事"，并不值得注意。而朱熹恰恰认为这样的"浅事"关系重大，不可忽略。若不首先理会训诂考据，那么花费再多的力气去推演发挥、牵合弥缝，也不可能真正得到经典的本义。在此，朱熹明确提出了先"字求其训，句索其旨"，而后"意定理明"的治经次序。若连经文的基本含义都尚未弄清，又谈何求道明理呢？即便是谈及义理，亦不过是流于空谈而已。例如，朱熹就曾批评张无垢的《中庸解》"文义犹不暇通，而遽欲语其精微，此其所以失之也"①。具体而言，朱熹要求学者先读经典正文，记得注解，成诵精熟，然后将注解中训释的文意、事物、名义，以及经文大旨、联结枢纽处都一一了解，再加以融会贯通，使其完全融入自己的思想中而无疑义，仿佛是自己做出来的一般，这样才能超越经典的字面意思，透悟其背后的圣人本意，才是真正的为己之学。他还举《诗经》为例，认为学者若于其中的训诂名物全然不晓，只是简单地重复"乐而不淫，哀而不伤"与"思无邪"等几句宗旨，虽完全符合传统的观点，但是毫无意义，不但不能完整、具体地理解圣人作《诗》之本意，而且对于自身的为学、修养全无益处。

　　当然，朱熹并未主张对于经典特别是五经中的所有内容都要进行逐字逐句的详细训诂考据，因为这样既不现实，也无必要，反而会导致烦琐解经或穿凿附会的弊病，以致遮蔽了经文的本义。但是，朱熹同时强调，对于经文中重要的字词章句与名物度数进行必要的训诂考据是十分有益的，不仅有助于正确理解经文的含义，而且将有力地促进学者对于义理的体会。因为根据朱熹的看法，只有充分掌握了经典中这些有关于自然事物、历史事件、政治制度、礼仪规范等方面的具体知识，并且经过不断的积累，才有可能最终达到对儒家内圣外王之道的完整把握。这一点显然已经超出了汉儒对于训诂考据的理解，既反映了朱熹的格致理论，也与其关于为学过程中"博""约"关系的思想观点相通。譬如他说：

---

　　①　（宋）朱熹：《朱文公文集》卷七十二《杂学辨》，《朱子全书》第 24 册，上海古籍出版社、安徽教育出版社 2002 年版，第 3483 页。

今却是悬虚说一个物事，不能得了，只要那一去贯，不要从贯去到那一，如不理会散钱，只管要去讨索来穿。如此，则《中庸》只消"天命之谓性"一句及"无声无臭至矣"一句便了。中间许多"达孝""达德""九经"之类皆是粗迹，都掉却，不能耐烦去理会了。如"礼仪三百，威仪三千"，只将一个道理都包了，更不用理会中间许多节目。今须是从头平心读那书，许多训诂名物度数一一去理会。如礼仪，须自一二三四数至于三百；威仪，须自一百二百三百数至三千。逐一理会过，都恁地通透始得。①

与此同时，朱熹认为义理对于训诂亦存在反作用，能否准确掌握义理直接关系到训诂考据工作的是非对错。他说：

> 凡读书，先须晓得他底言词了，然后看其说于理当否。当于理则是，背于理则非。②
>
> 熹窃谓生于今世而读古人之书，所以能别其真伪者，一则以其义理之所当否而知之，二则以其左验之异同而质之，未有舍此两途而能直以臆度悬断之者也。③

一般来说，学者在进行训诂考据时，头脑中多多少少已经对所研究的对象有一个整体上的、先在的理解与认识，这将影响到训诂考据的最终结果。而对于儒家经典来说，这种理解往往表现为所谓的"义理"。朱熹不但肯定了这一现象的合理性，而且进一步将义理之当否上升为经学中的一项基本原则与判断标准。这自然与其理学家的身份立场直接相关。按照朱熹的这种理解，义理与训诂二者便在经学研究中形成一种相辅相成、互为因果、互相促进的辩证关系。不过，需要指出的是，朱熹这里所说的"义

---

① （宋）黎靖德编：《朱子语类》卷一百一十七，《朱子全书》第18册，上海古籍出版社、安徽教育出版社2002年版，第3702页。
② （宋）黎靖德编：《朱子语类》卷十一，《朱子全书》第14册，上海古籍出版社、安徽教育出版社2002年版，第341页。
③ （宋）朱熹：《朱文公文集》卷三十八《答袁机仲》，《朱子全书》第21册，上海古籍出版社、安徽教育出版社2002年版，第1664页。

理"是指符合并来源于圣贤之道或天道的义理，而非一般的个人私见、私意。若以个人私意解经，则是朱熹所明确反对的。

这种注重义理与训诂相结合的治经原则亦被朱熹广泛运用于其对各部儒家经典的解释中。例如，对于《周易》，朱熹虽然明确指出其为卜筮之书的本义，但同时亦承认以义理释《易》有其合理性与历史根源。前者主要指《易》之图、象与卦爻辞，而后者则以《易传》的产生和发展为代表，最早可以追溯到孔子所作的"十翼"。对此，朱熹说道：

> 上古民淳，未有如今士人识理义峣崎，蠢然而已，事事都晓不得。圣人因做《易》教他占，吉则为，凶则否，所谓"通天下之志，定天下之业，断天下之疑"者即此也。及后来理义明，有事则便断以理义。①
>
> 《易》之为书，更历三圣，而制作不同。若庖羲氏之象，文王之辞，皆依卜筮以为教，而其法则异。至于孔子之赞，则又一以义理为教，而不专于卜筮也。是岂其故相反哉？俗之淳漓既异，故其所以为教为法者不得不异，而道则未尝不同也。②

由此可见，《周易》本身兼有卜筮与义理两义。《易》从以卜筮为教到以义理为教经过了一个历史演变过程，其教法的改变是以客观的时势与民众的需要为转移。在朱熹看来，自秦汉以后，"考象辞者，泥于术数，而不得其弘通简易之法；谈义理者，沦于空寂，而不适乎仁义中正之归"，唯一能"因时立教，以承三圣，不同于法而同于道者"，只有程颐的《易传》而已。③ 因此，朱熹虽对程氏《易传》脱离《易》之卜筮本义而谈义理的做法颇为不满，但若单纯出于义理解《易》的立场而论，则又称赞程氏《易传》"义理精，字数足，无一豪欠阙"，"只说道理处极好看"。④

---

① （宋）黎靖德编：《朱子语类》卷六十六，《朱子全书》第16册，上海古籍出版社、安徽教育出版社2002年版，第2180页。

② （宋）朱熹：《朱文公文集》卷八十一《书伊川先生易传板本后》，《朱子全书》第24册，上海古籍出版社、安徽教育出版社2002年版，第3842页。

③ 同上。

④ （宋）黎靖德编：《朱子语类》卷六十七，《朱子全书》第16册，上海古籍出版社、安徽教育出版社2002年版，第2217页。

朱熹进一步指出，以义理解《易》的合理性正是根源于它的卜筮本义，《易》的象数、卜筮背后潜藏着义理的因素。他说：

> 圣人作《易》之初，盖是仰观俯察，见得盈乎天地之间，无非一阴一阳之理。有是理则有是象，有是象则其数便自在这里，非特《河图》《洛书》为然。盖所谓数者，只是气之分限节度处，得阳必奇，得阴必偶，凡物皆然，而图书为特巧而著耳。于是圣人因之而画卦。其始也，只是画一奇以象阳，画一偶以象阴而已；但才有两，则使有四；才有四，则便有八；又从而再倍之，便是十六。盖自其无朕之中，而无穷之数已具，不待安排，而其势有不容已者。画卦既立，便有吉凶在里。盖是阴阳往来交错于其间，其时则有消长之不同，长者便为主，消者便为客；事则有当否之或异，当者便为善，否者便为恶。即其主客、善恶之辨，而吉凶见矣，故曰"八卦定吉凶"。①

圣人因观察天地自然之法象而画卦，而天地自然之法象则是阴阳之理的外在表现。故追根溯源，圣人乃是依据阴阳变化之理而画卦，卦成则数具，而吉凶亦因阴阳二气的消长、当否而定。换言之，《易》中显示的象数与吉凶皆以理为最终根据。因此，朱熹认同蔡元定"看《易》者须识理、象、数、辞，四者未尝相离"的观点，提出："有如是之理，便有如是之象；有如是之象，便有如是之数；有理与象数，便不能无辞。"② 反过来说，《易经》既成，阴阳之理即蕴含于《易》之象数与卦爻辞中，并通过象数与卦爻辞表现出来。后之学者治《易》，必须由《易》之象数与卦爻辞而得其义理。"今欲凡读一卦一爻，便如占筮所得，虚心以求其词义之所指，以为吉凶可否之决，然后考其象之所已然者，求其理之所以然者，然后推之于事，使上自王公，下至民庶，所以修身、治国皆有可

---

① （宋）黎靖德编：《朱子语类》卷六十七，《朱子全书》第 16 册，上海古籍出版社、安徽教育出版社 2002 年版，第 2211—2212 页。

② 同上书，第 2231 页。

用。"① "程先生说《易》得其理则象数在其中，固是如此。然溯流以观，却须先见象数的当下落，方说得理不走作，不然事无实证，则虚理易差也。"② 因此，朱熹本人在注解《周易》时，既注重以图书、象数解《易》，又积极通过对图书、象数与卜筮之辞的考释与诠释来发明义理，二者无所偏废。

对于《诗经》，朱熹不仅"章句以纲之，训诂以纪之，讽咏以昌之"③，着力训诂考释其中的名物度数、文字音韵，而且注重在明《诗》之本义的基础上以义理解《诗》，"在讽诵中见义理"④。譬如，朱熹从阐发义理的需要出发，将《周南》《召南》视为《诗》学之本，提出：

> 凡《诗》之所谓《风》者，多出于里巷歌谣之作，所谓男女相与咏歌，各言其情者也。惟《周南》《召南》亲被文王之化以成德，而人皆有以得其性情之正，故其发于言者，乐而不过于淫，哀而不及于伤，是以二篇独为风诗之正经。⑤

> 武王崩，子成王诵立。周公相之，制作礼乐，乃采文王之世风化所及民俗之诗，被之筦弦，以为房中之乐，而又推之以及于乡党邦国，所以著明先王风俗之盛，而使天下后世之修身、齐家、治国、平天下者，皆得以取法焉。盖其得之国中者，杂以南国之诗，而谓之《周南》。言自天子之国而被于诸侯，不但国中而已也。其得之南国者，则直谓之《召南》。⑥

根据朱熹的理解，《周南》诗十一篇，前五篇皆言后妃之德，"其词虽

---

① （宋）朱熹：《朱文公文集》卷三十三《答吕伯恭》，《朱子全书》第21册，上海古籍出版社、安徽教育出版社2002年版，第1465页。

② （宋）朱熹：《朱文公文集》卷五十六《答郑子上》，《朱子全书》第23册，上海古籍出版社、安徽教育出版社2002年版，第2676页。

③ （宋）朱熹：《诗集传·序》，中华书局1958年版，第2页。

④ （宋）黎靖德编：《朱子语类》卷一百四，《朱子全书》第17册，上海古籍出版社、安徽教育出版社2002年版，第3429页。

⑤ （宋）朱熹：《诗集传·序》，中华书局1958年版，第2页。

⑥ （宋）朱熹：《诗集传》卷一《周南》，中华书局1958年版，第1页。

主于后妃，然其实则皆所以著明文王身修家齐之效也"，《桃夭》《兔罝》《芣苢》言家齐而国治之效，《汉广》《汝坟》见天下已有可平之渐，《麟之趾》则为王者之瑞。① 《召南》诗十四篇，《鹊巢》至《采𬞟》四篇"言夫人大夫妻，以见当时国君大夫被文王之化，而能修身以正其家"，《甘棠》以下诸篇"见由方伯能布文王之化，而国君能修之家以及其国也。其词虽无及于文王者，然文王明德新民之功，至是而其所施者溥矣"。② 据此，朱熹认为"二南"虽是周公采自民间的风俗之诗，却体现了文王之世的风化，从中可见国君修身、齐家、治国、平天下之效与文王明德新民之功，足为天下后世所取法。且"二南"之诗被文王之风化以成德，其人皆能得性情之正，故其中虽亦包含男女情爱的内容，却能做到乐而不淫，哀而不伤。"学者姑即其词而玩其理以养心焉，则亦可以得学《诗》之本矣。"③与此相对，朱熹又根据道德礼义的标准，将《郑风》《邶风》《鄘风》《卫风》中的二十余篇诗视为"淫奔之诗"，并对其中不符合礼义要求的男女情爱进行严厉批判。由此可见，朱熹将义理思想引入《诗经》解释中，在承认《诗经》多为诗人感物道情、吟咏情性而作的基础上，以理学义理对其进行申说、总结与评价，以此建立起一套义理解《诗》的诠释体系。

对于礼书，朱熹主张将以记事为主的《仪礼》与言理为主的《礼记》结合起来进行考察，在训诂考据古代的仪法度数的同时，阐发其中所蕴含的义理。朱熹认为，"礼者，天理之节文，人事之仪则"④，"礼即理也，但谓之理，则疑若未有形迹之可言；制而为礼，则有品节文章之可见矣。人事如五者，固皆可见其大概之所宜，然到礼上方见其威仪法则之详也"⑤。礼的本质是理，礼仪是天理的外在表现，因而发明、阐释礼仪背后作为根据的义理有利于人们更好地理解、遵循礼的规范。反过来说，理又需要通

---

① （宋）朱熹：《诗集传》卷一《周南》，中华书局 1958 年版，第 8 页。

② 同上书，第 14 页。

③ 同上书，第 2 页。

④ （宋）黎靖德编：《朱子语类》卷六，《朱子全书》第 14 册，上海古籍出版社、安徽教育出版社 2002 年版，第 239 页。

⑤ （宋）朱熹：《朱文公文集》卷六十《答曾择之》，《朱子全书》第 23 册，上海古籍出版社、安徽教育出版社 2002 年版，第 2893 页。

过具体的礼仪表现出来，若无礼，则"许多理皆无安着处"①；若能于行事中处处合乎礼的要求，"便是合天理之自然"②。因此，朱熹也很强调对于古礼的注解、考释，反对离事言理。他说："古人所以讲明其义者，盖缘其仪皆在，其具并存，耳闻目见，无非是礼，所谓'三千三百'者，较然可知，故于此论说其义，皆有据依。若是如今古礼散失，百无一二存者，如何悬空于上面说义！是说得甚么义？须是且将散失诸礼错综参考，令节文度数一一着实，方可推明其义。若错综得实，其义亦不待说而自明矣。"③

对于《尚书》，朱熹除了对其中"须着意解"与"略须解"的内容进行训诂考释，并辨《孔传》《孔序》《书序》为伪外，还提出了于二帝三王的言行事迹中"求圣人之心"的观点。朱熹认为，"世变难看。唐、虞、三代事浩大阔远，何处测度？不若求圣人之心。如尧则考其所以治民，舜则考其所以事君。且如《汤誓》，汤曰：'予畏上帝，不敢不正。'熟读岂不见汤之心？"④ 因此，朱熹推重《尚书》中的"二典三谟"，认为这些篇章"义理明白，句句是实理"⑤。他还特别从《大禹谟》中提出"人心惟危，道心惟微，惟精惟一，允执厥中"十六字作为儒家的圣人传心之要与"尧、舜、禹、汤、文、武相传治天下之大法"⑥，并将其与《论语》《中庸》等书中的有关思想相结合，以此阐发、建构理学的道心人心论、执中论与道统论。

由上可知，五经的本义虽不是为直接阐发义理而作，但由于圣人的言行、举措与创制本身即是天理的体现，是后世学者学习、效法的重要内容，所以朱熹在疏通、考释经文本义的基础上，同时注重发掘、阐释其中

---

① （宋）黎靖德编：《朱子语类》卷八十七，《朱子全书》第 17 册，上海古籍出版社、安徽教育出版社 2002 年版，第 2940 页。

② （宋）黎靖德编：《朱子语类》卷八十四，《朱子全书》第 17 册，上海古籍出版社、安徽教育出版社 2002 年版，第 2885 页。

③ 同上书，第 2877 页。

④ （宋）黎靖德编：《朱子语类》卷七十八，《朱子全书》第 16 册，上海古籍出版社、安徽教育出版社 2002 年版，第 2632 页。

⑤ 同上书，第 2631 页。

⑥ 同上书，第 2672 页。

蕴含的深刻义理。而对于原意就是为了阐发义理而作的四书来说，朱熹亦选择以训诂、章句为基本手段，通过注解经文的方式来发挥义理，论证已说。譬如他说：

> 某解《语》《孟》，训诂皆存。学者观书，不可只看紧要处，闲慢处要都周匝。①
>
> 某所集注《论语》，至于训诂皆子细者，盖要人字字与某着意看，字字思索到，莫要只作等闲看过了。②

其述《论语训蒙口义》之作亦曰：

> 本之注释，以通其训诂；参之《释文》，以正其音读。然后会之于诸老先生之说，以发其精微。一句之义，系之本句之下；一章之指，列之本章之左。又以平生所闻于师友而得于心思者，间附见一二条焉。本末精粗，大小详略，无或敢偏废也。……夫其训释之详且明也，日讲焉则无不通矣；义理之精而约也，日诵焉则无不识矣。③

又述《中庸章句》之作云：

> 熹尝伏读其书，而妄以己意分其章句如此。窃惟是书，子程子以为孔门传授心法，且谓善读者得之，终身用之有不能尽，是岂可以章句求哉？然又闻之，学者之于经，未有不得于辞而能通其意者。是以敢私识之，以待诵习而玩心焉。④

由此可见，朱熹对于宋儒离经言理的弊病有着深刻的自觉和警惕，并

---

① （宋）黎靖德编：《朱子语类》卷十一，《朱子全书》第 14 册，上海古籍出版社、安徽教育出版社 2002 年版，第 340 页。

② 同上书，第 349 页。

③ （宋）朱熹：《朱文公文集》卷七十五《论语训蒙口义序》，《朱子全书》第 24 册，上海古籍出版社、安徽教育出版社 2002 年版，第 3614—3615 页。

④ （宋）朱熹：《朱文公文集》卷八十一《书中庸后》，《朱子全书》第 24 册，上海古籍出版社、安徽教育出版社 2002 年版，第 3831 页。

且对汉儒训诂、章句、注疏等治经方法的作用有着充分的认识。即便是像《中庸》这样的"孔门传授心法",也不能仅凭心悟,而需要由辞以通其意。这一点既与清代汉学家所提倡的"由字以通其词,由词以通其道"的治经思想相通,也是朱熹经学区别于其他宋学家的显著特征。所以他说:"程先生《经解》,理在解语内。某集注《论语》,只是发明其辞,使人玩味经文,理皆在经文内。"① 通过这种方式,朱熹将北宋以来理学发展的思想成果尽量吸纳整理、融会贯通后,自然地灌注于儒学原典中,从而寓创新于传统之中,使得程朱之学与孔孟之道紧密联结、相互融合,而无偏离、断裂之虞。

尽管如此,朱熹治经毕竟以发明圣人之道为根本目的,因而在训诂的过程中不免出现为了阐发理学义理而超出经文原义的情况。譬如,朱熹释《论语·八佾》"获罪于天,无所祷也"为"天,即理也,其尊无对,非奥、灶之可比也。逆理,则获罪于天矣,岂媚于奥、灶所能祷而免乎";② 释《中庸》"天命之谓性"为"命,犹令也。性,即理也。天以阴阳五行化生万物,气以成形,而理亦赋焉,犹命令也。于是人物之生,因各得其所赋之理,以为健顺五常之德,所谓性也";③ 释《诗经·大雅·文王》"宜鉴于殷,骏命不易"为"命,天理也。……言欲念尔祖,在于自修其德,而又常自省察,使其所行无不合于天理,则盛大之福,自我致之,有不外求而得矣";④ 释《诗经·周颂·维天之命》"维天之命,于穆不已。于乎不显,文王之德之纯"为"天命,即天道也。……言天道无穷,而文王之德纯一不杂,与天无间,以赞文王之德之盛也";⑤ 释《论语·先进》"吾与点也"则曰:"曾点之学,盖有以见夫人欲尽处,天理流行,随处充

---

① (宋)黎靖德编:《朱子语类》卷十九,《朱子全书》第 14 册,上海古籍出版社、安徽教育出版社 2002 年版,第 656 页。

② (宋)朱熹:《四书章句集注·论语集注》卷二《八佾第三》,《朱子全书》第 6 册,上海古籍出版社、安徽教育出版社 2002 年版,第 88 页。

③ (宋)朱熹:《四书章句集注·中庸章句》,《朱子全书》第 6 册,上海古籍出版社、安徽教育出版社 2002 年版,第 32 页。

④ (宋)朱熹:《诗集传》卷十六《文王》,中华书局 1958 年版,第 176 页。

⑤ (宋)朱熹:《诗集传》卷十九《周颂》,中华书局 1958 年版,第 223—224 页。

满，无少欠缺。故其动静之际，从容如此。而其言志，则又不过即其所居之位，乐其日用之常，初无舍己为人之意。而其胸次悠然，直与天地万物上下同流，各得其所之妙，隐然见于言外。视三子规规于事为之末者，气象不侔矣，故夫子叹息而深许之。"① 这些显然都是朱熹基于理学家的立场，为了阐述、论证理学的理气论、心性论、工夫论而做出的创造性诠释。

同时，朱熹虽然十分强调对于经典原文的尊重，反对增字解经，但他有时亦会在缺乏由经学考据得出的有力证据的条件下，仅出于义理上的理由与需要，即对经典文本进行修订、增补与删改。譬如，朱熹以"三纲""八目"为纲领，将《大学》分别经传，移易章节次序，甚至另作134字的内容弥补所谓的"格物致知传"阙文，以此论述自己"即物穷理"的格物致知思想。类似地，朱熹还以义理为依据，将《孝经》分别经传，调整传文次序，并删去了他认为文不通贯、有悖义理的220字内容。

特别是当训诂考据与阐发义理发生矛盾冲突时，朱熹最终仍选择以阐发义理为重，使训诂服从于义理的需要。譬如，朱熹既已怀疑《古文尚书》为伪，指出其与伏生所传《今文尚书》比较，"今文多艰涩，而古文反平易。……暗诵者不应偏得所难，而考文者反专得其所易"②，且《古文尚书》"至东晋方出，前此诸儒皆不曾见，可疑之甚"③，但出于维护、阐发《大禹谟》中"十六字心传"等理学义理依据的需要，朱熹又以"《书》有两体"之说对今文难、古文易的不合理现象曲为解释：

> 只疑伏生偏记得难底，却不记得易底。然有一说可论难易。古人文字，有一般如今人书简说话，杂以方言，一时记录者；有一般是做出告戒之命者。疑《盘》《诰》之类是一时告语百姓，盘庚劝谕百姓

① （宋）朱熹：《四书章句集注·论语集注》卷六《先进第十一》，《朱子全书》第6册，上海古籍出版社、安徽教育出版社2002年版，第165—166页。
② （宋）朱熹：《朱文公文集》卷八十二《书临漳所刊四经后》，《朱子全书》第24册，上海古籍出版社、安徽教育出版社2002年版，第3888页。
③ （宋）黎靖德编：《朱子语类》卷七十八，《朱子全书》第16册，上海古籍出版社、安徽教育出版社2002年版，第2635页。

迁都之类，是出于记录。至于《蔡仲之命》《微子之命》《冏命》之属，或出当时做成底诏告文字，如后世朝廷词臣所为者。①

《书》有两体，有极分晓者，有极难晓者。某恐如《盘庚》《周诰》《多方》《多士》之类，是当时召之来而面命之，面教告之，自是当时一类说话；至于《旅獒》《毕命》《微子之命》《君陈》《君牙》《冏命》之属，则是当时修其词命。所以当时百姓都晓得者，有今时老师宿儒之所不晓；今人之所不晓者，未必不当时之人却识其词义也。②

朱熹提出，《尚书》之文包含了两类不同的体裁，这是造成今古文难易不同的主要原因。《今文尚书》中的《盘庚》《周诰》《多方》《多士》等一类篇章是由古代的口语记录而成，夹杂方言，用于告谕百姓，故当时百姓晓得，而今人难晓；《古文尚书》中的《旅獒》《蔡仲之命》《微子之命》《冏命》等一类篇章则是当时的诏告文字，出于文臣之手，经过修饰润色，故流传后世仍可通晓。事实上，朱熹的这种解释只是出于推测，并无可靠的证据支持。即便其推测属实，也不过证明《尚书》中确实存在难易不同的两种文体而已，其实并未回答他所提出的何以"伏生偏记得难底，却不记得易底"这一问题。但是，从朱熹的这一做法却可以看出，他并不希望完全推翻《古文尚书》的经典地位，而是主张对其难晓处采取阙疑的处理办法，着重阐发经文中蕴含的义理，以求圣人之心。因此，当其弟子问及"壁中之书，不及伏生书否"时，朱熹回答："如《大禹谟》又却明白条畅。虽然如此，其间大体义理固可推索，但于不可晓处阙之，而意义深远处自当推究玩索之也。"③

总的来说，朱熹所提倡建立的是一种以四书为核心，以训诂考据为基础，以阐发义理为主要内容，以明圣人之道为根本目的的新经学范式。这

---

① （宋）黎靖德编：《朱子语类》卷七十八，《朱子全书》第 16 册，上海古籍出版社、安徽教育出版社 2002 年版，第 2626—2627 页。
② 同上书，第 2628—2629 页。
③ 同上书，第 2627 页。

一范式的建立，是在宋代理学蓬勃发展的思想背景下，吸收、融摄了汉宋经学的有益因素与合理方法，并以理学的基本立场为主导加以整合、重构而形成的，既避免了宋学空谈义理、离经言道的流弊，又扬弃了汉学只重训诂注疏的偏颇，从而表现出兼采汉宋，而又超越汉宋的鲜明特征。可以说，朱熹的这一经学范式是经学与理学相结合的产物，达到了当时经学研究的最高水平，对于后世经学在不同方向上的发展演变都产生了极为深远的影响。如清代经学家皮锡瑞就将朱熹经学视为清代经学复兴的远因，提出："朱子能遵古义，故从朱学者，如黄震、许谦、金履祥、王应麟诸儒，皆有根底。王应麟辑《三家诗》与郑《易注》，开国朝辑古佚书之派。王、顾、黄三大儒，皆尝潜心朱学，而加以扩充，开国初汉、宋兼采之派。"[1]同时，朱熹以注解经典的方式对传统的儒学典籍进行重新诠释，充分发掘其中的宇宙生成论、本体论、心性论、认识论、工夫论等方面的思想资料，使得儒学思想进一步哲理化、系统化，为儒学的发展注入了新的活力，开辟了新的局面，奠定了宋明理学作为一种新的儒学研究范式的坚实基础。

三　朱熹的经学解释方法

（一）虚心切己

在朱熹阅读、注解经书的长期实践中，虚心探求经典本义是其最为重视、反复强调的一项基本经学方法。譬如他说：

> 读书别无法，只管看，便是法。正如呆人相似，捱来捱去。自家都未要先立意见，且虚心只管看。看来看去，自然晓得。[2]

> 如解说圣经，一向都不有自家身己，全然虚心，只把他道理自看其是非。怎地看文字，犹更自有牵于旧习，失点检处。全然把一己私

---

① （清）皮锡瑞：《经学历史》，中华书局 2004 年版，第 217 页。

② （宋）黎靖德编：《朱子语类》卷十九，《朱子全书》第 14 册，上海古籍出版社、安徽教育出版社 2002 年版，第 655 页。

意去看圣贤之书，如何看得出。①

　　读书须是虚心方得。他圣人说一字是一字，自家只平着心去秤停他，都不使得一豪杜撰，只顺他去。某向时也杜撰说得，终不济事。②

　　读书且要虚心平气，随他文义体当，不可先立己意、作势硬说，只成杜撰，不见圣贤本意也。③

　　大抵愚意常患近世学者道理太多，不能虚心退步、徐观圣贤之言以求其意，而直以己意强置其中，所以不免穿凿破碎之弊，使圣贤之言不得自在而常为吾说之所使，以至劫持缚束而左右之，甚或伤其形体而不恤也。如此，则自我作经可矣，何必曲躬俯首而读古人之书哉？④

　　在朱熹看来，宋儒治经多有两种弊病，"一是主私意，一是旧有先入之说，虽欲摆脱，亦被他自来相寻"⑤。因此，读经、解经必须首先保持客观的态度，尽量摒除各种先入之见，虚心平气体会圣贤言语，而不应妄以己意立说，将自己的意见掺入圣贤本意中。朱熹指出，"圣人言语，皆天理自然，本坦易明白在那里"⑥，故只需"虚心平气，本文之下打叠，交空荡荡地，不要留一字先儒旧说，莫问他是何人所说，所尊所亲、所憎所恶，一切莫问，而唯本文本意是求，则圣贤之指得矣"⑦。若是一味以己意私见解经，则将陷于杜撰与穿凿，不但丧失了治经的意义，而且扭曲、掩盖了经典本义，使得后世学者亦无由窥见圣贤之道。

　　朱熹认为，要想克服私意与先入之见的束缚，直求经典本义，除了虚心

---

　　① （宋）黎靖德编：《朱子语类》卷十一，《朱子全书》第 14 册，上海古籍出版社、安徽教育出版社 2002 年版，第 336 页。

　　② （宋）黎靖德编：《朱子语类》卷一百四，《朱子全书》第 17 册，上海古籍出版社、安徽教育出版社 2002 年版，第 3440 页。

　　③ （宋）朱熹：《朱文公文集》卷五十三《答刘季章》，《朱子全书》第 22 册，上海古籍出版社、安徽教育出版社 2002 年版，第 2494 页。

　　④ （宋）朱熹：《朱文公文集》卷五十六《答赵子钦》，《朱子全书》第 23 册，上海古籍出版社、安徽教育出版社 2002 年版，第 2645—2646 页。

　　⑤ （宋）黎靖德编：《朱子语类》卷十一，《朱子全书》第 14 册，上海古籍出版社、安徽教育出版社 2002 年版，第 343 页。

　　⑥ 同上书，第 335 页。

　　⑦ （宋）朱熹：《朱文公文集》卷四十八《答吕子约》，《朱子全书》第 22 册，上海古籍出版社、安徽教育出版社 2002 年版，第 2213 页。

之外，还须做到存心、专心、定心、静心、宽心，不可急迫以求之。他说：

> 人心不在躯壳里，如何读得圣人之书。只是杜撰凿空说，元与他不相似。①

> 读书须将心贴在书册上，逐句逐字，各有着落，方始好商量。大凡学者须是收拾此心，令专静纯一，日用动静间都无驰走散乱，方始看得文字精审。②

> 今人看文字，多是以昏急去看，所以不子细。故学者且于静处收拾教意思在里，然后虚心去看，则其义理未有不明者也。③

> 学者读书，多缘心不在，故不见道理。圣贤言语本自分晓，只略略加意，自见得。若是专心，岂有不见。④

> 心不定，故见理不得。今且要读书，须先定其心，使之如止水，如明镜。暗镜如何照物。⑤

> 学者观书多走作者，亦恐是根本上功夫未齐整，只是以纷扰杂乱心去看，不曾以湛然凝定心去看。不若先涵养本原，且将已熟底义理玩味，待其浃洽，然后去看书，便自知。⑥

> 观书，须静着心，宽着意思，沉潜反复，将久自会晓得去。⑦

由此可见，存心、专心、定心、静心、宽心之间紧密联系，互相转化，是同一种心理状态在不同方面的具体表现，共同构成了虚心探求经典本义的前提与基础。"而今却说要虚心，心如何解虚得。而今正要将心在那上面。"⑧ 若能做到宽心、虚心，便可避免执着于私意与己见，不急迫强

---

① （宋）黎靖德编：《朱子语类》卷十一，《朱子全书》第 14 册，上海古籍出版社、安徽教育出版社 2002 年版，第 332 页。
② 同上。
③ 同上。
④ 同上。
⑤ 同上书，第 333 页。
⑥ 同上。
⑦ 同上书，第 337 页。
⑧ 同上书，第 333 页。

求圣贤之意。对此，朱熹又提出"退步看"的方法，指出"凡看圣贤言语，不要迫得太紧"，"看文字，须是退步看，方可见得。若一向近前迫看，反为所遮蔽，转不见矣"，"学者观书，病在只要向前，不肯退步看。愈向前，愈看得不分晓。不若退步，却看得审"，① 即通过适当拉开解释者与经典文本之间距离的方式，使圣贤之意能够自然从容显现。因此可以说，朱熹所理解的治经不仅是一项客观的知识性活动，而且与主观的心理状态和心性涵养密切相关，受到治经者的心态、心境与心性修养工夫的极大制约与影响。学者只有先涵养本原，使心常在而不放逸，保持平和静宁的心态，将心思完全集中于体会圣贤言语上，才能使心的认识能力得以完全发挥，从而保证经学研究顺利进行，并达到预期的效果。

但是，根据朱熹的经学观，仅仅了解纸面上的经典文义仍然有所未备，并非经学研究的最终目的，治经的目的在于学为圣贤，使自己的言行思虑合乎"道"与"理"的要求。因此，朱熹进一步指出，学者在虚心探求经典本义的同时，还须切己体验圣贤之道，在人与书之间建立起真实的联系，使经典在儒者身上重获生命。他说：

> 读书须是虚心切己。虚心，方能得圣贤意；切己，则圣贤之言不为虚说。②
>
> 虚心切己。虚心则见道理明；切己，自然体认得出。③
>
> 学者当以圣贤之言反求诸身，一一体察。须是晓然无疑，积日既久，当自有见。④
>
> 读书，不可只专就纸上求理义，须反来就自家身上推究。秦、汉以后无人说到此，亦只是一向去书册上求，不就自家身上理会。自家

---

① （宋）黎靖德编：《朱子语类》卷十一，《朱子全书》第 14 册，上海古籍出版社、安徽教育出版社 2002 年版，第 342 页。

② 同上书，第 335 页。

③ 同上。

④ 同上书，第 337 页。

见未到，圣人先说在那里。自家只借他言语来就身上推究，始得。①

今人读书，多不就切己上体察，但于纸上看，文义上说得去便了。如此，济得甚事。……古人亦须读书始得。但古人读书，将以求道。不然，读作何用？今人不去这上理会道理，皆以涉猎该博为能，所以有道学、俗学之别。……文字浩瀚，难看，亦难记。将已晓得底体在身上，却是自家易晓易做底事。解经已是不得已，若只就注解上说，将来何济。②

先看《大学》，次《语》《孟》，次《中庸》。果然下工夫，句句字字，涵泳切己，看得透彻，一生受用不尽。只怕人不下工，虽多读古人书，无益。书只是明得道理，却要人做出书中所说圣贤工夫来。③

在朱熹看来，"切己体验"主要包含两方面的意义。一方面，圣贤所说的言语与道理原不在吾心之外，乃先得吾心之同然者，因而将经典与自身实际结合起来，切己体验圣贤之言，就自家身上推究，有助于更有效地发现、领会圣贤之道。另一方面，圣贤之道不为空说，而须反求诸身，见诸行事。"近世儒者不将圣贤言语为切己可行之事，必于上面求新奇可喜之论，屈曲缠绕，诡秘变怪，不知圣贤之心本不如此。既以自欺，又转相授受，复以欺人。"④ 因此，朱熹主张学者应在认识经典文义的基础上，将圣贤言语体之于身，体认省察其中的义理，使得自家精神与圣贤之心融为一体，并将其贯穿到日常的实践活动中。只有这样，圣贤之言方不为虚说，经学才能成其为为己之学。可以说，朱熹通过虚心切己的经学方法，将主观与客观、主体与客体两方面结合起来，使经学研究完成了由"外"向"内"、由"博"入"约"的转化过程，亦为经学与理学的沟通提供了

---

① （宋）黎靖德编：《朱子语类》卷十一，《朱子全书》第14册，上海古籍出版社、安徽教育出版社2002年版，第337页。

② 同上。

③ （宋）黎靖德编：《朱子语类》卷十四，《朱子全书》第14册，上海古籍出版社、安徽教育出版社2002年版，第420页。

④ （宋）黎靖德编：《朱子语类》卷一百一十四，《朱子全书》第18册，上海古籍出版社、安徽教育出版社2002年版，第3611—3612页。

一种切实可行的路径。

（二）以意逆志

"以意逆志"一词出自《孟子·万章上》，原是孟子提出的理解《诗经》的一项基本方法。孟子曰："说《诗》者，不以文害辞，不以辞害志。以意逆志，是为得之。"对此，朱熹的解释是"文，字也。辞，语也。逆，迎也。……言说《诗》之法，不可以一字而害一句之义，不可以一句而害设辞之志，当以己意迎取作者之志，乃可得之"①。简言之，"以意逆志"就是"以己意迎取作者之志"。朱熹不仅肯定了孟子"以意逆志"的解《诗》方法，而且对其加以论述和发挥，使其成为一项经学解释的普遍方法。他说：

> 今人观书，先自立了意后方观，尽率古人语言入做自家意思中来。如此，只是推广得自家意思，如何见得古人意思。须得退步者，不要自作意思，只虚此心将古人语言放前面，看他意思倒杀向何处去。如此玩心，方可得古人意，有长进处。且如孟子说《诗》，要"以意逆志，是为得之"。逆者，等待之谓也。如前途等待一人，未来时且须耐心等待，将来自有来时候。他未来，其心急切，又要进前寻求，却不是"以意逆志"，是以意捉志也。如此，只是牵率古人言语，入做自家意中来，终无进益。②

> 自孔、孟灭后，诸儒不子细读得圣人之书，晓得圣人之旨，只是自说他一副当道理。说得却也好看，只是非圣人之意，硬将圣人经旨说从他道理上来。孟子说"以意逆志"者，以自家之意逆圣人之志。如人去路头迎接那人相似，或今日接着不定，明日接着不定，或那人来也不定，不来也不定，或更迟数日来也不定，如此方谓之"以意逆志"。今人读书，却不去等候迎接那人，只认硬赶捉那人来，更不由

---

① （宋）朱熹：《四书章句集注·孟子集注》卷九《万章章句上》，《朱子全书》第 6 册，上海古籍出版社、安徽教育出版社 2002 年版，第 373 页。

② （宋）黎靖德编：《朱子语类》卷十一，《朱子全书》第 14 册，上海古籍出版社、安徽教育出版社 2002 年版，第 336 页。

他情愿，又教它莫要做声，待我与你说道理。圣贤已死，它看你如何说，他又不会出来与你争，只是非圣贤之意。[1]

在此，朱熹将"以意逆志"比喻为迎接、等待来人，须耐心等待其人自来，不可急迫以求，更不能上前将其硬捉来。同样，读经、解经也须观察圣贤言语说向何处，然后"只是顺圣贤语意，看其血脉通贯处为之解释"[2]，耐心以待圣贤之意自显，而不能穿凿附会，强经以从己。若要做到"以意逆志"，又必须首先排除个人私意与先入之见，虚心退步以观圣贤言语。由此可见，"以意逆志"是与虚心探求经典本义密切关联的一种经学方法，是虚心探求经典本义的进一步实现。

（三）随文解义

"随文解义"主要是指将个别的字、词、句放置在文本的整体语境中进行理解，通过对上下文乃至整篇经文的意旨进行分析、考察来确定具体的字义、词义或句意。朱熹认为，经典文本具有很强的整体性与逻辑性，有一个内在的条理脉络贯穿其中，所谓"圣贤言语自有个血脉贯在里"[3]，"圣人言语皆枝枝相对，叶叶相当，不知怎生排得恁地齐整"[4]，因而必须使用随文解义的方式对其进行解读，才能更为准确地把握经典本义。如《朱子语类》载：

> 经旨要子细看上下文义。[5]

---

① （宋）黎靖德编：《朱子语类》卷一百三十七，《朱子全书》第18册，上海古籍出版社、安徽教育出版社2002年版，第4240—4241页。

② （宋）黎靖德编：《朱子语类》卷五十二，《朱子全书》第15册，上海古籍出版社、安徽教育出版社2002年版，第1717页。

③ （宋）黎靖德编：《朱子语类》卷七十八，《朱子全书》第16册，上海古籍出版社、安徽教育出版社2002年版，第2661页。

④ （宋）黎靖德编：《朱子语类》卷十，《朱子全书》第14册，上海古籍出版社、安徽教育出版社2002年版，第325页。

⑤ （宋）黎靖德编：《朱子语类》卷十一，《朱子全书》第14册，上海古籍出版社、安徽教育出版社2002年版，第347页。

凡读书，须看上下文意是如何，不可泥着一字。①

问："一般字，却有浅深轻重，如何看？"曰："当看上下文。"②

《答项平父》亦云：

> 大抵既为圣贤之学，须读圣贤之书；既读圣贤之书，须看得他所说本文上下意义，字字融释，无窒碍处，方是会得圣贤立言指趣，识得如今为学功夫，固非可以悬空白撰而得之也。③

具体来看，譬如关于《论语·卫灵公》中"君子固穷"的解释，弟子问道："'固穷'有二义，不知孰长？"朱熹回答：

> 固守其穷，古人多如此说。但以上文观之，则恐圣人一时答问之辞，未遽及此。盖子路方问："君子亦有穷乎？"圣人答之曰："君子固是有穷时，但不如小人穷则滥尔。"以"固"字答上面"有"字，文势乃相应。④

在此，朱熹认为，根据上文的文势判断，孔子所说的"君子固穷"应是"君子固是有穷时"的意思。

关于《孟子·公孙丑上》中"其为气也，至大至刚，以直养而无害，则塞于天地之间"的理解，弟子请教何以"程子以'直'字为句，先生以'以直'字属下句"？朱熹答道：

> 文势当如此说。若以"直"字为句，当言"至大至刚至直"。又此章前后相应，皆是此意。先言"自反而缩"，后言"配义与道"。所

---

① （宋）黎靖德编：《朱子语类》卷十一，《朱子全书》第14册，上海古籍出版社、安徽教育出版社2002年版，第350—351页。

② 同上书，第351页。

③ （宋）朱熹：《朱文公文集》卷五十四《答项平父》，《朱子全书》第23册，上海古籍出版社、安徽教育出版社2002年版，第2544页。

④ （宋）黎靖德编：《朱子语类》卷四十五，《朱子全书》第15册，上海古籍出版社、安徽教育出版社2002年版，第1584页。

谓"以直养而无害",乃"自反而缩"之意。①

又说:

> 自上下文推之,故知"以直"字属下句,不是言气体,正是说用
> 工处。若只作"养而无害",却似秃笔写字,其话没头。观此语脉,
> 自前章"缩、不缩"来,下章又云"是集义所生",义亦是直意。②

在此,朱熹认为,从文势上看,"以直"的"以"字与上文"至大至刚"的"至"字不相类,却可与下文"养而无害"相连通,而从语脉上看,"直"字与前章的"自反而缩"、后章的"配义与道""集义所生"相呼应,乃言工夫而非气体,故"以直"二字应属下句。

《中庸》曰:"君子中庸,小人反中庸。君子之中庸也,君子而时中;小人之中庸也,小人而无忌惮也。"王肃本作"小人之反中庸也",程子亦从之。然学者多解"小人之中庸"为小人实反中庸而不自知其为非,乃敢自居中庸而不疑,故谓王肃、程子增字解经。对此,朱熹认为:

> 若论一章之语脉,则上文方言君子中庸而小人反之,其下且当平
> 解两句之义以尽其意,不应偏解上句而不解下句,又遽别生他说也。
> 故疑王肃所传之本为得其正,而未必肃之所增,程子从之,亦不为无
> 所据而臆决也。③

在他看来,根据上文语脉,后两句应是分别解释"君子中庸,小人反中庸"一句之义,故"小人之中庸"当作"小人之反中庸"。

关于《孟子·告子下》中"予不屑之教诲也者"的解释,朱熹说道:

---

① (宋)黎靖德编:《朱子语类》卷五十二,《朱子全书》第 15 册,上海古籍出版社、安徽教育出版社 2002 年版,第 1717 页。

② 同上书,第 1718 页。

③ (宋)朱熹:《四书或问·中庸或问》,《朱子全书》第 6 册,上海古籍出版社、安徽教育出版社 2002 年版,第 565 页。

考孟子"不屑就"与"不屑不洁"之言，"屑"字皆当作"洁"字解。所谓"不屑之教诲"者，当谓不以其人为洁而教诲之。（如"坐而言，不应，隐几而卧"之类。）大抵解经不可便乱说，当观前后字义也。①

在他看来，根据前后文字义，"不屑之教诲"的"屑"字应与"不屑就""不屑不洁"的"屑"字一样解释为"洁"，故"不屑之教诲"就是"不以其人为洁而教诲之"的意思。

《大学》曰："人之其所亲爱而辟焉，之其所贱恶而辟焉，之其所畏敬而辟焉，之其所哀矜而辟焉，之其所敖惰而辟焉。"旧注多将"辟"字读作"譬"字，朱熹认为如此恐于上下文意思不属。他说：

"辟"字只合读作"僻"字，盖此言常人于其好恶之私常有所偏而失其正，故无以察乎好恶之公；而施于家者又溺于情爱之间，亦所以多失其道理而不能整齐也。如此读之，文理极顺，又与上章文势正相似。且此篇惟有此五"辟"字，卒章有"辟则为天下僇"，"辟"字亦读为"僻"，足以相明。②

在朱熹看来，若将"辟"字读作"僻"，解作"有所偏而失其正"，既可与上文"身有所忿懥，则不得其正；有所恐惧，则不得其正；有所好乐，则不得其正；有所忧患，则不得其正"的文势相应，又可与下文"此谓身不修不可以齐其家"的文意相属，还与下文"辟则为天下僇"的"辟"字用法相同，故"辟"字应读作"僻"。

由此可见，朱熹所倡导的"随文解义"的解释方法主要包含三方面内容。一是根据上下文的文势，即贯穿于经典文本中的特定的行文思路、篇章结构、语言语法习惯等进行解释；二是根据上下文的整体文意与篇章主

---

① （宋）黎靖德编：《朱子语类》卷五十九，《朱子全书》第 16 册，上海古籍出版社、安徽教育出版社 2002 年版，第 1928 页。

② （宋）朱熹：《朱文公文集》卷三十一《答敬夫孟子说疑义》，《朱子全书》第 21 册，上海古籍出版社、安徽教育出版社 2002 年版，第 1356 页。

旨对具体的字义、词义、句意进行理解和解释；三是根据、参照上下文中的用词特点、相似用法与表达惯例进行解释。

此外，朱熹还特别指出，相似甚至相同的字词、概念在不同的经典中可能具有完全不同的意义与用法，所以不能简单等同，而需要在特定的文本语境中随文解义。"如《扬子》：'于仁也柔，于义也刚。'到《易》中，又将刚来配仁，柔来配义。如《论语》：'学不厌，智也；教不倦，仁也。'到《中庸》又谓：'成己，仁也；成物，智也。'此等须是各随本文意看，便自不相碍。"① 总之，朱熹在注解经典的过程中十分关注和强调上下文语境对于释义的制约与辅助作用，善于通过揣摩语意、贯通文义、总结归纳等方式来确定具体的字词意义。可以说，随文解义这一经学解释法在朱熹的经学理论与实践中得到了较大的丰富和发展，成为朱熹经学的一个重要特征。

（四）简洁平易，注不掩经

在朱熹看来，解经的目的在于通经以求理，把握圣贤之道，而圣贤之道简易明白，只是由于时移世易，经典在流传过程中又多遭散佚窜乱，才导致某些内容难以索解。因此，注解经典须秉持简洁平易、以易解难的原则，尽量使用简易明白的语言进行疏解，使人易读易晓，而圣贤丰富无穷之旨自在其中。故曰：

> 解经谓之解者，只要解释出来。将圣贤之语解开了，庶易读。②
>
> 解经当取易晓底句语解难晓底句，不当反取难晓底解易晓者。③
>
> 大抵圣贤立言，本自平易；而平易之中，其旨无穷。今必推之使高，凿之使深，是未必真能高深，而固已离其本指、丧其平易无穷之味矣。④

---

① （宋）黎靖德编：《朱子语类》卷十一，《朱子全书》第 14 册，上海古籍出版社、安徽教育出版社 2002 年版，第 350—351 页。

② 同上书，第 351 页。

③ （宋）黎靖德编：《朱子语类》卷四十六，《朱子全书》第 15 册，上海古籍出版社、安徽教育出版社 2002 年版，第 1621 页。

④ （宋）朱熹：《朱文公文集》卷三十五《答刘子澄》，《朱子全书》第 21 册，上海古籍出版社、安徽教育出版社 2002 年版，第 1535 页。

朱熹除了反对穿凿附会、故弄玄虚的解经方法外，还批评了经学研究中存在的注脚成文、以传掩经的弊病：

> 凡观书，且论此一处文义如何，不必他说。①

> 凡解释文字，不可令注脚成文。成文则注与经各为一事，人唯看注而忘经。不然，即须各作一番理会，添却一项功夫。②

> 盖解经不必做文字，止合解释得文义通，则理自明，意自足。今多去上做文字，少间说来说去，只说得他自一片道理，经意却蹉过了。……尝见一僧云："今人解书，如一盏酒，本自好，被这一人来添些水，那一人来又添些水，次第添来添去，都淡了。"③

> 传注，惟古注不作文，却好看。只随经句分说，不离经意最好。疏亦然。今人解书，且图要作文，又加辨说，百般生疑。故其文虽可读，而经意殊远。程子《易传》亦成作文，说了又说。故今人观者更不看本经，只读《传》，亦非所以使人思也。④

在朱熹看来，传注是为了解释经文而作，只需用简明的语言将文义解释通畅便可，不必另作文字以说己意，"不须更去注脚外又添一段说话"⑤。否则人人都借注解经典来论说自己的道理，将使传注与经文相分离，冲淡甚至掩盖了经典的本义，又令读者"看注而忘经"，从而丧失了经学研究的基础与原意。在此意义上，朱熹表彰了汉儒注经"只注难晓处，不全注

---

① （宋）黎靖德编：《朱子语类》卷四十四，《朱子全书》第15册，上海古籍出版社、安徽教育出版社2002年版，第1545页。
② （宋）朱熹：《朱文公文集》卷七十四《记解经》，《朱子全书》第24册，上海古籍出版社、安徽教育出版社2002年版，第3581页。
③ （宋）黎靖德编：《朱子语类》卷一百三，《朱子全书》第17册，上海古籍出版社、安徽教育出版社2002年版，第3422页。
④ （宋）黎靖德编：《朱子语类》卷十一，《朱子全书》第14册，上海古籍出版社、安徽教育出版社2002年版，第351页。
⑤ （宋）黎靖德编：《朱子语类》卷十九，《朱子全书》第14册，上海古籍出版社、安徽教育出版社2002年版，第656页。

尽本文，其辞甚简"①，"只说训诂，使人以此训诂玩索经文，训诂、经文不相离异，只做一道看了"② 的优点与长处，并将其运用于自己的经学实践中。

（五）稽考旧注，触类旁通

朱熹治经虽然主张超越传注，直求经典本义，但他并未因此完全否认先儒传注的作用与价值。相反，朱熹不仅对先儒的注经方法与注经成果多有肯定和赞扬，而且主张在虚心探求经典本义的基础上，参考、借鉴、吸纳先儒传注中的合理成分来发明经典意旨。他说：

> 学者只是依先儒注解，逐句逐字与我理会，着实做将去，少间自见。最怕自立说笼罩，此为学者之大病。③

> 大凡看书，要看了又看，逐段、逐句、逐字理会，仍参诸解、传，说教通透，使道理与自家心相肯，方得。④

> 某旧时看《诗》，数十家之说一一都从头记得，初间那里敢便判断那说是，那说不是？看熟久之，方见得这说似是，那说似不是；或头边是，尾说不相应；或中间数句是，两头不是；或尾头是，头边不是。然也未敢便判断，疑恐是如此。又看久之，方审得这说是，那说不是。又熟看久之，方敢决定断说这说是，那说不是。这一部《诗》，并诸家解都包在肚里。公而今只是见已前人解《诗》，便也要注解，更不问道理。只认捉着，便据自家意思说，于己无益，于经有害，济得甚事？凡先儒解经，虽未知道，然其尽一生之力，纵未说得七八分，也有三四分。且须熟读详究，以审其是非而为吾之益。今公才看

---

① （宋）黎靖德编：《朱子语类》卷一百三十五，《朱子全书》第 18 册，上海古籍出版社、安徽教育出版社 2002 年版，第 4203 页。

② （宋）朱熹：《朱文公文集》卷三十一《答张敬夫》，《朱子全书》第 21 册，上海古籍出版社、安徽教育出版社 2002 年版，第 1349 页。

③ （宋）黎靖德编：《朱子语类》卷四十，《朱子全书》第 15 册，上海古籍出版社、安徽教育出版社 2002 年版，第 1140 页。

④ （宋）黎靖德编：《朱子语类》卷十，《朱子全书》第 14 册，上海古籍出版社、安徽教育出版社 2002 年版，第 314 页。

着便妄生去取，肆以己意，是发明得个甚么道理？①

其治经必专家法者，天下之理固不外于人之一心，然圣贤之言则有渊奥尔雅而不可以臆断者，其制度、名物、行事本末又非今日之见闻所能及也，故治经者必因先儒已成之说而推之。借曰未必尽是，亦当究其所以得失之故，而后可以反求诸心而正其缪。此汉之诸儒所以专门名家，各守师说，而不敢轻有变焉者也。但其守之太拘，而不能精思明辨以求真是，则为病耳。然以此之故，当时风俗终是淳厚。近年以来，习俗苟偷，学无宗主，治经者不复读其经之本文与夫先儒之传注，但取近时科举中选之文讽诵摹仿，择取经中可为题目之句以意扭捏，妄作主张，明知不是经意，但取便于行文，不暇恤也。……名为治经而实为经学之贼，号为作文而实为文字之妖，不可坐视而不之正也。今欲正之，莫若讨论诸经之说，各立家法，而皆以注疏为主。②

朱熹认为，圣贤之言渊奥尔雅，不可以臆断，而经典中的制度、名物、行事本末又非今日见闻所能及，所以治经者必须充分了解、掌握先儒传注，然后再进一步推求、阐释经典中的圣贤之道。同时，汉儒往往穷尽毕生精力注解经典，在经学上必然有其独到之处，虽然注解未必尽是，但所得亦多，可资参考之用，即便是错误之处，也足以引为鉴戒。因此，学者治经时应对先儒传注熟读详究，审其是非，明察其所以得失之故，然后去粗取精，去伪存真，反求诸心而正其谬误。在此基础上，朱熹提出治经须各立家法的主张，即要求在破除门户之见的前提下，博采汉宋诸儒所作各部经典注疏之可取者，定为说经与科举的标准范式。对于诸家解说中的不同之处，朱熹认为不应骤下判断，须在熟读精思的基础上，加以参校比较，方能最终定其是非得失。他说：

---

① （宋）黎靖德编：《朱子语类》卷八十，《朱子全书》第 17 册，上海古籍出版社、安徽教育出版社 2002 年版，第 2767 页。

② （宋）朱熹：《朱文公文集》卷六十九《学校贡举私议》，《朱子全书》第 23 册，上海古籍出版社、安徽教育出版社 2002 年版，第 3360 页。

　　凡看文字，诸家说有异同处，最可观。谓如甲说如此，且挦扯住甲，穷尽其词；乙说如此，且挦扯住乙，穷尽其词。两家之说既尽，又参考而穷究之，必有一真是者出矣。[①]

　　凡看文字，诸家说异同处最可观。某旧日看文字，专看异同处。如谢上蔡之说如彼，杨龟山之说如此，何者为得，何者为失，所以为得者是如何，所以为失者是如何。[②]

　　由此可见，诸家注解之间的冲突矛盾不仅不会阻碍学者对于经典的理解，相反，对其异同处的比较穷究恰恰构成了深入领会圣贤本意的一种有效方式。

　　朱熹不仅在理论上提倡稽考旧注，而且在注解经典的实践中广引旧注，不薄时贤，博采众说，择善而从。据钱穆统计，朱熹《四书章句集注》所引宋代以前学者的古注即有董仲舒、司马迁、扬雄、马融、郑玄、服虔、孔安国、赵岐、王肃、何晏、皇侃、陆元朗、赵匡、韩愈、丁公著等十五家，所引宋儒注解则有四十一家。[③] 对于五经，朱熹不仅在训诂上多取汉、唐儒旧说，而且在解说经义方面提出："《易》则兼取胡瑗、石介、欧阳修、王安石、邵雍、程颐、张载、吕大临、杨时，《书》则兼取刘敞、王安石、苏轼、程颐、杨时、晁说之、叶梦得、吴棫、薛季宣、吕祖谦，《诗》则兼取欧阳修、苏轼、程颐、张载、王安石、吕大临、杨时、吕祖谦，《周礼》则刘敞、王安石、杨时，《仪礼》则刘敞，《二戴礼记》则刘敞、程颐、张载、吕大临，《春秋》则啖助、赵正、陆淳、孙明复、

---

① （宋）黎靖德编：《朱子语类》卷十一，《朱子全书》第 14 册，上海古籍出版社、安徽教育出版社 2002 年版，第 350 页。

② （宋）黎靖德编：《朱子语类》卷一百四，《朱子全书》第 17 册，上海古籍出版社、安徽教育出版社 2002 年版，第 3432—3433 页。

③ 参见钱穆《朱子新学案》第 4 册《朱子论解经（上）》，九州出版社 2011 年版，第 270—271 页。关于朱熹《四书章句集注》所引前人注解，王国轩在《二程与〈四书集注〉研究》一文中亦有考证。据王氏研究，《四书章句集注》共征引注家五十余人，其所列具体人名与钱穆之说略有出入。参见王国轩《二程与〈四书集注〉研究》，《中州学刊》1989 年第 1 期。

刘敞、程颐、胡安国。"① 可以说，"在他那里，不仅汉学与宋学的藩篱、汉唐古典经学与两宋新兴理学的藩篱被完全打破了，而且在宋学内部迂回百折、千门万户的学派对立的壁垒也都被他打破了，王学、苏学、洛学、关学他都兼容并蓄，宋代再没有第二个人显示出这样综罗百代、通贯众家的恢宏气魄了"②。

除了重视旧注外，朱熹治经还积极参考、利用其他各类文献典籍等资料来注解经典，使经典与经典之间、经典与其他典籍之间互相发明，触类旁通。他说：

> 人只读一书不得，谓其傍出多事。《礼记》《左传》最不可不读。③
>
> 圣人七通八达，事事说到极致处。学者须是多读书，使互相发明，事事穷到极致处。④
>
> 看经传有不可晓处，且要旁通。待其浃洽，则当触类而可通矣。⑤

一方面，经典的内容博大精深，若缺乏丰富的知识储备，必然难以完全理解。另一方面，经典亦不是孤立存在的，它与其他类型的典籍之间拥有或多或少的交集，进而组成一个整体，共同记载了人们对于自然、历史、政治、文化、思想等内容的认识、记忆与思考。对于其他典籍，特别是时代相近的典籍的了解，有助于学者更准确地把握经典本义。因此，在朱熹的经典注解中可以经常看到他对各种典籍的征引与辨正。

譬如，朱熹解释《周易》《屯》卦"女子贞不字，十年乃字"时引《礼记》曰："字，许嫁也。《礼》曰：'女子许嫁，笄而字'"；⑥ 解释《周易》《大畜》卦"童牛之牿"时引《诗经》《礼记》曰："童者，未角之称。

---

① （宋）朱熹：《朱文公文集》卷六十九《学校贡举私议》，《朱子全书》第 23 册，上海古籍出版社、安徽教育出版社 2002 年版，第 3360 页。

② 束景南：《朱子大传》，福建教育出版社 1992 年版，第 948 页。

③ （宋）黎靖德编：《朱子语类》卷十一，《朱子全书》第 14 册，上海古籍出版社、安徽教育出版社 2002 年版，第 347 页。

④ 同上书，第 341 页。

⑤ 同上书，第 347 页。

⑥ （宋）朱熹：《周易本义》卷一《周易上经》，北京大学出版社 1992 年版，第 7 页。

牿，施横木于牛角，以防其触，《诗》所谓楅衡者。止之于未角之时，为力则易，大善之吉也。故其象占如此。《学记》曰：禁于未发之谓豫，正此意也"；① 解释《周易·系辞上传》"参伍以变，错综其数"时引《荀子》《韩非子》《史记》《汉书》曰："参伍错综皆古语，而参伍尤难晓。按《荀子》云，窥敌制变，欲伍以参。韩非曰，省同异之言，以知朋党之分。偶参伍之验，以责陈言之实。又曰，参之以比物，伍之以合参。《史记》曰：必参而伍之。又曰，参伍不失。《汉书》曰：参伍其贾，以类相准。此足以相发明矣"；② 解释《诗经·小雅·伐木》"伐木许许，酾酒有藇"时引《淮南子》曰："许许，众人共力之声。《淮南子》曰'举大木者呼邪许'，盖举重劝力之歌也"；③ 解释《诗经·小雅·何人斯》"壹者之来，云何其盱"时引《字林》《周易》《三都赋》曰："盱，望也。《字林》云：'盱，张目也。'《易》曰：'盱豫悔。'《三都赋》云'盱衡而语'是也"；④ 解释《中庸》"素隐行怪"时引《汉书》曰："素，按《汉书》当作索，盖字之误也"；⑤ 解释《论语·八佾》"二三子，何患于丧乎"时引《礼记》曰："丧，谓失位去国，《礼》曰'丧欲速贫'是也"；⑥ 解释《孟子·公孙丑上》"必有事焉而勿正"时引《春秋公羊传》曰："正，预期也。《春秋传》曰'战不正胜'是也。如作正心，义亦同。此与《大学》之所谓正心者语意自不同也"；⑦ 解释《孟子·尽心上》"恭敬者，币之未将者也"时引《诗经》曰："将，犹奉也。《诗》曰：'承筐是将。'"⑧

对于朱熹解经的这一特点，王应麟曾给予极高的评价："诸儒说《诗》

① （宋）朱熹：《周易本义》卷一《周易上经》，北京大学出版社 1992 年版，第 38 页。
② （宋）朱熹：《周易本义》卷七《周易系辞上传》，北京大学出版社 1992 年版，第 147 页。
③ （宋）朱熹：《诗集传》卷九《伐木》，中华书局 1958 年版，第 103—104 页。
④ （宋）朱熹：《诗集传》卷十二《何人斯》，中华书局 1958 年版，第 143 页。
⑤ （宋）朱熹：《四书章句集注·中庸章句》，《朱子全书》第 6 册，上海古籍出版社、安徽教育出版社 2002 年版，第 37 页。
⑥ （宋）朱熹：《四书章句集注·论语集注》卷二《八佾第三》，《朱子全书》第 6 册，上海古籍出版社、安徽教育出版社 2002 年版，第 91 页。
⑦ （宋）朱熹：《四书章句集注·孟子集注》卷三《公孙丑章句上》，《朱子全书》第 6 册，上海古籍出版社、安徽教育出版社 2002 年版，第 283 页。
⑧ （宋）朱熹：《四书章句集注·孟子集注》卷十三《尽心章句上》，《朱子全书》第 6 册，上海古籍出版社、安徽教育出版社 2002 年版，第 438 页。

一以毛、郑为宗，未有参考三家者。独朱文公《集传》闳意眇指，卓然千载之上。言《关雎》，则取匡衡；《柏舟》妇人之诗，则取刘向；《笙诗》有声无辞，则取《仪礼》；'上天甚神'，则取《战国策》；'何以恤我'，则取《左氏传》；《抑》'戒自儆'，《昊天有成命》'道成王之德'，则取《国语》；'陟降庭止'，则取《汉书》注；《宾之初筵》'饮酒悔过'，则取《韩诗》序；'不可休思'，'是用不就'，'彼岨者岐'，皆从《韩诗》；'禹敷下土方'，又证诸《楚辞》。一洗末师专己守残之陋。"[1]　由上可知，朱熹在考证文字、名物、度数，解释字义、词义、句意，以及阐释篇章宗旨等方面都广泛参证了各类文献典籍，从而显示出与其他学者唯以己意解经或一味株守传注皆大为不同的经学特征。

值得注意的是，朱熹还是较早引用金石材料注解儒家经典的学者之一。譬如，朱熹注解《诗经·大雅·行苇》"以祈黄耇"曰："祈，求也。黄耇，老人之称。以祈黄耇，犹曰以介眉寿云耳。古器物款识云，用蕲万寿，用蕲眉寿，永命多福，用蕲眉寿，万年无疆，皆此类也"；[2]　注解《诗经·大雅·既醉》"昭明有融，高朗令终。令终有俶，公尸嘉告"曰："令终，善终也。《洪范》所谓考终命，古器物铭所谓令终令命是也"；[3]　注解《诗经·大雅·江汉》"虎拜稽首，对扬王休，作召公考，天子万寿"曰："言穆公既受赐，遂答称天子之美命，作康公之庙器，而勒王策命之词，以考其成，且祝天子以万寿也。古器物铭云，郍拜稽首，敢对扬天子休命，用作朕皇考龚伯尊敦。郍其眉寿，万年无疆。语正相类。但彼自祝其寿，而此祝君寿耳。"[4]　又如，朱熹注解《诗经·大雅·下武》"昭兹来许"曰："昭兹，承上句而言，兹、哉声相近，古盖通用也"，[5]　并进一步提出："'昭兹来许'，汉碑作'昭哉'。洪氏《隶释》'兹''哉'叶韵。《柏梁台

---

①　（宋）王应麟：《诗考·序》，中华书局 1985 年版，第 1—2 页。
②　（宋）朱熹：《诗集传》卷十七《行苇》，中华书局 1958 年版，第 193 页。
③　同上。
④　（宋）朱熹：《诗集传》卷十八《江汉》，中华书局 1958 年版，第 218 页。
⑤　（宋）朱熹：《诗集传》卷十六《下武》，中华书局 1958 年版，第 188 页。

诗》末句韵亦同。"① 可以说，朱熹将发端于北宋的金石学引入经学训诂考据中，开创了一种新的经学方法，具有开风气之先的意义。

（六）阙疑

"阙疑"是朱熹主要针对《尚书》等经典中存在的某些古奥难解的内容而提出的一项注解方法。他说：

> 经书有不可解处，只得阙。若一向去解，便有不通而谬处。②
>
> 六经亦皆难看，所谓"圣人有郢书，后世多燕说"是也。如《尚书》，收拾于残阙之余，却必要句句义理相通，必至穿凿。不若且看他分明处，其他难晓者姑阙之可也。③
>
> 读《尚书》，可通则通；不可通，姑置之。④
>
> 读《尚书》有一个法，半截晓得，半截晓不得，晓得底看，晓不得底且阙之，不可强通，强通则穿凿。⑤

朱熹指出，《尚书》等经典在流传过程中多遭散佚窜乱，加之古今文字、名物、制度发生改变，有些内容实已无法考证。同时，圣贤立言往往存在某个特定的语境，"是一时间或因事而言，或主一见而立此说"，但时过境迁，"后来人却未见他当时之事，故不解得一一与之合"。⑥ 在这种情况下，与其穿凿附会地强解硬说，不如阙疑搁置，反而有利于更准确地把握经典的主旨大意。

譬如，当弟子请教《尚书·无逸》中的"君子所其无逸"该如何解释

---

① （宋）黎靖德编：《朱子语类》卷八十一，《朱子全书》第 17 册，上海古籍出版社、安徽教育出版社 2002 年版，第 2811 页。

② （宋）黎靖德编：《朱子语类》卷十一，《朱子全书》第 14 册，上海古籍出版社、安徽教育出版社 2002 年版，第 351 页。

③ （宋）黎靖德编：《朱子语类》卷七十八，《朱子全书》第 16 册，上海古籍出版社、安徽教育出版社 2002 年版，第 2630 页。

④ 同上书，第 2679 页。

⑤ （宋）黎靖德编：《朱子语类》卷七十九，《朱子全书》第 17 册，上海古籍出版社、安徽教育出版社 2002 年版，第 2705 页。

⑥ （宋）黎靖德编：《朱子语类》卷一百五，《朱子全书》第 17 册，上海古籍出版社、安徽教育出版社 2002 年版，第 3445 页。

时，朱熹答道："恐有脱字，则不可知。若说不行而必强立一说，虽若可观，只恐道理不如此。"① 又如，朱熹注《周易》《震》卦"震来厉，亿丧贝，跻于九陵"曰："亿字未详"；② 注《周易·系辞下传》"其出入以度，外内使知惧"曰："此句未详，疑有脱误"；③ 注《周易·杂卦传》"需，不进也。讼，不亲也。不遇，颠也。姤，遇也，柔遇刚也。渐，女归待男行也。颐，养正也。既济，定也。归妹，女之终也。未济，男之穷也。夬，决也，刚决柔也，君子道长，小人道忧也"曰："自大过以下，卦不反对，或疑其错简，今以韵协之，又似非误，未详何义"；④ 注《诗经·郑风·羊裘》"羊裘晏兮，三英粲兮"曰："三英，裘饰也。未详其制"；⑤ 注《诗经·卫风·芄兰》曰："此诗不知所谓，不敢强解"；⑥ 注《诗经·周颂·般》曰："《般》义未详"；⑦ 注《孟子·万章下》"北宫锜问曰：'周室班爵禄也，如之何？'"一段曰："此章之说与《周礼》《王制》不同，盖不可考，阙之可也。"⑧

尽管朱熹主张对于晦涩难解的经文进行阙疑搁置，但他有时也会引用、罗列旧注或其他学者、典籍的相关解释，抑或提出自己的猜测，以供读者自行思考判断。譬如，朱熹注解《周易》《小过》卦"弗过遇之，往历必戒，勿用永贞"曰："弗过遇之，言弗过于刚而适合其宜也，往则过矣，故有厉而当戒。阳性坚刚，故又戒以'勿用永贞'。言当随时之宜，不可固守也。或曰，弗过遇之，若以六二爻例，则当如此说。若依九三爻例，则过遇当如过防之义。未详孰是，当阙以俟知者"；⑨ 注解《周易·象

---

① （宋）黎靖德编：《朱子语类》卷七十九，《朱子全书》第 17 册，上海古籍出版社、安徽教育出版社 2002 年版，第 2725 页。
② （宋）朱熹：《周易本义》卷一《周易上经》，北京大学出版社 1992 年版，第 70 页。
③ （宋）朱熹：《周易本义》卷八《周易系辞下传》，北京大学出版社 1992 年版，第 159 页。
④ （宋）朱熹：《周易本义》卷十二《周易杂卦传》，北京大学出版社 1992 年版，第 177 页。
⑤ （宋）朱熹：《诗集传》卷四《郑风》，中华书局 1958 年版，第 50 页。
⑥ （宋）朱熹：《诗集传》卷三《卫风》，中华书局 1958 年版，第 39 页。
⑦ （宋）朱熹：《诗集传》卷十九《周颂》，中华书局 1958 年版，第 236 页。
⑧ （宋）朱熹：《四书章句集注·孟子集注》卷十《万章章句下》，《朱子全书》第 6 册，上海古籍出版社、安徽教育出版社 2002 年版，第 385—386 页。
⑨ （宋）朱熹：《周易本义》卷二《周易下经》，北京大学出版社 1992 年版，第 84—85 页。

下传》"'濡其尾',亦不知极也"曰:"极字未详。考上下韵亦不叶,或恐是'敬'字,今且阙之";① 注解《诗经·小雅·节南山》"节彼南山,有实其猗"曰:"有实其猗,未详其义。《传》曰:'实,满。猗,长也。'《笺》云:'猗,倚也,言草木满其旁,倚之畎谷也。'或以为草木之实猗猗然。皆不甚通";② 注解《诗经·大雅·桑柔》"不殄心忧,仓兄填兮"曰:"填,未详。旧说与'尘''陈'同,盖言久也。或疑与'瘨'字同,为病之义。但《召旻》篇内二字并出,又恐未然。今姑阙之";③ 注解《孟子·离娄下》"言无实不祥。不祥之实,蔽贤者当之"曰:"或曰:'天下之言无有实不祥者,惟蔽贤为不祥之实。'或曰:'言而无实者不祥,故蔽贤为不祥之实。'二说不同,未知孰是,疑或有阙文焉";④ 注解《孟子·万章下》"殷受夏,周受殷,所不辞也。于今为烈,如之何其受之"曰:"'商受'至'为烈'十四字,语意不伦。李氏以为此必有断简或阙文者,近之。而愚意其直为衍字耳。然不可考,姑阙之可也。"⑤

(七) 怀疑辨伪

朱熹治经、治学历来提倡怀疑精神,将怀疑视作学者读书的必要方法与必经阶段,这也是宋代经学区别于汉唐经学的一个显著特点。他说:

> 读书无疑者,须教有疑;有疑者,却要无疑;到这里方是长进。⑥
>
> 看讲解,不可专徇他说,不求是非,便道前贤言语皆的当。如《遗书》中语,岂无过当失实处,亦有说不及处。⑦
>
> 今世上有一般议论,成就后生懒惰。如云不敢轻议前辈,不敢妄

① (宋)朱熹:《周易本义》卷六《周易象下传》,北京大学出版社1992年版,第135页。

② (宋)朱熹:《诗集传》卷十一《节南山》,中华书局1958年版,第127页。

③ (宋)朱熹:《诗集传》卷十八《桑柔》,中华书局1958年版,第207页。

④ (宋)朱熹:《四书章句集注·孟子集注》卷八《离娄章句下》,《朱子全书》第6册,上海古籍出版社、安徽教育出版社2002年版,第357页。

⑤ (宋)朱熹:《四书章句集注·孟子集注》卷十《万章章句下》,《朱子全书》第6册,上海古籍出版社、安徽教育出版社2002年版,第388页。

⑥ (宋)黎靖德编:《朱子语类》卷十一,《朱子全书》第14册,上海古籍出版社、安徽教育出版社2002年版,第343页。

⑦ 同上书,第346—347页。

立论之类，皆中怠惰者之意。前辈固不敢妄议，然论其行事之是非何害？固不可凿空立论，然读书有疑，有所见，自不容不立论。其不立论者，只是读书不到疑处耳。①

大率观书但当虚心平气以徐观义理之所在，如其可取，虽世俗庸人之言有所不废；如有可疑，虽或传以为圣贤之言，亦须更加审择。②

在朱熹看来，不但包括二程在内的前辈学者关于经典的传注疏释需要经过理性的怀疑与重新审视，甚至被视为圣贤之言的经典本身也可以加以怀疑。读书有疑方可立论，有疑方是有得，无疑则是怠惰。而怀疑与判断的基本标准则是"义理之所当否"与"左验之异同"，即思想逻辑与事实证据两大方面。

需要指出的是，朱熹治经提倡怀疑精神与其主张虚心切己并不必然构成矛盾，因为后者乃是前者的必要前提与基础。朱熹曾说：

某向时与朋友说读书，也教他去思索，求所疑。近方见得，读书只是且恁地虚心就上面熟读，久之自有所得，亦自有疑处。盖熟读后，自有窒碍，不通处是自然有疑，方好较量。今若先去寻个疑，便不得。……旧日看《论语》，合下便有疑。盖自有一样事，被诸先生说成数样，所以便着疑。今却有《集注》了，且可傍本看教心熟。少间或有说不通处，自见得疑，只是今未可先去疑着。③

大抵观书先须熟读，使其言皆若出于吾之口；继以精思，使其意皆若出于吾之心，然后可以有得尔。然熟读精思既晓得后，又须疑不止如此，庶几有进。若以为止如此矣，则终不复有进也。④

①　（宋）黎靖德编：《朱子语类》卷十一，《朱子全书》第14册，上海古籍出版社、安徽教育出版社2002年版，第348页。
②　（宋）朱熹：《朱文公文集》卷三十一《答张敬夫》，《朱子全书》第21册，上海古籍出版社、安徽教育出版社2002年版，第1342页。
③　（宋）黎靖德编：《朱子语类》卷十一，《朱子全书》第14册，上海古籍出版社、安徽教育出版社2002年版，第343页。
④　（宋）黎靖德编：《朱子语类》卷十，《朱子全书》第14册，上海古籍出版社、安徽教育出版社2002年版，第321页。

看文字，且自用工夫，先已切至，方可举所疑，与朋友讲论。假无朋友，久之，自能自见得。盖蓄积多者忽然爆开，便自然通，此所谓"何天之衢亨"也。盖蓄极则通，须是蓄之极，则通。①

朱熹认为，怀疑须是在虚心熟读、深造自得的基础上自然有疑，不能故意立异，为怀疑而怀疑。若能真正做到虚心熟读，切己体认，自然会发现文本中的窒碍不通处，由此产生的怀疑便是合理的、有价值的怀疑。同时，也只有首先通过虚心切己的工夫积累了足够的知识与能力，才能在疑问产生后顺利将其解决，使学问更近一层，最终把握圣贤本意。

有所怀疑自然要有所辨伪。朱熹除了提倡怀疑精神之外，更在广泛借鉴、吸收前人辨疑成果的基础上，结合自己的经学实践与思考，择善而从，自立新说，做了大量的经典辨伪工作，取得了丰富的成绩。仅据白寿彝《朱熹辨伪书语》所辑录的资料来看，朱熹所辨疑的文献典籍就有四十余种，可谓宋代辨伪学的集大成者。其中，与儒家经典有关，且较为重要、具有较大影响者主要包括对《诗经》《尚书》《礼记》《左传》《孝经》等经典及其传注的辨伪。

对于《诗经》，朱熹指出《大序》与《小序》皆非孔子、子夏等圣贤所作，而是出于后人之手。"《诗序》，东汉《儒林传》分明说道是卫宏作。后来经意不明，都是被他坏了。某又看得亦不是卫宏一手作，多是两三手合成一序，愈说愈疏。"②"《诗大序》亦只是后人作，其间有病句。"③"《小序》，汉儒所作，有可信处绝少。《大序》好处多，然亦有不满人意处。"④

对于《尚书》，朱熹指出《孔序》《孔传》皆非西汉孔安国所作，而是出于后人伪托；《书序》（即《小序》）亦非孔子所作，乃周秦间人所作。"《尚书》注并序，某疑非孔安国所作。盖文字善困，不类西汉人文章，亦

---

① （宋）黎靖德编：《朱子语类》卷十一，《朱子全书》第 14 册，上海古籍出版社、安徽教育出版社 2002 年版，第 343 页。

② （宋）黎靖德编：《朱子语类》卷八十，《朱子全书》第 17 册，上海古籍出版社、安徽教育出版社 2002 年版，第 2745 页。

③ 同上书，第 2742 页。

④ 同上书，第 2736 页。

非后汉之文。"① "《书小序》亦非孔子作，与《诗小序》同。"② "某看得《书小序》不是孔子作，只是周、秦间低手人作。"③ 同时，朱熹还对《古文尚书》提出怀疑，认为与《今文尚书》比较，"今文多艰涩，而古文反平易。……暗诵者不应偏得所难，而考文者反专得其所易"④。且《古文尚书》"至东晋方出，前此诸儒皆不曾见，可疑之甚"⑤。此外，朱熹对《今文尚书》中的某些篇章亦有所怀疑，认为其内容有不合常理处，多不可晓。

对于《礼记》，朱熹指出："今只有《周礼》《仪礼》可全信。《礼记》有信不得处"⑥，"大抵说制度之书，惟《周礼》《仪礼》可信，《礼记》便不可深信"⑦。又说："《儒行》《乐记》非圣人之书，乃战国贤士为之"⑧，"若《曲礼》《玉藻》诸篇，皆战国士人及汉儒所衰集"⑨，"《檀弓》出于汉儒之杂记，恐未必得其真也"⑩，"《保傅》中说'秦无道之暴'，此等语必非古书，乃后人采贾谊策为之，亦有《孝昭冠辞》"⑪。此外，朱熹还认为《礼运》"不是圣人书"⑫，《冠义》《昏义》《乡饮酒义》《乡射义》等篇皆系

---

① （宋）黎靖德编：《朱子语类》卷七十八，《朱子全书》第 16 册，上海古籍出版社、安徽教育出版社 2002 年版，第 2633 页。

② 同上书，第 2635 页。

③ 同上书，第 2631—2632 页。

④ （宋）朱熹：《朱文公文集》卷八十二《书临漳所刊四经后》，《朱子全书》第 24 册，上海古籍出版社、安徽教育出版社 2002 年版，第 3888 页。

⑤ （宋）黎靖德编：《朱子语类》卷七十八，《朱子全书》第 16 册，上海古籍出版社、安徽教育出版社 2002 年版，第 2635 页。

⑥ （宋）黎靖德编：《朱子语类》卷八十六，《朱子全书》第 17 册，上海古籍出版社、安徽教育出版社 2002 年版，第 2911 页。

⑦ 同上书，第 2912 页。

⑧ （宋）黎靖德编：《朱子语类》卷八十七，《朱子全书》第 17 册，上海古籍出版社、安徽教育出版社 2002 年版，第 2941 页。

⑨ （宋）黎靖德编：《朱子语类》卷八十四，《朱子全书》第 17 册，上海古籍出版社、安徽教育出版社 2002 年版，第 2888 页。

⑩ （宋）黎靖德编：《朱子语类》卷八十七，《朱子全书》第 17 册，上海古籍出版社、安徽教育出版社 2002 年版，第 2949 页。

⑪ （宋）黎靖德编：《朱子语类》卷八十八，《朱子全书》第 17 册，上海古籍出版社、安徽教育出版社 2002 年版，第 2996 页。

⑫ （宋）黎靖德编：《朱子语类》卷八十七，《朱子全书》第 17 册，上海古籍出版社、安徽教育出版社 2002 年版，第 2958 页。

汉儒所造。

对于《左传》，朱熹认为并非春秋末年左丘明所作。"或云左氏是楚左史倚相之后，故载楚事较详。……左氏必不解是丘明，如圣人所称，煞是正直底人。如《左传》之文，自有纵横意思。《史记》却说：'左丘失明，厥有《国语》。'或云，左丘明，左丘其姓也。《左传》自是左姓人作。又如秦始有腊祭，而左氏谓'虞不腊矣！'是秦时文字分明。"①

对于《孝经》，朱熹指出："《孝经》，疑非圣人之言"②，"《孝经》亦是凑合之书，不可尽信"③，"据此书，只是前面一段是当时曾子闻于孔子者，后面皆是后人缀缉而成"④。因此，朱熹将《孝经》区分为经与传两部分，认为经是曾子门人所记，而传则是战国或汉初时人据《左传》《国语》等史传文字凑合缀辑而成，并非出于孔子或曾子之手。

朱熹之所以能在经典辨伪史上占据重要地位，不仅因为他对多部经典提出了大胆的怀疑，还在于他总结、创造、使用了多种重要的经学辨伪方法，具有承上启下之功，为考据辨伪学的进一步发展开辟了道路。试将朱熹所使用的辨伪方法大致归纳为以下几条：

（1）根据典籍的流传情况推断。譬如：

> 汉儒以伏生之书为今文，而谓安国之书为古文。以今考之，则今文多艰涩，而古文反平易。……伏生倍文暗诵，乃偏得其所难，而安国考定于科斗古书错乱磨灭之余，反专得其所易，则又有不可晓者。⑤

> 《书》有古文，有今文。今文乃伏生口传，古文乃壁中之书。《大禹谟》《说命》《高宗肜日》《西伯戡黎》《泰誓》等篇，凡易读者，皆古文，况又是科斗书，以伏生书字文考之方读得。岂有数百年壁中之

---

① （宋）黎靖德编：《朱子语类》卷八十三，《朱子全书》第17册，上海古籍出版社、安徽教育出版社2002年版，第2835页。
② （宋）黎靖德编：《朱子语类》卷八十二，《朱子全书》第17册，上海古籍出版社、安徽教育出版社2002年版，第2828页。
③ 同上书，第2829页。
④ 同上书，第2827页。
⑤ （宋）朱熹：《朱文公文集》卷六十五《尚书》，《朱子全书》第23册，上海古籍出版社、安徽教育出版社2002年版，第3153—3154页。

物，安得不讹损一字？又却是伏生记得者难读？此尤可疑。①

朱熹认为，由伏生背诵口传的《今文尚书》文字艰涩难读，出于孔壁、以科斗文书写的《古文尚书》反而平易易晓，不符合典籍流传的一般情况与常理，故十分可疑。同时，出于孔壁的《古文尚书》历经数百年动荡却能完好无缺，不讹损一字，亦值得怀疑。

（2）根据典籍的文体风格推断。譬如：

《尚书》决非孔安国所注，盖文字困善，不是西汉人文章。安国，汉武帝时，文章岂如此！但有太粗处，决不如此困善也。如《书序》做得善弱，亦非西汉人文章也。②

至如《书大序》，亦疑不是孔安国文字。大抵西汉文章浑厚近古，虽董仲舒、刘向之徒，言语自别。读《书大序》便觉软慢无气，未必不是后人所作也。③

《尚书序》不似孔安国作，其文软弱，不似西汉人文，西汉文粗豪。也不似东汉人文，东汉人文有骨肋。也不似东晋人文，东晋如孔坦疏也自得。他文是太段弱，读来却宛顺，是做《孔丛子》底人一手做。看《孔丛子》撰许多说话，极是陋。④

大抵古今文字皆可考验，古文自是庄重。至如孔安国《书序》并注中语，多非安国所作。盖西汉文章虽粗亦劲，今《书序》只是六朝软慢文体。因举《史记》所载《汤诰》并武王伐纣言辞不典，不知是甚底齐东野人之语也。⑤

---

① （宋）黎靖德编：《朱子语类》卷七十八，《朱子全书》第 16 册，上海古籍出版社、安徽教育出版社 2002 年版，第 2626 页。

② 同上书，第 2633 页。

③ （宋）黎靖德编：《朱子语类》卷八十，《朱子全书》第 17 册，上海古籍出版社、安徽教育出版社 2002 年版，第 2747 页。

④ （宋）黎靖德编：《朱子语类》卷一百二十五，《朱子全书》第 18 册，上海古籍出版社、安徽教育出版社 2002 年版，第 3906 页。

⑤ （宋）黎靖德编：《朱子语类》卷一百三十七，《朱子全书》第 18 册，上海古籍出版社、安徽教育出版社 2002 年版，第 4254 页。

某尝疑孔安国书是假书。比毛公《诗》如此高简，大段争事。汉儒训释文字，多是如此，有疑则阙，今此却尽释之。……况先汉文章重厚有力量，今《大序》格致极轻，疑是晋、宋间文章。[①]

朱熹认为，《尚书》的《孔序》与《孔传》文字软慢无气，不似西汉文章粗犷厚重的风格，且《孔传》的训释方法与西汉传注文字高简、有疑则阙的特征不符，证明《孔序》与《孔传》非西汉孔安国所作，系后人伪托。同时，朱熹含蓄地表示，《尚书》中的《汤诰》与武王伐纣等内容虽见于《史记》，但其言辞不典，亦值得怀疑。

（3）根据典籍所用字词推断。譬如：

（《舜典》）"玄德"难晓，书传中亦无言"玄"者。[②]

（《书大序》）"传之子孙，以贻后代。"汉时无这般文章。[③]

"《序》云'聪明文思'，经作'钦明文思'，如何？"曰："《小序》不可信。"问："恐是作《序》者见经中有'钦明文思'，遂改换'钦'字作'聪'字否？"曰："然。"[④]

朱熹认为，《尚书·舜典》篇首的"玄德"之意难晓，且"玄"字未见于书传中，值得怀疑；《书大序》中"传之子孙，以贻后代"的说法为汉代所无，亦值得怀疑。同时，朱熹认为《书小序》中所言"聪明文思"袭自经书中的"钦明文思"，有故意模仿作伪之嫌。

又如：

《保傅》中说"秦无道之暴"，此等语必非古书，乃后人采贾谊策

---

① （宋）黎靖德编：《朱子语类》卷七十八，《朱子全书》第16册，上海古籍出版社、安徽教育出版社2002年版，第2634—2635页。

② 同上书，第2647页。

③ 同上书，第2634页。

④ 同上书，第2639页。

为之，亦有《孝昭冠辞》。①

朱熹认为，《大戴礼记·保傅》中的"秦无道之暴"等语为先秦古书所无，乃后人杂取贾谊策论与《孝昭冠辞》等文字伪造。

（4）根据典籍的出现时间推断。譬如：

《书序》不可信，伏生时无之。②

孔《书》至东晋方出，前此诸儒皆不曾见，可疑之甚。③

某尝疑《书注》非孔安国作，盖此传不应是东晋方出。④

朱熹认为，《书小序》于伏生时未见，今本《古文尚书》及《孔传》至东晋时方才出现，此前学者皆未见及，故十分可疑。

（5）根据典籍中体现的思想、义理推断。譬如：

《小序》大无义理，皆是后人杜撰，先后增益凑合而成。⑤

《大序》亦不是子夏作，煞有碍义理误人处。⑥

朱熹认为，《诗经》的《大序》与《小序》中皆有不符合儒家义理处，显然不可能是孔子、子夏等圣贤所作，而是出于后人杜撰。

又如：

左氏必不解是丘明，如圣人所称，煞是正直底人。如《左传》之

---

① （宋）黎靖德编：《朱子语类》卷八十八，《朱子全书》第17册，上海古籍出版社、安徽教育出版社2002年版，第2996页。

② 同上书，第2635页。

③ 同上。

④ （宋）黎靖德编：《朱子语类》卷七十九，《朱子全书》第17册，上海古籍出版社、安徽教育出版社2002年版，第2721页。

⑤ （宋）黎靖德编：《朱子语类》卷八十，《朱子全书》第17册，上海古籍出版社、安徽教育出版社2002年版，第2746页。

⑥ （宋）朱鉴编：《诗传遗说》卷二，《景印文渊阁四库全书》第75册，台湾商务印书馆1983年版。

文，自有纵横意思。①

  左氏之病，是以成败论是非，而不本于义理之正。尝谓左氏是个猾头熟事、趋炎附势之人。②

  朱熹认为，《左传》体现出纵横家的功利主义思想，不合儒家义理，其作者不可能是孔子所称赞的正直儒者左丘明。

  又如：

  据此书（指《孝经》），只是前面一段是当时曾子闻于孔子者，后面皆是后人缀缉而成。……如下面说"孝莫大于严父，严父莫大于配天"，则岂不害理！倘如此，则须是如武王、周公方能尽孝道，寻常人都无分尽孝道也，岂不启人僭乱之心！③

  朱熹认为，《孝经》所说的"孝莫大于严父，严父莫大于配天"剥夺了一般人尽孝道的可能，不但不符合儒家义理，而且会引发人们的僭越作乱之心，故这部分内容绝不可能是孔子、曾子所作。

  （6）根据典籍内容的不合理处推断。譬如：

  如《金縢》亦有非人情者，"雨，反风，禾尽起"，也是差异。成王如何又恰限去启金縢之书？然当周公纳策于匮中，岂但二公知之？《盘庚》更没道理。从古相传来，如经传所引用，皆此书之文，但不知是何故说得都无头。且如今要告谕民间一二事，做得几句如此，他晓得晓不得？只说道要迁，更不说道自家如何要迁，如何不可以不迁。万民因甚不要迁？要得人迁，也须说出利害，今更不说。《吕刑》

<hr/>

  ① （宋）黎靖德编：《朱子语类》卷八十三，《朱子全书》第17册，上海古籍出版社、安徽教育出版社2002年版，第2835页。

  ② 同上书，第2838页。

  ③ （宋）黎靖德编：《朱子语类》卷八十二，《朱子全书》第17册，上海古籍出版社、安徽教育出版社2002年版，第2827页。

一篇，如何穆王说得散漫，直从苗民蚩尤为始作乱说起？①

《康诰》以下三篇，更难理会。如《酒诰》却是戒饮酒，乃曰"肇牵车牛远服贾"，何也？《梓材》又自是臣告君之辞，更不可晓。其他诸篇亦多可疑处。②

朱熹认为，《尚书》的《金縢》《盘庚》《吕刑》《酒诰》《梓材》等篇中都存在不合人情事理、难以常理测度的内容，若说是出于圣贤之手，不免令人怀疑。

又如：

《蟋蟀》一篇，本其风俗勤俭，其民终岁勤劳，不得少休，及岁之暮，方且相与燕乐；而又遽相戒曰："日月其除，无已大康。"盖谓今虽不可以不为乐，然不已过于乐乎！其忧深思远固如此。……而序《蟋蟀》者则曰："刺晋僖公俭不中礼。"盖风俗之变，必由上以及下。今谓君之俭反过于礼，而民之俗犹知用礼，则必无是理也。③

大率古人作诗，与今人作诗一般，其间亦自有感物道情，吟咏情性，几时尽是讥刺他人？只缘序者立例，篇篇要作美刺说，将诗人意思尽穿凿坏了。且如今人见人才做事，便作一诗歌美之，或讥刺之，是甚么道理？如此，一似里巷无知之人，胡乱称颂谀说，把持放雕，何以见先王之泽？何以为情性之正？④

朱熹认为，风俗的变化，必然是由社会上层传至下层民众。《诗小序》将《唐风·蟋蟀》一诗解释为"刺晋僖公俭不中礼"，不但与诗人原意不合，而且会导致君主过于勤俭而失礼，而民众犹知用礼的情况出现，有悖

---

① （宋）黎靖德编：《朱子语类》卷七十九，《朱子全书》第 17 册，上海古籍出版社、安徽教育出版社 2002 年版，第 2718 页。

② （宋）黎靖德编：《朱子语类》卷八十三，《朱子全书》第 17 册，上海古籍出版社、安徽教育出版社 2002 年版，第 2870 页。

③ （宋）黎靖德编：《朱子语类》卷八十，《朱子全书》第 17 册，上海古籍出版社、安徽教育出版社 2002 年版，第 2743—2744 页。

④ 同上书，第 2748 页。

常理，故非圣贤所作。同时，朱熹指出，古人作诗的动机与今人一样，多是因感物道情、吟咏情性而作，不可能每首诗都是为了赞美或讥刺他人而作。而《诗小序》作者将每篇诗歌都套用美刺说加以解说，显然有悖情理，绝非圣贤所为。

（7）根据经、序内容不合推断。譬如：

> 《书小序》亦未是。只如《尧典》《舜典》便不能通贯一篇之意。《尧典》不独为逊舜一事。《舜典》到"历试诸难"之外，便不该通了，其他《书序》亦然。①

> 兼《小序》皆可疑。《尧典》一篇自说尧一代为治之次序，至于让舜方止，今却说是让于舜后方作。《舜典》亦是见一代政事之终始，却说"历试诸难"，是为要受让时作也。至后诸篇皆然。②

> 诸序之文，或颇与经不合，如《康诰》《酒诰》《梓材》之类。③

> 此百篇之序出孔氏壁中，《汉书·艺文志》以为孔子纂《书》而为之序，言其作意。然以今考之，其于见存之篇虽颇依文立义，而亦无所发明。其间如《康诰》《酒诰》《梓材》之属，则与经文又有相戾者；其于已亡之篇，则伊阿简略，尤无所补，其非孔子所作明甚。④

> 诚有可疑。且如《康诰》，第述文王，不曾说及武王，只有"乃寡兄"是说武王，又是自称之词。然则《康诰》是武王诰康叔明矣。但缘其中有错说周公初基处，遂使序者以为成王时事。此岂可信。⑤

> 《书小序》又可考，但如《康诰》等篇，决是武王时书，却因

① （宋）黎靖德编：《朱子语类》卷八十，《朱子全书》第17册，上海古籍出版社、安徽教育出版社2002年版，第2747页。
② （宋）黎靖德编：《朱子语类》卷七十八，《朱子全书》第16册，上海古籍出版社、安徽教育出版社2002年版，第2634页。
③ （宋）朱熹：《朱文公文集》卷八十二《书临漳所刊四经后》，《朱子全书》第24册，上海古籍出版社、安徽教育出版社2002年版，第3888—3889页。
④ （宋）朱熹：《朱文公文集》卷六十五《尚书》，《朱子全书》第25册，上海古籍出版社、安徽教育出版社2002年版，第3152页。
⑤ （宋）黎靖德编：《朱子语类》卷七十八，《朱子全书》第16册，上海古籍出版社、安徽教育出版社2002年版，第2635页。

"周公初基"以下错处数简，遂误以为成王时书。然其词以康叔为弟而自称寡兄，追诵文王而不及武王，其非周公、成文时语的甚。至于《梓材》半篇，全是臣下告君之词，而亦误以为周公诰康叔而不之正也。①

朱熹认为，《书小序》对于《尧典》《舜典》《康诰》《酒诰》《梓材》等篇的解说皆与经文本义不合，对其所述时代、事件亦多误解，往往望文生义，证明作《序》者对《尚书》的内容与圣人作经之意并不了解，绝非孔子所作。

又如：

> 他做《小序》，不会宽说，每篇便求一个实事填塞了。他有寻得着底，犹自可通；不然，便与《诗》相碍。那解底，要就《诗》，却碍《序》；要就《序》，却碍《诗》。②
>
> 《诗小序》全不可信。如何定知是美刺那人？诗人亦有意思偶然而作者。又其《序》与《诗》全不相合。《诗》词理甚顺，平易易看，不如《序》所云。且如《葛覃》一篇，只是见葛而思归宁，序得却如此！③
>
> 《大序》亦有末尽。如"发乎情，止乎礼义"，又只是说正《诗》，变风何尝止乎礼义？④
>
> 《序》极有难晓处，多是附会。如《鱼藻》诗见有"王在镐"之言，便以为君子思古之武王。似此类甚多。⑤
>
> 《小序》……多就《诗》中采摭言语，更不能发明《诗》之大旨。才见有"汉之广矣"之句，便以为德广所及；才见有"命彼后车"之

---

① （宋）朱熹：《朱文公别集》卷三《孙季和》，《朱子全书》第 25 册，上海古籍出版社、安徽教育出版社 2002 年版，第 4885—4886 页。
② （宋）黎靖德编：《朱子语类》卷八十，《朱子全书》第 17 册，上海古籍出版社、安徽教育出版社 2002 年版，第 2742 页。
③ 同上书，第 2745 页。
④ 同上书，第 2743 页。
⑤ 同上书，第 2746 页。

言，便以为不能饮食教载。《行苇》之《序》，但见"牛羊勿践"，便谓"仁及草木"；但见"戚戚兄弟"，便谓"亲睦九族"；见"黄耇台背"，便谓"养老"；见"以祈黄耇"，便谓"乞言"；见"介尔景福"，便谓"成其福禄"：随文生义，无复伦理。《卷耳》之《序》以"求贤审官，知臣下之勤劳"，为后妃之志事，固不伦矣。况诗中所谓"嗟我怀人"，其言亲昵太甚，宁后妃所得施于使臣者哉！《桃夭》之诗谓"婚姻以时，国无鳏民"为"后妃之所致"，而不知其为文王刑家及国，其化固如此，岂专后妃所能致耶？其他变风诸诗，未必是刺者，皆以为刺；未必是言此人，必傅会以为此人。《桑中》之诗放荡留连，止是淫者相戏之辞，岂有刺人之恶，而反自陷于流荡之中？《子衿》词意轻儇，亦岂刺学校之辞？《有女同车》等，皆以为刺忽而作。郑忽不娶齐女，其初亦是好底意思，但见后来失国，便将许多诗尽为刺忽而作。考之于忽，所谓淫昏暴虐之类，皆无其实。至遂目为"狡童"，岂诗人爱君之意？况其所以失国，正坐柔懦阔疏，亦何狡之有？幽、厉之刺，亦有不然。《甫田》诸篇，凡诗中无诋讥之意者，皆以为伤今思古而作。其他谬误，不可胜说。①

　　《诗序》实不足信。……因是看《行苇》《宾之初筵》《抑》数篇，《序》与《诗》全不相似。以此看其他《诗序》，其不足信者煞多。以此知人不可乱说话，便都被人看破了。诗人假物兴辞，大率将上句引下句。如《行苇》"勿践履""戚戚兄弟，莫远具尔"，行苇是比兄弟，"勿"字乃兴"莫"字。此诗自是饮酒会宾之意，序者却牵合作周家忠厚之诗，遂以行苇为"仁及草木"。如云"酌以大斗，以祈黄耇"，亦是欢合之时祝寿之意，序者遂以为"养老乞言"，岂知"祈"字本只是祝颂其高寿，无乞言意也。《抑》诗中间煞有好语，亦非刺厉王。如"于乎小子"，岂是以此指其君？兼厉王是暴虐大恶之主，诗人不应不述其事实，只说谨言节语。况厉王无道，谤

---

① （宋）黎靖德编：《朱子语类》卷八十，《朱子全书》第17册，上海古籍出版社、安徽教育出版社2002年版，第2746—2747页。

讪者必不容，武公如何恁地指斥曰"小子"？《国语》以为武公自警之诗，却是可信。……《诗》中数处皆应答之诗，如《天保》乃与《鹿鸣》为唱答，《行苇》与《既醉》为唱答，《蟋蟀》与《山有枢》为唱答。唐自是晋未改号时国名，自序者以为刺僖公，便牵合谓此晋也，而谓之唐，乃有尧之遗风。本意岂因此而谓之唐！是皆凿说。……《昊天有成命》中说"成王不敢康"，"成王"只是成王，何须牵合作成王业之王？自序者恁地附会，便谓周公作此以告成功。他既作周公告成功，便将"成王"字穿凿说了，又几曾是郊祀天地？被序者如此说，后来遂生一场事端，有南北郊之事。此诗自说"昊天有成命"，又不曾说着地，如何说道祭天地之诗？设使合祭，亦须几句说及后土。如汉诸郊诗，祭某神便说某事。若用以祭地，不应只说天，不说地。①

《诗序》多是后人妄意推想诗人之美刺，非古人之所作也。古人之诗虽存，而意不可得。序《诗》者妄诞其说，但疑见其人如此，便以为是诗之美刺者，必若人也。如《庄姜》之诗，却以为刺卫顷公。今观《史记》所述，顷公竟无一事可纪，但言某公卒，子某公立而已，都无其事。顷公固亦是卫一不美之君，序《诗》者但见其诗有不美之迹，便指为刺顷公之诗。此类甚多，皆是妄生美刺，初无其实。至有不能考者，则但言"刺诗也""思贤妃也"。然此是泛泛而言。如《汉广》之《序》言"德广所及"，此语最乱道。诗人言"汉之广矣"，其言已分晓。②

看来《诗序》当时只是个山东学究等人做，不是个老师宿儒之言，故所言都无一事是当。如《行苇》之《序》，虽皆是诗人之言，但却不得诗人之意。不知而今做义人到这处将如何做，于理决不顺。

① （宋）黎靖德编：《朱子语类》卷八十，《朱子全书》第17册，上海古籍出版社、安徽教育出版社2002年版，第2747—2748页。
② 同上书，第2749页。

某谓此诗本是四章，章八句；他不知，作八章、章四句读了。①

朱熹认为，《诗小序》刻意以美刺说解诗，多与《诗经》本义不合。譬如，《小序》对于《蟋蟀》《山有枢》《行苇》《卷耳》《桃夭》《有女同车》《抑》《昊天有成命》等篇的解说多是就诗中采摭言语，望文生义，又为了迁就美刺说，不惜穿凿附会，杜撰相关的人物、事实，不但不能发明诗之大旨，而且妨碍、干扰读者对于《诗经》的理解，显然不可能是圣贤所作。同时，朱熹指出《诗经》的《郑风》《卫风》《邶风》《鄘风》中多有淫诗，所以《诗大序》所说的"发乎情，止乎礼义"并不能概括整部《诗经》的宗旨，证明其亦非圣贤所作。

(8) 根据典籍所述内容后于成书年代推断。譬如：

《左传》是后来人做，为见陈氏有齐，所以言"八世之后，莫之与京"；见三家分晋，所以言"公侯子孙，必复其始"。②

左氏是三晋之后，不知是甚么人。看他说魏毕万之后必大，如说陈氏代齐之类，皆是后来设为豫定之言。③

子升问："如载卜妻敬仲与季氏生之类，是如何？"曰："看此等处，便见得是六卿分晋、田氏篡齐以后之书。"④

朱熹认为，《左传》中预言了三家分晋、陈氏代齐等事，证明其作者不可能是春秋末年的左丘明。

(9) 根据典籍所述内容与历史事实不符推断。譬如：

《诗》，才说得密，便说他不着。"国史明乎得失之迹"，这一句也

① （宋）黎靖德编：《朱子语类》卷八十，《朱子全书》第 17 册，上海古籍出版社、安徽教育出版社 2002 年版，第 2749 页。
② （宋）黎靖德编：《朱子语类》卷八十三，《朱子全书》第 17 册，上海古籍出版社、安徽教育出版社 2002 年版，第 2841 页。
③ 同上书，第 2846 页。
④ （宋）黎靖德编：《朱子语类》卷一百二十二，《朱子全书》第 18 册，上海古籍出版社、安徽教育出版社 2002 年版，第 3854 页。

有病。《周礼》《礼记》中，史并不掌诗，《左传》说自分晓。以此见得《大序》亦未必是圣人做，《小序》更不须说。①

朱熹认为，据《周礼》《礼记》《左传》等书记载，周代史官并不掌诗，而《诗大序》却说"国史明乎得失之迹，伤人伦之变，哀刑政之苛，吟咏性情，以风其上，达于事变，而怀其旧俗者也"，显然与历史事实不符，证明其并非圣贤所作。

（10）根据典籍所载制度与时代不符推断。譬如：

秦始有腊祭，而左氏谓"虞不腊矣！"是秦时文字分明。②

朱熹认为，秦代开始才有腊祭的制度，而《左传》却说"虞不腊矣"，显然是在秦代之后才有可能出现这种说法与意识，故作者不可能是春秋末年的左丘明。

（11）根据典籍内容的取材来源推断。譬如：

棐，本木名，而借为"匪"字。颜师古注《汉书》云："棐，古匪字，通用。"是也。"天畏匪忱"，犹曰天难谌尔。孔传训作"辅"字，殊无义理。尝疑今孔传并序皆不类西京文字气象，未必真安国所作，只与《孔丛子》同是一手伪书。盖其言多相表里，而训诂亦多出《小尔雅》也。③

朱熹认为，《孔传》对于《尚书》的训解多出自《孔丛子》中的《小尔雅》，其言亦与《孔丛子》多相表里，因而怀疑《尚书孔传》与《孔丛子》是同一人伪作。

---

① （宋）黎靖德编：《朱子语类》卷八十，《朱子全书》第17册，上海古籍出版社、安徽教育出版社2002年版，第2742页。
② （宋）黎靖德编：《朱子语类》卷八十三，《朱子全书》第17册，上海古籍出版社、安徽教育出版社2002年版，第2835页。
③ （宋）朱熹：《朱文公文集》卷七十一《记尚书三义》，《朱子全书》第24册，上海古籍出版社、安徽教育出版社2002年版，第3425页。

又如：

> （《孝经》）"其中煞有《左传》及《国语》中言语。"或问："莫是
> 左氏引《孝经》中言语否？"曰："不然。其言在《左氏传》《国语》
> 中，即上下句文理相接，在《孝经》中却不成文理。见程沙随说，向
> 时汪端明亦尝疑此书是后人伪为者。"①
>
> 古文《孝经》亦有可疑处。自《天子章》到"孝无终始，而患不
> 及者，未之有也"，便是合下与曾子说底通为一段。只逐章除了后人
> 所添前面"子曰"及后面引《诗》，便有首尾，一段文义都活。自此
> 后，却似不晓事人写出来，多是《左传》中语。如"以顺则逆，民无
> 则焉。不在于善，而皆在于凶德"，是季文子之辞。却云"虽得之，
> 君子所不贵"，不知论孝却得个甚底，全无交涉！如"言斯可道，行
> 斯可乐"一段，是北宫文子论令尹之威仪，在《左传》中自有首尾，
> 载入《孝经》，都不接续，全无意思。只是杂史传中胡乱写出来，全
> 无义理。疑是战国时人斗凑出者。②

朱熹认为，《孝经》中有不少言语与《左传》《国语》相似，且这些言
语在《左传》《国语》中文理通贯，而在《孝经》中则不成文理，由此可
以判断是《孝经》抄袭《左传》《国语》，证明《孝经》乃后人杂凑而成。

（12）根据与作者的其他著作或言论比较推断。譬如：

> 《孝经》，疑非圣人之言。且如"先王有至德要道"，此是说得好
> 处。然下面都不曾说得切要处着，但说得孝之效如此。如《论语》中
> 说孝，皆亲切有味，都不如此。③

朱熹认为，《孝经》说孝多未说到切要处，与《论语》说孝亲切有味

---

① （宋）黎靖德编：《朱子语类》卷八十二，《朱子全书》第17册，上海古籍出版社、安徽
教育出版社2002年版，第2827—2828页。
② 同上书，第2828页。
③ 同上书，第2828——2829页。

不同，显然并非孔子之言，乃出于后人伪作。

诚然，以今天的眼光来看，朱熹对于儒家经典的考证与辨伪仍显得较为简单零散，多散见于各种语录、书信、传注中，较少做深入、专门的讨论，有时证据不够充足，仅凭一两条理由就做出判断，不免过于轻率，尚未形成一套成熟完善的辨伪理论体系。同时，朱熹所使用的辨伪方法也存在一些不够科学、严谨的地方。比如，以典籍的文体风格、表达方式或思想义理等作为判断其作者、时代与真伪的标准，有时难免偏于个人主观的意见，而缺乏足够的客观性。又如，朱熹往往将圣贤之言预设为绝对正确、没有矛盾、绝对合乎义理的，认为圣贤对于经典的理解与解释必然完全符合经典本义，并且将此作为辨别经典及其传注真伪的基本前提，显然也有失武断，未必符合历史的真相。此外，朱熹在利用古代典籍互相比较、参证时，有时容易忽略不同典籍的成书年代与真伪情况，难保不会出现以晚证早、以伪驳真的情况。但是，正如白寿彝所指出的，朱熹辨伪学中的种种不足之处"是和后来考证学发达起来时的情形比较而言的。在当时能提出一种辨伪书的具体方案，并能应用这样多的方法的人，恐怕还是要推朱熹为第一人了。他辨伪书的话虽大半过于简单，但在简单的话里，颇有一些精彩的见解，给后来辨伪书的人不少的刺激"[①]。

最后需要指出的是，朱熹对于儒家经典的怀疑与辨伪始终是以尊经卫道为基本前提和根本目的，并且与其理学思想的阐发、建构紧密关联。在朱熹看来，圣贤所作的经典本是完美无缺、尽善尽美、清楚明白、相互贯通的，只是由于后人的附会、增益、改窜、伪造，以及流传过程中遭到的毁坏，才使得经典文本出现残缺、错讹等各种问题以及阅读、理解上的困难。因此，只有彻底清除这些后人附加上去的东西，恢复经典的原貌，才能更准确地接近、把握圣贤之道。同时，朱熹认为，正是由于后儒对于经典本义的误解与扭曲，才导致了圣贤之道的失真与失传，进而引发儒学地位的不断衰落。因此，必须扫除这些伪托、附会在圣贤身上的、有悖于义理的经典与传注，以符合圣贤相传之心的理学思想重新对儒家经典加以诠

---

① 白寿彝编：《朱熹辨伪书语·序》，朴社出版社1933年版，第11页。

释，才能恢复、巩固儒学的主导地位。在这种情况下，朱熹一方面积极从事儒家经典的辨伪考证工作，另一方面又小心翼翼地维护着儒家经典的权威地位，并将此作为经典辨伪的底线，最终实现了儒学的思想重建与全面复兴。

第二节　清初福建朱子学者的经学观与经学方法

从大的方面来看，清初福建朱子学者的经学观主要受到朱熹的经学思想与清初经学复兴的学术背景的双重影响，且这两者的影响都是涉及正反两方面的。首先，清初福建朱子学者因其理学家的身份与立场，自然不满足于以汉唐经学为代表的，以烦琐的训诂、考据、注疏为主要内容与手段，株守先儒传注的经学形态，并且反对那种借提倡经学来否定、批判理学的思想学术倾向。譬如，蓝鼎元提出"说经之家，汉儒为最，至宋而指归乃定"[1]，认为汉代经学虽盛，但汉儒实未能得圣人作经之旨意。李光地则曰："自孔孟后，心学不讲，汉、唐儒者，虽读儒书，只以谶纬、文词为事，讲到经济、气节而止，将孔子合外内之道遗却一边，全不从天命之性、自己心上下功夫。所以佛家窥见此意，从内里打叠，便将来提唱叫唤，人都从风而靡"[2]，指责汉唐儒者读书不讲义理，未能继承、阐发孔孟的心性之学，致使佛家迅速兴起，几乎取代了儒学的地位。此外，李光地亦曾批评"读书人不思经义，株守传注，字字胶执，牵经合传，甚至并传意亦失之，如近世陆稼书、吕晚村、仇沧柱等，真村学究"[3]，认为治经若不能自得于心，直求经典本义，以发明圣贤之道，而只是一味地重复前人传注，甚至以传代经，则将令儒学陷入停滞与僵化，使人不见圣贤之真

① （清）蓝鼎元：《鹿洲初集》卷十四《经学考》，《景印文渊阁四库全书》第1327册，台湾商务印书馆1983年版。
② （清）李光地：《榕村语录》卷二十三，《榕村语录　榕村续语录》上册，中华书局1995年版，第417页。
③ （清）李光地：《榕村续语录》卷十六，《榕村语录　榕村续语录》下册，中华书局1995年版，第785页。

意。因此，在李光地看来，陆陇其、吕留良等人名为朱子学者，其实正是犯了汉唐之儒的通病，而未得朱熹的经学精神，虽然"名为遵程朱，何尝有丝毫发明"？

　　尽管如此，大部分清初福建朱子学者并未排斥或否定经学的价值与意义，反而相当重视对儒家经典的注解与阐释，力图将理学建立在经学的基础上，取得了不少经学成果。譬如，李光地对于四书、五经等儒家经典皆有广泛的研究，尤其擅长易学，撰有《周易通论》《周易观象》《周易直解》《诗所》《尚书解义》《洪范说》《周官笔记》《礼记纂编》《春秋毁余》《孝经注》《榕村四书说》等经学著作，又参与或主持编纂了《周易折中》《四书六经解说》《诗经传说》《春秋传说》《书经传说》等书，可谓清初朱子学者中兼擅经学的代表人物。在李光地的影响与带动下，其弟子蔡世远亦重视经学的作用，提倡汉宋并重，兼收并蓄。故张舜徽称："当康熙、雍正之际，汉宋门户之争，犹未大张。而世远絜长校短，力矫偏枉，殆非张伯行、朱轼辈所逮知也。"[①] 李光地之弟李光坡亦以朱子学为宗，曾次第治十三经与濂、洛、关、闽书，旁及子、史。后更专意三礼，著有《周礼述注》《仪礼述注》《礼记述记》，是清初三礼学研究的代表人物之一。其三礼学"以郑康成为主，疏解简明，不蹈支离，亦不侈奥博，自成一家言"[②]。李光地从弟李光墺、李光型亦受业于光地，二人皆宗尚理学，兼治经学。李光墺著有《考工发明》，李光型著有《易通正》《洪范解》《诗六义说》，二人还合撰《二李经说》。李光地之子李钟伦受学于光地、光坡，精通三礼、易学，著有《周礼训纂》。

　　在不少清初福建朱子学者看来，朱子学的一大优点与长处就在于其对经典与经学的重视和传承。譬如，李光地曾说："朱子正是孔子传派，其于经书躬行心得矣，而解说处，却字字依文顺义，不少走作，才无弊"[③]，

————————————

　　① 张舜徽：《清人文集别录》卷四"二希堂文集"条，华中师范大学出版社 2004 年版，第95 页。
　　② （清）徐世昌等编：《清儒学案》卷四十一《安溪学案下》，中华书局 2008 年版，第 1594 页。
　　③ （清）李光地：《榕村语录》卷十九，《榕村语录　榕村续语录》上册，中华书局 1995 年版，第 333 页。

"朱子之门,守章句,践规矩,故其学于诸家为无弊也。象山之学,见之者慈湖,闻之者姚江,由其言,六经不作可也,文武之道尽矣,虽后有贤圣而焉师乎?"① 李光地进一步指出,朱子学的这种"守章句、践规矩"的特点与学风又承自汉儒之学。"今经学久晦,士大夫好尚趋向,庞而不纯,浮华之徒,转相夸毗,独至《蒙引》《存疑》《浅说》《通典》诸书则行于海内,家习而人尚之,翕如也。故尝以为吾闽之学,独得汉儒遗意。明章句,谨训诂,专门授业,终身不背其师言者,汉儒之学也。师心任智,灭裂卤莽者,近代之学也。是二者孰古孰今,孰淳孰薄,后之君子必有辨之者。"② 在此,李光地显然给予了汉儒及其经学极高的评价。他将"明章句,谨训诂,专门授业,终身不背其师言"视作汉儒之学的基本特点,并且认为福建朱子学正是继承了汉学的这一特点,从而与师心任智、灭裂卤莽的近代之学即陆王心学相区别。

清初福建朱子学之所以十分强调经学研究,除了自身固有的学派思想传统外,还直接源自于对王学末流束书不观、游谈无根的学术风气的批判与纠正。譬如,李光地就提到当时经学久晦,士大夫的学术趋向庞杂不纯,"或以经书为习见而自匿于释老之门,或以章句为陈言而自炫于词章之耀",并且明确指出"今人之弊,则由心疑濂、洛、关、闽之非真宗,有不欲依傍之意。且见其说理明白,遂并理而卑之;谭经平实,遂并经而易之。更加以苟简成习,功利成风,一寓目于谭经说理之书,又畏其劳心,而恶其厉己也。于是欲托他门以遁迹,借末艺以蜚声。此其用心,与唐宋之人何如? 而所谓异端小道者,又乌得成就哉! 今日须以此为大戒"。③ 在李光地看来,宋代之前,道统传承一度中断,"士有求道之心而不逢先觉,有立言之志而莫适折衷",故不免遁于异门或淫于末学,但其人皆实有过人之志尚、迈人之资器与百倍于人之刻苦,并非有意借此以自

---

① (清)李光地:《榕村集》卷一《观澜录·诸儒》,《景印文渊阁四库全书》第1324册,台湾商务印书馆1983年版。

② (清)李光地:《榕村集》卷十三《重修蔡虚斋先生祠引》,《景印文渊阁四库全书》第1324册,台湾商务印书馆1983年版。

③ (清)李光地:《榕村集》卷二十一《课王生仲退》,《景印文渊阁四库全书》第1324册,台湾商务印书馆1983年版。

逃。"其时禅释之徒，皆切实理会身心，而以诗文博雅名者，又未尝不淹贯于经书之义，直以去圣既遥，群言淆乱，故择焉不精，语焉不详，而非其罪也。"① 相比之下，明代王学之弊则是学者有意为之，自背于圣贤之道。而对治之法便是返回"说理明白""谭经平实"的朱子学。由此可见，清初福建朱子学对于经典研究的重视同样根源于明清之际的学术思想变革，亦可视为明末清初经学复兴运动的一个组成部分。但是，与当时某些经学家寻求以经学推翻、取代理学不同，清初福建朱子学者主张回到朱熹通经以求理、寓经学于理学的思路和立场上来，以重新实现经学和理学的统一。

关于经学的价值与地位，以及经学与理学的关系，清初福建朱子学者大体上继承了朱熹的看法，主张"读书以穷经为本，以明理为至，穷经所以明理也"②。在其看来，经典是圣贤之道的载体，"夫子所留下的书，万理具足，任人苦思力索，得个好道理"③，因而经学在儒学中拥有基础性的地位，学者必须通过研治经典来认识、把握圣贤之道。同时，清初福建朱子学者也注意到，儒家经典特别是六经并不都是为了阐发义理而作，而其之所以具有说理的功能，可以作为理学的基础与依据，很大程度上是由于孔子删述六经的关键性作用。所以李光地赞叹道："尼山造化在其手。《易》本卜筮之书，《春秋》本记事底档，《书》亦流传的数篇古文，《诗》本风谣乐歌。一经其手，便都道理完备。范围天地，曲成万物，是何等手段。"④ 也正因为这一原因，后世儒者在研究经典时，不仅要注解经文，训诂考据，以了解经典之本义，还要发明、推演其中蕴含的义理，以契悟历代圣贤之用心。李光地还指出："三代之道，存于今者，书耳。经书所言，皆当日行事之实也。其有格之于事而不成，推之于道而不合，非经之过，

①　（清）李光地：《榕村集》卷二十一《课王生仲退》，《景印文渊阁四库全书》第 1324 册，台湾商务印书馆 1983 年版。

②　同上。

③　（清）李光地：《榕村语录》卷一，《榕村语录　榕村续语录》上册，中华书局 1995 年版，第 1 页。

④　同上。

其无乃求之者失其理与？"① 换言之，经典既是道与理的载体，又以古代的制度事迹为主要内容，理寓于事，二者是内外一致的。一方面，学者固然要通过对事的考究来发现道理，但另一方面，学者若不能准确理解圣贤之道，其对经典内容的考究亦将于事不成、于道不合。

因此，清初福建朱子学者在治经讲学中多主张汉宋兼采，既肯定汉儒有传经、注经之功，又表彰宋儒得体道之实，能发明圣贤之义理，试图以理学的立场来融摄经学，为日益流于虚妄的理学重新构筑一个坚实的思想基础。譬如，李光地说道：

> 夫经者，天下之公理，非一家之私言，故有后人发明之功不可诬者，亦有前人传述之劳不可泯者。……夫《禹谟》《伊训》《说命》，传道之书，可得而诋与？《春秋》三传，去圣人最近，可得尽訾与？《仪礼》《周礼》，周公经世大法，可得疑且黜与？汉儒守先待后之勤，朱子盖屡称之，后学纷纷之论，其果有当与？夫溯圣经之源流，辩先儒之同异，信而好古，以仰赞尊经崇道之化，学者事也。②

> 正心诚意之学，汉儒果不知也，至于说经，岂无是处？合众人之是，皆所以明经也，岂可轻忽扫弃！③

> 解经在道理上明白融会，汉儒自不及朱子。至制度名物，到底汉去三代未远，秦所渐灭不尽，尚有当时见行的。即已不存者，犹可因所存者推想而笔之，毕竟还有些实事。不似后来礼坏乐崩，全无形似，学者各以其意杜撰，都是空言。此汉儒所以可贵。④

> 《汉书》不可少，许多三代遗制在其中。……至康成注，却不可

---

① （清）李光地：《榕村集》卷十《周官大司乐章注序》，《景印文渊阁四库全书》第 1324 册，台湾商务印书馆 1983 年版。

② （清）李光地：《榕村集》卷二十二《己丑会试策问》，《景印文渊阁四库全书》第 1324 册，台湾商务印书馆 1983 年版。

③ （清）李光地：《榕村续语录》卷四，《榕村语录　榕村续语录》下册，中华书局 1995 年版，第 619 页。

④ （清）李光地：《榕村语录》卷十九，《榕村语录　榕村续语录》上册，中华书局 1995 年版，第 341 页。

少，无此，《三礼》无从看起。①

蔡世远亦云：

圣人之道具于经，故必知道而后能明经。然传经亦所以存道。自孟子后，汉儒有传经之功，宋儒有体道之实。汉初，董江都学贯天人，定一尊于孔氏，罢申、韩、苏、张之学，儒之醇者矣。然伏、毛、孔、郑诸儒各有传经之功，不可忘也。有宋周、程、张、朱五先生继起，直接孟氏之传，圣道如日月中天，道统之所由集矣。而其时师友之相与讲习而衍派者，何其盛也。轻汉儒者，以为徒事训诂，而少躬行心得之功。不知代经秦火，汉儒收拾于灰烬之余，庚续衍绎，圣人遗经赖以不坠，汉朝得收尊经之效，定四百年之基。六朝反之而替，唐贞观因之而昌，汉儒之功，其可掩乎？议宋儒者，以为研精性命，恐少致用之实。不知修己尽性，功施靡极，使程朱得大用于世，隆古之治可复也。宋季指为伪学，国随以微。鲁斋之在元，略见施用，有经邦定国之功。明初正学昌明，成弘之际，风俗淳茂近古，嘉隆以后，人不遵朱，学术漓而政纪亦坏，非其明效大验欤？譬之谈周家王业者，汉儒其后稷、公刘、古公也，宋儒其文、武、成、康之盛治也。今尚论文、武、成、康，而忘后稷、公刘、古公之肇基累仁，可乎？然使但称后稷、公刘、古公之能兴周，而不及见文、武、成、康之盛治，其遗憾也，不又多乎？②

在清初福建朱子学者看来，汉儒有传经之功，使圣人遗经赖以不坠，宋儒有发明之功、体道之实，使圣人之道得以复明，前者构成了后者的基础与前提，后者则是对前者的进一步发展与光大，故二者不可偏废，不应简单地以儒学的某一方面或某一阶段去否定儒学的另一方面或另一阶段。

---

① （清）李光地：《榕村语录》卷十九，《榕村语录　榕村续语录》上册，中华书局 1995 年版，第 341 页。

② （清）蔡世远：《二希堂文集》卷一《历代名儒传序》，《景印文渊阁四库全书》第 1325 册，台湾商务印书馆 1983 年版。

特别是由于汉代去古未远，仍留存了一些上古的文字、制度、名物，因而汉儒在经典文本的注解上拥有后人无法比拟的有利条件与独特优势，不可轻视忽略。故清初福建朱子学者在解释经典方面颇能借鉴汉儒经说，甚至以此来修正朱子学之成说。如李光地在解释《中庸》时说道：

> "至诚之道，可以前知。"自朱子讲得精细。言诚则生明，但却与下"祯祥""妖孽""蓍龟"等句不甚紧醒。盖如此，诚则自明，又何须说到"妖孽""祯祥"及"蓍龟"耶？倒是郑康成粗粗的解一句甚好，言"天不欺至诚"也。盖"祯祥"等亦有不验者，如臧武仲据防，后世芝草生，醴泉出，凤凰见，未必尽验。惟"至诚"与鬼神合其吉凶，无不若合符节者，故必先知而无疑也。盖"不欺"二字即从"至诚"看出，至诚不欺天，故天不欺至诚。其实"至诚"即天也。①

其解释《诗经》时亦云：

> "天生蒸民"四句，朱子说："有耳目便有聪明之则，有父子便有慈孝之则，是乃民所执之常性，故其情无不好此美德者。"本说得好。康成谓物为性，谓则为情，言"天生蒸民"，其中实在有个性。物，如"为物不二"之物；所谓性，立天下之有也。惟其有此，所以感应于外者，都有个则。他竟于"物"指出仁义礼智之名，于"则"指出喜怒哀乐之名。惟有"物"，故为"民之秉彝"；惟有"则"，故未有好而不在此懿德者。某却从康成说。朱子说下四句，用"况"字转。康成却说天亦好德，所以监周而生山甫。亦觉得更加有味。②

显然，李光地提出的这些经学观点既带有义理上的考量，也包含了训诂的方法。而李光坡所著《三礼述注》更是以郑玄、孔颖达、贾公彦等人

---

① （清）李光地：《榕村续语录》卷二，《榕村语录　榕村续语录》下册，中华书局 1995 年版，第 576 页。
② （清）李光地：《榕村语录》卷十三，《榕村语录　榕村续语录》上册，中华书局 1995 年版，第 239 页。

的注疏为主，欲借汉唐诸儒之说全面清理、订正宋元以后被奉为正统的理学家经说。同时，李光地还提到，古代的经典虽不免可疑或可议之处，但皆有其特殊的来源与不可取代的价值，其中往往包含了深刻的义理与重要的制度，后世学者应当信而好古，虚心体察，不能仅仅为了阐述、论证自己的道理就轻易怀疑、否定圣贤之经典，亦不可尽废先儒之注疏。为此，李光地对程子不重前人注疏，多以己意解经的方式就颇有微词，批评其"往往以绝学为言，却起后来菲薄前贤、自我作古一辈人流弊"①。

需要注意的是，清初福建朱子学者亦非单方面地强调经学为理学之基础，理学依附于经学，而是主张经学与理学相辅相成，互相促进，是一种双向互动的辩证关系。诚然，按照一般的逻辑来看，既然圣贤之道以经典为载体，道理存在于经典之中，那么自然需要通过穷究经典文本来发明义理。但是朱子学者认为，由于经典年代久远，讲诵失传，往往晦涩难读，且圣贤之道有时并非直接说出，而是潜藏于经文之后，尚待推说、引申，故学者仅凭单纯的训诂考据并不能完全领会圣贤的微言大义。在这种情况下，既然程朱已将经典中蕴含的圣贤之道的大旨发明出来，故当程朱之后，学者为了避免多走弯路，甚至误入歧途，便可以借由程朱等理学家对于圣贤之道的阐发来理解经典。因此，清初福建朱子学者既肯定"传经所以存道""因经以求道"，又主张"知道而后能明经"，从而进一步使程朱之理与孔孟之道、圣贤之经融为一体。

也正因为这个原因，在读书之序，亦即入道之序的问题上，清初福建朱子学者主要继承了陈淳所强调的"《四子》，六经之阶梯；《近思录》，《四子》之阶梯"②的思路，主张经由周、张、程、朱之书以达于四书，由四书以达于六经。如李光地即云：

　　六经之规模宏阔而辞义简奥，故必以《学》《庸》《语》《孟》为

---

① （清）李光地：《榕村语录》卷二十四，《榕村语录　榕村续语录》上册，中华书局 1995 年版，第 429 页。

② （宋）黎靖德编：《朱子语类》卷一百五，《朱子全书》第 17 册，上海古籍出版社、安徽教育出版社 2002 年版，第 3450 页。

之阶梯；四子之心传不继而纯粹云亡，故必以濂、洛、关、闽为之门户。……由濂、洛、关、闽之书以进于《四子》，由《学》《庸》《语》《孟》之道以达于六经。[①]

在他看来，治经以明理为根本目的，因六经规模宏阔而辞义简奥，故须以集中阐述义理的《大学》《论语》《孟子》《中庸》四书为阶梯，而四书中的孔孟之道亦曾失传千载，惟赖周敦颐、张载、二程、朱熹等宋代理学家的发明之功，方使其粲然复彰，故须由濂、洛、关、闽之门户，才能不迷其途，循序而进于孔孟之堂奥。由此不难看出，相较于朱熹强调经传相分，直求经典本义，以摆脱汉唐注疏的束缚，建构一套符合理学需要的新经典解释与经典体系，清初福建朱子学者更为强调借由程朱等理学家的注解与诠释来把握经典，从而巩固、强化孔孟至程朱之间的道统传承，并使程朱等理学家的著作跻身经典之列。

同时，由于六经、四书与濂洛关闽之书具有不同的性质特点，因而在研究方法与重视程度上亦应有所区别。如李光地提出："《学》《庸》《语》《孟》，濂、洛、关、闽，不可一日而不精思熟讲者。六经则或且穷一经，务令透彻，随人资性，以渐兼通。若贪多泛涉，则又徒为徇名而无益于得也。"[②] 而蔡世远则曰："盖尝观于六经、诸子，而后叹四书之语切也；观于古注疏，及有宋以来诸儒讲义，而后叹朱子之心细也。读六经、诸子者，但即四书为权衡焉足矣；读四书者，但研究朱子《集注》及《或问》《语类》诸书以为参会焉足矣。"[③] 综上可见，清初福建朱子学者认为，四书以及以朱熹为代表的宋代理学家诠释四书的著作在治学过程中应先于且重于六经。

基于这样的经学观，清初福建朱子学者自然要对以阳明心学为代表的自我作古、唯以己意说经，甚至蔑弃经典、直求本心的治学方法进行批

---

① （清）李光地：《榕村集》卷二十一《课王生仲退》，《景印文渊阁四库全书》第 1324 册，台湾商务印书馆 1983 年版。

② 同上。

③ （清）蔡世远：《二希堂文集》卷一《四书尊闻录序》，《景印文渊阁四库全书》第 1325 册，台湾商务印书馆 1983 年版。

判。譬如，李光地说道：

> 有明一代学问，凡前人说过的话，便不屑说，却要另出意解。郑
> 世子、韩大司马、杨椒山讲乐，一无承受，直接虞舜；王阳明讲学，
> 便似从孔子后，到他方明白。孔子像豫知后来有这般人，所以说"述
> 而不作，信而好古"。以此定人之学问，百不一失。有所承受，一路
> 考订来者，便是。作而不述，不信而好古者，便不是。①
>
> 所恶于阳明者，直谓四书、五经皆是闲账，直指人心，立地成佛
> 耳。读书人不思经义，株守传注，字字胶执，牵经合传，甚至并传意
> 亦失之，如近世陆稼书、吕晚村、仇沧柱等，真村学究。名为遵程
> 朱，何尝有丝毫发明？当时如蔡虚斋、林次崖、陈紫峰等，已有是
> 病，故阳明等厌之，而有反其道以治之之弊。不知其说固陋处，但就
> 其说以破之足矣。何至大决其藩篱而不顾也？②

在李光地看来，经典乃天下之公理，非一家之私言，而对经典的研究
亦是一个有其传统、渊源，又不断发展、完善的历史过程。因此，即便先
儒所言未必尽是，但后人对于经典的理解与解释仍须建立在前人研究的基
础之上，充分参考、尊重前人的治经成果。而这一点亦成为判断儒者学问
优劣的一个重要标准。凡是学有所承，能在借鉴、吸收先儒研究成果的基
础上，再加以考订之功的，其学问便较优胜。反之，若是作而不述、自我
作古、惟务立异者，其学问便多差谬。此外，李光地亦承认朱子学在传承
过程中渐趋保守、僵化，已难以有效传达经典中的圣贤之道，而王学的兴
起正是反其道而行之，以对治朱子学的弊病。但他同时指出，阳明若要纠
正朱子后学之弊，只需就其说固陋处进行修正、改革即可，而不应采取全
盘推翻、彻底否定的方式，从一个极端走向另一个极端，以致蔑弃经典，

---

① （清）李光地：《榕村语录》卷二十二，《榕村语录　榕村续语录》上册，中华书局 1995
年版，第 404 页。
② （清）李光地：《榕村续语录》卷十六，《榕村语录　榕村续语录》下册，中华书局 1995
年版，第 785 页。

变乱圣学，混佛于儒。在清初福建朱子学者看来，学者治学是否以经典为根基，是否重视经典研究，是辨别其学术是非邪正的基本标准。"为学而不本六经，必流为异端邪说、支离固陋之学。故自古今以来名为儒者，无不以穷经为要。"①

清初福建朱子学者在经学研究中所运用的经学原则与经学方法主要继承了朱子学的经学传统，并因其自身的时代特征与思想背景而有所调整和损益。从大的方面来看，清初福建朱子学者在治经中较为注重训诂考据的作用，主张将训诂考据与义理阐发结合起来，尽量避免以己意解经的错误。譬如，李光地说道：

> 读书只赞其文字好，何益？须将作者之意发明出来，及考订其本之同异，文义之是否，字字不放过，方算得看过这部书。②

> 今专门之学甚少，古来官制、田赋、冠服、地里之类，皆无精详可据之书。此等必实实考究得源源本本，确有条贯，方好。不然随便著作，有何关系？如浙中万氏礼学，极有佳处，但多是自己做主意，所引经史，只据来证吾此说，不管对面反面，尚有别义。如问官事，要偏在原告，便只取原告干证，不管被告干证；要偏在被告，便只取被告干证，不管原告干证，如此岂能归于至是？③

万斯大作为清初著名经学家，深研诸经，学识广博，长于考据，尤精三礼、《春秋》。其治经强调"非通诸经，不能通一经；非悟传注之失，则不能通经；非以经释经，则亦无由悟传注之失"④，开乾嘉学者经学考据之先声。即便如此，李光地仍批评万氏礼学在考据方面有所欠缺，偏于主观，"多是自己做主意，所引经史，只据来证吾此说，不管对面反面，尚

---

① （清）蓝鼎元：《鹿洲初集》卷十四《经学考》，《景印文渊阁四库全书》第 1327 册，台湾商务印书馆 1983 年版。
② （清）李光地：《榕村语录》卷二十四，《榕村语录　榕村续语录》上册，中华书局 1995 年版，第 428 页。
③ 同上。
④ （清）黄宗羲：《南雷文定前集》卷八《万充宗墓志铭》，中华书局 1985 年版，第 123 页。

有别义"，可见其对训诂考据方法之重视。

关于训诂考据，李光地提出："蔑训诂者无师，滞章句者无得，是故古之言智者曰择。惟能择，其庶几乎。"① 这里所说的"择"，主要指基于理性、客观的学术判断。因此，与当时某些经学家在经学研究中所表现出来的凡古必真、凡汉皆好、惟汉是从的武断与教条不同，清初福建朱子学者虽然承认汉儒去古未远，于经典的训诂考据方面多有所得，但并不迷信汉儒的说法，而是能够有所拣择，择善而从，并如实指出其中的错误与不足。如李光地曾说：

> 以彭蠡为鄱阳湖，郑康成如此说，后人便不敢易。盖制度名物，比道理不同。道理在人心，可直溯无极，无有分限。至名物制度，恐有传授，便不敢轻易空说。故汉儒错，便承伪袭误，苦不可言。只有孔子，一字无据不轻下。……汉儒说道理无如董仲舒，说制度无如郑康成。董子说不透，郑君多杜撰。朱子比郑君为确当，比孔子尚为无稽。如启蒙之占，"隔八相生"之解，皆排比齐整，便硬断以为如此，其实错处甚多。②

李光地举郑玄误以彭蠡为鄱阳湖为例，指出汉儒在制度名物的训诂考据上亦多有差错，不可全信。即便名望、学识如郑玄者亦然。从表面上看，李光地似乎是在批评汉儒的训诂考据之学，其实正突显出他对训诂考据的重视与慎重。因为训诂考据与阐发道理不同，道理内在于每个人心中，尚可求诸本心，而训诂考据则主要依赖先儒的传授，有客观的标准，不可轻易空说。若前人一旦犯错，后人便不免承伪袭误，苦不可言。故训诂考据更须严谨慎重，不作无据之论，以免贻误后人。李光地不仅批评汉儒注经多出杜撰，而且指出朱熹解经亦存在不少错误，体现出一种独立客

---

① （清）李光地：《榕村集》卷一《观澜录·经》，《景印文渊阁四库全书》第1324册，台湾商务印书馆1983年版。

② （清）李光地：《榕村续语录》卷五，《榕村语录　榕村续语录》下册，中华书局1995年版，第628页。

观、实事求是、不迷信权威的学术精神。

清代学者在训诂考据中特别注重且普遍使用的一项基本方法和有力工具便是音韵学。音韵学本为经学的附庸与小学的分支,最早可追溯到汉魏时期,自《隋书·经籍志》至《四库全书总目》都将有关音韵学的著作附入经部。音韵学虽然历史悠久,但因其内容艰深繁杂,一向被视为"绝学",较少受到学者的特别关注。尤其是关于古音学的研究,起步较晚,发展曲折,阻碍了人们对于经典的阅读与理解。直至明清之际,随着经学研究的复兴,由于音韵学与训诂考据之间存在密切联系,经过顾炎武等经学大师的重视与提倡,遂由附庸蔚为大国,成为清代的一门显学。清儒对于古音的考据之精,审音之细,皆是前所未见的。尤其是顾炎武,不仅提出了"读九经自考文始,考文自知音始"①的主张与口号,强调"古人之音亡而文亦亡"②,确立了音韵学的特殊地位与价值,而且穷三十年之功著成《音学五书》,破除了叶韵说与传统韵书的束缚,根据《诗经》《易经》等上古韵文材料归纳韵部,得古韵十部,并离析《唐韵》以求古音分合,将入声配阳声改为入声配阴声,从而对古音学诸问题做了较为全面的讨论,建立了以考据学为基础的古音学体系,对于清代音韵学特别是古音学的成立与发展具有开创意义。

在清初福建朱子学者中,李光地亦精通音韵之学,著有《榕村韵书》《韵笺》《等韵便览》《等韵辨疑》等音韵学著作,又主持编纂了当时最完备的韵书《音韵阐微》,可谓清初较有成就的音韵学家。李光地于当时及前代的音韵学家中,最佩服顾炎武,认为"(朱熹)《诗传》叶韵已好,尚不如顾宁人考据精确,六经皆可通"③,其音韵学研究亦受顾氏的影响最深。对于顾氏音韵学的方法、特点与成就,李光地说道:"韵学不讲,宁人独出究心,直还三代。……前人于唇喉齿舌,或不差,而字之偏旁多不

---

① (清)顾炎武:《亭林文集》卷四《答李子德书》,《顾亭林诗文集》,中华书局 1983 年版,第 73 页。

② 同上书,第 69 页。

③ (清)李光地:《榕村语录》卷十三,《榕村语录 榕村续语录》上册,中华书局 1995 年版,第 224 页。

讲，至宁人却讲偏旁，故独有着落。杜、韩用韵皆精当，惟入声不能如宁人。宁人讲入声，直千古未有"①，"顾宁人考订古韵，以经为宗，他书证之，精确不过"②，"近日惟长洲顾炎武宁人氏能古韵，心通其意而又援据极博，足以征之"③，"近时如顾宁人之韵学，梅定九之历算，皆穷极精奥，又确当不易，虽圣人复起，弗能易者"④，又称："顾亭林《音学五书》是不朽之书"⑤，"顾宁人韵书，真不刊之业，千古杰出，前贤未之有也"⑥，"有顾氏之书，然后三代之文可复，《雅》《颂》之音，各得其所。语声形者，自汉晋以来，未之有也"⑦，可谓评价极高，推崇备至。

据《文贞公年谱》与《榕村谱录合考》记载，李光地曾于康熙十年（1671）三十岁时问音韵于顾炎武，并由此开启了其对音韵学的终身兴趣与研究。关于这次会面的情况，李光地自述道：

> 余始官庶吉士，曾相从为半日话。时余于音学无晓也，宁人举大指示之曰：古者同文，声与形应，凡字旁从某，音必从某。后世不悟音讹，反谓古书为叶，皆非也。《唐韵》承江左末流，部居悉舛，分合之间，纷不可治。今当以《诗》《易》、周秦之文为正，质验字旁，分者并之，合者离之，使古书无二音，然后得复其旧。⑧

由此可知，李光地在遇到顾炎武之前，对于音韵学并无多少了解。而

① （清）李光地：《榕村语录》卷三十，《榕村语录　榕村续语录》上册，中华书局1995年版，第547页。
② （清）李光地：《榕村续语录》卷十六，《榕村语录　榕村续语录》下册，中华书局1995年版，第775页。
③ （清）李光地：《榕村集》卷十一《韵笺序》，《景印文渊阁四库全书》第1324册，台湾商务印书馆1983年版。
④ （清）李光地：《榕村续语录》卷十六，《榕村语录　榕村续语录》下册，中华书局1995年版，第775页。
⑤ （清）李光地：《榕村续语录》卷二十，《榕村语录　榕村续语录》下册，中华书局1995年版，第902页。
⑥ 同上书，第903页。
⑦ （清）李光地：《榕村集》卷三十三《顾宁人小传》，《景印文渊阁四库全书》第1324册，台湾商务印书馆1983年版。
⑧ 同上。

二人之间的交流虽只有短短的"半日话",但顾炎武已将其治音韵学的基本原则与方法倾囊相授:一、古书无叶音;二、古音存在于文字声旁中,读音与字形相对应,"凡字旁从某,音必从某";三、《唐韵》不可靠。研究古音应以《诗经》《易经》等周秦韵文为基础,参考文字的声旁,以归纳韵部,进而对《唐韵》进行离析,"分者并之,合者离之",以复古音之旧。显然,这三点代表了当时音韵学发展的最新成果,对于音韵学的研究者来说是极为重要的。李光地虽一时难以完全理解,但亦"心识其说"。归家之后的数年间,李光地又"追寻言绪,未达者自以意为之说"[1],继续钻研音韵之学。康熙十五年(1676),李光地"既通国书及顾氏音学,至是玩心益熟,乃摘字之习用者,依等韵字母编为《便览》"[2]。在初见顾炎武七年之后,李光地又得顾氏《音学五书》,并将其与自己这些年的研究所得相互参照,发现自己"所意者幸不谬",颇为欣喜。此后,李光地便以顾炎武的音韵学理论为基础,加以自己的推阐发明,进一步改进、发展顾炎武所创立的音韵学体系,取得了不少学术成果。

譬如,李光地所著《榕村韵书》,依韵府次第,重定其通用、独用之条,反对古韵通转之说,又参以古音等切之理,以定今音之分合,颇可刊正俗书分合之误。[3] 其《南北方音及古今字音之异》论证了南北方言及古今字音的不同。其《榕村韵书略例》提出"五音生生"之说,以阿、厄、衣、乌、于为五元音,谓:"夫色不过五,而五色之变不可胜观;味不过五,而五味之变不可胜尝;故音不过五,而五音之变不可胜用也。前世为韵书者,未知五音生生之法,故虽区别有伦,而迷其本始。惟国朝十二字头之书,但以篇首五字,使喉舌齿唇展转相切,而万国声音备焉。盖于韵部,以麻、支、微、齐、歌、鱼、虞为首;于字母,以影、喻为首,独得

---

① (清)李光地:《榕村集》卷三十三《顾宁人小传》,《景印文渊阁四库全书》第1324册,台湾商务印书馆1983年版。

② (清)李清植:《文贞公年谱》卷上,《北京图书馆藏珍本年谱丛刊》第85册,北京图书馆出版社1999年版,第167—168页。

③ 据罗常培的研究,今本《榕村韵书》疑即李光地的另一部音韵学著作《韵笺》。参见罗常培《〈榕村韵书〉正名》,《罗常培语言学论文集》,商务印书馆2004年版,第535—539页。

天地之元声，故可以齐万籁之不齐，而有伦有要也。"① 其《翻切法》与
《音韵阐微》则以"五音生生"说为理论基础，新创合声反切法，改良了
传统的反切。其基本方法为："上一字择其能生本音者，下一字择其能收
本韵者，缓读之为二字，急读之即成一音。……凡字之同母者，其韵部虽
异，而呼法开合相同，则翻切但换下一字，而上一字不换。……凡字之同
韵者，其字母虽异，而平仄、清浊相同，则翻切但换上一字，而下一字不
换。"② 故反切上字皆选用无韵尾的支、微、鱼、虞、歌、麻数韵中字，反
切下字选用无声母的影、喻两纽字，同时注意用字的清浊、开合、声调，
便可实现相切其声自合。如此，就大大改变了旧韵书"用法繁而取音难"
的弊端，使反切的用字数量大为精简，拼读更为准确、顺畅，音韵系统亦
更加简化，从而在汉字标音史上具有重要的意义，影响于后世者甚大。

　　此外，李光地还特别注重利用方言、曲韵以及满洲十二字头拼音方法
等材料来研究音韵学，以弥补顾炎武音韵学理论之未备。譬如他说：

　　　　知、彻、澄、娘之为舌音，今存者娘字耳，余三字则皆入齿音，
　　不知自何而变，惟闽广人则尚有之。③

　　　　古人有闭口音，乃今诗韵侵、覃、盐、咸四部，在满字则阿、
　　额、依一头是也。浙江、江西、闽广间此音尚存，直隶及他省皆
　　无之。④

　　　　音韵古人四声并叶者多，不然《诗经》《易经》便不可读。可见
　　乡音虽同文之世不废也。如"遇人之不淑矣"，"淑"字《诗》叶
　　"啸"字。今《孝经》称"叔"还称如"啸"字音，岂不是古音之乡
　　音？……彼处与中州近，古时大抵全是北边的音，及五胡来，便杂之

　　① （清）李光地：《榕村集》卷二十《榕村韵书略例》，《景印文渊阁四库全书》第1324册，
台湾商务印书馆1983年版。
　　② （清）李光地等纂：《音韵阐微·凡例》，商务印书馆1936年版，第2—4页。
　　③ （清）李光地：《榕村集》卷二十《南北方音及古今字音之异》，《景印文渊阁四库全书》
第1324册，台湾商务印书馆1983年版。
　　④ （清）李光地：《榕村集》卷二十九《覆填写经世声音图满文劄子》，《景印文渊阁四库全
书》第1324册，台湾商务印书馆1983年版。

以胡音，而古音反杂。又五代，中原人多渡江，蛮音又反存有古音。如吾闽说话，有将"此"字错去，竟不是一母一等者。若是念书，古音甚多，如有闭口，有入鼻，有轻唇，无重唇，有轻齿，无重齿之类。当日顾宁人每来访问闽音，大称是古音，而人不知。①

顾亭林足迹几遍天下，而本乡昆腔家所谓《度曲须知》忽略未见，无惑乎怪骂退之错用韵。②

顾氏之学，以质于《诗》《书》古文，合者为多，至声气之元，歌乐之用，古人所以协律同文之本，则似有未能明者。盖东、冬、江、阳、庚、青、蒸七韵，原为一部，以其元乃一气所生，而用之以协歌曲，则收声必同故也。真、文、元、寒、删、先，及侵、覃、盐、咸皆然。至支、微、齐、鱼、虞、歌、麻诸韵，又各部之根，凡各部中字生音起韵，皆从此而得，应自为一部而通同之，欲其源派分明，故亦别为三部：歌、麻也，鱼、虞也，支、微、齐也。然鱼、虞之韵，能生萧、肴、豪、尤，故萧、肴、豪、尤与鱼、虞同一收声，而可以通用。支、微、齐能生佳、灰，故佳、灰与支、微、齐同一收声而可以通用也。至歌、麻与鱼、虞，虽别部而尤相近，盖古人读"鱼""虞"字皆如"模"字，读"麻"字皆如"歌"字。缘歌、模两部相近，其收声亦颇同，则鱼、虞可通于萧、肴、豪、尤者，歌、麻亦可通矣。如东、冬七韵，真、文六韵，侵、覃四韵，虽亦支、微、鱼、虞、齐、歌、麻所生，然翻转于齿、舌、唇、鼻间而得之，非喉音直切所生，如萧、肴、豪、尤、佳、灰者比，故各自为部，而不可相通也。③

又云：

---

① （清）李光地：《榕村续语录》卷二十，《榕村语录　榕村续语录》下册，中华书局1995年版，第901—902页。
② 同上书，第902页。
③ 同上书，第906页。

国书"阿、厄、衣、乌、于"五字，妙得声韵之元，毫无勉强。……五字反复叠呼，便有四万声。《音学五书》所少者，此耳。将来把毛稚黄书及《度曲须知》，择其精要语，附刻于后，便成完书。……毛稚黄及《度曲须知》，亦晓得支、微、齐、歌、麻、鱼、虞七部之字无头，它部之字皆有头。却不知七部乃声气之元，别字都是他生的，无有生他者。如"西邀乌"是"萧"字，"西"是字头，"邀"是字腹，"乌"是字尾。又"支"，乃"真"之头，"都"乃"东"之头，"于"乃"元"之头。韵部自当用此七部居前，以生各部。①

古今韵部，惟本朝十二字头为得天地之元声，符三代之古法。今昆山乐工及士大夫识韵学者，颇能辨其部分，有条不紊。然一概沿唐人之旧，以东、冬、江等为弁首，终不如本朝字书冠之以ㄥ、ㄐ、ㄑ一类，其音与支、微、齐、鱼、虞、歌、麻七韵相对，实能生余韵，而不为余韵之所生。推之切字，则亦能切余韵，而不为余韵之所切。②

毛稚黄书却与宁人互相发。宁人吴人，而不知唱曲。稚黄则本之《度曲须知》，可叶之管弦矣，然稚黄又不知天地元音。元音惟本朝得之。音声起于歌麻，反切起于影晓，本朝起于外地。……自古以来，韵学不知有元音，而本朝合之，非偶然者。人须知古韵，又知唐韵，又须知今所用韵。凡学问皆须如此。③

李光地一方面指出闽广、江西、浙江等处的方言中多保存有古音，故可利用方言材料进行音韵学研究；另一方面，又以实用为考量，在顾炎武划分古韵十部的基础上，参考、吸收了毛先舒的"收音说"与沈宠绥的《度曲须知》，以收声为依据，将顾氏的古韵十部厘为六部。同时，李光地还受到满洲十二字头拼音方法，以及顾炎武提出的反切起于合声说的启

① （清）李光地：《榕村语录》卷三十，《榕村语录　榕村续语录》上册，中华书局1995年版，第545页。
② （清）李光地：《榕村集》卷二十九《覆发阅韵谱式样劄子》，《景印文渊阁四库全书》第1324册，台湾商务印书馆1983年版。
③ （清）李光地：《榕村续语录》卷二十，《榕村语录　榕村续语录》下册，中华书局1995年版，第903页。

发，将满洲十二字头与"收音说"及古音学、等韵学理论融会贯通，创为"五音生生"之说与合声反切法。

综上可见，李光地的音韵学研究力图将考古与实用结合起来，既关注考订古韵，以明古音、古文之原貌，又强调"合时谐俗"，能够为一般士人的诗赋、歌乐押韵提供指导和依据。关于前者，李光地对音韵学特别是古音学的研究与提倡，不仅有助于他的经学研究，为其训诂考据古代经典提供了有力工具，如李光地的《诗所》便是以顾炎武的《诗本音》为依据来注解《诗经》，而且在当时顾炎武的古音学理论"知之者鲜"的情况下，坚持、宣传了顾氏的古音学，对于清代中前期音韵学与训诂考据学的发展起到了一定的推动作用。

当然，作为理学家，以李光地为代表的清初福建朱子学者在治经过程中，仍以阐发经典的义理内涵为最终目的，重视思想的整体理解与融会贯通，而不仅仅止于字词、文句的训诂考据。故曰："注一部书不容易，若单就一字一句解，有何难？须将一部看成一串，若不能如此，三行外便另成一意，与前矛盾。解至后，便与前相背，自己亦不解所谓矣。"① 同时，对于经典中那些晦涩难晓的言辞字句、人事世次与制度名物，李光地亦不主张进行烦琐而无益的训诂考据，而是以明其大义为主、为本。譬如他说："夫礼乐之用同归，而乐之原本标委，学者盖难言之。以予考其宣幽释滞之故，与其道和之效，其大致可知已。而所以为难言者，毋亦钟律损益，累黍之求，灰琯之验乎？其亦可谓缓于本而急于末，舍其甚明而务之不可知者也。"② 又云："《诗》中显有证据的，自然为某人某事，稍涉游移者，便当空之，愈空愈好，何用实以世系姓名为哉？只是要见其大处。"③

此外，关于经学研究的具体方法，李光地还说道：

① （清）李光地：《榕村续语录》卷十六，《榕村语录 榕村续语录》下册，中华书局1995年版，第778页。
② （清）李光地：《榕村集》卷十《周官大司乐章注序》，《景印文渊阁四库全书》第1324册，台湾商务印书馆1983年版。
③ （清）李光地：《榕村语录》卷十三，《榕村语录 榕村续语录》上册，中华书局1995年版，第222页。

每艺一经，必尽自家分量，务令彻底方休。艺之之法：一曰熟诵经文也；二曰尽参众说，而别其同异，较其短长也；三曰精思以释所疑，而尤未敢自信也；四曰明辨以去所非，而犹未敢自是也。能于一经上得其门而入，则诸书皆同室而异户者，可以类推而通。古之成业以名世者，其必由此矣。①

李光地提出，治经首先需要多读熟诵经典文本，只有将多读、精读与熟读结合起来，才能把握经典本义，体会圣贤之道。故曰："若是要有所得，精熟一部经书，尽可用之不尽。若要酝酿深厚，毕竟是多读多通方得，'沉浸醲郁'四字最妙"②，"读书不透，多亦无益，然亦未有不多而能透者"③。其次，治经还应尽可能多地了解、参考、借鉴他人的注疏与理解，摒除私意偏见，虚心辨别其同异，较量其短长，以此得出最为合理的结论。故曰："要通一经，须将那一经注疏细看，再将《大全》细看。莫先存一驳他的心，亦莫先存一向他的心。虚公其心，就文论理，觉得那一说是，或两说都不是，我不妨另有一意。看来看去，务求稳当，磨到熟后，便可名此一经。"④ 在多读熟诵与参考众说的基础上，学者还须加以精思明辨之功，以释所疑，以去所非，才算彻底掌握一部经典。有了这一基础之后，再由此部经典类推及其他经典，便可触类旁通。

对于治经过程中出现的与先儒不同的观点、看法，李光地主张"据之于经，经不可见，则索之于理"⑤。换言之，就是以经典文本与义理作为评判、检验经学研究是非对错的基本标准。当然，对于经典中那些确实难以理解的内容，李光地亦主张阙疑，反对穿凿附会，强解硬说。他说："古法之坏，不坏于无知者，而坏于一知半解者。十分中晓得九分，那一分不

---

① （清）李光地：《榕村集》卷二十一《答王仲退问目四条》，《景印文渊阁四库全书》第1324册，台湾商务印书馆1983年版。

② （清）李光地：《榕村语录》卷二十四，《榕村语录　榕村续语录》上册，中华书局1995年版，第426页。

③ 同上。

④ 同上书，第424—425页。

⑤ （清）李光地：《榕村集》卷十《周官大司乐章注序》，《景印文渊阁四库全书》第1324册，台湾商务印书馆1983年版。

解，不肯阙疑，定臆造以求合。承讹袭谬，久且不知其非，而古法之真益晦。圣人云：'多闻阙疑'，万古读书人，不可易此。"①

需要承认的是，清初福建朱子学者在经学研究中虽然亦肯定怀疑的学术精神，但从整体上看，与朱熹治经提倡大胆的怀疑辨伪，以至于疑经、改经相比，清初福建朱子学者在这方面就普遍显得较为保守。譬如，朱熹断定《古文尚书》的《孔传》与《孔序》为伪，怀疑《古文尚书》亦伪；认为《大学》古本存在阙文错简，故有移文补传之举；又指出《孝经》部分为伪，其内容混杂拼凑，且多悖理之言，疑非圣人所作，而出于后人附会，故将《孝经》重排次序，并加以删改。而李光地则认为《古文尚书》及其《孔传》《孔序》皆不伪，主张恢复《大学》古本，并竭力推崇《孝经》，强调"《孝经》道理好到至处"②，"《孝经》所说道理，实在完全"③，"此书道理至足，不当于语言文字间疑之"④。又如，朱熹与王安石在学术思想与政治主张等方面虽然多有不同，但其对于王安石在经学研究上的创新与变革却不乏肯定之辞，不但曾说："王氏新经尽有好处，盖其极平生心力，岂无见得著处"⑤，而且认为王安石对于《周易》《尚书》《诗经》《周礼》等经典的解释值得参考，可与其他学者的经典注疏一起立为家法。而李光地却对王安石变乱旧典的行为极力丑诋，批评"荆公变科举之制亦是，如何将孔子所定之经，竟欲重加去取？去《仪礼》，又去《春秋》，至诋为'断烂朝报'，而自己作《三经新义》，尽废前人之说，几几欲夺孔子之席。狂妄孰甚焉！论理如此，其见之事可知"⑥。应该说，这种经学上的差别除了与学者个人的学术风格和性格特点有关之外，主要还是受到不同

---

① （清）李光地：《榕村语录》卷二十四，《榕村语录 榕村续语录》上册，中华书局1995年版，第429页。

② （清）李光地：《榕村语录》卷十七，《榕村语录 榕村续语录》上册，中华书局1995年版，第301页。

③ 同上书，第303页。

④ 同上书，第305页。

⑤ （宋）黎靖德编：《朱子语类》卷一百三十，《朱子全书》第18册，上海古籍出版社、安徽教育出版社2002年版，第4038页。

⑥ （清）李光地：《榕村语录》卷二十二，《榕村语录 榕村续语录》上册，中华书局1995年版，第399页。

时代的思想背景与学术风气的制约和影响。以汉唐经学为代表的传统经学研究本就具有相当的保守、守旧倾向，注重师说家法，主张"注不驳经，疏不破注，不取异义"，诸如疑经、改经等行为更是被目为大逆不道。宋代经学从某种意义上来说，正是对于这种经学的破坏与反动，从而呈现出一种活泼、开放、自由之象。而清初则是传统经学复兴，提倡回归原典的时代，学者们普遍对宋明儒者疑经、改经、随意以己意解经的治经方法表示反感和谴责，主张尊重、维护古代经典，以恢复经典原貌，尽黜宋明儒新说。当然，这其中亦不乏一些例外情况，但从总体来看，此种治经风气在清初经学家身上还是表现得比较明显的。而清初福建朱子学者生逢其时，虽不能如某些经学家那般激进，但在治经方面也不可避免受到其影响。另一方面，由于清初各派学者对于理学的批评与挑战，也使得福建朱子学者在对待那些作为理学思想依据的经典时，更多地采取维护而非怀疑的态度。

除此之外，经典还是以文字写成的，经学与文学之间自古以来便有着密切的关系。文学是表达、论述、传播儒家思想的重要手段与工具，而许多儒家经典本身亦具有很强的文学性，往往被人们视为优秀的文学作品与后世文学发展的重要源头。站在理学的立场，朱熹主张道德、文章须合为一体，而不可使出于二。故曰：

> 夫古之圣贤，其文可谓盛矣，然初岂有意学为如是之文哉？有是实于中，则必有是文于外，如天有是气则必有日月星辰之光耀，地有是形则必有山川草木之行列。圣贤之心，既有是精明纯粹之实以旁薄充塞乎其内，则其著见于外者，亦必自然条理分明，光辉发越而不可掩盖，不必托于言语、著于简册，而后谓之文，但自一身接于万事，凡其语默动静，人所可得而见者，无所适而非文也。姑举其最而言，则《易》之卦画、《诗》之咏歌、《书》之记言、《春秋》之述事，与夫礼之威仪、乐之节奏，皆已列为六经而垂万世，其文之盛，后世固莫能及。然其所以盛而不可及者，岂无所自来，

而世亦莫之识也。①

又说：

> 贯穿百氏及经史，乃所以辨验是非，明此义理，岂特欲使文词不
> 陋而已？义理既明，又能力行不倦，则其存诸中者必也光明四达，何
> 施不可？发而为言，以宣其心志，当自发越不凡，可爱可传矣。②

在朱熹看来，圣贤经典之文之所以极盛，并非其有意为之，而是由于有义理之实充实其中。反过来说，若义理之实充塞心中，发而为文，必然条理分明，光辉发越。因此，儒者阅读经史百家之文固然是为了明白义理，明辨是非，而非为了提升作文水平，但若义理既明，又力行不倦，使心中光明四达，则其为文自然发越不凡，可爱可传。

在清初福建朱子学者中，某些学者亦注意到了经学与文学之间的这种联系，并尝试从文学辞章的角度对经典文本和圣贤之意进行分析与阐释。如童能灵就特别喜好《大学》《中庸》之文，并撰有评本。在他看来，好的文字表达可以使所说的义理浑然天成，引人入胜，不仅有利于更好地阐述、传达圣贤之道，而且使得读者兴味盎然，精神感发，易于接受领悟。故曰："此固不可作文字看，然即作文字看之，正如观造化流行之妙，神味悠然，愈觉道理使人无尽也。"③

其论《大学》之文曰：

> 《大学》"止至善"一传不曾说所谓止至善者如何云云也。首节引
> 《诗》，初现出个"止"来。次节渐现出个"知止"来，如岭月渐上，
> 只引《诗》而咏之。三节以下，节节都只引《诗》而咏之，句句是泳

---

① （宋）朱熹：《朱文公文集》卷七十《读唐志》，《朱子全书》第 23 册，上海古籍出版社、安徽教育出版社 2002 年版，第 3374 页。

② （宋）黎靖德编：《朱子语类》卷一百三十九，《朱子全书》第 18 册，上海古籍出版社、安徽教育出版社 2002 年版，第 4314 页。

③ （清）童能灵：《冠豸山堂文集》卷二《答平和曾为谦》，《四库全书存目丛书》集部第 234 册，齐鲁书社 1997 年版，第 590 页。

叹淫泆之神，不是将《诗》来下注脚也。故三节"为人子"五句，四节叠下"者也"等句，末节叠下"其"字等句，文情正与歌咏一例。想当日下笔，其胸中悠然，一咏一叹，道理舒徐而出，直有无穷滋味也。盖精微广大博厚之意，皆从笔墨出矣。反复诵之，使人气厚，亦使人心细。如此，何尝碍道理乎？若只是寻行数墨讨生活，则"治国"一章，《桃夭》三节引《诗》处，乃为剩语矣，岂传者意哉？写后看此条，只当云四节"道学也"等句，末节"贤其贤"等句，今拈者也，及其字，便觉人纤巧。"治国"章重叠往复，吟哦提唱，上一半已自与末三节咏叹淫泆处一般文势，一样神理。故正说了一番，便引出三《诗》来，以终之圣贤道理。既精熟而其心至诚，说向此一事时，便全神俱动，淫之泆之，而不自已也。归太仆论《史记》，说到有兴头处，就歌唱起来。想临文时，圣贤亦犹人情也。……"平天下"章甚长，难细说。然有一处，是"《泰誓》曰"一节，每讲章于上文理财之后，硬起用人话头，文理殊不相贯。后只从上文一气读下，始知上二节《楚书》、舅犯之言已过脉矣。盖《楚书》二节有许多"为宝"字是缴上文，然"以善为宝""仁亲为宝"云云，则已说到仁贤为宝处矣。故《泰誓》节与《楚书》二节一例，其曰"殆哉""有利哉"便是与上"不以为宝，以善为宝"之意同一调也。故愚谓此处转关，当从《楚书》二节，一面缴上，即一面起下来，有不转而转之妙，故至下面便直就用人说也。况"《楚书》曰""舅犯曰""《泰誓》曰"三处文势叠叠，而下语既相引道理，亦相因而出也。此是确然处。今但就本文玩之，便见虽与章句稍不同，然正自于理无碍也。若将"仁亲"字、"有利哉"字太泥，便非古人有意无意之妙。①

其论《周易》之文曰：

愚尝读《易》，观夫子赞《易》处，知是反复玩味之余，不觉赞

① （清）童能灵：《冠豸山堂文集》卷二《答平和曾为谦》，《四库全书存目丛书》集部第234册，齐鲁书社1997年版，第590—591页。

叹耳。其文分明可见也。其每爻小象之下，或只添一字，或只改一字，或反有似重复者，皆只是赞之也。故尝谓夫子赞《易》，只如今人看文字下圈点，但一点出，便有一番精神道理也。①

童能灵以《大学》和《周易》为例，对于经典的表达方法、文辞特点、写作意图等细节方面的内容作了较为具体的分析、讨论。其中，童能灵对于经典如何做到感发人心显然特别关注。因为这既是直接关系到经典的教育、教化功能及接受、传播效果的重大问题，又是文学作品的一大长处与追求目标，二者之间完全可以相互影响，相互借鉴。童能灵还指出，借用文学的视角与文学的方法对经典进行阅读、分析和体会，虽然与训诂章句之学有所不同，但同样能发现其中的圣贤之道，于义理并无妨碍。同时，借鉴文学的方法研究经典还有其优势所在，即有助于领会圣贤的言外之意。相反，若太过于关注一字一词的训诂考据，则不免拘泥之弊，容易错失古人为文的深意与妙处。

第三节　清初重要福建朱子学者经学研究成果

一　李光地的易学研究

在六经之学中，李光地对《周易》的研究可谓用力最多，用功最深，而所得与影响亦最大。对于自己的易学研究，李光地曾说："某治《易》，虽不能刻刻穷研，但无时去怀，每见一家解必看。今四十七年矣，觉得道理深广，无穷无尽。"② 据《文贞公年谱》记载，李光地自十八岁即玩心于《易》，二十岁便纂《周易解》一部，颇能"于诸家同异，条分缕析，用为

① （清）童能灵：《冠豸山堂文集》卷二《答平和曾为谦》，《四库全书存目丛书》集部第 234 册，齐鲁书社 1997 年版，第 591 页。
② （清）李光地：《榕村语录》卷九，《榕村语录　榕村续语录》上册，中华书局 1995 年版，第 155 页。

熟研覃思之地"①，至七十一、七十二岁撰成《周易通论》与《周易观象大指》，并奉旨承修《周易折中》，七十三岁最终撰成《周易观象》，"前后凡易稿数十次"，七十四岁修《周易折中》成，"荟萃自汉迄明诸儒之说凡三百余家，采撷精纯，刊取领要，镕铸百氏，陶冶千载，《易》之道于是大备"②，可谓终身用力于易学。李光地的易学思想以朱熹易学为基础，较多地参考、吸收了蔡清、林希元、黄道周等前辈福建理学家的易学成果，又能博采众家，折中义理、象数两派易学之长，并与《参同契》等典籍相互参证，最终以自己的理解和感悟加以发挥创造，故能取得较大的成就，构成了清代易学研究的一个重要组成部分和不可忽视的发展环节。

关于《易经》的制作本意，李光地赞同朱熹的卜筮之说，并将其视为朱熹易学最重大的发明之一，揭示了《易经》的本质。他说：

> 《易》不是为上智立言，却是为百姓日用，使之即占筮中，顺性命之理，通神明之德。《本义》象数宗邵，道理尊程，不复自立说，惟断为占筮而作。提出此意，觉一部《易经》字字活动。朱子亦自得意，以为"天牖其衷"。③

> 朱子说《易》，亦不必逐段是。如赞《先天图》，以《易》为卜筮之书，皆有大功于《易》。④

> 朱子崇重《先天图》，得《易》之本原，明为占筮之书，得《易》之本义。⑤

李光地认为，"三代学术所尊，《诗》《书》《礼》《乐》四者而已。《易》之籍掌于太卜，非学者所务也。是以秦汉之间，齿于种树医药，其

---

① （清）李清植：《文贞公年谱》卷上，《北京图书馆藏珍本年谱丛刊》第 85 册，北京图书馆出版社 1999 年版，第 145 页。

② （清）李清植：《文贞公年谱》卷下，《北京图书馆藏珍本年谱丛刊》第 85 册，北京图书馆出版社 1999 年版，第 360—361 页。

③ （清）李光地：《榕村语录》卷九，《榕村语录　榕村续语录》上册，中华书局 1995 年版，第 153 页。

④ 同上。

⑤ 同上书，第 154 页。

流为风雨占候。盖去古未远，相为习沿若此"，后孔子虽于其中阐发性命之理，但亦未尝"离卜筮之指而空言设教"。[①] 因此，李光地特别强调："《易》之用以卜筮而益周，《易》之道以卜筮而益妙，而凡经之象数辞义，皆以卜筮观之而后可通"[②]，从而将明卜筮之本义视为理解一部《易经》的关键所在。

关于《周易》的形成历史与发展阶段，李光地亦从朱熹之说，承认《周易》存在伏羲之《易》、文周之《易》与孔子之《易》的区别。"设为八卦而观其象，伏羲之《易》也。系之彖爻辞以明示吉凶，文周之《易》也。"[③]"圣人之精，画卦以示，伏羲之《易》是也。圣人之蕴，因卦以发，文周之《易》是也。"[④] 李光地进一步指出，自孔子作"十翼"之后，汉易多淫于象数之末而离其宗，王弼虽以义理说《易》，但其学不纯，惟"周子穷天人之源；邵子明象数自然之理；程子一一体察之于人事，步步踏实；朱子提出占筮，平正、活动、的确。故《易经》一书，前有四圣，后有四贤"[⑤]，从而建构了易学发展史上四圣四贤后先相继的传递系统。

但是，与朱熹提倡经传相分，将《易传》整体附于《易经》之后，以复《周易》古本的做法不同，除了具有官方色彩的《周易折中》外，李光地在其他易学著作中，基本都是采用援传于经、经传合编的王弼本，而非朱熹的《周易本义》本。对此，李光地解释道：

> 朱子既复经传次序，今不遵之，而从王弼旧本，何也？曰："朱子之复古经传也，虑四圣之书之混而为一也。今之仍旧本也，虑四圣

---

① （清）李光地：《榕村集》卷十一《易义前选序》，《景印文渊阁四库全书》第 1324 册，台湾商务印书馆 1983 年版。

② （清）李光地：《周易通论》卷一《易教》，《景印文渊阁四库全书》第 42 册，台湾商务印书馆 1983 年版。

③ （清）李光地：《周易观象》卷十，《景印文渊阁四库全书》第 42 册，台湾商务印书馆 1983 年版。

④ （清）李光地：《榕村集》卷二十四《通书精蕴章》，《景印文渊阁四库全书》第 1324 册，台湾商务印书馆 1983 年版。

⑤ （清）李光地：《榕村语录》卷九，《榕村语录 榕村续语录》上册，中华书局 1995 年版，第 153 页。

之意之离而为二也。盖后世之注经也，文义训诂而已，而又未必其得，故善读经者，且涵泳乎经文，使之浃洽，然后参以注解，未失也。若四圣之书，先后如一人之所为，互发相备，必合之而后识化工之神，则未可以离异观也。"①

不可以文周之《易》为伏羲之《易》，不可以孔子之《易》为文周之《易》，朱子之说也，信乎？曰："朱子有为言之也，为夫拘文而忘象，凿理而弃占者尔。象涵于虚，辞指于实，占其本教，理其源出，混之则不知赓续缉熙之功也，离之则不知道法揆合之神也。故其赞曰：'恭惟三古，四圣一心。'"②

其言四圣之《易》各有不同，固是。然又须晓得伏羲之《易》，即文、周之《易》，文、周之《易》，即孔子之《易》，划然看作各样，又不是。故朱子又曰："恭惟三古，四圣一心。"③

由此可见，与朱熹强调经传相分相比，李光地显然更为注重经传相合。李光地指出，朱熹之所以分别经传，是为了揭示《易经》的卜筮本义，纠正时人治《易》"拘文而忘象，凿理而弃占"的弊病，而他主张经传相合则是为了彰显四圣《易》的一脉相承之处，使其互相发明，避免学者将《易经》与《易传》作离异观。同时，李光地治《易》以宋易义理之学为基础，故其强调《易传》与《易经》之间的同一性，认为《易经》的卦爻辞之义须借《易传》方明，"《象传》为卦爻之枢要"④，亦是为了突出《易传》所确立的以义理解《易》的传统与思路。

李光地治《易》虽以义理为主，但亦不废象数，其易学正是由象数、图书之学而入门的。"某少时好看难书，如乐书、历书之类。即看《易》，

---

① （清）李光地：《周易通论》卷一《论经传次序仍王本》，《景印文渊阁四库全书》第 42 册，台湾商务印书馆 1983 年版。
② （清）李光地：《榕村集》卷一《观澜录·经》，《景印文渊阁四库全书》第 1324 册，台湾商务印书馆 1983 年版。
③ （清）李光地：《榕村语录》卷九，《榕村语录　榕村续语录》上册，中华书局 1995 年版，第 154 页。
④ （清）李光地：《周易通论》卷一《论经传次序仍王本》，《景印文渊阁四库全书》第 42 册，台湾商务印书馆 1983 年版。

亦是将图画来画去，求其变化巧合处。于《太极图》，不看其上下三空圈，却拣那有黑有白、相交相系处，东扯西牵，配搭得来，便得意。"① 在李光地看来，《周易》实根于象数而作，六十四卦本身就是象数的表现。"然其为书，始于卜筮之教，而根于阴阳之道，故玩辞必本于观象而不为苟言，占事必由于极数而不为苟用。非徒以象数为先也，象数而理义在焉。"② "此经所言，固皆道德性命之奥，然其渊源实起于图书，苟象数未能精通，则义理亦无根据。"③ 故言理必根于象数，不可离象数而言理。而他之所以推崇朱熹易学，亦是因为朱熹易学最能将义理与象数结合起来，集宋代易学之大成。故曰："言数始于焦贡、京房，言理始于王弼，但王弼已中了老庄之说，故其学不纯。六朝、唐浮华相尚，未见有深于经学者。直至邵雍传先天之图，立象尽意，其功极大。程颐《易传》，义理醇正。朱某折中二家之学，理数俱极其归，而易学始定于一。"④

因此，李光地治《易》既注重从《易》的象数与卦爻辞中推阐、论证理学的宇宙论、心性论和工夫论等义理思想，又十分强调象数本身所具有的意义与价值，以象数来解释《易经》。譬如他说：

> 象也者，像也。故或其卦取于物象而爻当之，则遂以其义之吉凶断，而爻德犹其次也。如《屯》所以为屯者，以其雷在下而未起也，初为《震》主当之，故曰"磐桓"，又以其云在上而未下也，五为《坎》主当之，故曰"屯膏"。《需》所以为需，以其云上于天也，九五《坎》主当之，故为饮食宴乐也。《履》之六三，说而承《乾》，本卦之主，然因象言"咥人"，而三适当兑口之缺，有受咥之象，故其《传》曰"位不当也"，言其直口之位为不当也。《颐》之初九，本有

① （清）李光地：《榕村语录》卷二十四，《榕村语录 榕村续语录》上册，中华书局 1995 年版，第 426 页。

② （清）李光地：《榕村集》卷十《进易论序》，《景印文渊阁四库全书》第 1324 册，台湾商务印书馆 1983 年版。

③ （清）李光地：《榕村集》卷二十八《覆发示图象第四劄子》，《景印文渊阁四库全书》第 1324 册，台湾商务印书馆 1983 年版。

④ （清）李清馥：《榕村谱录合考》卷上，《北京图书馆藏珍本年谱丛刊》第 85 册，北京图书馆出版社 1999 年版，第 465—466 页。

刚德，能自守者也。以其与上共为《颐》象，而《颐》之为物，其动在下，故曰"朵颐"，而得凶也。《咸》《艮》以人身取象，故《咸》二虽中正，以直腓位而凶；《艮》四虽不中正，以直背位而无咎。《归妹》之凶，以女少而自归故也。初九适当娣象，则不嫌于少且自归矣；六五适当帝女之象，则亦不嫌于自归矣，故皆得吉也。《节》取泽与水为通塞，九二适在泽中，则塞之至也，故虽有刚德而凶也。凡若此类，以爻德比应求之，多所不通，惟明于象像之理，则得之。①

李光地以《屯》《需》《履》《颐》《咸》《艮》《归妹》《节》等卦为例，说明卦象取自物象而爻象当之，故其吉凶主要由爻象的吉凶决定，而非首先取决于爻德或比应。同时，爻象的取象亦与爻义直接相关，取象会因爻义的不同而产生差异。"有一卦六爻，专取一事一物为象，而或一爻别取者，则其义因以异矣。如《需》诸爻皆取沙、泥、郊、穴之象，而五独曰'需于酒食'，则以五为《需》之主，有《需》之德，而所《需》之安也。《蛊》诸爻皆象父母，而上独曰'不事王侯'，则以上九居卦之上，无复承于父母之象，人未有不事父母者，故曰'不事王侯'也。《咸》诸爻皆取身象，惟四不取者，四直心位，因之以论心之感应，而所该者广也。《大壮》诸爻取羊者三，其曰'壮趾'，曰'藩决'，亦羊象也。惟二不取者，有中德而居下体，不任壮者也。《蹇》诸爻皆取往来为象，惟二、五不言者，五尊位，二王臣之位，义不避难，无往来者也。《艮》诸爻亦取身象，惟上不取者，九三虽亦《艮》主而直心位，然止未极也，至上而后止极，则尽止之道者也。若此之类，皆其权于义者精，故其取于象者审也。"②

李光地还指出，《易经》的重卦之名亦多由卦象而来。他说：

　　　　卦之名不尽取于象也，然而取于象者多矣。是故夫子之以《彖

------

① （清）李光地：《周易通论》卷一《论易象像物》，《景印文渊阁四库全书》第42册，台湾商务印书馆1983年版。

② （清）李光地：《周易通论》卷一《论六爻取象之异》，《景印文渊阁四库全书》第42册，台湾商务印书馆1983年版。

传》释卦也，卦象、卦德、爻义盖兼取焉，而又专立一传，特揭两象以明卦意。《易》者，象也，本天道以言人事，此夫子特揭之指也。约之则有三例。有卦名所以取者。地天为《泰》，天地为《否》，火地为《晋》，地火为《明夷》，泽水为《困》，水泽为《节》，水火为《既济》，火水为《未济》之类是也。有卦名虽别取，而象意亦甚切者。一阳统众，所以为《师》，而地中有水亦似之；一阳御下，所以为《比》，而地上有水亦似之；一阳来反，所以为《复》，而地中有雷亦其时也；一阴始生，所以为《姤》，而天下有风亦其候也，此类皆是也。有卦名别取，象意本不甚切，而理亦可通者。《随》之为随，刚来下柔也，泽中有雷，阳气下伏，亦有其象焉；《蛊》之为蛊，刚上柔下也，山下有风，阴气下行，亦有其象焉；四阳居中，则为《大过》，泽之灭木，亦气盛而《大过》之象也；四阴居外，则为《小过》，山上有雷，亦气微而《小过》之象也，此类皆是也。[1]

李光地将《易经》重卦与卦象有关的命名方式归纳为三种：一是以象直接命名，如《泰》《否》《晋》《明夷》《困》《节》《既济》《未济》诸卦；二是以象的含义来间接命名，如《师》《比》《复》《姤》诸卦；三是以象中所包含的道理来间接命名，如《随》《蛊》《大过》《小过》诸卦。由此可见，卦象与卦名之间的联系是极为密切且多层面的，认识、理解卦象对于准确把握卦意无疑具有十分重要的意义，不容轻忽。

除了卦象与爻象之外，李光地对于《易经》中的数亦很重视。他说：

天地之间，阴阳而已。《河图》之奇耦者，所以纪阴阳之数，仿阴阳之象，而尽阴阳之理也。一奇为阳数，二耦为阴数。其余凡奇者，皆从一而为阳也；凡耦者，皆从二而为阴也。其位则节于四，备于五，而加于十。四者，天地之气分司于四方，迭王于四时之用数也。五者，兼其中之体数也。十者，倍五而成，在四方四时，则阴阳

---

① （清）李光地：《周易通论》卷二《论二体象传》，《景印文渊阁四库全书》第42册，台湾商务印书馆1983年版。

互藏互根之数；在中央，则阴阳混一和会之数也。[1]

圣人之则《图》作《易》也，非规规于点画之似，方位之配也。其理之一者，有以默启圣人之心而已。《图》所列之数如此，其所涵之象又如此。今以《易》卦观之，天一地二，数之源也，则圣人所取以定两仪者也；五位相得而各有合，象之成也，则圣人所取以定四象、八卦者也。何则？一、二之数起，则凡三、五、七、九皆一之变矣，四、六、八、十皆二之变矣，故奇耦之画由此而定也。相得有合之象列，则阴阳之宾主辨，而交易之妙具矣；阴阳之消息序，而变易之机行矣，故四象、八卦之设由此而定也。[2]

李光地继承了宋儒的图书之学，认为《河图》中包含了阴阳之数、阴阳之象与阴阳之理，圣人依据《河图》画卦作《易》，《易经》中的象数即来源于《河图》中的象数。《河图》中的天一地二之数是数之本源，《易》之两仪、四象、八卦皆由此而定，而《易》之交易、变易亦由其变化、组合、搭配而生。

在天一地二之数外，李光地还很重视《易经》中的天三地二之数。对此，他进一步解释道：

天一地二者，数之本也，而曰"参天两地而倚数"，何也？曰："此《河图》《洛书》所以相为表里也。盖以理言之，天之数常兼乎地之数，故以天一并地二而为三也。以算言之，一一相乘，其数不行，二二而后有四，三三而后有九，故天数起于三，地数起于二也。以象言之，天圆地方，凡圆者，皆以三而成，故设三点于此，无论疏密斜正，求其交会之心而规运之，皆可作圆也；方者，皆以二而成，故设二点于此，亦无论疏密斜正，直其折连之角而矩度之，皆可作方也。

---

[1]　（清）李光地：《周易通论》卷三《论河图》，《景印文渊阁四库全书》第42册，台湾商务印书馆1983年版。

[2]　（清）李光地：《周易通论》卷三《论河图二》，《景印文渊阁四库全书》第42册，台湾商务印书馆1983年版。

三者殊途同归，皆会于中极之五数。何则？天三地二，合之则五，此所谓阴阳之会，天地之心也。一、三、九、七相乘无穷，二、四、八、六亦相乘无穷，而五者自相乘，此所谓不动之枢，运化之本也。圆之成也三，方之成也四，三四之积，适足以当五之积，此所谓兼体之实，等量之功也。是故《洛书》缘此以起天地人之义也。至于《易》中七、八、九、六之数，盖亦有三者之符焉。参两相加，以三为节，故三三则九矣，三二则六矣，二二一三则七矣，二三一二则八矣。天数相乘，极于九而还于七；地数相乘，极于八而还于六。极者，其进也；还者，其退也。阳主进，阴主退，故阳以九为父，阴以六为母也。凡物圆者，皆以六而包一，实其中则七也，虚其中则六也。凡物方者，皆以八而包一，实其中则九也，虚其中则八也。阳实阴虚，故九、七为阳，六、八为阴。然阴阳之盛者，独七、八耳。九阳之老，而积方之所成，则阳已将变而为阴；六阴之老，而积圆之所得，则阴又将变而为阳矣。是故始于一、二、三、四，而成于六、七、八、九，万理万象万数备矣，莫不自参天两地而来，故曰'参天两地而倚数'。"①

李光地指出，天三地二之数中包含天一地二，体现了《河图》《洛书》互相统一、互为表里。以理言之，天之数常兼地之数，所以天一加地二而为三。以算言之，一一相乘，其数不行，二二得四，三三得九，所以天数起于三，地数起于二。以象言之，天圆地方，凡圆皆以三而成，凡方皆以二而成，所以同样是天三地二。天三地二之数合而为五，乃阴阳之会，天地之心，亦是《洛书》天地人之义的根据与由来。天三地二相加、相乘又有七、八、九、六之数，于理、于算、于象三方面推衍变化，便可产生万理、万数、万象。此外，李光地对于《先天图》与《后天图》中的象数亦有系统而深入的研究论述，支持、维护并完善了朱熹的图书学理论。

———————————

① （清）李光地：《周易通论》卷四《论参天两地倚数》，《景印文渊阁四库全书》第42册，台湾商务印书馆1983年版。

由于李光地治《易》兼顾义理与象数，强调由卜筮以明义理，故其易学的一大特色便是对于《易经》卜筮之辞的重视与研究。他说：

> 读《易》先要知道"元亨利贞"四字。文王本意，只说大通而利于正，孔子却作四件说，朱子谓并行不悖，亦未言其故。孔子读书细，亨而谓之大，毕竟亨前有个大；利于正，毕竟正前有个利。元，大也，始也，凡物之始者便大。如唐虞是何等事业，洙泗是何等学问，然须知是尧舜之心胸，孔子之志愿，其初便大不可言。范文正作秀才，便以天下为己任；程明道方成童，便以圣贤自期。这却在事功、学问之先。赤子之心大人不失者，赤子之心，最初之心，无所为而为，不自私也。不自私便大，大则统率群物。长子曰元子，以能统率众子也；天子曰元后，以能统率诸侯也；长妻曰元妃，以能统率群御也。大而亨，不必既亨始见其大，元自在亨之前。如孔孟终身不得行道，其大自在。我实有此大，不必问其亨不亨也。利而贞，不必既贞始见其利，利自在贞之前。亨便当收回来，宜收而收，便有利益。利本训宜，宜便利。如人君手致太平，便宜兢兢业业，持盈保泰，这是利。至于社稷巩固，则贞也。利者万物之遂，贞者万物之成，"成"字意，"利"字中已有。贞乃是坚实凝固之谓。①

李光地指出，正确理解"元、亨、利、贞"及其相互关系是读懂一部《周易》的前提和基础。四者之中，"元"即大，是"亨"的基础，"亨"即蕴含于"元"中，不必到"亨"始见其大；"利"即宜，是"贞"的前提，"贞"即蕴含于"利"中，不必到"贞"始见其利。而"元"又是四者的统帅与头脑，"亨、利、贞"皆从属于"元"。因为"元"奠定了万事万物初始的规模，规模大则学问、事业方大。其在人身上又表现为不自私的赤子之心，不自私便大，大则能统率群物。因此，事物始于大便能亨通，亨通便当回收、持守，依道理而行，最终便可致万物之成。

---

① （清）李光地：《榕村语录》卷九，《榕村语录　榕村续语录》上册，中华书局1995年版，第158页。

李光地又云：

> 孔子将"元亨利贞"作四件说，其理最精。且以为六十四卦占辞之权舆。占辞有仅曰"亨"者，有曰"小亨"者，是亨不必皆大也。不必皆大，而独系以"元亨"，则是未有亨，先有大也。如农之倍收，贾之获利，亦可言亨，而不可以言大，以其先所谋者原小故也。若士希贤，贤希圣，其勋业功用，直可以充塞天壤。岂不以先有斯大，故亨得来亦大耶？以此例之，则"亨"不如"元亨"，"小亨"又不如"亨"矣。占辞有曰"贞吝""贞厉"者，有曰"不可贞"者，有曰"贞凶"者，是贞不必皆利也。不必皆利，而独系以利贞，则是未有贞，先有利也。如事之不可常者，以为正而固守之，则必致凶厉矣，何利之有？以此例之，则凡"贞吝""贞厉"者，必其微有不宜也；其曰"贞凶"者，必其大有不宜也。故以"元亨利贞"作占辞看，似"元"字、"利"字是虚字，"亨"字、"贞"字是实字。被孔子细心读破，"元"字、"利"字却是实际字，"亨"字、"贞"字反是现成字。[1]

在此，他将"元、亨、利、贞"视作六十四卦占辞之权舆，以这四者的不同表现形式作为判断、衡量占辞轻重的重要标准。譬如，"亨""小亨""元亨"不同，"小亨"不如"亨"，"亨"又不如"元亨"，其结果取决于初始之规模不同。"贞吝""贞厉""贞凶"亦不同，"贞吝""贞厉"者微有不宜，"贞凶"者则大有不宜，其结果取决于是否依理而为。由此亦可看出，"元、亨、利、贞"作为占辞，"元"与"利"是实际字，"亨"与"贞"是现成字，"元""利"对于占筮结果的解读往往起到了决定性作用，故比"亨""贞"更为重要。

《易经》的占辞除了"元、亨、利、贞"之外，还有"吉、凶、悔、吝、无咎"等。关于后者的解释，李光地说道：

---

[1] （清）李光地：《榕村语录》卷九，《榕村语录　榕村续语录》上册，中华书局1995年版，第158页。

象爻之辞，为筮而设，故吉、凶、悔、吝、无咎者，断占之凡例也。吉凶者，失得之象，故辞之吉凶言乎其失得也。悔吝者，忧虞之象，故辞之悔吝言乎其小疵也。无咎则行乎四者之间，盖内省不疚，以消悔吝之萌，反己无愆，而顺吉凶之至，乃人心之得其正，而人事之得其平者。故辞之无咎，善乎其补过也。①

李光地以得失言"吉凶"，以小疵言"悔吝"，以善补过言"无咎"。对于这几种状态，李光地反对一味地追求趋吉避凶，而是以无咎为尚。他指出："人无日不在吉、凶、悔、吝之中，亦无日不欲避凶而趋吉者。然避凶之心胜，必至于害而苟免；趋吉之心胜，必至于利而幸邀。惟君子之心则不然，曰：'吾求无咎而已。'求无咎者，修其可吉之道而无心于获吉，至于既吉，而其惴惴于无咎之心常在也；去其取凶之道而亦无意于避凶，不幸而凶，而其怛怛于无咎之心常安也。"② 因为吉凶是以个人的得失为依据，若以趋吉避凶作为为人处世的最高原则，利己之心便会战胜理义之心，必将导致道德规范与社会秩序的破坏。故君子只需循道而行，求无咎而使心常在、常安，便是最佳的状态。"悔而无咎，则可以至于吉矣。吉而无咎，则不至于可吝矣。吝而无咎，则必不至于凶矣。凶而无咎，则亦无所可悔矣。故曰：'惧以终始，其要无咎，此之谓《易》之道也。'"③ 而欲达到"无咎"的状态，就必须善于补过，必须能知"悔"。"悔吝则小疵方形，必有其几微之介焉。圣人往往于此而预为之忧，曰如是则有悔，如是则有吝，所以使人谨于几先，不待乎著明而后觉也。无咎虽行乎四者之间，而其机皆在于悔。盖悔而后能补过，能补过而后无咎。其所以一转而为吉者，此也。以是处吉，则必惕然有以保其吉，而不至于吝；以是处吝，则必翻然有以消其吝，而不至于凶矣。故凡《易》之震动人以无咎

　　① （清）李光地：《周易观象》卷十，《景印文渊阁四库全书》第42册，台湾商务印书馆1983年版。
　　② （清）李光地：《榕村集》卷二十三《吉凶悔吝无咎》，《景印文渊阁四库全书》第1324册，台湾商务印书馆1983年版。
　　③ 同上。

者，必于悔而发其机焉。"① 由此可见，"悔"在占辞中亦极为重要。圣人往往通过"悔"来提醒、告诫人们，在错误或灾祸刚刚萌发、显露的时候，就必须预先有所警觉和防范，并尽早改过或弥补，使其不至于扩大到不可收拾的地步。"悔"而后能补过，能补过而后"无咎"，"无咎"方可一转而为"吉"。因此，不论人在现实中处于何种状态，心中都需要时常保持"悔"的心态。

关于"元、亨、利、贞"与"吉、凶、悔、吝"等占辞在卦爻辞中出现和使用的一些特点与规律，李光地亦有所考究。譬如他注意到，爻辞中无"元亨"，最多只用到"元吉""大吉"，而卦辞中无"吝"，"悔"亦仅见于《革》卦而已。对此，李光地解释道：

> 元、亨、利、贞者，天道之常，而贯乎人事者也。吉、凶、悔、吝者，人事之致，而通乎天道者也。卦本乎天道，而元亨者，天道之大者也，故爻不得而用之也。爻主乎人事，而悔吝者，人事之细者也，故卦不得而及之也。且元亨之为大也，不独爻无用焉，而见于卦者亦少。②

在他看来，"元、亨、利、贞"属于天道，"吉、凶、悔、吝"则属于人事。卦本乎天道，故"元亨"只可用于卦辞，不可用于爻辞；爻主乎人事，故"悔吝"只可用于爻辞，基本不用于卦辞。"元亨""利贞"之义若要用于爻辞，则须变"元亨"为"元吉""大吉"，变"利贞"为"贞吉"。这是因为"卦之义全，爻则偏指一事而言，故变其文以别之也"③。同时，"元亨"所言甚大，不仅不用于爻辞，连卦辞中亦很罕见，除《乾》《坤》二卦之外，仅见于《屯》《革》《随》《临》《无妄》《蛊》《大有》《升》《鼎》诸卦中。这些卦辞或言天人之大者，或以养贤、进贤取义，皆是

---

① （清）李光地：《周易观象》卷十，《景印文渊阁四库全书》第 42 册，台湾商务印书馆 1983 年版。

② （清）李光地：《周易通论》卷一《论卦爻占辞》，《景印文渊阁四库全书》第 42 册，台湾商务印书馆 1983 年版。

③ 同上。

《易经》最为重视的内容。

李光地还指出，"元吉"与"大吉"意虽相近，但在爻辞的使用中仍略有区别。除了《坤》五、《离》二、《履》上、《复》初四爻以德之纯言"元吉"外，"凡言'元吉'者，多指吉之在天下者也；凡言'大吉'者，多指吉之在一人者也"[①]，故"元"重于"大"。类似地，"利"与"用"、"不利"与"勿用"在象爻辞中亦属于意相近而辞不同。一方面，"言'利''不利'者，以占者当卦爻谓如此之德、如此之时位，则其利、不利如此也；言'用''不用'者，谓卦爻之德之时如此，占者可用以如此、不可用以如此也"[②]。简言之，即占筮者与卦爻辞之间的主客关系不同。另一方面，"凡言'利'者，皆其事后之利。……凡言'用'者，则即今而可用。……凡言'不利'者，事无可为之称。……凡言'勿用'者，暂且勿用之意"[③]。因此，"利"与"不利"、"用"与"勿用"之间又有缓急之不同。"利"缓于"不利"，"用"又急于"勿用"。"通事后而论之，则'利'者犹在后也，故缓；'不利'者终无可为也，故急。即当事而论之，则'用'者即今可用也，故急；'勿用'者惟此时勿用而已，故缓。若夫虚言'无不利''无攸利'者，亦包当事、事后之辞也；虚言'勿用'者，亦是且就其时断之之辞也。"[④]

此外，李光地在解读卦爻辞时还很强调整体解读的原则，反对将卦爻割裂开来，各自成义，并因此对程颐等人的治《易》方法提出批评。他说：

> 卦包乎爻而举其纲，爻析乎卦而穷其分。爻不立，无以发卦之缊，而冒天下之道。是故卦爻者，相为表里，相为经纬者也。此文周

---

　　① （清）李光地：《周易通论》卷一《论卦爻占辞》，《景印文渊阁四库全书》第 42 册，台湾商务印书馆 1983 年版。

　　② 同上。

　　③ 同上。

　　④ 同上。

之书所为二而一者也。①

　　六爻皆从卦系辞，故曰："知者观其象辞，则思过半。"把卦爻看得各自成义，便不融洽。又系得初爻，余爻便可一笔写下，故曰："初辞拟之，卒成之终。"把各爻看得各自成义，亦不是。②

　　伊川治《易》，逐爻去看他道理事情。后来尹和靖得伊川之传，教人看《易》，一日只看一爻。朱子便说《易》是联片的，如何一日只看一爻？问："初学可以逐爻看起否？"曰："使不得。每一爻如投词人，是个原告、被告，必须会同邻佑、乡保、证佐，四面逼紧审问，方得实情。不然虽审得是，亦不敢自信。不通六爻全看，虽一月看一爻，亦无用。"③

由此可见，卦辞与爻辞之间，以及同卦六爻之间，都存在密切的联系，必须当作一个整体来看待方确实。如《大壮》九四云："贞吉，悔亡，藩绝不羸，壮于大舆之輹。"有人不免产生疑问，谓："《泰》之三则有戒词，《壮》至四阳极矣，何以反无戒词而决其往也？"对此，李光地答道："凡卦诸爻，皆相备为义。《泰》前有拔茅冯河之象矣，故于三戒之。此卦初三既以壮趾触藩为凶厉，二又贞固自守而已，苟非有壮于进者，乘时之义安在乎？卦之为壮，进其义也，要在于贞而已。"④ 这说明了卦中诸爻的意义是相互影响、先后呼应的，要正确理解卦中某爻的爻辞，就需要联系卦辞及上下爻的爻辞进行整体解读。不同卦中同一位置的爻义往往不同，故不可对爻辞进行抽象、孤立的解读。

　　《周易》与其他儒家经典的一个显著区别就在于其拥有一套独特的符号系统与文字系统，学者一般认为这一套相互配合的符号与文字系统中存

---

① （清）李光地：《周易通论》卷一《论卦名辞爻辞》，《景印文渊阁四库全书》第 42 册，台湾商务印书馆 1983 年版。
② （清）李光地：《榕村语录》卷九，《榕村语录　榕村续语录》上册，中华书局 1995 年版，第 151 页。
③ 同上书，第 154 页。
④ （清）李光地：《周易观象》卷六，《景印文渊阁四库全书》第 42 册，台湾商务印书馆 1983 年版。

在某种规律，这便是所谓的"义例"。而发现、认识并掌握这种"义例"就成为准确理解《周易》的重要前提和有效途径。李光地对《周易》中的义例亦极为关注，不仅在《周易折中》中撰有《义例》一篇，在《周易通论》中也对各种义例多有讨论，还特别强调："至尊最得意《折中》中《义例》一篇，《启蒙附论》道理非不是，却不似《义例》是经中正大切要处。如治天下，《义例》是田赋、学校、官法、兵制、刑狱之类，日日要用，切于实事，《附论》则如王府中所藏'关石和钧'，本来是道理根源，但终日拿这个来治天下，却不能"①，对于义例在治《易》中的作用可谓推崇备至。从李光地的易学实践来看，他在总结前人义例研究成果的基础上，又加以批判性的吸收和创造，主要从卦爻的时、位、德、比应及卦主等方面对《周易》义例做了广泛而深入的探讨，发展、完善了《周易》的义例理论，从而构成了李光地易学的一个重要组成部分。

关于"时"，李光地说道：

> 王仲淹曰："趋时有六动焉，吉、凶、悔、吝所以不同。"其说善矣。然趋时之义，不可不辨也。近代说《易》，所谓时者，皆似有一时于此，而众人趋之尔。故其象君臣者皆若同朝，象上下者皆若同事。其为时也，既局于一而不通；其趋时也，又以互相牵合而说义多不贯。此则讲解之大患也。夫时也者，六位莫不有焉，各立其位，以指其时，非必如并生一世，并营一事者也。……盖必其所谓时者，广设而周于事，所谓动而趋时者，随所处而尽其理，然后有以得圣人贞一群动之心，而于辞也几矣。是故一世之治乱穷通时也，一身之行止动静亦时也，因其人因其事各有时焉，而各趋之云尔。不然，则何以曰冒天下之道而百姓与能乎？②

---

① （清）李光地：《榕村语录》卷九，《榕村语录　榕村续语录》上册，中华书局1995年版，第155页。
② （清）李光地：《周易通论》卷一《论时》，《景印文渊阁四库全书》第42册，台湾商务印书馆1983年版。

王弼曾说："卦以存时，爻以示变"①，"夫卦者，时也；爻者，适时之变者也"②，认为每一卦都有特定的卦时，即其特定的背景，而事物在这一特定背景下的运动、变化、发展则通过六爻展示、表现出来。这种卦时说曾为一般学者所普遍接受。至隋朝时，王仲淹提出"趋时有六动焉，吉、凶、悔、吝所以不同"的观点，修正了王弼的卦时说。而李光地则在王仲淹的基础上，进一步批驳了王弼的理论，反对每一卦仅有一种特定的背景，而六爻都趋向于同一背景。因为这样将导致卦时"局于一而不通"，而趋时"又以互相牵合而说义多不贯"。在李光地看来，"时"并非特定不动的，不仅卦有"时"，六爻亦各有其"时"，且六爻之"时"因其"位"而各有所指，具有一定的独立性，既不必与卦时相同，也不必与其他爻时相同。因此，动而趋时者就需要根据其所处的具体情境去把握和理解"时"，这样才能领会圣人贞一群动之心。而关于"时"的内容与种类，李光地提出一世之治乱穷通是时，一身之行止动静是时，因其人因其事各有时；又说："消息盈虚之谓时，《泰》《否》《剥》《复》之类是也。又有指事言者，《讼》《师》《噬嗑》《颐》之类是也。又有以理言者，《履》《谦》《咸》《恒》之类是也。又有以象言者，《井》《鼎》之类是也。四者皆谓之时。"③ 这就极大地丰富、扩展了"时"的内涵，避免了人们对"时"的单一化与抽象化理解。

关于"位"，李光地说道：

> 贵贱上下之谓"位"。王弼谓中四爻有位，而初上两爻无位，非谓无阴阳之位也，乃谓爵位之位耳。五，君位也。四，近臣之位也。三虽非近，而位亦尊者也。二虽不如三、四之尊，而与五为正应者也。此四爻皆当时用事，故谓之有位。初上则但以时之始终论者为多，若以位论之，则初为始进而未当事之人，上为既退而在事外之人

---

① （魏）王弼：《周易略例·明爻通变》，（魏）王弼撰，楼宇烈校释《周易注校释》，中华书局 2012 年版，第 275 页。

② 同上书，第 280 页。

③ （清）李光地编纂：《周易折中》卷首《义例》，巴蜀书社 2006 年版，第 16 页。

也，故谓之无位。然此但言其正例耳。若论变例，则如《屯》《泰》《复》《临》之初，《大有》《观》《大畜》《颐》之上，皆得时而用事，盖以其为卦主故也。五亦有时不以君位言者，则又以其卦义所取者臣道，不及于君故也。故朱子云：常可类求，变非例测。[①]

一般认为，《周易》每卦六爻各有其阴阳本位，阳爻居阳位，阴爻居阴位，即为"当位"，否则称"失位"。在王弼看来，一卦的初爻与上爻皆无确定的阴阳本位，故不当论位。而李光地则认为，初、上两爻无位，说的是无爵位，而非无阴阳之位。因为初爻象征始进而未当事之人，上爻象征既退而在事外之人，所以说这两爻无爵位。但是，由于《屯》《泰》《复》《临》四卦的初爻与《大有》《观》《大畜》《颐》四卦的上爻皆为卦主，所以也得时用事，拥有爵位。而某卦的卦义若取臣道，则其五爻亦不为君位。这些都是论"位"时的变例。

关于六爻之"位"的特点，李光地进一步说道：

> 考《象传》，凡言位当、不当者，独三、四、五三爻尔，初、二皆无之。盖所谓位者，虽以爻位言，然实借以明分位之义。初居卦下，上处卦外，无位者也。二虽有位，而未高者也。惟五居尊，而三、四皆当高位，故言位当、不当者，独此三爻详焉。……《大传》曰"列贵贱者存乎位"，则知爻位有六，而贵者惟此三爻矣。以《象传》之言位当、不当者施于此三爻而不及其它，故知借爻位以明分位之义也。[②]

在此，李光地再次强调了以爵位论"位"的观点，除了重复初、上两爻无位之外，还指出了二爻亦不言位的现象。而这不免令人疑惑，"二虽未高，然亦有位焉，何以不言也？"对此，李光地解释道：

---

① （清）李光地编纂：《周易折中》卷首《义例》，巴蜀书社 2006 年版，第 17 页。
② （清）李光地：《周易通论》卷一《论位》，《景印文渊阁四库全书》第 42 册，台湾商务印书馆 1983 年版。

据《大传》"其柔危，其刚胜邪"，"柔之为道，不利远者"，则三、五宜刚者也，四宜柔者也，二反宜刚者也。三、四、五以当为善，不当为不善，二则反以不当为善，故当、不当之义不得而施于此爻也。[①]

这就是说，根据《系辞传》所说的"三多凶，五多功，贵贱之等也。其柔危，其刚胜邪"与"柔之为道，不利远者"的原则，三爻、五爻为刚居阳位，四爻为柔居阴位时，既当位，又是善的；而二爻为柔居阴位时，虽当位，但因其远离五爻，不利于柔，故为不善，所以二爻便不言当位与否了。

接着，李光地还利用这一思路说明了为何"三爻只有言不当，而未有言当；四爻只有言当，而未有言正当；惟五爻多言正当，只有《大壮》五言不当，且反以不当为善"的问题。他说："盖三，危位也，以柔居之固不当，以刚居之，亦未必当也，此其所以多凶也。四，近位也，以刚居之固不当，以柔居之，亦仅止于当而已，此其所以多惧也。五，尊位也，以刚居之为正当，以柔居之，有柔之善焉，虽不当，犹当也，此其所以多功也。"[②]

关于"德"，李光地说道：

刚柔、中正、不中正之谓"德"。刚柔各有善不善，时当用刚，则以刚为善也；时当用柔，则以柔为善也。唯中与正，则无有不善者。然正尤不如中之善，故程子曰，正未必中，中则无不正也。六爻当位者未必皆吉，而二五之中，则吉者独多，以此故尔。[③]

何以谓之德也？有根于卦者焉，健顺、动止、明说之类是也；有生于爻者焉，刚柔、中正之类是也。德无常善，适时为善。故健顺、

① （清）李光地：《周易通论》卷一《论位》，《景印文渊阁四库全书》第 42 册，台湾商务印书馆 1983 年版。

② 同上。

③ （清）李光地编纂：《周易折中》卷首《义例》，巴蜀书社 2006 年版，第 17 页。

动止、明说之德，失其节则悖矣；刚柔之道，逆其施则拂矣。……惟中也，正也，则无不宜也，而中为尤善。何也？《易》之义莫重于贞，然亦有贞凶者矣，有贞吝、贞厉者矣，其事未必不是也，而逆其时而不知变，且以为正而固守焉，则凶危之道也。中则义之精而用之妙，凡所谓健顺、动止、明说、刚柔之施，于是取裁焉。先儒所谓"中则无不正"者，此也。①

李光地认为，"德"可分为卦德与爻德两大类。卦德主要指健顺、动止、明说等特性，爻德主要指刚柔、中正等特性。德无常善，适时则为善。如当用刚时，刚便为善；当用柔时，柔便为善。唯有中与正，则无有不善，而中为尤善。这是因为正虽为善，但如果善事与时相逆，却仍以为正而固守，就会导致凶险与危难，而中则是义之精与用之妙，是健顺、动止、明说、刚柔的取裁标准，所以正未必中，中则无不正。譬如，除《乾》《坤》二卦外，"其余卦之诸爻，居得正者多矣，而亦鲜以正许之者。惟二与五得其正者，固曰以中正也，或不得其正者，亦曰中以行正也。是则中道之大，而《易》教之至也"②。

既然中道为《易》教之至，比正更为重要，为何"《易》之卦爻于贞盖谆谆焉，其于中行仅数四见而已"？对此，李光地解释道："正理可识，而中体难明，非深于道者不能知，是故难以察察言也。存其义而没其名，则圣教之精也。"③ 也就是说，正比较容易被人认识，而中则难以言传，只有深明义理者方能意会，故圣人存其义而没其名，恰好体现出圣人之教的精妙。最后，李光地还强调中与正相辅相成，不可割裂。"正"代表道义的准则，具有外在的客观性，中则是正的实质，中必须通过正表现出来，故须求正以明中道，否则便易流为依违两可，混同无辨。"正非中，则正之实未至；中非正，则中之名亦易差。圣人所以尊中之道而略其名，精求

① （清）李光地：《周易通论》卷一《论德》，《景印文渊阁四库全书》第42册，台湾商务印书馆1983年版。
② 同上。
③ 同上。

乎正之实，而必广其教者，此也。"①

关于"比""应"，李光地说道：

> "应"者，上下体相对应之爻也。"比"者，逐位相比连之爻也。《易》中比应之义，唯四与五比，二与五应为最重。盖以五为尊位，四近而承之，二远而应之也。……凡比与应，必一阴一阳，其情乃相求而相得。若以刚应刚，以柔应柔，则谓之"无应"。以刚比刚，以柔比柔，则亦无相求相得之情矣。②

> 自王辅嗣说《易》，多取应爻为义，历代因之。考之夫子《象象传》，言应者盖有之，然亦观爻之一义尔。若逐爻必以应言，恐非周公之意，亦非孔子所以释经之旨也。以经传之例观之，上下两体，阴阳相求，固其正矣。然《象传》有以众爻应一爻者，亦有以一爻应众爻者，乃不拘于两体二爻之对。《比》《小畜》《同人》《大有》《豫》之类皆是也。有时义所宜，以阴应阴而吉，以阳应阳而吉者，又不拘于阴阳之偶。《晋》《小过》之王母、祖妣，《暌》《丰》之元夫、夷主之类，皆是也。有以承乘之爻为重者，则虽有应爻而不取。如《观》之观光，《蹇》之来硕，《姤》之包鱼，《鼎》之金铉，而《随》则有失丈夫之失，《观》则有窥观之丑，《姤》则有无鱼之凶，此类皆是也。其余但就其爻之时位才德起义，而不系于应者不可胜数，而欲一一以应义傅会之，则凿矣。③

> 承乘者谓之比。凡比爻，惟上体所取最多。盖四承五，则如人臣之得君；五承上，则如人主之尊贤。主于五，故其近之者，皆多所取也。然四之承五，惟六四、九五当之；五之承上，惟六五、上九当之。非然者，则亦无得君尊贤之义。……下体三爻所取比义至少，初与二，二与三，间有相从者，随其时义，或吉或否。至三与四，则隔

---

① （清）李光地：《周易通论》卷一《论德》，《景印文渊阁四库全书》第42册，台湾商务印书馆1983年版。

② （清）李光地编纂：《周易折中》卷首《义例》，巴蜀书社2006年版，第17页。

③ （清）李光地：《周易通论》卷一《论应》，《景印文渊阁四库全书》第42册，台湾商务印书馆1983年版。

体无相比之情矣。①

"应"指上卦三爻与下卦三爻之间的两两对应关系，包括初爻与四爻相应，二爻与五爻相应，三爻与上爻相应。一般认为，"应"必须是一阴一阳，一刚一柔，其情乃相求而相得。故阴阳、刚柔相应则吉，若以阳应阳，以阴应阴，或以刚应刚，以柔应柔，皆为凶。自王弼以应爻说《易》以来，这一观点为历代学者所普遍接受。而李光地则指出，孔子说《易》虽然确曾言"应"，但只是将其作为观爻之一义，若每爻都硬要以"应"来解释，则非周公、孔子之意。"应"除了"上下两体，阴阳相求"的正例之外，还存在不少变例。譬如，《比》《小畜》《同人》《大有》《豫》等卦就出现以众爻应一爻或以一爻应众爻的情况，而不拘于两体二爻对应；《晋》《小过》《睽》《丰》等卦则有以阴应阴而吉，以阳应阳而吉的现象，而不拘于阴阳相应得吉；《观》《蹇》《姤》《鼎》《随》等卦则以承乘之爻为重，而不取应爻。此外，以爻之时位才德起义的情况尚不可胜数，若欲一一以"应"的关系来解释，必然陷于穿凿附会。总之，使用"应"来解《易》须有限制，不可滥用。

至于"比"，则指相邻两爻比连并列，包含承与乘两种情况。比爻多用于上卦，而下卦较少，介于上下卦之间的三爻与四爻则基本没有相比的情况。

李光地认为，《周易》中的比应关系唯四与五比，二与五应为最吉。因为五为尊位，四近而承之，二远而应之。加之二与五皆有中德，又各居当时之位，所以二与五应最吉。关于相应关系的吉凶，李光地还提出了"《易》之道，阴暗求于阳明，不以阳求阴也；上位求于下位，不以下求上也"② 的原则。即符合以阴求阳、以上求下原则的相应二爻便为吉，否则皆为凶。此外，若三爻与上爻相应，则皆非吉，惟《剥》《损》《益》三卦例外。

---

① （清）李光地：《周易通论》卷一《论应》，《景印文渊阁四库全书》第 42 册，台湾商务印书馆 1983 年版。

② 同上。

关于"卦主",李光地说道:

> 凡所谓卦主者,有成卦之主焉,有主卦之主焉。成卦之主,则卦之所由以成者。无论位之高下,德之善恶,若卦义因之而起,则皆得为卦主也。主卦之主,必皆德之善,而得时、得位者为之。故取于五位者为多,而它爻亦间取焉。其成卦之主,即为主卦之主者,必其德之善,而兼得时位者也。其成卦之主,不得为主卦之主者,必其德与时位,参错而不相当者也。①

> 圣人系象之时,虽通观其卦象、卦德,以定名辞之义,然于爻位尤致详焉。盖有因爻位以名卦者,《师》《比》《小畜》《履》《同人》《大有》《谦》《豫》《剥》《复》《夬》《姤》之类是也。有名虽别取,而爻位之义发于辞者,《屯》《蒙》之"建侯""求我"指初二,《讼》《蹇》《萃》《巽》之"大人"指九五之类是也。是二者皆谓论卦之主爻。但就文王之名辞观之,有包涵其意而未明者矣。至六爻之系,则辞有吉凶,义有轻重,而名辞之意,因以可见。……盖爻之意虽根于卦而后明,而卦之意亦参于爻而后可知。卦爻相求,则所谓主爻者得矣。主爻者得,则其余爻之或吉或凶因是可推。何则?凡卦义善者,爻能合德则吉,反之则凶也;卦义不善者,爻能反之则吉,合德则凶也。故《师》《比》《谦》《豫》之类,主爻之吉者也,以其德与时适也。若其当与时反者,则为主者反不得吉。如《讼》之上九,则终讼者也;《履》之六三,则咥人者也;《明夷》上六,则明所以夷也;《归妹》上六,则妹所以归也。主爻吉,则余爻之吉者,必其德与主爻类者也。非然,则其比应也,而反是者则凶。主爻凶,则余爻之凶者,必其德与主爻类者也。非然,则其比应也,而反是者则吉。②

所谓"卦主",即一卦之主爻。李光地认为,卦主可分为"成卦之主"

---

① (清)李光地编纂:《周易折中》卷首《义例》,巴蜀书社 2006 年版,第 19 页。
② (清)李光地:《周易通论》卷一《论卦有主爻》,《景印文渊阁四库全书》第 42 册,台湾商务印书馆 1983 年版。

与"主卦之主"两种。其中，"成卦之主"是与卦名、卦辞由来直接相关的爻位，而"主卦之主"则是爻德为善，且得时、得位的爻位，故取于五位者为多。就前者来说，只要某爻是卦名或卦辞的来源，不论其爻位高下，爻德善恶，皆为此卦之卦主。因此，卦名、卦辞与爻意之间便可互相发明。学者既能利用卦名与卦辞来确定主爻，亦可通过主爻之意来理解卦名与卦辞的含义。同时，通过主爻的吉凶还可推断出其余爻的吉凶。主爻之德与时相适便是吉，主爻之德与时相反便是凶。确定主爻的吉凶之后，若主爻为吉，则余爻之德与主爻相类，或与主爻相比应的便是吉，反之则凶；若主爻为凶，则余爻之德与主爻相类，或与主爻相比应的便是凶，反之则吉。

李光地进一步说道：

> 若其卦成卦之主，即主卦之主，则是一主也。若其卦有成卦之主，又有主卦之主，则两爻皆为卦主矣。或其成卦者兼取两爻，则两爻又皆为卦主矣。或其成卦者兼取两象，则两象之两爻，又皆为卦主矣。①
>
> 主爻不拘于一，如《蒙》之九二固主爻矣，六五以"童蒙"应之，则亦主爻也；《师》之九二固主爻矣，六五使"长子帅师"，则亦主爻也；《履》之六三固主爻矣，九四有虎尾之象，则亦主爻也；《泰》之九二固主爻矣，六五为下交之主，则亦主爻也。又如《临》之初、二，《观》之五、上，《坎》《离》之二、五，《萃》《升》之四、五，则皆自卦义而定，不妨两为卦主也。又如《震》有两主，而其重在初；《艮》有两主，而其重在上；《既济》二、五得中，而其重在二；《未济》二、五得中，而其重在五，此则因卦义而变者。《履》之三、四象虎尾，而其吉在四；《颐》之初、上象颐，而其凶在初；《大过》三、四象栋，而其吉在四；《小过》初、上象鸟，而其尤凶在初，此则又因物象而变者。若此之类，推说难尽，姑举其概，各随卦义、

---

① （清）李光地编纂：《周易折中》卷首《义例》，巴蜀书社 2006 年版，第 19 页。

爻才而观之可也。凡卦有无主者，则以其义甚大，而爻德不足以配。如"同人于野"之义至大，六二之吝固不足以当之矣，惟上九居卦外，有野之象，而其德非中正，故仅止于郊而已；"恒久"之义至大，六五之贞固不足以当之矣，惟九二刚中，有久中之德，然位失其正，故止于悔亡而已。是二卦者，无主爻也。①

李光地指出，一卦并非只能有一个主爻，也可能存在两个或多个主爻。若一卦有成卦之主，又有主卦之主，抑或成卦兼取两爻或两象，那么一卦便有两个卦主。当一卦存在两个或多个卦主时，其中往往还有主次轻重之分，而其判断方法则随各卦的卦义与爻才而定。所谓"卦有无主者"，指的是主卦之主。由于主卦之主必须兼顾爻德与时、位，所以当卦义甚大，而爻德不足以配，或位失其正时，此卦便无主卦之主。至于成卦之主，则每卦皆有，故不存在无主的情况。

二　李光地的《诗经》学研究

李光地在概论《诗经》之学时，往往会提及所谓的"《雅》《郑》之辨"，并将其作为朱熹《诗经》学研究的一项重要发现与成果加以表彰。简单来说，朱熹认为《诗经》中存在相当数量的"淫奔之诗"，而这些淫诗主要集中在《郑风》《邶风》《鄘风》《卫风》中，尤以《郑风》为多，且淫乱之意最甚。郑、卫之诗即为"郑、卫之音"，郑诗便是孔子所说的"郑声淫""放郑声"中的"郑声"。对于朱熹的这一观点，李光地十分赞同，表示"朱子《易》《诗》卜筮、雅郑之说，吾所笃信也"②，又说："孔子曰'郑声淫'，又曰'恶郑声之乱雅乐也'，然则《雅》《郑》之判久矣。汉儒以为三百之篇皆圣人所删定，可以存为训戒，被之弦歌，故《序》于淫诗悉归之刺者之作。然实有不可通者，朱子之辨明矣。当日论难，以为

① （清）李光地：《周易通论》卷一《论卦有主爻》，《景印文渊阁四库全书》第42册，台湾商务印书馆1983年版。
② （清）李光地：《榕村集》卷一《观澜录·经》，《景印文渊阁四库全书》第1324册，台湾商务印书馆1983年版。

郑声则淫，非诗淫也，朱子答以'未有诗不淫而声淫者'。至哉斯言！虽孔子复生，何以易此?"①

对于《诗经》，孔子曾说："《诗》三百，一言以蔽之，曰'思无邪'。"② 不少尊信《诗序》的学者便以此为据，主张《诗经》中并无淫诗，作诗之人所思皆无邪。而朱熹既然认为《诗经》中存在淫诗，自然要对这一问题做出回应。他解释道：

> 只是"思无邪"一句好，不是一部《诗》皆"思无邪"。③

> 非言作诗之人"思无邪"也。盖谓三百篇之诗，所美者皆可以为法，而所刺者皆可以为戒，读之者"思无邪"耳。作之者非一人，安能"思无邪"乎？只是要正人心。④

> "思无邪"，乃是要使读《诗》人"思无邪"耳。读三百篇诗，善为可法，恶为可戒，故使人"思无邪"也。若以为作诗者"思无邪"，则《桑中》《溱洧》之诗，果无邪耶？某《诗传》去《小序》，以为此汉儒所作。如《桑中》《溱洧》之类，皆是淫奔之人所作，非诗人作此以讥刺其人也。圣人存之，以见风俗如此不好。至于做出此诗来，使读者有所愧耻而以为戒耳。⑤

> 孔子之称"思无邪"也，以为《诗》三百篇劝善惩恶，虽其要归无不出于正，然未有若此言之约而尽者耳，非以作诗之人所思皆无邪也。今必曰彼以无邪之思铺陈淫乱之事，而闵惜惩创之意自见于言外，则曷若曰彼虽以有邪之思作之，而我以无邪之思读之，则彼之自状其丑者乃所以为吾警惧惩创之资耶？而况曲为训说而求其无邪于彼，不若反而得之于我之易也。巧为辨数而归其无邪于彼，不若反而

---

① （清）李光地：《诗所》卷二，《景印文渊阁四库全书》第 86 册，台湾商务印书馆 1983 年版。
② 《论语·为政》，中华书局 2006 年版，第 12 页。
③ （宋）黎靖德编：《朱子语类》卷八十，《朱子全书》第 17 册，上海古籍出版社、安徽教育出版社 2002 年版，第 2734 页。
④ （宋）黎靖德编：《朱子语类》卷二十三，《朱子全书》第 14 册，上海古籍出版社、安徽教育出版社 2002 年版，第 794 页。
⑤ 同上书，第 794—795 页。

责之于我之切也。①

朱熹认为，孔子所说的"思无邪"并不是指整部《诗经》的所有篇章都无邪，也不是指作诗者所思无邪，而是说读者可以通过阅读《诗经》达到内心"思无邪"的目的与效用。《诗经》本身的内容固然美恶邪正夹杂，但其美者皆可以为法，恶者皆可以为戒，"可以感发人之善心，可以惩创人之逸志"②，故有正人心之效。而圣人之所以要保存那些淫诗，亦是为了使读者有所警惧愧耻而引以为戒。

李光地基本同意朱熹对于"思无邪"的这种理解，并进一步就《诗经》中何以存有淫诗这一问题给出了解答：

> "《诗》三百"章，依朱子说，则当以"无"字与"毋"通，禁止辞也。言《诗》之为教，归于使人禁止其邪思，故虽有三百之多，而《鲁颂》一言，可以蔽其指也。……其词意显然不可掩覆，如《桑中》《洧外》，乃为淫词无疑。圣人所以存而不删，正以见一国之俗化如此，而其间尚有特立独行之人，不以风雨辍其音，不以如云乱其志，则民彝之不泯可见，而欲矫世行义者可以兴。此圣人之意也。……是故郑人之诗，"思无邪"者仅耳，而其皎然有志操者，则以淫俗而愈彰。故曰："举世浑浊，贞士乃见。"郑、卫之存淫诗，乃与"思无邪"之义相反而相明，盖变例也。③

> "《诗》三百，一言以蔽之，曰'思无邪'。"非言作诗之人性情无邪，亦非言诗之辞义无邪。盖言《诗》之为教，所以禁止人邪心而已。"无"字亦当与"毋"通。夫子言《诗》三百篇，而其为教则可以一言蔽其义，不过禁止人之邪心而已。夫先王之教，《诗》《书》

---

① （宋）朱熹：《朱文公文集》卷七十《读吕氏诗记桑中篇》，《朱子全书》第23册，上海古籍出版社、安徽教育出版社2002年版，第3371—3372页。

② （宋）黎靖德编：《朱子语类》卷二十三，《朱子全书》第14册，上海古籍出版社、安徽教育出版社2002年版，第794页。

③ （清）李光地：《榕村语录》卷二，《榕村语录　榕村续语录》上册，中华书局1995年版，第24—25页。

《礼》《乐》，孰非所以收放心、养德性之具？然至于讽咏优游，感发兴起，使人之邪慝自消，则未若《诗》教之切。《诗》之为教，人事浹于下，天道备于上。然其要，所以道性情，使人以劝以戒，则蔽其义者，未若"思无邪"一语之精也。此"思无邪"三字与"毋不敬"语气相似，皆当作戒词看，则文意自然明白。①

　　"无"者，犹"毋"也，禁止之也。《诗》教如此，非概《诗》辞也。……俗化之不知，则劝戒之不明。有《桑中》《洧外》之人，则《东门》《风雨》所以贵也。今欲旌显幽节，必先列强暴者之罪状。此数诗，罪状也。其俗如此，而犹有王泽民彝在焉，如晦而不辍其音，如云而不乱其意，此所以为性情之正，而可以观，可以兴者，此也。②

李光地认为，"思无邪"的"无"字通"毋"字，"思无邪"即"思毋邪"，与"毋不敬"语气类似，乃禁止、告诫之辞。因此，孔子所说的"思无邪"既不是说作诗之人性情无邪，也不是说诗之辞义皆无邪，而是表示《诗经》的立教宗旨是为了劝善惩恶，防止人们的邪心、邪思。简言之，"思无邪"指的是《诗》教，而非《诗》辞。另一方面，李光地认为，郑、卫之诗中虽然存在淫诗，但这并不意味着郑、卫之诗皆是淫诗。事实上，即便其国俗化如此，郑、卫之诗尚有正诗，郑、卫之地仍有善人。圣人之所以要在《郑风》《卫风》等篇中保存这些淫诗、恶事，正是为了公布其罪状，并与其地的善人、善行相对照，以此突出和表彰善人、善行之可贵，显示王道人伦之不可泯灭，使读者可以明辨善恶，为善去恶。李光地还指出，《诗经》中不仅郑、卫之诗有邪思，其他一些诗篇中亦包含邪思、恶事。"岂独《郑》《卫》尔？《二南》之篇，亦以邪正而相形也。江汉之女，有求之者矣；怀春之女，有诱之者矣；行露之女，有速之狱讼者

---

① （清）李光地：《榕村集》卷二十四《论语诗三百章》，《景印文渊阁四库全书》第1324册，台湾商务印书馆1983年版。

② （清）李光地：《榕村集》卷十五《朱吕说诗论》，《景印文渊阁四库全书》第1324册，台湾商务印书馆1983年版。

矣。"① "《汉广》之游女，有求之者矣；《行路》《野麕》之贞人，有诱之者矣，幸而求之诱之无传诗耳。设其有之而兼载焉，固所以形恶而彰善，而又何讳乎？"② 此处所要表达的亦是所谓"形恶而彰善"的意思。若从这一角度来看，则圣人之存淫诗恰好与"思无邪"之义相反而相明。

李光地虽然在"思无邪"的问题上基本认同朱熹之说，但他亦未完全否定吕祖谦等人以作诗之人为无邪思的看法。譬如他说：

> 然谓作诗之人自无邪思者，亦不为无理。盖《诗》为夫子所删，则黜弃者多矣，其存者必其醇者也。虽有郑、卫淫佚之诗，较之全编，殆不能什之一，则从其多者而谓之"思无邪"也可矣。就《郑》《卫》之中，亦有未必淫诗而朱子姑意之者，《风雨》《青矜》之类是也。③

> 《雅》《郑》之辨，正矣。虽然，谓《诗》之无邪者，未可尽非也。圣人之以一言蔽者，概言《诗》之正者多而已矣。列国之诗，俗化而声变，《郑》《卫》之荡也，《齐》《秦》之夸也，圣人间存焉，以为泯其失，无以彰其得也；不极乎民心之流，不足以显民彝之真也。郑政之昏也，如风雨之晦；秦法之厉也，如霜露之零。于是喈喈者不辍其音，苍苍者不改其色，故以为礼义之在人心也，若王化之行，而又何征乎？④

在李光地看来，《诗经》中虽然确有淫诗存在，但其数量极少，所占比例亦极低，而朱熹对于《诗经》中淫诗数量的估计不免过高，以至于将一些并非淫诗的诗也当作淫诗看待。如《郑风》中的《风雨》与《子衿》

---

① （清）李光地：《榕村集》卷一《观澜录·经》，《景印文渊阁四库全书》第1324册，台湾商务印书馆1983年版。

② （清）李光地：《榕村集》卷十五《朱吕说诗论》，《景印文渊阁四库全书》第1324册，台湾商务印书馆1983年版。

③ （清）李光地：《榕村语录》卷二，《榕村语录 榕村续语录》上册，中华书局1995年版，第24页。

④ （清）李光地：《榕村集》卷一《观澜录·经》，《景印文渊阁四库全书》第1324册，台湾商务印书馆1983年版。

二诗，朱熹谓其词意轻佻儇薄，皆以淫诗视之，而李光地却认为《风雨》之意，"《序》谓思君子者可从。盖以'风雨''鸡鸣'为兴也。鸡之知时，或有东方微濛之景，则感之而鸣。然风雨冥晦，且无星月之光，而鸡鸣之节不改也。郑俗昏乱，而犹有心知礼义，独为言行，而不失其操者，是以同道者见而喜之"，又谓《子衿》"《序》谓刺学校，朱《传》谓淫奔者，详诗意俱无显证，或亦朋友相思念之辞尔"。① 因此，从整体上看，《诗经》中绝大部分内容皆为正诗，若要笼统地说作诗之人无邪思也不是完全没有道理。同时，若以李光地提出的"形恶而彰善""以王泽民彝之犹在察其无邪焉"② 的观点来理解淫诗的存在与意义，则极少数淫诗不仅不会妨碍读者对于《诗》无邪的总体判断，而且有助于无邪之《诗》教的实现，在一定程度上亦可与吕祖谦等人主张的《诗》皆无邪之说相通。

李光地在讨论、分析了朱、吕两派"思无邪"说的基础上，还提出了自己对于"思无邪"的另一种理解：

> "邪"字，古多作"余"解，《史记》《汉书》尚如此。"思无邪"，恐是言思之周尽而无余也。观上"无疆""无期""无斁"，都是说思之深的意思。《邶》之《北风》，亦作"余"解。古人历法拙，闰月必定在十二月，故曰"闰者，岁之余；虚者，朔虚也"。言冬月将尽，而岁余亦将终，比北风、雨雪又急矣。但"思无邪"，从来都说是"邪正"之邪，故《诗所》亦姑依之，不欲破尽旧解。其实他经说道理学问，至世事人情，容有搜求未尽者，惟《诗》穷尽事物曲折，情伪变幻，无有遗余，故曰"思无邪"也。③

李光地参考《史记》《汉书》以及《诗经》本文等资料，将"思无邪"的"邪"字解作"余"字，认为"思无邪"是指《诗经》之思周尽而无余

---

① （清）李光地：《诗所》卷二，《景印文渊阁四库全书》第 86 册，台湾商务印书馆 1983 年版。
② （清）李光地：《榕村集》卷十五《朱吕说诗论》，《景印文渊阁四库全书》第 1324 册，台湾商务印书馆 1983 年版。
③ （清）李光地：《榕村语录》卷十三，《榕村语录　榕村续语录》上册，中华书局 1995 年版，第 243 页。

的意思。在他看来，虽然各部经典中都包含丰富的义理，但其他经典所言道理学问，乃至世事人情，仍不免有搜求未尽者，唯有《诗经》一书穷尽事物曲折与情伪变幻，无有遗余，所以孔子才说："《诗》三百，一言以蔽之，曰'思无邪'。"如此一来，则"思无邪"一语便与《诗经》中是否存在淫诗的争论脱离了关系，亦不失为对《诗经》淫诗问题的一种辩护与解答。当然，李光地的这一解释只是他的一家之言，并不一定符合事实，但他能够大胆超出长久以来以"邪正"之"邪"来理解"思无邪"的传统思路，另辟蹊径，自圆其说，既反映了其独立思考、不囿旧说的学术特点，也为后人重新理解"思无邪"问题提供了一种新的思路与可能。

《雅》《郑》之辨中还附带包含了一个如何理解"郑诗"与"郑声"的关系问题。吕祖谦认为，郑声不等于郑诗，故郑声淫并非郑诗淫。朱熹则主张郑声即郑诗，"'郑声淫'，所以郑诗多是淫佚之辞"①，未有诗不淫而声淫者。而李光地则在遵从朱熹《诗》说的基本前提下，对于郑诗与郑声的关系，以及孔子对待二者的不同态度做了进一步的分析和说明，以修正、完善朱熹的《诗》学理论。他说：

> 东莱以为"《诗》无邪"，焉得有淫风？朱子以"放郑声"诘之，吕云："郑声淫，非郑诗淫也。"朱子曰："未有诗淫而声不淫者。"本末源流，已一句说尽，但却亦要知诗自诗，声自声，不然《虞书》何为说"诗言志"，又说"声依永"？夫子何为说"兴于诗"，又说"成于乐"？不淫诗亦可以淫声歌之，淫诗亦可以不淫声歌之，如旦曲以净唱，净曲以旦唱，只是不合情事耳。何以"放郑声"，不放郑诗？这却易知。丑行恶状，采风者存为鉴戒，见得淫风便至乱亡。若播之于乐，要人感动此心，却是何为？如商臣陈恒等，寻常说话时，何妨举为灭伦乱理之戒？若被之管弦，摹写他如何举动，是甚意思？圣人

① （宋）黎靖德编：《朱子语类》卷八十，《朱子全书》第17册，上海古籍出版社、安徽教育出版社2002年版，第2742页。

之权衡精矣。①

　　彼谓夫子"放郑声"，则不宜录此者，似已。然朱子谓乐教与《诗》教不同，放其声者乐也，存其篇者《诗》也。声入于耳，感于心，则不可以无放。若夫考其俗以究治乱之本，极其弊以察是非之心，篇可不存乎？是故郑人之诗，"思无邪"者仅耳，而其皎然有志操者，则以淫俗而愈彰。②

　　孔子曰"郑声淫"，又曰"恶郑声之乱雅乐也"，然则《雅》《郑》之判久矣。……当日论难，以为郑声则淫，非诗淫也，朱子答以"未有诗不淫而声淫者"。至哉斯言！虽孔子复生，何以易此？然声与诗亦有不可不辨者。论其合，则自"言志"至于"和声"一也，故曰"闻其乐而知其德"，未有本末乖离者也。论其分，则诗直述情事，而乐被以音容，故曰"兴于诗，成于乐"。郑诗可存也，而郑声必放。以为道情事者，人能辨其非，饰之音容，则惑焉者众矣。然则圣人何不并其诗而放之？曰："是于乐中论其声，况又有《鸡鸣》《风雨》《东门》之篇错出其间，苟没其诗，无以知其善。放郑声，则犹之远佞人也；存郑诗，则犹之知佞人之情状，见而能辨，辨而知恶者也。"③

　　事实上，朱熹虽然坚持郑声淫即郑诗淫，但他为了能够合理地解释为何孔子既主张"放郑声"，却又存郑诗的问题，亦初步注意到了郑声与郑诗之间的某些差别。譬如他说："吕伯恭以为'放郑声'矣，则其诗必不存。某以为放是放其声，不用之郊庙宾客耳，其诗则固存也。如《周礼》有官以掌四夷之乐，盖不以为用，亦存之而已。"④ 又说："放者，放其乐

---

①　（清）李光地：《榕村语录》卷十三，《榕村语录　榕村续语录》上册，中华书局1995年版，第228页。

②　（清）李光地：《榕村语录》卷二，《榕村语录　榕村续语录》上册，中华书局1995年版，第25页。

③　（清）李光地：《诗所》卷二，《景印文渊阁四库全书》第86册，台湾商务印书馆1983年版。

④　（宋）黎靖德编：《朱子语类》卷二十三，《朱子全书》第14册，上海古籍出版社、安徽教育出版社2002年版，第794—795页。

耳；取者，取其诗以为戒。今所谓郑卫乐，乃诗之所载。"① 这也就是李光地所说的"朱子谓乐教与《诗》教不同"。而他正是进一步发挥了朱熹的这一思路，同时借鉴吕祖谦等人关于"诗""声"不同的主张，从而得出了"声与诗亦有不可不辨者"的观点。

具体来说，李光地认为，"诗"与"声"、"诗"与"乐"之间既有相合的一面，又有相分的一面。自其合者言之，"'诗言志，歌永言，声依永，律和声，八音克谐，无相夺伦，神人以和。'乐之始终条理备矣。诗所以言志，而诗之言，必抑扬高下，歌之而后可听。其诗之和平广大者，以宫声歌之；清扬激发，慷慨悲壮者，以商声歌之；欢忻流畅者，以角声歌之；急疾清促者，以徵声歌之；繁碎嘈杂者，以羽声歌之。然五声无节，不能中和，则以律和之。由律而写其声于八音之中，至于克谐，无相夺伦，则神人以和矣"②。简言之，即诗、歌、声、律四者相互联系，不可分割，在乐中合而为一，故曰"闻其乐而知其德"，未有本末乖离者。自其分者言之，诗属于直述情事，而乐则有音韵、节奏等外在形式，遂有"诗言志"与"声依永"、"兴于诗"与"成于乐"之间的区别。故"不淫诗亦可以淫声歌之，淫诗亦可以不淫声歌之"。尽管这样做未免有违常理，但也不是完全没有可能。李光地进一步指出，与诗相比，声、乐较为感性，更具有感动人心的力量，所以郑诗可存为鉴戒，使人知其丑行恶状，读者亦不难明辨其非，而郑声必放，以免蛊惑人心，败坏风俗。总之，在李光地看来，"诗"与"声"、"诗"与"乐"二者各自具有一定的独立性，因而郑诗与郑声在内容上或许有许多重合之处，但在表现形式、影响效果和目的作用等方面皆有所不同，不宜不加分析地混为一谈。综上亦可发现，李光地对于《雅》《郑》之辨的理解与论述主要是以朱熹《诗》学为基础，折中、融会朱、吕二家《诗》说而形成的，从中体现出其不立门户、兼收并蓄的学术精神。故曰："朱子《易》《诗》卜筮、雅郑之说，吾

---

① （宋）黎靖德编：《朱子语类》卷二十三，《朱子全书》第 14 册，上海古籍出版社、安徽教育出版社 2002 年版，第 795 页。

② （清）李光地：《榕村语录》卷二十八，《榕村语录 榕村续语录》上册，中华书局 1995 年版，第 492 页。

所笃信也。程谓随时以从道，吕谓作诗之无邪，吾则兼取焉，以为与朱子之说相备而不相悖也。盖执其两端，则中者出矣，穷理之要也。"①

　　根据传统看法，《诗经》曾经孔子删削，这一观点在唐代之前几乎无人提出异议。如最早提出删《诗》说的司马迁说："古者《诗》三千余篇，及至孔子，去其重，取可施于礼义，上采契后稷，中述殷周之盛，至幽厉之缺，始于衽席。故曰'《关雎》之乱以为《风》始，《鹿鸣》为《小雅》始，《文王》为《大雅》始，《清庙》为《颂》始'。三百五篇孔子皆弦歌之，以求合《韶》《武》《雅》《颂》之音。礼乐自此可得而述，以备王道，成六艺。"② 班固亦云："孔子纯取周诗，上采殷，下采鲁，凡三百五篇。"③ 郑玄说："孔子录周衰之歌，及众国圣贤之遗风，自文王创基，至于鲁僖，四百年间，凡取三百五篇，合为《国风》《雅》《颂》。"④ 陆德明则曰："古有采诗之官，王者巡守，则陈诗以观民风，知得失，自考正也。动天地，感鬼神，厚人伦，美教化，移风俗，莫近乎诗。是以孔子最先删录，既取周诗，上兼商颂，凡三百一十一篇。"⑤

　　至唐代时，孔颖达提出："案《书传》所引之诗，见在者多，亡逸者少，则孔子所录，不容十分去九，马迁言古《诗》三千余篇，未可信也"⑥，始对孔子删《诗》说提出怀疑。朱熹等人既然认定《诗经》中存在淫诗，那么孔子删《诗》的旧命题就又面临一个新的挑战。如果孔子确曾删《诗》，为何当存者不存，反而保留了许多淫诗？对于《诗经》中的淫诗问题，朱熹虽以"惩恶""鉴戒"之说加以解释，但他却并未因此承认孔子删《诗》。他说："人言夫子删诗，看来只是采得许多诗，夫子不曾删去，往往只是刊定而已。圣人当来刊定，好底诗便要吟咏，兴发人之善

　　① （清）李光地：《榕村集》卷一《观澜录·经》，《景印文渊阁四库全书》第1324册，台湾商务印书馆1983年版。
　　② （汉）司马迁：《史记》卷四十七《孔子世家》，中华书局2006年版，第329页。
　　③ （汉）班固：《汉书》卷三十《艺文志》，中华书局2007年版，第326页。
　　④ （汉）郑玄：《〈毛诗谱·序〉正义》，（清）严可均辑《全后汉文》卷八十四，商务印书馆1999年版，第850页。
　　⑤ （唐）陆德明：《经典释文》卷一《序录》，中华书局1983年版，第9页。
　　⑥ （汉）毛亨传，（汉）郑玄笺，（唐）孔颖达疏：《毛诗注疏·诗谱序》，商务印书馆1935年版，第6页。

心；不好底诗便要起人羞恶之心，皆要人'思无邪'。"① 又说："那曾见得圣人执笔删那个存这个？也只得就相传上说去"②，"论来不知所谓删者，果是有删否？要之，当时史官收诗时，已各有编次，但到孔子时已经散失，故孔子重新整理一番，未见得删与不删。如云：'自卫反鲁，然后乐正，《雅》《颂》各得其所。'云'各得其所'，则是还其旧位"③。由此可见，朱熹显然不以孔子删《诗》之说为然，只承认孔子曾整理、刊定《诗经》而已。

与朱熹的看法不同，李光地相信孔子删《诗》之说，屡言"圣人删《诗》最妙"④，"《诗》三百亦删后之诗"⑤，"《诗》为夫子所删，则黜弃者多矣，其存者必其醇者也"⑥，并且对孔子删《诗》的一些具体问题做了一定的分析和探讨，可算作对传统删《诗》说的一种补充。

关于孔子删《诗》的具体内容及其原因，李光地说道：

　　·圣人删《诗》之意，当就《论语》中求之。如"素以为绚"句，某意即在《硕人》之诗，而夫子去之。素自素，绚自绚，如人天资自天资，学问自学问，岂可说天资高便不用学问不成？正如"虽曰未学，吾必谓之学"；又如"质而已矣，何以文为"一般。"绘事后素"，亦言绘事必继素后耳。"礼后乎"，亦言礼必继忠信之后乎？皆言绚不可抹杀也。推此可以见删《诗》之意。⑦

　　《关雎》之诗，夫子明言："乐而不淫，哀而不伤"，自非淫诗。……

① （宋）黎靖德编：《朱子语类》卷二十三，《朱子全书》第 14 册，上海古籍出版社、安徽教育出版社 2002 年版，第 798 页。

② （宋）黎靖德编：《朱子语类》卷八十，《朱子全书》第 17 册，上海古籍出版社、安徽教育出版社 2002 年版，第 2735 页。

③ （宋）黎靖德编：《朱子语类》卷三十四，《朱子全书》第 15 册，上海古籍出版社、安徽教育出版社 2002 年版，第 1204 页。

④ （清）李光地：《榕村续语录》卷十八，《榕村语录　榕村续语录》下册，中华书局 1995 年版，第 856 页。

⑤ （清）李光地：《榕村集》卷二十四《论语诗三百章》，《景印文渊阁四库全书》第 1324 册，台湾商务印书馆 1983 年版。

⑥ （清）李光地：《榕村语录》卷二，《榕村语录　榕村续语录》上册，中华书局 1995 年版，第 24 页。

⑦ （清）李光地：《榕村语录》卷十三，《榕村语录　榕村续语录》上册，中华书局 1995 年版，第 223 页。

天下惟此乐不淫，哀不伤，外此未有不淫伤者。《唐棣》之诗孔子删之，以其无此意也。①

　　李光地认为，根据《论语》之文推断，孔子曾删去《卫风·硕人》中的"素以为绚"一句。《论语》记载："子夏问曰：'巧笑倩兮，美目盼兮，素以为绚兮，何谓也？'子曰：'绘事后素。'曰：'礼后乎？'子曰：'起予者商也，始可与言《诗》已矣！'"② 其中，"巧笑倩兮，美目盼兮"两句即出自《诗经》的《卫风·硕人》。在李光地看来，"素以为绚"的"素"代表人的天资，"绚"代表人的学问，素自素，绚自绚，二者之间并没有直接的决定关系，不能说天资可当学问，天资高的人便不用后天的学习。而孔子亦言"绘事后素"，肯定了"质"与"文"之间的区别，主张天资好的人也须加以后天的问学之功，外在的礼仪必须接续在内在的忠信之后。可见"素以为绚"之说不合道理，故为孔子所删。同样，李光地又据《论语》断定《诗经》中的《唐棣》之诗也经过孔子的删削。《论语·子罕》载有"唐棣之华，偏其反而。岂不尔思，室是远而"，历代学者多将其视为逸诗。李光地认为此言不符合孔子在《论语·八佾》中提出的"乐而不淫，哀而不伤"的原则，所以孔子删之。除此之外，李光地还说："齐桓、晋文之事，艳于天下，而皆无诗焉。或者夸美之过，而夫子删之矣。"③ 怀疑《诗经》中原有记载齐桓、晋文之事的诗篇，或许由于过度夸美，有悖理义，遭到了孔子的删削。

　　在此基础上，李光地进一步考察了《论语》中有关孔子论《诗》的记载，虚心体会圣人之意，归纳、概括出孔子删《诗》的六条凡例："可以兴观群怨；事父、事君；多识鸟兽草木之名；不为《二南》，便正墙面；不学《诗》，便无以言；授之以政不达，使于四方不能专对；思无邪；皆

　　① （清）李光地：《榕村续语录》卷三，《榕村语录　榕村续语录》下册，中华书局1995年版，第596页。
　　② 《论语·八佾》，中华书局2006年版，第28页。
　　③ （清）李光地：《诗所》卷二，《景印文渊阁四库全书》第86册，台湾商务印书馆1983年版。

是删《诗》凡例。"① 在他看来，这六条便是孔子论《诗》的主要内容与基本原则。凡是符合这六条原则的诗便为孔子所保留，凡是违背这六条原则的诗必为孔子所删削。至于李光地为何在承认《诗经》中包含淫诗的同时，又将"思无邪"列为孔子删《诗》的凡例之一，上文在讨论"思无邪"说的时候已经做了较为详细的说明，此处恕不赘述。

浏览李光地文集、语录中记载的论《诗》之言不难发现，其对于《诗经》中各诗的时代、世次等问题特别关注，并且提出了不少异于前人的看法。譬如，历代学者多受郑玄等人的影响，认为《诗经》中的《雅》《颂》多为西周之诗，而《国风》多为东周之诗。李光地则提出："以愚论之，十五国之诗，必也东、西周具有焉，而后可通也。不独《风》尔，《大小雅》之诗，亦必东、西周具有焉，而后可通也"②，认为《风》《雅》《颂》中都同时包含东、西周时期的诗。具体来说：

> 如《郑》《卫》之武公，《秦》之襄公，如《序》者之说，固非尽东周矣。《小雅》之篇，所谓"周宗既灭，靡所底戾"，"赫赫宗周，褒姒灭之"，此亦岂西周之词哉？惟《豳风》之为周公可信。若《颂》则有"成王不敢康"，"噫嘻成王"，"不显成康"者，既足以明其非尽周公之作，而《鲁颂》则僖公诗也，亦不得谓东迁之后无《颂》也。且以事理揆之，《风》者，天子命太史陈诗而得者也。西周之盛，巡狩庆让之典行，故风谣达焉。及其既东，则天子不巡狩，太师不采风也旧矣。今乃西京之采，乐府之藏，无一篇在者，而尽出于东迁之后乎？则其诗又孰采之，而孰收之也？如谓夫子周游所得，则季札观乐于鲁，而其篇什既备矣。鲁存六代礼乐，故自《韶箾》《夏濩》以下皆具。曾谓昭代乐府，列国之诗，太史之所掌者尽皆亡轶，而反取东迁以后不隶于乐府，莫之采而莫之收者，以与《易》象、《春秋》并

----

① （清）李光地：《榕村语录》卷一，《榕村语录 榕村续语录》上册，中华书局1995年版，第6页。

② （清）李光地：《榕村集》卷十六《诗说》，《景印文渊阁四库全书》第1324册，台湾商务印书馆1983年版。

藏，而与《韶》《夏濩》《武》《雅》《颂》迭奏，必不然矣。①

某谓畿内之地，亦有风谣，虽西周盛时，岂能无《风》。王朝卿士贤人，闵时念乱，虽既东之后，岂尽无《雅》。只可以正、变分治乱，不可以《风》《雅》为盛衰也。观《二雅》体制，不进于《颂》，东迁后，犹有《鲁颂》，况《雅》乎！然西周不见所谓《风》，东周亦复无《雅》者，意畿内醇美之诗，悉附于《二南》以为正《风》，而衰乱之《风》，则别为《王风》而为变；至《雅》之无东，则序《诗》者失之也。今观所谓"平王之孙，齐侯之子"；"赫赫宗周，褒姒灭之"；"周宗既灭"；"今也日蹙国百里"；明是王畿有正《风》，东迁有变《雅》之证，而说《诗》者穿凿以就其例。此正如"成王不敢康"；"噫嘻成王"；"惟彼成康，奄有四方"；明是成王、康王，缘说者谓皆周公制礼作乐时诗，遂以为非二王，而别为解释耳。其可信乎？此三百一大义，不敢附和先儒而不阙所疑也。②

《大雅》章什，世次最明。《文王》以下皆周盛时诗也，《民劳》以下则厉王诗，《云汉》以下则宣王诗，《瞻卬》以下则幽王或东迁以后诗。《小雅》则《鹿鸣》以下为盛时诗，《六月》以下为宣王以后诗，《节南山》《正月》以下为幽王及东迁以后诗，叙亦甚明。独《楚茨》诸篇之叙田功，《瞻彼洛矣》诸篇之叙朝会，皆不类幽王以后事，且有"王在在镐"之文，则又非东迁可知。③

李光地指出，从诗的内容上看，《郑风》《卫风》涉及武公，《秦风》涉及襄公，说明《国风》并非都是东周之诗。《大雅》部分，自《瞻卬》以下为周幽王或东迁以后诗；《小雅》部分，自《节南山》《正月》以下，除《楚茨》《瞻彼洛矣》等篇外，亦为周幽王及东迁以后诗。《鲁颂》四篇为鲁僖公

---

① （清）李光地：《榕村集》卷十六《诗说》，《景印文渊阁四库全书》第1324册，台湾商务印书馆1983年版。

② （清）李光地：《榕村语录》卷六，《榕村语录 榕村续语录》上册，中华书局1995年版，第92—93页。

③ （清）李光地：《榕村集》卷二《经书笔记》，《景印文渊阁四库全书》第1324册，台湾商务印书馆1983年版。

诗，证明东周时期仍然有《颂》。他特别提到，《小雅·正月》明言"赫赫宗周，褒姒灭之"，《小雅·雨无正》明言"周宗既灭，靡所底戾"，《大雅·召旻》明言"今也日蹙国百里"，显然皆是东周之诗；《国风·召南·何彼秾矣》则言"平王之孙，齐侯之子"，证明王畿有正《风》。从道理上看，《风》诗乃天子命采诗之官所采，待天子巡守时陈诗以观民风，没有西周兴盛时所采之诗一无所存，而东周既衰之后的诗反而大量保留的道理。若说《风》诗是孔子周游时所得，则当时鲁国六代礼乐皆存，亦没有只记录东周时不隶于乐府，不知何人所采、何人所收的诗，而不记录保存完备、来历清晰的西周之诗的道理。另一方面，《风》《雅》《颂》的体制是相对固定的，三者同时并存而不会互相取代。《雅》诗既不会因西周兴盛而进于《颂》，也不会因东周衰乱而降为《风》。且《二雅》的体制低于《颂》，东周时即便衰乱，尚且有《鲁颂》，不可能完全没有《雅》诗。因此，李光地不同意《诗经》中无西周之《风》与东周之《雅》的观点。在他看来，学者之所以会误以为西周不见《风》，主要是由于西周畿内之诗为正《风》，已附于《二南》之中，故与东周之变《风》不同，而学者之所以会误以为东周无《雅》，则是由于《诗序》作者对《二雅》年代的误判和错置。

基于这样的认识，李光地进一步提出了自己的《诗》亡说：

《诗》亡之说何如？曰："殆谓正《风》、正《雅》亡也。周之盛也，天子举巡狩之典，陈诗观风，于是庆让行焉；诸侯修述职之礼，朝会雅歌，于是劝戒继焉。夫是以王道行，而功罪劝惩明也。及周之东，天子不巡狩，则太师无采也，故谓之《风》亡。其有《风》者，列国讴谣相为传播者耳。诸侯不述职，则朝会无闻也，故谓之《雅》亡。其有《雅》者，贤人君子思古念乱者耳。夫是以王道不行，功罪劝惩不明，诸侯僭，大夫叛，子弑其父，臣弑其君，其所由来者渐矣。是故《春秋》之褒贬，所以申王事之劝惩也。故曰：'《诗》亡然后《春秋》作。'"①

————
① （清）李光地：《榕村集》卷二《经书笔记》，《景印文渊阁四库全书》第1324册，台湾商务印书馆1983年版。

李光地认为，孟子所说的"《诗》亡"是指东周时期的正《风》、正《雅》亡。因为《风》源自于天子巡狩时，采风视俗以行庆让之典。东周之后，天子不巡狩，太师不采风，庆让之典亦废，所以说《风》亡。如今《诗经》中所保存的东周之《风》，乃列国间自己流传的歌谣，非太师所采，只能称作变《风》。而《雅》则源自于诸侯述职时的朝会雅歌。东周之后，周王室衰微，诸侯不再行述职之礼，所以说《雅》亡。如今《诗经》中所保存的东周之《雅》，乃贤人君子思古念乱、忧虑时俗所作，只能称作变《雅》。孔子正是看到当时王道不行、功罪劝惩不明、礼崩乐坏的混乱状况，才作《春秋》而寓之褒贬，以申明王事之劝惩。所以孟子说："《诗》亡然后《春秋》作。"

三　李光地的《尚书》学研究

关于《古文尚书》的真伪问题，实乃经学史上的一大公案。汉景帝初年，鲁恭王扩建宫殿，坏孔子故宅，于孔壁中发现用古文字书写的《尚书》。将其与伏生所传的《今文尚书》相比较，《古文尚书》多出十六篇。因其中《九共》一篇又分为九篇，亦可说多出二十四篇。汉武帝末年，《古文尚书》由孔安国的家人献给朝廷，但在当时没有引起学者和官方的特别注意，未能立于学官。至东汉初年，已亡佚《武成》一篇，其余篇章在西晋永嘉之乱时全部亡佚。东晋时，又有所谓《孔传》本《古文尚书》出现，由豫章内史梅赜所献，共五十八篇，比《今文尚书》增多二十五篇，每篇都有孔安国所作的传，书前还有一篇孔安国《尚书序》，这便是今传的《古文尚书》。唐初孔颖达奉诏撰修《五经正义》，其中的《尚书正义》便以梅赜所献《古文尚书》为本，并为之作疏，遂使《古文尚书》成为官学正宗。宋代学者吴棫始对《古文尚书》的真伪提出质疑，后经朱熹、吴澄、梅鷟、阎若璩、姚际恒等人的考辨，至清初时，已基本可以确定《古文尚书》系后人伪作。这一结论在当时虽然尚未得到所有学者的普遍认同，但基本事实已经比较清楚了。在考辨《古文尚书》的这一历史过程中，朱熹总结、继承了前人的辨疑成果，又提出了不少自己的看法和意见，对于后世学者的辨伪工作产生了较大的影响与推动，具有不可忽视的承前启后之功。而李光地则在清初特殊的思想背景与学术环境下，基于理学家的立场，坚称《古文尚书》不伪，以此维护理学特别是朱子学的经典依据，抵御其他学者对于理学的攻击与挑战。

朱熹虽然并未明确断定《古文尚书》为伪书，但对于《古文尚书》的《孔传》与《孔序》为伪却十分肯定，屡言"《尚书》决非孔安国所注"①，"安国序亦决非西汉文章"②，"《尚书》《注》并《序》，某疑非孔安国所作"③。在朱熹看来，《孔传》与《孔序》文字软慢困善，不似西汉文章粗犷厚重的风格，故不可能出于孔安国之手。对此，李光地辩解道：

> 问："孔安国《尚书序》，朱子嫌其不古，果不似汉人文字耶？"曰："不似西汉，亦不似魏晋间文字。西汉人于义理不甚晓畅透彻，其笔势蒙绕见古处，正多是他糊涂处。某却不敢疑此序。三代以来，惟洙泗另是一体雪白文章，条理分明，安国家法如此，焉知非其笔？"④

> 孔安国《尚书序》，朱子以为不类西汉之文，看来是孔子家法。⑤

李光地承认《孔序》不似西汉文字，但也不似朱熹所说的魏晋间文字。在他看来，西汉文章多于义理方面不甚晓畅透彻，而《孔序》则条理分明，并无这种弊病，说明其文体自成一格，应是继承了孔子家法。因此，不能单纯根据《孔序》文字与西汉文体特征不符就判断《孔序》为伪。

朱熹之所以怀疑《古文尚书》为伪，一个最主要的证据便是伏生暗诵

---

① （宋）黎靖德编：《朱子语类》卷七十八，《朱子全书》第16册，上海古籍出版社、安徽教育出版社2002年版，第2633页。
② （宋）朱熹：《朱文公文集》卷五十四《答孙季和》，《朱子全书》第23册，上海古籍出版社、安徽教育出版社2002年版，第2538页。
③ （宋）黎靖德编：《朱子语类》卷七十八，《朱子全书》第16册，上海古籍出版社、安徽教育出版社2002年版，第2633页。
④ （清）李光地：《榕村语录》卷十二，《榕村语录 榕村续语录》上册，中华书局1995年版，第220页。
⑤ （清）李光地：《榕村续语录》卷十九，《榕村语录 榕村续语录》下册，中华书局1995年版，第868页。

口传的《今文尚书》多艰涩，而出于孔壁的《古文尚书》反平易。但李光地亦不认同这一矛盾能证明《古文尚书》为伪。他解释道：

> 问《书》古今文。曰："不可疑也。秦焰余烈，残缺湮灭，经师荒耄，女子传说。科斗隶书，声形错别，简讹文误，以有聱佶。安国虽注，其书不传，刘氏好古，博士纷然。河间礼篇，世莫观之，古文废寝，抑又何疑？流及江左，期于从顺，窜易加增，盖不可问。因缘微猜，毁道蔑圣，臆决哆张，此学者之大病也。"①

> 《尚书》今文，晁错从伏生女子口授。当由伏生不识隶字，晁错不识古文，听受之间，传写易误，故今文反梗涩难读。②

> 前儒疑今文多诘屈，而古文尽平易。或曰：自伏、晁授受时，因音语讹也。然武帝时犹可据此以得余篇，反不能追正其讹乎？或曰：辞命之文雅驯，告谕通俗，则用时语。然两体固有相杂者，犹不可通也。意自参校孔壁《书》时，遇不可读，即未免删添，其后又久秘不出，更东汉至晋，《书》始萌芽，传者私窃窜一二字，复恐不免矣。以此，古文从顺者多。伏生《书》则自前汉而立学官，无敢改者。艰易之原，盖出于此。浅者缘此，尽訾古文非真《书》。如此《谟》，其首也。宋元儒倡之，近学者尤加甚。果哉？其疑古也。③

> 伏生之《书》，其女口授有讹音，而晁错不敢改。其书既行于汉代四百年，则益莫之敢改也，故难者愈难。孔壁之《书》，自其校出之时，间或增减以通文意者有之，而其书又藏久而后显，安必传者之无润色于其间哉？故易者愈易。然则古文云者，疑其有增减润色，而不尽四代之完文，理或有之矣，谓其纯为伪书者，末学之肤浅，小人

---

① （清）李光地：《榕村集》卷一《观澜录·经》，《景印文渊阁四库全书》第 1324 册，台湾商务印书馆 1983 年版。

② （清）李光地：《榕村续语录》卷三，《榕村语录　榕村续语录》下册，中华书局 1995 年版，第 592 页。

③ （清）李光地：《尚书七篇解义》卷一《大禹谟》，《景印文渊阁四库全书》第 68 册，台湾商务印书馆 1983 年版。

而无忌惮者也。①

李光地指出，《今文尚书》是晁错由伏生处口授而得。由于伏生不识隶书，晁错不识古文，且二人所说方言不同，晁错只能用己意属读，故在听受传写的过程中容易出现讹误，这才造成了今文反比古文晦涩难读的现象。此后，李光地又意识到，如果仅仅以《今文尚书》传授时发生讹误，或者辞命、告谕两种文体不同来解释今古文之间的难易差别，都存在一定的困难。因此他又提出，《古文尚书》之所以平易，是由于与《今文尚书》参校时，遇到文意不通的地方，不免有所删添，后来久藏秘府，至东晋方出，或许又为传授者私加窜改、润色，所以文字较为通顺。而《今文尚书》自西汉时便立于学官，无人敢私加改易，所以文字较为艰涩。简言之，李光地承认《古文尚书》在流传过程中或许遭到了后人的改窜润色，已不完全是最初的面貌，但不能因此认定其纯粹是后人伪作。

此外，关于今古文《尚书》难易不同的问题，李光地还曾说道：

> 古今文之辨多矣。虽朱子亦疑之，曰："伏生背文暗诵，不应偏得其难，而孔氏校对于错乱磨灭之余，不应反得其易。"……若夫朱子之疑，则愚尝窃思之。人之于书也，其钩棘聱牙者，则诵数必多，诵数多者，其著心必坚牢而永久。安知伏生之偏得其难者之非因难而得乎哉？至于孔壁之反易，则有由也。盖其甚难者，孔氏既以不可悉知而还之书府矣，则其传者皆可知者也。此其所以易也。②

李光地猜测，伏生之所以只记得难的内容，是因为人们对于难的东西往往更用心去记诵，所以反而记得较牢。而出于孔壁的《古文尚书》之所以比较容易，是由于其经过了孔安国的拣择，难的部分因其不可知而通通还之书府，只保留了比较容易理解的文字传之后世。

---

① （清）李光地：《榕村集》卷十七《尚书古今文辨》，《景印文渊阁四库全书》第 1324 册，台湾商务印书馆 1983 年版。

② 同上。

　　综上可见，李光地为了论证《古文尚书》不伪，虽然提出了种种说法，但都只是他的推断和猜测，实际上并没有什么切实的证据。即便他的猜测可以成立，也只是解释了今古文《尚书》文字难易不同的原因，而未对梅鷟、阎若璩等学者提出的辨伪《古文尚书》的其他关键问题做出具体回应，显然不足以证明《古文尚书》为真。可以说，李光地之所以始终不信《古文尚书》为伪，其根本原因仍在于他对其中所述之义理深信不疑。所以他要说：

　　　　《古文尚书》，道理精确处，圣人不能易。若汉儒能为此，即谓之经可也。黄梨洲、毛大可辈，挢揳一二可疑之端，辄肆谈议，至虞廷十六字亦辟之。学者不深惟义理，徒求之语言文字以定真赝，所谓"信道不笃"也。①

又谓：

　　　　果哉？后学之疑古也。世有辨古字、古器者，不论其法之精，工之良，而必曰其纸墨非也，其款识非也，何以异于是哉？汉之儒者，如董仲舒、刘向，醇矣，博矣。然而人心、道心之旨，《太甲》《说命》《旅獒》《周官》之篇，二子岂能至之？而况魏晋以下，六朝之间乎？②

　　由此可见，在李光地看来，判断经典真伪的根本标准在于其中的义理，而非表面的语言文字，正如辨别古字、古器的真伪必先察其法式和做工精良与否，而不能一味关注其纸墨、款识的是非，否则便是舍本逐末。据此，则《古文尚书》说理精确不易，完全配得上经典之名，即便是汉儒中最称醇厚博学的董仲舒、刘向，亦不可能伪造得出如此文字与思想，所

---

①　（清）李光地：《榕村语录》卷十二，《榕村语录　榕村续语录》上册，中华书局 1995 年版，第 206 页。

②　（清）李光地：《榕村集》卷十七《尚书古今文辨》，《景印文渊阁四库全书》第 1324 册，台湾商务印书馆 1983 年版。

以必是圣人所作无疑。在此前提下，后世经学家的种种考据和辨伪也就不值一提了。

不过，在《书序》（即《小序》）为伪这件事上，李光地倒是和朱熹看法一致。朱熹曾说："《书小序》亦非孔子作，与《诗小序》同。"① 李光地则曰："朱子两眼实在明亮。……前人以《书传》为孔子作，《诗序》为子夏作，直决然断其妄，此乃确论。"②

《尧典》《舜典》《大禹谟》《皋陶谟》《益稷》五篇历来被理学家视为《尚书》中说理最精的部分，李光地基于朱子学的立场与视角，自然对这"二典三谟"最为关注。其所著《尚书七篇解义》，即以对"二典三谟"的解释和阐发为主要内容之一。在"二典三谟"中，李光地又对《尧典》和《舜典》特别重视，将这两篇文字视作《尚书》的纲领、精华，以及天下后世取法的榜样、典范。他说：

> 诸经多将首二篇包括全书之义，《乾》《坤》两卦，括尽《易》理；《二典》《二南》，亦括尽《诗》《书》。《诗》《书》中道理，总未有不从修身齐家说起者。③

> 《二典》无弊，夏、殷书便有不纯粹字面。如用刑，《舜典》实在正当，至夏、殷则有曰："予则孥戮汝"，便容有诛及妻子之事。惟文王一以尧舜为法，故曰："罪人不孥。"若无孥者，则不孥何消说？④

> 《二典》之精，真是史书宗祖。先总叙尧之德，由明德，以及于亲睦、平章、协和，遂及治历明时，中分二分二至，又指出朝午昏暮，精极。此犹说日，未及月。又云："以闰月定四时，成岁。"淡淡数语，万古不易。次及用人，人之贤否，了然于心，却不自用。卒试

---

① （宋）黎靖德编：《朱子语类》卷七十八，《朱子全书》第 16 册，上海古籍出版社、安徽教育出版社 2002 年版，第 2635 页。

② （清）李光地：《榕村语录》卷一，《榕村语录　榕村续语录》上册，中华书局 1995 年版，第 1 页。

③ 同上书，第 2 页。

④ （清）李光地：《榕村语录》卷十二，《榕村语录　榕村续语录》上册，中华书局 1995 年版，第 214 页。

虞舜，而以天下付之。是何等识见！何等德量！《舜典》妙在节节与《尧典》对。尧如天，舜如地；尧生之，舜成之；尧始之，舜终之。四凶之诛，治水成功，终尧事也。四凶罪不至死，故皆止于流。"象以典刑"一节，即起下文也。①

李光地指出，《尧典》《舜典》在《尚书》中的地位相当于《易经》中的《乾》《坤》两卦与《诗经》中的《二南》，起到了总括全书之义的作用。其中，《尧典》先总叙尧之德，由修身及于齐家、治国、平天下，然后论授时定历，再论辨奸用贤，最后言得舜禅让。而《舜典》的妙处则在于节节与《尧典》相对，如"'重华'一节，对'放勋'一节；'慎徽'一节，对'克明'一节；'齐七政'至'浚川'，对定历几节；制刑流殛，对丹朱三节；命十二牧、九官，对举舜一节"②，以此表达尧生舜成、尧始舜终、尧舜之道如一之意。李光地进一步指出："观二篇所纪，可谓至约矣，而尧舜之道备焉。……抑二篇之事不同，而其体如一。盖其本末先后有如前之所言，则尧之道，舜不能易，尧舜之道，天下万世不能易也审矣。"③如此，则《二典》不但是后人撰写史书的宗祖与典范，更是后世王者治平天下不可改易的大经大法。

同时，对于不少学者已明确揭发的《舜典》之前由姚方兴和刘炫妄增的"曰若稽古帝舜，曰重华，协于帝，浚哲文明，温恭允塞，玄德升闻，乃命以位"二十八字，李光地亦表示肯定，并无任何怀疑之辞。关于这二十八字的含义，他解释道："'浚哲文明'，亦言存诸心者；'温恭允塞'，亦言著诸身者。然浚之深而哲，文之盛而明，则外者备矣。温而本于恭，信而出于实，则内者形矣。"④ 由此亦可看出李光地解释《尚书》重义理过

---

① （清）李光地：《榕村续语录》卷三，《榕村语录 榕村续语录》下册，中华书局1995年版，第592页。

② （清）李光地：《榕村语录》卷十二，《榕村语录 榕村续语录》上册，中华书局1995年版，第207页。

③ （清）李光地：《榕村集》卷十八《二典》，《景印文渊阁四库全书》第1324册，台湾商务印书馆1983年版。

④ （清）李光地：《尚书七篇解义》卷一《舜典》，《景印文渊阁四库全书》第68册，台湾商务印书馆1983年版。

于训诂考据的经学特征。

除《尧典》和《舜典》外，李光地还对"二典三谟"中的《大禹谟》相当重视，而这显然是由于其中所包含的所谓虞廷十六字心传。对于"人心惟危，道心惟微，惟精惟一，允执厥中"，李光地解释道："有人则有心，而道具焉，一而已矣。然人者，形也；心者，神也；道者，性也，妙合以凝，而精粗本末分矣。形有迹，性无象，心之神明则出入有无之间，而兼体之者也。自其因形以发，则曰人心，口鼻耳目四肢之欲是也。自其根性而生，则曰道心，仁义礼智之良是也。形交于物而引于物，故我为物役则危矣。性本于天而命于天，故人与天远则微矣。精者察其机，辨人心所以差之介。一者存其诚，保道心所自具之真也。中者理之极致，《易》所谓天德、天则者也。存而体之，则立天下之大本；察而由之，则成天下之大经。惟精惟一，即所以执其中者，非精一之外，别有执中之事也。"①这十六字可谓构成了朱子理学心性论的核心内容与基本理据。因此，李光地对于任何怀疑、批评虞廷十六字心传为伪的观点皆给予激烈的反驳和抨击。譬如他说：

> 浙东人又是一种学问，如黄黎洲、万充宗、季野，淮人阎百诗辈，《古文尚书》《周礼》两部书，便是他们仇敌。人做人、做文章，谁能尽好？看是甚么事，甚么话。朱子文字也有平常的，只是肤浅，没甚紧要精采便了，决无悖理伤道。……黄黎洲……至论"人心惟危"四句，为魏、晋人假造，但观《尧曰》章，只有"允执其中"一语可见。魏、晋人因荀子说性恶，故曰"人心惟危"；荀子说礼伪，故曰"道心惟微"；荀子说考索数语，故曰"惟精惟一"。荒唐至此。心与性何涉？又况有"人"字在。心、危又与恶何涉？道与礼何涉？荀子说"礼仪三百，威仪三千"此为伪，不是说"道心微"，又与伪何涉？况孔子明说："操则存，舍则亡"，岂非危乎？人着此等议论，

---

① （清）李光地：《尚书七篇解义》卷一《大禹谟》，《景印文渊阁四库全书》第68册，台湾商务印书馆1983年版。

谁复论其它！季野晚年，识见颇胜其兄，张长史为细说朱子不可骂，季野颇纳其言，稍止。浙东人大概主自立说，不论是非，但立异同。①

对于黄宗羲主张的虞廷十六字为魏晋人假借荀子思想伪造的观点，李光地反驳道，心与性不同，人心与性更是不同，人心危不等于人性恶，所以不能说"人心惟危"来源于荀子的性恶论。同样，道与礼不同，道心微不等于礼仪伪，所以不能说"道心惟微"来源于荀子的礼伪论。何况孔子明言人心操则存，舍则亡，说的就是"人心惟危"的意思，其义无可怀疑。显然，在李光地看来，质疑、否定虞廷十六字心传就是攻击朱子学，与朱熹为敌，而其人其言皆不识义理，荒唐至极。

李光地还发现，《大禹谟》与《皋陶谟》之间亦有密切联系，这两篇文字与《二典》一样，"文意亦相对"。"《皋陶谟》'允迪'以下，犹《禹谟》'文命'以下也；天叙、天秩之训，犹《禹谟》人心、道心之传也；'无若丹朱傲'之规，犹《禹谟》'满招损'之戒也；苗顽弗即，而施象刑以服之，夔击石拊石以终之，犹《禹谟》之苗民逆命，而诞敷文德以怀之，舞干羽而格之也。"② 而其之所以分为两篇，是因为"言则以唱其端者为主，事则《禹谟》中有禹禅受之事也。孟子曰：'禹、皋陶则见而知之。'又曰：'禹荐益于天。'然则禹之所尊让者皋陶，而帝卒以天下授禹。及禹即位之后，则皋陶已老而死，故禹荐益，而将传以位焉。三人之更迭陈谟，殆以此也"③。对于为何"稷、契无言于唐、虞之间"的问题，李光地既以"其职专于教养，民事是勤，则朝廷之上固可以委之禹、皋诸人而已不与"④ 来解释，又怀疑今传《益稷》乃就《皋陶谟》中分出，非其旧也，或有关稷、契之言论已经亡佚。

此外，由于李光地治《易》注重图书、象数之学，故其治《尚书》亦

---

① （清）李光地：《榕村续语录》卷九，《榕村语录　榕村续语录》下册，中华书局1995年版，第683页。

② （清）李光地：《榕村集》卷十八《禹皋二谟》，《景印文渊阁四库全书》第1324册，台湾商务印书馆1983年版。

③　同上。

④　同上。

重视《洪范》一篇。在他看来，"洪范九畴"就是《周易》中提及的《洛书》。《洛书》由上天赐给禹，禹又凭借《洛书》作"洪范九畴"。"洪范九畴"即治国之大法，亦即《顾命》篇所说的"大训"。故曰："'洪范'者，大法也，意即《顾命》所谓'大训'者也。'河出《图》，洛出《书》，圣人则之。'其学皆兴于殷之末世，周人世守，与天球、赤刀并列焉"①，"不界'洪范九畴'者，自后锡禹《洛书》而追论之也。锡《洛书》之意，是命禹作'洪范九畴'，故直以'洪范九畴'目之"②。

李光地又主张以《周易》中的"参天两地"之数来解读《洛书》，提出"《洛书》只以'参天两地''三才'言"③。他说：

> 《书》者，参天两地之数，中五为人位。《洪范》之建皇极而参天贰地者，理取诸此也。④

又说：

> 案《洛书》之数，中涵三才之象，何则？天圆地方，象之始，数之本也。圆以一为根，以三为体；方以二为根，以四为体。凡有三点，求其交会之心而周之即圆。一者，其心之一点也。凡有四点，求其直折之角而布之乃方。二者，其角之两线也。此规矩所从生，万形所自出，万法所由起。一者数之始，而非数也，故乘除之算不行焉。乘除之算自三、二起。故《易》曰："参天两地而倚数。"⑤

在此，李光地将《洛书》之数与"参天两地""三才""天圆地方"等

---

① （清）李光地：《尚书七篇解义》卷二《洪范》，《景印文渊阁四库全书》第 68 册，台湾商务印书馆 1983 年版。
② 同上。
③ （清）李光地：《榕村语录》卷十一，《榕村语录 榕村续语录》上册，中华书局 1995 年版，第 190 页。
④ （清）李光地：《榕村集》卷九《象数拾遗》，《景印文渊阁四库全书》第 1324 册，台湾商务印书馆 1983 年版。
⑤ （清）李光地：《尚书七篇解义》卷二《洛书》，《景印文渊阁四库全书》第 68 册，台湾商务印书馆 1983 年版。

概念结合起来进行理解，主要借用算术、几何的方法与原理，概述了"参天两地"之数作为天地万物本根的地位与原因，从而使得数学之理与《洛书》《洪范》之道相互沟通、融贯，丰富、推进了传统的象数之学。

四　李光地的三礼学研究

李光地治三礼之学，既注重礼学义理的阐发，也兼顾对古代仪法制度的考释，同时还力求将礼学落实到现实生活层面，讲求礼在日常生活、社会政治中的运用。关于礼的本质，李光地认为，性是礼的来源与最终依据，礼则是性的外在表现，礼的根本特征是"中"与"和"。从这一点上看，礼与乐在本质上亦是相通的，"礼乐是一件……盖礼之和乐处，即是乐也"①。所以他说："吾性之中即礼，吾性之和即乐。"② 又说："以今日用礼者言之，必以和，行之乃可贵也。先王之道，斯为美。以昔日制礼者言之，惟其和，所以为美也。"③

另一方面，李光地又强调："礼者，纪人伦者也。有冠昏，而夫妇之别严；有丧祭，而父子之恩笃；有乡射，而长幼之序明；有朝聘，而君臣之义肃。"④ 也就是说，礼仪节文有助于道德人伦规范的实现。因此，研究礼学与研究其他经典之学的方法有所不同，务必与实践相结合，边学边行，使其落实贯彻到日用常行之中。而这亦成为孔门教学的一大特点。所谓"《诗》《书》可以讲诵，而《礼》必须习。故夫子与门弟子率之习礼，而雅言于《礼》必曰'执'。朱子谓：'讲求数日不能通晓记忆者，如其法习之，半日即熟。'春秋时，《礼》《乐》崩坏，《诗》《书》废阙，夫子删《诗》《书》，定《礼》《乐》，赞《周易》，修《春秋》，使门弟子琴瑟歌舞，习《礼》不辍，使身心性命之学，与《诗》《书》、六艺之义，一以贯之，

---

① （清）李光地：《榕村语录》卷六，《榕村语录　榕村续语录》上册，中华书局1995年版，第91页。

② 同上书。

③ （清）李光地：《榕村四书说·读论语劄记》，《景印文渊阁四库全书》第210册，台湾商务印书馆1983年版。

④ （清）李光地：《榕村集》卷一《观澜录·经》，《景印文渊阁四库全书》第1324册，台湾商务印书馆1983年版。

灿然具备"①。

具体而言，关于《周礼》一书，李光地相信其为周公所作。《榕村语录》载：

> 问："周家制度，是周公手定，孔子却说文王之文，何也?"曰："想是文王已有成模，所以说'倬彼云汉，为章于天'；'丕显哉，文王谟'。周公守其家学而修之耳。"②
>
> 《周礼》看来无可疑，我深信之，确有以见其为周公之书也。③
>
> 胡五峰以《周礼》为刘歆伪作，说太宰岂有管米盐醯酱之事之理。不知男女饮食，自外言之，即治国平天下之要；自内言之，即格物致知、诚意正心、修身齐家之要。日用间更有何事?④
>
> 《考工记》文字最妙，岂刘歆所能到? 人不信《周礼》，遂将此书推与刘歆。近如阎百诗、黄梨洲辈，并将《周礼》亦推与刘歆。卑《周礼》失其平，不觉尊刘歆过其分矣。⑤

李光地认为，《周礼》确是周公自作，而其制度规模于文王时便已粗具。胡宏等人因《周礼》以冢宰为首，而冢宰所管多为男女饮食、米盐酱醋之类的宫闱琐细，故疑《周礼》为伪。对此，李光地指出，冢宰所司正是国君修身齐家之要事，乃治国平天下的根本与前提，《周礼》由修身齐家说起，进而推出治平天下，反映了儒家的基本思想，合乎义理，不能以此判断《周礼》为伪。故曰："修身齐家，平治之本，冢宰之司，修齐之事也。……道造端夫妇，而始于居处服食之间，冢宰之职，其义不亦深

---

① （清）李光地：《榕村续语录》卷一，《榕村语录 榕村续语录》下册，中华书局1995年版，第551页。
② （清）李光地：《榕村语录》卷十四，《榕村语录 榕村续语录》上册，中华书局1995年版，第244页。
③ 同上书，第598页。
④ 同上书，第244页。
⑤ 同上书，第252页。

乎？末学疑端，以是为首，是乌知礼意哉？"① 又说："天者，君也；官犹司也，冢宰所司者，君之事，故曰'天官'。宰者，调和膳羞之名；冢，大也。君德者，万化之本；而饮食尽道者，又君德之本也。冢宰掌王饮食男女之事，使皆有节度，此体信之道，其为宰也大矣。君正而推以均四海，不过用水、火、金、木，饮食必时，合男女、颁爵位，必当年德，而万物自育，天地自位。是调和膳羞，其事至小而实大，其义至近而实远，以此名官，非喻也，深哉！"② 可见其对冢宰一职的特别重视。至于以《周礼》为刘歆伪作的观点，李光地亦表示反对。在他看来，《周礼》文字、义理精妙，绝非刘歆辈所能伪造。以《周礼》为刘歆所作，既贬低了《周礼》，又高看了刘歆，与实情不符。

对于《周礼》多遭学者改窜一事，李光地说道：

《周礼》一书，为近代诸儒改易窜置，真赝相乱。自吴幼清、方逊志之贤，皆不能免。要其疑端，皆生于《冬官》之阙，而地官所掌，乃邦土之事。故或则曰《地官》阙而《冬官》未尝阙也，或曰《冬官》错于《地官》之中也。然以愚考之，大司徒之职，及其所属之官，虽所掌邦土，而要归于教，其非《冬官》之误明甚。且大小司徒之章，文意相从，所属自乡遂以下，官职相序，亦绝不类他官换入。然则诸儒之所改易窜置者，其可信乎？是则何说而可？曰：自虞夏之间，而司空之职率先于司徒旧矣。《舜典》伯禹作司空，稷播百谷，然后契继敷教，其在后世，则播谷亦司空职也。《洪范》序八政，四曰司空，五曰司徒。《礼记·王制》，说者以为夏殷之书。其文曰："司空执度，度地居民，地邑民居，必参相得也。无旷土，无游民，食节事时，民咸安其居，乐事劝功，尊君亲上，然后兴学。司徒修六礼以节民性，明七教以兴民德，齐八政以防淫，一道德以同俗。"此

① （清）李光地：《榕村集》卷一《观澜录·经》，《景印文渊阁四库全书》第1324册，台湾商务印书馆1983年版。
② （清）李光地：《榕村语录》卷十四，《榕村语录　榕村续语录》上册，中华书局1995年版，第245页。

皆司空、司徒二官阜教相成之证也。周监历代，损益厥礼，董正治官，六典斯备。其列司空于五官之末者，盖别有深意焉。然《周礼》者，周公未成之书也。故其叙司徒之篇，犹首以司空之事，合养教而备厥职。惜乎司空未作，而成书不可见矣。学者无由尽知周公之意，又未尝深考沿革之由，私疑臆决，穿凿附会，遇不可通，则悉以为汉儒变乱之罪，岂不过哉？然则司徒之篇，杂以司空之事，此周公之旧，而非所谓误与错也。盖周公初革官制，其犹未能变古若此。①

在他看来，《周礼》之所以多遭学者改窜变乱，主要是由于《冬官》一章阙失。据《尚书·周官》记载，"司空掌邦土，居四民，时地利"，而今传《周礼》中的地官亦掌邦土之事，所以宋代以来不少学者据此认为《冬官》并未亡佚，而是《地官》亡佚，今传《周礼》中的《地官》一章即是《冬官》；或认为《冬官》被割裂错杂于《地官》之中。对此，李光地认为，地官司徒及其所属职官虽然也掌邦土之事，但其要归于教民，与冬官司空不同，所以《地官》绝非《冬官》之误。且《地官》一章，文意顺畅，司徒所属诸官，自乡遂以下，官职相序，亦不可能由他官搀入。李光地进一步指出，根据《尚书》中的《舜典》《洪范》与《礼记·王制》的记载，地官司徒与冬官司空的职守既有区别，又有联系，二官阜教相成，且古制中司空之职先于司徒。这是由于司徒主于教民，司空主于养民，"故司空之职，虞夏最先，养先于教也"②。因此，《周礼》中的《地官》一章先叙冬官司空之事，是"合养教而备厥职"之意。且周公借鉴、损益古代制度，制礼作乐，改革官制，初时尚未完全变更古法，故《地官》中仍夹杂有冬官之事，正是周公旧文，并非后人所说的讹误与错简。至于《周礼》中为何不见《冬官》，李光地的解释是《周礼》并未成书，故《冬官》一章未作。

---

① （清）李光地：《榕村集》卷十八《周礼》，《景印文渊阁四库全书》第 1324 册，台湾商务印书馆 1983 年版。

② （清）李光地：《榕村集》卷一《观澜录·经》，《景印文渊阁四库全书》第 1324 册，台湾商务印书馆 1983 年版。

　　周公之所以将司空改列于五官之后，李光地认为别有深意，"非后也，以终为始，建子之义也"①。具体来说，"冢宰掌天，司徒掌地，兼总条贯，是二官者，包乎上下。其外春夏秋冬，各司一事。宗伯以礼乐教，而实由司空之富邦国，生万民，而后教化行。则自冬而春，贞下起元之义也。礼以节之，乐以和之，政以行之，刑以防之，极其效，不过欲老有所终，幼有所长，黎民不饥不寒，矜寡孤独废疾者有养而已。则春生、夏长、秋收以至冬藏之义也。以此为终，而实王道之始；以此为始，而要其成何以加兹？深哉！周公之意，岂有异于尧、舜、禹、汤之心乎！"② 换言之，冬官司空所掌养民之事，是春、夏、秋三官之职得以实现的前提与基础，而其他三官所行礼乐刑政之事，其最终目的亦是为了民有所养。因此，以司空为终，其实也是王道之始；以司空为始，其最终成就亦不外乎此。可见周公之意与尧、舜、禹、汤无异。另一方面，李光地又提出，周代当"三代以后，水土事平，度地居民，经画颇易"③，所以司空与执掌礼乐兵刑的诸官轻重易次，反映了商周制度的变化。

　　由于李光地相信《周礼》为周公所作，故对其中所述制度十分重视，倍加称赞，以为足资天下万世取法。譬如，关于《周礼》中的赋税制度，李光地说道：

　　　　邦都之赋，以待祭祀；邦中之赋，以待宾客；山泽之赋，以待丧纪；关市之赋，以待膳服，皆赋之最多者也。邦县之赋，以待币帛；家削之赋，以待匪颁；邦甸之赋，以待工事，皆赋之次多者也。四郊之赋，以待稍秣；币余之赋，以待赐予，皆赋之差少者也。盖邦中以外，其地渐远渐大，自甸、稍、县、都以内，其赋渐近渐轻。至于关市、山泽、币余，皆逐末趋利者，故又增重赋焉。然王城之内，人民聚集，故赋虽轻而得亦多。……历观《周官》之职，凡祭祀、宾客、

————————

① （清）李光地：《榕村集》卷一《观澜录·经》，《景印文渊阁四库全书》第1324册，台湾商务印书馆1983年版。
② （清）李光地：《榕村语录》卷十四，《榕村语录　榕村续语录》上册，中华书局1995年版，第252页。
③ 同上书，第598页。

喪纪诸大事，自邦中以至郊野，莫敢不供。然则某赋以待某事者，计
其所出，约略足以供之耳。读《周礼》者宜善观之。①

在他看来，《周礼》中规定的这一套赋税制度不仅能够根据征收对象
的实际情况确定赋税的多寡轻重，而且能将不同来源的赋税分别用于特定
的事项上，以便根据该项的支出来决定征收的数额，从而既保证了祭祀、
宾客、丧纪等大事皆有足够的物品与费用，又使不同地区、职业的民众都
能负担得起，值得后世借鉴。又如《周礼》中的乡遂制度，李光地认为
"乡遂兵多，隐然有强本之意。圣人作事，多少意思都包在内"②。诸如此
类，使李光地不禁赞叹道："《周礼》一书，幸而存，必有发用之时。汉武
帝直谓是战国黩乱不经之书，其后尊信《周礼》数人皆败事，所以人益不
信。北魏文帝、周武帝、唐太宗略仿佛行之，如均田、府兵之类，皆有其
意。文中子之子福畤，记唐太宗欲行《周礼》，魏郑公曰：'非君不能行，
顾臣无素业耳。'此未必确。纵不精熟，如考起来，何至全无头绪？欲治
天下，断非此书不可。"③ 与此同时，李光地还意识到，即便有了好的制
度，也须用贤得人，合乎实际，才能保证制度顺利推行，达到好的效果。
而《周礼》在制定时便考虑到了这一点，故其法仅行于王畿一州之内。他
解释道："不得其人，未有不弊之法。如《周官》一书，但立王畿千里一
州之法，他八州置之不问，正是此意。那时王畿之地，有周、召、毕、芮
盈于朝宁，恁甚详密之法，无不可行。至外诸侯，若强之行，有必不能
者，但立一榜样于此，有能彷而行者，天子未尝不嘉与之。不然亦止五年
之间，察其土地人民，风俗贞淫，在位贤否而已。这是圣人识大体处，若
使九州尽如《周官》，虽圣人有所不能。"④

李光地还利用自己精通天文、历算之学的优势，修正了前人注解《周
礼》时出现的一些错误。譬如，《周礼》中记载有所谓"土圭之法"测土

---

① （清）李光地：《榕村续语录》卷四，《榕村语录　榕村续语录》下册，中华书局 1995 年
版，第 604 页。
② 同上书，第 248 页。
③ 同上书，第 244 页。
④ 同上书，第 248 页。

深，曰："正日景，以求地中。日南则景短，多暑；日北则景长，多寒；日东则景夕，多风；日西则景朝，多阴。日至之景，尺有五寸，谓之地中，天地之所合也，四时之所交也，风雨之所会也，阴阳之所和也。然则百物阜安，乃建王国焉。制其畿，方千里而封树之。"对此，郑玄注解道："土圭所以致四时日月之景也。……郑司农云，测土深，谓南北东西之深也。日南，谓立表处大南，近日也。日北，谓立表处大北，远日也。景夕，谓日昳景乃中，立表处大东，近日也。景朝，谓日未中而景中，立表处大西，远日也。玄谓昼漏半而置土圭，表阴阳，审其南北。景短于土圭，谓之日南，是地于日为近南也。景长于土圭，谓之日北，是地于日为近北也。东于土圭，谓之日东，是地于日为近东也。西于土圭，谓之日西，是地于日为近西也。如是，则寒暑阴风，偏而不和，是未得其所求。凡日景，于地千里而差一寸。景尺有五寸者，南戴日下万五千里，地与星辰四游升降于三万里之中，是以半之得地之中也。畿方千里，取象于日一寸为正。树，树木沟上，所以表助阻固也。郑司农云，土圭之长，尺有五寸，以夏至之日，立八尺之表，其景适与土圭等，谓之地中。今颍川、阳城地为然。"[1]

李光地指出，若以郑玄所说的立八尺之表，于洛阳、阳城得影一尺五寸，每千里差一寸，阳城以北影渐长，阳城以南影渐短推算，最后短至广州须一万五千里，方才表影全无。但"今考洛阳出北极二十三度有奇，广州出极三十五度，以成数要之，只差十一度。以今所制营造尺量之，每二百里差一度，止得二千二百里。即以古尺二百五十里差一度算之，亦止得二千七百五十里。安得一万五千里耶？"[2]对于郑玄的日影千里差一寸之说，李光地还批评道："夏至日道，入赤道北二十四度，北距嵩高弧背九度余。夏至日道，下直衡岳，暑无影。从嵩高至衡岳，夏至日道圜天之弧背，以弧矢术求弦，得衡岳脱地中弦径，约九度余。从阳城至衡岳，地平鸟道，相去约二千五百里。夫止二千五百里，而一则尺五寸，一则无影。

① （汉）郑玄注：《周礼郑氏注》卷三，中华书局1985年版，第64页。
② （清）李光地：《榕村语录》卷十四，《榕村语录　榕村续语录》上册，中华书局1995年版，第247页。

是百六十余里，景已差一寸矣。则郑注所云千里而差一寸，恐未然也。又郑注谓景短者，中表之南，千里景短一寸；景长者，中表之北，千里景长一寸。如此，则日下无景，当在极南，万五千里之外，而衡岳之远阳城，不能万五千里昭昭矣。"① 据李光地的测算，日影差一寸约略相当于一百六十余里之地，绝不可能如郑玄所说的千里之远。

对于郑玄所引郑众之言"景夕，谓日昳景乃中，立表处大东，近日也。景朝，谓日未中而景中，立表处大西，远日也"，李光地亦不赞同。他根据"地圆说"反驳道："如此，则极东之地，日出方及三五寻丈，日景已中；极西之地，日入未及三五寻丈，日景方中。若果地体方平，四际弥天，则信如所云矣。不然如鸡子裹黄之喻，地在天中，不过成形之大耳。弹丸浮寄，四际距天至远，四际距天之远若一也，则去日安能有远近之殊乎？虽日之出也，极东先见，及其入也，极西先昏，然随其处，各有晓午昏暮。安知日东者，不以吾为景朝乎？日西者，不以吾为景夕乎？且此尺有五寸，东西直北一带中，日景皆如是也。何以定其为东西之中乎？"②

在此基础上，李光地提出了自己对于"土圭之法"的解释：

吾谓日南则景短多暑，谓从此中表而南之地，则当景短之时，盛暑不堪。若今广州夏时，炎赫倍于他州。盖景短即夏至，非短于尺有五寸之谓也。日北则景长多寒者，谓从此中表而北之地，则当景长之时，隆寒不堪。若今塞外冬时，凛栗亦倍。盖景长即冬至，非长于尺有五寸之谓也。日东则景夕多风者，谓从此中表而东之地，则景夕之时多风。盖东地多水，多水则多风。若吾州，午后即海风扬也。风起于夕，故以景夕言之。日西则景朝多阴者，谓从此中表而西之地，则景朝之时多阴。盖西地多山，多山则云气盛。若柳子厚所谓"庸、蜀之南，恒雨少日"是也。阴霾于朝，故以景朝言之。如此，则寒暑阴风，偏而不和，是未得其所求。天地之所合者，地中与天中气合也。

① （清）李光地：《榕村语录》卷十四，《榕村语录　榕村续语录》上册，中华书局1995年版，第245—246页。
② 同上书，第246页。

合则四时交，而无多暑、多寒之患；合则风雨会，而无多风；合则阴
阳和，而无多阴。何以定之？以验寒暑阴风于五土，而知惟此为不偏
也。然特就中国九州，而奠其四方之中耳。若论大地之中，当在南戴
赤道下之国，则未知其何如也。然则冲和所会，无水旱昆虫之灾，无
凶饥妖孽之疾，兆民之众，含生之类，莫不阜安，是乃王者之都也。
日至之景，尺有五寸，谓之地中者，非谓必日景尺有五寸，乃为地
中，是言地中之处，其景尺有五寸。盖用以为标识也。①

李光地认为，《周礼》所说的"景短"指夏至，而非日影短于一尺五
寸。当景短之时，中表以南之地盛暑不堪。"景长"指冬至，而非日影长
于一尺五寸。当景长之时，中表以北之地隆寒不堪。"日东则景夕多风"
是由于中表以东之地多水，多水则多风。因为风多起于夕，故言景夕。
"日西则景朝多阴"是由于中表以西之地多山，多山则云气盛。因为阴霾
多起于朝，故言景朝。不论偏南、偏北，还是偏东、偏西，气候皆偏而不
和，故不符合建都的要求。建都须择天地之气相合处，合则四时交、风雨
会、阴阳和，而无多暑、多寒、多风、多阴之患。而此处即中国九州之地
中，以验寒暑阴风于五土，便知唯此处不偏。李光地最后强调，"日至之
景，尺有五寸，谓之地中"，并不是说只要夏至正午日影一尺五寸之处便
为地中，而是指地中之处夏至正午日影一尺五寸，故以此作为标志。

关于《仪礼》与《礼记》，李光地从朱熹之说，认为"礼有经有传。
《仪礼》，礼之经也；《礼记》，礼之传也"②。又说："《仪礼》虽非圣作，但
在仪节上讲，何尝不是道德性命所发见，毕竟略隔一层。《礼记》中圣人
议论亦多，但大半出自汉人，不尽是圣人之笔"③，亦与朱熹看法相近。李
光地接着指出，上古文、武、周公之道未坠于地者，赖有《仪礼》《礼记》

① （清）李光地：《榕村语录》卷十四，《榕村语录　榕村续语录》上册，中华书局1995年
版，第246—247页。
② （清）李光地：《榕村集》卷十《礼记纂编序》，《景印文渊阁四库全书》第1324册，台湾
商务印书馆1983年版。
③ （清）李光地：《榕村语录》卷一，《榕村语录　榕村续语录》上册，中华书局1995年版，
第2页。

二书流传，但"《仪礼》缺而不完，《礼记》乱而无序。自朱子欲以经传相从，成为礼书，然犹苦于体大，未究厥业"①，使得后之欲为礼学者益难。为了改变这一状况，李光地便"择其大者要者，略依经传之体，别为四际八篇，以记礼之纲焉"②，撰为《礼学四际约言》。所谓的"四际"，指的是冠昏、丧祭、乡射、朝聘。而之所以要列此四际八篇，李光地解释道：

> 《易》曰："有天地万物，而后有男女夫妇；有男女夫妇，而后有父子；有父子，然后有上下君臣，而礼义有所措也。"三代之学，皆所以明人伦也。有冠昏，而夫妇别矣；有丧祭，而父子亲矣；有乡射，而长幼序矣；有朝聘，而君臣严矣。夫妇别而后父子亲，父子亲而后长幼序，长幼序而后君臣严。由闺门而乡党，由乡党而邦国朝廷，盖不可以一日废也。……有冠昏而夫妇别，夫妇别然后智可求也；有丧祭而父子亲，父子亲而后仁可守也；有乡射而长幼序，长幼序而后礼可行也；有朝聘而君臣严，君臣严而后义可正也。③

在他看来，冠昏、丧祭、乡射、朝聘即是礼中的大者、要者。因为这四者分别对应夫妇、父子、长幼、君臣四对最基本的伦理关系，皆根源于人的本性，符合天地万物发展的规律，构成了一个相互影响、后先相继的礼法体系，进而保证社会秩序、道德规范和人的本质的实现。而这亦是先王先圣制礼设教的根本目的。故"学者，学此者也。洒扫进退而非粗也，尽性至命而非远也。小学以始之，大学以终之，皆所以明人伦也。是书也，虽未能该先王之典，庶几求礼之门户者，得其端焉"④。

此外，李光地又病《礼记》"冗而无序"，"繁且乱，记识之难熟，讲贯之弗理"，认为其"既非周鲁之旧，当日采辑，其于章句文义亦择焉而

---

① （清）李光地：《榕村集》卷十《礼学四际约言序》，《景印文渊阁四库全书》第 1324 册，台湾商务印书馆 1983 年版。

② 同上。

③ 同上。

④ 同上。

弗精，苟为之详论条理，成一家言，抑犹作者未竟之绪"，①故将《礼记》之文加以整理，分为内、外二篇，并重定篇次，撰为《礼记纂编》。其内篇篇目依次为：《曲礼》《少仪》《内则》《冠义》《昏义》《丧大记》《丧服小记》《间传》《问丧》《服问》《三年问》《丧服四制》《奔丧》《檀弓》《曾子问》《杂记》《祭法》《祭义》《祭统》《郊特牲》《乡饮义》《投壶》《射义》《大传》《明堂位》《燕义》《聘义》《深衣》《玉藻》，外篇篇目依次为：《礼运》《礼器》《经解》《坊记》《表记》《儒行》《缁衣》《哀公问》《仲尼燕居》《孔子闲居》《文王世子》《王制》《月令》《学记》《乐记》。

对于这样安排篇次的用意，李光地解释道：

> 夫古者小学之教，成人之始，故先之《曲礼》《少仪》《内则》三篇。人道莫首于冠昏，故《冠义》《昏义》次之。慎终追远，民行之大，故丧祭又次之。言丧者，凡八篇，而《檀弓》《曾子问》《杂记》附焉。言祭者，凡三篇，而《郊特牲》附焉。由是而达于乡党州闾，则《乡饮酒》《投壶》《射义》次之。由是而达于朝廷、邦国，则《大传》《明堂位》《燕义》《聘义》次之。由是而周于衣冠冕珮之制，与夫行礼之容仪，则《深衣》《玉藻》又次之。自《曲礼》至此，为《礼记》内篇。《礼运》《礼器》以下，《学记》《乐记》以上，或通论礼意，或泛设杂文，或言君子成德之方，或陈王者政教之务，要于修身及家，平均天下之道，靡所不讲，为《礼记》外篇。②

在内篇中，李光地以小学之礼为开端，并以冠昏、丧祭、乡射、朝聘"四际"为纲领对《礼记》诸篇进行整理、分类和排序，与其《礼学四际约言》中阐述的礼学思想相互呼应，体现了朱子学者由小学至于大学，由修身齐家推及治平天下的循循有序的为学工夫与教育理念。值得注意的是，在内、外篇之后，李光地还附录了《大戴礼记》四篇：《武王践阼》

---

① （清）李光地：《榕村集》卷十《礼记纂编序》，《景印文渊阁四库全书》第1324册，台湾商务印书馆1983年版。

② 同上。

《曾子大孝》《曾子疾病》《曾子天圆》，可谓清代较早关注《大戴礼记》的学者之一。惜乎其书不存，后人已无由窥见其详。

由于李光地本人对于乐律的兴趣，他对《仪礼》中有关古乐的记载亦颇为关注，并对其内容和形式做了一些考证与阐发。譬如，关于古乐的篇章结构，李光地说道："周乐是四节：一、升歌三终，堂上人歌《鹿鸣》《四牡》《皇皇者华》，用琴瑟和之，无他声；二、笙入三终，堂下笙《南陔》《白华》《华黍》，亦无他声；三、间歌三终，堂上歌《鱼丽》毕，堂下笙《由庚》，又堂上歌《嘉鱼》毕，堂下笙《崇丘》，又堂上歌《有台》毕，堂下笙《由仪》；四、合乐三终，堂上歌《关雎》《葛覃》《卷耳》，堂下笙《鹊巢》《采蘩》《采苹》，众乐器齐作，舞亦在此时，而乐终矣。"①他还举《尚书·益稷》中的"戛击鸣球"一节为例，认为"搏拊琴瑟以咏"便是第一节升歌，"下管鼗鼓"是第二节笙入，"笙镛以间"是第三节间歌，"合止柷敔""箫韶九成"是第四节合乐。

关于古乐开始时的演奏次序，朱熹认为是"先击镈钟以宣其声，俟其既阕，而后击特磬以收其韵"②，而李光地则认为此说无据，且与经文不合。他说："观'戛击鸣球，搏拊琴瑟以咏'，及'既和且平，依我磬声'，反似磬在先。盖堂上堂下，皆用钟磬节之，如今曲中之用板。与歌相应者，曰颂钟、颂磬；与笙相应者，曰笙钟、笙磬也。"③

关于乐舞的演奏时间，经中并无明文，李光地推测应在合乐之时，譬如"箫韶九成"。他以《大武》为例，描述其情状道："如《大武》'始而北出'，一人'总干而山立'，'夹振驷伐'，但作此象，不知此为何人。旁或歌'上帝临汝，无贰尔心'之章，则人知其为武王大正于商，俟天休命也。'再成而灭商'，一人'发扬蹈厉'，又不知为何人。旁或歌'维兹尚父，时维鹰扬'之章，则人知为太公也。'三成而南'，所谓'济河而西，

① （清）李光地：《榕村语录》卷十四，《榕村语录　榕村续语录》上册，中华书局1995年版，第253页。

② （宋）朱熹：《四书章句集注·孟子集注》卷十《万章章句下》，《朱子全书》第6册，上海古籍出版社、安徽教育出版社2002年版，第384页。

③ （清）李光地：《榕村续语录》卷四，《榕村语录　榕村续语录》下册，中华书局1995年版，第614页。

马归之华山之阳，牛放之桃林之野'，使天下知武王之不复用兵也。'四成而南国是疆'，所谓'列爵惟五，分土维三'也。'五成而分周公左，召公右'，'分陕而治'也。'六成复缀以崇天子'，所谓'垂拱而天下治'也。由此推之，则韶之九成，想见舜之功德，征庸、在位、齐政、巡守、命官、殛罪、封山、浚川诸事，遂至九成也。"①

由于《仪礼》所载多为士大夫之礼，天子、诸侯所用礼乐皆不传，故李光地还由士大夫之乐推测当时天子、诸侯所用之乐。譬如，他根据士大夫之乐四节皆三终，而《鹿鸣》《四牡》《皇华》，《文王》《大明》《绵》与《清庙》《维天》《维清》皆为三诗，推测天子、诸侯之乐大概亦是三终。又根据《诗经·商颂·那》"嘒嘒管声"，《尚书·益稷》"下管鼗鼓"，《礼记·文王世子》"下管象舞"和《仪礼·燕礼》"下管新宫"等描述推测，天子、诸侯之乐的第二节笙入不用笙，而用管。又谓天子、诸侯之乐虽于笙入时用管，但至间歌、合乐时仍用笙，不用管。

论及《礼记》，李光地特重《王制》《乐记》两篇。关于《王制》，李光地说道：

> 《王制》一篇，先儒谓多举历代之典，盖不尽周制也。然其本末次第，井有条贯，则非苟然编次者。盖首言封建、井田、爵禄之制，乃王道之本也。次言巡狩、朝觐、班锡、田猎之制，王者所以治诸侯也。次及冢宰、司空、司徒、乐正、司马、司寇、市官之职，而以告成受质终焉，王者所以理庶官也。然后及于养老、恤穷之典，使天下无不得其所者，则又所以逮万民也。庶官理于内，诸侯顺于外，万民得所于下，而王道备矣。然必自封建、井田始，故二事不还，则三代终不可得而复也。②

《王制》一篇主要记载古代的封国、爵禄、职官、祭祀、巡狩、养老

---

① （清）李光地：《榕村续语录》卷四，《榕村语录　榕村续语录》下册，中华书局1995年版，第614页。

② 同上，第615页。

等制度。由于其中所述制度多与《周礼》不合，故有不少学者认为是汉文帝博士所作，或秦汉间学者所作，乃杂取圣贤经传中所载历代制度斟酌损益而成。而李光地则从文章的内在理路分析，认为《王制》先论王道之本，后依次言王者所以治诸侯、理庶官、逮万民之法，使庶官理于内，诸侯顺于外，万民得所于下，而王道备矣。其本末次第，井井有条，合乎义理，并非出于后人缀辑，而是周代旧文。至于《王制》所载多非周制的问题，李光地解释道：

> 《王制》当是殷制，故其通篇次叙，恰与《洪范》"八政"相符。想禹当年锡洛叙畴之后，一切规模制度，都从此出，所以《禹贡》中山川田赋，数皆用九。殷人承之，因于夏礼所谓"缵禹旧服"者也。则夏制疑亦仿此。直至文王演《易》，画出《后天图》来，其后周家六官，遂从天地四时起义，非复"八政"四司空、五司徒、六司寇之序矣。然宾、师二者，《洪范》次于后，而《王制》居前。《王制》所以定立国规模，非《洪范》立教垂训之比。宾、师乃国事之尤大者，故先之。①

> 禹之《洪范》八政，一曰食，二曰货，三曰祀，四曰司空，五曰司徒，六曰司寇，七曰宾，八曰师。今观《王制》，自冢宰制国以下至司寇，其序正合。盖冢宰所司，食、货、祀三者备矣。然后以司空定民之居，然后以司徒兴民之德。至于乐正、司马，因司徒所教而升之，故以附于司徒，而以司寇明刑终焉。宾、师二者，《洪范》次于后，《王制》叙于前。盖《洪范》言其切于民生之先后缓急，则柔远安邦之事宜居养教之后；《王制》言其关于建国之规模纲纪，则礼乐征伐之柄必在庶政之先，义各有所当也。此书上比《虞典》，既微有不同，下视周制，又甚相悬绝，独与《洪范》，则其暗合若此。②

---

① （清）李光地：《榕村语录》卷十四，《榕村语录　榕村续语录》上册，中华书局 1995 年版，第 256 页。

② （清）李光地：《榕村集》卷十八《王制》，《景印文渊阁四库全书》第 1324 册，台湾商务印书馆 1983 年版。

郑玄注解《王制》，多以殷制为说。李光地借鉴了郑玄的这一思路，亦主张《王制》是殷制，并进一步指出其制度规模与基本框架源自于禹所作的"洪范九畴"中的"八政"。他的依据是《王制》中由冢宰至司寇的职官次序恰与《洪范》"八政"相符。唯一的不同在于，宾、师二者在《洪范》中次于后，而在《王制》中居于前。宾是掌诸侯朝觐之官，师是掌军旅之官，李光地认为二者乃国事之尤大者。只不过因为《洪范》切于民生立教，而《王制》重于建国规模，故《洪范》以宾、师次后，而《王制》以宾、师居前。由于殷承夏制，而周代则由文王、周公据《易经》之义重订制度，故《王制》虽作于周，却与周制不同。

《乐记》有云："人生而静，天之性也。感于物而动，性之欲也。物至知知，然后好恶形焉。好恶无节于内，知诱于外，不能反躬，天理灭矣。夫物之感人无穷，而人之好恶无节，则是物至而人化物也。人化物也者，灭天理而穷人欲者也。于是有悖逆诈伪之心，有淫泆作乱之事。是故强者胁弱，众者暴寡，知者诈愚，勇者苦怯，疾病不养，老幼孤独不得其所。此大乱之道也。"[1] 这段话提出天理、人欲之分，又暗含天命之性与气质之性之别，历来为理学家所特别重视，反复征引阐发，成为理学心性论最重要的经典依据之一。李光地亦赞叹道："《乐记》'人生而静'一段，真是千圣传心之要典，与虞廷十六字同。'人心''道心'四字，浑含精微；'天理''人欲'四字，刻画透露。"[2]

李光地还将《乐记》一篇划分为若干段落，并逐段概括其大意。他首先将《乐记》开头至"魏文侯问于子夏"这一部分分为八段，提出："自'凡音之起'至'而出治道也'为第一段，自'凡音者'至'德者得也'为第二段。此二段言乐之生于人心而关乎政治也。自'乐之隆'至'则礼行矣'为第三段，言先王作乐，感人心之效。自'大乐与天地同和'至'故圣人曰礼乐云'为第四段，又推其制作之原，极其神化之妙，其精微所存，有不在区区器数声容之间者矣。自'昔者舜作五弦之琴'至'善则

---

① （清）孙希旦：《礼记集解》卷三十七《乐记第十九之一》，中华书局1989年版，第984页。
② （清）李光地：《榕村语录》卷十四，《榕村语录　榕村续语录》上册，中华书局1995年版，第259页。

行象德矣'为五段，申乐之关乎政也。自'夫豢豕为酒'至'可以观德矣'为六段，申乐之生乎人心，而感通之效也。自'德者性之端也'至'然后可以有制于天下也'为第七段，又以申其制作之精，神化之盛，诚不在气数声容之间也。"① 李光地认为，这一部分构成了《乐记》全篇的核心内容，揭示了其主旨。"盖统乐之本末而论之，则生于人心者，还足以感乎人心；成乎风俗者，还足以变乎风俗；本于天地者，还足以通乎天地。是以终篇反复推明，而大旨不过如此而已。"② 他又将"君子曰"至"礼乐可谓盛矣"归为一段，视作乐之总论，认为应当依据《史记》附于上述第七段之后。至于其余部分，李光地认为"魏文侯"一节言声，"宾牟贾"一节言舞，而"子贡"一节则言声容之本。分析完全篇之后，李光地再次强调："戴氏之编，自《学》《庸》外，未有若是之精神者也。留心礼乐者，其可不致思焉？"③

五 李光地的《春秋》学研究

《春秋》一书，朱熹主要以史书视之，主张"只如看史样看"④。虽然朱熹亦曾说过"《春秋》之书，亦经世之大法也"⑤，"中古后书莫大于《春秋》"⑥ 之类的话，但他其实对《春秋》并不十分重视，反而屡言"《春秋》难看，此生不敢问"⑦，"《春秋》难看，平生所以不敢说着"⑧，"《春秋》无

---

① （清）李光地：《榕村续语录》卷四，《榕村语录　榕村续语录》下册，中华书局 1995 年版，第 616 页。

② 同上。

③ 同上。

④ （宋）黎靖德编：《朱子语类》卷八十三，《朱子全书》第 17 册，上海古籍出版社、安徽教育出版社 2002 年版，第 2836 页。

⑤ 同上书，第 2843 页。

⑥ （宋）黎靖德编：《朱子语类》卷六十七，《朱子全书》第 16 册，上海古籍出版社、安徽教育出版社 2002 年版，第 2227 页。

⑦ （宋）黎靖德编：《朱子语类》卷八十三，《朱子全书》第 17 册，上海古籍出版社、安徽教育出版社 2002 年版，第 2871 页。

⑧ （宋）黎靖德编：《朱子语类》卷三十四，《朱子全书》第 15 册，上海古籍出版社、安徽教育出版社 2002 年版，第 1204 页。

理会处，不须枉费心力"①，"学《春秋》者多凿说"②，"某所以都不敢信诸家解，除非是得孔子还魂亲说出，不知如何"③，可见《春秋》学在朱熹的经学体系中并不占有核心的位置。而李光地在对待《春秋》的态度上却与朱熹大为不同，不仅极力称赞，反复讨论，而且提出"《春秋》义法大抵一出于《周易》"④，认为其中包含了性命之义理与万世之准则，从而将其与《周易》并列为儒家最重要的经学典籍。故曰：

> 《春秋》字字皆经称量，又义精仁熟，恰当事理，字面上下增减，变不变，称名辨物，俱是化工。⑤

> 别的经书，都是据理而谈，待人以事实之。此经（指《春秋》）却是现在日用间事，立朝理家，往来酬酢，大经大法，微文小节，经权常变，一举一动，一名一号，无不本之天理，合乎人情。直是人生要紧切务，斯须不可离者。⑥

> 《易》也者，达乎天德而周于民用；《春秋》也者，穷乎人事而临以天则。故曰："《易》本隐以之显，《春秋》推显至隐。《易》与《春秋》，天人之道也。"⑦

> 《易》《春秋》，在五经中最奇，其中条分缕析，又皆是自然之理，日用眼前之事，所以为妙。《易》虚而实，空空洞洞，无所指定，而天下事事物物，形象变态，无一不备。《春秋》实而虚，有名有事，各不相假，然引而伸之，触类而长之，天下万世，皆于是取则。人情

---

① （宋）朱熹：《朱文公续集》卷二《答蔡季通》，《朱子全书》第25册，上海古籍出版社、安徽教育出版社2002年版，第4678页。

② （宋）黎靖德编：《朱子语类》卷八十三，《朱子全书》第17册，上海古籍出版社、安徽教育出版社2002年版，第2848页。

③ 同上书，第2844页。

④ （清）李光地：《榕村语录》卷一，《榕村语录　榕村续语录》上册，中华书局1995年版，第2页。

⑤ （清）李光地：《榕村语录》卷十五，《榕村语录　榕村续语录》上册，中华书局1995年版，第263页。

⑥ 同上书，第262页。

⑦ （清）李光地：《榕村集》卷一《观澜录·经》，《景印文渊阁四库全书》第1324册，台湾商务印书馆1983年版。

物理，皆禀律令。幽隐微暧，神明鉴诸，信造化之精髓，性命之模范也。①

虽然在对待《春秋》的重视程度上与朱熹有所不同，但在对《春秋》性质的判断上，李光地仍基本遵从朱熹之说，以《春秋》为史书。譬如他说：

> 史书惟《春秋》当法。年下书时，时下书月，月下书日。有以两日赴者，则书两日；有灾眚经几日者，则书某月；有无关轻重者，则不书日。②

> 凡会外大夫不书"公"，非讳也，存内外君臣之体，盖史法也。③

在李光地看来，《春秋》不仅符合一般史书的体例与特征，而且史法严谨，足以作为后世史书的典范与样板。即便将它与其他公认的优秀史书相比，亦无出其右者。如"《左传》隐公在，公子翚便称隐公；《史记》武帝在，便称武帝，极有名史尚如此。试看字字着落，一毫不差，一毫不假借，除《春秋》更无有二"④。因此，若不熟读《春秋》，不要说大经大法不可知，就连作史的几项基本要素"年月、称谓、序次、体裁，不知《春秋》，下笔便错"⑤。李光地还举韩愈《平淮西碑》所记唐宪宗平定淮西藩镇之事为例，认为韩愈之所以在文中记征伐之事极为简略，似今日发兵，明日即捷，是因为"淮、蔡内地，聚天下之力，四年而后克之，作文者尚铺张扬厉，岂不辱国？此等处直学《书经》不书年月体，一跳便跳过许多年、许

---

① （清）李光地：《榕村语录》卷一，《榕村语录　榕村续语录》上册，中华书局1995年版，第3—4页。

② （清）李光地：《榕村语录》卷十五，《榕村语录　榕村续语录》上册，中华书局1995年版，第263页。

③ （清）李光地：《榕村语录》卷十六，《榕村语录　榕村续语录》上册，中华书局1995年版，第284页。

④ （清）李光地：《榕村语录》卷十五，《榕村语录　榕村续语录》上册，中华书局1995年版，第264页。

⑤ 同上。

多事去，其义则出自《春秋》"①。

既然以《春秋》为史书，那么就牵涉到《春秋》的成书问题。李光地认为其并非出于孔子的私人撰述，而是依据鲁国旧史略加删削而成，只有删减，并无增加，且删削之处极少。他说：

古史书事，月日而已，无以时者，惟鲁之旧史名《春秋》。意者，鲁史记事以时欤？②

古书于字句间不能无错，惟六经无错处。《春秋》于本文错者仍之，却无奈他何。孔子于子阳曰："吾知之，此公子阳生也。"子贡云："既知之，何不改之？"子曰："如不知何？"……《春秋》未经笔削，想亦是如此。③

又说：

夫子当初，止因鲁史之旧，当时赴告有便书，无便不书，夫子岂得增减？只是定义例而已。④

《春秋》因旧史，从讣告，有所损而不能益也。……夫子参稽国史，以及七十二邦之闻，得其故矣，而不敢造其辞也。⑤

如楚文、沃武，入春秋已强大，而不见于经者，告命未通也。虽同盟同会之人，其事不告，则亦不书，旧史所无故也。⑥

李光地认为，《春秋》乃孔子因鲁史旧文而作，鲁史亦名《春秋》，且鲁史与《春秋》皆以时记事，二者之间拥有许多共同点。同样，由于《春

① （清）李光地：《榕村语录》卷十五，《榕村语录　榕村续语录》上册，中华书局1995年版，第263页。
② 同上书，第261页。
③ 同上书，第263页。
④ （清）李光地：《榕村续语录》卷四，《榕村语录　榕村续语录》下册，中华书局1995年版，第617—618页。
⑤ （清）李光地：《榕村集》卷三《春秋大义》，《景印文渊阁四库全书》第1324册，台湾商务印书馆1983年版。
⑥ 同上。

秋》是据鲁史而作，故其中有意保留了原文的一些错误。如《春秋》载：昭公"十有二年，春，齐高偃帅师纳北燕伯于阳"。据《公羊传》，孔子明知此"伯于阳"为"公子阳生"之误，但为了保存鲁史原貌并未加以修改。若从这一角度来看，也可以说"《春秋》未经笔削"。李光地还采《左传》之说①，指出孔子据鲁史修《春秋》的一大原则是"赴告有便书，无便不书"，故所书皆实有其事，而未书则由于旧史未载。他进而利用这一原则对《春秋》经文中的不少疑难问题做出了自己的解释。

例如，庄公十二年，南宫万弑宋闵公，后反叛被镇压，遂出奔陈国，最后陈国在宋国的要求下将南宫万送回宋国。但《春秋》仅书"宋万出奔陈"，而未书"陈人杀万"。对此，李光地解释道："愚谓闵弑、万奔，书，宋来告也。杀万、葬闵，不书，宋不告，鲁不会也。"② 又如，僖公二年，晋国假道虞国进攻虢国，灭了下阳；僖公五年，晋国再次假道虞国进攻虢国，不仅灭了虢国，还在回师途中顺道灭了虞国，抓住了虞公。但《春秋》仅书"灭下阳""执虞公"，而未书"灭虢""灭虞"。对此，李光地解释道："'灭夏阳'，'执虞公'，晋人必将有辞以告于诸侯，故得而书之也。灭虢、灭虞，晋人讳其事而不告，故不得而书之也。"③ 又如，春秋时楚国多次救援郑国，但《春秋》往往未书"救郑"。对此，李光地解释道："或救而不及则不书，或诸侯恶而削其籍则亦不书也。当是时，楚、郑方与中国为敌，其兴师伐救之事，不讪可知，但凭列国诸侯在会者之记载耳。"④ 总之，在李光地看来，《春秋》未书其事的原因多是由于未赴告鲁国。

孔子曾说："我欲托之空言，不如载之行事之深切著明也。"⑤ 孟子亦云："世道衰微，邪说暴行有作，臣弑其君者有之，子弑其父者有之。孔

---

① 《左传》云："凡诸侯有命，告则书，不然则否。师出臧否，亦如之。"又云："凡崩、薨，不赴，则不书。祸、福，不告，亦不书。"见杨伯峻编著《春秋左传注》，中华书局1981年版，第78、602页。

② （清）李光地：《榕村语录》卷十五，《榕村语录　榕村续语录》上册，中华书局1995年版，第272页。

③ 同上书，第274页。

④ （清）李光地：《榕村语录》卷十六，《榕村语录　榕村续语录》上册，中华书局1995年版，第287页。

⑤ （汉）赵岐注，（宋）孙奭疏：《孟子注疏·孟子注疏题辞解》，中华书局1957年版，第10页。

子惧，作《春秋》。《春秋》，天子之事也。是故孔子曰：'知我者其惟《春秋》乎！罪我者其惟《春秋》乎！'"① 据此，一些学者认为孔子作《春秋》的用意在于以褒贬设素王之法，行天子之事。对于这种解释，李光地并不认同。他说：

> 凡说夫子竟操二百四十二年南面之权，是非褒贬，怎生峻厉，都是膜外话。夫子不过是该称君，该称臣，还你个本分便是。所以说"必也正名"。当时礼法荡尽，冠履倒置，圣人不别作一书，即用现成鲁史，为之笔削。君君臣臣，父父子子，各止其所，各得其安。不过不肯一毫苟且假借而已。②

> "我欲托之空言，不如见诸行事之深切著明也"，谓欲借二百四十年君臣之行事以寓义理，则是非善恶深切而著明。后之说者，以为圣人行事之实也。夫褒贬亦空言也，而何行事之实之有？③

> 岂知夫子垂世立教，不寓之他书，而必修《春秋》。盖他书为空言，《春秋》则有二百四十余年之行事，因而著其是非褒贬，则比之空言者，尤为深切著明。不是说夫子实行王者之事也，书仍旧是空言，但书中有许多行事在耳。④

> 至"托之空言，不如见之行事之深切著明"，皆说作圣人托南面之权，为见之行事，非也。谓他书托之空言，不若《春秋》皆是列国实事，有可考证，功罪易见，义理易明耳。⑤

> 孟子言："《春秋》，天子之事也。"盖谓《春秋》本诸侯之史，其时列邦僭乱，名分混淆，而史体乖舛，夫子因而修之。其名秩则一裁

---

① 《孟子·滕文公下》，中华书局 2006 年版，第 138 页。

② （清）李光地：《榕村语录》卷十五，《榕村语录　榕村续语录》上册，中华书局 1995 年版，第 262 页。

③ （清）李光地：《榕村集》卷一《观澜录·经》，《景印文渊阁四库全书》第 1324 册，台湾商务印书馆 1983 年版。

④ （清）李光地：《榕村语录》卷六，《榕村语录　榕村续语录》上册，中华书局 1995 年版，第 93 页。

⑤ （清）李光地：《榕村语录》卷十五，《榕村语录　榕村续语录》上册，中华书局 1995 年版，第 264 页。

以武、成班爵之旧，其行事则一律以周公制礼之初。故曰"《春秋》，天子之事"者，犹曰"天子之史"云尔。说者不察，而以为夫子行南面之权，则近于夸矣。又董仲舒述夫子之言曰："我欲托之空言，不如见之行事之深切著明也。"盖谓凡著书者，言理则虚，征事则实，故虽言理义以垂训，不如借二百余年行事，使是非得失皆著见于此尔。说者以为《春秋》是夫子之行事，非空言比，亦似非本意。①

李光地指出，《春秋》只是据实直书而已，君便称君，臣便称臣，通过"正名"的方式使得君臣父子各止其所，各得其安，以此重建被严重毁坏的社会秩序和礼乐制度。因此，孔子所说的"我欲托之空言，不如见诸行事之深切著明"，只是希望借助春秋二百四十年间列国实事以寓义理，使后人能够明白其中的是非善恶，并有所鉴戒，既非托南面之权，更无所谓行事之实。而孟子所说的"《春秋》，天子之事也"，也只是说当时礼崩乐坏，名分混淆，史体乖舛，故孔子欲以周初的礼法制度为标准，来为天子修史，以拨乱反正，而非代王者立法。根据李光地的理解，"天子之事"即"天子之史"。因为鲁国乃周公之后，与周王室关系最为亲近，亦保存了最多的西周礼法制度。而孔子据鲁史作《春秋》，其内容必然与"天子之事"密切相关。故曰："事是桓、文，王降而霸；史是《春秋》，周礼在鲁。俱隐隐与王迹事相关，乃义之所由起也。"②

关于研究《春秋》的方法，朱熹主张通过书中记载的史实来明其大义，使后人知晓是非善恶与治乱兴衰之道，并引为鉴戒，因而反对在一字一词上求圣人褒贬之意，或妄立所谓的"凡例"，以免陷于穿凿附会的解说。故曰：

> 《春秋》大旨，其可见者，诛乱臣，讨贼子，内中国，外夷狄，贵王贱伯而已。未必如先儒所言，字字有义也。想孔子当时只是要备

---

① （清）李光地：《榕村集》卷三《春秋大义》，《景印文渊阁四库全书》第1324册，台湾商务印书馆1983年版。

② （清）李光地：《榕村语录》卷六，《榕村语录　榕村续语录》上册，中华书局1995年版，第93页。

二三百年之事，故取史文写在这里，何尝云某事用某法，某事用某例邪？①

当时史书掌于史官，想人不得见。及孔子取而笔削之，而其义大明。孔子亦何尝有意说用某字，使人知劝；用某字，使人知惧；用其字，有甚微词奥义，使人晓不得，足以褒贬荣辱人来？不过如今之史书直书其事，善者恶者了然在目，观之者知所惩劝，故乱臣贼子有所畏惧而不犯耳。近世说《春秋》者太巧，皆失圣人之意。又立为凡例，加某字，其例为如何；去某字，其例为如何，尽是胡说。②

在这一问题上，李光地的观点与朱熹有同亦有异。由于李光地主张《春秋》是孔子据鲁史而作，且"有所损而不能益"，自然也不能同意传统的"一字褒贬"说。他说：

《诗》不必篇篇皆美刺，《春秋》不必言言皆褒贬。《诗》贞淫并著，而其教归于正人心。《春秋》善恶并书，而其教主于存天理。③

《易》不蔽于卜筮，而蔽于占候；《春秋》不蔽于书法，而蔽于义例。非谓卜筮之非占，而书法之无义也。以为候之流于拘，而例之失于凿也。自汉以来病之。问其说，曰："《易》者变动不居，其可以星日气候推乎？《春秋》者因物付物，其可以文法律例求乎？"④

论人止就其事迹，不必钩深索隐，钩棘得之，未必不差。如用刑，宁失出，毋失入也。孔子论人，以及《春秋》书法，皆是如此。《春秋》如今日档案则例一般，凡大事须查案定拟。韩文公云："《春秋》书王法，不诛其人身。"但得王法不泯便好，何用又推深一层？

---

① （宋）黎靖德编：《朱子语类》卷八十三，《朱子全书》第 17 册，上海古籍出版社、安徽教育出版社 2002 年版，第 2831—2832 页。

② （宋）黎靖德编：《朱子语类》卷五十五，《朱子全书》第 15 册，上海古籍出版社、安徽教育出版社 2002 年版，第 1803—1804 页。

③ （清）李光地：《榕村语录》卷一，《榕村语录　榕村续语录》上册，中华书局 1995 年版，第 3 页。

④ （清）李光地：《榕村集》卷一《观澜录·经》，《景印文渊阁四库全书》第 1324 册，台湾商务印书馆 1983 年版。

如今觉得《春秋》千变万化，都是平平常常情理。①

李光地指出，《春秋》只是直书其事，使天理自彰，是非善恶自现而已，并非言言皆寓褒贬。若是执着于每字每事中求其褒贬，则将蔽于义例，而失于穿凿附会。譬如，文公三年，楚国围攻江国，晋国派遣阳处父讨伐楚国以救援江国。文公四年，晋侯讨伐秦国，后楚国灭亡江国。但《春秋》却先书"楚人灭江"，后书"晋侯伐秦"。对此，后世学者多以褒贬之义加以解释。李光地并不赞同，提出："书'晋侯伐秦'于'楚人灭江'之下，见其重于修怨，轻于救患，无攘却之善也。救江则遣处父，伐秦则身亲之，侯伯之职安在哉？于秦、晋往复之间，非褒贬所系也。"② 又如，宣公八年，鲁大夫仲遂死于齐国的垂地。由于仲遂曾杀文公太子，故不少学者认为《春秋》称"仲遂"而不称"公子遂"亦是出于褒贬之义。对此，李光地说道："仲遂之卒，不称公子，以为蒙前文，固也。然实于其殁也名而绝之，如翚于隐之例耳。其或卒，或不卒，不可以为褒贬。"③他又引《春秋》"仲遂卒于垂，壬午，犹绎"为据，认为"《春秋》书'犹绎'，而《檀弓》有'卿卒不绎'之言，则仲遂之功罪姑无论矣。所谓'书王法而不诛其人身'者，此类也"④，可见《春秋》并无贬斥仲遂之意。又如，襄公二十九年，吴王派公子季札出使鲁国，《春秋》书："吴子使札来聘。"一些学者认为，《春秋》称季札为"札"是对他让国之德的褒扬。对此，李光地亦不赞同，指出："子札褒贬之说梦如。愚谓《春秋》于札无褒贬焉耳。褒贬者必于事，于来聘而褒贬其生平，远矣。札在国，必曰王子札也。其称于我，亦必其王子札也。"⑤

同时，李光地还认为，《春秋》的书法严谨主要体现在大经大法上，

① （清）李光地：《榕村语录》卷十五，《榕村语录　榕村续语录》上册，中华书局1995年版，第267页。
② （清）李光地：《榕村语录》卷十六，《榕村语录　榕村续语录》上册，中华书局1995年版，第278页。
③ 同上书，第282页。
④ 同上。
⑤ 同上书，第288页。

即对待大事极为严格，王法森然，一毫不肯假借，必明其是非邪正，但对于一般的人与事则较为宽大忠厚，都是平平常常情理，只要"有一丝合于善，便奖许之恐后，其仁爱至矣"①，并不钩深索隐、诛其人身，因而自然反对所谓的"诛心"之说：

> 《史记》："《易》本隐以之显，《春秋》推见至隐。"说者谓《春秋》由事迹上推见人之心曲，所谓"诛心"，其实非也。"见"字读现，与上"显"字同。《易》言造化幽微之故，以至于人事；《春秋》则由事迹之显著，而至于精微。句法少一"以"字，不与上对耳。见，即所谓"见之行事"也。②
>
> 司马迁言："《易》本隐以之显，《春秋》推见至隐。""见"即"显"也。天道隐，人事显，盖言《易》本天道以该人事，《春秋》推人事以合天道，故其下即云："《易》与《春秋》，天人之道也。"说者又似以推见至隐为推究隐情之义，故谭经往往有锻炼文致者，皆由于此也。③

需要注意的是，李光地只是说"《春秋》不必言言皆褒贬"，批评"例之失于凿"而已，并没有说《春秋》"书法之无义也"。相反，由于李光地认定《春秋》从大经大法到微文小节中都蕴含了天理之常、性命之理与万世之法，并寄托了孔子"推见至隐"的深刻用意，这就决定了他不可能完全否认其中存在孔子特殊的书法与义例。譬如他说：

> 朱子说，《春秋》据事直书为多，未必尽有褒贬。或不以为然。不知朱子不是说全无褒贬，谓未必如今人说一字不放空，都有褒贬耳。④

---

① （清）李光地：《榕村语录》卷十五，《榕村语录　榕村续语录》上册，中华书局1995年版，第264页。

② 同上。

③ （清）李光地：《榕村集》卷三《春秋大义》，《景印文渊阁四库全书》第1324册，台湾商务印书馆1983年版。

④ （清）李光地：《榕村语录》卷一，《榕村语录　榕村续语录》上册，中华书局1995年版，第4页。

《春秋》最是难看，无一点文采，不过几个字眼，颠倒用得的确，便使万世之大经大法，灿然具备。微而显，显而微，一归义理之精，无非自然之则。①

一部《春秋》，不过几个字换来换去，数之可了。这几个字忽如此用，忽不如此用；忽用，忽不用。参互错综，遂千变万化。曲曲折折，精义入神，不可思议，又至稳至当，极合人情。即以此尽天下之事，类万物之情，通性命之理。②

近看《春秋》，见得一片天理人情，只苦来日有限，未能卒业。其中义例纷然，变化错出，思之皆有妙义。③

《论语》有十数章，便是《春秋》义例。如《八佾》"雍彻"，"陈恒司败"，"崔子、子文"，"冉子退朝"，"正名"，"为卫君"之类，不独大义朗然，即词语轻重婉直之间，都是义例。如"臧文仲窃位"举其大，"微生高不直"举其小皆是。④

由此可见，李光地反对的只是穿凿附会、过度夸大的"一字褒贬"说，而未否认《春秋》中存在各种书法、义例。相反，李光地还对这些书法、义例极为重视，赞叹有加，认为其皆出于孔子的有意安排，千变万化，精义入神，至当不易，可与《论语》等经典相互发明，故花费了大量的精力与篇幅来发明、探讨《春秋》中的书法、义例。

（1）关于称谓之例，李光地说道：

如乱臣贼子，初则削其籍，称其名，后乃称其爵，或称其国，或称某国人，或称盗。盖初则疾恶之至，绝之非其臣子也。既而并存其爵，若曰此为其某官，为其世子，而至为此事也。史官如董狐、南史者甚少，焉能皆死其官？使弑君之贼，皆如赵盾、崔杼之不能逃其

---

① （清）李光地：《榕村语录》卷十五，《榕村语录　榕村续语录》上册，中华书局1995年版，第261页。

② 同上。

③ 同上书，第266页。

④ 同上书，第262页。

罪，史官既不能死其职，则弑君之贼必秉国钧，安肯以己行弑讦于诸侯？势必另举一人以实之。如魏高贵乡公之事，司马昭问陈泰曰："今日之事，何以处我？"陈泰曰："惟杀贾充，稍可以谢天下。"昭问其次，曰："泰言有进于此者，不知其次。"论首恶则昭也，乃诛行刺之成济而归狱焉。朱子灼知确见，故书曰："魏司马昭弑其主髦。"假使考之不确，既不能无所证据，而以大恶加人，若书其归狱之人，却令首谋者漏网，后世将竟不知其为某某也。夫子于此等，则书曰某国，罪其大臣也；曰某国人，则与谋者多也；曰盗，宦官宫妾之类不足齿数也。不书其名，一以见阙疑之意，一以使后之人不知所主名而推求之，则其人亦不能以归狱于他人而卸其罪。此等义例，信非圣人不能创。[1]

臣弑其君，子弑其父，必削属籍，而不以爵氏通。……其后或姓氏之，或世子、公子之。不削属籍，则弑君者犹夫人，无以正其弑之罪也。不姓氏之，世子、公子之，则安知其非微者、盗者，而为邦之臣子乎？是无以著其弑之实也。凡具其实者之谓案，正其罪者之谓断。先案而后断者，史体也；先断而后案者，经义也。[2]

然则有称国以弑，称国人以弑者，岂不得其主名与？曰："苟不得其主名，则从盗杀蔡侯申之例矣，殆非也。"……曰："《春秋》因旧史，从讣告，有所损而不能益也。臣弑其君，子弑其父，不有董狐、南史之谅，其赴于友邦，实者几何？夫不以实赴者，则必有所诿其罪矣，大都微者当之也。夫子参稽国史，以及七十二邦之闻，得其故矣，而不敢造其辞也。故欲正其所诛，则赴异而事专；欲从其所诿，则实乖而网漏。今有杀人之狱，而断之者知其为豪杰魁横而无输辞也。与其移辜以弊狱，孰若悬案以征凶？故书曰某国弑其君，执政任事必有当之者，则乱臣贼子死有余惧。书王法而不诛其人身，意盖

①　（清）李光地：《榕村语录》卷十五，《榕村语录　榕村续语录》上册，中华书局1995年版，第266—267页。
②　（清）李光地：《榕村集》卷三《春秋大义》，《景印文渊阁四库全书》第1324册，台湾商务印书馆1983年版。

如此也。"①

> 凡称国、称人以弑者，其国以弑赴而有所诿者也。故夫子不从其所诿，明元凶之有在，慑奸恶于无形也。若其国不以弑赴，则旧史阙焉，夫子无从加焉，楚公子围之类是也。②

李光地指出，《春秋》对于乱臣贼子初削其籍，称其名，而后又称其爵、其国，或称某国人、盗。初削其籍是因为要正其罪状，表示此人已不再是国君之臣子。后书其官爵，则是为了存其罪证，表示其身为某官或世子、公子，却仍犯下此等恶事，其罪更甚。由于弑君者在当权之后会利用权力诿罪于卑微之人，而史官未必都能做到秉笔直书，故读者通过史书往往只知最后归罪之人，遂使真正的元凶逃脱谴责。因此，为了避免因考证不确、证据不足而无端将大恶强加于无辜之人，或仅书归狱之人，却令背后的主谋者漏网，孔子对于弑君之事的记录十分谨慎，书某国表示罪其执政大臣，书某国人表示同谋者多，书盗则表示宦官、宫妾之类不足齿数。而他之所以不直书其名，一是为了阙疑，因旧史无载；二是为了引导后人进一步推求其罪魁祸首，不让元凶有机会逃脱惩罚。

其二曰：

> 春秋初，诸侯兄弟多字，蔡叔、蔡季、纪季、许叔之类是也。其后，率称公子，例已见前也。叙伯叔者，著亲亲之恩；系属籍者，寓上下之等。春秋之初，国命未移，故亲亲之词厚。其后也，世卿逾恣，故上下之语严。奉君命则曰兄弟而名之，对上之称也；杀若奔则曰兄弟而名之，存亲之实也。叔肸称公弟于其卒，无列也；季友字于其归，非对上之称，且贤之也。无列何以不称公子？则以为于时之公子未有不贵者也。③

---

① （清）李光地：《榕村集》卷三《春秋大义》，《景印文渊阁四库全书》第 1324 册，台湾商务印书馆 1983 年版。

② 同上。

③ （清）李光地：《榕村语录》卷十五，《榕村语录 榕村续语录》上册，中华书局 1995 年版，第 268 页。

李光地提出，春秋初，诸侯的兄弟多称字，以示亲亲之恩，后礼法逐渐崩坏，若奉君命而列于朝廷则称名，以严上下之等；被杀或出奔亦称名，以存亲戚之实。例如，闵公元年，鲁闵公与齐侯在落姑结盟，季友回到鲁国，《春秋》书："季子来归。"季友字"季"，李光地认为，《春秋》称其字主要是因为春秋初诸侯兄弟有称字的惯例。"'季子来归'，以为旌其贤，亦可通。然诸侯兄弟，有称字之例。"① 又如，宣公十七年，鲁宣公之弟叔肸去世，《春秋》书："公弟叔肸卒。"李光地认为"叔"是叔肸之字，《春秋》称其字是因为叔肸未列于朝廷。"肸无列于朝，则'叔'非氏也。'叔'非氏，则是《春秋》字之也。"②

其三曰：

卒称其本爵，葬从其僭号。却有两说：一世情，一道理。世情者，其国来讣，称其僭号，我因其讣而记之于我史册中，则我为政。我为政，则何必依其僭，直云某爵而已。至葬，则我往其国而会其葬，以彼为主，吾非天王，安得入其国，对其臣子而贬其君父？殊无宾主之礼。《公羊》所谓"卒从正，葬从主人"也。以道理言，先正其罪，后纪其实。不书本爵，何以见其实？不著僭号，何以见其僭？前之义例已明，而后随其常称，两相印证，所谓"微而显"也。此竟是《春秋》一通例。……如吴、楚先书国，后书爵，亦是此例。先儒以为进之，非也。惟吴、楚之丧，止于其来讣时书其本爵而已，至葬，虽鲁君或在，亦不书。盖葬虽从主人，而断不可书曰某王，故宁阙之。③

《春秋》列侯皆僭爵，故鲁亦侯也，而称公。然而经因之者，本

---

① （清）李光地：《榕村语录》卷十五，《榕村语录　榕村续语录》上册，中华书局 1995 年版，第 273 页。
② （清）李光地：《榕村语录》卷十六，《榕村语录　榕村续语录》上册，中华书局 1995 年版，第 283 页。
③ （清）李光地：《榕村语录》卷十五，《榕村语录　榕村续语录》上册，中华书局 1995 年版，第 265—266 页。

国也。其余则卒也，以其班秩秩之；及其葬也，以其僭号称之。不以秩秩，则无以正其僭之非也；不以号称，则无以存其僭之实也。凡《春秋》书法，多如此者。①

崩薨与卒，皆有常称，礼也。五等之君，谥从其爵，制也。经之所书，夺其薨之常称于卒，而仍其公之僭谥于葬者何？曰：彼来赴，礼在彼也。彼有干于礼，吾从而卒之。我往会，礼在我也。礼无不敬，故仍而公之。何以知彼之有干于礼也？曰：其来赴者，若侯、若伯、若子，必皆曰我公薨也。若吴、楚，必曰我王崩也。干礼莫大焉，故存其始封之爵，又从而卒之也。往葬而贬其称焉，非邦交之礼，且无以著其僭号之罪，故仍其所僭之谥，从而公之。何以不书吴、楚？曰：王者所辟也。其王子削曰公子，可也；其王削曰某公，犹不可也。是故《春秋》不称楚、越之王丧，不著其葬号之谓也。②

李光地指出，《春秋》书诸侯之卒时称其本爵，书其葬时则从其僭号，并试图从世情与道理两方面对这一义例加以解释。从世情来看，诸侯去世后，其国必以其僭号来讣告。若将其记载于本国史册中，则以我为主，故不必依其僭号，只是直书其本爵即可。若往其国而会其葬，则以彼为主，不应对其臣子而贬其君父，故据宾主之礼而书其僭号。从道理来看，诸侯卒时书其本爵是为了表示其僭越之罪过，葬时书其僭号则是为了保存其僭越之实证。反过来说，若不书本爵，则无以反衬其僭越之非；不书僭号，则无以显示其僭越之罪。如对吴、楚两国先书国，后书爵，也是同样的道理。但因吴、楚等国僭越太甚，故其国君葬时亦不书其为王，宁可阙如。

其四曰：

自君杀之者，君杀也。国杀者，君臣共之也。人杀者，国乱而见

① （清）李光地：《榕村集》卷三《春秋大义》，《景印文渊阁四库全书》第1324册，台湾商务印书馆1983年版。

② （清）李光地：《春秋毁余》卷一，《榕村全书》第3册，福建人民出版社2013年版，第315页。

杀，或众讨而杀之也。众讨而杀之者，必去其官与属。国乱见杀，则不去其官与属。①

李光地认为，《春秋》中凡是书大夫为某君杀，则是为国君所杀；书大夫为某国杀，则是为其国君臣共同杀死；书大夫为某国人杀，或是因其国动乱而被杀，或是因众人讨伐而被杀。其中，若因众人讨伐而被杀，则削去其官职与属籍；若是因国家动乱而被杀，则保留其官职与属籍。

关于杀大夫行为的合法性，李光地说道：

> 专杀大夫，非制也，无罪而杀，尤非义也。盖杀大夫之罪，不著名者为上，著名者次之，称人杀者又次之。削大夫者，杀者几无罪矣。②

在他看来，擅杀大夫是非法的，无罪而杀尤其不义。《春秋》记杀大夫之事，若不书姓名，则表示杀人者罪行最重；若书姓名，则杀人者罪行较轻；若称某国人杀，则罪行更轻；若削去被杀者官职，则表示杀人者几乎无罪。

其五曰：

> 人北杏之会，则曷为于鄄焉爵？人北杏之会，则义见矣，于其始乎见义也。虽然，会盟则爵之，搂伐则犹人之也。搂伐之事大，盖三王之罪人也。③
>
> 自桓霸后，征伐皆人之。五霸者，搂诸侯以伐诸侯，无道之世也。虽然，一匡天下，民至于今受赐。义既明矣，功则可进而进之

---

① （清）李光地：《榕村集》卷三《春秋随笔》，《景印文渊阁四库全书》第 1324 册，台湾商务印书馆 1983 年版。

② （清）李光地：《榕村语录》卷十五，《榕村语录　榕村续语录》上册，中华书局 1995 年版，第 273 页。

③ （清）李光地：《榕村集》卷三《春秋随笔》，《景印文渊阁四库全书》第 1324 册，台湾商务印书馆 1983 年版。

也。桓之功于中国，自救邢始也。称师，别于人也，谓其能以众正矣。①

孔子曾说："天下有道，则礼乐征伐自天子出；天下无道，则礼乐征伐自诸侯出。"据此，李光地认为，《春秋》记诸侯会盟、征伐之事，不称爵而称人，是对其违背礼法、道义的批评。相较之下，因为会盟之罪较轻，故《春秋》仅在记载北杏之会，即由齐桓公主持的诸侯第一次会盟时削爵称人以明其义，此后会盟仍称诸侯爵位。而征伐之罪较重，故《春秋》自齐桓公称霸后，于诸侯征伐多称人。但是，由于齐桓公九合诸侯，一匡天下，有尊王攘夷之功，使诸夏之民免于披发左衽，故《春秋》于齐国征伐之事或称师，有别于人，以示其功劳。

其六曰：

> 古之侯伯，有存亡继绝，急病分灾，尊王室，安诸夏之义，修而行之，是天下之公利也。《春秋》书诸侯事，如内辞者四：城楚丘、戍虎牢、伐陈、归粟于蔡是也。楚丘不城，卫入于狄矣。虎牢不戍，郑入于楚矣。戍陈、粟蔡，皆公举也，故以公辞也。齐桓存三亡国，独楚丘公其辞，何也？同则举重，救卫为重也。②

《左传》云："凡侯伯，救患、分灾、讨罪，礼也。"③ 李光地据此指出，古之诸侯有存亡继绝、急病分灾、尊王攘夷的责任和义务，若其行为符合这一要求，则代表天下公义，无须区分内外，故《春秋》记载其事便不书诸侯国名而为内辞。如僖公二年，齐桓公率诸侯在楚邱筑城，帮助卫国抵御狄的入侵，《春秋》书"城楚邱"；襄公五年，诸侯戍守陈国，助其抵御楚国入侵，《春秋》书"戍陈"；襄公十年，诸侯戍守虎牢，抵御楚军，《春秋》书"戍郑虎牢"；定公五年，蔡国被楚国围困，国内饥乏，诸

---

① （清）李光地：《榕村集》卷三《春秋随笔》，《景印文渊阁四库全书》第 1324 册，台湾商务印书馆 1983 年版。

② 同上。

③ 杨伯峻编著：《春秋左传注》，中华书局 1981 年版，第 278 页。

侯将粮食送到蔡国，助其度过饥荒，《春秋》书"归粟于蔡"。至于齐桓公曾三次保存亡国，而《春秋》为何仅在"城楚邱"一事上使用内辞，李光地认为这是因为同样性质的事情只需举其重者以明义，而救援卫国的意义更为重要。

此外，关于《春秋》中其他"以名字、爵氏为褒贬"的义例与变例，李光地还总结归纳道："《春秋》者，正名之书。秩序命讨，于名乎寓之。诸侯不生名，失地名，灭同姓名。然或失地而不名者，国灭而奔，哀之也。或灭同姓而不名者，贬爵为人，足以见志也。国灭而奔，则不名以哀之。而有不哀之者，徐子章羽也，僭王者也。国灭而受执，则名以责之。而有不责之者，虞公、夔子，人其灭同姓者于上，则存灭者之爵，甚灭之者之罪也。其奔也不名，其复也名，卫侯郑、衎也。其奔可恕，其复可罪也。大夫不名，必事可贤焉者，高子、季子也。三恪之国，则因事以存其官，宋司马、司城也。非此族也，则以姓名通。其不称姓氏者，非有大恶，则君未赐氏焉尔。"[1]

（2）关于记时之例，李光地认为应先记年，后书时，然后书月，最后书日。所谓"年下书时，时下书月，月下书日"[2]。若一季中并无值得记载的史事，则必书春夏春秋之时及其开始的第一个月份。所谓"四时无事，则书首月"[3]，"四时者，纪事之纲，故经虽其时无事，必书首月者，备天道也"[4]。这一义例只有碰到极为特殊的情况才可能发生改变。

如桓公四年、七年，《春秋》未书秋冬，李光地认为这并非阙文，而是孔子有意删削。因为秋冬象征刑罚，而罪恶莫大于弑君。对于鲁桓公弑君篡位的罪行，不但无人加以讨伐，周天子反而遣人来聘，谷伯绥、邓侯吾离亦远涉来朝，其行为皆有悖天道，使乱臣贼子无所畏惧。是故孔子削

---

①　（清）李光地：《榕村集》卷三《春秋大义》，《景印文渊阁四库全书》第1324册，台湾商务印书馆1983年版。

②　（清）李光地：《榕村语录》卷十五，《榕村语录　榕村续语录》上册，中华书局1995年版，第263页。

③　同上书，第272页。

④　（清）李光地：《榕村集》卷三《春秋大义》，《景印文渊阁四库全书》第1324册，台湾商务印书馆1983年版。

去当年秋冬之文，"乃恭行天讨之志，非阙文也"①。

昭公十年，《春秋》未书冬。李光地认为这是孔子对鲁昭公当年娶吴孟子的批评。因为冬季天气上腾，地气下降，天地判而后阴阳交，所以冬季又象征夫妇之别。而鲁昭公娶吴孟子的行为扰乱、破坏了同姓不通婚的周礼，故孔子要"削冬见志"。

定公十四年，《春秋》亦未书冬。李光地认为这表达了孔子对自己当年不得已离开鲁国，治国安邦之志无法实现的伤感。"天之功，至冬而成。夫子曰：'苟有用我者，三年有成。'将向于成而去，王道之不就，天道之不终也。是故不书冬者伤之。"②

又如隐公元年，《春秋》书："元年春王正月。三月，公及邾仪父盟于蔑。"庄公元年，《春秋》书："元年春王正月。三月，夫人孙于齐。"照理说，既然已书"春王正月"，春季中就不应该再记载其他史事。对此，李光地解释道：

> 特书首月者，其一时无事者也。若其时之他月有事，则不特书首月矣。惟隐、庄之元年，他月有事，而特书首月，则以虽不行即位之礼，而元年不可以无正也。③
>
> 《春秋》存首月者，一时无事者也。隐、庄三月有事而存首月，为元年虽不即位，而有朝庙告正之礼。④

换言之，隐公与庄公元年虽不行即位之礼，但有朝庙告正之礼，故不可不书正月。

庄公二十二年，《春秋》书："夏五月。"照理说，夏季无事，应书"夏四月"，而非"夏五月"。对此，李光地解释道：

---

① （清）李光地：《榕村集》卷三《春秋大义》，《景印文渊阁四库全书》第 1324 册，台湾商务印书馆 1983 年版。

② 同上。

③ 同上。

④ （清）李光地：《榕村语录》卷十五，《榕村语录　榕村续语录》上册，中华书局 1995 年版，第 269 页。

庄之二十二年夏无事，不书首月而书五月，何也？曰：“是庄公在丧纳币之岁也。周之夏四月，夏之春二月也，《周官》以是月会男女。《诗》曰：‘士如归妻，迨冰未泮’，言其礼之宜豫，则是月者，婚姻之月也。居丧纳币，则婚姻之礼废。比事属辞以见意，其义不亦深乎？”①

四时无事，则书首月。今以五月首时，何也？昏礼之失，未有甚于庄公者也。娶仇人之女，当丧而图婚，亲纳币以固之，观社以尸之，丹楹刻桷以饰之，大夫宗妇觌用币以侈之，礼之失未有甚于庄公者也。《周礼》仲春会男女，周之四月，夏之二月，昏姻之时也。昏姻之礼不正，义系月，故去月。②

李光地指出，根据《周礼》的规定，婚姻之事应在周历四月或夏历二月举行，而鲁庄公不仅娶仇人之女，而且在居丧期间的冬季亲赴齐国纳币，严重破坏了礼制。由于“昏礼”之义系于月，所以《春秋》不书“夏四月”，而书“夏五月”。

其二曰：

《春秋》以日月为义例，信乎？曰：“此亦史法之旧云尔。事之大且要者，则谨而日之。私家记录犹然，况国乘乎？是故郊祀宗庙则日，崩薨卒葬则日，天灾地变物异则日，以至会不日而盟则日，侵伐不日而战灭则日，此其大凡也。有应日而不日者矣，未有不应日而日者也。应日而不日者，旧史失之也，略之也，以是为特笔之褒贬则否。”③

《春秋》书事，月而不日，时而不月者，多矣，惟所谨者，则日

---

①　（清）李光地：《榕村集》卷三《春秋大义》，《景印文渊阁四库全书》第1324册，台湾商务印书馆1983年版。

②　（清）李光地：《榕村语录》卷十五，《榕村语录　榕村续语录》上册，中华书局1995年版，第272—273页。

③　（清）李光地：《榕村集》卷三《春秋大义》，《景印文渊阁四库全书》第1324册，台湾商务印书馆1983年版。

之。灾异日，祭祀日，盟日，战日，入国灭国日，崩薨卒葬日。故有此数事而不日者，未有他事而日者。其有此数事而不日者何？曰："史失之也。"①

李光地指出，《春秋》记时的另一项原则是对于祭祀宗庙、崩薨卒葬、灾异、结盟、战灭等重大史事要慎重记载具体日期。而且只有应书日而不书日的变例，没有不应书日而书日的情况。至于应书日而不书日，主要是因为旧史记载的简略与阙失，而非出于孔子的特笔褒贬。关于"会不日而盟则日，侵伐不日而战灭则日"的原因，李光地解释道："月而不日，常事耳，则众纷纷而凿为之说。……'会'之见书于《春秋》，于'盟'略，故或时而不月，或月而不日，亦犹侵伐之于战灭也。"② 也就是说，相较于"盟"与"战灭"，"会"与"侵伐"在春秋时更常发生，所以《春秋》在记载此类史事时往往不书日或月。

定公三年，鲁定公派遣大夫仲孙何忌与邾国国君结盟，《春秋》书："冬，仲孙何忌及邾子盟于拔。"结盟大事理应书日，而此次结盟《春秋》仅书时，而未书月与日，李光地认为并非由于记载阙失，或许是孔子为了批评定公派遣大夫与对方国君结盟，身份并不对等，有怠慢对方之嫌，故有意不书月与日。"凡盟必日之，拔之盟，不日而且不月，又夫子当时之事，非遗失也。无亦非鲁以大夫盟邾君，故去月日以见慢欤？厥后句绎则如常书。"③

定公四年，鲁定公与诸侯在皋鼬结盟，《春秋》书："五月，公及诸侯盟于皋鼬。"此次结盟亦未书日，李光地认为同样不是由于记载阙失，而是为了突显当时诸侯众志涣散，怠慢、忽视礼乐之事的状况。"皋鼬之盟

---

① （清）李光地：《春秋毁余》卷一，《榕村全书》第 3 册，福建人民出版社 2013 年版，第308—309 页。

② （清）李光地：《榕村语录》卷十五，《榕村语录　榕村续语录》上册，中华书局 1995 年版，第 269 页。

③ （清）李光地：《榕村语录》卷十七，《榕村语录　榕村续语录》上册，中华书局 1995 年版，第 293 页。

不日，亦当时事，非遗失也。著众志已涣散，怠于礼而略于事矣。"①

僖公十六年正月，有五块陨石落在宋国，又有六只水鸟倒退着飞过宋国的国都，《春秋》书："十有六年春王正月戊申朔，陨石于宋五。是月，六鹢退飞，过宋都。"显然，"陨石于宋"与"六鹢退飞"都属于所谓的"物异"，而《春秋》却前者书日，后者不书日。对此，李光地说道："六鹢书'是月'，不止嫌与陨石同日而已，如止嫌同日，何不更著其日乎？或者'六鹢退飞'不止一日也。"② 在他看来，"六鹢退飞"之所以书月不书日，或许不仅仅是因为与"陨石于宋"发生于同一天，而是由于其出现不止一日，所以符合《春秋》记时的另一条义例："有灾眚经几日者，则书某月。"③

其三曰：

> 凡书时而不月以纪事者，盖旧史略焉，则未知其曷月与、日与，徒可得为此时而已。后代史书，年而不知其时，时而不知其日月者，盖多附于年时之终。若附于年时之终，则嫌其为卒时卒月之事也。今书无月有时之事于前，有月之事于后，则事之先后不出乎此时之中，而不正名其为首月也。先儒以为下有次月，则此必首月者，误矣。④

李光地认为，《春秋》纪事凡是仅书时而不书月者，多是因为史料缺乏，因而不知其发生的具体日月，只知大致时节。在这种情况下，孔子便将其事系于该时开头，而将其他知道确切月份之事书于后。这样的处理方式可以清楚地表示此事发生的时节，不像后世史书将其附于年时之末那样容易产生误解，而并不意味着此事一定发生在其时首月。

其四曰：

---

① （清）李光地：《榕村语录》卷十七，《榕村语录　榕村续语录》上册，中华书局1995年版，第293页。
② （清）李光地：《榕村语录》卷十五，《榕村语录　榕村续语录》上册，中华书局1995年版，第275页。
③ 同上书，第263页。
④ （清）李光地：《榕村集》卷三《春秋随笔》，《景印文渊阁四库全书》第1324册，台湾商务印书馆1983年版。

> 凡《春秋》书事系日矣，其下有不月日而事者，则非复蒙此日，而蒙上之时月也。①

李光地指出，《春秋》中记载具体日期之事，若其后紧跟着的事件并未书日，并不意味着两件事同日发生，而表示两件事同一月份或同一时节发生。故桓公十二年冬，《春秋》两书"丙戌"之日，"丙戌，公会郑伯，盟于武父。丙戌，卫侯晋卒"，李光地认为这正是因为"此两事适同日"，为了避免误会，"故特两书日以别之"。②

其五曰：

> 日食，书日书朔，朔日食也；书日不书朔，朔后食也；书朔不书日，朔前食也；不书日不书朔，阴雨食也。阴雨食，则国都不见而他处见之，非灵台所睹测，则未知其为正朔与？朔之前后与？是以阙之也。③

李光地指出，《春秋》在记载日食这一天象时，同时书日书朔表示朔日日食，书日而不书朔表示朔后日食，书朔而不书日表示朔前日食，不书日亦不书朔表示阴雨天日食。阴雨天日食之所以不书日亦不书朔，是由于国都的灵台观测不到，无法得知当日为朔日，抑或朔之前后，故阙而不书。

（3）关于避讳之例，李光地说道：

> 国恶则讳，臣子之礼也。夫子曰："父为子隐，子为父隐，直在其中矣。"盖以其不变是非之实，但隐之而已，则直道行乎其间，无伤乎天下万世之公义也。昭公谓吴女为孟子，自讳之也。故《春秋》

---

① （清）李光地：《春秋毁余》卷一，《榕村全书》第 3 册，福建人民出版社 2013 年版，第 340—341 页。

② 同上书，第 341 页。

③ （清）李光地：《榕村集》卷三《春秋大义》，《景印文渊阁四库全书》第 1324 册，台湾商务印书馆 1983 年版。

因之，曰"孟子卒"，不称"夫人"，不称"薨"，为君讳也。他日答司败以"知礼"，而又引为己过者以此。①

陈司败问昭公知礼，曰"知礼"，为尊者讳也。及司败指出娶同姓，辄自引过，所谓"父为子隐，子为父隐，直在其中矣"。娶同姓为非礼，固昭然不没，而臣子之分亦得。此便是《春秋》义例。②

李光地指出，"讳国恶"是《春秋》书法的一条原则，体现了臣子之礼。孔子曾说："父为子隐，子为父隐，直在其中矣。"因此，鲁国的史官亦为国君所做的不合礼法、有损国家形象的恶事、丑事加以避讳。由于避讳只是对某事进行回避，不直书其事，并未伪造、歪曲事实，所以被认为没有损害天下万世之公义。譬如，鲁昭公娶同姓吴女为妻，讳称"孟子"。哀公十二年，吴孟子去世，《春秋》书："孟子卒。"既不称"夫人"，亦不称"薨"，正是为鲁昭公避讳的缘故。类似地，据《论语》记载，陈司败问孔子鲁昭公是否知礼，孔子回答知礼，这亦是为昭公避讳。而当陈司败指出昭公娶同姓之女的行为不合礼法时，孔子立刻承认错误，引为己过，而未否认、歪曲事实，体现了"直在其中"的原则。

其二曰：

国之败辱亦讳，臣子之礼也。虽然，败辱而旋复者则不讳。是故乾时之败不讳，以其旋胜也。讙、阐之取不讳，以其旋归也。③

人取我国之土地不书，讳之也。至济西则书，后卒归也。不书则后归无因，既归则不必讳矣。战败不书，讳之也。至乾时之败则书，长勺即胜也。④

---

① （清）李光地：《榕村集》卷三《春秋大义》，《景印文渊阁四库全书》第1324册，台湾商务印书馆1983年版。

② （清）李光地：《榕村语录》卷十五，《榕村语录　榕村续语录》上册，中华书局1995年版，第263页。

③ （清）李光地：《榕村集》卷三《春秋大义》，《景印文渊阁四库全书》第1324册，台湾商务印书馆1983年版。

④ （清）李光地：《榕村语录》卷十五，《榕村语录　榕村续语录》上册，中华书局1995年版，第268页。

  李光地指出，《春秋》对于鲁国在诸侯战争中战败、失地等耻辱亦多加以避讳。若是战败后旋胜，或失地后收复，则不必避讳。譬如，庄公九年，鲁国军队与齐国军队在乾时发生战争，鲁国战败。第二年，鲁庄公即在长勺击败齐国军队。故《春秋》书："八月庚申，及齐师战于乾时，我师败绩"，并未避讳。又如，宣公元年，齐国占取了鲁国济水以西的田地。宣公十年，齐国又将济西之地归还给鲁国。故《春秋》书："六月，齐人取济西田"，并未避讳。哀公八年，齐国占取了鲁国的讙地与阐地，当年即归还鲁国。故《春秋》书："夏，齐人取讙及阐"，亦未避讳。

  关于战争方面的避讳，李光地又提出"周讳战，不讳败"的义例。他说：

  鲁讳败，不讳战，败之辱大于战也；周讳战，不讳败，战之辱大于败也。①

  鲁讳败，不讳战；周讳战，不讳败，莫敢与王战者也。战而胜，犹耻也。战之耻甚于败，故讳战，不讳败。②

  李光地指出，《春秋》在记录周天子参加的战争时，避讳书战，而不避讳书败。因为按照礼法的规定，诸侯是不应该与天子发生战争的。若周天子与诸侯之间发生战争，即便周天子获胜，亦是一种极大的耻辱，且战争本身的耻辱超过战败的耻辱，所以周讳战，不讳败。

  其三曰：

  公及诸侯之大夫盟，诸侯之大夫来盟，皆不书公，亦讳也，非其班也。以此类之，楚屈完来盟于师，盟于召陵，不著其所与盟者，亦为诸侯讳尔。谓嘉屈完之慕义，美桓公之用礼，盖取孟氏所谓"彼善于此"者，君子则于是乎见蛮荆大邦之抗，管子功烈之卑也。③

---

① （清）李光地：《榕村集》卷二《经书笔记》，《景印文渊阁四库全书》第 1324 册，台湾商务印书馆 1983 年版。

② （清）李光地：《榕村集》卷三《春秋大义》，《景印文渊阁四库全书》第 1324 册，台湾商务印书馆 1983 年版。

③ 同上。

高子来盟，楚屈完来盟，旧说未是。圣人妙尽人情，都是内本国而外他国，内中国而外四裔之意。大凡鲁君与诸国之大夫盟，皆不书公，惟书及某盟而已，不肯以我君与诸大夫等也。鲁有难而齐轻之，故使高子来。桓公率众诸侯以临江、汉，倾天下之力，兴问罪之师，而楚子不亲出，仅遣屈完来，皆可耻者。故不著其君使之来，若彼国无君而其臣擅来者，非吾之辱也。独成公于楚师之临，孟献子、季文子不敢出，公自出与公子婴齐盟。书公者，所以著季、孟主忧、主辱之罪。①

李光地指出，鲁国国君与他国大夫会盟，或他国大夫来鲁国会盟，《春秋》皆不书"公"，以示避讳。这是因为二者的身份地位并不对等，如此会盟有悖于礼法。不单是鲁国国君，有时其他诸侯遇到类似情况，《春秋》亦为其避讳，以示"内本国而外他国，内中国而外四裔之意"。同时，他国国君派大夫前来与我国国君会盟，对我国来说亦是一种耻辱，故《春秋》于此往往不书"使"。因为书"使"意味着这些大臣的出访得到了天子或国君的正式命令，而不书"使"则表示他国无君而其臣擅来，因而不是我国的耻辱。譬如，闵公二年，齐桓公派大夫高傒来鲁国会盟，《春秋》书："冬，齐高子来盟"，既不书"公"，亦未书"使"。又如，僖公四年，鲁僖公会同齐侯、宋公、陈侯、卫侯、郑伯、许男、曹伯的军队侵伐蔡国，胜利后又进攻楚国，楚成王派大夫屈完来召陵的诸侯军中会盟。《春秋》书："楚屈完来盟于师，盟于召陵"，同样不书"公"，亦不书"使"。唯有成公二年，楚国进攻鲁国，鲁成公亲自到蜀地与楚国公子婴齐会盟，《春秋》书："十有一月，公会楚公子婴齐于蜀。"李光地认为，这是因为楚国进攻鲁国时，鲁国大夫孟献子、季文子不敢挺身而出，致使鲁成公不得不亲自出面与公子婴齐会盟，所以《春秋》据实直书"公"，以示孟献子与季文子辱及君父之罪。

---

① （清）李光地：《榕村语录》卷十五，《榕村语录　榕村续语录》上册，中华书局1995年版，第268页。

其四曰：

> 内于外诸侯不言朝，尊内也，聘无不可言者。内大夫于他邦亦不言聘，何也？曰："鲁于大国，有比年而聘，有年而屡聘，而于天子略矣。故书'聘'则恶显，书'如'则词微。以聘行乎，以事行乎，悉以'如'书之。"①

李光地认为，《春秋》于鲁国大夫奉命访问他国之事书"如"而不书"聘"亦是为了避讳。因为鲁国极少朝见周天子，却对其他大国聘问频繁，显然有悖礼法。在这种情况下，若直书"聘"则突显了鲁国国君的罪恶，若与因他事赴外国一般书"如"，则较为隐晦，可遮掩其罪。

最后，李光地指出，《春秋》中虽然存在各种各样的书法与义例，但并不意味着每次碰到相同的情况都必然会使用同样的书法或义例。因为孔子既要借助各种书法、义例来突显历史人物与事件的是非善恶，使读者知所鉴戒，又必须坚持秉笔直书的原则，如实地记录、保存史实，所以《春秋》往往首先以一个或若干个有代表性的例子作为典型，来表明一定的"义"，然后对于其他同类的人物或事件则按照常规或现状直书，而不使用特殊的笔法。而这亦成为《春秋》中的一条基本义例，所谓"义既明则存其实，盖一经之通例也"②。故曰：

> 《春秋》义明则从实。如弑君者之绝其属也，义既明矣，则公子之，世子之。五等之讣也，从周室之班，义既明矣，于其葬也，则公之，夫非先谨而后纵也。不明其义于先，是逆僭终无惩也；不存其实于后，是逆僭之迹不著。故前为断，而后为案也。③

> 隐无正者，二年以后无正月也；桓无王者，十八年之中，十四年

---

① （清）李光地：《榕村集》卷三《春秋随笔》，《景印文渊阁四库全书》第 1324 册，台湾商务印书馆 1983 年版。

② （清）李光地：《榕村集》卷二《经书笔记》，《景印文渊阁四库全书》第 1324 册，台湾商务印书馆 1983 年版。

③ （清）李光地：《榕村集》卷一《观澜录·经》，《景印文渊阁四库全书》第 1324 册，台湾商务印书馆 1983 年版。

不书王也。正者，诸侯所禀于王；王者，正诸侯者也。下不禀则无正，上不正则无王。桓弑其君，王不讨焉，而生死恩逮，是之谓不正而无王；隐终其位，王命四至，而朝聘奔会无一者，是之谓不禀而无正。然则他君异于此欤？曰：一经之始，于二君见义焉耳。《春秋》书法，见义者，义明则止，其余以常书。①

在此，为了更详细地说明"义既明则存其实"这一通例，李光地列举了《春秋》中的一些具体表现与事例。譬如，对于弑君者，《春秋》先削其官爵，绝其为君之臣属，以明其义，而后又书其官爵，以存其弑君之实证。又如，对于去世的诸侯，《春秋》先书其本爵，以明其义，而后又从其僭号，以存其僭越之实证。同样，《春秋》记载隐公一朝的历史，元年之后便不书"正月"，记载桓公一朝的历史，十八年中有十四年不书"王"，这是对于隐公终身未朝聘于周天子，以及桓公弑君，而王不加讨，反而恩命累加的谴责与批判。可是这样的问题并非只发生在隐公与桓公二人身上，但除了隐公与桓公外，《春秋》并未在记载鲁国其他朝代历史的时候使用同样的书法。李光地认为，这是因为隐、桓二公是《春秋》一书里最初的两位国君，故将其作为典型，以申明《春秋》大义。义明则止，故其余部分皆照常书写。而这也再次印证了李光地反复强调的一个观点："诸经多将首二篇包括全书之义。……《春秋》隐、桓二公，亦尽一部《春秋》道理。隐无王，桓无天。无王者，隐公终身未尝朝聘于周，直似非其臣子者然。无天者，桓公弑君，王不加讨，又从而恩命稠叠焉。惟此二义，一部《春秋》，岂复外此。"②

类似地，隐公元年，周天子派遣宰咺到鲁国馈赠惠公与仲子的助葬物品，《春秋》书："秋七月，天王使宰咺来归惠公、仲子之赗。"桓公八年，周天子派遣家父到鲁国来聘问，《春秋》书："天王使家父来聘。"庄公元

① （清）李光地：《榕村语录》卷十五，《榕村语录　榕村续语录》上册，中华书局1995年版，第265页。
② （清）李光地：《榕村语录》卷一，《榕村语录　榕村续语录》上册，中华书局1995年版，第2页。

年，周天子派遣荣叔到鲁国赏赐、追命桓公，《春秋》书："王使荣叔来锡桓公命。"文公五年，周天子派遣荣叔到鲁国馈赠助葬物品，后鲁国为庄公夫人成风举行葬礼，周天子又派遣召伯到鲁国参加葬礼，《春秋》书："五年春王正月，王使荣叔归含，且赗。三月辛亥，葬我小君成风。王使召伯来会葬。"李光地指出，隐公元年"赗仲子"与文公五年"会成风"两事类似，桓公八年"聘桓公"与庄公元年"锡桓公命"两事亦类似，但"皆名冢宰于前，王不称天于后"，这并非两事在性质或"义"上有什么不同，而是《春秋》"事同则举重，义明则以常书之法也"。①

综上可见，李光地虽不否认《春秋》中寓有孔子的褒贬之意，但他显然更注重从内外之别、君臣之义等礼法制度与伦理规范的角度来看待、归纳、发明和阐释《春秋》中的各种书法与义例。概括起来，其与朱熹所理解的"诛乱臣，讨贼子，内中国，外夷狄，贵王贱伯"的《春秋》大义内容大体一致，既体现了李光地的朱子学立场，亦从侧面反映出李光地与朱熹在《春秋》义例问题上的异中之同。至于发明《春秋》义例的具体方法，李光地则特别强调"属辞比事"的重要性。关于属辞比事，李光地解释道："《春秋》之教，所谓'比事'者，以同类之事相例也；所谓'属辞'者，考其上下文以见意也。"② 换言之，比事就是将同类事物进行比较，属辞就是通过考察上下文来理解经意。李光地指出，属辞比事"此最要紧。岂止《春秋》，凡经书皆然。同中之异，异中之同，不是相比，则道理不能见得确实。况比事属词，《春秋》之教乎？圣人文章，随处不同。褒与贬不同矣，贬之中亦自不同。有贬至十分者，有九分几厘者"③。在他看来，《春秋》中的义例错综复杂、千变万化，书法同中有异、异中有同，圣人的微言大义有时就蕴含于极其微小的文字差别中，若不通过属辞比事的方法，就不可能准确、完整地把握《春秋》书法与圣贤义理。李光地之

---

① （清）李光地：《榕村语录》卷十五，《榕村语录 榕村续语录》上册，中华书局1995年版，第271页。

② （清）李光地：《榕村语录》卷十六，《榕村语录 榕村续语录》上册，中华书局1995年版，第279页。

③ （清）李光地：《榕村语录》卷十五，《榕村语录 榕村续语录》上册，中华书局1995年版，第264页。

所以如此重视《春秋》的书法、义例，一方面固然是受到清初传统经典与经学研究复兴的影响，另一方面恐怕亦是由于清初政局与社会的动荡不安，故希望通过对《春秋》书法、义例中蕴含的君臣之义与礼法制度的关注、阐发与提倡来实现其稳定、重塑清初政治、社会、伦理秩序的目的，推动国家由乱而治。

六　李光坡与《三礼述注》

清代经学以至于清代儒学的一个显著特征便是对于礼与礼学研究的重视和强调。特别是清代中期之后，以戴震、段玉裁、任大椿、程瑶田、凌廷堪、焦循等皖派考据学家为代表的清代学者，在总结前人研究成果的基础上，对三礼做了细致而深入的校勘、整理、考辨、注解和阐发，"溯源流也，明类例也，综名数也，考同异也，搜遗逸也"①，进而提出了"以礼代理"的思想主张。如凌廷堪曾说："夫人之所受于天者，性也。性之所固有者，善也。所以复其善者，学也。所以贯其学者，礼也。是故圣人之道，一礼而已矣。……礼之外，别无所谓学也。……如曰舍礼而可以复性也，必如释氏之幽深微眇而后可，若犹是圣人之道也，则舍礼奚由哉！盖性至隐也，而礼则见焉者也。性至微也，而礼则显焉者也。"②又说："夫人有性必有情，有情必有欲，故曰'饮食男女，人之大欲存焉'。圣人知其然也，制礼以节之，自少壮以至耆耄，无一日不囿于礼，而莫之敢越也；制礼以防之，自冠昏以逮饮射，无一事不依乎礼，而莫之敢溃也。然后优柔厌饫，徐以复性，而至乎道。周公作之，孔子述之，别无所谓性道也。"③

其实，早在清初，以李光地、李光坡等安溪李氏学者为代表的福建朱子学者就已经开始关注并用力于礼学的研究。他们虽未主张"以礼代理"之说，但亦对礼与礼学的意义和价值十分重视，在礼义、礼制、礼仪等方面都取得了一些研究成果。其中，尤以李光坡积四十年之功所成的《三礼

---

① （清）章学诚：《文史通义·内篇一·礼教》，古籍出版社1956年版，第25页。
② （清）凌廷堪：《校礼堂文集》卷四《复礼上》，中华书局1998年版，第27—28页。
③ （清）凌廷堪：《校礼堂文集》卷十《荀卿颂》，中华书局1998年版，第76页。

述注》最为突出。李光坡治三礼学不拘门户，择善而从，既大量借鉴、吸收以郑玄、孔颖达、贾公彦为代表的汉唐经学家的治经成果，又受到宋代以后儒者的礼学思想影响，与李光地的礼学研究相互呼应。兄弟二人经常就各种礼学问题展开讨论，《榕村语录》卷十四"三礼"部分的不少观点为李光坡所录，同时亦见于李光坡的《三礼述注》中，可视为二人共同的礼学思想成果。

《周礼述注》是李光坡完成的第一部三礼学著作，始撰于康熙二十五年（1686），先后历时近二十年，修改八九次，终于康熙四十三年（1704）成书。关于《周礼述注》的撰写缘由，李光坡自述道："坡昔者年及壮始治《周礼》，患其难读，因求解于今人之所为注者，亦复惘然，后受《注疏》以卒业，得能成诵，而于诂释圣言之法，且微测其端绪"①，遂在李光地的鼓励之下，开始撰写《周礼述注》。其治《周礼》的基本方法是"本述《注疏》，搜索儒先，以相发明，更以愚见次其先后"②，即主要利用郑玄、贾公彦的《周礼注疏》，并搜集、参考其他先辈儒者的观点、解释，使其相互发明，最后提出自己的见解。同时，李光坡还将《周礼》与《仪礼》等经典相互参校，以确保经文"颇少舛讹"，并于"诸儒讲解，随所见到，亦多采摭"③，故能博采众长，而成一家之言。《周礼述注》卷首列有其所征引的诸儒姓氏，计有汉代孔安国、刘歆、杜子春、贾逵、郑众、马融、郑玄七家，唐代贾公彦、韩愈两家，宋代刘敞、王安石、周敦颐、张载、二程、朱熹、吕祖谦、张栻、黄榦等四十家，元代吴澄、毛应龙、邱葵三家，明代何乔新、魏校、徐常吉、王应电四家，清代顾景范、李光地、李钟伦三家，另有不详朝代名号者八家，总计六十七家。④ 由此可见其搜讨之广、用功之勤，亦略可窥见其研治《周礼》的大体思路与宗尚所在。

---

① （清）李光坡：《皋轩文编》卷二《周礼述注序》，《清代诗文集汇编》第180册，上海古籍出版社2010年版，第519页。
② 同上。
③ （清）李光坡：《皋轩文编》卷五《与伯兄书六》，《清代诗文集汇编》第180册，上海古籍出版社2010年版，第556页。
④ 参见（清）李光坡《周礼述注》卷首，清光绪三年重刊本。

　　关于《周礼》一书，历代争论极多，或以为非出于圣人之手，或以为存在讹舛错简，故多遭学者改窜。对此，李光坡多不以为然。他批评道："众说纷罗，或疑信相参，肆其触排，以为非圣之书；或借其大意，敷陈上下，如射策之文；或分割诸官，隶属颠倒。求其切实训诂，开解支条，自信于心，示信于人者，盖鲜钦。"① 在李光坡看来，《周礼》确为圣人所作，其中蕴含了上古圣王之义理与大经大法。义理虽可由心传，礼法虽贵乎通变，但学者若欲明礼制之因革渊源与根本准则，则不可不求之于《周礼》。故曰："唐虞之书，根底数语，夏商之礼，荒略无征。然明物察伦，所因所革，圣圣相授，远有渊源，则求观二帝三王所以反本修教之道者，舍是书何适乎？传其心者，虽存乎人，酌其通者，虽存乎变，而其正大之情，周密之义，如身焉，其血气之顺逆，至于一毛之拔，皆关于心；如治室焉，数计之书录之细大幽显，皆经于意，所谓以天下为一家，中国为一人者，虽百世而见之也，若揭焉。"②

　　李光坡进一步指出，礼与道之间既有联系，又有区别，二者相辅相成，缺一不可。"六经之书言道者，所以崇其知；言礼者，所以卑其行。知崇礼卑，致广大而尽精微，极高明而道中庸，二者都不可偏废。"③ 礼虽以形上之道作为根据，但又具有特定的外在形式，故"道之大原出于天，有废兴而无存亡"，而"礼乐制度一不讲学则扫地无余矣"④。因此，孔子、朱熹等历代圣贤都很注重礼的讲习与礼书的整理编纂，所谓"断简残编，依违顾惜，先圣后圣，为万世虑至深远也"，而李光坡治三礼亦坚持训诂与义理相结合的原则，主张"缘其文，求其义，去其师心武断……原本先圣所以顾惜之意，固不必卑视训诂，妄指康成为支离已"。⑤

　　《四库全书总目提要》称"其书取注疏之文，删繁举要，以溯训诂之源，又旁采诸家，参以己意，以阐制作之义。虽于郑、贾名物度数之文多所刊削，而析理明通，措辞简要，颇足为初学之津梁"，又谓："宋儒喜谈三代，故讲《周礼》者恒多。又鉴于熙宁之新法，故恒牵引末代弊政，支离诘驳，于注疏多所攻击，议论盛而经义反淆。光坡此书，不及汉学之博奥，亦不至如宋学之蔓衍，平心静气，务求理明而词达，于说经之家，亦可谓适中之道矣。"① 对于《周礼述注》的特点把握较为准确，可谓持平之论。

继《周礼述注》之后，李光坡又于康熙五十七年（1718）完成《礼记述注》一书。关于《礼记述注》的撰写缘由，李光坡说道：

> 诸经注疏，共最《礼记》。朱子教学者看注看疏自好，然文字浩汗，班史谓说五字之文至二三万言者，盖汉唐讲师之体尔也。……宋末有陈氏《集说》，学者喜其便，祧《注疏》而崇焉。明初为之《大全》，哀然列于太学。坡始受之，窃病其未尽，及读《注疏》，又疑其未诚。如序内称郑氏祖谶，孔氏惟郑之从，不载它说，以为可恨。夫祖谶莫过于《郊特牲》之郊祀，《祭法》之禘郊祖宗，而孔氏《正义》皆取王、郑二说，各为缕列，不特此也。考之全经，自五礼大者，至零文单字，备载众诂，在诸经注疏中最为详核，何妄诋与？又《礼器》篇斥后代封禅为郑祖纬启之，秦皇、汉武，前郑数百年，亦郑预启之乎？又多约《注疏》而成，鲜有新解。时而指《注疏》为旧说，旧说似矣，时而著郑氏曰，《疏》曰，至著郑曰，《疏》曰，盎有德色，若不遗葑菲者。凡此之类，抵冒前人，即欺负后生，何以示诚乎？……至《大全》所集，尤为狼藉，未论其它，彼陈氏方恨孔惟郑从，不载它说，而其首例云一以《集说》为宗，不合者不取，何自悖也。②

李光坡指出，汉唐经师注解《礼记》虽然广博详核，但失之烦琐，不便阅读，故陈澔所著《礼记集说》一经问世，便以其浅显简便的特点受到

---

① （清）永瑢等撰：《四库全书总目》卷十九《经部·礼类一》"周礼述注"条，中华书局1965年版，第155页。

② （清）李光坡：《皋轩文编》卷二《礼记述注序》，《清代诗文集汇编》第180册，上海古籍出版社2010年版，第518—519页。

了众多学者的欢迎。明初,《礼记集说》更被奉为科举取士的标准。永乐年间,胡广奉旨编修《五经大全》,《礼记》亦以陈澔《集说》为主,其他古注疏皆废。而李光坡却对《礼记集说》极为不满,既病其说未尽,又疑其心不诚。在他看来,《礼记集说》不仅在注解经文上不能令人满意,且对郑玄、孔颖达《礼记注疏》的批评亦属无的放矢,错漏百出。更为严重的是,《礼记集说》对待郑《注》、孔《疏》的态度十分恶劣,既对其大肆批判,指为旧说,而其本身亦多约取《注疏》而成,了无新意,甚至有意通过对郑《注》、孔《疏》的征引来夸耀自己的广博与大度,可谓"抵冒前人""欺负后生"的不诚之行。而《礼记大全》既从陈澔之说,批评孔《疏》惟郑《注》是从,而它自身又标榜一以陈澔《礼记集说》为宗,凡不合《集说》者皆弃而不取,可谓自相矛盾。

因此,与《周礼述注》类似,李光坡研治《礼记》亦采用"本述《注疏》"的方法,扬弃《礼记集说》与《礼记大全》,重新回到郑玄、孔颖达《礼记注疏》的基本立场上,既充分思考、发掘郑《注》、孔《疏》的合理内容,又积极借鉴其注经方法。譬如,他曾称赞郑玄、孔颖达"注疏训说,正当脉络分明,真解经之体也。如陈氏所引,欲深反浅,欲切反泛"①。同时,他还反对学者随意讥讽"汉唐儒者说理如梦"的风气,认为这是程朱为了"进人以知本"而说的,非程朱之大贤不能道,不能以此否定汉唐儒者在注经上的优点与贡献。对于陈澔杂合《注疏》与诸儒之说所成的《礼记集说》,李光坡亦未全盘否定,而是主张"或仍之,或以《注疏》增其未备,损其枝辞,标'《集说》曰',从其实也。凡诸篇皆妄,次第为之条理"②,使读者能够自行判断选择。

在此基础上,李光坡进一步提出了研究《礼记》的几条方法与原则。首先,李光坡认为应尊重《礼记》的权威性,认真理会其文义脉络,从中把握经典本义,而不应随意怀疑、贬低经典之文,或一味离经言理,务为

① (清)李光坡:《礼记述注》卷二十二,《景印文渊阁四库全书》第127册,台湾商务印书馆1983年版。
② (清)李光坡:《皋轩文编》卷二《礼记述注序》,《清代诗文集汇编》第180册,上海古籍出版社2010年版,第519页。

新论。因此，他批评学者"今于《礼运》则轻其出于老氏，《乐记》则少其言理而不及数，其他整篇完文，多指为汉儒之傅会。逐节不往复其文义，通章不钩贯其脉络，而训《礼运》之'本仁以聚'，亦曰万殊一本，一本万殊；《燕居》之'仁鬼神''仁昭穆'，亦曰克去己私，以全心德，欲以方轶前人，恐未得其退舍也"①。李光坡相信，《礼记》中记载的孔子之言皆有其来源，并非出于后儒臆造，只不过由于记录者个人资质与理解的不同，难免会出现一些偏差。"《礼运》《乐记》，或云非洙泗微文，私心则疑不惟此也。凡此经及史、子之拾遗掇逸，谓是子言，意皆有自来，但至者有浅深，故所录有完阙耳。"② 因此，对于《礼记》中存有疑问的内容，李光坡主张"随分尽心，至有厚薄醇醨之异，则存所疑，以质师友。公然妄骂，窃恐未能信人，徒先失己也"③。其次，李光坡主张《礼记》多为孔门弟子所作，而孔子家传之礼为殷礼，故《礼记》所述多是殷礼。若此，郑玄注解《礼记》多以殷礼为说便有其合理性，学者于此"当推寻究竟，未可遽斥臆说也"④。再次，李光坡主张"解经惟当求意义之合"⑤，不应将不同经文随意牵合比较，以避免出现朱熹所说的"彼此迷暗，互相连累"之弊。最后，李光坡指出，汉唐儒者去古未远，学识广博，在经学上有其长处，故后人治经须尊重汉唐儒者的传经、注经之功，避免"侈口经纬""广张质文"的弊病。他说："经文不解，指为傅会，《注疏》曲折，指为支离。然傅会者世近于古，支离者学多于吾，不顾理之是非，而漫为指斥，则将何所承受取信也？"⑥

由此不难看出，李光坡的《礼记述注》受到了汉学与朱子学的双重影响，并试图将二者统一起来，所以他既强调"本述《注疏》"，又认为这是

---

① （清）李光坡：《皋轩文编》卷二《礼记述注序》，《清代诗文集汇编》第180册，上海古籍出版社2010年版，第519页。

② （清）李光坡：《礼记述注》卷首，《景印文渊阁四库全书》第127册，台湾商务印书馆1983年版。

③ 同上。

④ 同上。

⑤ 同上。

⑥ 同上。

"朱子之教"。同时，李光坡在引用郑《注》、孔《疏》时，往往对其原文进行删节和取舍，或利用自己的语言加以重新阐述，从而使注解更为简洁易读。故《四库全书总目提要》称其"持是非之公心，扫门户之私见，虽义取简明，不及郑、孔之赅博，至其精要，则亦略备矣"①。

《仪礼述注》是李光坡《三礼述注》中的最后一部，于康熙六十一年（1722）成书，标志着其三礼学研究的最终完成。其时距李光坡逝世亦仅有一年时间。《仪礼》一书主要记载周代士大夫的礼仪度数，名物繁富，文义古奥，又多讹脱衍倒之处，故于三礼中最称难读。"三礼之学，至宋而微，至明殆绝。《仪礼》尤世所罕习，几以为故纸而弃之。注其书者，寥寥数家。即郝敬《完解》之类，稍著于世者，亦大抵影响揣摩，横生臆见。盖《周礼》犹可谈王谈霸，《礼记》犹可言敬言诚，《仪礼》则全为度数节文，非空辞所可敷演，故讲学家避而不道也。"② 为此，李光坡注解《仪礼》用功甚勤，以至"《仪礼》十七篇可以全文暗倍"③。

李光坡认为，《仪礼》所载之礼有"俭""节""均"三大要点。从其基本精神上看，《仪礼》"取其备物，不美其财贿，适其中节，不贵其多仪，贵者不重，贱者不虚，又为之摈相以诏之，成礼以及之，等级相役以授之，故国不费而礼常行，节不越而分各得，终事逮下，皆足不余"④。就其具体内容而言，"《仪礼》十七篇，冠、昏、相见、饮、射、聘、觐、丧、虞、馈食，所著其上下。衣服、冕服、丝衣、朝服、布衣、瓦尊、漆器、绤幂、莚席、牲狗、羊豕体、骨肉仪、黍稷、菹醢，乃定上下位著。室堂、帘阶、东西、门庭、坐立、远近、升降、裼袭、君父报礼、臣子拜伏，有数有度，乃及均惠。冠昏、媵御、饮射之钟人、阍人，馈食之私

---

① （清）永瑢等撰：《四库全书总目》卷二十一《经部·礼类三》"礼记述注"条，中华书局1965年版，第173页。

② （清）永瑢等撰：《四库全书总目》卷二十《经部·礼类二》"仪礼述注"条，中华书局1965年版，第163页。

③ （清）李光坡：《皋轩文编》卷五《与伯兄书三》，《清代诗文集汇编》第180册，上海古籍出版社2010年版，第554页。

④ （清）李光坡：《皋轩文编》卷二《仪礼述注序》，《清代诗文集汇编》第180册，上海古籍出版社2010年版，第520页。

臣，有司皆与献酬，自尊及卑，次第以至，吉无止息，凶无陵节，信俭矣，节矣，均矣"①。乍看之下，这些仪节度数似乎"至繁而非便"，其实"条理而精简"，故能使"敬意嘉于神人，欢心羡于大小"②。另一方面，李光坡又提醒人们，切忌因其杂碎细小而轻视了这些仪节度数，以为无关紧要。因为"杂也，小也，正圣人所谓卑也。礼愈卑，则业愈广"③。何况这些礼仪背后的依据正是至大至善的天理与本性，所谓"大道依之，以为实体，精爽会之，以为守气"④。若要真正将其贯彻实行，"非节欲强力者，不足以终其事；非心存无放者，不足以纪其数；非忠厚惨怛者，不足以致其情"⑤，君子可不慎乎？

李光坡进一步指出，古礼于后世失落已久，遽复不易。若要复礼，则必须立定志向，并从"俭""节""均"三方面致力。"由今之礼，师古之意，服食用器，靡而朴之，俭可复也。上骄下谄，酌而通之，节可复也。尊者成礼，而后及次，贵者成礼，而后及贱，均可复也。文不相袭，道则不变，人自不复，非复之无由也。"⑥ 至于礼仪节文历来聚讼不休，无法统一的问题，李光坡认为这是由于"诸儒不分经传之失也"⑦。在他看来，《周礼》《仪礼》为经，其中集中保存了三代之礼，而《礼记》与《春秋》三传，以及子、史中谈及礼的内容都是传，是对经的解释、说明和补充。因此，议礼者须以经为主，以传为辅，"以传博经之详略，以经正传之是非。扬子谓，众言淆乱则折诸圣，圣存则人，圣亡则书，其统一也。知其统一，何聚讼之二乎？"⑧ 他举例道："如郊社，《左氏》《公羊》《曲礼》皆

---

① （清）李光坡：《皋轩文编》卷二《仪礼述注序》，《清代诗文集汇编》第 180 册，上海古籍出版社 2010 年版，第 520 页。

② 同上。

③ （清）李光坡：《皋轩文编》卷三《授长儿琼仪礼跋》，《清代诗文集汇编》第 180 册，上海古籍出版社 2010 年版，第 535 页。

④ 同上。

⑤ 同上。

⑥ （清）李光坡：《皋轩文编》卷二《仪礼述注序》，《清代诗文集汇编》第 180 册，上海古籍出版社 2010 年版，第 520 页。

⑦ 同上。

⑧ 同上。

言不卜，《谷梁》言卜，而《冢宰》有卜日则言卜，得矣。《晏子春秋》言四时祭祀皆用孟月，而《大司马》明著四仲则仲月，得矣。"①

由于《仪礼》主要记载的是具体的礼仪节文、名物度数，所以注解《仪礼》十分考验学者的训诂考据工夫。李光坡治《仪礼》虽然亦主要采用郑玄、贾公彦的《仪礼注疏》，总撮大义而节取其词，并间取诸家异同之说附于后，但在采择取舍之间仍不免瑕瑜互见。譬如，关于《士冠礼》中的"母拜受，子拜送，母又拜"，李光坡解释道："'母拜受'乃受脯而拜，非拜子也。妇人于丈夫皆侠拜，于子亦然，非先拜子也。"② 四库馆臣称"其义最允"③。关于《丧服》中的"夫之所为兄弟服，妻降一等"，万斯同以此为嫂叔有服之证，而李光坡则表示反对，亦不认同贾公彦"夫之从母"之说，主张这里的"兄弟"应指姊妹。他引《仪礼注疏·丧服·小功》章"夫之姑、姊妹、娣姒妇，报"的注释"夫之姑、姊妹，夫为之期，妻降一等，出嫁小功，因恩疏，略从降，故在室及嫁同小功"，认为"兄弟盖指姊妹女兄弟也。季野失检，当再详之"④。对此，四库馆臣亦称赞其"深有抉择"⑤。

同时，四库馆臣对于《仪礼述注》亦有所批评，认为其书在征引郑《注》、贾《疏》时存在删削不当的问题，而旁采诸家之言亦有未审之处。譬如，《士冠礼》云："赞者洗于房中，侧酌醴，加柶，覆之，面叶。"郑玄注曰："洗盥而洗爵者。《昏礼》曰：房中之洗在北堂，直室东隅，篚在洗东，北面盥。侧酌者，言无为之荐者。面，前也。叶，柶大端。赞酌

① （清）李光坡：《皋轩文编》卷二《仪礼述注序》，《清代诗文集汇编》第180册，上海古籍出版社2010年版，第520页。
② （清）李光坡：《仪礼述注》卷一，《景印文渊阁四库全书》第108册，台湾商务印书馆1983年版。
③ （清）永瑢等撰：《四库全书总目》卷二十《经部·礼类二》"仪礼述注"条，中华书局1965年版，第163页。
④ （清）李光坡：《仪礼述注》卷十一，《景印文渊阁四库全书》第108册，台湾商务印书馆1983年版。
⑤ （清）永瑢等撰：《四库全书总目》卷二十《经部·礼类二》"仪礼述注"条，中华书局1965年版，第163页。

者，宾尊，不入房。"① 而李光坡在征引时删去了"侧酌者，言无为之荐者"与"赞酌者，宾尊，不入房"两句。四库馆臣认为"光坡节此二句，则宾不自酌而用赞者，义遂不明，为删所不应删矣"②。《士丧礼》云："设决，丽于掔，自饭持之。设握，乃连掔。"郑玄注曰："丽，施也。掔，手后节中也。饭，大擘指本也。决，以韦为之，籍有彄。彄内端为纽，外端有横带，设之，以纽擐大擘本也。因沓其彄，以横带贯纽，结于掔之表也。设握者，以纂系钩中指，由手表与决带之余连结之。此谓右手也。古文丽亦为连，掔作捥。"③ 而李光坡在征引时删去了"古文丽亦为连，掔作捥"一句。对此，四库馆臣指出："《注》载古文、今文，最关经义。如《士丧礼》'设决，丽于掔'，《注》引古文'掔'作'捥'。考《管子·弟子职》'饭必捧掔，羹不以手'；《吕览·本味篇》'述荡之掔'，高诱注曰：'掔，古手捥之字也。'据此，则以古文之'捥'，证今文之'掔'，义更明晰。而光坡概节之，亦为太简。"④

又如，《公食大夫礼》云："饮酒、浆饮，俟于东房。"李光坡引"《注》曰：'饮酒，清酒也。浆饮，戴浆也。其俟，奠于丰上也。饮酒先言饮，明非献酬之酒也。浆饮先言浆，别于六饮也。'《疏》曰：'戴之言载，以其汁滓相载，故云戴。饮酒先言饮，此拟酳口，异于献酬酒。六饮为渴而饮，此浆为酳口，故异之。'"⑤《公食大夫礼》又云："宰夫右执觯，左执丰，进设于豆东。"李光坡先引"《注》曰：'食有酒者，优宾也。设于豆东，不举也。《燕礼》记曰：凡奠者于左。'《疏》曰：'按下文宰夫执浆饮，宾兴受。唯用浆酳口，不用酒。今主人犹设之，是优宾也。此酒不用，故奠于豆东'"，后又引杨孚之说曰："按上文'饮酒、浆饮，俟于东

---

① （汉）郑玄注：《仪礼》卷一，（清）黄丕烈校，中华书局1985年版，第5页。
② （清）永瑢等撰：《四库全书总目》卷二十《经部·礼类二》"仪礼述注"条，中华书局1965年版，第163页。
③ （汉）郑玄注：《仪礼》卷十二，（清）黄丕烈校，中华书局1985年版，第183页。
④ （清）永瑢等撰：《四库全书总目》卷二十《经部·礼类二》"仪礼述注"条，中华书局1965年版，第163页。
⑤ （清）李光坡：《仪礼述注》卷九，《景印文渊阁四库全书》第108册，台湾商务印书馆1983年版。

房'，《疏》云'酒浆皆以酳口'，此又云'浆以酳口，不用酒。今主人犹设之，所以优宾'，两说抵牾不同。又按下文'祭饮酒于上豆之间，鱼腊酱湆不祭'。夫鱼腊酱湆不祭，而祭饮酒，则知酒以优宾，但宾不举尔，岂酳口之物哉？当以优宾之义为正。"[①]由此可见，李光坡倾向于杨孚的观点，认为此处设酒是为了表示优宾之义，并非酳口之物。而四库馆臣则以杨孚之说为非，批评"光坡取之，实未深考"[②]。

诚如陈祖武所言："李光坡萃毕生心力于《三礼》学研究。他在这一领域中所留下的三部著述，虽然只是历代经学家研究所得的汇集，并没有提出具有重要学术价值的创见，但是，不为汉、宋学门户之争所拘囿，'平心静气，务求理明而词达'，为后来的《三礼》学研究者，也确实提供了一部比较完整的资料。"[③]

第四节　清初福建朱子学者对清初经学复兴的影响与推动

一　培养、奖掖经学人才

李光地身为清初福建朱子学的代表人物，又是康熙朝的理学名臣，十

---

①　（清）李光坡：《仪礼述注》卷九，《景印文渊阁四库全书》第108册，台湾商务印书馆1983年版。

②　四库馆臣指出："今考贾前《疏》云：'酒浆皆以酳口'，谓二饮本并设以待宾用也。后《疏》云：'浆以酳口，不用酒'，谓二饮虽并设，其实止用浆耳。前后一义相承，并无抵牾。杨氏殊未解《疏》意。至于郑《注》'优宾'之义，亦谓宾酳口止用浆，而主人仍特设酒，故曰'优宾'。下文之祭饮酒，乃宾加敬以报酳礼之优，与他篇献酬之酒、祭酒不同。观郑上《注》，明云饮酒非献酬之酒，则为饭后洁口之物可知。杨氏以设饮酒为优宾，而谓饮酒非以酳口，于郑《注》'优宾'之义亦为未明。且考《周礼·酒人》曰：'共宾客之礼酒，饮酒而奉之。'《注》：'礼酒，飨燕之酒。饮酒，食之酒。'贾《疏》：'饮酒，食之者，《曲礼》曰，酒浆处右，此非献酬之酒，是酳口之酒。'则杨氏谓饮酒非酳口之物，与《酒人》经注皆相矛盾矣。"参见（清）永瑢等撰《四库全书总目》卷二十《经部·礼类二》"仪礼述注"条，中华书局1965年版，第163页。

③　陈祖武：《李光坡传》，张捷夫主编《清代人物传稿》上编第九卷，中华书局1995年版，第287页。

分热心于作育贤才，培植国本，门下名士硕学众多。诚如彭绍升所称，李光地"门下士杨名时、李绂、陈鹏年、赵申乔、冉觐祖、蔡世远并以德望重于时，它若张晋、张瑗、惠士奇、秦道然、王兰生、何焯、庄亨阳之徒，类有清节，通经能文章。故本朝诸巨公称善育材者，必以公为首焉"①。李光地曾指出："今之学者，大抵搜华撷卉，为文辞之用而已。至于字义故实，书文形声，尚未有留意讲考于其间者。若大者为遗经源流，礼典同异，细而地名山川，史载人物，真赝是非之迹，则岂徒以朴学置之，抑其恶赜就简，而自恬于讹陋。呜呼！文武之道，岂有小大哉？万一朝廷举行石渠之典，吾知众籍罗凑，而莫之措辞，儒者之羞，非云小缺矣。"②故其较为注重发掘、培养经学方面的人才，门下多通经学古与汉宋兼采之士，影响及于一时风气，推动了清初经学研究的兴起与发展。

李光地门下治经学较有成就的学者主要有杨名时、惠士奇、冉觐祖等人。杨名时，字宾实，号凝斋，江苏江阴人。康熙三十年（1691）进士，出李光地门。其学识深受李光地器重，故从李光地受经学。后因李光地举荐，得到康熙帝召对，充日讲起居注官。康熙四十一年（1702），又因李光地的推荐，提督顺天学政，寻迁侍讲学士。康熙五十二年（1713），入直南书房，参与修校李光地主持的《周易折中》《性理精义》诸书。后累任直隶巡道、贵州布政使、云南巡抚、兵部尚书、云贵总督、吏部尚书等职。乾隆二年（1737）卒，赠太子太傅，谥"文定"。杨名时治学范围较广，于诸经皆有讲义，尤重《周易》《诗经》，著有《周易劄记》《诗经劄记》《四书劄记》《经书言学指要》等。《清儒学案》称其"于《易》《诗》多本安溪之说，亦自有考订折衷，不尽附和"③。

杨名时治《易》以阐发义理为主，多采《周易折中》与《周易观象》之说，在继承程朱《易》说和李光地《易》说的同时，亦有所发挥和修

---

① （清）彭绍升：《李文贞公事略》，（清）李元度纂《国朝先正事略》卷七，岳麓书社1991年版，第199页。

② （清）李光地：《榕村集》卷三十三《阎百诗小传》，《景印文渊阁四库全书》第1324册，台湾商务印书馆1983年版。

③ （清）徐世昌等编：《清儒学案》卷四十八《凝斋学案》，中华书局2008年版，第1910页。

正，提出了一些自己的观点。杨名时治《易》还很重视图书之学，试图以阴阳消长与体用关系来说明《先后天图》的合理性。他说："先后天之学，其道同归，而其说并行不悖者也。愚谓康节之学见疑于世，使是图而康节所自为，亦所谓先圣后圣，如合符节者矣。况证之以《大传》，参之以自汉而下儒伎诸书，阴阳消息进退之所，确然可据，则其学之有传，又岂可诬乎？"[①] 四库馆臣称其《周易劄记》"多得之光地。虽《说卦传》及附论《启蒙》之类，颇推衍先天诸图，尚不至于支离附会。至其诠解经传，则纯以义理为宗，不涉象数。大抵于程朱之义，不为苟异，亦不为苟同，在宋学之中，可谓明白而笃实矣"[②]。

杨名时治《诗经》以李光地《诗》说为宗，并斟酌于《诗序》与朱熹《诗集传》之间。譬如，杨名时对《大序》十分赞赏，认为"读《大序》则知《诗》之教是从人之心志上养其善端，消其邪恶，以为美政教之本"[③]。论及《关雎》，杨名时亦取《小序》言后妃之德之说，提出："大臣之职，莫大于求贤才，以佐朝廷之治。后妃之职，莫大于与贤淑，共成宫闱之化。后妃求淑女，此德之所以为至。味此诗，殆后妃所自作欤？"[④] 关于《诗经》中的淫诗问题，杨名时则根据诗意与诗人作诗之动机判断《诗经》中存在淫诗。"今观《桑中》《同车》及《丰》之诗，皆似其人自作，非有刺讥之意，安得不谓之淫诗？且人之作诗，或美或刺，或述怀见志。若如旧说，是专有美刺，而无述怀见志之诗也，于理亦觉难通。"[⑤] 而孔子之所以要在《诗经》中保存淫诗，是为了使读者引为鉴戒，"盖以著其风俗之恶，使人知卫所以亡，郑所以乱也"[⑥]。杨名时进一步指出，"郑声淫"即"郑诗淫"，"诗言志，歌永言，声依永，律和声，有源有流，不相假

---

① （清）杨名时：《周易劄记》卷下，《景印文渊阁四库全书》第47册，台湾商务印书馆1983年版。

② （清）永瑢等撰：《四库全书总目》卷六《经部·易类六》"周易劄记"条，中华书局1965年版，第40—41页。

③ （清）杨名时：《诗经劄记》，《景印文渊阁四库全书》第87册，台湾商务印书馆1983年版。

④ 同上。

⑤ 同上。

⑥ 同上。

易，安有诗言正而声律淫者乎"，又谓："要之心中有哀，而以哀词填入哀调；心中有乐，而以乐词填入乐调，是哀乐仍生于心也。决无欲抒写好贤乐善、劝德规过之心，而用庄雅之词填入淫靡之调者。可见诗不淫而声淫，无是理也。"① 但他同时强调，"郑声淫"主要指孔子未删《诗》时，郑、卫淫诗不可胜数。在孔子删《诗》之后，淫诗已去十之八九，只存十之一二，故郑诗亦多非淫诗。关于"思无邪"的解释，杨名时则从李光地自得之说，认为"'邪'音'余'，与'余'同，《史记》历书'归邪于终'，注：'邪，余分也，终闰月也。'"②

杨名时在《诗经》的训诂考据方面亦颇有可取之处。譬如，李光地认为，东周列国之《风》鲁国无备，故季札观乐所陈多为西周之诗。而杨名时则提出，东周之《风》列国具备，"东迁后，列国名卿学士辈留心礼乐典章，兼通当世之务者，类不乏人。平日则互相咨访，以广见闻；及出使，则赋诗赠答以见志，《左传》所称纪者甚繁。晋、宋、齐、郑皆然，不独鲁也。鲁秉周礼，崇文教为诸国望，于文章风雅之事必尤备焉。采辑所得，存之史氏，掌之太师，由来旧矣"，其又据"变《风》终于陈灵，陈灵弑于宣公十年，又越五十五年，至襄公二十九年，而季札观乐"，推测"季札观乐即今所载各国《风》也"。③ 又如，《小雅·常棣》云："常棣之华，鄂不韡韡。凡今之人，莫如兄弟。死丧之威，兄弟孔怀。原隰裒矣，兄弟求矣。"说者多谓此诗乃周公作于成王时，"死丧之威"指管叔、蔡叔叛乱之事，杨名时对此并不认同。他借鉴孔颖达等人的意见，④ 引《左传》富辰谏襄王之言"昔周公吊二叔之不咸，故封建亲戚以蕃屏周。管、蔡、郕、霍、鲁、卫、毛、聃、郜、雍、曹、滕、毕、原、酆、郇，

---

① （清）杨名时：《诗经劄记》，《景印文渊阁四库全书》第87册，台湾商务印书馆1983年版。

② 同上。

③ 同上。

④ 孔颖达说："伯、仲、叔、季，长幼之次也。故通谓国衰为叔世，将亡为季世。昔周公伤彼夏、殷二国叔世，疏其亲戚，令使宗族之不同心以相匡辅，至于灭亡。故封立亲戚为诸侯之君，以为蕃篱，屏蔽周室。……郑众、贾逵皆以二叔为管叔、蔡叔，伤其不和睦而流言作乱，故封建亲戚。郑玄《诗》笺亦然。案其封建之中，方有管、蔡，岂伤其作乱始封建之？马融以为夏、殷叔世，故杜同之。"见（周）左丘明传，（晋）杜预注，（唐）孔颖达正义《春秋左传正义》卷十五，北京大学出版社2000年版，第481—482页。

文之昭也。……召穆公思周德之不类，故纠合宗族于成周而作诗，曰：'常棣之华，鄂不韡韡。凡今之人，莫如兄弟。'其四章曰：'兄弟阋于墙，外御其侮'"，认为周公封建既以管叔、蔡叔为首，则"二叔"当指夏、商之叔世，并非管、蔡二人，又引孔氏《毛诗正义》"凡赋诗者，或造篇，或诵古"，认为召穆公乃诵周公之诗，其目的在于"厉王时兄弟恩疏，重歌此周公之诗，以亲之耳"。根据上述周人之说，及其对《常棣》诗意的理解，"且管、蔡所谓悖理乱常，公诛之出于万不得已，上伤文考宁王之心，下为终身莫释之憾，乃以此施于燕同姓兄弟之时，定为乐章，咏歌不置，揆诸情理之安，益多未协"，故杨名时坚持此诗乃周公作于文武之世，反对将"死丧之威"理解为管、蔡之事。[1]《召南·小星》云："嘒彼小星，三五在东。"杨名时引《礼记》"三五而盈"，《古诗》"三五明月满"，认为"三五"指每月十五日月望之时，故此句之意是"月望时，月光满则星光为之夺。今小星嘒然在东，是不为月掩矣"[2]。《大雅·棫朴》云："济济辟王，左右奉璋。奉璋峨峨，髦士攸宜。"朱熹认为此言祭宗庙之礼。而杨名时则引《周礼》所载，祭天地以苍璧、黄琮及珪，祀日月星辰以珪璧，礼四方以圭璋琥璜，认为祭天地三辰亦有奉圭璋之礼，"奉璋"并非专指祭宗庙之礼。《大雅·皇矣》云："上帝耆之，憎其式廓。"杨名时引《集韵》"耆"字注与《礼记·月令》"节耆欲"，认为"耆"通"嗜"字，并解"上帝耆之"为"嗜好出于性情，圣人性与天合，故帝耆之也"[3]。《诗经》中的《大雅》《鲁颂》只称姜嫄，杨名时据《周礼·大司乐》叙"享先妣"于"享先祖"之上，认为周代郊稷专禘姜嫄，《诗经》之说与《周礼》相合。另《左传》载，昭公二十五年，鲁国大夫叔孙婼到宋国聘问，宋公设宴款待，席间宋公赋《新宫》，叔孙婼赋《车辖》。后《新宫》失传，或以为《新宫》即《小雅·斯干》。杨名时据《仪礼》有言"下管《新宫》"，认为《仪礼》成于周之盛时，而《斯干》乃宣王之诗，故《新宫》不可能是《斯干》。诸如此类，四库馆臣称赞其《诗经劄记》"绝不回

---

①　（清）杨名时：《诗经劄记》，《景印文渊阁四库全书》第87册，台湾商务印书馆1983年版。
②　同上。
③　同上。

护其师说，可谓破除讲学家门户之见。……皆具有考据，于其师说，可谓有所发明矣"①。

惠士奇，字天牧，一字仲孺，江苏吴县人，惠栋之父。康熙四十八年（1709）进士，改庶吉士，出李光地门。散馆授编修，后提督广东学政，官至侍读学士。惠士奇盛年兼治经史，晚年尤邃于经学，著有《易说》《礼说》《春秋说》《大学说》《交食举隅》《琴笛理数考》等。惠士奇之经学后为其子惠栋所继承，并发扬光大，形成乾嘉考据学中的吴派，推动清代考据学进入全盛时期。

惠士奇治《易》以象数为主，专宗汉学，征引极博，力矫王弼以来虚谈义理之弊。他说："《易》始于伏羲，盛于文王，大备于孔子，而其说犹存于汉。不明孔子之《易》，不足与言文王；不明文王之《易》，不足与言伏羲。舍文王、孔子之《易》而远问庖牺，吾不知之矣。汉儒言《易》，如孟喜以卦气，京房以通变，荀爽以升降，郑康成以爻辰，虞翻以纳甲，其说不同，而指归则一，皆不可废。今所传之《易》，出自费直，费氏本古文，王弼尽改为俗书，又创为虚象之说，遂举汉学而空之，而古学亡矣。《易》者，象也。圣人观象而系辞，君子观象而玩辞，六十四卦皆实象，安得虚哉！"② 惠士奇治《易》宗旨虽与李光地有所不同，但在解《易》的某些方面又有相似之处，或许亦曾受到李光地易学的影响。

惠士奇治礼学亦带有强烈的信古精神，以郑玄为宗，并旁求于周秦诸子，力图借此发明《周礼》的古盲古义乃周代典制之原貌。他说："《礼经》出于屋壁，多古字古音。经之义存乎训，识字审音，乃知其义，故古训不可改也。康成注经，皆从古读，盖字有音义相近而伪者，故读从之。后世不学，遂谓康成好改字，岂其然乎！康成《三礼》、何休《公羊》，多引汉法，以其去古未远，故借以为说。贾公彦于郑注如'飞茅''扶苏''薄借綦'之类，皆不能疏，所读之字亦不能疏，辄曰从俗读，甚违'不知盖阙'之义。夫汉远于周，而唐又远于汉，宜其说之不能尽通也，况宋

---

① （清）永瑢等撰：《四库全书总目》卷十六《经部·诗类二》"诗经劄记"条，中华书局1965年版，第134页。

② （清）江藩：《国朝汉学师承记》卷二，中华书局1983年版，第20—21页。

以后乎！周秦诸子，其文虽不尽雅驯，然皆可引为《礼经》之证，以其近古也。"① 四库馆臣称其《礼说》"于古音、古字皆为之分别疏通，使无疑似。复援引诸子百家之文，或以证明周制，或以参考郑氏所引之汉制，以递求周制，而各阐其制作之深意。在近时说礼之家，持论最有根底"②。

惠士奇治《春秋》以周礼为纲领，主要据"三传"立论。他说："《春秋》三传，事莫详于《左氏》，论莫正于《谷梁》。韩宣子见《鲁春秋》曰：'周礼尽在鲁矣。'然则《春秋》本周礼以记事也。《左氏》褒贬，皆春秋诸儒之论，故纪事皆实，而论或未公。《公羊》不信国史，惟笃信其师说，师所未言，则以意逆之，故所失常多。要之，《左氏》得诸国史，《公》《谷》得之师承，虽互有得失，不可偏废。后世有王通者，好为大言以欺人，乃曰'三传作而《春秋》散'，于是啖助、赵匡之徒争攻三传，以伸其异说。夫《春秋》无《左传》，则二百四十年盲然如坐暗室之中矣。《公》《谷》二家，即七十子之徒所传之大义也。后之学者当信而好之，择其善而从之，若徒据《孟子》'尽信书不如无书'之说，力排而痛诋之，吾恐三传废而《春秋》亦随之而亡也。《左氏》最有功于春秋，《公》《谷》有功兼有过，学者信其所必不可信，疑其所必无可疑，惑之甚者也。"③ 四库馆臣称其《春秋说》"以礼为纲，而纬以《春秋》之事，比类相从。约取三传附于下，亦间以《史记》诸书佐之。大抵事实多据《左氏》，而论断多采《公》《谷》。每条之下，多附辨诸儒之说。每类之后，又各以己意为总论。大致出于宋张大亨《春秋五礼例宗》、沈棐《春秋比事》，而不立门目，不设凡例。其引据证佐，则尤较二家为典核。虽其中灾异之类，反复辨诘，务申董仲舒《春秋》阴阳，刘向、刘歆《洪范》五行之说，未免过信汉儒，物而不化。然全书言必据典，论必持平，所谓元元本本之学，非孙复等之枵腹而谈，亦非叶梦得等之恃博而辨也"④。

---

① （清）江藩：《国朝汉学师承记》卷二，中华书局1983年版，第21页。
② （清）永瑢等撰：《四库全书总目》卷十九《经部·礼类一》"礼说"条，中华书局1965年版，第157页。
③ （清）江藩：《国朝汉学师承记》卷二，中华书局1983年版，第21页。
④ （清）永瑢等撰：《四库全书总目》卷二十九《经部·春秋类四》"半农春秋说"条，中华书局1965年版，第240页。

冉觐祖，字永光，号蟫庵，河南中牟人。康熙三十年（1691）进士，改庶吉士，出李光地门。散馆授检讨，寻告归，曾主讲嵩阳书院与仪封请见书院。冉觐祖学通经史，兼采汉宋，而以朱子为归，著有《易经详说》《书经详说》《诗经详说》《礼记详说》《春秋详说》《孝经详说》《四书玩注详说》《性理纂要》《阳明疑案》《正蒙补训》等。康熙晚年敕令大臣纂修五经时，李光地曾以冉觐祖所著《五经详说》上闻，康熙帝命取其书以供采择。

冉觐祖治《易》以程朱为宗，折中程颐《易传》与朱熹《周易本义》之说，辅以蔡清《易经蒙引》与林希元《易经存疑》，并博采诸儒之说足以羽翼程朱者。其易学兼顾义理与象数，注重卦辞的研究。在他看来，程颐《易传》以辞言理，而朱熹《周易本义》于卦爻言象占，于《象传》往往言卦之变，例究之，亦不离乎辞。关于卦爻之象，冉觐祖肯定其出自圣人化工之笔，应认真推求取象之意，但其中有可解、有不可解者，若必欲穷究其取象何意，则不免陷于穿凿附会。冉觐祖亦主图书之学，认为《河图》《洛书》与《先后天图》皆与经旨有关，但图外生图，变化多端，则多经中用不及者。四库馆臣称其《易经详说》"兼用程《传》《本义》，谓朱子分象占，程《传》说理，二书不可偏废，故兼取二家之说，低一格以别于经。又采诸儒之说互相发明者，再低一格，以别于二家。觐祖时有所见，亦附著焉。其中亦间有与朱子异者。如朱子谓《左传》穆姜筮遇《艮》之八法，宜以'系小子，失丈夫'为占，而史妄引象辞为非。觐祖则谓《艮》卦只二不变，当为《随》，既以二为八，则非六二矣，当以象辞为是，史非妄也。又谓文王八卦方位，未必分配父母男女，较量卦画阴阳，朱子从后推论，未必是文王当日之意。又不取卦变之说。盖大旨不出程朱，而小节则兼采诸论也"[①]。

冉觐祖治《尚书》以朱子学为宗，重在阐发义理。根据他的理解，"钦"字为《尚书》五十八篇之纲要。《尚书》所言之"钦"，即后世所言之"敬"。他举例道，《尚书》所言"敬修可愿""敬哉有土""懋敬厥德"

---

① （清）永瑢等撰：《四库全书总目》卷九《经部·易类存目三》"易经详说"条，中华书局1965年版，第76页。

"敬用五事""王敬作所""敬迓天威"，皆显言敬也；其言"克艰""敬戒""兢业""同寅协恭""慎乃在位""祗台德先""栗栗危惧""克自抑畏""不遑暇食""夙夜不怠"，皆与"敬"文异而意同；而禹之戒傲，旤之戒满，尹之戒欲，召公之戒玩，周公之戒逸，则皆"敬"之反也。四库馆臣称其《书经详说》"以蔡《传》为主，旁引孔《传》、孔《疏》及宋元以下诸家之说以释之。虽引证颇繁，然如六宗三江，皆援据诸说，而终以蔡《传》为主"①。

冉觐祖治《诗经》亦宗朱熹，多取朱熹《诗集传》与《朱子语类》之说，并旁采诸家讲义与《诗集传》相互发明。其于《诗序》之说亦未全盘否定，能够在阐释诗意时有所取舍。四库馆臣称其《诗经详说》"以朱子《集传》为主，仍采毛、郑、孔及宋元以下诸儒之说，附录于下。每章《小序》与《集传》并列，盖欲尊《集传》，而又不能尽弃《序》说；欲从《小序》，而又不敢显悖《传》文，故其案语，率依文讲解，往往模棱，间有自出新义者"②。

冉觐祖治《春秋》主"三传"及程颐《春秋传》与胡安国《春秋传》，博采杜预、何休、范宁、孔颖达、徐彦、杨士勋等人注疏，并加以阐明驳正。四库馆臣称其《春秋详说》"事迹多取《左传》，而论断则多主胡《传》。间有与胡《传》异同者。如胡《传》以惠公欲立桓为邪心，隐公采其邪心而成之。觐祖则谓父之令可行于子，子之孝不当拒乎父。依泰伯、伯夷之事观之，不可以为逆探其邪心。使桓不弑而隐终让，可不谓之贤君？其论颇为平允。又如于孔父之死，则驳杜、孔从君于非之说。于滕子来朝，则从杜、孔时王所黜之说。亦时时自出己意。然征引诸家，颇伤芜漫，又略于考证，而详于议论"③。

冉觐祖治《礼记》主张汉宋兼采，认为仅读陈澔《礼记集说》而不睹

① （清）永瑢等撰：《四库全书总目》卷十四《经部·书类存目二》"书经详说"条，中华书局1965年版，第115页。

② （清）永瑢等撰：《四库全书总目》卷十八《经部·诗类存目二》"诗经详说"条，中华书局1965年版，第145页。

③ （清）永瑢等撰：《四库全书总目》卷三十一《经部·春秋类存目二》"春秋详说"条，中华书局1965年版，第256页。

郑玄、孔颖达《礼记注疏》，终属管窥之见，不能无扞格于其间。故其《礼记详说》于每篇经文后先举陈澔《集说》之解，再分列各家之说于后，主要取郑《注》、孔《疏》，汰其烦冗，录十之五六，兼采卫湜《礼记集说》、吴澄《礼记纂言》、郝敬《礼记通解》及坊本诸讲可取者，与陈澔《礼记集说》相互发明，以补陈澔之不足。若有辞义未尽者，则以己意为之申明。冉觐祖还提出，《礼记》虽是《仪礼》之传，但若专用《仪礼》，则不免徒存仪文器数而使习礼者终于茫昧，必须结合《礼记》，才能得探本穷源之论。而他之所以要使用这种采摭群言的"详说"形式，则是为了对治当时学者的空疏之弊，使得读者可以由详而得约，不欲其舍详而径约。

李光地门下，以王兰生最能传其音韵之学。王兰生，字振声，一字信芳，号坦斋，直隶交河人。康熙三十五年（1696），李光地督顺天学政，王兰生应童子试，为李光地所赏识，遂拔为第一，补县学生。后李光地升任直隶巡抚，又将王兰生录入保定莲池书院肄业，教以治经，旁及乐律、历算、音韵之学。康熙四十四年（1705），李光地拜文渊阁大学士，携王兰生进京，协助编纂《朱子全书》。后经李光地举荐，入直内廷，校勘《朱子全书》《性理精义》《周易折中》，又入蒙养斋分校《律吕正义》《数理精蕴》《卜筮精蕴》，并奉旨纂修《音韵阐微》。康熙六十年（1721），王兰生应会试落第，康熙帝以其久直内廷，学问优长，特赐进士，殿试二甲一名，改庶吉士，校对《钦若历书》。次年，奉旨充武英殿总裁，纂修《骈字类篇》《子史精华》诸书。后授翰林院编修，署理国子监司业，提督浙江、安徽、陕西学政，累迁内阁学士，兼礼部侍郎。乾隆元年（1736），任三礼馆副总裁，补授刑部右侍郎，兼管礼部侍郎事。

王兰生的音韵学正是授自李光地。在他看来，当世所传等韵书清浊未分，元声不辨，而邵雍的《皇极经世》详等而略韵，顾炎武的《音学五书》详韵而略等，亦未能尽善尽美。其在李光地的主持下具体负责《音韵阐微》的编纂工作，贯彻、运用李光地的合声反切法，以满文五字类为声音之元以定韵，又用连音为纽均之法以定等，兼取各家之长，编成了当时最为完备的韵书，推动了清代音韵学的发展和完善，对后世的汉字标音工作亦影响甚大。同时，王兰生对四书五经亦颇有研究。如康熙五十一年

（1712），康熙帝于武英殿召见王兰生，命讲《周易》之《乾》《坤》两卦，其能"抉疑释滞，精奥畅达"①。雍正三年（1725），王兰生署理国子监司业时，"期年讲《中庸》一部，《孟子》数大章，悉本李文贞公之指而畅之，衍为《太学讲义》二卷"②。

除此之外，李光地门下何焯、蔡世远、王之锐等人皆学兼汉宋，重视经学，于经义多有阐发。而蔡世远门下高弟雷鋐、官献瑶亦通经学。雷鋐既是清代中期福建朱子学的代表人物，精擅理学，又能吸收考据学之长，注重考订经史疑义，辨析思想源流，于易学、礼学多有阐发。所著《读书偶记》多读经之札记，其中有近半篇幅在讨论易学。官献瑶为学主张治经以治身，教人于经中求道。其治《周易》《诗经》主李光地，治《尚书》主蔡沈、金履祥，治《周礼》主方苞，治《仪礼》主郑玄、敖继公、吴绂，学术视野较为宽广，并能斟酌众家，择其粹要，尤邃于礼学。著有《读易偶记》《尚书偶记》《尚书讲稿》《读诗偶记》《周官偶记》《仪礼读》《丧服私钞》《春秋传习录》《孝经刊误》等。

李光地从弟李光墺、李光型亦受业于光地，二人皆精研性理，兼治经学。李光墺，字广卿，康熙六十年（1721）进士，改庶吉士，散馆授检讨，充《一统志》《八旗人物志》纂修官。后提督山东学政，奏请《春秋》四传宜并习，不宜独宗胡《传》；四氏学宜遍习，不得专习《毛诗》，均得旨允行。寻擢国子监司业，充三礼馆纂修官。著有《考工发明》等。李光型，字仪卿，雍正十一年（1733）以理学荐，特赐进士，授彰德府同知。乾隆元年（1736），举博学鸿词，寻擢刑部主事，充三礼馆律吕纂修官。著有《易通正》《洪范解》《诗六义说》《文王世子解》《天问解》等。二人还合著有《二李经说》。

李光地之子钟伦、孙清植受学于光地、光坡，治经学皆有成就。李钟伦，字世得，李光地长子。康熙三十六年（1693）举人，尤嗜礼学，著有《周礼纂训》。其治《周礼》，从李光坡之法，列郑玄《注》、贾公彦《疏》

---

① 罗常培：《王兰生年谱》，《罗常培文集》第八卷，山东教育出版社2008年版，第479页。
② 同上书，第487页。

于前，而以己意训之于后，多发前人所未发者。四库馆臣称其《周礼纂训》"自《天官》至《秋官》，详纂注疏，加以训义。惟阙《考工记》不释，盖以河间献王所补，非周公之古经也。……凡所诠释，颇得《周官》大义。惟于名物度数，不甚加意，故往往考之弗详。……然如辨禘袷、社稷、学校诸篇，皆考证详核。又如《司马法》谓革车一乘，甲士三人，步卒七十二人。钟伦据蔡氏说，谓一乘不止甲士三人，步卒七十二人，此是轻车用马驰者，更有二十五人，将重车在后。今考《新书》，攻车七十五人，前拒一队，左右角二队，守车一队，炊子十人，守装五人，厩养五人，樵汲五人，共二十五人。攻守二乘，共百人。又《尉缭子·伍制》，令军中之制，五人为伍，伍相保也；十人为什，什相保也；五十人为属，属相保也；百人为闾，闾相保也。起于五人，讫于百人，盖军中之制，自一乘起。此皆一乘百人之明验，足证其说之精核。又明于推步之术，训《大司徒》土圭之法，谓百六十余里，景已差一寸，亦得诸实测，非同讲学家之空言也"①。

李清植，字立侯，号穆亭，李光地三子钟佐子。雍正二年（1724）进士，改庶吉士，散馆授编修。雍正八年（1730），补右春坊中允，寻迁侍讲学士，提督浙江学政。乾隆七年（1742），奉旨分纂《仪礼》。次年，迁右庶子，擢詹事府詹事，充三礼馆副总裁，又升内阁学士，充武英殿总裁，兼理经史馆事，主持校刊《十三经》《二十四史》。乾隆九年（1744），升礼部左侍郎，寻病卒。李清植少时好《周易》，晚岁专攻礼学，著有《仪礼纂录》。其治《仪礼》，亦本李光坡之法，以郑《注》、贾《疏》为主，于经文下引录郑玄、贾公彦《仪礼注疏》与敖继公《仪礼集说》之语。于《注疏》未安之处，则别下己意以折中之，颇能驳正《注疏》之失。

李光坡表侄邓启元，受业于光坡，亦精通三礼。雍正五年（1727）获进士一甲第二名，授翰林院编修，充武英殿纂修官，曾参与编纂三礼，著有《周官考注》《礼记注》等。

---

① （清）永瑢等撰：《四库全书总目》卷十九《经部·礼类一》"周礼纂训"条，中华书局1965年版，第156页。

二　改革科举考试

尽管以李光地为代表的清初福建朱子学者门下多通经之士，亦取得了不少经学研究成果，但若要大量培养经史实学方面的人才，扭转空疏不学的士风，仅靠若干学者的个人努力显然是远远不够的，还须从教育、选拔人才的科举制度上加以变革。自隋唐创立科举制度之后，通过科举考试进入仕途便成为绝大多数读书人的奋斗目标，而考试的科目内容、评判标准和参考教材对于士子的读书、治学无疑起到了指挥棒和风向标的作用。科举考试的内容与标准既受到一时学术思潮与学术风气的影响，反过来又有力地巩固和推动这一时期的学术思潮与学术风气。可以说，程朱理学之所以能够在传统社会后期始终维持其官方思想的统治地位，很大程度上是由于其与科举制度的密切联系，始终被奉为科举程式而得以保障的。

自元延祐二年（1315）恢复科举以后，科举制度逐渐规范定型。考试内容以四书五经为主，首重四书，而五经仅须专一经应试。四书用朱熹的《四书章句集注》，五经亦多用程朱派理学家的传注。元代时，五经尚可参用汉唐诸儒的注疏，至明代颁行《四书五经大全》，专用宋元理学家的传注，则古注疏皆废。这一举动虽然进一步巩固了程朱理学的权威地位，但也导致了士人对经学原典与汉唐注疏的轻视和忽略，甚至只读《大全》、语录与各种时文讲章，而将经典弃之不顾，加剧了经学的衰落。故皮锡瑞称："元以宋儒之书取士，《礼记》犹存郑注；明并此而去之，使学者全不睹古义，而代以陈澔之空疏固陋，《经义考》所目为兔园册子者。故经学至明为极衰时代。"[1] 而这种情况在清初仍未发生明显改变。"有清科目取士，承明制用八股文。取《四子书》及《易》《书》《诗》《春秋》《礼记》五经命题，谓之制义。……（顺治）二年，颁《科场条例》。……首场四书三题，五经各四题，士子各占一经。四书主朱子《集注》，《易》主程《传》、朱子《本义》，《书》主蔡《传》，《诗》主朱子《集传》，《春秋》主胡安国《传》，《礼记》主陈澔《集说》。其后《春秋》不用胡《传》，以

---

① （清）皮锡瑞：《经学历史》，中华书局 2004 年版，第 210 页。

《左传》本事为文，参用《公羊》《谷梁》。"①

科举制度的这种弊端，及其对学术与士风造成的损害，越来越引起学者们的不满和抗议。如杨慎说：

> 本朝以经学取人，士子自一经之外，罕所通贯。近日稍知务博，以哗名苟进，而不究本原，徒事末节。五经、诸子，则割取其碎语而诵之，谓之蠡测。历代诸史，则抄节其碎事而缀之，谓之策套。其割取抄节之人已不通经涉史，而章句血脉皆失其真。②

曹安云：

> 《周易》，人多读《本义》，不读《传》，不知《传》义不可阙；《书》，读《禹贡》节要；《诗》，不读变《风》《雅》；《春秋》，不详崩薨卒葬；《礼记》，《丧服》《大记》等多不考；《学》《庸》多不读《或问》；《论》《孟》多不读《序说》。经有节文，史有略本，百家诸氏之书，皆有纂集，以为一切目前苟且速成之诗。父兄以是夸子弟，师儒以是训学徒。近时书房，又刊时文，以炫末学，不使义理淹贯，可胜叹哉！③

黄宗羲亦言：

> 科举之弊，未有甚于今日矣。余见高、曾以来为其学者，五经、《通鉴》《左传》《国语》《战国策》《庄子》、八大家，此数书者，未有不读以资举业之用者也。自后则束之高阁，而钻研于《蒙》《存》《浅》《达》之讲章。又其后，则以为泛滥，而《说约》出焉。又以《说约》为冗，而圭撮于低头四书之上，童而习之，至于解褐出仕，

---

①　赵尔巽等撰：《清史稿》卷一百八《选举三》，中华书局 1976 年版，第 3147—3148 页。
②　（明）杨慎：《升庵集》卷五十二《举业之陋》，《景印文渊阁四库全书》第 1270 册，台湾商务印书馆 1983 年版。
③　（明）曹安：《谰言长语》卷上，中华书局 1991 年版，第 3 页。

未尝更见他书也。此外但取科举中选之文，讽诵摹仿，移前掇后，雷同下笔已耳。……此等人才，岂能效国家一障一亭之用，徒使天之生民受其笞挞，可哀也夫！①

顾炎武则谓：

八股盛而六经微，十八房兴而《廿一史》废。……余少时见有一二好学者，欲通旁经而涉古书，则父师交相谯呵，以为必不得颛业于帖括，而将为坎坷不利之人。岂非所谓"大人患失而惑"者与？若乃国之盛衰，时之治乱，则亦可知也已。②

李光地显然也意识到了科举制度的这一弊病，故激烈批评道："八股取士弊坏极矣，离却四书、五经不可"③，"今士子徒诵几篇坊刻时文，又不能辨其美恶高下，但以选者之丹黄为趋舍。浮词填胸，千里一轨。遇题目相近，剽剥不让，公然相袭，不复知有剿说雷同之禁也。间或理致及典实题样，与所习相左，则荒疏杜撰，无一语中肯綮者"④。为了解决这一问题，李光地主张将"汉、唐、宋试士之法明收而兼用之……专经义，守师说"⑤，提高经典内容在科举考试中的比重与重要性。譬如他说：

《周礼》经也，《公》《谷》于孔子为近，与《左氏》当列于学官。首场试经说五篇，令学者述先儒之异同，而析其孰为是，孰为非。皆所不可，则自出己意。四书说三，经说二。只此，足觇穷经，多则敝士子之精力，无谓也。二场论二篇，《孝经》虽圣人之经，卷帙最少，

---

① （清）黄宗羲：《科举》，（清）贺长龄、魏源等编《清经世文编》卷五十七《礼政四·学校》，中华书局1992年版，第1443页。

② （清）顾炎武：《日知录集释》卷十六《十八房》，（清）黄汝成集释，上海古籍出版社2006年版，第936—937页。

③ （清）李光地：《榕村续语录》卷十八，《榕村语录 榕村续语录》下册，中华书局1995年版，第854页。

④ （清）周永年辑：《先正读书诀》，中华书局1985年版，第33页。

⑤ （清）李光地：《榕村集》卷一《观澜录·治》，《景印文渊阁四库全书》第1324册，台湾商务印书馆1983年版。

不如易以《性理》《通鉴》。表判可去，恐声病之学遂废，兼采唐制，试诗二首。三场策三道。……又以五年试大科，俾兼通数经，习三《春秋》、三礼者，得殚所长。登斯选者，授以馆职，如殿一甲之例，亦不过数人而已。即以其年试天文、律历，专门名家，分别录用。如此，则士皆务实学。①

在李光地看来，科举考试"使士子传注是遵，格式是守，非固束天下之心思才智，而使之不得逞也"，而是为了"率天下尊经学古，游于圣贤之路"。② 因此，他虽然仍旧注重在科举考试中考察有关程朱理学的内容，但也要求提高经典在科举考试中所占的分量，以培养尊经学古的风气。自元代以后，科举于三礼中仅试《礼记》一经，《周礼》与《仪礼》被排除在考试范围之外。清顺治二年（1645）颁布的《科场条例》规定，《春秋》主胡安国《传》，传统的《春秋》三传亦被排除在考试范围之外。对此，李光地不以为然，主张将《周礼》与《左传》《公羊传》《谷梁传》并列学官，重新纳入学校的教授范围。他又提出，科举首场应试经说五篇，令考生就所给题目论述先儒注疏之异同，辨析其是非，并且允许提出自己的不同看法。同时设立专门的经学考试，五年举行一次，考生须兼通数经，重点考察三礼与《春秋》"三传"，通过考试者授以翰林院官职。此外，还应设立有关天文、律历的考试，选拔专门人才，分别录用，以弘扬实学。

同时，李光地还主张将制义与经学结合起来，使其发挥羽翼经传的作用。在他看来，制义与经学本就相互关联，不应分割。"制举之文……其原盖出于义疏之流，而稍叶以俳俪者也。其法虽起于熙宁之新学，然观洛闽以来，训义讲说，用其体者多矣。盖穷经之学，以剖析为功，故谭经之文，亦不以栉比为病也。由是观之，制举而能有发于圣贤之意，有助于儒

---

① （清）李光地：《榕村续语录》卷十八，《榕村语录　榕村续语录》下册，中华书局 1995 年版，第 854 页。

② （清）李光地：《榕村集》卷十二《杨宾实制义序》，《景印文渊阁四库全书》第 1324 册，台湾商务印书馆 1983 年版。

先之说，虽与义疏注解佐佑六经可也。"① 因此，学者若欲在举业中学有所得，"则制义之根本六经也，其门户先儒也，讲诵而思索之，固即汉宋所谓专经之艺，穷理之功也，与习为浮艳而卒与古背驰者，不犹远乎？"② 李光地认为，优秀的制义之文不仅足以佐佑六经，其至者甚至"语皆如经"。"如顾亭林'且比化者'一节文，直驾守溪而上。盖字字有来历，精于经学，而其辞又能补经之所未备，而不悖于经，亦可为经矣。"③ 据此，李光地强调"吾所为汲汲焉勉子弟以制举业者，欲其借此以通经焉尔，循是以辨理焉耳"④。

科举不但与一时的学术、士风相关，而且是选拔政府官员的基本制度。在这方面，李光地亦积极肯定了以科举昌明经学与国家治理之间的密切关系，从而强化了经学在科举考试中的重要意义。他说："经尊而理明，则人心淳而世道泰，历世之科目为有用，而平日之占毕为有施矣。"⑤ 又说："汉、唐、宋、明之盛，未有不泽于经术，使其文雅驯者也。故大为斯世之休征，上为国家之和应，然要不出于经明行修，则文不期醇而自醇。"⑥

因此，当李光地提督顺天学政时，便十分注意通过科举考试选拔、培养经学人才。据《文贞公年谱》记载，当时"北方侵寻学废，公教以则古通经。有能诵二三经，若小学及古文辞多者，稍成文，辄录以示劝，为之背诵至漏下二三鼓不倦。试日发题，先为解剥经旨，而后答义，极力起衰"⑦。《榕村谱录合考》亦载："畿辅固多英俊，但沿俗学之弊，不习经书

① （清）李光地：《榕村集》卷十一《名文前选序》，《景印文渊阁四库全书》第 1324 册，台湾商务印书馆 1983 年版。

② （清）李光地：《榕村集》卷十二《成绗斋制义序》，《景印文渊阁四库全书》第 1324 册，台湾商务印书馆 1983 年版。

③ （清）李光地：《榕村续语录》卷十九，《榕村语录　榕村续语录》下册，中华书局 1995 年版，第 878 页。

④ （清）李光地：《榕村集》卷十二《成绗斋制义序》，《景印文渊阁四库全书》第 1324 册，台湾商务印书馆 1983 年版。

⑤ 同上。

⑥ （清）李光地：《榕村集》卷十一《己丑墨选序》，《景印文渊阁四库全书》第 1324 册，台湾商务印书馆 1983 年版。

⑦ （清）李清植：《文贞公年谱》卷上，《北京图书馆藏珍本年谱丛刊》第 85 册，北京图书馆出版社 1999 年版，第 244 页。

古文。公预示生童，有能背诵二三经，若小学及古文百篇以上者，稍有文义，并拔擢之，以风励实学。日坐绛纱，生童有质问经义者，为之从容剖析，发蒙解惑，然后人知向学于古，不为俗儒曲说所诱。覆试或至十余次，文体一轨于正，非真才无得幸。"①

康熙三十九年（1700），康熙帝下诏，命李光地、郭琇等人就当时科举考试中存在的诸多弊端各抒己见，提出解决方案。李光地于是上《条议学校科场疏》，提出了"学臣宜经考试""教职宜稍清汰""士习宜正""经学宜崇"四项建议。其中，与科举考试内容直接相关的"经学宜崇"条说道：

> 皇上表章经术，以正学养天下士。而迩来学臣，率多苟且从事，以致士子荒经蔑古，自四书本经，不能记忆成诵。其能者，不过读时文百篇，剿习雷同，侥幸终身，殊非国家作养成就之意。前岁皇上旨下学臣，使童子入学兼用小学论一篇。其时幼稚见闻一新，胸中顿明古义，此则以正学诱人之明验也。然书不熟记，终非己得。宜令学臣于考校之日，有能将经书、小学讲诵精熟者，文理粗成，便与录取。如更能成诵三经以至五经者，仍与补廪，以示鼓励。庶几人崇经学，稍助圣世文明之化。又童生既令通习小学，以端幼志，生员及科场论题似当兼命《性理》《纲目》，以励弘通。今《孝经》题目至少，以致每年科场论题重复雷同，似宜通变。②

在此，李光地的提议与其一贯的教育主张相一致，即在重视程朱理学的基础上，提高经学与经典在科举考试中的重要性，以培养通经学古的良好风气。而康熙帝亦对李光地的这一提议表示认可。是年十一月，朝廷根据郭琇、李光地等人的奏议，宣布："嗣后直隶各省乡试，在京三品以上，及大小京堂、翰詹科道、吏礼二部司官、在外督抚、提镇及藩臬等官子

---

① （清）李清馥：《榕村谱录合考》卷下，《北京图书馆藏珍本年谱丛刊》第 85 册，北京图书馆出版社 1999 年版，第 556 页。

② （清）李光地：《榕村集》卷二十六《条议学校科场疏》，《景印文渊阁四库全书》第 1324 册，台湾商务印书馆 1983 年版。

弟，俱编入官字号，另入号房考试，各照定额。……童生内，有将经书、小学真能精熟，及能成诵三经、五经者，该学臣酌量优录。论题，将《性理》中《太极图说》《通书》《西铭》《正蒙》等书一并命题。"①

蔡世远作为一位拥有丰富书院教学经验，并长期在朝为官的朱子学者，亦对当时科举考试忽视经学而导致的空疏学风深为不满，批评"士子荒经久矣，剿袭撮摘，以涂有司之目，侮圣人之言，莫此为甚"②。为了改变这一状况，蔡世远对担负着选拔人才重任的学政一职寄予了特别关注，提出"学使之官，在有以振士风而变士习"③，希望通过学政的实际工作，培养、选拔通经学古、品行优良的人才，以扭转空疏放逸的学风士习。至于具体的措施与标准，蔡世远则主张借鉴汉唐的取士方法，经术与品行并重。他说："昔两汉之选博士弟子员也，以好文学、敬长上、顺乡里、出入不悖所闻者为称选，送之太常。太常籍秀才异等者以为郎。又有孝廉一科，得人最盛。今纵不能荐之于朝，私自褒扬，亦学政之大者。唐时有帖经墨义之科，今亦仿此意施之，使士子无荒经之患，于学者大有裨益。"④据此，蔡世远提议，学政到任伊始，即颁令于当地的县令、学官，要求"有能敦孝弟、重廉隅者以名闻，并上所实行；有能通经学古、奇才异能者以名闻，并上所论著。行之各属，揭之通衢"，并且"本之以诚心，加之以询访，择其真者而奖励之，或誉之于发落诸生之时，或荐之督抚，或表宅以优之。试竣，或延而面叩之，从容讲论，以验其所长。有行检不饬者，摘其尤而重黜责之。如是而士习不变者，未之有也"⑤。

同时，蔡世远亦认识到，学子荒废经学多是由于科举考试内容的不合理而造成，故提议学政"于岁科未试之先，通行于各学，曰：书艺二篇之外，不出经题，但依所限，抄录本经，多不过五行，少不过三行。不者，

①　《清圣祖实录》卷二百二，康熙三十九年十一月丙午条，《清实录》第6册，中华书局1985年版，第61页。
②　（清）蔡世远：《二希堂文集》卷八《与郑鱼门侍讲书》，《景印文渊阁四库全书》第1325册，台湾商务印书馆1983年版。
③　同上。
④　同上。
⑤　同上。

文虽佳，岁试降等，科试不录。科举至期，牌示曰：某经自某处起，至某处止，各书于卷后。夫勒写数行本经，非刻也；先期示之，使知成诵，非慢令也。有能兼通者，场中又牌示曰：能成诵四经、五经者，庠生给饩廪，童子青其衿"[①]。如此，自然能敦促、引导广大学子重视经典，研习经学。

从康熙后期起，由李光地、蔡世远及其他学者共同提倡和推动的重视经学的科举改革，逐渐获得越来越多的支持，并取得了初步的效果。譬如，康熙四十一年（1702）乡试，顺天南皿监生庄令舆、俞长策在考试第一场中，除了本经之外，兼作四书、五经文二十三篇，虽然违式，但仍奉旨授为举人，并旋著为令，即所谓"五经中式"。据《清朝文献通考》记载："先是，顺治二年，以士子博雅不在多篇，停五经中式。至康熙三十六年京闱乡试[②]，有五经二卷，特旨授为举人，后不为例。至是，礼部议，本年乡试，监生庄令舆、俞长策，试卷作五经文字，与例不合。奉谕旨，五经文字若俱浮泛不切，自不当取中，若能切题旨，文理明顺，一日书写二万余字，实为难得。庄令舆、俞长策俱着授为举人，准其会试。嗣后作五经文字，不必禁止。作何定例，着九卿、詹事、科道议奏。寻议，嗣后乡、会试作五经文字者，应于额外取中三名。若佳卷果多，另行题明酌夺。五经文字草稿不全，免其贴出。二场于论、表、判外添诏、诰各一道。头场备多页长卷，有愿作五经者，许本生禀明，给发从之。"[③]

自康熙四十一年（1702）定乡、会试"五经中式"例，恢复"五经中式"之后，学子习五经者益众。在直隶、陕西等省的考试中，甚至出现以五经卷抢元者。康熙五十年（1711），朝廷又增加"五经中式"名额，外

---

① （清）蔡世远：《二希堂文集》卷八《与郑鱼门侍讲书》，《景印文渊阁四库全书》第1325册，台湾商务印书馆1983年版。

② "康熙三十六年"应为"康熙二十六年"之误。康熙三十六年并未举行乡试。据《清圣祖实录》卷三十一"康熙二十六年十月己酉条"、《清史稿》卷一百八《选举三》，及（清）蒋良骐《东华录》卷十四、（清）陆廷灿《南村随笔》卷四《五经题》、（清）赵翼《陔余丛考》卷二十九《五经中式》等文献记载，此处所述即康熙二十六年特准顺天乡试浙江钱塘县监生查嗣韩、福建侯官县贡生林文英五经中式之事。

③ 《清朝文献通考》卷四十八《选举考二》，《景印文渊阁四库全书》第633册，台湾商务印书馆1983年版。

省乡试增加一名，顺天增加二名，会试增加三名。康熙五十六年（1717），"五经中式"曾一度停止。雍正二年（1724）又再次恢复，规定"顺天皿字号中四名，各省每额九名加中一名。大省人多文佳，额外量取副榜三四名。四年丙午，诏是科以五经中副榜者，准作举人，一体会试，尤为特异"①。陆廷灿谓此为"人才之盛，超越前代矣"②。

由于科举考试是传统社会中一项关乎无数读书人命运与各方面重大利益的基本制度，因而对其进行的任何改革与调整都不可能是一帆风顺、一蹴而就的，其中必然充满了反复与曲折。同样，清初出现的要求重视经学的科举改革也是直到乾嘉时代才逐渐确定与巩固下来。譬如，乾隆二十一年（1756），乾隆帝认为"设科立法程材，无取繁文虚饰"，而"今士子论、表、判、策，不过雷同剿说，而阅卷者亦止以书艺为重，即经文已不甚留意"，故下诏曰："嗣后乡试第一场，止试以书文三篇，第二场经文四篇，第三场策五道，其论、表、判概行删省。……如此，则士子闱中，不得复诿之于日力不给，而主试者亦可从容尽心详校，无鱼目碔砆之混。且乡试第二场止经文四篇，斯潦草完篇者，当在所黜。专经之士，得抒夙学，而浅陋者亦知所奋励，去浮文而求实效。"③ 这样，就将五经从四书附庸的位置独立出来，成为第二场考试的核心，取得了与四书约略同等的地位，有利于精通经学的考生取得更好的成绩，从而促使士子更加注重经学的学习。同时，艾尔曼指出，清代科举考试中"论"的科目与程朱宋学紧密相关，当时官员们关于论题去留的争论"说明了论题之删除，部分原因是乾隆年间（1736—1795年）更古的五经在汉学学者间普遍得到偏好"④。

乾隆五十二年（1787），朝廷又因"士子束发授书，原应五经全读，向来止就本经按额取中，应试各生只知专治一经，揣摩诵习，而他经并不旁通博涉，非敦崇实学之道"，故规定自明年戊申乡试开始，乡、会试二

---

① 赵尔巽等撰：《清史稿》卷一百八《选举三》，中华书局1976年版，第3159页。
② （清）陆廷灿：《南村随笔》卷四《五经题》，《四库全书存目丛书》子部第116册，齐鲁书社1995年版，第281页。
③ 《清高宗实录》卷五百二十六，乾隆二十一年十一月辛丑条，《清实录》第15册，中华书局1986年版，第625页。
④ ［美］艾尔曼：《清代科举与经学的关系》，张琰译，《故宫博物院院刊》1996年第4期。

场改用五经出题，先于五科内将五经依次轮试一周，然后再以五经并试，"既可令士子潜心经学，又可以杜绝场内关节弊端，而衡文取中，复不至限于经额，致佳卷被遗"。① 如此，五经在科举中的重要性与考试要求显然又大大提高了。

此外，由于科举考试第一场与第二场的考查科目、命题方式、答题格式与评判标准都有着较为严格的规定，个人因素难以发挥过多的影响，故乾嘉时代拥有考据学背景的考官们往往还会利用第三场经史时务策的命题来表达自己的学术偏好，从而出现了许多经史考据类的策论试题。据艾尔曼考证，从 18 世纪晚期起，在北京、江南、山东、四川、陕西各地都出现了"乡试及会试考官在第三场的策论题中开始测验原先国家规定科目以外的技术性的考证题目"。据此他指出："在乡试与会试中，18 世纪末至 19 世纪初的策论题，开始反映出操纵儒学科举的学术脉络之改变。虽然在乡试及会试的第一、二场所考的四书五经引文大多未曾改变且受制于正统程朱派解释，汉学趋势及考证问题仍能经由第三场的策论题渗入科举。"② 而冯建民则指出，乾嘉时期由具有汉学背景的官员充任的乡、会试考官在评阅考卷时，往往会改变过去特重首场四书文的取士倾向，而是将注意力更多放在后两场，尤其是第三场的经史时务策上。"这是因为他们普遍认为对策最能反映出举子的学识水平。"③

诚然，不论是实行"五经中式"，还是增加科举考试中的经典内容，若是抽离出来孤立地看，都未必与经学研究的发展繁荣存在必然的对应关系。但是，若将李光地、蔡世远等学者提倡重视经学的科举改革思想及其实践放在清初经学复兴的大背景下进行理解与观照，则不难看出科举考试与学术思想之间相互作用的密切互动关系。因此可以说，李光地、蔡世远等清初福建朱子学者在改革科举制度方面所做的努力，对于扭转空疏学

---

① 《清高宗实录》卷一千二百九十五，乾隆五十二年十二月丁巳条，《清实录》第25册，中华书局1986年版，第394页。
② [美]艾尔曼：《清代科举与经学的关系》，张琰译，《故宫博物院院刊》1996年第4期。
③ 冯建民：《考试文化的历史印记——乾嘉汉学对科举考试的影响》，《考试研究》2012年第1期。

风、推动经学复兴起到了一定的积极作用，亦反映了当时理学与经学之间复杂而微妙的相互关系。

三　搜集、编纂、刊印经学典籍

清初福建朱子学者除了自身撰有各种经学著作之外，还以官方、团体或个人的身份整理、编纂、刊印了不少经学原典与经学研究著作，从而推动了清初经典编纂与经学研究事业的发展。以李光地为例，康熙五十二年（1713），李光地奉旨承修《周易折中》一书。据《文贞公年谱》记载："先是，上以《易》为六经之源，欲成一书，以惠万世，而郑重其事，未知所委。至是，屡出图象，命公采择，依义条答，与上意合，乃下谕曰：'卿留心《河》《洛》久矣，见来书，愈知理明识远，此事非卿，万不能辨其是非。'遂命修之。"① 其书"荟萃自汉迄明诸儒之说凡三百余家，采撷精纯，刊取领要，镕铸百氏，陶冶千载，《易》之道于是大备"②。而四库馆臣亦赞其"冠以《图说》，殿以《启蒙》，未尝不用数，而不以盛谈《河》《洛》，致晦玩占观象之原。冠以程《传》，次以《本义》，未尝不主理，而不以屏斥谶纬，并废互体变爻之用。其诸家训解，或不合于伊川、紫阳，而实足发明经义者，皆兼收并采，不病异同。惟一切支离幻渺之说，咸斥不录，不使溷四圣之遗文。盖数百年分朋立异之见，至是而尽融；数千年画卦系辞之旨，乃至是而大彰矣"③。

康熙二十六年（1687），李光地曾向皇帝进言："秦汉以后，礼坏乐崩，六经虽经宋儒阐明，然永乐间所修《大全》未免芜杂疏漏，宜大征天下知学之士，搜罗群言，讨论编纂，以至礼乐制度，亦稽古论定，有典有则，贻厥子孙，诚千载一时也。"④ 康熙五十三年（1714），李光地又借向

---

① （清）李清植：《文贞公年谱》卷下，《北京图书馆藏珍本年谱丛刊》第 85 册，北京图书馆出版社 1999 年版，第 357 页。

② 同上书，第 360—361 页。

③ （清）永瑢等撰：《四库全书总目》卷六《经部·易类六》"御纂周易折中"条，中华书局 1965 年版，第 35 页。

④ （清）李清植：《文贞公年谱》卷上，《北京图书馆藏珍本年谱丛刊》第 85 册，北京图书馆出版社 1999 年版，第 210—211 页。

皇帝汇报《周易折中》编纂进展之机，"频言经学隆污，有关世运"，希望皇帝修明经学。而康熙帝亦认可李光地的提议，"遂分简大臣修纂《诗》《书》《春秋》，又别纂《律吕正义》，厘定韵学之书，皆命就公是正焉"①。就在其去世前一年，李光地仍"奉命勘阅大学士王掞等所纂《春秋传说》"②。应该说，康熙晚年敕令诸大臣纂修的这一套御纂诸经，上承唐代《五经正义》与明代《五经大全》，特别是在《五经大全》的基础上做了大量的增删，又参考了许多汇总性质的经学著作，收罗极为广泛，在当时发挥了引领学术风气与思想潮流的作用，在官修经学史上具有较为重要的地位，亦对清代经学的发展产生了较大的影响。在这中间，李光地的作用与贡献自然是功不可没的。正如清代中期福建著名经学家陈寿祺所言："安溪李文贞公……博综群书，与顾亭林、梅定九二先生游，通律算、音韵之学，洞性命天人之旨，陶冶百氏，刊滌千载。尝奉敕纂《周易折中》《性理精义》《音韵阐微》《朱子全书》，以为非公莫能为，而《书诗春秋传说》《律吕正义》，分简诸大臣编纂，皆命就公是正，次第进御，颁行学官。盖康熙朝经术修明，自圣祖成之，自公发之，而后雍正、乾隆间继述众经，圣教由是大显。"③

同时，李光地个人亦搜集、刊印或协助他人刊印了一批重要的经学研究著作。其中，自然以李光地保护、抢救顾炎武《音学五书》刻版之事最为典型。在顾炎武生前，其开创性的古音学研究虽然取得了巨大的成就，并得到了一些学者的认可和推崇，但从更广的范围来观察，其古音学理论仍是知之者鲜，并不为当时的一般学者所普遍理解和接受。清初，从事古音学研究的也并非仅有顾氏一家，还包括毛奇龄、柴绍炳、毛先舒、邵长衡、李因笃、熊士伯等人，且大都有著作行世。如柴绍炳著有《古韵通》，毛先舒著有《韵学通指》，邵长衡著有《古今韵略》，李因笃著有《古今韵

① （清）李清植：《文贞公年谱》卷下，《北京图书馆藏珍本年谱丛刊》第85册，北京图书馆出版社1999年版，第363页。
② 《清史列传》卷十，中华书局1987年版，第718页。
③ （清）陈寿祺：《左海文集》卷六《安溪李文贞公全书总序》，《续修四库全书》第1411册，上海古籍出版社1995年版。

考》，熊士伯著有《古音正义》，但皆未采顾炎武的古音说。特别是毛奇龄的《古今通韵》，有意排斥顾炎武的《音学五书》，创为古韵通转说，因其获得官方的认可，由康熙帝诏付史馆刊印，故在当时拥有很强的权威性。

　　从顾炎武这方面来看，其《音学五书》竣稿之后，于康熙六年（1667）交由淮安山阳县好友张弨刊刻。对此，顾炎武曾自述道："余纂辑此书三十余年，所过山川亭鄣，无日不以自随，凡五易稿而手书者三矣。然久客荒壤，于古人之书多所未见，日西方莫，遂以付之梓人，故已登版而刊改者犹至数四，又得张君弨为之考《说文》，采《玉篇》，仿《字样》，酌时宜而手书之；二子叶增、叶箕分书小字；鸠工淮上，不远数千里累书往复，必归于是，而其工费则又取诸鬻产之直，而秋毫不借于人，其著书之难而成之之不易如此。"① 由于《音学五书》内容浩繁，刊刻难度较大，其间又经过顾炎武的反复修改，故刊刻工作时断时续，直到其去世前仍未全部刊出。对于先期刊出的部分，顾炎武亦厚自宝秘，不愿轻易示人，以其"为一生之独得……而亦不肯供他人捉刀之用"②，并自言"五十年后乃有知我者耳"③，故希望将刻版藏之名山，以待后之信古者。由此可以推断，《音学五书》在最初仅有少量的出版印行，流传不广。而在顾炎武与张弨相继去世之后，张弨之子因为家贫，又将《音学五书》的刻版质于他人，遂流入坊间，不知所踪。

　　康熙四十六年（1707），李光地得知《音学五书》的刻版位于扬州坊间，且即将被毁坏，遂花费重金将书版赎出，并印行出版。《文贞公年谱》记载此事道："顾氏是书既成，厚自珍秘，世无知者。顾氏既没，其版沉埋于扬州坊贾间。坊贾将削其版以镌它文，适有见者，以告公。公为赎

---

　　① （清）顾炎武：《亭林文集》卷二《音学五书后序》，《顾亭林诗文集》，中华书局1983年版，第26页。

　　② （清）顾炎武：《亭林文集》卷六《与杨雪臣》，《顾亭林诗文集》，中华书局1983年版，第139页。

　　③ （清）李光地：《榕村集》卷三十三《顾宁人小传》，《景印文渊阁四库全书》第1324册，台湾商务印书馆1983年版。

归，传于世。"① 正是由于李光地的及时抢救、保护与宣扬，顾炎武的《音学五书》才能够在日后大行于世，并作为清学的开山之作受人敬仰，放射出莫大的光芒，否则这一传世之作很可能就此绝版而湮没无闻，后人也就无法在其基础上继续顾氏的古音学研究，取得如此多的成绩。从这一意义上说，李光地对于清代的古音学研究，甚至经学与考据学研究的发展都做出了重要的贡献。

除此之外，其他一些清初福建朱子学者或奉朝廷之命，参与官方的经典编纂工程，或应书院、个人之邀，协助整理、编刻各类经典与经学研究著作，共同推动了清初经学的复兴与发展。

综上所述，清初福建朱子学者对于经典与经学研究还是普遍较为重视的。这既根源于朱子学本身的经学传统，又受到明末清初经学复兴运动的深刻影响，反映了当时学术潮流的变迁。清初福建朱子学者虽然并不认同汉儒以烦琐的训诂、考据、注疏为主要内容与手段的经学形态，甚至指责其未明圣贤之道，但亦不因此否认汉代经学的长处与价值，不仅表彰了汉儒的注经、传经之功，而且积极参考、借鉴其治经方法与治经成果来为自己的经学和理学研究服务。因此，清初福建朱子学者在治经中往往主张汉宋兼采，不立门户，将训诂考据与义理阐发结合起来，既为原本烦琐、庞杂的经学研究指引了方向，又可避免唯以己意解经的弊病，为日益流于虚妄的理学重新构筑一个坚实的基础。在清初福建朱子学者群体中，以李光地的经学研究成果最为丰富，成就亦最大。其不仅对于诸部经典都有较为细致的研究与讨论，而且影响和带动了一批学者从事经学研究，围绕其形成了一个学术研究团体，尤其在易学与三礼学等领域取得了较为丰硕的成绩。清初福建朱子学者不但自身撰写了不少经学著作，而且在培养、奖掖经学人才，改革科举考试制度，搜集、编纂、刊印经学典籍等方面做了大量有益的工作，从而推动了清初经学的复兴与发展。

---

① （清）李清植：《文贞公年谱》卷下，《北京图书馆藏珍本年谱丛刊》第 85 册，北京图书馆出版社 1999 年版，第 317 页。

第三章　清初福建朱子学中的
实学思想及其实践

　　所谓"实学"，可以简单地理解为"实体达用""崇实黜虚"之学。它既指思想的宗旨、核心以实为本，又指学问的内容、方法笃实，不尚空谈，还指学术能够见诸实事，有裨实用，学以致用。如葛荣晋就将实学划分为实体哲学、道德实践之学、经世实学、实测之学、经史实学、考据实学、启蒙实学等不同的类型与层面。而这些类型与层面之间或相互联系、彼此渗透，或交替出现、不断转换，共同构成了实学思想的发展历史。具体来看，明清之际实学思潮的兴起源于当时特殊的政治、社会、经济环境与学术思想背景，其核心精神与反王学思潮紧密相连，强调由虚返实，以"修己治人之实学"代"明心见性之空言"。这背后既包含着学者个人对于明亡的悲痛与激愤，又有学术思想发展的内在逻辑可循，还是当时政治、社会、经济状况的要求与反映。前者或许在某一时间段内表现得特别强烈，但后两者往往更能决定这一思潮的基本内容与发展方向。

　　时下，一提起清初实学思想，除了那些被后人刻意发掘、反复征引、耳熟能详的"启蒙"口号之外，人们首先联想到的往往便是颜李之学。诚然，颜元、李塨提倡的那一套实习、实行、实践的思想主张确实是清初实学思想的一种突出反映和典型代表，但并不能涵盖或取代当时其他的实学类型与实学主张，甚至其本身恐怕也难以称得上是一种切实可行、合乎实际的实学思想。在颜元看来，圣人以事物为教，实习、实行方为儒学正统，因而汉唐经学、魏晋玄学、宋明理学等一切无关实际事物的学问都可以"无用"二字加以概括，不但无用，而且有害。他说："孔、孟以前，理数醇，尚其实，凡天地所生以主此气机者，率皆实文、实行、实体、实用，卒为天地造实绩，而民以安，物以阜。……降自汉、晋，泛滥于章句，不知章句所以传圣贤之道，而非圣贤之道也；妄希于清谈，不知清谈所以阐圣贤之学，而非圣贤之学也。虚浮日盛，而尧、舜三事、六府之道，周公、孔子六德、六行、六艺之学，所以实位天地、实育万物者，渺不见于乾坤中矣。……赵氏运中纷纷跻孔子庙庭者，皆修辑注解之士，犹然章句也；皆高坐讲论之人，犹然清谈也。甚至言孝、弟、忠、信如何教，气禀本有恶，其与老氏以礼义为忠信之薄，佛氏以耳、目、口、鼻等为六贼者，相去几何也！故仆妄论宋儒，谓是集汉晋释、老之大成者则可，谓是尧、舜、周、孔之正派则不可。"[1] 根据颜元的理解，为学应以"格物"为实下手处，"谓之'物'，则空寂光莹固混不得，即书本、经文亦当不得；谓之'格'，则必犯手搏弄，不惟静、敬、顿悟等混不得，即读、作、讲解都当不得"[2]。据此，他不但否定静坐、顿悟、空谈，而且对读书、著述、讲论等知识性的活动也一概反对，提出："吾辈只向习行上做工夫，不可向言语、文字上着力"[3]，"但以读经史、订群书为穷理处事以求道之功，则相隔千里；以读经史、订群书为即穷理处事，曰道在是焉，则相隔万里矣"[4]，"人之岁月精神有限，诵说中度一日，便习行中错一日；纸墨上多一分，便身世上少一分"[5]，甚至宣称："读书人便愚，多读更愚，但书生必自智，其愚却益深"[6]，"读书愈多愈惑，审事机愈无识，办经济愈无力"[7]。颜元的这些思想主张将"知"与"行"极端地对立起来，透露出一种强烈的行动主义与功利主义特征，在当时虽有其针对性与合理性，但显然不可能被大多数士人所认可和接受。同时，作为一种经世

---

① （清）颜元：《颜元集·习斋记余》卷三《上太仓陆桴亭先生书》，中华书局 1987 年版，第 426—427 页。

② （清）颜元：《颜元集·颜习斋先生言行录》卷上《三代》，中华书局 1987 年版，第 652 页。

③ （清）颜元：《颜元集·颜习斋先生言行录》卷下《王次亭》，中华书局 1987 年版，第 663 页。

④ （清）颜元：《颜元集·存学编》卷三《性理评》，中华书局 1987 年版，第 78 页。

⑤ （清）颜元：《颜元集·存学编》卷一《总论诸儒讲学》，中华书局 1987 年版，第 42 页。

⑥ （清）颜元：《颜元集·四书正误》卷二《中庸》，中华书局 1987 年版，第 168 页。

⑦ （清）颜元：《颜元集·朱子语录评》，中华书局 1987 年版，第 252 页。

实学，颜元又持一种复古主义的立场，言必称尧、舜、周、孔，引以为据的仍然是《尚书》《周礼》等古代经典，致使其主张较为空洞，多与当时的实际情况脱节，无法有效解决现实中面临的诸多困难，也根本没有付诸实践的机会，事实上陷入了另外一种空谈。[①] 基于以上这些因素，使得颜元的学说虽有其弟子李塨大力宣传，还是很快地归于消歇。

　　相较之下，清初朱子学者的实学思想便与颜李一派有着较为明显的不同。他们所提倡的务实力行、学以致用，既涉及经国济世，以及各种实证、实用学问的研究，也包含道德伦理方面的践行与教化，且往往以后者作为其实学思想的根基与主要方面。这是因为朱子学者所理解和关注的实用、致用并非基于实用主义、功利主义或事功论的立场，而是首先来源于朱子理学的传统。与此同时，也必须看到，由于受到明清之际经世思潮的刺激，以及学者个人的身份、环境、志趣、禀赋等因素的影响，不少朱子学者亦对各种实证、实用的学问抱有极大的兴趣，并在经世济民的理论与实践上取得了较大的成就。而这些不同特点与倾向在清初福建朱子学者身上都得到了较为明显的体现。

第一节　朱子学中的实学因素

　　在不少提倡实学的清代学者眼中，朱子学与王学一道，都被视作空谈心性的虚妄、无用之学的代表。其实，在此之前相当长的一段时间内，将朱子学的思想特点概括为"实"，几乎成为认同朱子学的宋明儒者的一致看法。可以说，在宋明理学的语境中，朱子学就是实学的代名词。不仅如此，从学术思想的发展逻辑与内在理路来看，明清实学思潮的兴起在很大

---

　　① 杜维明就曾指出："颜元和王夫之、黄宗羲以及顾炎武都不同，他对正史和制度史缺乏广泛的透视；……对当代的政治缺乏深入的了解……对地方上的情况没有广泛的理解。因为颜元在思想上与他当代主要的论题相隔绝，在政治上与权势的中心相分离，所以我们不能期望他会在政治思想方面有所贡献。"参见杜维明《仁与修身——儒家思想论集》，生活·读书·新知三联书店2013年版，第230页。

程度上亦是以朱熹提倡的"道问学"和"格物致知"作为思想源头与理论
依据。诚然，朱子学以心性之学和成德之教作为其思想核心与最大特色，
并不以直接的经世致用见长，但其思想内部的各个方面与其学术研究的各
个领域都包含着丰富的实学因素，足以称得上是一种"实体达用"之学。

一　朱子学的根本原则

在朱熹看来，大千世界及其背后作为根据的"理"都是实在的、实有
的，这便与道家提倡的"以无为宗"和佛家提倡的"以空为宗"截然不
同，从而构成了儒家与释、道二教之间的根本差别。对于这一点，朱熹明
确说道："释氏虚，吾儒实"①，"只被源头便不同，吾儒万理皆实，释氏万
理皆空"②，"释氏便只是说'空'，老氏便只是说'无'，却不知道莫实于
理"③。根据朱熹的理解，理虽然本身"无情意，无计度，无造作。……只
是个净洁空阔底世界，无形迹"④，看似虚无缥缈，无可把捉，但它作为事
物的本质与规律，赋予了事物存在的依据与发展变化的可能性，又是最真
实、最实在的。离开了理，万事万物都不可能存在。故曰：

> 天下之理，至虚之中，有至实者存；至无之中，有至有者存。夫
> 理者，寓于至有之中，而不可以目击而指数也。然而举天下之事，莫
> 不有理。⑤

又云：

---

① （宋）黎靖德编：《朱子语类》卷一百二十六，《朱子全书》第 18 册，上海古籍出版社、安徽教育出版社 2002 年版，第 3933 页。
② （宋）黎靖德编：《朱子语类》卷一百二十四，《朱子全书》第 18 册，上海古籍出版社、安徽教育出版社 2002 年版，第 3885 页。
③ （宋）黎靖德编：《朱子语类》卷九十五，《朱子全书》第 17 册，上海古籍出版社、安徽教育出版社 2002 年版，第 3204 页。
④ （宋）黎靖德编：《朱子语类》卷一，《朱子全书》第 14 册，上海古籍教育出版社 2002 年版，第 116 页。
⑤ （宋）黎靖德编：《朱子语类》卷十三，《朱子全书》第 14 册，上海古籍出版社、安徽教育出版社 2002 年版，第 398 页。

释氏说空，不是便不是，但空里面须有道理始得。若只说道我见个空，而不知有个实底道理，却做甚用得？譬如一渊清水，清冷彻底，看来一如无水相似。它便道此渊只是空底，不曾将手去探是冷是温，不知道有水在里面，佛氏之见正如此。①

朱熹进一步指出，理与事物之间是体用一源、显微无间的关系：

"体用一源"者，自理而观，则理为体、象为用，而理中有象，是一源也；"显微无间"者，自象而观，则象为显、理为微，而象中有理，是无间也。②

"体用一源"，体虽无迹，中已有用。"显微无间"者，显中便具微。天地未有，万物已具，此是体中有用；天地既立，此理亦存，此是显中有微。③

一方面，从理的角度看，则理为体，事物为用，理中已包含了事物的各种规定性，现实的事物不过是实理的外化与实现而已。故曰："盖有是实理，则有是天；有是实理，则有是地。如无是实理，则便没这天，也没这地。凡物都是如此"④，"天地位，万物育，则所以极此实理之功效也"⑤。另一方面，从事物的角度看，则事物为显，理为微，理即蕴含于具体的事物之中，并非脱离事物而独立存在。故曰："有是物则有是理与气……若无是物，则不见理之所寓"⑥，"理又非别为一物，即存乎是气之中；无是

---

① （宋）黎靖德编：《朱子语类》卷一百二十六，《朱子全书》第 18 册，上海古籍出版社、安徽教育出版社 2002 年版，第 3934 页。

② （宋）朱熹：《朱文公文集》卷四十《答何叔京》，《朱子全书》第 22 册，上海古籍出版社、安徽教育出版社 2002 年版，第 1841 页。

③ （宋）黎靖德编：《朱子语类》卷六十七，《朱子全书》第 16 册，上海古籍出版社、安徽教育出版社 2002 年版，第 2221 页。

④ （宋）黎靖德编：《朱子语类》卷六十四，《朱子全书》第 16 册，上海古籍出版社、安徽教育出版社 2002 年版，第 2122 页。

⑤ （宋）朱熹：《四书或问·中庸或问》，《朱子全书》第 6 册，上海古籍出版社、安徽教育出版社 2002 年版，第 594 页。

⑥ （宋）黎靖德编：《朱子语类》卷六十，《朱子全书》第 16 册，上海古籍出版社、安徽教育出版社 2002 年版，第 1942 页。

气，则是理亦无所掛搭处"①，"形而上者，无形无影是此理；形而下者，有情有状是此器。然谓此器则有此理，有此理则有此器，未尝相离，却不是于形器之外别有所谓理"②。朱熹之所以要对理事关系做出这样的规定，亦是为了避免人们将理与事相互割裂，离事言理，使理流为虚理、空理。

同时，朱熹还强调了"理"所具有的真实不欺的属性。他将《中庸》中的核心范畴"诚"解释为"实"，以"实理"为枢纽来理解整部《中庸》的基本思想。他说："天命云者，实理之原也。性其在物之实体，道其当然之实用，而教也者，又因其体用之实而品节之也。不可离者，此理之实也。隐之见，微之显，实之存亡而不可掩者也。戒谨恐惧而谨其独焉，所以实乎此理之实也。中和云者，所以状此实理之体用也。天地位，万物育，则所以极此实理之功效也。中庸云者，实理之适可而平常者也。过与不及，不见实理而妄行者也。费而隐者，言实理之用广而体微也。鸢飞鱼跃，流动充满，夫岂无实而有是哉！道不远人以下，至于大舜、文、武、周公之事，孔子之言，皆实理应用之当然。而鬼神之不可掩，则又其发见之所以然也。圣人于此，固以其无一毫之不实，而至于如此之盛，其示人也，亦欲其必以其实而无一毫之伪也。盖自然而实者，天也，必期于实者，人而天也。诚明以下累章之意，皆所以反复乎此，而语其所以。至于正大经而立大本，参天地而赞化育，则亦真实无妄之极功也。卒章尚絅之云，又本其务实之初心而言也。内省者，谨独克己之功；不愧屋漏者，戒谨恐惧而无已；可克之事，皆所以实乎此之序也。时靡有争，变也；百辟刑之，化也；无声无臭，又极乎天命之性、实理之原而言也。"③ 简言之，一部《中庸》就是专门为了"发明实理之本然，欲人之实此理而无妄"④而作的。

------

① （宋）黎靖德编：《朱子语类》卷一，《朱子全书》第 14 册，上海古籍出版社、安徽教育出版社 2002 年版，第 115 页。

② （宋）黎靖德编：《朱子语类》卷九十五，《朱子全书》第 17 册，上海古籍出版社、安徽教育出版社 2002 年版，第 3185 页。

③ （宋）朱熹：《四书或问·中庸或问》，《朱子全书》第 6 册，上海古籍出版社、安徽教育出版社 2002 年版，第 594—595 页。

④ 同上书，第 595 页。

　　具体到人的身上，人之理则为性。朱熹将人性区分为"天命之性"与"气质之性"两个层面，肯定程子所说的"论性不论气不备，论气不论性不明"，从而使其人性论也具有"实"的特点。关于人的本性，朱熹认为禀受于天命之理，得于天而具于心，"心之全体湛然虚明，万理具足"①，故人性亦是实有的、真实的，而非虚无的、空寂的。所以他反复强调："性者，吾心之实理"②，"吾儒心虽虚而理则实，若释氏则一向归空寂去了"③，"只如说'天命之谓性'，释氏便不识了，便遽说是空觉。吾儒说底是实理，看他便错了"④，"儒、释言性异处，只是释言空，儒言实；释言无，儒言有"⑤。朱熹又以仁义礼智等道德原则来规定人的本性，并认为性发而为情，通过外在的情感可以认识内心的本质，使人性进一步摆脱了抽象性而具有现实的品格。所以他说："性是实理，仁义礼智皆具"⑥，"程子'性即理也'，此说最好。今且以理言之，毕竟却无形影，只是这一个道理。在人，仁义礼智，性也。然四者有何形状，亦只是有如此道理。有如此道理，便做得许多事出来，所以能恻隐、羞恶、辞逊、是非也。……盖道无形体，只性便是道之形体。……盖性中所有道理，只是仁义礼智，便是实理。吾儒以性为实，释氏以性为空"⑦。

　　关于现实的人性，朱熹认为即是"天命之性"落入气质形体中所形成的"气质之性"。由于理与气不相离，所以天命之性与气质亦不能相离。"才有天命，便有气质，不能相离。若阙一，便生物不得。既有天命，须

---

　　①　（宋）黎靖德编：《朱子语类》卷五，《朱子全书》第 14 册，上海古籍出版社、安徽教育出版社 2002 年版，第 230 页。

　　②　（宋）黎靖德编：《朱子语类》卷六十，《朱子全书》第 16 册，上海古籍出版社、安徽教育出版社 2002 年版，第 1932 页。

　　③　（宋）黎靖德编：《朱子语类》卷一百二十六，《朱子全书》第 18 册，上海古籍出版社、安徽教育出版社 2002 年版，第 3933 页。

　　④　同上书，第 3935 页。

　　⑤　同上书，第 3933 页。

　　⑥　（宋）黎靖德编：《朱子语类》卷五，《朱子全书》第 14 册，上海古籍出版社、安徽教育出版社 2002 年版，第 216 页。

　　⑦　同上书，第 191—192 页。

是有此气，方能承当得此理。若无此气，则此理如何顿放。"① 也就是说，天理必须安顿在一定的形气中才能成为人性，故一切现实的人性皆非性之本体，而是气质之性。"大抵人有此形气，则是此理始具于形气之中，而谓之性。才是说性，便已涉乎有生而兼乎气质，不得为性之本体也。"② 人性虽以至善的天理为本体，但同时又受到气质的影响与障蔽，故表现出有善有恶的状态。朱熹对于人性的这一规定，同时容纳了道德理性与物质感性两个层面的因素，既保证了人具有先天的善的本质，又对现实中的人性之恶做出了解释，避免悬空说性，从而使其人性论更加具有现实性。

二　朱子学的研究对象

朱熹认为，有物必有则，理普遍存在于一切事物之中，所以从理论上说，万事万物都可以成为朱子学的研究对象。譬如他说：

> 上而无极、太极，下而至于一草、一木、一昆虫之微，亦各有理。一书不读，则阙了一书道理；一事不穷，则阙了一事道理；一物不格，则阙了一物道理。须着逐一件与他理会过。③
>
> 一身之中是仁义礼智，恻隐羞恶，辞逊是非，与夫耳目手足视听言动，皆所当理会。至若万物之荣悴与夫动植小大，这底是可以如何使，那底是可以如何用，车之可以行陆，舟之可以行水，皆所当理会。④
>
> 虽一草木亦有理存焉。一草一木，岂不可格。如麻麦稻粱，甚时

---

①　（宋）黎靖德编：《朱子语类》卷四，《朱子全书》第 14 册，上海古籍出版社、安徽教育出版社 2002 年版，第 192—193 页。

②　（宋）黎靖德编：《朱子语类》卷九十五，《朱子全书》第 17 册，上海古籍出版社、安徽教育出版社 2002 年版，第 3196 页。

③　（宋）黎靖德编：《朱子语类》卷十五，《朱子全书》第 14 册，上海古籍出版社、安徽教育出版社 2002 年版，第 477 页。

④　（宋）黎靖德编：《朱子语类》卷十八，《朱子全书》第 14 册，上海古籍出版社、安徽教育出版社 2002 年版，第 602 页。

种，甚时收，地之肥，地之硗，厚薄不同，此宜植某物，亦皆有理。①

　　盖天下之事，皆谓之物，而物之所在，莫不有理。且如草木禽兽，虽是至微至贱，亦皆有理。如所谓"仲夏斩阳木，仲冬斩阴木"，自家知得这个道理，处之而各得其当便是。且如鸟兽之情，莫不好生而恶杀，自家知得是怎地，便须"见其生不忍见其死，闻其声不忍食其肉"方是。要之，今且自近以及远，由粗以至精。②

又说：

　　圣贤无所不通，无所不能，那个事理会不得？如《中庸》"天下国家有九经"，便要理会许多物事。如武王访箕子陈《洪范》，自身之视、听、言、貌、思，极至于天人之际，以人事则有八政，以天时则有五纪，稽之于卜筮，验之于庶征，无所不备。如《周礼》一部书，载周公许多经国制度，那里便有国家当自家做？只是古圣贤许多规模，大体也要识。盖这道理无所不该，无所不在。且如礼、乐、射、御、书、数，许多周旋升降文章品节之繁，岂有妙道精义在？只是也要理会。理会得熟时，道理便在上面。又如律历、刑法、天文、地理、军旅、官职之类，都要理会。虽未能洞究其精微，然也要识个规模大概，道理方浃洽通透。若只守个些子，捉定在这里，把许多都做闲事，便都无事了。如此，只理会得门内事，门外事便了不得。所以圣人教人要博学！须是"博学之，审问之，谨思之，明辩之，笃行之"。……圣人虽是生知，然也事事理会过，无一之不讲。这道理不是只就一件事上理会见得便了。学时无所不学，理会时，却是逐件上理会去。凡事虽未理会得详密，亦有个大要处，纵详密处未晓得，而

---

　　① （宋）黎靖德编：《朱子语类》卷十八，《朱子全书》第 14 册，上海古籍出版社、安徽教育出版社 2002 年版，第 633 页。
　　② （宋）黎靖德编：《朱子语类》卷十五，《朱子全书》第 14 册，上海古籍出版社、安徽教育出版社 2002 年版，第 477 页。

大要处已被自家见了。①

由此可见，朱熹所理解的研究对象是十分广泛而实际的，从自然事物、历史规律，到人类的活动事为、典章制度，再到个体的思维念虑、道德本性，无论精粗、远近、大小、贵贱，通通包括在内。即便是圣人，也必须经过广博的学习，事事都要理会。而研究的次序，则须从粗处、浅处、近处、分明处入手，由粗以至精，由近以及远，以免好高骛远，遗漏了实际事物。同时，朱熹指出："天下之物，则必各有所以然之故，与其所当然之则，所谓理也"②，"穷理者，欲知事物之所以然，与其所当然者而已。知其所以然，故志不惑；知其所当然，故行不谬"③。因此，学者不仅需要把握事物中蕴含的道德原则，还需要广泛地学习、研究有关各类事物的性质、规律、原理的具体知识，才算是真正的穷理。

譬如，朱熹对于经史之书中记载的名物度数、典章制度、历史事变、治乱兴亡之道等皆十分留意，主张通经致用、史学经世。他说："且如读《尧舜典》'历象日月星辰''律度量衡''五礼五玉'之类，《禹贡》山川、《洪范》九畴，须一一理会令透。又如《礼书》冠、昏、丧、祭、王朝、邦国许多制度，逐一讲究。"④ 又说："读史当观大伦理、大机会、大治乱得失"⑤，"三代以下书，古今世变治乱存亡，皆当理会"⑥。在朱熹看来，掌握这些知识正是一位儒者的分内之事，亦是成圣成贤的必要条件。若非如此，则何以承担治平天下的重任？故曰："若论为学，治己治人，有多

---

① （宋）黎靖德编：《朱子语类》卷一百一十七，《朱子全书》第 18 册，上海古籍出版社、安徽教育出版社 2002 年版，第 3704—3705 页。

② （宋）朱熹：《四书或问·大学或问》，《朱子全书》第 6 册，上海古籍出版社、安徽教育出版社 2002 年版，第 512 页。

③ （宋）朱熹：《朱文公文集》卷六十四《答或人》，《朱子全书》第 23 册，上海古籍出版社、安徽教育出版社 2002 年版，第 3136—3137 页。

④ （宋）黎靖德编：《朱子语类》卷一百一十三，《朱子全书》第 18 册，上海古籍出版社、安徽教育出版社 2002 年版，第 3591 页。

⑤ （宋）黎靖德编：《朱子语类》卷十一，《朱子全书》第 14 册，上海古籍出版社、安徽教育出版社 2002 年版，第 355 页。

⑥ （宋）黎靖德编：《朱子语类》卷一百一十三，《朱子全书》第 18 册，上海古籍出版社、安徽教育出版社 2002 年版，第 3590 页。

少事？至如天文地理、礼乐制度、军旅刑法，皆是着实有用之事业，无非自己本分内事。古人六艺之教，所以游其心者正在于此。其与玩意于空言，以校工拙于篇牍之间者，其损益相万万矣。"①

　　尽管从总体上看，朱熹对于道德规范与政治、社会、历史领域的知识更为重视，但他并未因此而忽略、排斥有关自然事物与自然现象的客观知识。甚至可以说，朱熹对于自然事物与科学技术的关注和兴趣在宋明理学家中是少有人及的。我们在朱熹的文集、语录甚至经史著作中，都可以发现其对天文、历象、地理、地质、气象、气候、生物、医药等知识与学问的思考、研究和讨论。

　　（一）天文、历象

　　在天文、历象方面，朱熹主要以阴阳二气的运动来解释天地、日月、星辰的生成原因。他说："天地初间只是阴阳之气。这一个气运行，磨来磨去，磨得急了，便拶许多查滓，里面无处出，便结成个地在中央。气之清者便为天，为日月，为星辰，只在外，常周环运转。地便只在中央不动，不是在下。"② 换言之，阴阳二气的旋转运动，相互摩擦碰撞，产生了最初的物质颗粒，混杂在气中间。又由于气的运动，气之轻清者逐渐跑到外层，形成不断旋转运行的天与日月星辰，重浊者则聚在中央，结成不动的大地。据此，朱熹认为地不在天之下，而在天之中。"地却是有空阙处。天却四方上下都周匝无空阙，逼塞满皆是天。地之四向底下却靠着那天。天包地，其气无不通。恁地看来，浑只是天了。"③ 而地之所以能够凝聚、保持在天的中央而不散不坠，正是由于天极速运转的力量。"天运不息，昼夜辊转，故地榷在中间。使天有一息之停，则地须陷下。惟天运转之急，故凝结得许多查滓在中间。"④ 若以比喻言之，"天地之形，如人以两

① （宋）朱熹：《朱文公文集》卷五十八《答谢成之》，《朱子全书》第23册，上海古籍出版社、安徽教育出版社2002年版，第2755页。

② （宋）黎靖德编：《朱子语类》卷一，《朱子全书》第14册，上海古籍出版社、安徽教育出版社2002年版，第119页。

③ 同上。

④ 同上。

碗相合，贮水于内。以手常常掉开，则水在内不出；稍住手，则水漏矣"①。

关于宇宙的结构，朱熹不仅修正了传统的浑天说，认为天圆如弹丸，地悬于天之气中，而非浮于水上，所谓"天以气而依地之形，地以形而附天之气。天包乎地，地特天中之一物尔。天以气而运乎外，故地榷在中间，隤然不动"②，而且对"九天"之说进行了新的解释。在他看来，"九天"并不是指九个天，亦非九方之天，而是指天有九个层次，且每层都因天的运转而表现出不同的性质特点。"《离骚》有九天之说，注家妄解，云有九天。据某观之，只是九重。盖天运行有许多重数。里面重教较软，至外面则渐硬。想到第九重，只成硬壳相似，那里转得又愈紧矣。"③

关于天体运行，朱熹赞同张载之说，认为"天道与日月五星皆是左旋"④。他进一步指出，传统历家之所以多主张日月右旋，是由于天与日月的旋转运行速度不同，若以运行最快的天为标准，则运行较慢的日月便仿佛逆行右旋。"天最健，一日一周而过一度。日之健次于天，一日恰好行三百六十五度四分度之一，但比天为退一度。月比日大，故缓，比天为退十三度有奇。但历家只算所退之度，却云日行一度，月行十三度有奇。此乃截法，故有日月五星右行之说，其实非右行也。横渠曰：'天左旋，处其中者顺之，少迟则反右矣。'此说最好。"⑤ 朱熹又根据古今"地中"位置的不同，推测地亦处于运动之中，会随天而转。"想是天运有差，地随天转而差。今坐于此，但知地之不动耳，安知天运于外，而地不随之以转耶？"⑥ 此外，朱熹既以北极为天之枢轴，居中不动，众星环绕其旋转，又补充道："北辰无星，缘是人要取此为极，不可无个记认，故就其傍取一

---

① （宋）黎靖德编：《朱子语类》卷一，《朱子全书》第 14 册，上海古籍出版社、安徽教育出版社 2002 年版，第 121 页。

② 同上书，第 119 页。

③ （宋）黎靖德编：《朱子语类》卷二，《朱子全书》第 14 册，上海古籍出版社、安徽教育出版社 2002 年版，第 141 页。

④ 同上书，第 131 页。

⑤ 同上书，第 130 页。

⑥ （宋）黎靖德编：《朱子语类》卷八十六，《朱子全书》第 17 册，上海古籍出版社、安徽教育出版社 2002 年版，第 2923 页。

小星谓之极星。……极星也动。只是它近那辰后，虽动而不觉。如那射糖盘子样，那北辰便是中心椿子，极星便是近椿底点子，虽也随那盘子转，却近那椿子，转得不觉。"①

　　关于天象，朱熹认为"凡天地之光，皆日光也"②，月球本身并不发光，只是反射它所受到的日光。同时，月本身亦无圆缺盈亏，只是由于其受日光照射的部分不同，才使地上的人们产生月有圆缺盈亏的感觉。故曰："月体常圆无阙，但常受日光为明。初三四是日在下照，月在西边明，人在这边望，只见在弦光。十五六则日在地下，其光由地四边而射出，月被其光而明。"③ 又说："日月相会时，日在月上，不是无光，光都载在上面一边，故地上无光。到得日月渐渐相远时，渐擦挫，月光渐渐见于下。到得望时，月光浑在下面一边。望后又渐渐光向上去。"④ 对于月中黑影，朱熹认为是日光被地遮蔽而产生的阴影。"月之望，正是日在地中，月在天中，所以日光到月，四伴更无亏欠；唯中心有少黯黳处，是地有影蔽者尔。"⑤ "如镜子中被一物遮住其光，故不甚见也。盖日以其光加月之魄，中间地是一块实底物事，故光照不透而有此黑晕也。"⑥ 对于日食，朱熹认为是由于日月相合时，日光被月遮蔽所致，故日食只发生在朔日。"日食是为月所掩"⑦，"日所以蚀于朔者，月常在下，日常在上，既是相会，被月在下面遮了日，故日蚀"⑧。但朔日并不必然发生日食，这是因为"合朔之时，日月之东西虽同在一度，而月道之南北或差远，于日则不蚀。或南北虽亦相近，而日在内，月在外，则不蚀。此正如一人秉烛，一人执扇，

　　① （宋）黎靖德编：《朱子语类》卷二十三，《朱子全书》第 14 册，上海古籍出版社、安徽教育出版社 2002 年版，第 789 页。
　　② （宋）黎靖德编：《朱子语类》卷七十九，《朱子全书》第 17 册，上海古籍出版社、安徽教育出版社 2002 年版，第 2722 页。
　　③ （宋）黎靖德编：《朱子语类》卷二，《朱子全书》第 14 册，上海古籍出版社、安徽教育出版社 2002 年版，第 137 页。
　　④ 同上书，第 138 页。
　　⑤ 同上书，第 135 页。
　　⑥ 同上书，第 138 页。
　　⑦ 同上书，第 139 页。
　　⑧ 同上书，第 129 页。

相交而过。一人自内观之，其两人相去差远，则虽扇在内，烛在外，而扇不能掩烛。或秉烛者在内，而执扇者在外，则虽近而扇亦不能掩烛"①。对于月食，朱熹的态度则比较复杂。一方面，他认为日为阳，月为阴，故"月食是与日争敌"②，"月蚀是日月正相照。伊川谓月不受日光，意亦相近。盖阴盛亢阳，而不少让阳故也"③。另一方面，朱熹又以日月相掩来解释月食的成因，认为"日月薄蚀，只是二者交会处，二者紧合，所以其光淹没，在朔则为日食，在望则为月食。……如自东而西，渐次相近，或日行月之旁，月行日之旁，不相掩者皆不蚀。唯月行日外而掩日于内，则为日蚀；日行月外而掩月于内，则为月蚀。所蚀分数，亦推其所掩之多少而已"④。此外，朱熹还假设日光被地遮蔽而形成了一块暗处，即"暗虚"，当望日月球经过暗虚时，因照射不到日光便出现月食。故曰："望时月蚀，固是阴敢与阳敌，然历家又谓之暗虚。盖火日外影，其中实暗，到望时恰当着其中暗处，故月蚀"⑤，"至明中有暗处，其暗至微。望之时，月与之正对，无分豪相差，月为暗处所射，故蚀"⑥。不论如何，在朱熹看来，日食与月食都是可以预测的自然现象，而非灾异。

（二）气候、气象

在气候、气象方面，朱熹往往以阴阳之气的运动来解释四季气候的变化与各种天气现象。譬如他说："天地间只是一个气，自今年冬至到明年冬至，是他地气周匝。把来折做两截时，前面底便是阳，后面底便是阴。又折做四截也如此，便是四时。天地间只有六层，阳气到地面上时，地下便冷了。只是这六位，阳长到那第六位时极了，无去处，上面只是渐次消

---

① （宋）朱熹：《朱文公文集》卷四十五《答廖子晦》，《朱子全书》第22册，上海古籍出版社、安徽教育出版社2002年版，第2104—2105页。

② （宋）黎靖德编：《朱子语类》卷二，《朱子全书》第14册，上海古籍出版社、安徽教育出版社2002年版，第139页。

③ 同上书，第138—139页。

④ 同上书，第135—136页。

⑤ 同上书，第129页。

⑥ （宋）黎靖德编：《朱子语类》卷七十九，《朱子全书》第17册，上海古籍出版社、安徽教育出版社2002年版，第2722页。

了。上面消了些个时，下面便生了些个，那便是阴。"① 又说："看来天地中间，此气升降上下，当分为六层。十一月冬至，自下面第一层生起，直到第六层，上极至天，是为四月。阳气既生足，便消，下面阴气便生。只是这一气升降，循环不已，往来乎六层之中也。"② 同时，天的运转速度的变化所造成的气的变化亦会影响四季的气候。"想得春夏间天转稍慢，故气候缓散昏昏然，而南方为尤甚。至秋冬，则天转益急，故气候清明，宇宙澄旷。所以说天高气清，以其转急而气紧也。"③

关于局部地区的气候，朱熹认为既受到当地地形的影响，又与阴阳之气的盛衰有关。他说："闽中之山多自北来，水皆东南流。江、浙之山多自南来，水多北流，故江、浙冬寒夏热。"④ 又说："如海边诸郡风极多，每如期而至，如春必东风，夏必南风，不如此间之无定。盖土地旷阔，无高山之限，故风各以方至。……如西北边多阴，非特山高障蔽之故，自是阳气到彼处衰谢。盖日到彼方午，则彼已甚晚，不久则落，故西边不甚见日。"⑤

关于云、雨、雷、电、风、霾等现象的产生，朱熹多采张载之说，以阴阳二气的运动加以解释。他说："横渠云：'阳为阴累，则相持为雨而降。'阳气正升，忽遇阴气，则相持而下为雨。盖阳气轻，阴气重，故阳气为阴气压坠而下也。'阴为阳得，则飘扬为云而升。'阴气正升，忽遇阳气，则助之飞腾而上为云也。'阴气凝聚，阳在内者不得出，则奋击而为雷霆。'阳气伏于阴气之内不得出，故爆开而为雷也。'阳在外者不得入，则周旋不舍而为风。'阴气凝结于内，阳气欲入不得，故旋绕其外不已而为风，至吹散阴气尽乃已也。'和而散，则为霜雪雨露；不和而散，则为

---

① （宋）黎靖德编：《朱子语类》卷六十五，《朱子全书》第 16 册，上海古籍出版社、安徽教育出版社 2002 年版，第 2157—2158 页。

② （宋）黎靖德编：《朱子语类》卷七十四，《朱子全书》第 16 册，上海古籍出版社、安徽教育出版社 2002 年版，第 2533 页。

③ （宋）黎靖德编：《朱子语类》卷二，《朱子全书》第 14 册，上海古籍出版社、安徽教育出版社 2002 年版，第 147 页。

④ 同上书，第 149 页。

⑤ （宋）黎靖德编：《朱子语类》卷八十六，《朱子全书》第 17 册，上海古籍出版社、安徽教育出版社 2002 年版，第 2921 页。

戾气曀霾.'戾气,飞雹之类;曀霾,黄雾之类,皆阴阳邪恶不正之气,所以雹水秽浊,或青黑色。"[1] 但是,朱熹又对张载的一些观点做了补充与修正。譬如,朱熹认为天之气的旋转也会形成风,并说:"风随阳气生,日方升则阳气生,至午则阳气盛,午后则阳气微,故风亦随而盛衰。"[2] 又如,关于雨的成因,朱熹也提出了自己的解释:"凡雨者,皆是阴气盛,凝结得密,方湿润下降为雨。且如饭甑,盖得密了,气郁不通,四畔方有温汗。"[3] 显然,朱熹的这些说法更为接近实情。关于霜与雪的成因,朱熹则说:"霜只是露结成,雪只是雨结成。古人说露是星月之气,不然。今高山顶上虽晴亦无露。露只是自下蒸上。"[4] 至于高山上无霜露,却有雪的原因,朱熹解释道:"上面气渐清,风渐紧,虽微有雾气,都吹散了,所以不结。若雪,则只是雨遇寒而凝。故高寒处雪先结也。"[5] 此外,朱熹还对露与霜、雪与霜、雨与露、雾与露之间的区别做了细致的分析。"露与霜之气不同:露能滋物,霜能杀物也。又雪霜亦有异:霜则杀物,雪不能杀物也。雨与露亦不同:雨气昏,露气清。气蒸而为雨,如饭甑盖之,其气蒸郁而汗下淋漓;气蒸而为雾,如饭甑不盖,其气散而不收。雾与露亦微有异,露气肃,而雾气昏也。"[6]

关于虹的现象,朱熹有时以阴阳之气相交解释,谓:"蝃蝀,虹也。日与雨交,倏然成质,似有血气之类,乃阴阳之气不当交而交者,盖天地之淫气也"[7];有时又以日照之影解释,谓:"蝃蝀本只是薄雨为日所照成

---

① (宋)黎靖德编:《朱子语类》卷九十九,《朱子全书》第17册,上海古籍出版社、安徽教育出版社2002年版,第3331页。

② (宋)黎靖德编:《朱子语类》卷八十六,《朱子全书》第17册,上海古籍出版社、安徽教育出版社2002年版,第2921页。

③ (宋)黎靖德编:《朱子语类》卷七十,《朱子全书》第16册,上海古籍出版社、安徽教育出版社2002年版,第2346页。

④ (宋)黎靖德编:《朱子语类》卷二,《朱子全书》第14册,上海古籍出版社、安徽教育出版社2002年版,第140—141页。

⑤ 同上书,第141页。

⑥ (宋)黎靖德编:《朱子语类》卷一百,《朱子全书》第17册,上海古籍出版社、安徽教育出版社2002年版,第3348页。

⑦ (宋)朱熹:《诗集传》卷三《鄘·蝃蝀》,中华书局1958年版,第32页。

影，然亦有形"，"虹非能止雨也，而雨气至是已薄，亦是日色射散雨气了"①。关于潮汐的现象，朱熹注意到其与月球位置变化之间的相互关系，并以阴阳之气的更替加以解释。他说："潮，海水以月加子午之时，一日而再至者也，朝曰潮，夕曰汐"②，"大抵天地之间东西为纬，南北为经，故子午卯酉为四方之正位，而潮之进退以月至此位为节耳。以气之消息言之，则子者阴之极而阳之始，午者阳之极而阴之始，卯为阳中，酉为阴中也"③。关于庐山的"佛灯"现象，朱熹推测"此是气盛而有光，又恐是宝气，又恐是腐叶飞虫之光"④。关于峨眉山的"佛光"现象，朱熹认为"今所在有石，号'菩萨石'者，如水精状，于日中照之，便有圆光。想是彼处山中有一物，日初出，照见其影圆，而映人影如佛影耳"⑤。关于"大雪兆丰年"之说，朱熹认为"雪非丰年，盖为凝结得阳气在地，来年发达生长万物"⑥。此外，朱熹对于一些非常细小的问题亦观察入微。譬如，朱熹不仅注意到雪花皆呈六角形的有趣现象，而且将其与玄精石的六棱联系起来，以"数"的思想加以解释。他说："雪花所以必六出者，盖只是霰下，被猛风拍开，故成六出。如人掷一团烂泥于地，泥必溅开成棱瓣也。又，六者阴数，太阴玄精石亦六棱，盖天地自然之数。"⑦

（三）地理

在地理方面，朱熹指出山与水往往并行，因而可以通过江河来判断山脉的分支与走向。"大凡两山夹行，中间必有水；两水夹行，中间必有山。江出于岷山，岷山夹江两岸而行，那边一支去为陇，这边一支为湖南。又

---

①　（宋）黎靖德编：《朱子语类》卷二，《朱子全书》第 14 册，上海古籍出版社、安徽教育出版社 2002 年版，第 142 页。

②　（宋）朱熹集注：《楚辞集注》卷四《九章·悲回风》，上海古籍出版社 1979 年版，第 103 页。

③　（宋）朱熹：《朱文公文集》卷五十八《答张敬之》，《朱子全书》第 23 册，上海古籍出版社、安徽教育出版社 2002 年版，第 2800 页。

④　（宋）黎靖德编：《朱子语类》卷一百二十六，《朱子全书》第 18 册，上海古籍出版社、安徽教育出版社 2002 年版，第 3956 页。

⑤　同上。

⑥　（宋）黎靖德编：《朱子语类》卷二，《朱子全书》第 14 册，上海古籍出版社、安徽教育出版社 2002 年版，第 142 页。

⑦　同上书，第 141 页。

一支为建康，又一支为两浙，而余气为福建、二广。"① 关于山与水的关系，朱熹又提出"水随山行"的观点，认为"外面底水在山下，中间底水在脊上行"，又说："山下有水。今浚井底人亦看山脉。"② 关于中国的整体地形，朱熹说道："冀都是正天地中间，好个风水。山脉从云中发来，云中正高脊处。自脊以西之水，则西流入于龙门、西河；自脊以东之水，则东流入于海。前面一条黄河环绕，右畔是华山耸立，为虎。自华来至中，为嵩山，是为前案。遂过去为泰山，耸于左，是为龙。淮南诸山是第二重案。江南诸山及五岭，又为第三四重案。"③ 关于地理位置与环境对建都的影响，朱熹既肯定"河东地形极好，乃尧、舜、禹故都……左右多山，黄河绕之，嵩、华列其前"，又指出平阳、蒲坂"其地硗瘠不生物，人民朴陋俭啬，故惟尧、舜能都之。后世侈泰，如何都得"。④ 关于地理环境对人的影响，朱熹曾说："江西山水秀拔，生出人来便要硬做"⑤，又说："某观诸处习俗不同，见得山川之气甚牢。且如建州七县，县县人物各自是一般，一州又是一般，生得长短小大清浊皆不同，都改变不得，岂不是山川之气甚牢？"⑥ 关于地图的制作要领，朱熹提出"要作地理图三个样子：一写州名，一写县名，一写山川名。仍作图时，须用逐州正邪、长短、阔狭如其地厚，糊纸叶子以剪"⑦。他还主张讨论地理须首重大形势，再由大及小，故批评薛常州的《九域图》"其书细碎，不是著书手段"⑧。在朱熹看来，"'予决九川距四海，浚畎浍距川。'圣人做事便有大纲领，先决九川距四海了，却逐旋爬疏小水，令至川。学者亦先识个大形势，如江、河、

---

① （宋）黎靖德编：《朱子语类》卷七十九，《朱子全书》第 17 册，上海古籍出版社、安徽教育出版社 2002 年版，第 2686 页。

② （宋）黎靖德编：《朱子语类》卷二，《朱子全书》第 14 册，上海古籍出版社、安徽教育出版社 2002 年版，第 147 页。

③ 同上书，第 148 页。

④ 同上。

⑤ 同上书，第 149 页。

⑥ （宋）黎靖德编：《朱子语类》卷一百三十八，《朱子全书》第 18 册，上海古籍出版社、安徽教育出版社 2002 年版，第 4270 页。

⑦ （宋）黎靖德编：《朱子语类》卷二，《朱子全书》第 14 册，上海古籍出版社、安徽教育出版社 2002 年版，第 149 页。

⑧ 同上书，第 150 页。

淮先合识得，渭水入河，上面漆、沮、泾等又入渭，皆是第二重事"。①

同时，朱熹对于《禹贡》所载地理亦做了部分的考据与辨正，客观地指出了其中不少难以理解或与现实不合之处。譬如他说："《禹贡》济水，今皆变尽了。又江水无沱，又不至澧。九江亦无寻处，后人只白捉江州。又上数千里不说一句，及到江州，数千里间连说数处，此皆不可晓者。"②又说："《禹贡》说三江及荆、扬间地理，是吾辈亲目见者，皆有疑；至北方即无疑，此无他，是不曾见耳。"③ 由于朱熹曾知南康军，故能亲履九江、彭蠡、庐山等地考察，目睹其山川形势之实，复与《禹贡》之文相核，发现殊不相应，遂作《九江彭蠡辨》以辨《禹贡》之非。《禹贡》所载乃九州之山川，如今仅荆扬一地可见之谬误已如此，朱熹更有理由怀疑"耳目见闻之所不及，所可疑者又当几何"④。据此，加之古今地理的变迁，朱熹认为若仅就地理本身而言，《禹贡》并不值得学者特别重视与信赖。"《禹贡》地理，不须大段用心，以今山川都不同了。理会《禹贡》，不如理会如今地理。"⑤ 他进一步指出，后世学者在注解《禹贡》的过程中，多是一味迷信经典与书本，非但不能考辨、订正其中的错误，反而牵强附会，曲为解说，文过饰非，遂使其学错上加错。所以他批评"古今读者皆以为是既出于圣人之手，则固不容复有讹谬，万世之下，但当尊信诵习，传之无穷，亦无以核其事实是否为也。是以为之说者，不过随文解义，以就章句"⑥，又谓学者所论地理"多是臆度，未必身到足历，故其说亦难尽

---

①　（宋）黎靖德编：《朱子语类》卷七十九，《朱子全书》第 17 册，上海古籍出版社、安徽教育出版社 2002 年版，第 2689 页。

②　同上书，第 2685 页。

③　（宋）黎靖德编：《朱子语类》卷八十三，《朱子全书》第 17 册，上海古籍出版社、安徽教育出版社 2002 年版，第 2870 页。

④　（宋）朱熹：《朱文公文集》卷七十二《九江彭蠡辨》，《朱子全书》第 24 册，上海古籍出版社、安徽教育出版社 2002 年版，第 3452 页。

⑤　（宋）黎靖德编：《朱子语类》卷七十九，《朱子全书》第 17 册，上海古籍出版社、安徽教育出版社 2002 年版，第 2685 页。

⑥　（宋）朱熹：《朱文公文集》卷七十二《九江彭蠡辨》，《朱子全书》第 24 册，上海古籍出版社、安徽教育出版社 2002 年版，第 3446—3447 页。

据，未必如今目见之亲切著明耳"①。由此可见朱熹在地理研究上注重客观实际与实地考察的科学精神。

（四）地质

在地质方面，朱熹被认为是最早认识化石的学者之一，并且能够初步以地质变迁的观点来解释化石的生成。他说："常见高山有螺蚌壳，或生石中，此石即旧日之土，螺蚌即水中之物。下者却变而为高，柔者变而为刚，此事思之至深，有可验者。"② 又说："今高山上多有石上蛎壳之类，是低处成高。又蛎须生于泥沙中，今乃在石上，则是柔化为刚。天地变迁，何常之有？"③ 关于山脉与大地的最初形成，朱熹认为是由于浑浊的水的沉积作用，因而存在一个由软到硬的变化过程。"天地始初混沌未分时，想只有水火二者。水之滓脚便成地。今登高而望，群山皆为波浪之状，便是水泛如此。只不知因甚么时凝了。初间极软，后来方凝得硬。……水之极浊便成地，火之极清便成风霆雷电日星之属。"④ 此外，朱熹还注意到流水对山的侵蚀作用，提出"山上之土为水漂流下来，山便瘦，泽便高"⑤。

（五）生物

在生物方面，朱熹对于各种动植物的性状、特点亦多有留意。譬如，朱熹认为不同植物的花期长短与季节之令有关。他说："冬间花难谢。如水仙，至脆弱，亦耐久；如梅花蜡梅，皆然。至春花则易谢。若夏间花，则尤甚矣。如葵榴荷花，只开得一日。必竟冬时其气贞固，故难得谢。若春夏间，才发便发尽了，故不能久。"⑥ 关于兰、蕙、荼、堇等植物的区别

① （宋）朱熹：《朱文公文集》卷三十七《答程泰之》，《朱子全书》第21册，上海古籍出版社、安徽教育出版社2002年版，第1651页。

② （宋）黎靖德编：《朱子语类》卷九十四，《朱子全书》第17册，上海古籍出版社、安徽教育出版社2002年版，第3118页。

③ 同上书，第3119—3120页。

④ （宋）黎靖德编：《朱子语类》卷一，《朱子全书》第14册，上海古籍出版社、安徽教育出版社2002年版，第120页。

⑤ （宋）黎靖德编：《朱子语类》卷七十，《朱子全书》第16册，上海古籍出版社、安徽教育出版社2002年版，第2361页。

⑥ （宋）黎靖德编：《朱子语类》卷四，《朱子全书》第14册，上海古籍出版社、安徽教育出版社2002年版，第190页。

与联系，朱熹考证道："《草木疏》用力多矣，然其说兰、蕙殊不分明。盖古人所说似泽兰者，非今之兰，（泽兰此中有之，尖叶方茎紫节，正如洪庆善说。若兰草似此，则决非今之兰矣。）自刘次庄以下所说，乃今之兰而非古之兰也。……又所谓蕙，以兰推之，则古之蕙恐当如陈藏器说乃是。若山谷说，乃今之蕙而亦非古之蕙也。……荼，恐是蓼属，（见《诗》疏《载芟》篇。）故诗人与堇并称。堇乃乌头，非先苦而后甘也。又云荼毒，盖荼有毒，今人用以药溪取鱼，堇是其类，则宜亦有毒而不得为苦苣矣。"① 关于松柏不凋的现象，朱熹认为"松柏非是叶不凋，但旧叶凋时新叶已生。木犀亦然"②。关于《诗经》所说的"关雎"，朱熹说道："古说关雎为王雎，挚而有别，居水中，善捕鱼。说得来可畏，当是鹰鹯之类，做得勇武气象，恐后妃不然。某见人说，淮上有一般水禽名王雎，虽两两相随，然相离每远，此说却与《列女传》所引义合。"③ 又说："王鸠，尝见淮上人说，淮上有之，状如此间之鸠，差小而长，常是雌雄二个不相失。虽然二个不相失，亦不曾相近而立处，须是隔丈来地，所谓'挚而有别'也。'人未尝见其匹居而乘处'，乘处，谓四个同处也。只是二个相随，既不失其偶，又未尝近而相狎，所以为贵也。"④ 关于蚁封，朱熹解释道："蚁垤也，北方谓之'蚁楼'，如小山子，乃蚁穴地，其泥坟起如丘垤，中间屈曲如小巷道。古语云'乘马折旋于蚁封之间'，言蚁封之间巷路屈曲狭小，而能乘马折旋于其间，不失其驰骤之节，所以为难也。'鹳鸣于垤'，垤即蚁封也。天阴雨下则蚁出，故鹳鸣于垤，以俟蚁之出而啄食之也。"⑤

（六）医药

在医药方面，关于药物之理，朱熹说道："今医者定魄药多用虎睛，

① （宋）朱熹：《朱文公文集》卷五十九《答吴斗南》，《朱子全书》第23册，上海古籍出版社、安徽教育出版社2002年版，第2838页。
② （宋）黎靖德编：《朱子语类》卷八十一，《朱子全书》第17册，上海古籍出版社、安徽教育出版社2002年版，第2799页。
③ 同上书，第2773页。
④ 同上书，第2774页。
⑤ （宋）黎靖德编：《朱子语类》卷一百五，《朱子全书》第17册，上海古籍出版社、安徽教育出版社2002年版，第3456页。

助魂药多用龙骨。魄属金，金西方，主肺与魄。虎是阴属之最强者，故其魄最盛。魂属木，木东方，主肝与魂。龙是阳属之最盛者，故其魂最强。龙能驾云飞腾，便是与气合。虎啸则风生，便是与魄合。"① 关于诊脉之法，朱熹认为《难经》首篇所载"寸关尺之法为最要"，而以丁德用的密排三指之法为未备。他说："夫《难经》则至矣，至于德用之法，则予窃意诊者之指有肥瘠，病者之臂有长短，以是相求，或未得为定论也。盖尝细考经之所以分寸尺者，皆自关而前却，以距乎鱼际尺泽，是则所谓关者必有一定之处，亦若鱼际尺泽之可以外见而先识也。然今诸书皆无的然之论，唯《千金》以为寸口之处，其骨自高，而关尺皆由是而却取焉，则其言之先后、位之进退，若与经文不合。独俗间所传《脉诀》五七言韵语者，词最鄙浅，非叔和本书明甚，乃能直指高骨为关，而分其前后，以为寸尺阴阳之位，似得《难经》本指。"② 此外，朱熹还曾请李伯谏"烦为寻访庞安常《难经说》，及闻别有论医文字颇多，得并为访问，传得一本示及为幸"③，可见其对医药之学的关注。

诚然，朱熹关于自然事物与自然现象的这些说法与解释，以今天的眼光看来，或许并不完全符合科学的认识与标准，不仅仍带有较强的哲学思辨色彩，而且多来自对日常生活经验的直接推理，还显得较为直观与粗糙，但在当时的知识水平与科技条件下，这几乎已是学者所能达到的最高水平。特别是作为一位影响巨大的理学家，朱熹始终对于各种自然事物与自然现象保持浓厚的兴趣，并且试图以自然的、物质性的原理对其加以解释，还能够利用观察、实验、实测等手段，亲自从事相关问题的研究，在充分总结、吸收前人研究成果的基础上，加以自己的思考，提出了不少崭新的、具有前瞻性与启发性的创见，是十分难能可贵的，亦对我国日后的科技研究和发展产生了较大的推动作用与示范效应。

---

① （宋）黎靖德编：《朱子语类》卷六十三，《朱子全书》第16册，上海古籍出版社、安徽教育出版社2002年版，第2083—2084页。

② （宋）朱熹：《朱文公文集》卷八十三《跋郭长阳医书》，《朱子全书》第24册，上海古籍出版社、安徽教育出版社2002年版，第3930—3931页。

③ （宋）朱熹：《朱文公续集》卷八《答李伯谏》，《朱子全书》第25册，上海古籍出版社、安徽教育出版社2002年版，第4787页。

　　朱熹之所以如此重视包括社会、历史、自然等各方面知识与规律的学习和研究，并能取得如此多的成绩，除了个人兴趣与性格方面的因素外，主要还是由于其"理一分殊"的基本思想，使得这方面的内容成为其建构思想体系不可或缺的一个重要部分。根据朱熹的理解，一方面，若就统一的、作为万事万物根本依据的天理而言，万事万物皆禀受此理以为性，彼此之间并无分别。"在天地言，则天地中有太极；在万物言，则万物中各有太极"①，"本只是一太极，而万物各有禀受，又自各全具一太极尔"②。从这一意义上说，"物理即道理，天下初无二理"③，"理在物与在吾身，只一般"④，"外而至于人，则人之理不异于己也；远而至于物，则物之理不异于人也；极其大，则天地之运，古今之变，不能外也；尽于小，则一尘之微，一息之顷，不能遗也"⑤。因此，万物之理可相互推知而无不通，研究、发明客观事物中蕴含的理，有利于更准确把握人心中的理。另一方面，若就分殊的、作为具体事物特定规律的物理而言，则不同事物的理又是相互区别的，是统一的普遍规律的不同部分与不同表现。因此，学者必须广泛、具体地研究各种事物中分殊的物理，并加以积累、融汇和贯通，才有可能最终把握完整的天理。故曰："这事自有这个道理，那事自有那个道理。各理会得透，则万事各成万个道理。四面凑合来，便只是一个浑沦道理"⑥，"万理虽只是一理，学者且要去万理中千头百绪都理会，四面凑合来，自见得是一理。不去理会那万理，只管去理会那一理……只是空

　　①　（宋）黎靖德编：《朱子语类》卷一，《朱子全书》第14册，上海古籍出版社、安徽教育出版社2002年版，第113页。

　　②　（宋）黎靖德编：《朱子语类》卷九十四，《朱子全书》第17册，上海古籍出版社、安徽教育出版社2002年版，第3167—3168页。

　　③　（宋）黎靖德编：《朱子语类》卷十五，《朱子全书》第14册，上海古籍出版社、安徽教育出版社2002年版，第475页。

　　④　（宋）黎靖德编：《朱子语类》卷十八，《朱子全书》第14册，上海古籍出版社、安徽教育出版社2002年版，第628页。

　　⑤　（宋）朱熹：《四书或问·大学或问》，《朱子全书》第6册，上海古籍出版社、安徽教育出版社2002年版，第527页。

　　⑥　（宋）黎靖德编：《朱子语类》卷一百一十七，《朱子全书》第18册，上海古籍出版社、安徽教育出版社2002年版，第3701页。

想象"①。因此，虽然朱熹亦承认价值优先的原则，并不以对客观事物的研究或知识的学习作为最终目的，但其理学思想体系内实际上已包含了这方面的内容与要求，在相当程度上肯定了"道问学"具有独立的价值和意义，从而使得朱子学呈现出明显的理性色彩与知识取向，并且能够为各种专门知识与学问的研究提供理论支持与合法性依据。

三 朱子学的为学方法

毫无疑问，"格物致知"是朱子学中最为核心与重要，也最具特色和价值的一项为学方法。按照朱熹的理解，"格物"指的是即物穷理，"致知"主要指知识的扩充。格物与致知并非两种相互独立的为学方法，而是同一个求知穷理过程的两个不同方面。致知虽是格物的目的和结果，但作为一种为学方法来说，其本身已蕴含于格物穷理之中，并借助格物的过程得以实现。

对于格物穷理，朱熹十分注重"即事即物"的重要意义，反复强调穷理工夫不可脱离具体事物而凭空进行。譬如他说："圣人不令人悬空穷理，须要格物者，是要人就那上见得道理破，便实"②，"而今只且就事物上格去。如读书，便就文字上格；听人说话，便就说话上格；接物，便就接物上格。精粗大小，都要格它"③。在朱熹看来，《大学》之所以不直说穷理而只言格物，亦是为了避免学者离物言理、空谈穷理。"人多把这道理作一个悬空底物。《大学》不说穷理，只说个格物，便是要人就事物上理会，如此方见得实体。所谓实体，非就事物上见不得。"④ "《大学》所以说格物，却不说穷理。盖说穷理，则似悬空无捉摸处；只说格物，则只就那形

① （宋）黎靖德编：《朱子语类》卷一百一十七，《朱子全书》第18册，上海古籍出版社、安徽教育出版社2002年版，第3692页。
② （宋）黎靖德编：《朱子语类》卷十四，《朱子全书》第14册，上海古籍出版社、安徽教育出版社2002年版，第428页。
③ （宋）黎靖德编：《朱子语类》卷十五，《朱子全书》第14册，上海古籍出版社、安徽教育出版社2002年版，第466页。
④ 同上书，第469页。

而下之器上便寻那形而上之道，便见得这个元不相离，所以只说格物。"①

根据《大学》指示的"八条目"的先后次第，朱熹明确将格物致知视作学者为学的基本工夫和实下手处。他说：

> 须先致知而后涵养。②
>
> 儒者之学，大要以穷理为先。盖凡一物有一理，须先明此，然后心之所发，轻重长短，各有准则。……若不于此先致其知，但见其所以为心者如此，识其所以为心者如此，泛然而无所准则，则其所存所发，亦何自而中于理乎？③
>
> 万事皆在穷理后。经不正，理不明，看如何地持守，也只是空。④
>
> 圣贤所言为学之序例如此，须先自外面分明有形象处把捉扶竖起来，不如今人动便说正心诚意，却打入无形影、无稽考处去也。⑤

同时，朱熹虽然承认人自身的德性、情感、思维、念虑等也在格物的范围之内，但并不主张将其作为格物的主要内容与首要对象，更反对将格物仅仅理解为格心、明心。他说：

> 格物须是到处求。"博学之，审问之，谨思之，明辨之"，皆格物之谓也。若只求诸己，亦恐见有错处，不可执一。⑥
>
> 反身而诚者，物格知至，而反之于身，则所明之善无不实，有如前所谓如恶恶臭、如好好色者，而其所行自无内外隐显之殊耳。若知有未

---

① （宋）黎靖德编：《朱子语类》卷六十二，《朱子全书》第 16 册，上海古籍出版社、安徽教育出版社 2002 年版，第 2026 页。

② （宋）黎靖德编：《朱子语类》卷九，《朱子全书》第 14 册，上海古籍出版社、安徽教育出版社 2002 年版，第 303 页。

③ （宋）朱熹：《朱文公文集》卷三十《答张钦夫》，《朱子全书》第 21 册，上海古籍出版社、安徽教育出版社 2002 年版，第 1314 页。

④ （宋）黎靖德编：《朱子语类》卷九，《朱子全书》第 14 册，上海古籍出版社、安徽教育出版社 2002 年版，第 303 页。

⑤ （宋）朱熹：《朱文公文集》卷四十七《答吕子约》，《朱子全书》第 22 册，上海古籍出版社、安徽教育出版社 2002 年版，第 2181 页。

⑥ （宋）黎靖德编：《朱子语类》卷十八，《朱子全书》第 14 册，上海古籍出版社、安徽教育出版社 2002 年版，第 634 页。

至，则反之而不诚者多矣，安得直谓但能反求诸身，则不待求之于外，而万物之理，皆备于我，而无不诚哉？况格物之功，正在即事即物而各求其理，今乃反欲离去事物而专务求之于身，尤非《大学》之本意矣。①

人之有是身也，则必有是心；有是心也，则必有是理。若仁、义、礼、智之为体，恻隐、羞恶、恭敬、是非之为用，是则人皆有之，而非由外铄我也。然圣人之所以教，不使学者收视反听，一以反求诸心为事，而必曰"兴于诗，立于礼，成于乐"，又曰博学、审问、谨思、明辨而力行之，何哉？盖理虽在我，而或蔽于气禀物欲之私，则不能以自见。学虽在外，然皆所以讲乎此理之实，及其浃洽贯通而自得之，则又初无内外精粗之间也。②

总之，朱熹之所以强调格物须以具体事物为主，为学必以格物为先，都是为了确保理的客观真实性。在朱熹看来，虽然心具万理，但这并不意味着人心在即物穷理之前便已先天地具备对于所有知识与道理的完整认识。事实上，若不通过后天的学习和践履，人就无法获得各种具体的知识与道理，并将潜在的道德原则转化为现实的道德意识与道德行为。所谓"万理虽具于吾心，还使教他知始得"③。同时，现实中的人总是不免受到气质与欲望的干扰和障蔽，其心中本具之理往往难以觉察、实现与扩充，所以必须借助对外在事物的考察、研究来发明义理，从而使义理建立在一个客观、确实的基础之上。从这一意义上看，格物致知不仅能够扩充人的知识，还能为人的道德行为指示明确的方向，提供可靠的内容。因此，朱熹要批评陆九渊"大抵其学于心地工夫不为无所见，但使欲恃此陵跨古今，更不下穷理细密功夫，卒并与其所得者而失之。人欲横流，不自知觉，而高谈大论，以为天理尽在是也，则其所谓心地工

---

① （宋）朱熹：《四书或问·中庸或问》，《朱子全书》第 6 册，上海古籍出版社、安徽教育出版社 2002 年版，第 591 页。

② （宋）朱熹：《朱文公文集》卷八十《鄂州州学稽古阁记》，《朱子全书》第 24 册，上海古籍出版社、安徽教育出版社 2002 年版，第 3800 页。

③ （宋）黎靖德编：《朱子语类》卷六十，《朱子全书》第 16 册，上海古籍出版社、安徽教育出版社 2002 年版，第 1936 页。

夫者又安在哉？"①

关于格物致知的具体手段与途径，朱熹说道：

> 穷理格物，如读经看史，应接事物，理会个是处，皆是格物。②

> 如读书而求其义，处事而求其当，接物存心察其是非、邪正，皆是也。③

> 若其用力之方，则或考之事为之著，或察之念虑之微，或求之文字之中，或索之讲论之际。使于身心性情之德，人伦日用之常，以至天地鬼神之变，鸟兽草木之宜，自其一物之中，莫不有以见其所当然而不容已，与其所以然而不可易者。④

由此可见，朱熹所主张的格物手段还是较为丰富的，由内到外，由静至动，从主观到客观，几乎都已囊括在内。不过，由于时代条件的限制，以及理学学术范式的影响，朱熹所说的格物致知实际上仍以读书为基本内容。就读书而言，朱熹可谓宋明理学家中最为重视读书价值的学者之一，并且为此建立起一整套的读书方法。其读书法以虚心平气、平实周密、循序渐进为最大特色，反对好高骛远、穿凿附会、空谈义理，完全可以实学之名当之。譬如他说：

> 读书大抵只就事上理会，看他语意如何，不必过为深昧之说，却失圣贤本意，自家用心亦不得其正，陷于支离怪僻之域，所害不细矣。切宜戒之，只就平易愨实处理会也。⑤

> 圣人之言平易中有精深处，不可穿凿求速成，又不可苟且闲看

① （宋）朱熹：《朱文公文集》卷五十六《答赵子钦》，《朱子全书》第23册，上海古籍出版社、安徽教育出版社2002年版，第2645页。
② （宋）黎靖德编：《朱子语类》卷十五，《朱子全书》第14册，上海古籍出版社、安徽教育出版社2002年版，第463页。
③ 同上书，第462页。
④ （宋）朱熹：《四书或问·大学或问》，《朱子全书》第6册，上海古籍出版社、安徽教育出版社2002年版，第527—528页。
⑤ （宋）朱熹：《朱文公文集》卷三十九《答许顺之》，《朱子全书》第22册，上海古籍出版社、安徽教育出版社2002年版，第1738页。

过。直须是置心平淡愨实之地，玩味探索而虚恬省事以养之，迟久不懈，当自觉其益；切不可以轻易急迫之心求旦暮之功，又不可因循偷惰、虚度光阴也。①

大概如此看，更须从浅近平易处理会、应用切身处体察，渐次接续，勿令间断，久之自然意味浃洽，伦类贯通。切不可容易躁急，厌常喜新，专拣一等难理会、无形影底言语暗中想象，杜撰穿凿，枉用心神，空费日力。②

奉劝诸公，且子细读书。书不曾读，不见义理，乘虚接渺，指摘一二句来问人，又有涨开其说来问，又有牵甲证乙来问，皆是不曾有志朴实头读书。若是有志朴实头读书，真个逐些理会将去，所疑直是疑，亦有可答。不然，彼己无益，只是一场闲说话尔，济得甚事？且如读此一般书，只就此一般书上穷究，册子外一个字且莫兜揽来炒。将来理明，却将已晓得者去解得未晓者。如今学者将未能解说者却去参解说不得者，鹘突好笑。③

据此，朱熹自然要批评陆九渊一派为学"不肯随人后，凡事要自我出，自由自在，故不耐烦如此逐些理会，须要立个高论笼罩将去。譬如读书，不肯从上至下逐字读去，只要从东至西一抹横说。乍看虽似新巧，压得人过，然横拗粗疏，不成义理，全然不是圣贤当来本说之意，则于己分究竟成得何事？"④ 又谓："近世有人为学，专要说空说妙，不肯就实，却说是悟。此是不知学，学问无此法。才说一'悟'字，便不可穷诘，不可研究，不可与论是非，一味说入虚谈，最为惑人。然亦但能谩得无学底

---

① （宋）朱熹：《朱文公文集》卷三十九《答魏元履》，《朱子全书》第22册，上海古籍出版社、安徽教育出版社2002年版，第1765页。

② （宋）朱熹：《朱文公文集》卷四十五《答胡宽夫》，《朱子全书》第22册，上海古籍出版社、安徽教育出版社2002年版，第2069页。

③ （宋）黎靖德编：《朱子语类》卷一百二十一，《朱子全书》第18册，上海古籍出版社、安徽教育出版社2002年版，第3839页。

④ （宋）朱熹：《朱文公文集》卷五十三《答刘季章》，《朱子全书》第22册，上海古籍出版社、安徽教育出版社2002年版，第2499页。

人，若是有实学人，如何被他谩？才说'悟'，便不是学问。"① 显然，在朱熹眼中，其与陆氏之学的差别就是实学与虚谈的差别。

朱熹虽然十分重视读书的作用与价值，但并未排斥或否定其他更为直接的格物方法。当有学生问及"明明德之功，是否以读书为要"时，朱熹既肯定"固是要读书"，又补充道："然书上有底，便可就书理会；若书上无底，便着就事上理会；若古时无底，便着就而今理会"，② 显示出一种通达、实际的为学态度。事实上，在格物致知这项庞大的事业中，朱熹始终都未停止使用观察、实验、实测等手段来认识、研究各种事物的知识、性质与规律。譬如，为了研究、验证《周礼》所载"土圭测土深"之法，朱熹曾请弟子林择之以"竹尺一枚，烦以夏至日依古法立表以测其日中之景，细度其长短示及"③。为了考证《仪礼》所载士庙之制，朱熹认为光凭纸面上的考据和想象并不足够，还须还原现场，实地模拟以验其实。他在给黄榦的信中说道："所论士庙之制……堂上前为三间、后为二间者，似有证据。但假设尺寸大小，无以见其深广之实，须稍展样，以四五尺以上为一架，方可分画许多地头、安顿许多物色。而中间更容升降、坐立、拜起之处，净扫一片空地，以灰画定，而实周旋俯仰于其间，庶几见得通与不通，有端的之验耳。"④ 又如，朱熹十分重视天象的观测，对于各种天文仪器都抱有浓厚的兴趣。其家中不仅拥有一台浑仪⑤，可用来观测天象，而且还试图制作一台浑象以供天文研究之用。在给蔡渊的一封信中，朱熹曾较为详细地叙述了他计划制作浑象的原因与方法："《天经》之说，今日所论乃中其病，然亦未尽。彼论之失，正坐以天形为可低昂反覆耳。不知

① （宋）黎靖德编：《朱子语类》卷一百二十一，《朱子全书》第18册，上海古籍出版社、安徽教育出版社2002年版，第3838—3839页。
② （宋）黎靖德编：《朱子语类》卷十四，《朱子全书》第14册，上海古籍出版社、安徽教育出版社2002年版，第438页。
③ （宋）朱熹：《朱文公文集》卷四十三《答林择之》，《朱子全书》第22册，上海古籍出版社、安徽教育出版社2002年版，第1968页。
④ （宋）朱熹：《朱文公文集》卷四十六《答黄直卿》，《朱子全书》第22册，上海古籍出版社、安徽教育出版社2002年版，第2161页。
⑤ 据《宋史·天文志》记载："朱熹家有浑仪，颇考水运制度。"参见（元）脱脱等撰《宋史》卷四十八《天文一·仪象》，中华书局2000年版，第650页。

天形一定，其间随人所望固有少不同处，而其南北高下自有定位，政使人能入于弹圆之下以望之，南极虽高，而北极之在北方，只有更高于南极，决不至反入地下而移过南方也。（但入弹圆下者自不看见耳。）盖图虽古所创，然终不似天体，孰若一大圆象，钻穴为星，而虚其当隐之规，以为瓮口，乃设短轴于北极之外，以缀而运之，又设短柱于南极之北，以承瓮口，遂自瓮口设四柱，小梯以入其中，而于梯末架空北入，以为地平，使可仰窥而不失浑体耶？"① 此后，朱熹在与蔡渊的信中又提及制作浑象之事，曰："浑象之说，古人已虑及此，但不说如何运转。今当作一小者，粗见其形制，但难得车匠耳"②，可见其用心之深，并非一时心血来潮。

在致知与力行的关系上，朱熹从认识论的角度始终坚持知先行后的观点③，强调"义理不明，如何践履"，"未能识得，涵养个甚"，④ 但他亦没有因此而忽视"行"的作用，而是从工夫论的角度主张知行相须，知行互发，不可偏废。譬如他说：

> 知、行常相须，如目无足不行，足无目不见。论先后，知为先；论轻重，行为重。⑤

> 致知、力行，用功不可偏。偏过一边，则一边受病。如程子云："涵养须用敬，进学则在致知。"分明自作两脚说，但只要分先后轻重。论先后，当以致知为先；论轻重，当以力行为重。⑥

又说：

---

① （宋）朱熹：《朱文公续集》卷三《答蔡伯静》，《朱子全书》第 25 册，上海古籍出版社、安徽教育出版社 2002 年版，第 4712—4713 页。

② （宋）朱熹：《朱文公续集》卷三《答蔡伯静》，《朱子全书》第 25 册，上海古籍出版社、安徽教育出版社 2002 年版，第 4713 页。

③ 这里所说的"知"与"行"主要指知识（包括求知）与既有知识的实行，并不涉及知识或认识的来源问题。

④ （宋）黎靖德编：《朱子语类》卷九，《朱子全书》第 14 册，上海古籍出版社、安徽教育出版社 2002 年版，第 303 页。

⑤ 同上书，第 298 页。

⑥ 同上书，第 299 页。

方其知之而行未及之，则知尚浅。既亲历其域，则知之益明，非前日之意味。①

学者工夫，唯在居敬、穷理二事。此二事互相发。能穷理，则居敬工夫日益进；能居敬，则穷理工夫日益密。譬如人之两足，左足行，则右足止；右足行，则左足止。②

知与行，工夫须著并到。知之愈明，则行之愈笃；行之愈笃，则知之益明。二者皆不可偏废。如人两足相先后行，便会渐渐行得到。若一边软了，便一步也进不得。然又须先知得，方行得。所以《大学》先说致知，《中庸》说知先于仁、勇，而孔子先说"知及之"。然学问、谨思、明辨、力行，皆不可阙一。③

由此可见，朱熹认为致知与力行作为两项基本的为学工夫，在学者为学的整个动态过程中是相辅相成、互相促进的关系，二者缺一不可。虽说知先于行，但在事实上，不可能要求某人先达到物格知至的境界再去专意践行。因为"知至"只是一种理想状态，即便穷毕生之功也未必能够实现，若一定要等到致知完成、知无不尽之后才去力行，势必导致力行流于空谈，或成为人们逃避力行的借口。同时，知有深浅，行有大小，真知的实现也有赖于行的推动，人往往需要通过实行来检验、加深对既有知识的认识。因此，人在略知所当然之后便当去行，在行中不断完善知，反过来又不断促进知，从而实现二者的良性循环与共同进步。"故《大学》之书，虽以格物致知为用力之始，然非谓初不涵养履践而直从事于此也；又非谓物未格、知未至则意可以不诚、心可以不正、身可以不修、家可以不齐也。但以为必知之至，然后所以治己、治人者始有以尽其道耳。若曰必俟知至而后可行，则夫事亲从兄、承上接下，乃人生之所不能一日废者，岂

---

① （宋）黎靖德编：《朱子语类》卷九，《朱子全书》第14册，上海古籍出版社、安徽教育出版社2002年版，第298页。

② 同上书，第301页。

③ （宋）黎靖德编：《朱子语类》卷十四，《朱子全书》第14册，上海古籍出版社、安徽教育出版社2002年版，第457页。

可谓吾知未至而暂辍，以俟其至而后行哉？"①

　　但是，若硬要在知与行中分出一个先后轻重来，那么朱熹的答案亦是十分明确的，即"知为先，行为重"。② 因为从儒者为学的逻辑次序与追求的终极目标来看，格物致知只是为学的起点，是于事事物物皆知其所以然与所当然，此后还须力行所知，修养德性，经世济民，由内圣推出外王，最终实现治平天下、成圣成贤的伟大目标。所谓"见无虚实，行有虚实。见只是见，见了后却有行，有不行"③，说明是否能够将所知所见付诸实行亦是衡量、判断学术虚实的一个重要标准。在此意义上，朱熹亦对行的价值作了极大的肯定与张扬：

　　　　学之之博，未若知之之要；知之之要，未若行之之实。④

　　　　既涵养，又须致知；既致知，又须力行。若致知而不力行，与不

---

　　① （宋）朱熹：《朱文公文集》卷四十二《答吴晦叔》，《朱子全书》第22册，上海古籍出版社、安徽教育出版社2002年版，第1915页。

　　② 陈来先生认为，朱熹提出的"知先行后"与"知行互发"两个命题中的"知"与"行"这两个范畴的内涵与意义并不相同。前者指的是"人的知识"与"人把既有知识付诸于行为行动"，即"致知"与"力行"，后者则指"致知"与"涵养"。（参见陈来《朱子哲学研究》第十四章《知与行》，华东师范大学出版社2000年版。）陈来先生的这一分疏显然有利于我们更加清楚地认识和把握朱熹知行观的具体内容与思想意图。但是，若因此将这两个命题中的"知""行"范畴完全割裂开来，则似乎亦有未备。一方面，"人的知识"与"人把既有知识付诸于行为行动"之间亦存在互发并进的关系，故朱熹说："方其知之而行未及之，则知尚浅。既亲历其域，则知之益明，非前日之意味"，又说："知与行，工夫须著并到。知之愈明，则行之愈笃；行之愈笃，则知之益明"，并将致知与力行比作左右脚的关系，认为"两足相先后行，便会渐渐行得到。若一边软了，便一步也进不得"。另一方面，涵养作为一项基本的为学工夫，自然有其特定的内容、方法与用功方向，因而也就具有了认识论方面的属性。若从这一角度上看，致知与涵养虽说不分前后，互发并进，但也可以同时存在知先行后的关系，即致知先于涵养。故朱熹曾明说："须先致知而后涵养"，"未能识得，涵养个甚"，又在引用程颐的名言"涵养须用敬，进学则在致知"之后，提出这两者"分明自作两脚说，但只要分先后轻重。论先后，当以致知为先；论轻重，当以力行为重"。因此，与其说"知先行后"与"知行互发"这两个命题中的"知""行"范畴意义不同，不如说是其强调的具体方面不同。"知先行后"强调的是知识（当然也包括求知的行为）对于运用知识的实践活动的优先性，而"知行互发"强调的则是"致知"与"力行"（或"涵养"）作为两种基本的为学工夫在现实的为学过程中相辅相成、互发并进的密切关系。

　　③ （宋）黎靖德编：《朱子语类》卷九，《朱子全书》第14册，上海古籍出版社、安徽教育出版社2002年版，第304页。

　　④ （宋）黎靖德编：《朱子语类》卷十三，《朱子全书》第14册，上海古籍出版社、安徽教育出版社2002年版，第386页。

知同。①

　　既知得，若不真实去做，那个道理也只悬空在这里，无个安泊处。②

　　为学之功且要行其所知，行之既久，觉有窒碍，方好商量。今未尝举足而坐谈远想，非惟无益，窃恐徒长浮薄之气，非所以变化旧习而趋于诚实也。③

　　据此，朱熹批评当时学者多将进学致知与力行践履割裂开来，各主一偏，或知之不行，或行而不知，"殊不知因践履之实以致讲学之功，使所知益明则所守日固，与彼区区口耳之间者固不可同日而语矣"④。而之所以会出现"知之不行"的问题，很大程度上是由于知之不深、知之未至造成的。因为在朱熹看来，凡真知者必能循理而行，高度的道德意识必将产生自觉的道德行为，故"真知则未有不能行者"⑤，不可能存在真知而不行的现象。既然真知必能行，那么反过来看，是否能够实行也就成为检验、判断知之深浅的一个重要标准。故曰："知而未能行，乃未能得之于己，岂特未能用而已乎？然此所谓知者，亦非真知也"⑥，"人于道理不能行，只是在我之道理有未尽耳"⑦，"欲知知之真不真，意之诚不诚，只看做不做如何。真个如此做底，便是知至、意诚"⑧。此外，为了提倡躬行践履，力矫空谈之弊，朱熹还发挥了《尚书》"知易行难"的思想，指出践行义理

---

①　（宋）黎靖德编：《朱子语类》卷一百一十五，《朱子全书》第18册，上海古籍出版社、安徽教育出版社2002年版，第3638页。

②　（宋）黎靖德编：《朱子语类》卷六十九，《朱子全书》第16册，上海古籍出版社、安徽教育出版社2002年版，第2303页。

③　（宋）朱熹：《朱文公文集》卷四十六《答吕道一》，《朱子全书》第22册，上海古籍出版社、安徽教育出版社2002年版，第2123页。

④　（宋）朱熹：《朱文公文集》卷四十六《答王子充》，《朱子全书》第22册，上海古籍出版社、安徽教育出版社2002年版，第2148页。

⑤　（宋）朱熹：《朱文公文集》卷七十二《杂学辨·张无垢中庸解》，《朱子全书》第24册，上海古籍出版社、安徽教育出版社2002年版，第3483页。

⑥　同上。

⑦　（宋）黎靖德编：《朱子语类》卷十三，《朱子全书》第14册，上海古籍出版社、安徽教育出版社2002年版，第387页。

⑧　同上书，第461页。

要比谈论、讲说义理困难得多。他说："虽要致知，然不可恃。《书》曰：'知之非艰，行之惟艰。'工夫全在行上。"① 又说："若不用躬行，只是说得便了，则七十子之从孔子，只用两日说便尽，何用许多年随着孔子不去。不然，则孔门诸子皆是戆无能底人矣。恐不然也"②，"讲学固不可无，须是更去自己分上做工夫。若只管说，不过一两日都说尽了。只是工夫难"③。显然，以上这些因素共同构成了朱熹所主张的"行重于知"的原因与根据。

主敬涵养作为一项基本的为学、修养工夫与"行"的重要内容，亦与格物致知保持着互发并进的关系。钱穆曾将朱熹所说的"主敬"的具体含义归纳为畏、收敛其心不容一物、随事专一（即主一）、随事点检、常惺惺、整齐严肃等六个主要方面。④ 其中既包含了未发主敬，也包含了已发主敬。在朱熹看来，"主敬"与"主静"有所不同。一方面，敬是静的前提，静是敬的表现，故曰："敬则虚静，不可把虚静唤作敬"⑤，"敬则自然静，不可将静来唤做敬"⑥；另一方面，主敬贯穿动静、内外、始终，作用于从格物致知到治平天下的每一个环节中，并不仅限于未发涵养或主静工夫，故曰："'敬'字工夫，乃圣门第一义，彻头彻尾，不可顷刻间断"⑦，"圣贤之学，彻头彻尾只是一'敬'字。致知者，以敬而致之也；力行者，以敬而行之也"⑧，"但看圣贤说'行笃敬''执事敬'，则敬字本不为默然

---

① （宋）黎靖德编：《朱子语类》卷十三，《朱子全书》第 14 册，上海古籍出版社、安徽教育出版社 2002 年版，第 387 页。

② 同上书，第 386—387 页。

③ 同上书，第 394 页。

④ 参见钱穆《朱子新学案》第 2 册《朱子论敬》，九州出版社 2011 年版，第 403—430 页。

⑤ （宋）黎靖德编：《朱子语类》卷七十四，《朱子全书》第 16 册，上海古籍出版社、安徽教育出版社 2002 年版，第 2522—2523 页。

⑥ （宋）黎靖德编：《朱子语类》卷九十六，《朱子全书》第 17 册，上海古籍出版社、安徽教育出版社 2002 年版，第 3247 页。

⑦ （宋）黎靖德编：《朱子语类》卷十二，《朱子全书》第 14 册，上海古籍出版社、安徽教育出版社 2002 年版，第 371 页。

⑧ （宋）朱熹：《朱文公文集》卷五十《答程正思》，《朱子全书》第 22 册，上海古籍出版社、安徽教育出版社 2002 年版，第 2323 页。

无为时设，须向难处力加持守，庶几动静如一耳"①。

因此，虽然朱熹所运用的居敬涵养工夫亦包含了静坐等偏向于静的内容，但与释、道二教或陆氏心学提倡的枯木死灰、块然独坐的主静工夫仍有着显著的区别。其静坐只是为了收敛身心，养得心地湛然虚明，则邪思妄念自然不作，随事而应皆得其当，而非为了于静中发明本心，求得顿悟，亦非遗弃事物而一味求静。故曰：

> 如静也不是闭门独坐，块然自守，事物来都不应。若事物来，亦须应，既应了，此心便又静。心既静，虚明洞彻，无一豪之累，便从这里应将去，应得便彻，便不难，便是"安而后能虑"。②

> 静坐非是要如坐禅入定，断绝思虑。只收敛此心，莫令走作闲思虑，则此心湛然无事，自然专一。及其有事，则随事而应；事已，则复湛然矣。③

> 人也有静坐无思念底时节，也有思量道理底时节，岂可画为两涂，说静坐时与读书时工夫迥然不同。当静坐涵养时，正要体察思绎道理，只此便是涵养。不是说唤醒提撕，将道理去却那邪思妄念。只自家思量道理时，自然邪念不作。……今人之病，正在于静坐读书时二者工夫不一，所以差。④

对于修养工夫上的这一区别，朱门高弟陈淳亦曾做了明确的阐释与辨析，并将其视为分判正统与异端的一个重要标准。他说："所谓终日兀坐，与坐禅无异，而前辈又喜人静坐之说，此正异端与吾儒极相似而绝不同处，不可不讲，其所以为邪正之辨。道、佛二家，皆于坐中做工夫而小不同。道家以人之睡卧则精神莽董，行动则劳形摇精，故终日夜专以打坐为

---

① （宋）朱熹：《朱文公文集》卷五十《答周舜弼》，《朱子全书》第 22 册，上海古籍出版社、安徽教育出版社 2002 年版，第 2335 页。

② （宋）黎靖德编：《朱子语类》卷一百一十五，《朱子全书》第 18 册，上海古籍出版社、安徽教育出版社 2002 年版，第 3642 页。

③ （宋）黎靖德编：《朱子语类》卷十二，《朱子全书》第 14 册，上海古籍出版社、安徽教育出版社 2002 年版，第 379 页。

④ 同上书，第 380 页。

功，只是欲醒定其精神魂魄，游心于冲漠，以通仙灵而为长生计尔。佛家以睡卧则心灵颠倒，行动则心灵走失，故终日夜专以坐禅为功，只是欲空百念，绝万想，以常存其千万亿劫不死不灭底心灵神识，使不至于迷错个轮回超生路头尔。此其所主，皆未免意欲为利之私，且违阴阳之经，咈人理之常，非所谓大中至正之道也。若圣贤之所谓静坐者，盖持敬之道，所以敛容体，息思虑，收放心，涵养本原而为酬酢之地尔，固不终日役役，与事物相追逐。前辈所以喜人静坐，必叹其为善学者以此。然亦未尝终日偏靠于此，无事则静坐，事至则应接。"① 以此标准衡量，故陈淳批评陆氏之学"不读书，不穷理，只终日默坐澄心，正用佛家坐禅之说，非吾儒所宜言。在初学者，未能有得，则其志道精思，未始须臾息，亦未可须臾忘也，安得终日兀坐而无为？如理未明，识未精，徒然终日兀坐而无为，是乃槁木死灰，其将何用？"②

四　朱子学中的经世内容

从历史上看，朱熹不但是一位杰出的思想家，还是一位居官颇有政绩，具有强烈社会责任感与治平理想的政治家、实干家。尽管从时间上看，朱熹的居官时日并不太长，"自筮仕以至属纩，五十年间，历事四朝，仕于外者仅九考，立于朝者四十日"③，且其对官场屡屡表示失望与不满，自言"平日辞官文字甚多"④，乃至"一官之拜必抗章而力辞……一语不合必奉身而亟去"⑤。但是，这些现象并不代表朱熹无志于外王经世，主要是由于"道之难行"，而朱熹又始终坚持"以道进退"的出处之节，不愿

---

①　（宋）陈淳：《北溪大全集》卷三十三《答西蜀史杜诸友序文》，《景印文渊阁四库全书》第 1168 册，台湾商务印书馆 1983 年版。

②　同上。

③　（宋）黄榦：《勉斋先生黄文肃公文集》卷三十四《朱先生行状》，《北京图书馆古籍珍本丛刊》第 90 册，书目文献出版社 1988 年版，第 700 页。

④　（宋）黎靖德：《朱子语类》卷一百七，《朱子全书》第 17 册，上海古籍出版社、安徽教育出版社 2002 年版，第 3508 页。

⑤　（宋）黄榦：《勉斋先生黄文肃公文集》卷三十四《朱先生行状》，《北京图书馆古籍珍本丛刊》第 90 册，书目文献出版社 1988 年版，第 700 页。

"与时俯仰，以就功名"① 所造成的。事实上，朱熹内心仍时时怀抱着"以天下为己任"之志与"济时及物之心"，未能忘情于得君行道、治平天下的终极关怀，不但为官时积极上疏进言，犯颜劝谏，执事勤谨，并在地方治理上取得了相当不错的实绩与政声，即便是平居之时，仍"惓惓无一念不在于国，闻时政之阙失，则戚然有不豫之色，语及国势之未振，则感慨以至泣下"②。这就无怪乎他要发出"经济夙所尚，隐沦非素期。几年霜露感，白发忽已垂"③ 的感慨了。④ 由于不满当时的政局与时事，朱熹主张革新政治，任用贤才，清除积弊，重振纲纪，以打破长期以来因循苟且的局面，并于治道、用人、学校、科举、刑政、田制、荒政、理财、治军等方面提出了不少有价值的策略与主张，构成了朱子学中的经世内容。这些内容虽然不是朱子学的理论核心与主要贡献，但其作为朱熹生平、学术与实践的重要组成部分之一，显然也应该包含在朱子学的整个学术思想体系当中。

（一）治道

关于治道，朱熹提出应当首重正君心，修君德，以此为治道之大本。他说：

> 天下事当从本理会，不可从事上理会。⑤
>
> 天下事有大根本，有小根本，正君心是大本。其余万事各有一个根本。⑥
>
> 天下万事有大根本，而每事之中又各有要切处。所谓大根本者，

---

① （宋）朱熹：《朱文公文集》卷二十五《答韩尚书书》，《朱子全书》第 21 册，上海古籍出版社、安徽教育出版社 2002 年版，第 1128 页。

② （宋）黄榦：《勉斋先生黄文肃公文集》卷三十四《朱先生行状》，《北京图书馆古籍珍本丛刊》第 90 册，书目文献出版社 1988 年版，第 700 页。

③ （宋）朱熹：《朱文公文集》卷四《感怀》，《朱子全书》第 20 册，上海古籍出版社、安徽教育出版社 2002 年版，第 358 页。

④ 时人李心传曾作《晦庵先生非素隐》一文，详述朱熹一生的政治活动，以显示得君行道乃朱熹终身之志所在。参见（宋）李心传《建炎以来朝野杂记·乙集》卷八《晦庵先生非素隐》，江苏广陵古籍刻印社 1981 年版。

⑤ （宋）黎靖德编：《朱子语类》卷一百八，《朱子全书》第 17 册，上海古籍出版社、安徽教育出版社 2002 年版，第 3511 页。

⑥ 同上。

固无出于人主之心术，而所谓要切处者，则必大本既立，然后可推而见也。①

因此，朱熹在绍兴三十二年（1162）首次应诏上封事时即昌言"人心道心"之旨：

> 尧、舜、禹之相授也，其言曰："人心惟危，道心惟微。惟精惟一，允执厥中。"夫尧、舜、禹皆大圣人也，生而知之，宜无事于学矣。而犹曰精，犹曰一，犹曰执者，明虽生而知之，亦资学以成之也。……古者圣帝明王之学，必将格物致知以极夫事物之变，使事物之过乎前者，义理所存，纤微毕照，了然乎心目之间，不容毫发之隐，则自然意诚心正，而所以应天下之务者，若数一二、辨黑白矣。……盖"致知格物"者，尧舜所谓精、一也。"正心诚意"者，尧舜所谓执中也。自古圣人口授心传而见于行事者，惟此而已。……臣愚伏愿陛下捐去旧习无用浮华之文，攘斥似是而非邪诐之说，少留圣意于此遗经，延访真儒深明厥旨者，置诸左右，以备顾问，研究充扩，务于至精至一之地，而知天下国家之所以治者不出乎此。②

淳熙八年（1181），朱熹奏事延和殿时又言：

> 人主所以制天下之事者，本乎一心，而心之所主，又有天理、人欲之异。二者一分，而公私邪正之涂判矣。盖天理者，此心之本然，循之则其心公而且正；人欲者，此心之疾疢，循之则其心私而且邪。公而正者逸而日休，私而邪者劳而日拙，其效至于治乱安危有大相绝者，而其端特在夫一念之间而已。舜、禹相传，所谓"人心惟危，道

---

① （宋）朱熹：《朱文公文集》卷二十五《答张敬夫》，《朱子全书》第 21 册，上海古籍出版社、安徽教育出版社 2002 年版，第 1112—1113 页。

② （宋）朱熹：《朱文公文集》卷十一《壬午应诏封事》，《朱子全书》第 20 册，上海古籍出版社、安徽教育出版社 2002 年版，第 571—573 页。

心惟微。惟精惟一，允执厥中"者，正谓此也。①

淳熙十五年（1188），朱熹在所上封事中再次强调正君心的重要性：

天下之事千变万化，其端无穷而无一不本于人主之心者，此自然之理也。故人主之心正，则天下之事无一不出于正；人主之心不正，则天下之事无一得由于正。盖不惟其赏之所劝、刑之所威，各随所向，势有不能已者，而其观感之间，风动神速，又有甚焉。是以人主以眇然之身，居深宫之中，其心之邪正，若不可得而窥者，而其符验之著于外者，常若十目所视、十手所指而不可掩。此大舜所以有"惟精惟一"之戒，孔子所以有"克己复礼"之云，皆所以正吾此心而为天下万事之本也。此心既正，则视明听聪，周旋中礼，而身无不正。是以所行无过不及而能执其中，虽以天下之大，而无一人不归吾之仁者。②

淳熙十六年（1189），孝宗内禅，光宗即位，朱熹又拟对新皇帝说道：

天下之事，其本在于一人，而一人之身，其主在于一心。故人主之心一正，则天下之事无有不正；人主之心一邪，则天下之事无有不邪。如表端而影直，源浊而流污，其理有必然者。是以古先哲王欲明其德于天下者，莫不壹以正心为本。然本心之善，其体至微，而利欲之攻，不胜其众。……苟非讲学之功有以开明其心，而不迷于是非邪正之所在，又必信其理之在我而不可以须臾离焉，则亦何以得此心之正、胜利欲之私，而应事物无穷之变乎？然所谓学，则又有邪正之别焉。味圣贤之言以求义理之当，察古今之变以验得失之几，而必反之身以践其实者，学之正也。涉猎记诵而以杂博相高，割裂装缀而以华

---

① （宋）朱熹：《朱文公文集》卷十三《延和奏劄二》，《朱子全书》第 20 册，上海古籍出版社、安徽教育出版社 2002 年版，第 639 页。

② （宋）朱熹：《朱文公文集》卷十一《戊申封事》，《朱子全书》第 20 册，上海古籍出版社、安徽教育出版社 2002 年版，第 590—591 页。

靡相胜，反之身则无实，措之事则无当者，学之邪也。学之正而心有
不正者鲜矣，学之邪而心有不邪者亦鲜矣。故讲学虽所以为正心之
要，而学之邪正，其系于所行之得失而不可不审者又如此。①

由此可见，朱熹不仅对于正君心、修君德特别重视，而且针对当时流行的
"以佛治心"之说，着意将正心与理学的心性论和工夫论紧密捆绑在一起，
强调必由格物、致知，方能诚意、正心而应天下之务。而朱熹之所以始终
执着于此，既是出于理学家提倡尊德性与价值优先的基本立场，又是基于
朱熹对当时政治现实的清醒认识。尽管宋代的士大夫阶层拥有较高的政治
地位，但在传统的政治体制与权力结构下，唯有彻底说服皇帝相信自己的
思想主张，取得皇帝的充分信任与支持，才能合法而顺利地推动政治变
革。所谓"天下事，须是人主晓得通透了，自要去做，方得。如一事八分
是人主要做，只有一二分是为宰相了做，亦做不得"②。若从这一意义上
看，朱熹强调的正君心与得君心实是一体两面的关系。

　　不过在现实中，真要皇帝以理学的方式正心、修德亦是一件艰巨的任
务，须从格物、致知、诚意、正心、修身一步步做起，其中光是格物一项
便繁复无比，在外人看来不免迂阔。因此，当有人问及"或言今日之告君
者皆能言'修德'二字，不知教人君从何处修起？必有其要"时，朱熹即
答以去私心、任贤人为要，认为"只看合下心不是私，即转为天下之大
公。将一切私底意尽屏去，所用之人非贤，即别搜求正人用之"③，从而将
人君的修养与国家的治理用最简洁的方式连接起来，既避免了单纯道德说
教的抽象性，又将君与臣的作用恰当地结合起来，使人君知其要领。既然
治国须"搜求正人用之"，那么正心、修德、明理就不能仅仅被看作人君
的个人责任，而应该成为所有官员、士大夫的首要任务。"学者若得胸中
义理明，从此去量度事物，自然泛应曲当。人若有尧、舜许多聪明，自做

---

　　① （宋）朱熹：《朱文公文集》卷十二《己酉拟上封事》，《朱子全书》第 20 册，上海古籍出
版社、安徽教育出版社 2002 年版，第 618—619 页。
　　② （宋）黎靖德编：《朱子语类》卷一百八，《朱子全书》第 17 册，上海古籍出版社、安徽
教育出版社 2002 年版，第 3512 页。
　　③ 同上。

得尧、舜许多事业。若要一一理会，则事变无穷，难以逆料，随机应变，不可预定。今世文人才士，开口便说国家利害，把笔便述时政得失，终济得甚事。只是讲明义理以淑人心，使世间识义理之人多，则何患政治之不举耶！"① 反过来说，则"今日人才之坏，皆由于诋排道学。治道必本于正心、修身，实见得恁地，然后从这里做出。如今士大夫，但说据我逐时恁地做，也做得事业。说道学，说正心、修身，都是闲说话，我自不消得用此"②。其实不唯当时，在朱熹看来，宋代以来的历次变法之所以皆以失败告终，很大程度上正是由于士大夫不明义理所致。

除了正君心、修君德这个大根本外，在治理国家的各个具体方面与具体领域亦有其切要处即小根本需要讲求。"如理财以养民为本，治兵以择将为本。"③ "如论任贤相、杜私门，则立政之要也；择良吏、轻赋役，则养民之要也。公选将帅，不由近习，则治军之要也。乐闻警戒，不喜导谀，则听言用人之要也。"④ 显然，朱熹对于治国理政的各项基本原则与措施要点皆有清楚的认识，并未因重视道德修养而对实际事务有所忽略和排斥。只不过在他看来，人君的道德修养构成了这一切的基础与保障，若人君心术不正，再好的政策都无法落实。故曰："未有大本不立而可以与此者，此古之欲平天下者所以汲汲于正心诚意以立其本也。若徒言正心，而不足以识事物之要，或精核事情而特昧夫根本之归，则是腐儒迂阔之论、俗士功利之谈，皆不足与论当世之务矣。"⑤

正君心之后还须立纲纪，二者相辅相成，互为表里。朱熹在淳熙七年（1180）所上封事中指出：

> 夫所谓纲者，犹网之有纲也；所谓纪者，犹丝之有纪也。网无纲

① （宋）黎靖德编：《朱子语类》卷十三，《朱子全书》第 14 册，上海古籍出版社、安徽教育出版社 2002 年版，第 405 页。

② （宋）黎靖德编：《朱子语类》卷一百八，《朱子全书》第 17 册，上海古籍出版社、安徽教育出版社 2002 年版，第 3521 页。

③ 同上书，第 3511 页。

④ （宋）朱熹：《朱文公文集》卷二十五《答张敬夫》，《朱子全书》第 21 册，上海古籍出版社、安徽教育出版社 2002 年版，第 1112 页。

⑤ 同上书，第 1112—1113 页。

则不能以自张，丝无纪则不能以自理。故一家则有一家之纲纪，一国则有一国之纲纪。若乃乡总于县，县总于州，州总于诸路，诸路总于台省，台省总于宰相，而宰相兼统众职，以与天子相可否而出政令，此则天下之纲纪也。然而纲纪不能以自立，必人主之心术公平正大，无偏党反侧之私，然后纲纪有所系而立。君心不能以自正，必亲贤臣、远小人，讲明义理之归，闭塞私邪之路，然后乃可得而正也。古先圣王所以立师傅之官、设宾友之位、置谏诤之职，凡以先后纵臾，左右维持，惟恐此心顷刻之间或失其正而已。①

由此可见，若君心不正，则纲纪无由立；若纲纪不立，而曰君心正，亦无是理。朱熹进一步指出，纲纪虽由乡、县总于宰相、天子，但其要者在于"辨贤否以定上下之分，核功罪以公赏罚之施"②，故欲立纲纪，必由天子及其家人、近臣而推及朝廷、天下。所谓"明于内，然后有以齐乎外；无诸己，而后可以非诸人"③。人君若为小人环伺，耳闻目睹无非不公不正之事，自然无法秉公执政，是以纪纲不能无挠败。相反，"若宫闱之内，端庄齐肃，后妃有《关雎》之德，后宫无盛色之讥，贯鱼顺序，而无一人敢恃恩私以乱典常，纳贿赂而行请谒，此则家之正也。退朝之后，从容燕息，贵戚近臣、携仆奄尹陪侍左右，各恭其职，而上惮不恶之严，下谨戴盆之戒，无一人敢通内外，窃威福，招权市宠，以紊朝政，此则左右之正也。内自禁省，外彻朝廷，二者之间洞然，无有毫发私邪之间，然后发号施令，群听不疑，进贤退奸，众志咸服。纪纲得以振而无侵挠之患，政事得以修而无阿私之失，此所以朝廷百官、六军万民无敢不出于正而治道毕也"④。而这亦体现出理学家由修身、齐家而治国、平天下的基本政

---

① （宋）朱熹：《朱文公文集》卷十一《庚子应诏封事》，《朱子全书》第 20 册，上海古籍出版社、安徽教育出版社 2002 年版，第 585—586 页。

② （宋）朱熹：《朱文公文集》卷十二《己酉拟上封事》，《朱子全书》第 20 册，上海古籍出版社、安徽教育出版社 2002 年版，第 624—625 页。

③ （宋）朱熹：《朱文公文集》卷十一《戊申封事》，《朱子全书》第 20 册，上海古籍出版社、安徽教育出版社 2002 年版，第 601 页。

④ 同上书，第 592 页。

治思想。

树立纲纪的另一重点便是君臣、百官各司其职，各尽其责，而互不扰乱。在朱熹看来，人君虽以制命为职，拥有最高的权力，但亦无法以一人之身独任天下，故须选贤任能以共治天下。凡是国家的重大决策，必须由君臣共同商议决定，使其出于公议，而非皇帝一人的独断。因此，对于宁宗即位之初，在未与大臣商议的情况下即擅自"进退宰执，移易台谏"的举动，朱熹就不客气地以朝廷纲纪的名义提出了批评：

> 朝廷纪纲，尤所当严，上自人主，以下至于百执事，各有职业，不可相侵。盖君虽以制命为职，然必谋之大臣，参之给舍，使之熟议以求公议之所在，然后扬于王庭，明出命令而公行之。是以朝廷尊严，命令详审，虽有不当，天下亦皆晓然知其谬之出于某人，而人主不至独任其责。臣下欲议之者，亦得以极意尽言而无所惮。此古今之常理，亦祖宗之家法也。今者陛下即位未能旬月，而进退宰执，移易台谏，甚者方骤进而忽退之，皆出于陛下之独断，而大臣不与谋，给舍不及议，正使实出于陛下之独断，而其事悉当于理，亦非为治之体，以启将来之弊，况中外传闻，皆谓左右或窃其柄，而其所行又未能尽允于公议乎！①

在此，朱熹反复强调"公议"的重要性，将君臣共商朝政视作"古今之常理""祖宗之家法"，甚至认为即便人君独断之事符合道理，其行为亦不合治体，显然都是出于对君权过度集中的担忧。朱熹十分清楚，若君权过度集中而不受制约，必将使权力的授予与运行逸出理性的制度法规之外，成为满足个人私欲的工具，从而损害朝廷纲纪，助长不正之风，破坏国家机器的正常运行。

正是鉴于当时纲纪紊乱、风俗颓敝、奸佞当道、豪强横行的状况，朱熹主张为政须以严为本，而以宽济之。《朱子语类》载：

---

① （宋）朱熹：《朱文公文集》卷十四《经筵留身面陈四事劄子》，《朱子全书》第 20 册，上海古籍出版社、安徽教育出版社 2002 年版，第 680—681 页。

> 或问："为政者当以宽为本，而以严济之。"曰："某谓当以严为本，而以宽济之。《曲礼》谓'莅官行法，非礼，威严不行'，须是令行禁止。若曰令不行，禁不止，而以是为宽，则非也。"①

> 古人为政，一本于宽。今必须反之以严。盖必如是矫之，而后有以得其当。今人为宽，至于事无统纪，缓急予夺之权皆不在我。下梢却是奸豪得志，平民既不蒙其惠，又反受其殃矣。②

> 今人说宽政，多是事事不管，某谓坏了这"宽"字。③

朱熹指出，由于过去一味提倡为政以宽，实际上已经偏离了其仁民爱物的本意，不但百姓未蒙其惠，反而造成了事无统纪、法令不行、权力旁落、奸豪得志的恶果，故须以严政矫之，确保令行禁止，方能逐渐过渡到宽严相济的合理状态。同时，由于对宽政理解的偏差，还导致官员因循苟且、不问政事的风气迅速蔓延，使国家、百姓皆深受其害。所以朱熹批评"浙中人大率以不生事抚循为知体。……如此风俗议论至十年，国家事都无人作矣。常人以便文，小人以容奸，如此风大害事"④。又谓："今世士大夫惟以苟且逐旋挨去为事，挨得过时且过。上下相咻以勿生事，不要十分分明理会事，且恁鹘突。才理会得分明，便做官不得。……当官者，大小上下，以不见吏民、不治事为得策，曲直在前，只不理会。庶几民自不来，以此为止讼之道。民有冤抑，无处伸排，只得忍遏。便有讼者，半年周岁不见消息，不得予决，民亦只得休和，居官者遂以为无讼之可听。风俗如此，可畏，可畏！"⑤

由此亦可看出，朱熹并未盲目迷信过去的政策、制度与成法，而是主张在继承祖宗立法之意的基础上，因时制宜，因事制宜，而加以变通和更张，甚至将此视为后人应尽的职责。故曰："祖宗之所以为法，盖亦因事

---

① （宋）黎靖德编：《朱子语类》卷一百八，《朱子全书》第 17 册，上海古籍出版社、安徽教育出版社 2002 年版，第 3524 页。

② 同上。

③ 同上书，第 3525 页。

④ 同上书，第 3521 页。

⑤ 同上。

制宜以趋一时之便，而其仰循前代、俯徇流俗者尚多有之，未必皆其竭心思、法圣智以遗子孙，而欲其万世守之者也，是以行之既久而不能无弊，则变而通之，是乃后人之责。"① 事实上，朱熹在孝宗即位之初所上的第一道封事中就明确提出了改革政治的主张。由于担心遭到守旧官僚集团以更改"祖宗之法"的借口加以反对和阻挠，朱熹特别强调高宗"用人造事，皆因时循理以应事变，未尝胶于一定之说。先后始末之不同，如春秋冬夏之变，相反以成岁功，存神过化，而无有毫发私意凝滞于其间"，又引尧舜相承为例，指出"舜承尧禅，二十有八年之间，其于礼乐刑政，更张多矣。其大者，举十六相，皆尧之所未举；去四凶，皆尧之所未去。然而舜不以为嫌，尧不以为罪，天下之人不以为非，载在《虞书》，孔子录之以为大典，垂万世法"，以此论证其改革主张的合理性与必要性，并批评守旧者"顾欲守一时偶然之迹一二以循之，以是为太上皇帝之本心，则是以事物有形之粗而语天地变化之神也，岂不误哉！"②

　　尽管从表面上看，朱熹对于改革与变法持比较谨慎的态度，认为"为政如无大利害，不必议更张。则所更一事未成，必哄然成纷扰，卒未已也。至于大家，且假借之"③，但若考虑到朱熹对当时政治"其法无一不弊"④ 的激烈批评，则其改革政治的意图和决心无疑是很明显的，甚至不惜要"一切重铸"⑤。而其政治改革除了要求变革旧法外，最终仍归结到正人心、去私欲上。所谓"今世有二弊：法弊，时弊。法弊但一切更改之，却甚易；时弊则皆在人，人皆以私心为之，如何变得？嘉祐间法可谓弊矣，王荆公未几尽变之，又别起得许多弊，以人难变故也"⑥。显然，朱熹的这一改革思路是在反思王安石变法失败的基础上提出来的，其中指示了

---

① （宋）朱熹：《朱文公文集》卷七十《读两陈谏议遗墨》，《朱子全书》第 23 册，上海古籍出版社、安徽教育出版社 2002 年版，第 3381 页。

② （宋）朱熹：《朱文公文集》卷十一《壬午应诏封事》，《朱子全书》第 20 册，上海古籍出版社、安徽教育出版社 2002 年版，第 579 页。

③ （宋）黎靖德编：《朱子语类》卷一百八，《朱子全书》第 17 册，上海古籍出版社、安徽教育出版社 2002 年版，第 3525 页。

④ 同上书，第 3517 页。

⑤ 同上。

⑥ 同上书，第 3523 页。

理学家关注内圣之学的原因与意义所在。

此外，朱熹还提出了"论治须识体"的思想。根据朱熹的解释，"体"便是事理合当做处，是当务之急，因而亦是某一事物成立和存在的原因。"凡事皆有个体，皆有个当然处。"① 以治理国家而论，则为朝廷有朝廷之体，为一国有一国之体，为州县有州县之体，相互之间不可紊乱。故官员处于不同的职位，就应根据这一职位的客观要求与设立之意来了解并履行自己的职责。"如作州县，便合治告讦，除盗贼，劝农桑，抑末作；如朝廷，便须开言路，通下情，消朋党；如为大吏，便须求贤才，去脏吏，除暴敛，均力役，这个都是定底格局，合当如此做。"② 反之，若是官员不务正业，颠倒主次，专以小事为急，便损害了那个"体"，于治道大有害。"如为天子近臣，合当謇谔正直，又却恬退寡默；及至处乡里，合当闭门自守，躬廉退之节，又却向前要做事，这个便都伤了那大体。"③ 据此，朱熹批评当时的官员"合当举贤才而不举，而曰我远权势；合当去奸恶而不去，而曰不为已甚。且如国家遭汴都之祸，国于东南，所谓大体者，正在于复中原，雪仇耻，却曰休兵息民，兼爱南北！正使真个能如此，犹不是，况为此说者，其实只是懒计而已！"④

（二）得贤与用人

得贤与用人作为人君治理国家的根本手段与国家兴衰治乱的重要原因，亦是朱熹论政时反复谈论的一个问题。"妄以为国家所恃以为重，天下所赖以为安，风俗所以既漓而不可以复淳，纪纲所以既坏而不可以复理，无一不系乎人焉。"⑤ 在朱熹看来，"夫天下之治固必出于一人，而天

---

① （宋）黎靖德编：《朱子语类》卷九十五，《朱子全书》第 17 册，上海古籍出版社、安徽教育出版社 2002 年版，第 3219 页。

② 同上。

③ 同上书，第 3219—3220 页。

④ 同上书，第 3220 页。

⑤ （宋）朱熹：《朱文公文集》卷三十七《与王龟龄》，《朱子全书》第 21 册，上海古籍出版社、安徽教育出版社 2002 年版，第 1611 页。

下之事则有非一人所能独任者"①，故人君的主要职责便是选任贤才，建立一套由上至下、公正清廉、能干有为的官僚行政系统与监察系统，如此便可收垂拱而治之效。同时，朱熹指出，合适的用人亦是对立法的补充，有利于制度与法规的完善和实施。因为任何具体的制度与法规都是利弊并存的，不但难以兼顾现实中各种各样复杂而又多变的状况，其实施与执行的各个环节亦充满人为因素的影响，所以必须特别注意选用贤明之人，以弥补制度与法规的不足，保证其顺利实施。"大抵立法必有弊，未有无弊之法，其要只在得人。若是个人，则法虽不善，亦占分数多了；若非其人，则有善法亦何益于事？"②

在贤才的辨别与选拔上，朱熹除了强调人君的公正无私、不偏不倚外，还特别注重宰相与台谏的作用。如有人怀疑仅凭人君一人之耳目，如何能尽知天下之贤，朱熹即答道："只消用一个好人作相，自然推排出来。有一好台谏，知他不好人，自然住不得。"③在朱熹看来，宰相除了统领全国政务之外，还以选拔、罗致人才为基本职责。故曰："宰相只是一个进贤退不肖"④，"延纳贤能，黜退奸险，合天下之人以济天下之事者，宰相之职也"⑤。如此，君臣之间便有了明确的分工，人君所要做的就是"深求天下敦厚诚实、刚明公正之贤以为辅相"，而宰相则具体负责"博选士大夫之聪明达理、直谅敢言、忠信廉节，足以有为有守者，随其器能，寘之列位，使之交修众职，以上辅君德，下固邦本，而左右私亵使令之贱无得以奸其间者"⑥。而士之有为者若欲承担宰辅之职，亦须提前寻访、搜罗、

---

① （宋）朱熹：《朱文公文集》卷十三《延和奏劄二》，《朱子全书》第 20 册，上海古籍出版社、安徽教育出版社 2002 年版，第 640 页。

② （宋）黎靖德编：《朱子语类》卷一百八，《朱子全书》第 17 册，上海古籍出版社、安徽教育出版社 2002 年版，第 3513 页。

③ 同上书，第 3512 页。

④ （宋）黎靖德编：《朱子语类》卷七十二，《朱子全书》第 16 册，上海古籍出版社、安徽教育出版社 2002 年版，第 2426 页。

⑤ （宋）朱熹：《朱文公文集》卷二十八《与留丞相书》，《朱子全书》第 21 册，上海古籍出版社、安徽教育出版社 2002 年版，第 1244 页。

⑥ （宋）朱熹：《朱文公文集》卷十三《延和奏劄二》，《朱子全书》第 20 册，上海古籍出版社、安徽教育出版社 2002 年版，第 640 页。

储备人才，并详加考察，以备国家之用。"是以君子将以其身任此责者，必咨询访问，取之于无事之时，而参伍校量，用之于有事之日。盖方其责之必加于己而未及也，无旦暮仓卒之须，则其观之得以久；无利害纷挐之惑，则其察之得以精。诚心素著，则其得之多；岁引月长，则其蓄之富。……久且精，故有以知其短长之实而不差；多且富，故有以使其更迭为用而不竭。幽隐毕达，则谠言日闻而吾德修；取舍不眩，则望实日隆而士心附。"① 除了宰相之外，负有监察、规谏之责的台谏对于官员的考核、任用亦至关重要。故朱熹以监司为"守令之纲"，认为"监司得其人，而后列郡之得失可得而知；郡守得其人，而后属县之治否可得而察。重其任以责其成，举其善而惩其恶。夫如是，则事之所谓利，民之所谓休，将无所不举；事之所谓病，民之所谓戚，将无所不除"②。为此，朱熹反复劝谏皇帝，务必选拔正直可畏之士担任宰相，并委以重任，使其"得以尽其献可替否之志，而行其经世宰物之心"，同时选拔直谅敢言之士担任台谏、给舍，并充分参考、尊重其意见，"使吾腹心耳目之寄，常在于贤士大夫而不在于群小，陟罚臧否之柄，常在于廊庙而不出于私门"。③ 如此，则主威可立，国势可强，纲维可举，刑政可清，民力可裕，军政可修。

但是，单纯强调任用贤才往往无法达到目的，同时还应黜退小人，杜绝幸门。因为小人的特点便是结党营私，若小人当道，幸门大开，则贤人难得，善法不行。对此，朱熹曾直言不讳地向皇帝指出，其之所以"劳于求贤而贤人不得用……顾常反得秦桧晚年之执政、台谏者而用之"④，甚至出现"陛下欲恤民，则民生日蹙；欲理财，则财用日匮；欲治军，则军政日紊；欲恢复土宇，则未能北向以取中原尺寸之土；欲报雪雠耻，则未能

---

① （宋）朱熹：《朱文公文集》卷三十七《与刘共父》，《朱子全书》第 21 册，上海古籍出版社、安徽教育出版社 2002 年版，第 1622 页。

② （宋）朱熹：《朱文公文集》卷十一《壬午应诏封事》，《朱子全书》第 20 册，上海古籍出版社、安徽教育出版社 2002 年版，第 577 页。

③ （宋）朱熹：《朱文公文集》卷十二《己酉拟上封事》，《朱子全书》第 20 册，上海古籍出版社、安徽教育出版社 2002 年版，第 624 页。

④ （宋）朱熹：《朱文公文集》卷十一《戊申封事》，《朱子全书》第 20 册，上海古籍出版社、安徽教育出版社 2002 年版，第 599—600 页。

系单于之颈而饮月氏之头"① 的状况，皆是由于私心作祟，故而受到近习之臣的蒙蔽与蛊惑。"此一二小人者，上则蛊惑陛下之心志，使陛下不信先王之大道而悦于功利之卑说，不乐庄士之谠言而安于私亵之鄙态；下则招集天下士大夫之嗜利无耻者，文武汇分，各入其门，所喜则阴为引援，擢置清显，所恶则密行訾毁，公肆挤排。……势成威立，中外靡然向之，使陛下之号令黜陟不复出于朝廷而出于此一二人之门，名为陛下之独断，而实此一二人者阴执其柄。盖其所坏，非独坏陛下之纲纪而已，乃并与陛下所以立纲纪者而坏之。"② 因此，朱熹希望皇帝"远便嬖以近忠直"，"抑私恩以抗公道"，"明义理以绝神奸"，以此营造一个清明、合理的政治环境和官僚体系。

至于选任贤才的方法与途径，朱熹主张从多方面进行考察，德才并重，不求全责备，亦不排斥异己，有度量"容受得今日人材，将来截长补短使"③，从而实现人尽其才。如就"权力所及则察之举之，礼际所及则亲之厚之，皆不及则称之誉之，又不及则乡之慕之。如是而犹以为未足也，又于其类而求之，不以小恶掩大善，不以众短弃一长，其如此而已"④。又提出"世间有才底人，若能损那有余，勉其不足时节，却做得事，却出来担当得事，与那小廉曲谨底不同"⑤。而黄榦亦云："尝与先生言：如今有一等才能了事底人，若不识义理，终是难保。先生不以为然，以为若如此说，却只是自家这下人使得，不是自家这下人，都不是人才。"⑥ 针对当时人才难得的状况，朱熹曾说："今人材举业浸纤弱尖巧，恐是风气渐薄使

①　（宋）朱熹：《朱文公文集》卷十一《庚子应诏封事》，《朱子全书》第 20 册，上海古籍出版社、安徽教育出版社 2002 年版，第 586 页。

②　（宋）朱熹：《朱文公文集》卷十一《庚子应诏封事》，《朱子全书》第 20 册，上海古籍出版社、安徽教育出版社 2002 年版，第 586—587 页。

③　（宋）黎靖德编：《朱子语类》卷一百八，《朱子全书》第 17 册，上海古籍出版社、安徽教育出版社 2002 年版，第 3519 页。

④　（宋）朱熹：《朱文公文集》卷三十七《与刘共父》，《朱子全书》第 21 册，上海古籍出版社、安徽教育出版社 2002 年版，第 1622—1623 页。

⑤　（宋）黎靖德编：《朱子语类》卷一百八，《朱子全书》第 17 册，上海古籍出版社、安徽教育出版社 2002 年版，第 3519—3520 页。

⑥　同上书，第 3520 页。

然，好人或出于山荒中"①，又感叹道："世固未尝无材也，惟其生于穷荒下邑，既无以自振，而又知自贵重，不肯希世取宠，遂以陆沉下僚，不及究其所有者为不少矣。"② 故其希望主政者能够发扬礼贤下士的精神，努力寻访那些生于穷荒下邑，而又不肯希世取宠的人才，降意求之，使他们在合适的位置上发挥更大的作用。此外，朱熹还注意到，不同的人才往往具有不同的特点与长处，适合不同的职位与工作，因而对人才的使用还应考虑到其自身的特长，量才授职。"其才之所长者不同，则任之所宜者亦异。"③ 所以朱熹建议皇帝"于其大者使之赞元经体，以亮天工；于其细者使之居官任职，以熙庶绩。能外事者使任典戎干方之责，明治体者使备拾遗补过之官。又使之各举所知，布之列位，以共图天下之事，使疏而贤者虽远不遗，亲而否者虽迩必弃"④。

（三）学校与科举

作为一位教育者，朱熹对于当时的学校与科举制度可谓相当不满，以致发出"今上自朝廷，下至百司庶府，外而州县，其法无一不弊，学校科举尤甚"⑤ 的感叹。在朱熹看来，设立学校与选举制度的目的在于为国家培养、选拔德才兼备的贤者、能者，故学校以德行道艺教士，必以德为先，而所习之艺须有裨实用，其选举之法又能促进学者的道德修养，如此才能"成人材而厚风俗，济世务而兴太平"。而当时的情况却恰恰相反，"虽有乡举，而其取人之额不均，又设太学利诱之一涂，监试、漕试、附试诈冒之捷径，以启其奔趋流浪之意。其所以教者，既不本于德行之实，而所谓艺者，又皆无用之空言。至于甚弊，则其所谓空言者，又皆怪妄无

---

① （宋）黎靖德编：《朱子语类》卷一百八，《朱子全书》第17册，上海古籍出版社、安徽教育出版社2002年版，第3520页。

② （宋）朱熹：《朱文公文集》卷八十二《跋蒋邕州墓志铭》，《朱子全书》第24册，上海古籍出版社、安徽教育出版社2002年版，第3868—3869页。

③ （宋）朱熹：《朱文公文集》卷十一《壬午应诏封事》，《朱子全书》第20册，上海古籍出版社、安徽教育出版社2002年版，第577页。

④ 同上。

⑤ （宋）黎靖德编：《朱子语类》卷一百八，《朱子全书》第17册，上海古籍出版社、安徽教育出版社2002年版，第3517页。

稽，而适足以败坏学者之心志。是以人材日衰，风俗日薄，朝廷州县每有一事之可疑，则公卿大夫官人百吏愕眙相顾而不知所出，是亦可验其为教之得失矣"①。为了扭转这一状况，朱熹利用其丰富的治学与教育经验，提出了全面改革学校与科举制度的多项建议。

由于当时各州分配的科举解额并不均等，某些州解额少而应试者多，相比之下，太学的解额多而应试者少，且在本州学习只有科举一条出路，而进入太学则兼有科举与舍选两条出路，故士子多不安于乡举而争趋太学之试，既增加了朝廷的财政压力，影响京师的粮食供应，在具体的选拔过程中又易滋舞弊，可以智巧而经营，极大地败坏了士习与学风。故朱熹主张削减太学之解额均分于各州，"先令礼部取见逐州三举终场人数，（太学终场人数，解试亦合分还诸州理为人数。）通比旧额都数，定以若干分为率，而取其若干以为新额。（如以十分为率而取其一，则万人终场者以百人为额。更斟酌之。）又损太学解额、舍选取人分数，使与诸州不至大段殊绝。（其见住学人分数权许仍旧。）则士安其土而无奔趋流浪之意矣"②。

朱熹又批评隋唐以来的科举制度以文辞取士，忽视了道德品质的考察，遂使学子不务修德践履，而专事于无用之空言。故其主张取消科举中的诗赋一科，而以每州新定解额的四分之一设立德行科，"明立所举德行之目，（如八行之类。）专委逐县令佐从实搜访，于省试后保明津遣赴州，守倅审实保明申部。于当年六月以前以礼津遣，限本年内到部。拨入太学，于近上斋舍安排，而优其廪给，仍免课试。长贰以时延请询考，至次年终，以次差充大小职事。又次年终，择其尤异者特荐补官。余令特赴明年省试，比之余人倍其取人分数，（如余人二十取一，则此科十而取一。盖解额中已减其半矣。）殿试各升一甲。其不中人且令住学以俟后举。其行义有亏，学术无取，举者亦当议罚。则士知实行之可贵，而不专事于空

① （宋）朱熹：《朱文公文集》卷六十九《学校贡举私议》，《朱子全书》第 23 册，上海古籍出版社、安徽教育出版社 2002 年版，第 3356 页。
② 同上书，第 3357 页。

言矣"①。

自北宋王安石以来,科举考试经义禁引史传,往往造成士子经史脱节,知识结构单一,而治经者又"类皆舍其所难而就其所易,仅窥其一而不及其余",于天下之事多不能尽通其理,故朱熹提议增加科举考试中有关诸经、子史与时务的内容,以培养学贯经史、实学致用的人才。因为在朱熹看来,"天下之事皆学者所当知,而其理之载于经者,则各有所主而不能相通"②,故欲通天下万事之理必先通诸经。除经学外,"诸子之学,同出于圣人,各有所长而不能无所短,其长者固不可以不学,而其所短亦不可以不辨也。至于诸史,则该古今兴亡治乱得失之变,时务之大者如礼乐制度、天文地理、兵谋刑法之属,亦皆当世所须而不可阙,皆不可以不之习也"③。但是,考虑到这些内容的繁多与复杂,不可能要求士子在短期内全部掌握,故朱熹设想将诸经、子史与时务三方面应读之书各分为三四个部分,然后分年加以考察,使天下之士各以三年而共通其三四分之一。具体方法是"以《易》《书》《诗》为一科,而子年午年试之;《周礼》《仪礼》及二戴之《礼》为一科,而卯年试之;《春秋》及《三传》为一科,而酉年试之。(年份皆以省试为界,义各二道。)诸经皆兼《大学》《论语》《中庸》《孟子》。(义各一道。)论则分诸子为四科,而分年以附焉。(诸子则如荀、扬、王、韩、老、庄之属,及本朝诸家文字,当别讨论,分定年数,兼许于当年史传中出论二道。)策则诸史,时务亦然。(诸史则《左传》《国语》《史记》《两汉》为一科,《三国》《晋书》《南北史》为一科,新、旧《唐书》《五代史》为一科,《通鉴》为一科。时务则律历、地理为一科,《通礼》《新仪》为一科,兵法、刑统、敕令为一科,《通典》为一科,以次分年,如经子之法,策各二道。)则士无不通之经,无不习之史,而皆可为当世之用矣"④。

---

① (宋)朱熹:《朱文公文集》卷六十九《学校贡举私议》,《朱子全书》第23册,上海古籍出版社、安徽教育出版社2002年版,第3358页。
② 同上书,第3359页。
③ 同上。
④ 同上书,第3359—3360页。

关于治经与命题的方法和原则，朱熹主张治经必专家法，命题必依章句，亦体现出对传统经学的重视。朱熹认为，"天下之理固不外于人之一心，然圣贤之言则有渊奥尔雅而不可以臆断者，其制度、名物、行事本末又非今日之见闻所能及也，故治经者必因先儒已成之说而推之。借曰未必尽是，亦当究其所以得失之故，而后可以反求诸心而正其缪"①。因此，他既批评当时的士子治经"不复读其经之本文，与夫先儒之传注，但取近时科举中选之文讽诵模仿，择取经中可为题目之句以意扭捏，妄作主张"，又批评主司命题"多为新奇以求出于举子之所不意，于所当断而反连之，于所当连而反断之，大抵务欲无理可解，无说可通，以观其仓卒之间趋附离合之巧"。② 为了对治这一弊病，朱熹一方面主张以宋儒注疏为主要内容，为诸经各立家法，考试时"令应举人各占两家以上，于家状内及经义卷子第一行内一般声说，将来答义则以本说为主而旁通他说，以辨其是非，则治经者不敢妄牵己意，而必有据依矣"；另一方面希望诸路漕司"戒敕所差考试官，今后出题须依章句，不得妄有附益裁剪，如有故违，许应举人依经直答以驳其缪，仍经本州及漕司陈诉，将命题人重作行遣。其诸州申到题目，亦令礼部国子监长贰看详，纠举遣罚，则主司不敢妄出怪题，而诸生得守家法，无复敢肆妖言矣"。③

朱熹进一步指出，当时主司命题多无关之言，如发策问必先称颂时政，遂使考生大为谀词以应之，而士子在答题时又多套用固定格式，"不问题之小大长短，而必欲分为两段，仍作两句对偶破题，又须借用他语以暗贴题中之字，必极于工巧而后已。其后多者三二千言，别无他意，不过止是反复敷衍破题两句之说而已"④，导致士子皆务虚文而无实学。对此，朱熹主张改革并规范科举考试的出题与答题程式，策问出题须指事设疑，据实而问，控制字数，而士子答题须"明著问目之文，而疏其上下文，通

---

① （宋）朱熹：《朱文公文集》卷六十九《学校贡举私议》，《朱子全书》第 23 册，上海古籍出版社、安徽教育出版社 2002 年版，第 3360 页。
② 同上书，第 3360—3361 页。
③ 同上。
④ 同上书，第 3362 页。

约三十字以上，次列所治之说而论其意，又次旁列他说而以己意反复辨析，以求至当之归。但令直论圣贤本意与其施用之实，不必如今日经义分段、破题、对偶、敷衍之体。每道止限五六百字以上，则虽多增所治之经，而答义不至枉费辞说，日力亦有余矣"①。此外，朱熹还鼓励士子在答题中综合运用经义、史传、诸子等材料，令其互相参证，"使治经术者通古今，议论者识原本，则庶乎其学之至矣"②。

科举考试既然存在如此多的弊端，学校教育自然也受其影响，只教学生做科举时文，而于义理、实学皆不过问。尤其是作为最高学府的太学，由于其特殊的地位与待遇，更是严重偏离了国家立学教人的本意，而沦为师生追逐声利的场所。"掌其教事者，不过取其善为科举之文，而尝得隽于场屋者耳。士之有志于义理者，既无所求于学，其奔趋辐辏而来者，不过为解额之滥、舍选之私而已。师生相视，漠然如行路之人，间相与言，亦未尝开之以德行道艺之实，而月书季考者，又只以促其嗜利苟得、冒昧无耻之心。"③ 对此，朱熹主张"择士之有道德可为人师者以为学官，而久其任，使之讲明道义以教训其学者，而又痛减解额之滥以还诸州，罢去舍选之法，而使为之师者考察诸州所解德行之士与诸生之贤者，而特命以官，则太学之教不为虚设，而彼怀利干进之流，自无所为而至矣"④。同时，朱熹还提议"诸州教官以经明行修登第人充，罢去试法"⑤，并责以教导之实，使州县学校亦知义理之教，而非仅仅从事于科举之学。又谓："须是罢了堂除及注授教官，却请本州乡先生为之。如福州，便教林少颖这般人做，士子也归心，他教也必不苟。"⑥ 针对各州教官多为年少之人，难以服人的情况，朱熹则建议多选拔老成之人担任教官，"须是立个定制，

---

① （宋）朱熹：《朱文公文集》卷六十九《学校贡举私议》，《朱子全书》第 23 册，上海古籍出版社、安徽教育出版社 2002 年版，第 3362 页。
② 同上。
③ 同上书，第 3363 页。
④ 同上。
⑤ （宋）朱熹：《朱文公文集》卷六十九《改官议》，《朱子全书》第 23 册，上海古籍出版社、安徽教育出版社 2002 年版，第 3354 页。
⑥ （宋）黎靖德编：《朱子语类》卷一百九，《朱子全书》第 17 册，上海古籍出版社、安徽教育出版社 2002 年版，第 3539 页。

非四十以上不得任教官"①。

此外，朱熹还批评了当时制科、词科与武举中存在的弊端。他说："至于制举，名为贤良方正，而其实但得记诵文词之士。其所投进词业，亦皆无用之空言，而程试论策则又仅同覆射儿戏，初无益于治道，但为仕宦之捷径而已。词科则又习于谄谀夸大之词，而竞于骈俪刻雕之巧，尤非所以为教。至于武举，则其弊又不异于儒学之陋也。"② 若欲革除这些弊端，朱熹提出："制科当诏举者不取其记诵文词，而取其行义器识，罢去词业六论，而直使待对于廷，访以时务之要，而不穷以隐僻难知之事。词科则当稍更其文字之体，使以深厚简严为主，而以能辨析利害，敷陈法度为工。武举则亦使学官放经义论策之制，参酌定议，颁下《武经总要》等书，而更加讨论，补其遗逸，使之诵习，而立其科焉。则庶乎小大之材各得有所成就，而不为俗学之所病矣。"③

虽然朱熹关于学校与科举制度的这些改革建议并未直接上达朝廷，但在当时与后世却产生了极为广泛而深刻的影响，"其议虽未上，而天下诵之"④，成为日后学者讨论、设计、改革学校与科举制度的一部基本参考文献。如元初的韩信同说："科举极弊于宋，废必复，复则文公私议必行。"⑤后科举果复，且多损益朱熹《学校贡举私议》而行，故程端礼谓："今制本朱子《贡举私议》之意，明经传注所主所参所用，性理、制度、训诂毕备，一洗汉、唐、宋之陋，非真读书不足以应之，诚志士千古之一快也。"⑥ 而邓文原校文江浙时，"虑士守旧习，大书朱子《贡举私议》，揭于

---

① （宋）黎靖德编：《朱子语类》卷一百九，《朱子全书》第17册，上海古籍出版社、安徽教育出版社2002年版，第3539页。

② （宋）朱熹：《朱文公文集》卷六十九《学校贡举私议》，《朱子全书》第23册，上海古籍出版社、安徽教育出版社2002年版，第3363—3364页。

③ 同上书，第3364页。

④ （元）脱脱等撰：《宋史》卷一百五十六《选举二》，中华书局2000年版，第2431页。

⑤ （清）黄宗羲、（清）全祖望：《宋元学案》卷六十四《潜斋学案》，中华书局1986年版，第2081页。

⑥ （元）程端礼：《畏斋集》卷四《送王季方序》，《景印文渊阁四库全书》第1199册，台湾商务印书馆1983年版。

门"①。可以说，直到清代，朱熹对于学校与科举制度的许多批评仍是适用的，那些未能实行的改革主张亦多为后代学者所继承和发展，成为批判科举制度的重要思想资源。

（四）刑政

关于刑政的起源与用意，朱熹说道：

> 昔者帝舜以百姓不亲、五品不逊，而使契为司徒之官，教以人伦，父子有亲，君臣有义，夫妇有别，长幼有序，朋友有信。又虑其教之或不从也，则命皋陶作士，明刑以弼五教，而期于无刑焉。盖三纲五常，天理民彝之大节，而治道之本根也。故圣人之治，为之教以明之，为之刑以弼之，虽其所施或先或后，或缓或急，而其丁宁深切之意，未尝不在乎此也。乃三代王者之制，则亦有之，曰：凡听五刑之讼，必原父子之亲、立君臣之义以权之。盖必如此，然后轻重之序可得而论，浅深之量可得而测，而所以悉其聪明、致其忠爱者，亦始得其所施而不悖。此先王之义刑义杀，所以虽或伤民之肌肤、残民之躯命，然刑一人而天下之人耸然不敢肆意于为恶，则是乃所以正直辅翼而若其有常之性也。②

在朱熹看来，德治与法治、德礼与刑政作为圣人实现和维护三纲五常的基本手段，其内在原则和根本目的并无不同，二者相辅相成，缺一不可。故曰："道德性命之与刑名度数，则其精粗本末虽若有间，然其相为表里如影随形，则又不可得而分别也。"③ 关于刑与政之间的关系，朱熹认为刑罚是政令、法度的辅助与保障。若无强制性的刑罚作为保障，则政令、法度不过是一纸空文而已。所谓"政者，法度也。法度非刑不立，故

---

① （清）黄宗羲、（清）全祖望：《宋元学案》卷八十二《北山四先生学案》，中华书局 1986 年版，第 2767 页。

② （宋）朱熹：《朱文公文集》卷十四《戊申延和奏劄一》，《朱子全书》第 20 册，上海古籍出版社、安徽教育出版社 2002 年版，第 656—657 页。

③ （宋）朱熹：《朱文公文集》卷七十《读两陈谏议遗墨》，《朱子全书》第 23 册，上海古籍出版社、安徽教育出版社 2002 年版，第 3382 页。

欲以政道民者，必以刑齐民"①，"号令既明，刑罚亦不可弛。苟不用刑罚，则号令徒挂墙壁尔"②。针对某些人片面强调德礼，而否定刑政的观点，朱熹提出："有道德，则刑政乃在其中，不可道刑政不好，但不得专用政刑也"③，又谓："不用刑，亦无此理。但圣人先以德礼，到合用处，亦不容已"④，"圣人谓不可专恃刑政，然有德礼而无刑政，又做不得"⑤。

与其为政"以严为本"的思想相对应，朱熹亦主张在治国与司法实践中严格执法与用刑，反对当时盛行的"鄙儒姑息之论、异端报应之说、俗吏便文自营之计，则又一以轻刑为事"⑥。譬如他说：

> 今人说轻刑者，只见所犯之人为可悯，而不知被伤之人尤可念也。如劫盗杀人者，人多为之求生，殊不念死者之为无辜，是知为盗贼计而不为良民地也。⑦

> 今之法家，惑于罪福报应之说，多喜出人罪以求福报。夫使无罪者不得直，而有罪者得幸免，是乃所以为恶尔，何福报之有？《书》曰："钦哉，钦哉，惟刑之恤哉！"所谓钦恤者，欲其详审曲直，令有罪者不得免，而无罪者不得滥刑也。今之法官惑于钦恤之说，以为当宽人之罪而出其死，故凡罪之当杀者必多为可出之涂，以俟奏裁，则率多减等：当斩者配，当配者徒，当徒者杖，当杖者笞。是乃卖弄条贯，舞法而受赇者耳，何钦恤之有？罪之疑者从轻，功之疑者从重，所谓疑者，非法令之所能决，则罪从轻而功从重，惟此一条为然耳。

---

① （宋）朱熹：《朱文公文集》卷四十一《答程允夫》，《朱子全书》第22册，上海古籍出版社、安徽教育出版社2002年版，第1865页。

② （宋）黎靖德编：《朱子语类》卷一百八，《朱子全书》第17册，上海古籍出版社、安徽教育出版社2002年版，第3524页。

③ （宋）黎靖德编：《朱子语类》卷一百三十三，《朱子全书》第18册，上海古籍出版社、安徽教育出版社2002年版，第4166页。

④ （宋）黎靖德编：《朱子语类》卷二十三，《朱子全书》第14册，上海古籍出版社、安徽教育出版社2002年版，第805页。

⑤ 同上书，第807页。

⑥ （宋）朱熹：《朱文公文集》卷十四《戊申延和奏劄一》，《朱子全书》第20册，上海古籍出版社、安徽教育出版社2002年版，第657页。

⑦ （宋）黎靖德编：《朱子语类》卷一百十，《朱子全书》第18册，上海古籍出版社、安徽教育出版社2002年版，第3553页。

非谓凡罪皆可以从轻，而凡功皆可以从重也。今之律令亦有此条，谓法所不能决者，则俟奏裁。今乃明知其罪之当死，亦莫不为可生之涂以上之。①

朱熹指出，若不问是非缘由，一味强调对罪犯的怜悯与宽恕，便是对无辜被害之人的残忍与伤害，不但对守法良民有失公平，还将造成很坏的示范作用。同时，执法者若不能秉公执法，还受害者以公道，使犯罪者受惩罚，甚至操弄法条，受贿舞弊，其行为本身便是作恶，既不可能获得福报，亦不符合圣人所主张的罚当其罪的"钦恤"之道。至于《尚书》提出的"罪疑惟轻、功疑惟重"的原则，朱熹虽表示赞同，但特别强调其前提必须是"非法令所能决"，而非所有的罪行都可以从轻，所有的功劳都应该从重。若罪行已明确无疑，却无端为其减免，则属枉法。

基于类似的理由，朱熹主张限制赎刑的使用范围。根据典籍的记载，赎刑古已有之，最初由舜发明，至周穆王时又将其范围扩大到五刑皆赎。但朱熹指出，"舜之赎初不上及于五刑"，而"穆王之法亦必疑而后赎也。且以汉宣之世，张敞以讨羌之役兵食不继，建为入谷赎罪之法，初亦未尝及夫杀人及盗之品也"②。换言之，赎刑的使用必须有一定的限制，若无所限制，任何罪行都允许以钱物等赎罪，则将根本损害刑罚的公平原则，削弱刑罚的警戒作用，有违圣人立法之意。"夫既已杀人伤人矣，又使之得以金赎，则有财者皆可以杀人伤人，而无辜被害者何其大不幸也！且杀之者安然居乎乡里，彼孝子顺孙之欲报其亲者，岂肯安于此乎？"③

朱熹进一步指出，由于圣人之法是根据天理人伦制定的，具有绝对的真理性，其本意在于爱人，故与申不害、商鞅等法家提倡的刻薄寡恩之法不同。而受刑之人若实有其罪，"其心亦自以为当然，故以刑加之，而非

① （宋）黎靖德编：《朱子语类》卷一百十，《朱子全书》第18册，上海古籍出版社、安徽教育出版社2002年版，第3553—3554页。
② （宋）朱熹：《朱文公文集》卷六十七《舜典象刑说》，《朱子全书》第23册，上海古籍出版社、安徽教育出版社2002年版，第3260页。
③ （宋）黎靖德编：《朱子语类》卷七十八，《朱子全书》第16册，上海古籍出版社、安徽教育出版社2002年版，第2653—2654页。

强之以所不欲也。其不欲被刑者，乃其外面之私心。若其真心，既已犯罪，亦自知其当刑矣"①。况且刑罚的主要目的并不在于惩罚，而是为了刑一儆百，使他人知所是非、有所警惕而不敢肆意为恶。若从这一意义上看，严格执法不仅有利于维护道德规范和政令法度，而且正是减少以至消灭刑罚的有效方式。"与其不遵以梗吾治，曷若惩其一以戒百？与其覆实检察于其终，曷若严其始而使之无犯？做大事，岂可以小不忍为心。"② 相反，若一味提倡轻刑，看似以仁德为怀，实则"刑愈轻而愈不足以厚民之俗，往往反以长其悖逆作乱之心，而使狱讼之愈繁"③，最终导致刑狱增多、社会失序和道德沦丧。

需要指出的是，朱熹虽然在刑政方面有主张严刑的倾向，但他同时又强调慎刑，反对滥刑。他说：

> 狱者，民命之所系，而君子之所尽心也。④
>
> 天下事最大而不可轻者，无过于兵刑。临陈时，是胡乱错杀了几人，所以老子云"夫佳兵者不祥之器，圣人不得已而用之"。狱讼，面前分晓事易看，其情伪难通。或旁无佐证，各执两说，系人性命处须吃紧思量，犹恐有误也。⑤
>
> 其曰"钦哉钦哉，惟刑之恤哉"者，此则圣人畏刑之心，闵夫死者之不可复生，刑者之不可复续，惟恐察之有不审，施之有不当，又虽已得其情，而犹必矜其不教无知而抵冒至此也。⑥

---

① （宋）黎靖德编：《朱子语类》卷四十二，《朱子全书》第 15 册，上海古籍出版社、安徽教育出版社 2002 年版，第 1485 页。

② （宋）黎靖德编：《朱子语类》卷一百八，《朱子全书》第 17 册，上海古籍出版社、安徽教育出版社 2002 年版，第 3524 页。

③ （宋）朱熹：《朱文公文集》卷十四《戊申延和奏劄一》，《朱子全书》第 20 册，上海古籍出版社、安徽教育出版社 2002 年版，第 657 页。

④ （宋）朱熹：《朱文公文集》卷十四《延和奏劄二》，《朱子全书》第 20 册，上海古籍出版社、安徽教育出版社 2002 年版，第 658 页。

⑤ （宋）黎靖德编：《朱子语类》卷一百十，《朱子全书》第 18 册，上海古籍出版社、安徽教育出版社 2002 年版，第 3553 页。

⑥ （宋）朱熹：《朱文公文集》卷六十七《舜典象刑说》，《朱子全书》第 23 册，上海古籍出版社、安徽教育出版社 2002 年版，第 3259 页。

　　在朱熹看来，由于死者不可复生，刑者不可复续，而案情真相往往又十分曲折复杂，或有各种不得已处，故对待刑罚须特别慎重，切不可掉以轻心。事实上，朱熹亦认可"罪疑惟轻"的原则，并主张视具体情况定罪量刑。若确实是罪行轻微或事出有因、情有可原，"如酒税伪会子，及饥荒窃盗之类，犹可以情原其轻重大小而处之"①。

　　另一方面，慎刑的前提是准确、合理的审判与断狱。朱熹指出，当时的死刑判决须"自县而达之州，自州而达之使者；其有疑者，又自州而上之朝廷，自朝廷而下之棘寺，棘寺谳议而后致辟焉"②，整个制度看似十分严密和完备，但仍有漏洞隐藏其间。因为这整个司法过程的核心环节在于州县地方对案件的调查与审理，不管是提刑司的详覆，还是大理寺的谳议，都要以此为基本依据，所以只要地方上将案卷处理得干净圆融，没有太大漏洞，即便是颠倒是非，出入生死，上级司法机构亦难以觉察。由此可见，清庶狱的关键在于选拔、任用合格的州县治狱之官。而当时州县治狱官员的素质显然不能令人满意。如朱熹所言，县狱由县令负责处理，"其选固已精矣，而未必皆得人"，而州狱司理者除进纳癃老之人不得担任外，"则常调关升，虽昏缪疾病之人，皆得而为之。甚至于流外补官若省部胥史，亦得而为之。……昏缪疾病之人苟且微禄，唯知自营，其于狱事蒙成吏手，漫不加省。而胥史之入官者又或狃于故习，与吏为徒，贩鬻走弄，无所不至。故州郡小大之狱往往多失其平，怨讟咨嗟，感伤和气"。③为此，朱熹劝谏孝宗严格狱官的选任制度，"凡州郡两狱官专注任满、有举主关升人，或应格不足，则次任任满，铨试中第二等以上人，其常调关升及省部胥史并不得注拟。见在任者，非举主关升人，即令守倅铨量。如委昏缪疾病，即保明闻奏，特与祠禄。其未到人，候赴上日，亦从守倅铨量，方许放上。若守倅狥私失实，即许监司劾奏罢免。所有省部胥史，虽

───────────

　　① （宋）黎靖德编：《朱子语类》卷一百十，《朱子全书》第18册，上海古籍出版社、安徽教育出版社2002年版，第3553页。

　　② （宋）朱熹：《朱文公文集》卷十四《延和奏劄二》，《朱子全书》第20册，上海古籍出版社、安徽教育出版社2002年版，第658页。

　　③　同上书，第658—659页。

已注官待次，并令赴部别与拟授。庶几治狱之官其选少清，各知任职，仰副陛下钦恤之意"①。

此外，针对大理寺等中央司法机关效率低下，案件久拖不决，致使等待判决之人长期系狱的问题，朱熹建议皇帝任命一位大臣专门监督治狱之官，"严立程限，令将诸州奏案依先后资次排日结绝。其合贷命从轻之人，须当日便与行下。其情理深重，不该减降者，即更宽与一限，责令审核，然后行下。庶几轻者早得决遣释放，重者不至仓卒枉滥"②。

（五）田制与经界

关于田制，朱熹虽然从理论上肯定井田制"乃圣王之制，公天下之法"，但又认为南宋的社会现状并不具备实行井田制的基本条件，故"在今日恐难下手。设使强做得成，亦恐意外别生弊病，反不如前，则难收拾耳"③。朱熹指出，从制度层面上看，"井田之法要行，须是封建，令逐国各自去理会"④，但当时"封建实是不可行"⑤，故井田制亦难行。从现实操作层面上看，田地作为当时最主要的生产资料，若要强制进行重新分配的难度太大，"而今只是差役，尚有万千难行处；莫道便要夺他田，他岂肯"；若是"将钱问富人买田来均"，又"不知如何得许多钱"⑥。总之，在朱熹看来，"居今之世，若欲尽除今法，行古之政，则未见其利而徒有烦扰之弊。又事体重大，阻格处多，决然难行"⑦。他甚至讥讽那些不顾现实，凭空主张恢复封建、井田制的人"恰如某病后要思量白日上升，如何得？"⑧

---

① （宋）朱熹：《朱文公文集》卷十四《延和奏劄二》，《朱子全书》第20册，上海古籍出版社、安徽教育出版社2002年版，第659页。

② （宋）朱熹：《朱文公文集》卷十六《奏推广御笔指挥二事状》，《朱子全书》第20册，上海古籍出版社、安徽教育出版社2002年版，第744页。

③ （宋）黎靖德编：《朱子语类》卷一百八，《朱子全书》第17册，上海古籍出版社、安徽教育出版社2002年版，第3514页。

④ 同上书，第3512页。

⑤ 同上书，第3513页。

⑥ 同上书，第3325页。

⑦ 同上书，第3516页。

⑧ （宋）黎靖德编：《朱子语类》卷八十六，《朱子全书》第17册，上海古籍出版社、安徽教育出版社2002年版，第2931页。

为了解决当时土地兼并，田税不均，贫民产去税存，富家业多税少的严重问题，保证社会稳定与国家的财政收入，朱熹主张重新丈量田亩，清理税籍，实行经界法。通过对漳州、泉州等地农村的实地调查研究，朱熹指出：

> 经界一事，最为民间莫大之利。其绍兴年中已推行处，至今图籍有尚存者，则其田税犹可稽考，贫富得实，诉讼不繁，公私之间，两得其利。独此泉、漳、汀州不曾推行，细民业去产存，其苦固不胜言。而州县坐失常赋，日朘月削，其势亦将何所底止？然而此法之行，其利在于官府细民，而豪家大姓、猾吏奸民皆所不便，故向来议臣屡请施行，辄为浮言所沮，甚者至以汀州盗贼借口，恐胁朝廷。殊不知往岁汀州累次贼盗，正以不曾经界，贫民失业，更被追扰，无所告诉，是以轻于从乱，其时初未尝有经界之役也。以此相持，久无定论，不唯汀州之民不能得其所欲，而泉、漳二州亦复并为所累，弊日益深，民日益困，论者惜之。①

又说：

> 版籍不正，田税不均，虽若小事，然其实最为公私莫大之害。盖贫者无业而有税，则私家有输纳欠负、追呼监系之苦；富者有业而无税，则公家有隐瞒失陷、岁计不足之患。及其久也，诉理纷纭，追对留滞，官吏困于稽考，人户疲于应对，而奸欺百出，率不可均，则公私贫富俱受其弊。岁引月长，有增无减。②

> 本州田税不均，隐漏官物动以万计，公私田土皆为豪宗大姓诡名冒占，而细民产去税存，或更受佃寄之租，困苦狼狈，无所从出。州县既失经常之入，则遂多方擘画，取其所不应取之财，以足岁计。如

---

① （宋）朱熹：《朱文公文集》卷十九《条奏经界状》，《朱子全书》第20册，上海古籍出版社、安徽教育出版社2002年版，第874页。
② （宋）朱熹：《朱文公文集》卷二十一《经界申诸司状》，《朱子全书》第21册，上海古籍出版社、安徽教育出版社2002年版，第956页。

诸县之科罚、州郡之卖盐是也。上下不法，莫能相正，穷民受害，有使人不忍闻者。熹自到官，盖尝反复讨论，欲救其弊，而隐实郡计，入不支出，乃知若不经界，实无措手之地。①

显然，在朱熹看来，经界法是一项"公私两利"的善法，亦是解决当时社会矛盾和财政困难的必要手段和当务之急。由于未行经界，公私田地多为豪强大族诡名冒占，贫民失去土地后仍须负担田税，若租种豪强土地又要缴纳高额的地租，生活自然贫苦不堪。而州县官府因为征收不到足够的税收，导致财政困难，一方面疲于追呼诉理，无暇政事；另一方面又巧立名目，采取各种非法手段搜刮钱财，加重民众的负担，使贫民逃亡日众，不少人因此被逼上犯罪甚至反叛的道路。若实行经界之法，则"田土狭阔、产钱重轻条理粲然，各有归著，在民无业去产存之弊，在官无逃亡倚阁之欠，豪家大姓不容侥幸隐瞒，贫民下户不至偏受苦楚"②，甚至在听闻经界即将施行的消息之后，"千里细民鼓舞相庆，其已逃亡在漳、潮、梅州界内者，亦皆相率而归，投状复业"③，效果可谓立竿见影。

朱熹进一步指出，当前若要实行经界，立法切不可轻忽草率，须以绍兴年间所行旧法为参考范本，总结其正反两方面的经验教训，加以改革完善，方可期于成功。譬如，在朱熹看来，旧法的最大问题在于用人不当，"不择诸道监司以委之，而至于专遣使命，不择州县官吏，而泛委令佐，至其中半，又差官覆实以纷更之"④。故朱熹提出"推行经界最急之务，在于推择官吏"，并建议朝廷"先令监司一员专主其事，使择一郡守臣，汰其昏缪疲软、力不任事如臣等者，而使郡守察其属县，令或不能，则择于其佐，又不能，则择于它官，一州不足则取于一路，见任不足则取于得

---

① （宋）朱熹：《朱文公文集》卷二十八《与留丞相劄子》，《朱子全书》第21册，上海古籍出版社、安徽教育出版社2002年版，第1235—1236页。
② （宋）朱熹：《朱文公文集》卷一百《晓示经界差甲头榜》，《朱子全书》第23册，上海古籍出版社、安徽教育出版社2002年版，第4623页。
③ （宋）朱熹：《朱文公文集》卷二十七《与张定叟书》，《朱子全书》第21册，上海古籍出版社、安徽教育出版社2002年版，第1207页。
④ （宋）朱熹：《朱文公文集》卷二十一《经界申诸司状》，《朱子全书》第21册，上海古籍出版社、安徽教育出版社2002年版，第958页。

替、待缺之中，皆委守臣踏逐申差，或权领县事，或只以措置经界为名，使之审思熟虑于其始，而委任责成于其终。事毕之后，量加旌赏。果得其人，则事克济而民无扰矣"。①

欲行经界之法，在具体操作上自然以清丈土地一事最为费力，势必得劳动较多民力，又须通晓纽折计算之法。对此，朱熹主张将一县土地按其大小不同划分为数十至数千保，然后命大小正副甲头率人分头丈量，以便节省时日。他又派人到邻近州县借取绍兴年间经界法的施行事目以供参考，招募本州曾经奉行经界、通晓算法之人，并请求户部提供绍兴年间颁布的丈量攒算格式印本，从而使清丈土地成为可能。

至于图帐的编制，朱熹主张在确保真实的情况下尽量节省花费。"其十保合为一都，则其图帐但取山水之连接与逐保之大界总数而已，不必更开人户田宅之阔狭高下也。其诸都合为一县，则其图帐亦如保之于都而已，不必更为诸保之别也。如此，则其图帐之费亦当少减。"② 但是，考虑到当时民力困弊，即便如此节省，恐怕民众亦难以负担，故朱熹又提议役户只需作草图草帐，由官府负责买纸雇工，编制正图正帐，其费用由本州所管两司上供钱内拨付。如此，便可将民众的负担降到最低，使编制图帐成为可能。

此外，朱熹还注意到，在实行经界的过程中，里正与里长的职责最为繁重，需要疆理田亩，分别土色，均摊税赋，所费时间动辄经年。不但会耽误自家的生产和事务，一旦处理失宜，出现差错或引发纠纷，还得遭到投诉、斥责和处罚。加之乡民的文化水平普遍较低，无法应付经界中的书写、计算之事，又必然要请书人代劳。这些书人遂趁机索取高价，而乡民迫于期限，往往只得同意。且书簿、图帐所使用的纸札对于乡民来说亦价值不菲。有鉴于此，朱熹希望朝廷能够在经费上予以支持，使里正、里长、书人、纸札之费皆有保障，便可将实行经界的阻力降到最低。

在清丈土地、编制图帐的工作完成之后，朱熹主张以县为单位，按田

---

① （宋）朱熹：《朱文公文集》卷十九《条奏经界状》，《朱子全书》第 20 册，上海古籍出版社、安徽教育出版社 2002 年版，第 876 页。
② 同上。

亩均摊产钱，准许产钱过乡。绍兴年间的经界旧法原不允许产钱过乡，朱熹认为此乃平世之常法，用以防止产钱走弄失陷之弊，若诸乡产钱祖额向来平均，亦可谓善法。但如今诸乡产钱祖额本已轻重不均，若是经过此一番清丈计算之后，仍不能革除原先的轻重不均之弊，那么推行经界的积极意义也就不复存在了。况且如今推行经界改革乃非常之举，亦不可专守常法。所以朱熹希望朝廷特许产钱过乡，通县均纽，以保证轻重齐同。

关于此次经界均产的实施范围，朱熹主张将一州之内的所有田地都包括在内。当时漳州的田地主要有产田、官田、职田、学田、常平租课田等各色明目，而其所要缴纳的租税亦轻重不一。即便这些田地"坐落分明，簿书齐整，尚难稽考，何况年来产田之税既已不均，而诸色之田散漫参错，尤难检计，奸民猾吏并缘为奸，实佃者或申逃阁，无田者反遭俵寄。至于职田，俵寄不足，则或拨别色官钱以充之。如此之类，其弊不可遍举"①。如今欲实行经界，若仍保留这些名色，则田税之有无高下依旧不均，不出数年，必然又生弊端。因此，朱熹主张将各色田地统一清丈计算，一概均产，"每田一亩，随九等高下定计产钱几文，而总合一州诸色租税钱米之数，却以产钱为母，别定等则，一例均敷，每产一文，纳米若干，钱若干。（去州县远处，递减令轻。）米只一仓受纳，钱亦一库交收，却以到官之数照元分数分隶若干为省计，若干为职田，若干为学粮，若干为常平，逐旋拨入诸色仓库。除逐年二税造簿之外，每遇辰、戌、丑、未之年，逐县更令诸乡各造一簿，（今子、午、卯、酉年应办大礼，寅、申、巳、亥年解发举人。唯此四年，州县无事。）开具本乡所管田数、四至、步亩等第，各注某人管业，有典卖则云元系某人管业，某年典卖，某人见今管业，却于后项通结，逐一开具某人田若干亩、产钱若干，使其首尾互相照应。又造合县都簿一扇，类聚诸簿，通结逐户田若干亩、产钱若干文。其有田业散在诸乡者，则并就烟灶地分开排总结，并随秋料税簿送州印押，下县知佐通行收掌。人户遇有交易，即将契书及两家砧基照乡县簿

---

① （宋）朱熹：《朱文公文集》卷十九《条奏经界状》，《朱子全书》第 20 册，上海古籍出版社、安徽教育出版社 2002 年版，第 878 页。

对行批凿，则版图一定而民业有经矣"①。至于那些荒废的寺院田产，由于无人看管，多为他人侵占，致使税赋流失不少。假如清丈田地之时无人出面核对，数年之后又将不可稽考，恐别生奸弊。因此，朱熹希望朝廷允许州县出榜召人实封请买，不仅可使田业有归，民益富实，亦可避免官府的税赋继续流失，还能借机限制寺院经济的过度扩张，可谓一举多得。

根据以往的经验，朱熹还敏锐地意识到，经界之法虽好，但亦不可能做到毫无弊端，一劳永逸。随着时间的推移和具体情况的改变，其中的弊端必然会被累积和放大，从而出现新的问题。因此，朱熹主张每隔一段时间之后便须重新经界一次，著为定例，以便救偏补弊。故曰："三十年一番经界方好"②，"看来须是三十年又量一番，庶常无弊。盖人家田产只五六年间便自不同，富者贫，贫者富，少间病败便多，飞产匿名，无所不有。须是三十年再与打量一番，则乘其弊少而易为力，人习见之，亦无所容其奸矣"③。

绍熙元年（1190）十一月，光宗下诏，命朱熹先将漳州经界措置施行。第二年三月，又命福建提点刑狱陈公亮与朱熹共同措置漳、泉、汀三州经界。朱熹对此信心满满，做了极为充分详细的规划筹备，预计半年内便可基本完成，但仍不免有不得行之隐虑。他说："此法之行，贫民下户虽所深喜，而豪民猾吏皆所不乐。喜之者多单弱困苦无能之人，故虽有诚恳，而不能以言自达；不乐者皆财力辨智有余之人，故其所怀虽实私意，而善为说词以惑群听。甚者至以盗贼为词，恐胁上下，务以必济其私。而贤士大夫之喜安静、厌纷扰者，又或不能深察其情而望风沮怯，例为不可行之说以助其势。……今朝廷之尊、台府之重，其去田里有税无业之民盖已远矣。而又有此浮伪奸险之说以荡摇乎其间，则亦何由信此利害之实而

---

① （宋）朱熹：《朱文公文集》卷十九《条奏经界状》，《朱子全书》第 20 册，上海古籍出版社、安徽教育出版社 2002 年版，第 878—879 页。

② （宋）黎靖德编：《朱子语类》卷一百一十一，《朱子全书》第 18 册，上海古籍出版社、安徽教育出版社 2002 年版，第 3559 页。

③ （宋）黎靖德编：《朱子语类》卷一百九，《朱子全书》第 17 册，上海古籍出版社、安徽教育出版社 2002 年版，第 3534 页。

必行之哉？此熹所以虽独知之，而不能不以或不得行为虑也。"① 结果，事实恰为朱熹所言中，经界法遭到当地贵族、豪强和官员的大力反对而无法推行，朱熹无奈辞去漳州知州之职。绍熙二年（1191）十月，光宗诏罢经界，改革遂告失败。

（六）农业与荒政

在传统农业社会，农业生产是关乎国家治乱、政权稳固、社会发展与民众生活的头等大事，亦是实行道德教化的物质基础。而"劝农"则构成了州县地方官员日常工作中的一项基本职责。朱熹长期生活在农村，十分关注农民的生产与生活状况，又曾历任多处地方官，自然对农业生产的内容与重要性有着深刻的认识。所以他说："契勘生民之本，足食为先。是以国家务农重谷，使凡州县守倅皆以劝农为职，每岁二月，载酒出郊，延见父老，喻以课督子弟、竭力耕田之意。盖欲吾民衣食足而知荣辱，仓廪实而知礼节，以共趋于富庶仁寿之域，德至渥也。"②

为了鼓励农民努力发展农业生产，朱熹亲自撰写了不少《劝农文》，从中不难看出朱熹对于农业生产的基本内容与技术方法的了解和重视。譬如，朱熹对农时十分重视，每逢春播时节都要事先提醒农民及时播种，否则便会影响农作物的生长和收成。他曾写道："今来春气已中，土膏脉起，正是耕农时节，不可迟缓。仰诸父老教训子弟，递相劝率，浸种下秧，深耕浅种。趋时早者所得亦早，用力多者所收亦多，无致因循，自取饥饿。"③ 此外，朱熹对于施肥、插秧、除草、收获等农事活动的时间亦有明确的交代。如谓："耕田之后，春间须是拣选肥好田段，多用粪壤拌和种子，种出秧苗"，"秧苗既长，便须及时趁早栽插，莫令迟缓，过却时节"，"禾苗既长，秆草亦生。须是放干田水，仔细辨认，逐一拔出，踏在泥里，以培禾根。其塍畔斜生茅草之属，亦须节次芟削，取令净尽，免得分耗土

---

① （宋）朱熹：《朱文公文集》卷二十一《经界申诸司状》，《朱子全书》第 21 册，上海古籍出版社、安徽教育出版社 2002 年版，第 960—961 页。

② （宋）朱熹：《朱文公文集》卷一百《劝农文》，《朱子全书》第 23 册，上海古籍出版社、安徽教育出版社 2002 年版，第 4624—4625 页。

③ 同上书，第 4625 页。

力，侵害田苗"。①

由于朱熹任职之处土地多较贫瘠，故其特别重视土壤肥力的培养和改良。一方面，朱熹主张通过深耕和反复犁耙的办法，增强土壤的保水性，使生土变为熟土。譬如他说："大凡秋间收成之后，须趁冬月以前，便将户下所有田段一例犁翻，冻令酥脆。至正月以后，更多著遍数，节次犁耙，然后布种。自然田泥深熟，土肉肥厚，种禾易长，盛水难干。"② 另一方面，朱熹也很强调肥料的使用，要求农民"耕田之后，春间须是拣选肥好田段，多用粪壤拌和种子，种出秧苗。其造粪壤，亦须秋冬无事之时，预先划取土面草根，暵曝烧灰，旋用大粪拌和，入种子在内，然后撒种"③。

朱熹虽然强调种植水稻是南方农业生产的基础，但他同时也提倡农民广泛种植其他经济作物，开展多种经营，以改善生活，缓解粮食紧张。故曰："种田固是本业，然粟豆麻麦、菜蔬茄芋之属，亦是可食之物。若能种植，青黄未交得以接济，不为无补。今仰人户更以余力广行栽种。"④ 朱熹还认识到，不同的农作物往往适合于不同地区的土壤，所以可以利用不同的土壤条件，因地制宜地种植不同作物，以尽量开发地力，增加收成。"山原陆地，可种粟麦麻豆去处，亦须趁时竭力耕种，务尽地力。庶几青黄未交之际，有以接续饮食，不至饥饿。"⑤ 对于一些当地不曾种植，却又与民众生活密切相关的作物，朱熹亦试图通过改善种植条件与种植方法的方式加以引进。譬如他说："蚕桑之务，亦是本业。而本州从来不宜桑柘，盖缘民间种不得法。今仰人户常于冬月多往外路买置桑栽，相地之宜，逐根相去一二丈间，深开窠窟，多用粪壤，试行栽种。待其稍长，即与削去

---

① （宋）朱熹：《朱文公文集》卷九十九《劝农文》，《朱子全书》第23册，上海古籍出版社、安徽教育出版社2002年版，第4587页。

② 同上书，第4586—4587页。

③ 同上书，第4587页。

④ （宋）朱熹：《朱文公文集》卷一百《劝农文》，《朱子全书》第23册，上海古籍出版社、安徽教育出版社2002年版，第4625页。

⑤ （宋）朱熹：《朱文公文集》卷九十九《劝农文》，《朱子全书》第23册，上海古籍出版社、安徽教育出版社2002年版，第4587页。

细碎拳曲枝条，数年之后，必见其利。如未能然，更加多种吉贝麻苎，亦可供备衣着，免被寒冻。"①

针对当时出现的较为严重的土地抛荒现象，朱熹认为主要是由于官府侵扰与野兽践踏造成。因此，为了鼓励垦荒，朱熹一方面希望朝廷实行经界法，以革除产去税存、租税不均的弊端；另一方面劝谕民众捕杀野兽，如规定凡猎杀大象者，即赏钱三十贯，并约束官府不得追取野兽的牙齿蹄角。同时，凡是愿意开垦荒田之人，只要到官府陈请，待官府勘察核实后，便可将荒田作为自己的永久产业，并免除三年租税。

此外，朱熹还很重视水利工程等农业基础设施的建设。他说："陂塘水利，农事之本。今仰同用水人叶力兴修，取令多蓄水泉，准备将来灌溉。如事干众，即时闻官，纠率人功，借贷钱本，日下修筑，不管误事。"②又说："陂塘之利，农事之本，尤当协力兴修。如有怠惰，不趁时工作之人，仰众列状申县，乞行惩戒。如有工力浩瀚去处，私下难以纠集，即仰经县自陈，官为修筑。如县司不为措置，即仰经军投陈，切待别作行遣。"③基于灌溉对农作物生长的决定性意义，而单纯依靠自然的水源条件往往又难以满足需要，故朱熹亦将水利视为农事之本。为了确保灌溉用水的需要，朱熹要求有用水需求的农户相互合作，协力修建水利工程。若工程较大，花费较多，民间无法负担，则须及时报告官府，由官府召集人手，借贷资金，进行修筑。对于那些本应参与水利修建，却消极怠工、延误工期的人，亦须列状申报，由官府加以惩戒。

尽管当时人们已经开始采用兴修水利等一些人工的方法来改良自然条件，辅助农业生产，但由于科技水平的限制，农业生产基本上还是处于靠天吃饭的状态，严重依赖于自然气候条件。若是遇到较大的自然灾害，难免造成灾荒，从而极大地威胁社会稳定和民众的生存。因此，历朝历代都

---

① （宋）朱熹：《朱文公文集》卷一百《劝农文》，《朱子全书》第 23 册，上海古籍出版社、安徽教育出版社 2002 年版，第 4625—4626 页。

② （宋）朱熹：《朱文公文集》卷一百《劝农文》，《朱子全书》第 23 册，上海古籍出版社、安徽教育出版社 2002 年版，第 4625 页。

③ （宋）朱熹：《朱文公文集》卷九十九《劝农文》，《朱子全书》第 23 册，上海古籍出版社、安徽教育出版社 2002 年版，第 4587 页。

十分重视对荒政的研究、讨论和实施。就宋朝来看，由于灾荒频发，为了预防由灾荒引发的粮食短缺，政府先后采取多种措施，建立了较为系统完备的粮食仓储制度。

宋代的仓种名目繁多，其中影响较大、分布较广的主要有常平仓、义仓、惠民仓、广惠仓等由朝廷直接下诏建立，隶属于中央政府管理的全国性仓种。这些仓种在设立之初，都曾在备灾救荒、救济孤贫方面发挥过积极作用。但随着时间的推移，由于人为因素的破坏和客观情况的改变，原先的制度多已不同程度地发生异化，无法继续发挥应有的作用，甚至于名存实亡。对此，朱熹即云："常平义仓，尚有古法之遗意，然皆藏于州县，所恩不过市井惰游辈，至于深山长谷，力穑远输之民，则虽饥饿濒死，而不能及也。又其为法太密，使吏之避事畏法者，视民之殍而不肯发，往往全其封鐍，递相付授，至或累数十年不一訾省。一旦甚不获已，然后发之，则已化为浮埃聚壤，而不可食矣。"[1] 朱熹在知南康军与漳州期间，发现南康的常平仓本应储粮五六万石，漳州的常平仓亦有六七万石，其实"尽是浮埃空壳"；在浙东为官时，又发现当地的常平仓与省仓相连，结果每当官吏检点省仓时，便挂省仓牌子，检点常平仓时，又挂常平仓牌子，其实"只是一个仓，互相遮瞒"。[2] 为了补救这一问题，南宋之后，各地陆续出现了不少新的仓种，其中自然以朱熹创立的社仓最为知名，影响亦最大。

乾道四年（1168）春夏之交，福建建宁府崇安县遭遇饥荒，官府拨给常平米六百石，委托朱熹与当地耆老刘如愚共同负责崇安县开耀乡的赈灾事宜。饥荒顺利度过之后，民众于当年冬天将所贷之米归还。次年夏天，朱熹考虑到"山谷细民无盖藏之积，新陈未接，虽乐岁不免出倍称之息贷食豪右，而官粟积于无用之地，后将红腐不复可食"[3]，于是建议官府每年

---

① （宋）朱熹：《朱文公文集》卷七十七《建宁府崇安县五夫社仓记》，《朱子全书》第 24 册，上海古籍出版社、安徽教育出版社 2002 年版，第 3721—3722 页。

② （宋）黎靖德编：《朱子语类》卷一百六，《朱子全书》第 17 册，上海古籍出版社、安徽教育出版社 2002 年版，第 3465 页。

③ （宋）朱熹：《朱文公文集》卷七十七《建宁府崇安县五夫社仓记》，《朱子全书》第 24 册，上海古籍出版社、安徽教育出版社 2002 年版，第 3720—3721 页。

都将粮食借贷给民众，"既以纾民之急，又得易新以藏"①，并且规定每石米收取20％的利息，如遇歉收，则减免一半利息，遇到大的饥荒，则免除全部利息。若有不愿参加借贷的，亦不勉强。后来，因考虑到粮食分别贮藏于民众家中，不便监管与出纳，故建立社仓以储之。事实证明，朱熹设计的这一社仓制度十分合理，并且成效卓著。在开耀乡设立社仓的十四年后，"其支息米造成仓敖三间收贮，已将元米陆百石纳还本府。其见管三千一百石，并是累年人户纳到息米，已申本府照会，将来依前敛散，更不收息，每石只收耗米三升。系臣（指朱熹）与本乡土居官及士人数人同共掌管，遇敛散时，即申府差县官一员监视出纳。以此之故，一乡四五十里之间，虽遇凶年，人不阙食"②。

　　淳熙八年（1181），朱熹奏事延和殿时，即以建宁府崇安县开耀乡所行社仓之法上奏，并请求孝宗将其推行各地。朱熹建议，诸路、州、军"有愿依此置立社仓者，州县量支常平米斛，责与本乡出等人户，主执敛散，每石收息二斗，仍差本乡土居或寄居官员士人有行义者，与本县官同共出纳。收到息米十倍本米之数，即送原米还官，却将息米敛散，每石只收耗米三升。其有富家情愿出米作本者亦从其便，息米及数，亦当拨还。如有乡土风俗不同者，更许随宜立约，申官遵守，实为久远之利。其不愿置立去处，官司不得抑勒，则亦不至骚扰"③。为了方便社仓在各地的建立与推广，朱熹还详细撰写了一份建宁府社仓见行事目④，以供皇帝和其他官员参考。而孝宗亦很快同意了朱熹的请求，下诏颁行社仓之法于四方，社仓遂在各地普遍地建立起来。

　　由于社仓属于民办，形式比较灵活，因而在推广过程中，不同地区往往根据当地的实际需要进行一些调整，逐渐扩大了社仓的来源与用途。不

---

　　①　（宋）朱熹：《朱文公文集》卷七十七《建宁府崇安县五夫社仓记》，《朱子全书》第24册，上海古籍出版社、安徽教育出版社2002年版，第3721页。

　　②　（宋）朱熹：《朱文公文集》卷十三《延和奏劄四》，《朱子全书》第20册，上海古籍出版社、安徽教育出版社2002年版，第649页。

　　③　同上书，第649—650页。

　　④　参见（宋）朱熹《朱文公文集》卷九十九《社仓事目》，《朱子全书》第23册，上海古籍出版社、安徽教育出版社2002年版，第4596—4600页。

少社仓除了用于赈贷外，还广泛用于赈粜，甚至衍生出慈幼、居养贫病、周济行旅等功能，而其底本亦不仅仅局限于官府的借贷。如刘宰说："今社仓落落布天下，皆本于文公。……其本或出于官，或出于家，或出于众，其事已不同；或及于一乡，或及于一邑，或粜而不贷，或贷而不粜，吾邑贷于乡，粜于市，其事亦各异。"① 而邵武军光泽县则考虑到"市里之间民无盖藏，每及春夏之交，则常粜贵而食艰也。又病夫中下之家当产子者力不能举，而至或弃杀之也。又病夫行旅之涉吾境者一有疾病，则无所于归，而或死于道路也"，故建立社仓，"市米千二百斛以充入之。夏则捐价而粜，以平市价；冬则增价而粜，以备来岁。又买民田若干亩，籍僧田、民田当没入者若干亩，岁收米合三百斛，并入于仓，以助民之举子者如帅司法。既又附仓列屋四楹，以待道涂之疾病者，使皆有以栖托食饮，而无暴露迫逐之苦"。② 这一做法亦得到朱熹的肯定，被誉为"条画精明，综理纤密"③。

关于救荒，朱熹还强调"救荒之务，检放为先。行之及早，则民知有所恃赖，未便逃移；放之稍宽，则民间留得禾米，未便阙乏"④。因此，他批评当时"州郡多是吝惜财计，不以爱民为念，故所差官承望风指，已是不敢从实检定分数。及至申到帐状，州郡又加裁减，不肯依数分明除放。又早田收割日久，检踏后时，致有无根查者，乃是州郡差官迟缓之罪，而检官反谓人户违法，不为检定。其有检定申到者，州郡亦不为蠲放，就中下户所放不多，尤被其害"⑤。为了避免检放工作骚扰贫民，朱熹主张简化手续，对最贫困的那部分农户实行免检全放的优待政策。当时，一般将农户按田赋多少分为五等，朱熹建议朝廷"自今水旱约及三分以上，第五等户并

① （宋）刘宰：《漫塘集》卷二十二《南康胡氏社仓记》，《景印文渊阁四库全书》第 1170 册，台湾商务印书馆 1983 年版。

② （宋）朱熹：《朱文公文集》卷八十《邵武军光泽县社仓记》，《朱子全书》第 24 册，上海古籍出版社、安徽教育出版社 2002 年版，第 3798—3799 页。

③ 同上书，第 3799 页。

④ （宋）朱熹：《朱文公文集》卷十三《延和奏劄三》，《朱子全书》第 20 册，上海古籍出版社、安徽教育出版社 2002 年版，第 643 页。

⑤ 同上。

免检踏具帐，先与全户蠲放。如及五分以上，即并第四等户依此施行。其州县差官后时，致得旱损田苗不存根查，亦乞立法坐罪。其所损田即与相度地形高低、水源近远，比并邻至分数检放，庶几贫民永远利便"①。

面对灾荒，朱熹除了请求朝廷救济粮食、蠲免赋税之外，还积极利用市场手段，招邀外地米商，并鼓励当地富户捐献。譬如，朱熹在浙东救荒时，发现广东米价较低，且海路运抵浙东较近，旋即派人赴福建、广东两路沿海发榜招邀米商，承诺严格约束本地税务，"不得妄收力胜杂物税钱，到日只依市价出粜，更不裁减。如有不售者，官为依价收籴"②，从而保证了外地米商的合理利益，免除其后顾之忧。此外，朱熹还希望朝廷将今年粜过米钱及兑那诸色寄名支拨充作收籴本钱，以便及时支付，又建议朝廷对愿意前来赈粜的米商量立赏格，"仍先降空名付身数十道付本司，俟有上件贩到米斛之人，即与书填给付。盖缘客人粜货了毕，便欲归回元处，不能等候"③，如此处理方可不失信于人，方便日后再次招邀。

灾荒发生之时，朱熹既告诫当地富户必须存恤接济本家地客，务令足食，免致流移，防止将来田土抛荒，公私受弊，又希望其除了接济佃户之外，能够将剩余粮食原价、足量地售予有需要的贫民，"则不惟贫民下户获免流移饥饿之患，而上户之所保全，亦自不为不多"④。对于赈粜粮食多的富户，朱熹承诺官府将施行保明，申奏推赏。若富户依规借贷出去的粮食日后无法全额收回，官府将负责为其追讨。但是，如有故意违抗命令、不肯赈粜之人，亦允许民众到县衙陈诉，由官府核实追究。为了维护富户献米赈粜的意愿与积极性，朱熹还敦促朝廷尽快兑现对合乎要求的应募献米者的奖赏，并根据实际情况调整推赏的标准。譬如，富户经过去年的捐献，想必今年的储粮已经不多，若坚持依照旧的标准进行推赏，恐怕几乎

---

① （宋）朱熹：《朱文公文集》卷十三《延和奏劄四》，《朱子全书》第20册，上海古籍出版社、安徽教育出版社2002年版，第649页。

② （宋）朱熹：《朱文公文集》卷十三《延和奏劄三》，《朱子全书》第20册，上海古籍出版社、安徽教育出版社2002年版，第647页。

③ 同上书，第647—648页。

④ （宋）朱熹：《朱文公文集》卷九十九《劝谕救荒》，《朱子全书》第23册，上海古籍出版社、安徽教育出版社2002年版，第4590页。

没有符合推赏标准的人可以捐献。因此，朱熹建议将今年的推赏标准临时降低一半，"庶几应募者众，得济饥民"，并且严格推赏的程序与责任，"仍勒所司立定保明状式，及令逐处官司承受应募理赏词状文帖，并要当日行遣。如将来依式奏到省部，却称文字不圆，及诸处故违程限者，官员重加降责，人吏并行决配，庶几富者乐输，贫者得食，实为两便"。①

（七）理财治军

关于国家的财政政策，朱熹强调"理财以养民为本"②，并引用陆贽所言"民者，邦之本；财者，民之心。其心伤，则伤其本；其本伤，则支干凋瘁而根底蹶拔矣"③，要求朝廷勤恤民隐，宽其赋税，弛其逋负。显然，朱熹继承了儒家传统的民本思想，并且认识到保护民众财产与物质利益对于维护国家稳定、繁荣具有根本性的意义。故朱熹主张政府应让利于民，与民共财，反对政府与民争利，垄断所有财富。譬如他说：

> 财者，人之所好，自是不可独占，须推与民共之。未论为天下，且以作一县言之：若宽其赋敛，无征诛之扰，民便欢喜爱戴；若赋敛稍急，又有科敷之扰，民便生怨，决然如此。④
>
> 宁过于予民，不可过于取民。且如居一乡，若屑屑与民争利，便是伤廉。若饶润人些子，不害其为厚。⑤

为了实现养民的根本目标，朱熹主张理财须以节用省赋为先务。"盖国家财用皆出于民，如有不节而用度有阙，则横赋暴敛，必将有及于民者。虽有爱人之心，而民不被其泽矣。是以将爱人者必先节用，此不易之

---

① （宋）朱熹：《朱文公文集》卷十三《延和奏劄三》，《朱子全书》第20册，上海古籍出版社、安徽教育出版社2002年版，第644页。

② （宋）黎靖德编：《朱子语类》卷一百八，《朱子全书》第17册，上海古籍出版社、安徽教育出版社2002年版，第3511页。

③ （宋）朱熹：《朱文公文集》卷十六《奏推广御笔指挥二事状》，《朱子全书》第20册，上海古籍出版社、安徽教育出版社2002年版，第743页。

④ （宋）黎靖德编：《朱子语类》卷十六，《朱子全书》第14册，上海古籍出版社、安徽教育出版社2002年版，第564页。

⑤ 同上。

理也。"① 从整体上看，宋代是一个经济发达、生产发展、商业繁荣的朝代，国家的各项财政收入都远远超过前代。如章如愚称："今日生财之道多矣，惟是节省不得其术。以今天下较财用于汉唐，所入十倍于汉，五倍于唐。唐人榷盐，刘晏时每年得六百余万，李巽最多之年，比晏多一百八十万。今准一年所入一千三百万有奇，较之熙丰以后所入倍再。今姑置勿论绍兴初年，今所入已数倍矣。"② 朱熹亦云："国家承五季之弊，祖宗创业之初，日不暇给，未及大为经制，故其所以取于民者，比之前代已为过厚，重以熙丰变法，颇有增加。"③ 但是，即便如此，南宋政府仍不免时时陷入财政困境，迫使各地州县多于正税之外巧立名目，横征暴敛，滥加科罚，导致广大贫民的生活困苦不堪。对此，朱熹认为主要原因在于军费开支过于庞大。他说：

　　夫有田则有租，为日久矣。而今日民间特以税重为苦者，正缘二税之入，朝廷尽取以供军，而州县无复赢余也。夫二税之入尽以供军，则其物有常数，其时有常限，而又有贴纳水脚转输之费，州县皆不容有所宽缓而减免也。州县既无赢余以给官吏、养军兵，而朝廷发下离军归正等人又无纪极，支费日增，无所取办，则不免创于二税之外别作名色，巧取于民。且如纳米收耗，则自七斗八斗以至于一倍再倍而未止也；豫借官物，则自一年二年以至于三年四年而未止也，此外又有月桩移用诸杂名额，抛卖乳香、科买军器、寄招军兵、打造铁甲之属，自版曹总所以至漕司，上下相承，递相促迫。今日追究人吏，明日取勘知通，官吏无所从出，不过一切取之于民耳。……以此观之，则今日民贫赋重，其所从来亦可知矣。若不计理军实而去其浮

　　① （宋）朱熹：《朱文公文集》卷十二《己酉拟上封事》，《朱子全书》第20册，上海古籍出版社、安徽教育出版社2002年版，第625页。
　　② （宋）章如愚编撰：《山堂考索·续集》卷四十五《财用门·宋朝财用》，中华书局1992年版，第1183页。
　　③ （宋）朱熹：《朱文公文集》卷十二《己酉拟上封事》，《朱子全书》第20册，上海古籍出版社、安徽教育出版社2002年版，第626页。

冗，则民力决不可宽。①

又说：

> 今天下财用费于养兵者十之八九，一百万贯养一万人。②
>
> 财用不足，皆起于养兵。十分，八分是养兵，其他用度止在二分之中。古者刻剥之法本朝皆备，所以有靖康之乱。③
>
> 大抵今日之患，又却在于主兵之员多。朝廷虽知其无用，姑存其名。日费国家之财，不可胜计。④

朱熹指出，当时军队数量虽多，但多是冗兵、冗官，合用之兵极少。"今兵官愈多，兵愈不精"，"几年说要拣冗兵，但只说得，各图苟且安便，无有为者。故新者来，旧者又不去，来而又来，相将积得，皆不可用"。⑤因此，朱熹提出节用省赋之实在于治军，应当精简军队，汰其老弱。但他同时看到，当时"国家蹙处东南，恢复之勋未集，所以养兵而固圉者，常患其力之不足，则兵又未可以遽减"，故而进一步提出"选将吏、核兵籍，可以节军赀；开广屯田，可以实军储；练习民兵，可以益边备"三条策略。⑥

在朱熹看来，当时军队中诸多弊端的源头皆在于将帅不得其人。"今将帅之选，率皆膏粱骏子、厮役凡流，徒以趋走应对为能，苟且结托为事。物望素轻，既不为军士所服，而其所以得此差遣，所费已是不赀。以故到军之日，惟务哀敛刻剥，经营贾贩，百种搜罗，以偿债负。债负既足，则又别生希望，愈肆诛求。盖上所以奉权贵而求升擢，下所以饰子女

---

① （宋）朱熹：《朱文公文集》卷十一《庚子应诏封事》，《朱子全书》第 20 册，上海古籍出版社、安徽教育出版社 2002 年版，第 582—583 页。

② （宋）黎靖德编：《朱子语类》卷一百十，《朱子全书》第 18 册，上海古籍出版社、安徽教育出版社 2002 年版，第 3550 页。

③ 同上书，第 3550 页。

④ 同上书，第 3548 页。

⑤ 同上书，第 3547 页。

⑥ （宋）朱熹：《朱文公文集》卷十一《庚子应诏封事》，《朱子全书》第 20 册，上海古籍出版社、安徽教育出版社 2002 年版，第 583 页。

而快己私，皆于此乎取之。至于招收简阅、训习抚摩，凡军中之急务，往往皆不暇及。……是则不惟军中利病无由究知，冗兵浮食日益猥众，而此人之所盗窃破费与夫送故迎新，百色支用，已不知其几何矣。"[①] 因此，若欲计军实以纾民力，首先要慎选将帅。凡是将帅的委任，必须出于朝廷之公议，务求忠勇沉毅、实经行阵、曾立劳效之人，杜绝各种贿赂请托。"无苞苴请托之私，则刻剥之风可革。将得其人，则军士畏爱奋厉。搜阅以时，而窜名冗食者不得容于其间。得人而久其任，则上下相安，缓急可恃，而又可以省送迎之费。"[②] 对于那些裁汰的士卒，以及北来归降、添差任满之人，皆可令其屯田，与民杂耕，从而逐渐减少养兵之费。同时选拔英勇善战之人，计其品秩而多授田地，立为什伍之长，命其教导部下练习驰射击刺行伍之法。取消诸州招军之令，改为招募军中子弟之骁勇者，同样授予田地，使隶尺籍。最后还须选择老成忠实、通晓兵农之务者总领屯田、练兵之事，"付以重权，久其事任，毋贪小利，毋急近功，俟其果能渐省列屯坐食之兵，稍损州郡供军之数，然后议其课最，增秩而因任之。如此十数年间，自然渐见功效"[③]。

除了巨额的军费开支外，朱熹还指出，大量的财政收入被归入皇帝私人的内帑，政府无权监督和使用，亦是导致户部经费严重不足的重要原因。皇室的奢侈挥霍和宗室的巨大开销加剧了政府的财政危机。他说：

> 今朝廷之财富不归一，分成两三项，所以财匮。且如诸路总领瞻军钱，凡诸路财赋之入总领者，户部不得而预也。其他则归户部，户部又未尽得。凡天下之好名色钱容易取者多者，皆归于内藏库、封椿库，惟留得名色极不好、极难取者，乃归户部。故户部所得者皆是枷棒拷箠得来，所以户部愈见匮乏。封椿内藏，孝宗时锐意恢复，故爱惜此钱，不肯妄用。问欲支，则有司执奏，旋悟而止。及至今日，则

① （宋）朱熹：《朱文公文集》卷十一《庚子应诏封事》，《朱子全书》第 20 册，上海古籍出版社、安徽教育出版社 2002 年版，第 583—584 页。
② 同上书，第 584 页。
③ 同上书，第 585 页。

供浮费不复有矣。今之户部、内藏，正如汉之大农、少府钱。大农，则国家经常之费；少府，则人主之私钱。①

虞允文之为相也，尽取版曹岁入窠名之必可指拟者，号为岁终羡余之数，而输之内帑；顾以其有名无实、积累挂欠、空载簿籍、不可催理者拨还版曹。其为说曰：内帑之积，将以备他日用兵进取不时之须，而版曹目今经费已自不失岁入之数。听其言诚甘且美矣，然自是以来，二十余年，内帑岁入不知几何，而认为私贮，典以私人，宰相不得以式贡均节其出入，版曹不得以簿书勾考其在亡，其日销月耗，以奉燕私之费者，盖不知其几何矣。而曷尝闻其能用此钱以易胡人之首，如太祖皇帝之言哉？徒使版曹经费阙乏日甚，督趣日峻，以至废去祖宗以来破分良法，而必以十分登足为限。以为未足，则又造为比较监司郡守殿最之法以诱胁之，不复问其政教设施之得失，而一以其能剥民奉上者为贤。于是中外承风，竞为苛急，监司明谕州郡，郡守明谕属邑，不必留心民事，惟务催督财赋，此民力之所以重困之本，而税外无名之赋，如和买、折帛、科罚、月椿之属尚未论也。②

又说：

> 宗室俸给一年多一年，骎骎四五十年后，何以当之？③

顷在漳州，因寿康登极恩，宗室重试出官，一日之间，出官者凡六十余人。州郡顿添许多俸给，几无以支吾。朝廷不虑久远，宗室日盛，为州郡之患。今所以已有一二州郡倒了，缘宗室请受浩翰，直是孤遗多。且如一人有十子，便用十分孤遗请受。有子孙多则宁不肯出官者。盖出官则其子孙孤遗之俸皆止，而一官之俸反不如孤遗众分之

---

① （宋）黎靖德编：《朱子语类》卷一百一十一，《朱子全书》第 18 册，上海古籍出版社、安徽教育出版社 2002 年版，第 3564 页。

② （宋）朱熹：《朱文公文集》卷十一《戊申封事》，《朱子全书》第 20 册，上海古籍出版社、安徽教育出版社 2002 年版，第 605 页。

③ （宋）黎靖德编：《朱子语类》卷一百一十一，《朱子全书》第 18 册，上海古籍出版社、安徽教育出版社 2002 年版，第 3564 页。

多也。……如宗室丁忧，依旧请俸；宗室选人待阙，亦有俸给，恩亦太重矣。朝廷更不思久远，他日为州郡之害未涯也。①

朱熹指出，内库设立的初衷本是为了积累北伐资金，用以收复失地，结果其不但完全没有用于恢复事业，反而演变为人君的私钱，游离于政府的财政监管体系之外，无节制地供应皇室的"燕私之费"。这部分资金不但数额巨大，而且占用了最好的赋税资源，自然导致户部的经费短缺。同时，宗室数量的不断增加，以及朝廷不合理的宗室供养制度，亦加重了政府的财政负担。而这一切最终都化作苛捐杂税被强加在民众头上。因此，朱熹希望人君以身作则，克去私欲，扫除一切妄费，"还内帑之入于版曹，复破分之法于诸路，然后大计中外冗费之可省者，悉从废罢"②，这样才有可能真正缓解政府的财政困境，减轻民众的赋税负担。

在财政收支上，朱熹提倡"量入以为出"的原则，反对"计费以取民"。朱熹认为，当时"财利之柄制于聚敛掊克之臣，朝廷不恤诸道之虚实，监司不恤州县之有无，而为州县者又不复知民间之苦乐"③，故欲制国用，必先了解民间之虚实有无。关于具体的"量入"方法，朱熹提出："令逐州逐县各具民田一亩岁入几何，输税几何，非泛科率又几何，（一县内逐乡里不同者，亦依实开。）州县一岁所收金谷总计几何，诸色支费总计几何，（逐项开。）有余者归之何许，不足者何所取之，俟其毕集，然后选忠厚通练之士数人，类会考究而大均节之。有余者取，不足者与，务使州县贫富不至甚相悬，则民力之惨舒亦不至大相绝矣。"④ 如此，不仅可以使赋税的征收更为准确合理，而且可以控制各地之间的贫富差距，确保广大民众都能拥有一定的财产，以安民心，固国本。

---

① （宋）黎靖德编：《朱子语类》卷一百一十一，《朱子全书》第18册，上海古籍出版社、安徽教育出版社2002年版，第3565页。

② （宋）朱熹：《朱文公文集》卷十二《己酉拟上封事》，《朱子全书》第20册，上海古籍出版社、安徽教育出版社2002年版，第626页。

③ （宋）朱熹：《朱文公文集》卷二十五《答张敬夫》，《朱子全书》第21册，上海古籍出版社、安徽教育出版社2002年版，第1114页。

④ 同上书，第1115页。

由于朱熹曾任提举两浙东路常平盐茶公事，故对当时的盐、茶、酒等专卖制度较为熟悉，亦提出了不少批评与建议。在他看来，"本司所管盐酒课利，国计所资为甚广，而民情所患为甚深，若不根索弊原，别行措画，窃恐民力日困，亦非国家久远之利"，所以希望朝廷能够对其加以改革，"使民情亟得去其所患，而国计永不失其所资"。① 关于当时浙东地区食盐专卖制度的弊端，朱熹指出濒海的明、越、台、温四州"既是产盐地分，而民间食盐必资客钞，州县又有空额，比较增亏，此不便之大者"②。由于浙东的产盐地距离亭场较近，致使私盐便宜而官盐较贵。在利益的驱使下，众多盐贩大肆贩卖私盐，官府不但无法控制，反而与其串通一气，中饱私囊，"或乞觅财物，或私收税钱"，遂导致盐税大量流失。"除明、越两州稍通客贩，粗有课利外，台、温两州全然不成次第，民间公食私盐，客人不复请钞，至有一场一监，累月之间不收一袋、不支一袋，而官吏糜费、吏卒骚扰有不可胜言者。"③ 同时，由于存在政绩上的比较、考核制度，州县官员害怕自己落后受罚，于是创立盐铺，巧立名目，强迫民众买盐，而其真实的收支状况则难以稽考，"大略瘠民以肥吏，困农民以资游手"④，最终受害的仍是普通民众。

相较之下，朱熹认为福建下四州军，即福州、泉州、漳州和兴化军实行的产盐法较为便利，可资效仿。由于这四地亦是濒海产盐地区，故官府规定民众随夏秋二税缴纳产盐钱，然后民众可以向官府支取官盐。后来官盐虽不再供应，民间只得食用私盐，但由于官府已经收取了产盐税钱，所以也就不再追究私盐买卖。朱熹认为此"虽非正法，然实两便"，故希望朝廷允许浙东"取会福建路转运司下四州军见行产盐法，将本路地里远近、盐价高低比附参考，立为沿海四州盐法，其余州军自依旧法施行，则

① （宋）朱熹：《朱文公文集》卷十八《奏盐酒课及差役利害状》，《朱子全书》第 20 册，上海古籍出版社、安徽教育出版社 2002 年版，第 821 页。
② 同上。
③ 同上书，第 822 页。
④ 同上。

亦革弊救民之一事也"①。

此外，朱熹在与陈弥作讨论福建盐法的改革方案时还指出，当时盐法的主要弊端在于官盐价格过高，而民众输钱之费过重。"引价之所以贵，以引额之数拘之也；本钱之所以多，以所支之数取之也。此盐之所以贵也。卖引之额所以狭，以所运之数拘之也；海船之钱所以取，以船运之费计之也。此计产输钱之所以重也。"② 由于海运费时费力，所费不赀，加之海仓侵盗本钱，稽留割剥，使埕户宁愿将盐低价卖给私盐商贩，也不愿卖给官府，遂导致官盐引额不足而引价上涨，最终抬高了官盐价格，而官府的实际收入亦有限。若取消海仓，则埕户愿意将盐卖给官府，一方面可使引额大幅增加，即便每斤盐的引价有所降低，但官府的总收入仍能较之前有所增长，另一方面亦使埕户无私盐可卖，断绝了私盐的来源，还能使官盐运输加快，可谓一举多得。同时，由于官府垄断了食盐买卖，官员往往从中盘剥渔利，导致盐商与埕户双方都无利可图。若让埕户与盐商直接交易而由官府进行监督，则盐商买盐的成本将大为降低，节省下来的资金可用以添置运输工具，而埕户亦可以得到较多的实际收入。且食盐改由盐商自行负责运输，官府便可节省巨额的海运费用，亦有利于降低民众的税赋。因此，朱熹主张取消海仓与福建下四州军诸县的买纳，改由盐商请引，直接到埕户处买盐，然后自行由便路兴贩，官府只需立法防止其贩入上四州军地界，"则引价可减、本钱可轻而盐贱矣。引额可增、海船可罢，而计产所输亦薄矣"③。

宋代实行榷酒制度，酒法主要有官监、买扑、拍户抱额与万户抱额等四种。朱熹认为官监最为有害，万户最为便利，而其他两种则互有利害。具体来看，当时官监之法虽已被朝廷下令废止，但由于州郡占据其利，多不遵旨奉行，而户部、漕司所扑，亦不肯废除，故其害仍未根除。买扑指

---

① （宋）朱熹：《朱文公文集》卷十八《奏盐酒课及差役利害状》，《朱子全书》第 20 册，上海古籍出版社、安徽教育出版社 2002 年版，第 822 页。

② （宋）朱熹：《朱文公文集》卷二十四《答陈漕论盐法书》，《朱子全书》第 21 册，上海古籍出版社、安徽教育出版社 2002 年版，第 1079 页。

③ 同上。

民户出钱向官府购买一定区域内酒的特许经营权，并以一定数额的家产作为抵押，召人作保。承包权一般以三年为期，到期后再由有财力者竞争购买。其害则在于市场变化不定，而买扑者多不顾风险，盲目加价竞争，甚至虚报抵产之数，四处借贷，强迫当地民众承买，故酒商有消折本柄、破坏家产之患，而民众有捱托抑勒、捕捉欺凌之扰，即便严加禁防，完善法规，其弊仍难以完全革除。拍户抱额指私商小贩或特许酒户在官府设立的酒务、酒库或酒楼取酒分销，且须认定课额，由数家乃至数十家拍户包干完成官酒务或酒库所产酒的销售任务。这一定额有时或许合适，但常常不免"或额重而抱纳不前，或借此而捱脱骚扰"，其弊端亦与买扑相似。唯万户之法最为简便，由官府向民众均赋酒税，然后取消酒禁，听任民间造酒沽卖，但必须以一州或一县为单位，不论官户、民户与城居、村居的差别，总计其田亩浮财物力而一概均摊，立为定籍，才能保证其法尽善。"若舍官户而敷民户，舍城居而困村居，不立官簿而私置草簿，使吏得以阴肆出没走弄于其间，则又病矣。"① 朱熹指出，万户之法在浙东处州已经施行四五十年的时间，虽不敢说全然无弊，但"民无争讼，官省禁防"，收到了极好的效果，因而建议朝廷推广万户之法，命其他各州"取淳熙六年、七年、八年三岁实催到库之数，参校取中，立为定额，然后以此科敷，俾为万户，则亦庶几安民省事之一端也"②。

第二节　李光地的实学研究

李光地作为清初福建朱子学的主要代表人物，亦主张学术应由虚返实，见诸实用，并将实学视作儒学区别于释、道异端的基本特征。在概括自己的学术思想时，李光地即强调"吾学大纲有三：一曰存实心，二曰明

---

① （宋）朱熹：《朱文公文集》卷十八《奏盐酒课及差役利害状》，《朱子全书》第 20 册，上海古籍出版社、安徽教育出版社 2002 年版，第 823 页。

② 同上。

实理，三曰行实事"①，可见其对实学的重视与追求。而崇尚"有用之学"的程晋芳之所以将李光地与顾炎武、黄宗羲并列为清初"三学人"，除了二人共同的朱学宗尚外，一个最主要的理由便是李光地学术鲜明的实学特色，所谓"安溪……仕太平之时，事仁圣之主，其所施行，皆有用无弊"②。

一　李光地理学中的实学因素

在本体论方面，李光地认为作为最终根据的理或道并不是某种抽象的原则或规律，而是与天地万物的生成、发展直接关联的性命之理。所以他说：

> 向以当然者言理，故谓阴阳动静之类，终古不易，终古不乱，是乃所谓当然。当然之为自然，自然之为其所以然也。以其不偏谓之中，以其不杂谓之善。自以为此论当矣。至于蔼然而生，凛然而肃，则以是为落形气而未之道也。既乃思之，大《易》言贞元，孔孟语仁义，皆不离其蔼然、肃然者，而性命之理存焉。且使所谓阴阳动静者，无可爱可慕之实，徒曰不偏之为善尔，则是土苴木札，剂量而食可以疗饥；木叶鹑衣，编袭而衣可以适体也。是天地之间尽泛然无情之物。所谓道者，不过自动自静，出入乎机，而偶与自然者会。此其与庄老之学相去几何，而于吾圣门之道远矣。乃今知所谓善者，即蔼然者善也，即肃然者善也。有蔼然之理，故有蔼然之气以生物，是生物之理善也。有肃然之理，故有肃然之气以成物，是成物之理善也。③

如此，李光地一方面将理与道德意识、道德情感相互联系，突出其"可爱可慕"的这方面特质，然后进一步以仁、义、礼、智等道德属性来

①　（清）李光地：《榕村语录》卷二十三，《榕村语录　榕村续语录》上册，中华书局 1995 年版，第 409 页。

②　（清）程晋芳：《勉行堂文集》卷一《正学论五》，《勉行堂诗文集》，黄山书社 2012 年版，第 696 页。

③　（清）李光地：《榕村集》卷八《要旨续记》，《景印文渊阁四库全书》第 1324 册，台湾商务印书馆 1983 年版。

规定理的本质，从而提出"理即性"的性本论思想，以避免"求高深之理，而差于日用；溺泛滥之理，而昧于本源"①的弊病；另一方面，又强化了理与具体事物的生成、发展、演化之间的关联，从而使理可以包含更多现实性的内容。基于后者，李光地特别重视理作为事物的条理、性质的意义，提出："所谓理者，即性命之流行于事物者尔。"②而当有弟子问道："'性即理也'，理可是条理否"，李光地亦明确回答：

> 是条理。孔子曰："穷理尽性以至于命"，"和顺于道德而理于义"，"顺性命之理，谓之理"，都是在事物上说。君臣、父子、夫妇、昆弟、朋友，不相紊乱，这是理。然此理，不是到事物上才有。性即有仁义礼智，不可混矣。命即有阴阳五行，不可乱矣。……其实在事物为理，人之所禀为性，天之所降为命。命本以天言，性本以人言，理本以事物言。道亦理也，但理以事物条理言，道以人所行之路言。③

由此可见，李光地虽然承认事物之理来源于天性与天命，并非"到事物上才有"，但他同时指出理非悬空之理，而是事物的条理，故须于事物上认识与发现。为了将理与性、命、道等范畴相互区别，李光地还反复强调理的原初意义与基本内涵即是事物的条理，这一观点亦与其他不少提倡实学的思想家相一致。在他看来，"性即理"这个理学基本命题的提出亦是程颐"因人把'性'字说空了，故指点此句"④，以实理来规定人性。综上可知，在李光地的理学思想体系中，理不论作为普遍的天理，还是事物的条理，都是一个具有强烈现实品格的概念。

在认识论与工夫论方面，李光地同样肯定了即物穷理的意义和价值。譬如他说：

---

① （清）李光地：《榕村语录》卷二十六，《榕村语录 榕村续语录》上册，中华书局1995年版，第457页。

② （清）李光地：《周易观象》卷十二《说卦传》，《景印文渊阁四库全书》第42册，台湾商务印书馆1983年版。

③ （清）李光地：《榕村语录》卷二十六，《榕村语录 榕村续语录》上册，中华书局1995年版，第457—458页。

④ 同上书，第458页。

事物之理，即吾心之性也。吾之性，即天地之命也。然欲尽性至命者，必自穷理始。此《大学》之教所以先于格物也。①

圣人说出"格"字、"物"字，已包尽各条件，但其归必以知本为知至。朱子之说，与此颇异。然不照着他说，终不能知本。其言或考之事为之著，或察之念虑之微，或求之文字之中，或索之讲论之际。又谓如身心性情之德，人伦日用之常，天地鬼神之变，禽兽草木之宜，实尽格物之义。②

程朱以格物为穷理，当矣，然亦须就要紧处格将去。如舜明于庶物，察于人伦，人伦中平庸无奇，何可思索？不知就上须大段与他思索一番，方得透彻。子孝臣忠，如何方是孝，如何方是忠，大有事在。物物各有一性，性即理也，物性犹吾性也。物各有牝牡雌雄，是其夫妇之性。海燕哺雏，雌雄代至，饮食之恩也；羽毛稍长，引雏习飞，教诲之义也，是其母子之性。同巢鸟兽，无不相倡相和，是其兄弟之性。类聚群分，是其朋友之性。就中必有为之雄长者，是其君臣之性。盖物虽殊，而性则一。此处穷尽，便见得万物一体，廓然有民胞物与之意。而所谓生之有道，取之有节，此心自不容已。③

由此可见，李光地虽然强调格物致知以明善知性为根本目的，但他并不排斥即物穷理的方法，而且承认圣人所说的"格物"已包含了多种方式与广泛的内容。基于理一分殊的思想，李光地认为人与物在性理本体上具有同一性，"性者，善而已矣。物之性犹人之性，人之性犹我之性"④，所以万事之理、万物之性都可以成为格物穷理的对象，且必须通过广泛的即物穷理才能真正把握至善的本性与万物一体的道理，达到高度自觉的道德

---

① （清）李光地：《榕村集》卷三十《御制论诗发示覆奏劄子》，《景印文渊阁四库全书》第1324册，台湾商务印书馆1983年版。

② （清）李光地：《榕村语录》卷一，《榕村语录　榕村续语录》上册，中华书局1995年版，第11—12页。

③ （清）李光地：《榕村集》卷二十三《鳌峰讲义》，《景印文渊阁四库全书》第1324册，台湾商务印书馆1983年版。

④ （清）李光地：《榕村集》卷六《初夏录一·大学篇》，《景印文渊阁四库全书》第1324册，台湾商务印书馆1983年版。

意识，获得真知。因此，李光地明确指出"朱子平生著书最重者《大学》，《大学》之说，最要者穷理"，并且批评"陈献章、王守仁辈破除穷理之论，而易以认天理、致良知之说，故士无实学，而世无实用"。①

同时，在为学方法上，李光地主张尊德性与道问学兼顾，不可忽视对学问的讲求。他说：

> 不博学无以为笃志之地，然博学而不笃志，徒以广见闻、资口耳而已。②

> 《中庸》……五章只说实心，若不在道上逐一细加切实工夫，与佛氏之清寂何异？故上言实心，则曰诚，曰性，曰至诚，曰至圣，曰致曲，曰前知，曰自成，曰无息；下言道，曰发育，曰三百、三千，曰不骄、不倍，曰议礼、制度、考文，曰不谬、不悖、无疑、不惑，曰世道、世法、世则。既尊德性矣，而又必要道问学；既致广大矣，又必要尽精微；既极高明矣，又必要道中庸；既温故敦厚矣，又必要知新崇礼。以及议礼、制度、考文，考三王，建天地，质鬼神，俟圣人，世为道，世为法，世为则。至此，然后能尽其道也。然却离不得根本，故论至道必扯着至德；道问学等必扯着尊德性等；作礼乐必扯着德，离不了实心。故曰："修道以仁。"此本末相资，内外交养，方为圣学之全。③

由于李光地将立志与主敬视作尊德性之事④，将致知与力行视作道问学之事，所以他亦主张将立志、主敬、致知、力行四者结合起来，不可偏

---

① （清）李光地：《榕村集》卷三十《御制论诗发示覆奏劄子》，《景印文渊阁四库全书》第1324册，台湾商务印书馆1983年版。

② （清）李光地：《榕村语录》卷四，《榕村语录 榕村续语录》上册，中华书局1995年版，第69页。

③ （清）李光地：《榕村续语录》卷二，《榕村语录 榕村续语录》下册，中华书局1995年版，第570—571页。

④ 李光地认为，志与诚关系密切，立志即是立诚。故曰："志立则果，志立则诚，不果不入，不诚不久，故言立志不言立诚可也。"见（清）李光地《榕村集》卷八《尊朱要旨·立志》，《景印文渊阁四库全书》第1324册，台湾商务印书馆1983年版。

废。他说：

> 诚、敬者，德性之事，德也；修辞立诚，义以方外者，问学之事，业也。然问学之业兼知与行，故修辞立诚，则所明皆实理，所行皆实事；义以方外，亦兼乎精义、集义之两端。①

> 立志者，播种也。敬者，灌溉培壅之喻也。致知、力行者，谨察焉，勤治焉，稂莠稊稗，无杂我种，螟螣蟊贼，无害我稼。学不先于志，犹无种也。志立而不务知，若苗之有莠，恐其乱也。知而不行，若害吾苗者不能去也。不始终之以敬，若灌溉培壅之不加，或槁焉，或有苗而不秀也。②

在李光地看来，立志、主敬、致知、力行构成了学者为学的一个完整过程，缺一不可。由于李光地反对"先行后知"之说，所以他并不将立志与主敬视作行之事，而将其与知、行并列，视作知与行的基础和前提。致知、力行须以志、敬为基础，则"所明皆实理，所行皆实事"。同时，李光地还指出，主敬不仅指未发时的涵养，还包括已发时的主敬，故须"始终之以敬"，而不能将主敬与致知、力行割裂开来。故曰：

> 朱子谓："致知不以敬，则昏昧纷扰，而无以察理义之归；力行不以敬，则颓堕放肆，而无以践理义之实。"然则敬与知行混而为一，盖可见矣。其曰昏昧，曰颓堕，以静之时言也；曰纷扰，曰放肆，以动之时言也，则敬贯乎动静，而知行亦通乎动静，又可见矣。盖方其静之中，虽未有致知之事，而炯然常觉者即知之体；虽未有力行之迹，而肃然就检者即行之基也。大抵敬义知行，如目视足履，一时并用，有此则有彼，初无独任之时。敬虽稍先于义，知虽稍先于行，然正如目之于足，几微毫发之间耳。今执儒先之论，其在于所盛所主

---

① （清）李光地：《榕村集》卷六《初夏录一·诚明篇》，《景印文渊阁四库全书》第1324册，台湾商务印书馆1983年版。
② （清）李光地：《榕村集》卷八《尊朱要旨·立志》，《景印文渊阁四库全书》第1324册，台湾商务印书馆1983年版。

者，而割截疆界，玩愒日时，致有放神冥寂以为敬，空言讲论以为知之失，则已误矣。①

敬以直内，义以方外，非是两时事。且如应酬一人，处置一事，以至一坐立言动之微，皆须心存在此，此直内也。其所以应之处之之宜，与夫动容周旋之则，务尽道理，是方外也。有以敬、义分属动静及平日与临事者，皆易于错说。②

由此可见，李光地认为主敬与致知、力行往往是同时进行、一时并用的，而非相互分离的两件事。不仅主敬是贯穿动静的，致知与力行亦通乎动静。在静时的炯然常觉与警觉提撕中已包含了知之体与行之基，而在动时的致知与力行中亦须凭借主敬来保持心的专一、严肃与清明。若仅仅将主敬归为静，而将致知归为动，则不免以放神冥寂为敬，以空言讲论为知，如此便入于异端，而非吾儒之实学矣。

关于知行关系，李光地还提出行可以包知，知亦可以该行，"大约举一足以相备矣"。他解释道：

知以该行者，如所谓居敬穷理，存心致知，则穷理致知已兼乎践行而为言，故朱子以释尊德性、道问学之事，亦曰存心致知而已。然问学之目，尽精微，知也；道中庸，行也；知新，知也；崇礼，行也。程子虽曰"涵养用敬，进学在知"，又曰"知之明则信之笃，信之笃则行之果而守之固"，此见举知足以该行也。行以包知者，如《中庸》以谨独与戒慎恐惧对，则谨独中有穷理，非穷理而能谨之乎？周子以慎动与存诚对，则慎动中有知几，非知几而能慎之乎？此见举行足以包知也。③

换言之，穷理致知是践行的必要前提，能行必已知，故行可以包知；

---

① （清）李光地：《榕村集》卷六《初夏录一·中庸篇》，《景印文渊阁四库全书》第1324册，台湾商务印书馆1983年版。
② 同上。
③ 同上。

而践行是穷理致知的必然结果，知明则行益果、守益固，故知可以该行。如此，则在避免知行混同的前提下，最大限度地使知与行相互结合，形成一个统一的整体，从而避免了知行分离之弊。

二 李光地经学中的实学因素

李光地在经学研究与经典编纂方面亦体现出较为明显的实学特点。首先，李光地治经主张汉宋兼采，不立门户，能够使用训诂考据等手段来解释经文，发明经义，尽量避免以己意解经，从而使其经学研究带有某些实证、实据的特点。譬如他说："读书只赞其文字好，何益？须将作者之意发明出来，及考订其本之同异，文义之是否，字字不放过，方算得看过这部书。"① 又说："今专门之学甚少，古来官制、田赋、冠服、地里之类，皆无精详可据之书。此等必实实考究得源源本本，确有条贯，方好。"② 有关这方面的具体内容在上一章中已有较为详细的讨论，此处不赘。

其次，李光地在阐述经典义理的时候，亦注重将其与修齐治平之事联系起来，"究六经之指，周当世之务"③，力图使经典之义理能够见诸实事，有裨实用，从而构建一个合理的现实秩序。譬如，李光地治《诗经》，强调"《诗经》道理，不出齐家、治国平天下。《二南》从齐家起，《雅》则治国平天下，《颂》则天地位，万物育，郊焉而天神格，庙焉而人鬼享。然其理不外于修身、齐家，大指如此"④。又说："《国风》之首，夫妇正焉。《小雅》之首，君臣、父子、兄弟、朋友备矣。《大雅》《颂》之首，推祖宗，本天地，此四诗之序也。道造端夫妇而塞天地者，达乎上下，性情一也。"⑤ 其治《春秋》，以《春秋》所论为王者之事，故十分注重从礼

① （清）李光地：《榕村语录》卷二十四，《榕村语录 榕村续语录》上册，中华书局1995年版，第428页。

② 同上。

③ （清）李光地：《榕村集》卷十《进读书笔录及论说序记杂文序》，《景印文渊阁四库全书》第1324册，台湾商务印书馆1983年版。

④ （清）李光地：《榕村语录》卷十三，《榕村语录 榕村续语录》上册，中华书局1995年版，第221页。

⑤ （清）李光地：《榕村集》卷二《经书笔记》，《景印文渊阁四库全书》第1324册，台湾商务印书馆1983年版。

法制度、政治伦理的角度来发明、探讨《春秋》中的书法义例。如谓："《春秋》隐、桓二公，亦尽一部《春秋》道理。隐无王，桓无天。无王者，隐公终身未尝朝聘于周，直似非其臣子者然。无天者，桓公弑君，王不加讨，又从而恩命稠叠焉。惟此二义，一部《春秋》，岂复外此。"① 其治《周易》，虽肯定《周易》为谈性命之书，但同时强调《周易》的实用性，提出："《易》不是为上智立言，却是为百姓日用，使之即占筮中，顺性命之理，通神明之德。"② 又谓："朱子说，《易》之取象，不可尽以道理求。盖谓随人随事，皆可以生解耳。虽象皆有根，根即是道理，却要知他原可以随人随事求之也。"③ 由于其理学名臣的身份，以及经常可以与皇帝讨论易学的便利，使得李光地特别注重借助解释《周易》来阐述自己的经世治国之道。这一点在其撰写与主持编纂的易学著作中表现得较为突出。④

再次，通过考察李光地奉旨纂修《朱子全书》等理学经典的过程，在内容材料的选取与篇目次序的拟定上亦可发现其思想的实学倾向。譬如，《朱子全书》的编纂主要是根据《朱子语类》与《朱文公文集》二书"撮取精要，芟削繁文，以类相次"⑤ 而完成的。但是，与《朱子语类》以"理气"居首、《朱文公文集》以"词赋琴操诗"居首的编目方式不同，《朱子全书》的编目以"学"为首，可见李光地对于进学致知的重视，及其对朱子学"下学上达"的为学次第的体认与强调。论学之目后继以四书、六经，李光地认为如此"足见朱子平生精力尽在研究经书之指而阐明之，平生议论无非源本经书之指而发挥之，朱子之学即孔孟之学，一披卷

---

① （清）李光地：《榕村语录》卷一，《榕村语录　榕村续语录》上册，中华书局1995年版，第2页。

② （清）李光地：《榕村语录》卷九，《榕村语录　榕村续语录》上册，中华书局1995年版，第152页。

③ （清）李光地：《榕村语录》卷一，《榕村语录　榕村续语录》上册，中华书局1995年版，第4页。

④ 关于李光地易学著作中的经世治国思想，参见汪学群《清初易学》第四章第三节《周易折中》"四、君臣交以实心""五、鼎在庙之中"，以及第五章第三节《李光地的易学》"五、皇上体〈易〉至，用〈易〉神"等部分内容，商务印书馆2004年版。

⑤ （清）李光地：《朱子全书·凡例》，《景印文渊阁四库全书》第720册，台湾商务印书馆1983年版。

而原委昭然矣"①。其实，李光地原先还曾试图将有关治道的内容置于论学篇目之后。他说："查原目录内首十数卷论学之后，即继以四书、六经、诸儒、诸子、历代人物等目，然后及于治道。臣切惟《大学》格致诚正与齐治平相为表里，孔子告君达德达道与九经相为经纬，盖天德王道同条共贯，自尧、舜、禹、汤至我皇上皆然也。臣妄谓首十数卷论学之后，似即宜继以论治，而论治诸目，则宜以奏疏为首，然后以君道、臣道、养教、兵刑、用人、理财等目次之，如此则开篇数十卷之中，而内圣外王之道备矣。然后继以四书、六经以证明之，又继以圣贤诸儒、诸子百家以折衷之，又继以历代人物以参考之，似为得先后缓急之序，而使天下后世学者知为学为治之出于一，不作两意推求也。"② 虽然这一提议最终没有得到康熙帝的认可，但仍反映出李光地对于朱熹经世思想的重视，及其对学以致用与内圣外王相贯通的关注和追求。此外，李光地还指出《朱子全书》治道门类的原有细目次序杂乱，主张"略仿六曹职掌次第编列"；又认为理气门类下"先以总论，次太极，次天地，次天度、历法，次天文，次雷电风雨雪雹霜露，次阴阳、五行、时令，次地理、潮汐"的细目安排不妥，建议"阴阳、五行、时令似应接太极、天地之后，盖周子《太极图说》首言太极，即继以阴阳、两仪、五行、四时也。天度、历法似应接天文之后，盖有日月星辰，然后有行度，然后有历法也。地理似应即继天文、天度、历法之后，盖有天文即有地理也。雷电风雨雪雹霜露似应在地理之后，盖此数者不可谓之天文，乃地气上交于天，絪缊聚散于两间者，则当附天地之后也"③。这些观点既体现出李光地对于各种科学知识与实用学科的了解，又反映了其重视逻辑次序与客观实际的思想特点。

---

①　（清）李光地：《榕村集》卷二十八《请发朱子全书磨对劄子》，《景印文渊阁四库全书》第 1324 册，台湾商务印书馆 1983 年版。

②　（清）李光地：《榕村集》卷二十八《条奏朱子全书目录次第劄子》，《景印文渊阁四库全书》第 1324 册，台湾商务印书馆 1983 年版。

③　（清）李光地：《榕村集》卷二十八《进校完朱子全书劄子》，《景印文渊阁四库全书》第 1324 册，台湾商务印书馆 1983 年版。

三 李光地的六艺、格物之学

除了六经之学外，六艺之学亦被不少清初学者视作实学的基本形式和重要代表。如颜元即云："我夫子承周末文胜之际，洞见道之不兴，不在文之不详而在实之不修，奋笔删定繁文，存今所有经书，取足以明道，而学教专在六艺，务期实用。"① 又谓："如朱、陆两先生，倘有一人守孔子下学之成法，而身习夫礼、乐、射、御、书、数以及兵农、钱谷、水火、工虞之属而精之。凡弟子从游者，则令某也学礼，某也学乐，某也兵农，某也水火，某也兼数艺，某也尤精几艺，则及门皆通儒。……如此，不惟必有一人虚心以相下，而且君相必实得其用，天下必实被其泽，人才既兴，王道次举，异端可靖，太平可期。"② 李塨亦言："先王三物之教，六德六行，其实事只在六艺"③，"六艺为圣贤学习实事，孔子习礼学乐，执射执御，笔削会计，无不精当"④。又言："人之参天地者，六德也。德之见乎世者，六行也。行之措乎事者，六艺也。……夫德行之实事，皆在六艺。艺失则德行俱失。"⑤ 潘耒则说："古之君子不为无用之学。六艺次乎德行，皆实学，足以经世者也。"⑥

而李光地亦相当重视六艺之学，提出：

> 六经外，六艺皆当留心。文武既分途，射、御暂可不讲，至礼、乐、书、数，实要紧事。⑦

> 六艺真是要紧事。礼乐不消说，射不可不知，但今之架式，要弯身才好，看古人却云"外体直"。至于御，今已无之，骑马即御也。

---

① （清）颜元：《颜元集·存学编》卷三《性理评》，中华书局 1987 年版，第 75 页。

② （清）颜元：《颜元集·存学编》卷一《明亲》，中华书局 1987 年版，第 44—45 页。

③ （清）李塨：《圣经学规纂》卷一，中华书局 1985 年版，第 10 页。

④ （清）李塨：《圣经学规纂》卷二，中华书局 1985 年版，第 16 页。

⑤ （清）李塨：《大学辨业》卷二，中华书局 1991 年版，第 12 页。

⑥ （清）潘耒：《遂初堂集》卷七《方程论序》，《续修四库全书》第 1417 册，上海古籍出版社 1995 年版。

⑦ （清）李光地：《榕村语录》卷二十七，《榕村语录 榕村续语录》上册，中华书局 1995 年版，第 485 页。

> 古时太守领兵，文武未始分，若是一旦朝廷以武事命之，不能骑射，如何使得？大将尚可，偏裨岂不殆哉！至书算，试看岂可阙得。本朝顾宁人之音学，梅定九之历算，居然可以待王者之设科。①

显然，在李光地看来，六艺之学各有实用，皆为经世之要紧事，皆须讲求。特别是礼、乐、书、数，应当成为每个士子必须学习与掌握的基本技能。针对那些轻视六艺，甚至将六艺之学与心性之学割裂、对立，分属于小学与大学的观点，李光地亦进行了批驳：

> 今人动言，小学只习礼、乐、射、御、书、数，到入大学，便专讲心性。从来无此说。不想扫洒、应对、进退之节，礼、乐、射、御、书、数之文，"节""文"二字作何解？节是童子不知登降周旋所以然之故，但习其节目；文是童子不知礼、乐、射、御、书、数所以然之理，但诵其文词。到后来成人时，便已熟惯而知其用，日用而益明，精义入神，下学上达，不离乎此。非大学后便不提起六艺之事也。②

根据李光地的理解，六艺之事作为实学的基本内容，贯穿于人的一生，并不以年龄为限。小学时习六艺之节文，大学时明六艺之道理。且知性明理必须建立在不断实行、实践的基础之上，日用而理益明，理明而行益笃，二者不可割裂，并非明理后便不须实践。

以六艺之学为核心，李光地对于音韵、兵法、音乐、天文、历算等各种实用知识与学问皆抱有广泛的兴趣，并做了大量的研究工作，培养、影响、带动了一大批清初学者从事相关研究，从而推动了清初实学的发展。分而言之，在音韵方面，李光地主要受到顾炎武的影响，编撰有《音韵阐微》《榕村韵书》《韵笺》《等韵便览》《等韵辨疑》等著作，其基本观点上

---

① （清）李光地：《榕村续语录》卷十六，《榕村语录　榕村续语录》下册，中华书局1995年版，第776页。

② （清）李光地：《榕村语录》卷一，《榕村语录　榕村续语录》上册，中华书局1995年版，第7页。

文已有述及。

在兵法方面，李光地主要撰有《握奇经注》等。在古代众多阵法中，李光地尤其重视武侯八阵与李卫公五花阵，以其内容有所根底。在他看来，"五花原于乡遂之兵，八阵原于都鄙之兵。乡遂之兵，以十为数，起于五；都鄙之兵，以八为数，起于井田之八家。自五家，以至于万二千五百家，皆以五相叠，故出兵自五人，以至于万二千五百人，亦如之。自八家，以至五百一十二家，皆以八相叠"①。而在《握奇经注》中，李光地简要地解释了天、地、风、云、龙、虎、鸟、蛇八阵的布阵、变化之法，以及游兵与正兵的配合方法，清晰地阐述了《握奇经》"以正合，以奇胜"的军事思想。关于排兵布阵中正、奇配合的基本方式，李光地总结道："天、地、风、云者，正也；龙、虎、鸟、蛇者，奇也。正者，连营布阵之法，至于应敌决胜，则变为四奇。奇即正之变，非在正之外也。八者之外，尚有奇兵焉，则谓之握机。言其或前或后，望敌设伏，虽不在八阵之中，而实握其机，故曰握机也。"② 但是，正与奇的内容亦非一成不变，而是不断随着战场具体情况的变化而改变。"以天、地、风、云为正，则龙、虎、鸟、蛇为奇；以天、地为正，则风、云为奇；以龙、虎为正，则鸟、蛇为奇也。以前列之八阵为正，则后队之游军为奇也。揔而言之，则凡正阵、游军皆为正，而时静时动、变变化化、不可测度皆为奇也。"③ 相较于八阵之中的正与奇，李光地更为重视正兵与奇兵即游军的相互配合。关于正兵与游军各自的作用与特点，李光地总结道："正兵者，利戈矛弓戟之用，习金鼓旌麾之节，闲步伐进退之方，识高下向背之地。其教养之素，至于如手足之相捍卫；其节制之重，至于如山丘之不可顿撼。如是，则正兵之用尽矣。若夫侦间以得敌情，窥望以审敌势，未遇而致师，既阵而蹑敌，方合而出其傍，绕其后，我退而设之伏，示之疑，变强弱之形，移彼

---

① （清）李光地：《榕村语录》卷二十八，《榕村语录 榕村续语录》上册，中华书局 1995 年版，第 504—505 页。
② （清）李光地：《握奇经注》，《藏外道书》第 24 册，巴蜀书社 1992 年版，第 831 页。
③ 同上书，第 835—836 页。

己之利，若此者，非游军不足以备其用，济其机也。"① 显然，李光地将游军视作战场上出奇制胜的关键因素。故曰："养游军之禄可数倍于养兵，驭游军之权或更甚于驭将，此握奇之号所以或专属之游兵，以为设奇制胜专在此也。"②

在音乐方面，李光地撰有《古乐经传》《大司乐释义》《乐书纂》等著作。对于六经中唯独《乐经》无文的原因，李光地解释道："经具于《春官》之属，记具于戴氏之编，二者皆传于窦公。窦公者，与子夏同时，同事魏文侯，而申礼乐之事。其传止于此，则以其官器神明大略备也。若声气微妙，则不可写，故曰乐崩。"③ 因此，李光地以《周礼·春官》中的《大司乐》以下二十官为《乐》之经，以《礼记·乐记》为《乐》之传，又杂取《周易》《诗经》《尚书》、三礼、《孟子》《左传》《国语》《管子》《吕氏春秋》《淮南子》《史记》《汉书》《后汉书》《通典》《文献通考》等书论乐之文附之，较为细致地考察、辨正、阐释了古代传统音乐的乐仪、乐器、乐律、乐理、乐教与乐用。

譬如，关于乐律，据《周礼·春官·大司乐》记载，冬至郊天之乐以"圜钟为宫，黄钟为角，大簇为徵，姑洗为羽"，夏至祭地之乐以"函钟为宫，大簇为角，姑洗为徵，南吕为羽"，祭祀宗庙之乐以"黄钟为宫，大吕为角，大簇为徵，应钟为羽"。李光地认为此天、地、人三乐乃上文祭祀天神、地示、四望、山川、先妣、先祖六乐合二为一而成，并且指出先儒之所以没有发现这一点，正是由于未能分别"声"与"调"的不同所致。他说："调与声不同。……且以黄钟之五调论，则所谓黄钟宫调者，用黄钟所生之七律，而以黄钟起调，黄钟毕曲也。所谓黄钟商调、黄钟角调、黄钟徵调、黄钟羽调者，则亦用黄钟所生之七律，而或以太簇，或以姑洗，或以林钟、南吕起调毕曲也。所以然者，黄钟以太簇为商，以姑洗为角，以林钟为徵，以南吕为羽，如此节用黄钟为角调，则必以其所生之

---

① （清）李光地：《握奇经注》，《藏外道书》第 24 册，巴蜀书社 1992 年版，第 836 页。
② 同上。
③ （清）李光地：《榕村集》卷一《观澜录·经》，《景印文渊阁四库全书》第 1324 册，台湾商务印书馆 1983 年版。

角声起调毕曲,自然之理也。故如黄钟之为角声也,则必曰夷则角,而不曰黄钟角;如太簇之为徵声也,则必曰林钟徵,而不曰太簇徵;如姑洗之为羽声也。则必曰林钟羽,而不曰姑洗羽。汉魏以来,乐部未之有改,然则黄钟为角之为角调而用姑洗,太簇为徵之为徵调而用南吕,姑洗为羽之为羽调而用大吕,无疑也。"①

据此,李光地认为郊天之乐的"圜钟为宫"与祭祀宗庙之乐的"黄钟为宫"存在错互,即前者当作"黄钟为宫",而后者当作"圜钟为宫",且以黄钟一律宫、角两用并不构成重复。李光地引用祀天神、四望之律解释郊天之乐道:"黄钟为宫,则黄钟宫调也,其起调毕曲之律即以黄钟。黄钟为角,则黄钟角调也,其起调毕曲之律则以姑洗。太簇为徵,则太簇徵调也,其起调毕曲之律则以南吕。姑洗为羽,则姑洗羽调也,其起调毕曲之律则以大吕。此四律者,皆前所祀天神、四望之乐,故此大祀则合而用之,至下二乐莫不皆然。"② 他又引班固《汉书·律历志》以黄钟为天统,林钟为地统,太簇为人统之说,认为"黄钟当为天宫,林钟当为地宫,明矣",故郊天当以黄钟为宫,而"太簇虽属人统,然前文既与应钟合而为祭地之乐,则施之宗庙之宫义有未允。而夹钟者,前文所用以享于先祖者也。盖天气始于子,地气始于午,人事始于卯者,阴阳昼夜之正也。地退一位而始于未,则避南方之正阳也。人进一位而始于寅,则重民事之蚤作也。然则宗庙之祭以圜钟为宫,既合享祖之文,又著人事之始,比于援引星辰,舍经证纬,不亦善乎?"③ 此外,李光地还提出:"祭祀之大者废商,故调止于四。而地乐中有太簇,本黄钟之商声,人乐中有无射,乃西方之穷律,缘去商调之义,故此二律有应为起调毕曲者则并去之。盖蕤宾与太簇同类,南吕与无射同方,故其乐可以相代也。"④

李光地认为,宫、商、角、徵、羽五音不仅与句字相关,而且与韵部

---

① (清)李光地:《古乐经传》卷一《乐经》,《景印文渊阁四库全书》第220册,台湾商务印书馆1983年版。

② 同上。

③ 同上。

④ 同上。

之间存在密切关系。他说："凡人声之发于喉者，宫也；其入于鼻者，商也；其转于舌者，角也；其抵于齿者，徵也；其收于唇者，羽也。喉之声，深以厚；鼻之声，铿以轰；舌之声，流以畅；齿之声，细以详；唇之声，闭以藏。人之声必自喉始，交于舌齿之间，上于鼻而下于唇，至唇之闭，则又息于喉而复生矣。是故古之知音者必辨韵部，未有韵部之不审，句字之不清，而可以言歌者也。"① 又说："作诗用韵脚，若是喜庆事，用宫音，便洪亮；发扬感激事，用商音；述平常事，用角音；可骇愕事，用徵音；悲恻事，用羽音。"② 但李光地同时指出，五音的形成较为复杂，韵部仅是其外在的表现形式，不能单纯依靠唇、齿、舌、喉之声确定宫、商、角、徵、羽。"因其调之抑扬高下而叶之，因其言之缓急轻重而命之，因其情之刚柔吐茹而形之，夫然后口与心相应也，响与籁相追也。故韵部者，音乐之助而犹非音乐之本也。"③

李光地对于音乐的思想内涵与教化作用亦十分重视。在他看来，五音有声有调，而调始于人心，反映人的性情之德，故较之声更为基本。"宫调深厚，于人为信之德，而其发则和也。角调明畅，于人为仁之德，而其发则喜也。商调清厉，于人为义之德，而其发则威也。徵调繁喧，于人为礼之德，而其发则乐也。羽调丛聚，于人为智之德，而其发则思也。是数者生于心，故形于言，言之有发敛、轻重、长短、疾徐，故又寓于歌。《书》曰'诗言志，歌永言'者此也。圣人因是制为五者之调以仿之。"④ 因此，音乐便具备了教化人心、陶冶性情的功能。"闻宫音使人和厚而忠诚，闻角音使人欢喜而慈爱，闻商音使人奋发而好义，闻徵音使人乐业而兴功，闻羽音使人节约而虑远。"⑤ 五者之调形成后，圣人又制六律以为其

---

① （清）李光地：《古乐经传》卷四《附乐记·声律篇》，《景印文渊阁四库全书》第 220 册，台湾商务印书馆 1983 年版。

② （清）李光地：《榕村语录》卷二十八，《榕村语录　榕村续语录》上册，中华书局 1995 年版，第 493 页。

③ （清）李光地：《古乐经传》卷四《附乐记·声律篇》，《景印文渊阁四库全书》第 220 册，台湾商务印书馆 1983 年版。

④ 同上。

⑤ 同上。

发敛、轻重、长短、疾徐之节，则调中之五音具焉。从五音产生的这一过程来看，"仁义礼智信者五音之本也。喜怒哀乐者五音之动也。调者，五音之体制，而声者，五音之句字也"①。因此，音乐演奏必须先定调，而后以声从之。若先设声，而后以调从之，则将导致性情之失，背离了音乐的本质。

至于诗、调、声三者之间的主次关系，李光地认为应以诗为根本，调次之，声最后。因为诗与性情之德的联系最为密切，所谓"不知调者，不可与言声；不知诗者，不可与言调；不知性情之德者，不可与言诗。可与言诗，而乐思过半矣"②。据此，李光地批评后代的雅乐形式大于内容，"声有高下而无疾徐，纵其应律，亦所谓知声而不知调者也，知调而不知诗者也"，因而主张学习与创作音乐"必先教诗，教诗者，必先以六德为之本，使其性情之发无有不得其平而不由其诚者，则二者之患亡矣。然后以六律为之音，盖亦简易而不难也"。③

李光地进一步指出，音乐的社会功能主要在于移风易俗、教化人民，故推行乐教应当立足现实，注重变通，使今人喜闻乐见，而不能将今乐与古乐简单地对立起来，一味追求复古。在他看来，三代以下礼乐不兴，其中一个重要原因便是儒者的礼乐思想迂大繁难、流于空谈而不切实际、无关日用。"礼则必其周公之制，乐则必其伶伦之律，微论其说无一是之归，纵使得之，亦止于郊庙朝廷之事，而所谓移风易俗，无有议及之者，又岂圣人礼云乐云之意哉？"④"若只郊庙中作乐，就是《云门》《咸池》《韶濩》《大武》，亦只天地鬼神闻之，如何天下风俗就会移易？自然是人人见闻，才能移风易俗。"⑤ 加之社会风俗变迁，民众习尚日非，即便勉强推行古乐，亦不过是"强其所不乐，举其所不行，则莫之从而不能久，非所谓

---

① （清）李光地：《古乐经传》卷四《附乐记·声律篇》，《景印文渊阁四库全书》第220册，台湾商务印书馆1983年版。

② 同上。

③ 同上。

④ 同上。

⑤ （清）李光地：《榕村语录》卷二十七，《榕村语录　榕村续语录》上册，中华书局1995年版，第484页。

'通其变，使民不倦'者也"①。因此，李光地极称孟子所说的"今之乐，由古之乐"，主张从实用出发，借鉴古乐的精神与形式来改良、整理今日之戏曲，"去其淫辞新声，及其节目之荒诞无实者，而一均之和音，被以雅曲，实之以忠孝廉贞节义之事，亦庶几乎可以语，可以道古者，未必非风俗之一助也"②。同时，还应改变俗乐的冗长繁衍，戏以四出为则，并使歌、舞分离，做到"舞以动其容，虽貌肖而口不言也；歌以咏其事，虽赞叹之而亦非其自言也。听其歌，观其容，而其人可知。……则至善矣"③。

在天文、历法方面，李光地主要受到梅文鼎与康熙帝的影响，编撰有《历象要义》《历象本要》④《星历考原》等著作。在某些学者眼中，天文、历法乃畴人、星官的专门职守，非儒者之所当务，故学者不必于此用心。而李光地则指出，天文、历法之学不仅与实际生活密切相关，直接指导着人们的生产与生活实践，"适于日用，所需尤大"⑤，而且其关于宇宙、天地的生成、演化、运动等诸问题的研究亦与儒学义理直接关联，构成了儒家学说的重要知识背景与思想基础。所以他说：

> 圣人作历，为顺天以授时而已。天道之大，在寒暑四时，而寒暑四时运于不可见，于是而纪诸日月星辰之行。是故察日之出没，而昼夜明焉；察月之盈虚，而朔晦明焉；察日之发敛，而冬夏明焉。《书》曰："历象日月星辰，敬授民时。"《易》曰："观乎天文，以察时变。"寒暑昼夜者，天道之纲，民用之本。⑥

又说：

---

① （清）李光地：《古乐经传》卷五《附乐记·乐教篇》，《景印文渊阁四库全书》第220册，台湾商务印书馆1983年版。

② 同上。

③ 同上。

④ 《历象本要》初稿一说为杨文言所作。参见（清）平步青《霞外捃屑》卷一《书象本要乃杨文言作非榕村》，上海古籍出版社1982年版，第7—8页。

⑤ （清）李光地：《榕村续语录》卷十六，《榕村语录　榕村续语录》下册，中华书局1995年版，第775页。

⑥ （清）李光地：《榕村集》卷二十《圣人作历之原》，《景印文渊阁四库全书》第1324册，台湾商务印书馆1983年版。

乾坤，父母也，继志述事者，不离乎动静、居息、色笑之间，故《书》始历象，《诗》咏时物，《礼》分方设官，《春秋》以时纪事，《易》观于阴阳而立卦，合乎岁闰以生蓍，其所谓秩序、命讨、好恶、美刺、治教、兵刑、朝会、搂伐，建侯迁国之大，涉川畜牝之细，根而本之，则始于太乙，而觳于阴阳。日星以为纪，月以为量，四时以为柄，鬼神以为徒，故曰："思知人，不可以不知天。"仰则观于天文，穷理之事也。此则儒者所宜尽心也。①

在李光地看来，天地不仅是万事万理的根本，而且是万事万理的起点，构成了实学的真正基础。故"孔子从不曾说到天地之先。……都是从天地说起。盖六合之外，存而不论。无稽之言，无复证据者，圣人便不言"②。又谓："圣人万古之师，一切幽渺荒唐之说，删去净尽。说理气只从天地说起，又只说现在的，至天地以前，天地之终，都不说。删《书》断自唐虞，以前就有文字，孔子都不存。不似他家从混沌之始，悬空揣度，以启后来编通鉴者荒唐幽怪之谬。"③ 因此，李光地的天文、历法研究既注重实际、实用，不为幽渺荒唐之说，又时常将其与理学思想进行结合，互相印证，故而往往给人留下两种截然相反的印象。

譬如，关于宇宙的结构，李光地其实已经接受了西方天文学的"地圆说"，提出："地至圆，无有上下，周遭人皆戴天履地，无有偏侧倒置"④，"天地如鸡卵，古人虽有其说而未竟其论。唐之淳风、一行，宋之尧夫，元之郭太史、许鲁斋，明之刘伯温，皆聪明绝世，而皆不知天地之俱为圆体。自西人利玛窦辈入中国，言地原无上下，无正面，四周人著其上。中国人争笑之，岂知自彼国至中国，几于绕地一周，此事乃彼所目见，并非

---

① （清）李光地：《榕村集》卷十二《梅定九历学疑问序》，《景印文渊阁四库全书》第 1324 册，台湾商务印书馆 1983 年版。
② （清）李光地：《榕村语录》卷二十六，《榕村语录　榕村续语录》上册，中华书局 1995 年版，第 459 页。
③ 同上书，第 461 页。
④ 同上书，第 460 页。

浪词"①。但在同时，李光地亦未彻底否定传统的"天圆地方"说，而是对其加以转化，以动静之理进行解释。如南怀仁曾深诋天圆地方之说，李光地即回应道："天地无分于方圆，无分于动静乎？盖动者，其机必圆；静者，其本必方。如是则天虽不圆，不害于圆；地虽不方，不害于方也。"②此后，他又多次提及"'天圆地方'之说，盖以动静体性言之。实则形气浑沦相周，古人卵中黄之喻是已"③，"天圆地方者，言其动静之性耳。实则地亦圆体，如卵里黄，上下周围与天度相应"④。显然，李光地并非当真认为天是圆的，地是方的，而是借用《大戴礼记》"天道曰圆，地道曰方，道曰方圆耳，非形也"⑤的思想，以天道动、地道静来解释"天圆地方"说。

类似地，李光地既然承认地圆说，那么自然知道中国并非位于大地的中心，甚至根本不存在某一特定的"地中"。譬如他说："夫至顺极厚，非方非平，高下相循，浑沦旁薄者，地之本体然也。其南北两端，以去日远近为寒暑之差；东西以见日早晚为昼夜之度。东之夜乃西之昼，南之暑乃北之寒也，如是，则东西南北安有一定之中？南北或以极为中，或以赤道为中者，亦天之中，非地之中也。"⑥但是，当南怀仁以赤道为地中，批评"中国"之名时，李光地又反驳道："所谓中国者，谓其礼乐政教得天地之正理，岂必以形而中乎？譬心之在人中也，不如脐之中也，而卒必以心为人之中，岂以形哉？"⑦关于地中的含义与判断标准，李光地还提出："西

---

① （清）李光地：《榕村语录》卷二十六，《榕村语录　榕村续语录》上册，中华书局1995年版，第470页。

② （清）李光地：《榕村集》卷二十《记南怀仁问答》，《景印文渊阁四库全书》第1324册，台湾商务印书馆1983年版。

③ （清）李光地：《榕村语录》卷二十六，《榕村语录　榕村续语录》上册，中华书局1995年版，第472页。

④ （清）李光地：《榕村集》卷五《周官笔记·地官》，《景印文渊阁四库全书》第1324册，台湾商务印书馆1983年版。

⑤ （汉）戴德撰：《大戴礼记》卷五《曾子天圆》，（北朝）卢辩注，中华书局1985年版，第91页。

⑥ （清）李光地：《榕村语录》卷二十六，《榕村语录　榕村续语录》上册，中华书局1995年版，第472页。

⑦ （清）李光地：《榕村集》卷二十《记南怀仁问答》，《景印文渊阁四库全书》第1324册，台湾商务印书馆1983年版。

法称赤道之下，二分午表无景，是冬夏数均也。昔人有至外国者，熟一羊头而夜已曙，是昼数常赢也。今法南方四时昼刻每多于北，又况乎其九州之外者乎？昼夜不均，非所语中，然一岁之内，绝无短永，阴阳消息，其序靡显，揆之于理，亦未为中也。如此，则惟中国之地，晷刻赢缩，与四时进退，二至相除，毫无余欠，而洛又其中之中，谓之中土，理宜不诬。以是知经所言天地四时之所交合，阴阳风雨之所和会，信乎其为至理，而非虚说也"①，又谓："中国不可言地之中，惟可言得天地之中气。当黄道下处，日直到顶上，其热太剧。当赤道下处，一岁两春夏秋冬，立春、春分为春夏，立夏、夏至为秋冬，立秋、秋分又为春夏，立冬、冬至又为秋冬。惟中国寒暑昼夜适均而不过，所以形骸端整，文物盛备。"② 如此，李光地就将原先表示地理位置的"中"转化为合理、中理的意思，并将中国特别是中原地区的昼夜寒暑变化规律视为理的标准，即所谓"正理"，从而为中国传统的文化思想和政治制度提供合理性依据。

由上可知，李光地并未在客观事实的层面上否定地圆说，反而一再对其予以肯定和宣传，但他同时又努力从义理的层面上对传统的"天圆地方"说和"中国"说进行解释和辩护，以此维护这些作为传统文化思想、政治制度和价值观念的知识背景与思想前提的基础性观念，使其能够继续为上层建筑提供合理性与合法性支持，尽量缓解来自西方知识与思想的冲击。有趣的是，当初利玛窦在向中国介绍和引进地圆说时，为了淡化与中国传统观念之间的剧烈冲突，以减轻西方知识、思想传播的阻力，亦采取了相似的策略。如利玛窦在解释《坤舆万国全图》时就曾表示："地与海本是圆形，而合为一球，居天球之中，诚如鸡子，黄在青内。有谓地为方者，乃语德静而不移之性，非语其形体也。"③ 而他在绘制世界地图时，亦有意将中国安排在靠近中心的位置，以适应中国传统的天下观。若从这一

---

① （清）李光地：《榕村集》卷二十《记南怀仁问答》，《景印文渊阁四库全书》第 1324 册，台湾商务印书馆 1983 年版。

② （清）李光地：《榕村语录》卷二十六，《榕村语录　榕村续语录》上册，中华书局 1995年版，第 460 页。

③ （明）利玛窦：《乾坤体义》卷上《天地浑仪说》，《景印文渊阁四库全书》第 787 册，台湾商务印书馆 1983 年版。

角度观察，则李光地对于传统观念的维护及其对中西学说的调和或许也带有某种辅助西学传播的意味，尽管这并非其主要目的。

此外，李光地还结合西方古典天文学知识与《周髀算经》中的传统天文理论，以太阳的运动来解释四季变化、极昼、极夜等现象，以及寒暑五带的形成原因。他说："《周髀》言：'北极之下，有朝生而暮获者'，人指为谩。赵氏注之云：'以北极之下，有以半年为昼，半年为夜者故也。'此语忒煞聪明。盖北极下，日在天腰，其在上半盘绕时全是昼，及旋到下半，便全是夜。此理甚确。"① 又说："其地气寒暑，则以去日远近为差。赤道之下，正与日对，其地最热，其景则四时常均，无冬夏短永。两极之下，取日最远，其地最寒，其景则短者极短，长者极长。正当两极之处，常以半年为昼，半年为夜。惟二极与赤道相去之间，当日南北轨之外，起二十三度，至四十度许，其地不寒不热，温和可居，其景则与冬夏进退，长短之极，皆无过十之七。"② 李光地还据此批评《绎史》"天地之精华为四时，有四时而后有五行。水之精为月，火之精为日"的观点"大可笑"，指出："四时乃因日而有，日傍近气温为春，在头上大热为夏，稍远便凉为秋，大远便冷为冬。据《周髀经》及西洋人说，则半年寒、半年暑者有之，一年有两春夏秋冬者有之。与中国对过的地方，中国的南极，是他的北极，中国的北极，是他的南极。中国寒，他却暑，中国暑，他却寒。"③

在算学方面，李光地主要亦受到梅文鼎与康熙帝的影响。据李光地自述，其早年曾问算学于潘末，可惜教学不甚得法，故所得不多。直到后来与梅文鼎结交，其算学水平才得到较大提升。④ 而康熙帝亦时常与李光地

① （清）李光地：《榕村语录》卷二十六，《榕村语录　榕村续语录》上册，中华书局1995年版，第470页。
② （清）李光地：《榕村集》卷五《周官笔记·地官》，《景印文渊阁四库全书》第1324册，台湾商务印书馆1983年版。
③ （清）李光地：《榕村语录》卷二十六，《榕村语录　榕村续语录》上册，中华书局1995年版，第461页。
④ 李光地曾说："某天资极钝。向曾学筹算于潘次耕，渠性急，某不懂，渠拂衣骂云：'此一饭时可了者，奈何如此糊涂！'其言语又喟啾不分明，卒不成它罢。今得梅先生和缓善诱，方得明白。"参见（清）李光地《榕村续语录》卷十六，《榕村语录　榕村续语录》下册，中华书局1995年版，第775页。

探讨算学问题，还曾亲赐对数表与《几何原本》《算法原本》等算学书籍给李光地，对其算学研究产生了较大的引导与促进作用。

李光地治算学同样注重中西、新旧之法的融合与会通。在他看来，古代六艺之学中的所谓"九数"皆与实际、实用相关，皆为经世之实学，故能极数之用。"然古人精密之法不传，而后世所用，悉皆疏率。故所谓径一围三、径五斜七云者，不过约略之算，而其方圆相求，三分进益，虚加实退，皆非真数也。"①相比之下，当时传入的西洋新法却十分精密，"于方圆、围径、幂积之算不爽纤毫"②，故应积极学习、借鉴西洋新法以补本国旧法之未备。关于西洋算学的学习与运用，李光地提出："欲通新法者，必于几何求其原，以三角定其度，较之以八线，算之以三率，则大而测量天地，小而度物计数，无所求而不得矣。"③正是基于这一认识，李光地对几何学与《几何原本》特别重视，将点、线、面、体视为算学的基础，即"万数之宗"。他说："点引而成线，线联而成面，面积而成体。自此而物之多寡、长短、方圆、广狭、大小、厚薄、轻重，悉无遁形；自此而物之比例、参求、变化、附会，悉无遁理。"④他又将几何原理与儒学义理结合起来，提出："凡数起于点，当初止有一点，引而长之则为线，将此线四围而周方之则为面，又复叠之教高则成体。'直方大'，即是此意。直即线，方即面，大即体。惟直而后可方，惟方而后能大，故《象》曰'直以方也'。直了才能方，既直方自然大，故曰'敬义立而德不孤'"⑤，试图以客观、具体、精密的西洋算学来解释、论证道德性的儒学义理。

此外，李光地还主张"算法重三角形"⑥，故对我国古代的勾股法与西洋的三角、八线、三率法之间的异同做了比较。他说："古所谓勾股者，

---

①（清）李光地：《榕村集》卷二十《算法》，《景印文渊阁四库全书》第1324册，台湾商务印书馆1983年版。

② 同上。

③ 同上。

④ 同上。

⑤（清）李光地：《榕村语录》卷九，《榕村语录　榕村续语录》上册，中华书局1995年版，第166页。

⑥（清）李光地：《榕村续语录》卷十七，《榕村语录　榕村续语录》下册，中华书局1995年版，第814页。

举中之法耳。今三角法，即勾股也，然而有直角，有锐角，有钝角。又其算也，分周天为三百六十度，而角度对之，故量角之度以为起数之根。然则勾股有直而无锐钝，其数起于边而不起于角，岂非有待于新法以补其所未备者乎？其用之，则以八线之表。八线者，亦古人所谓勾股弦也。今则变勾而曰矢，且有正矢焉，有余矢焉；变股而曰弦，且有正弦焉，有余弦焉；其在圆外之股则曰切，且有正切焉，有余切焉；变弦而曰割，且有正割焉，有余割焉。八线相求，互为正余，故举一则可以反三，穷三则可以知一。举一反三，穷三知一者，则今之三率法是也。三率之法，即古者异乘同除之法，而其立法加妙，用之加广，则非古人之所及也。"[1] 显然，李光地承认西洋数学要比我国的传统算学在方法上更为完备、精妙与准确。

综上可知，作为一位重视实学的理学家，李光地对于当时大量传入的西学事实上抱持着一种较为复杂的心态。一方面，李光地对于西方先进的科技知识与实用器物持较为开放与开明的接受态度，特别是对其研究方法的完备、精密，及其对自然事物的解释的准确性与可靠性十分肯定和推崇，所以他屡次称赞西洋历法"甚精密……其言理几处明白晓畅，自汉以来历家所未发者"[2]，"西士天学可称烂熟，简平仪取适用，而天之体不外乎是。前儒《浑天象七政图》，却失本来面目"[3]，"自古天地道里、日月暑景之说多矣，至于今日西历之家，其说弥详"[4]，又表彰西洋数学"立法加妙，用之加广，则非古人之所及也"[5]，还为西洋的机械、仪器等正名与辩护，提出："西洋人不可谓之奇技淫巧，盖皆有用之物，如仪器、佩觽、自鸣钟之类。《易经》自庖牺没，神农作，神农没，尧舜作。张大其词，

---

① （清）李光地：《榕村集》卷二十《算法》，《景印文渊阁四库全书》第 1324 册，台湾商务印书馆 1983 年版。

② （清）李清馥：《榕村谱录合考》卷上，《北京图书馆藏珍本年谱丛刊》第 85 册，北京图书馆出版社 1999 年版，第 487 页。

③ （清）李光地：《榕村续语录》卷十七，《榕村语录 榕村续语录》下册，中华书局 1995 年版，第 814 页。

④ （清）李光地：《榕村集》卷五《周官笔记·地官》，《景印文渊阁四库全书》第 1324 册，台湾商务印书馆 1983 年版。

⑤ （清）李光地：《榕村集》卷二十《算法》，《景印文渊阁四库全书》第 1324 册，台湾商务印书馆 1983 年版。

却说及作舟车、耒耜、杵臼、弧矢之类，可见工之利用极大。"① 值得注意
的是，李光地有时还会借助西方的科学知识来解释、论证儒学的观点与义
理，如以几何学原理解释《周易》所说的"直以方"和"敬义立而德不
孤"，又谓："看天似无心，然从事事物物体贴来，觉得处处都似算计过一
番。如黄道、赤道不同极，常疑何不同极，省得步算多少周折。细想，若
同一极，必有百年只见半日、半月之处，惟略一差异，便隐见盈亏都均齐
矣"②，可见其对于西方科学知识的客观性与准确性的信任和重视。李光地
不仅自身积极学习、研究西方的天文、历算之学，运用其知识编撰相关著
作，如阮元即称李光地"所著书皆欧罗巴之学。其言均轮次轮之理，黄赤
同升、日食三差诸解，旁引曲喻，推阐无遗，并图五纬视行之轨迹，尤多
前人所未发"③，而且延揽、培养、提携了一大批天文、历算人才，资助梅
文鼎等人刊刻出版最新的天文、历算著作，有力地推动了清初天文、历算
之学的繁荣兴盛，以及相关西学知识的传播扩散。

但在另一方面，李光地对于西学的传播、流行甚至占据主导地位可能
给中国传统文化思想、价值观念、意识形态带来的冲击与威胁亦表示深刻
的忧虑。为此，他对西方政治、伦理、宗教等方面的思想学说持批评与排
斥的态度，认为"西人学甚荒唐"④，而对西方的科技知识则主要将其限制
在实用的范围之内，尽量避免其与传统思想发生直接冲突，同时更多地采
取所谓"古已有之"的应对策略，通过发掘自身固有的学术思想资源，从
中寻找可与之对应的内容与材料，以此证明传统思想文化的价值与合理
性，起码在与西学的比较中并不显得落后。譬如，李光地受梅文鼎的影
响，特别重视《周髀算经》《九章算术》等古代天文、历算典籍，大力发
掘、阐释其中埋没已久的学术内涵，提出：

---

① （清）李光地：《榕村语录》卷十四，《榕村语录　榕村续语录》上册，中华书局 1995 年
版，第 253 页。

② （清）李光地：《榕村语录》卷二十六，《榕村语录　榕村续语录》上册，中华书局 1995
年版，第 460 页。

③ （清）阮元等撰：《畴人传汇编》卷四十《李光地传》，广陵书社 2009 年版，第 448 页。

④ （清）李清馥：《榕村谱录合考》卷上，《北京图书馆藏珍本年谱丛刊》第 85 册，北京图
书馆出版社 1999 年版，第 487 页。

天圆而地亦圆，四方上下皆人物所居，各以戴天为上，履地为下也，其说与《周髀》合。且浑天之术本谓如卵裹黄，乌有卵圆而黄不圆者乎？……天有九重，最近者月天也，稍远则日天与金、水天，又远则火星天，又远则木星天，又远则土星天，最远则恒星天，其外则宗动天也。《楚辞·天问》曰："天有九重，孰营度之？"然则九重之说旧矣。……惟宗动天行有常度，不独日月五星右行，恒星天亦右行也。其说则历代岁差之说是也。①

新历以地为圆体，南北东西，随处转移，故南北则望极有高下，东西则见日有早暮。望极有高下，而节气之寒暑因之矣；见日有早暮，而节气之先后因之矣。推之四海之外，四方上下，可以按度而得其算，揆象而周其变，其说与《周髀》合。②

天地如鸡卵，古人虽有其说而未竟其论。……自西人利玛窦辈入中国，言地原无上下，无正面，四周人著其上。中国人争笑之，岂知自彼国至中国，几于绕地一周，此事乃彼所目见，并非浪词。至梅定九出，始发明《周髀经》，以为原如此说，何必西学。③

夫至顺极厚，非方非平，高下相循，浑沦旁薄者，地之本体然也。其南北两端，以去日远近为寒暑之差；东西以见日早晚为昼夜之度。东之夜乃西之昼，南之暑乃北之寒也，如是，则东西南北安有一定之中？南北或以极为中，或以赤道为中者，亦天之中，非地之中也。此理《周髀》言之至悉，而汉氏以下莫有知者。近新历之家，侈为独得，历诋前说，几数万言。惜乎无以《髀》盖之术告之者。④

这些带有浓厚附会色彩的说法在今天看来或许显得有些自大和可笑，

----

① （清）李光地：《榕村集》卷二十《西历》，《景印文渊阁四库全书》第1324册，台湾商务印书馆1983年版。

② （清）李光地：《榕村集》卷二十《历法》，《景印文渊阁四库全书》第1324册，台湾商务印书馆1983年版。

③ （清）李光地：《榕村语录》卷二十六，《榕村语录　榕村续语录》上册，中华书局1995年版，第470页。

④ 同上书，第472页。

但在当时的历史背景下却也在一定程度上缓解了中西文化之间的冲突与士人内心的紧张，在客观上有助于那些刚刚接触西学的士人以一种更为平和的心情去理解和接受西方的新知识与新思想，未必一无是处。

关于中学与西学之间的差异，李光地还提出过这样一种说法：

> 西人历算，比中国自觉细密，但不知天人相通之理。如古人说日变修德，月变修刑，西人便说日月交食，五星凌犯，乃运行定数，无关灾异。不知天于人君，犹父母也，父母或有病，饮食不进，岂不是风寒燥湿所感，自然有的。但为子孙者，自应忧苦求所以然之故。必先自反于身，或是己有不是处，触怒致然，否则亦是我有调理不周而致然。因为彷徨求医，断无有说疾病人所时有，不须管他之理。无论天子，即督抚于一省，知府于一郡，知县于一邑，皆有社稷人民之责，皆当修省。即士庶虽至卑贱，似不足以召天变，然据理亦当修省。如父母怒别个儿子时，凡为儿子者俱当畏惧，父母断不因其畏惧，而谓我本怒他，于尔无与，而反增其怒者。通天地人之谓儒，扬雄谓："知天而不知人则技。"西人此等说话，直是阴助人无忌惮，天变不足畏之说。①

对于李光地的这一说法，不少学者都持激烈的批判态度，认为其是为了维护封建纲常，以愚昧落后的天人感应和星占术数迷信观念来诋斥西方的天文、历算之学，反映了其对西学的浅薄和无知。这一批评虽不能说全无道理，但起码有简单化的嫌疑。其实，若仔细分析不难发现，李光地在这里虽然借用了某种天人感应的表达形式，但其目的并非为了宣扬天人感应学说，也不能因此认定李光地相信自然现象是由人事所引起，因为这明显不符合李光地的天文学思想。而他之所以要这么说，主要是希望借此提醒人君与各级官员须对天地自然，特别是天地自然背后的天理保持敬畏之心，时时因外部世界的改变而反省自己的行为，进而修明政治，改过迁

---

① （清）李光地：《榕村语录》卷二十六，《榕村语录 榕村续语录》上册，中华书局 1995 年版，第 473 页。

善。所以李光地以父母子女比喻天人关系，认为虽然父母因风寒燥湿所感而生病是自然有的，但作为子女仍须首先自我反省，思考自己的行为是否存在过错，然后为父母求医治病，"断无有说疾病人所时有，不须管他之理"。更进一步，在李光地看来，一门学问必须贯通天人，能够从具体的事物之理提升到普遍之理，并且对从天道到人事的所有问题都给出连贯、统一的解释，才能称得上最好的学问。所以他强调"通天地人之谓儒"，"知天而不知人则技"。作为中国传统文化的一个组成部分，传统的天文、历算之学恰好可以为这种"天人相通之理"提供相关的知识背景与思想基础，进而满足人们关于自然、社会、政治、伦理等各方面知识与价值的需要，而注重客观、专门的西方天文、历算之学显然无法发挥这样的作用。正是在这一意义上，李光地认为中学优于西学，西方的天文、历算之学纵然精密，但亦无法彻底取代中国的传统学问。

四　李光地的经世之学及其实践

李光地作为康熙朝的理学名臣，十分重视外王之学的作用与价值，强调儒学在社会政治领域中的运用。他要求学者特别是儒臣掌握经邦济世的真才实学，并将所学付诸实践，而不能做好高骛远、空谈义理、不知世务的俗儒，置国家、百姓于不顾。因此，李光地在评价历代人物时，除了关注其道德品行之外，还很注重其在经济与事功方面的能力和表现。根据这一标准，李光地对于思想立场与学术取向接近朱子学的方孝孺和黄道周就颇有微词，批评"方正学就所著文字，便有许多糊涂处。当时皆以为旷世一见之人，国家留为伊、周者，后用起来，当靖难时，着着都错。这就是他学问有病，才高意广，好说大话，实用处便少"①，又认为"明代士大夫如黄石斋辈，炼出一股不怕死风气，名节果厉。第其批鳞捋须，九死不回者，都不能将所争之事，于君国果否有益，盘算个明白。大概都是意见意

---

① （清）李光地：《榕村语录》卷二十二，《榕村语录　榕村续语录》上册，中华书局 1995 年版，第 403 页。

气上相竞耳，行有余而知不足，其病却大"①，"石斋虽当时用之，恐无益于乱亡，救乱须有体有用之人"②。相比之下，对于学术不同的陆九渊与王阳明，李光地却能在外王的意义上肯定其经世之才，不仅称赞"陆子静文字坚卓，轮对劄子，千秋之龟鉴也，第五篇更切中后世情事"③，"陆子静才本大，其为荆门州，至境内无贼，路不拾遗。又明敏于事，造一城，估计五十万人者，他用五千人，克日而就。若不死，便大用，必有可观"④，而且表彰王阳明为"贤豪""英物"，认为"正学迂腐无用，若以王姚江处其位，恐永乐未必成事。姚江满腹机权，故是英物。其平宁王，皆教官、典史、知县、知府驱市人而战，真是大才"⑤，"姚江机智却有，若姚江为武穆，恐十二金牌召他不回"⑥，又谓"若吾儒做事，却在根本上讲。王姚江学术虽偏，然为朝廷办事却识大体，其平蛮所至，即立郡县，便清其根。回兵所到，即顺势平其所未奉诏者"⑦，可见李光地对于外王经世的重视。

就李光地本人来看，其不但在朝中历官要职，还曾出任直隶巡抚，拥有丰富的行政经验，对于与国计民生相关的各门经世之学皆有所了解，特别是在治道、治体、吏治、治河、民生、兵制等方面提出了不少有价值的主张和建议，亦取得了相当的实效，为清初社会的安定和经济的恢复发展做出了较大贡献。

（一）治道

在治道方面，李光地继承了儒家传统的民本思想，强调"立国以民为

---

① （清）李光地：《榕村语录》卷二十二，《榕村语录 榕村续语录》上册，中华书局1995年版，第405—406页。

② 同上书，第405页。

③ （清）李光地：《榕村续语录》卷六，《榕村语录 榕村续语录》下册，中华书局1995年版，第635页。

④ （清）李光地：《榕村语录》卷二十，《榕村语录 榕村续语录》上册，中华书局1995年版，第350页。

⑤ （清）李光地：《榕村续语录》卷八，《榕村语录 榕村续语录》下册，中华书局1995年版，第667—668页。

⑥ 同上书，第667页。

⑦ （清）李光地：《榕村续语录》卷十八，《榕村语录 榕村续语录》下册，中华书局1995年版，第823页。

邦本"①，反对人君视天下为私产，以天下奉一人。他说：

> 看孟子言语："得百里之地而君之，皆能以朝诸侯有天下。行一不义，杀一不辜而得天下，皆不为。"是何等严毅。由孟子之论，见得天为民立君，原以治安百姓，非为君一家欲其富贵久长，世世子孙享受也。故汤、武革命，受命于天，绝无不是处。孟子直是从天立论，得最上一层道理。②
>
> "天生民而立之君"，非要其坐享富贵也，要其抚养天下耳，苟自绝于天，则人亦不戴之为君矣。③
>
> "天生民而立之君"，若不为民，立君何为！孟子一言道尽，曰："得乎丘民而为天子。"窥见此意，觉得汤、武之应天顺人，方有把鼻。④
>
> 大抵天生民而立之司牧，非徒以荣之，将使助天而生养斯民也。苟以救民为心，虽汤、武之放伐，《大易》以为顺天应人；管仲之事仇，圣人以为仁。孟子曰："民为贵，社稷次之。"所见精矣。⑤

由此可见，在李光地看来，不论对于君主还是官员来说，养民都是为政治国的第一要务和政治伦理的最高准则。因为上天设立君主的本意便是为了抚养天下百姓，而非为了一家一姓的富贵享受。若人君无法履行养民的天职，只图个人享受而不顾百姓死活，便是自绝于天，那么民众自然有权以天的名义发起革命，将其推翻。同样，各级官员作为民众的管理者，亦须首先以养民为念，非但不能图谋私利，即便是"事君""安社稷"等

---

① （清）李光地：《榕村语录》卷二十七，《榕村语录　榕村续语录》上册，中华书局1995年版，第477页。

② （清）李光地：《榕村语录》卷五，《榕村语录　榕村续语录》上册，中华书局1995年版，第75页。

③ （清）李光地：《榕村语录》卷四，《榕村语录　榕村续语录》上册，中华书局1995年版，第69页。

④ （清）李光地：《榕村语录》卷六，《榕村语录　榕村续语录》上册，中华书局1995年版，第109页。

⑤ （清）李光地：《榕村语录》卷二十二，《榕村语录　榕村续语录》上册，中华书局1995年版，第397页。

理由亦不能先之。所以他有意强调"事君者""安社稷臣"与"天民"之间的区别，认为"'安社稷臣'，只知社稷为重；'天民'，却见得百姓要紧，要匹夫匹妇无不与被尧舜之泽。……如霍子孟与民休息，天下富庶，岂无恩泽及民？只是起念为安社稷耳。即事君人者，岂无有益社稷之处，只起意为容悦耳"①。

李光地进一步指出，既然国家以民为本，那么治国施政便应顺应民意，以民众的利益为考量，在确定、巩固社会秩序的同时，尽可能满足民众的合理要求。故曰：

> 为治，事事要不拂民。独有毒水而渔，焚山而猎，却宜禁。②
> 顺天下之情，定天下之分，两者不可缺一。③
> 作事不可过粗，亦不可过细。……若算计到其事之利害，又算计到自己之声名得失，如何有这样万全的事？故计较得及于民者有七八分利益，只得就去做。④

治国既要顺应民意，自然不可能脱离对民生与民情的了解和掌握，所以人君必须心怀民众，体察下情，维护并确保君民之间沟通与联系的畅通。故李光地强调："天地交则泰，上下交则治。天地不通，则闭塞而成冬矣；君与臣民之情阔绝，则天下无邦矣。是故尧之舍己从人，舜之好问好察，禹之悬铎悬鞀，周公之握发吐哺，皆所以求交也。天之气贯乎地之中，君之心周乎人民之内。"⑤ 但是，君民之间毕竟地位悬绝，相隔遥远，不容易直接接触，若要了解民众，以至于驱策民众，便须依赖各级官员作

① （清）李光地：《榕村语录》卷六，《榕村语录　榕村续语录》上册，中华书局1995年版，第106页。
② （清）李光地：《榕村语录》卷二十七，《榕村语录　榕村续语录》上册，中华书局1995年版，第474页。
③ 同上。
④ 同上。
⑤ （清）李光地：《榕村集》卷二《读书笔录》，《景印文渊阁四库全书》第1324册，台湾商务印书馆1983年版。

为中介，"如大帅令将弁，将弁令士卒，便可联如臂指"①。因此，选任、善待贤士大夫对于人君治理国家来说就显得至关重要，必须使官员和君主同心同德，才能保证国家机器的正常运转。"故'养贤以及万民'，乃一定之理。"②

而欲选拔贤才，则离不开教育与教化。人君除了养民之外，还负有教民之责。所以李光地特别强调治国"须是求贤，岂惟求贤，又要兴教化，重师儒，培养出人才，方可选而用之"③，反对实行愚民政策。在他看来，孔子所说的"民可使由之，不可使知之"的"可"字当作"能"字解，并非禁民有知的意思。"帝王立许多法制，学校、师儒，无非欲民知，道理得令大家皆知，有何不可！错解便可到老、庄田地。……'民'字当重读，民自有秀者，将为士大夫，如何不可使知？此谓愚民耳。且教他由，由得熟，自然也知道些，非不许他知。"④

至于理想的君臣关系，李光地认为应与朋友关系类似，君臣双方以义相合，互相尊重，亦互相选择。他说：

> 以父子兄弟对君臣朋友，则父子兄弟为主恩，君臣朋友为主义。⑤
> 人伦虽有五，父子、兄弟皆"亲亲"也，君臣、朋友皆"尊贤"也，一是天性解不开的，一是人道差不得的，二者尽乎道矣。……由君臣而朋友，君臣全是义重，至尊故也。朋友便可脱略些形骸，是自义而之仁。⑥
> 有夫妇而后有父子，那是头一层，至于父子、兄弟，皆"亲亲"也，君臣、朋友，皆"尊贤"也。君择臣，臣亦择君，朋友同德同

---

① （清）李光地：《榕村语录》卷二十七，《榕村语录　榕村续语录》上册，中华书局1995年版，第477页。
② 同上。
③ 同上书，第480页。
④ （清）李光地：《榕村语录》卷三，《榕村语录　榕村续语录》上册，中华书局1995年版，第40页。
⑤ 同上书，第91页。
⑥ 同上书，第125页。

术，劝善规过，都是"尊贤"。①

又说：

> 古者君臣如朋友，情意相洽，进言亦易，畏惮亦轻。朱子云："金人初起，君臣席地而坐，饮食必共，上下一心，死生同之，故强盛无比。及入汴，得一南人教他分辨贵贱，体势日益尊崇，而势随衰。"汉高祖初得天下，群臣固无礼，叔孙通不过记得许多秦家制度耳。杜工部云："叔孙礼乐萧何律"，其实坏事，就是此二件。②

在李光地看来，与基于血缘、天性而形成的父子关系不同，君臣关系产生于人道、社会的需要，故特别注重义的原则，强调尊贤。凡是君臣之间关系亲近、同心同德、相对平等的时代，国家就呈强盛兴旺之象；若是君臣之间相互隔阂、地位悬绝、尊卑过甚，便会导致国家的衰落。

因此，就人君这方面而言，李光地反对人君独断专行，希望其能善于纳谏，勇于改过。故曰：

> 天地间道理是公共的，人说不妥，到底有些毛病。所以武侯只要人攻其短，不是故意如此。他高明，直见得事理无尽，非一人之见，便能至当不易。裁断虽是一人，众议必要周尽。竟是"以能问不能，以多问寡；有若无，实若虚"的本领。此却是圣贤穷理治事根本。③

又谓：

> 人有不善，一能羞惕，便不可量。古人不说无过，而重改过，故

---

① （清）李光地：《榕村语录》卷七，《榕村语录 榕村续语录》上册，中华书局1995年版，第126页。

② （清）李光地：《榕村语录》卷二十七，《榕村语录 榕村续语录》上册，中华书局1995年版，第485页。

③ （清）李光地：《榕村语录》卷二十二，《榕村语录 榕村续语录》上册，中华书局1995年版，第398—399页。

颜子"不贰"，成汤"不吝"。凡恶人直言敢谏者，欲以动无过举自高也，适以得慁谏，言莫予违之名。而不知受谏改过，为圣贤至高之行，而不可及也。①

就臣工这方面而言，李光地强调为官出仕的目的在于经世济民，而非为了讨好君主，谋取富贵。故曰："古人仕以救民，当官尽职，乃分内事，非为君也"，并且批评"做官者不思令君重，但思令君亲；不求见敬于君，专求见爱于君，最是恶消息"。②

此外，李光地还提出，为政治国需要分清本末、轻重、缓急，多做与国计民生相关的实事，少务虚文，因为"虚文多一件，实事便少一件"③。他援引汉代历史为证，指出："西汉诸事草草，郊用五畤，原庙陵庙，纷然无理，却人民乐业。至匡、韦辈引经据古，尽废不制之祀，毅然欲明先王之道，而盗贼蜂起，饥馑洊至，日就凋敝。诸事不古，独在这事上复古，徒为纷扰而已，何当于治！所以立身治国，皆要有本末，彻底澄清，方能一线做成。"④

（二）治体

封建制与郡县制是我国传统政治行政体制的两种基本模式，亦是历代学者治体争论的一大焦点。在封建与郡县之争中，李光地显然更倾向封建制，谓封建为良法，以其为王道之本。关于封建制与郡县制各自的利弊优劣，李光地总结历代学者的基本观点道：

> 主侯者，欲其枝叶相持，以蕃辅王室。及其敝也，不贡不朝，相兼相一，暴其民甚者，可以累世抗于大邦而谁因谁极，此侯之衰也。主守者，为其统于一而易于制。及其敝也，所居如馆传焉，所驭如路人焉，王室衰而瓦解，此守之末也。虽然，公天下以为心，而达君臣

---

① （清）李光地：《榕村语录》卷二十七，《榕村语录　榕村续语录》上册，中华书局1995年版，第477页。
② 同上书，第478页。
③ 同上书，第474页。
④ 同上书，第475页。

之义于天下，各子其民，而各守其法，则必以封建为正，以朱子之论为中。①

李光地认为，以班固为代表的一派学者将"指臂相使，唇齿相依，屏翰为蔽，苞桑巩固"作为封建的优势与长处固然正确，但只将注意力集中在"蕃辅王室"一点上，未能从民众与地方的角度立论，仍未达其旨。在他看来，封建制的最大优势在于使地方官员与土地、民众之间建立起较为长久和稳固的关系，既可确保官员对当地状况的了解与施政的连续性，又能将其自身的利益与当地的发展相结合，有利于增强官员的主动性与责任感，为地方的治理尽心尽力。故曰："封建行，则久于其道，民与相习，不至朝更夕改。又以其国付之，是自己物事，便与之一体"②，"将土地、人民分封与人，为彼世守之业，自非大不类之人，毕竟要此一块上许多人活养自己及儿孙，不然民窜田荒，己之贫败立见，岂有不顾念的?"③ 与此相比，郡县制的最大缺陷恰恰在于地方官员与所治之地关系的疏离。"其为官也如传舍，罢者必去，升者亦必去，知最久无十年相守之事。下不信其上，上不恤其下，官吏日夜思为，盗劫抢掠以肥其身家。必得大贤，始念朝廷之命，牧养之义，此人如何多得?"④ 至于封建制可能导致的"王度式微，诸侯放恣"的弊端，李光地则认为其由来有渐，并非一般法制所能防范，亦属无可奈何。

李光地进一步指出，以上所论仍是从封建与郡县的利害处起义，但如朱熹所言，圣人设立封建制度的真正用意恰恰是为了天下大公，而非君主的个人利害。因此，李光地激烈批评"后世人止把天下作一自私自利，世为己有之物，许多算计只是从自己利害说"，强调："其实圣人只是要天下

---

① （清）李光地：《榕村集》卷一《观澜录·治》，《景印文渊阁四库全书》第 1324 册，台湾商务印书馆 1983 年版。

② （清）李光地：《榕村语录》卷十九，《榕村语录　榕村续语录》上册，中华书局 1995 年版，第 338 页。

③ （清）李光地：《榕村续语录》卷十八，《榕村语录　榕村续语录》下册，中华书局 1995 年版，第 848 页。

④ 同上。

安，是自己的、不是自己的，有何大关系。……诸侯各与其民为一体，而天子不私其所有，此封建意也。"① 这与黄宗羲等人批判君主"以为天下利害之权皆出于我，我以天下之利尽归于己，以天下之害尽归于人……以我之大私为天下之公"，"视天下为莫大之产业，传之子孙，受享无穷"② 的用意基本相同。此外，李光地还认为封建制包含"达君臣之义于天下"之意，即通过逐层分封，"天子于诸侯为君臣，诸侯于大夫为君臣，大夫于家宰亦为君臣，乃见得君臣为五伦之一。不然凡人所得有者，只是四伦而已"③。综上，李光地总结道："封建之行，一则公天下以为心；二则达君臣之义于天下；三则有土地人民之爱，而苟简之意不生；四则无更代变易之烦，而善政之传可久。"④

李光地虽然赞同封建，但他亦清醒地意识到，在当时的历史条件下要完全恢复古代的封建制并不现实，只能"因今以权，复古以渐"⑤，师法封建之意来改良现行的郡县制。所以他说："封建不可复，推置勋贤而久任牧守可也"⑥，主张选拔贤才长期担任地方长官，并重其权，专其责，使得"下有定主，上有定民，则涣者聚矣。……地近则知周，势便则力易，诚加则虑生，责专则权利"⑦。而这一观点亦反映了明末清初学者呼吁实行地方自治或称"乡治"的思想潮流。

（三）吏治

贪污腐败历来是官场顽疾，在康熙一朝亦相当盛行，对吏治危害极大，康熙帝至有"天下官有才者不少，操守清廉者不多见"⑧ 之语。为了

① （清）李光地：《榕村续语录》卷十八，《榕村语录　榕村续语录》下册，中华书局1995年版，第848页。
② （清）黄宗羲：《明夷待访录·原君》，中华书局1981年版，第2页。
③ （清）李光地：《榕村语录》卷十九，《榕村语录　榕村续语录》上册，中华书局1995年版，第338页。
④ （清）李光地：《榕村集》卷二十二《书汉书诸侯王年表后》，《景印文渊阁四库全书》第1324册，台湾商务印书馆1983年版。
⑤ （清）李光地：《榕村集》卷一《观澜录·治》，《景印文渊阁四库全书》第1324册，台湾商务印书馆1983年版。
⑥ 同上。
⑦ 同上。
⑧ 《清史列传》卷八《汤斌传》，中华书局1987年版，第521页。

解决这一问题，李光地的主要思路是实行高薪养廉。明清两代皆实行薄俸制，官员俸禄很低，但开销较大，清初官员的俸禄水平甚至比明朝还低，已经严重影响到官员的生计。在李光地看来，这种薄俸制是导致官场普遍腐败的一个重要原因。他根据自己的实际情况说道："官俸不足，士大夫实不能自给。我做京官时，就自己身试过。家有二十日粮，看书便有精神，对客亦欢笑自如。假如只有三日粮，虽然看书对客如常，心便时常忙在此件，时时有着忙意。其所以盘算经营者，率皆非本分内所应得矣。久之，岂有品行乎？"① 而在事实上，朝廷为了节省财政开支，维持薄俸制，亦默许官员通过各种渠道谋取非分之财。如有大臣公然宣称："官俸原不必给，谓既与他官做，岂有不赚钱之理？其所赚之钱盈千累万，其视百十金之俸，真泰山之于鸿毛，岂稀罕此物？真是无益之费，故可裁。"② 而徐乾学、高士奇等人则将非分之财视作官员所"应得者"，认为"就与俸足，而彼之所应得者，岂能使之不得？不若省俸之为实际也"③。甚至连康熙帝亦云："武官比不得文官，自然也要占几名兵粮，不然吃用何从来"，"是明知文官俸禄而外，多有掊克，而不必禁。武官侵扣兵粮，而不必问，但只不可多耳"。④ 对此，李光地坚决反对，认为此例一开，贪腐的后果便不可收拾，对于官场风气与世道人心都将造成极坏的影响。在他看来，清廉本是对官员的基本要求，"古时命官惟视德……而其根却在'不迩声色，不殖货利'。课官且先讲清廉，已得要领"⑤，故对官员的贪腐行为应该严肃查处，决不姑息。而为了给惩治贪腐提供一个可行的现实基础，解决官员生活的实际困难，李光地建议朝廷适当提高官员俸禄。"官俸添起来，再添得二百万作俸禄，也就复明朝之旧，就过得了。如今通共文武官俸止六十万，如何过日子？添得二百万，翰林官一年有二百金，中堂一年有二

---

① （清）李光地：《榕村续语录》卷十八，《榕村语录　榕村续语录》下册，中华书局1995年版，第834页。

② 同上书，第825页。

③ 同上书，第829页。

④ 同上。

⑤ （清）李光地：《榕村语录》卷二十七，《榕村语录　榕村续语录》上册，中华书局1995年版，第480—481页。

千金，便可支撑。连士子也要加些恩养。大约一年添得三百万，便绰绰然有余矣。官俸既足，然后教他廉，奖廉惩贪，也要一番猛厉，方得肃清振作。"① 李光地清醒地认识到，"升平之官，大家以廉介相尚，岂必尽出于心之本然"，但只要能在官场上形成一股清廉反腐的风气，不论刚开始是真心清廉还是假意清廉，"虽带些假，在地方生民，已受其利矣。……但得相酿成风，不敢更变，所裨于世道者已多"。②

对于当时实行的捐纳制度，李光地亦极力反对，主张禁止。他说："事有宜急者，有急不得者。如朝廷目下，于科场作弊、捐纳这两事，真该一刀两断，急急断绝的。"③ 在他看来，捐纳只是为了应付用兵、赈饥等特殊情况而实施的一时权宜之计，若在承平之世仍不断开行捐纳，则弊大于利，有损国家名器。且捐纳"其途太杂，其价太贱"，致使不少年少无知、无才无德之人皆可凭捐钱获官，掌一方民命。"虽市井负贩之人，用一百余金，加一监衔，再用千金，便得知县之职。层累而上，再用数千金，遂至道府，而未尝一日办事也。……有口未生髭，目不识丁，便已牧民者。或剖百里之符，或拥一道之节，而其为童騃无知自若也。"④ 这对于国家与民众来说显然危害甚大。"捐纳不识字人，残民命而滋巧伪，部院官苟且渔利，为事却不好。"⑤ 因此，李光地屡次反对开行捐纳，甚至曾拒绝在九卿要求为修盖通仓而开捐的议稿上签名。其建议不被皇帝采纳后，又提出应于"递呈之时，别其出身之良贱，给职之际，验其年貌、籍贯之真伪，考其文移书判之通否，且令其所出赀果足以济公家之用，而不至于

① （清）李光地：《榕村续语录》卷十八，《榕村语录　榕村续语录》下册，中华书局1995年版，第829页。
② （清）李光地：《榕村语录》卷二十七，《榕村语录　榕村续语录》上册，中华书局1995年版，第481页。
③ （清）李光地：《榕村续语录》卷十八，《榕村语录　榕村续语录》下册，中华书局1995年版，第861页。
④ （清）李光地：《榕村集》卷三十《奏明开捐议稿未敢画题劄子》，《景印文渊阁四库全书》第1324册，台湾商务印书馆1983年版。
⑤ （清）李光地：《榕村续语录》卷十八，《榕村语录　榕村续语录》下册，中华书局1995年版，第859页。

低贱易得，以亵天朝爵禄之尊，庶于国体、民生两无亏损"①。同时，他还请求皇帝严格考核、复查在任地方官员的行政能力，汰其冗滥无能者，"不论捐纳、科甲、旗员，不必诗及时文，彼或借口未习，或生疏，即就本地方事问之，或如策问以时务，令臣辈阅定，恭呈睿裁。但可存者，原不苛刻，实不识字者，自应去之，渠亦无词以自解。即不必真有学问，就是日夕学习记诵，策料中亦必有可用语。他在那里也有惧心，不比酣豢无事，淫逸剥民也"②。康熙五十二年（1713），李光地见买官之风愈演愈烈，"营进之徒，布置嘱托，自邸第以及衙舍，无所不遍，所开事例滥杂多端，虽素竖正论、排赀郎者，亦皆画押，莫敢格其议"，遂再次上奏，曰"今四海升平，正慎重名器之时，而条议捐纳，殊失惩敬官邪、爱惜民生之意"，请止捐纳之事。③ 这次，他的意见终于得到康熙帝的认可，令捐纳之事暂止。

此外，李光地还主张精简高级官员数量，重视基层官吏的选拔与任用。他极为赞赏顾炎武所说的"卑员多者治之基，大官众者乱之始"，认为"员卑则民亲，民亲故能周知。其职小，职小故事易集。大官少则权一，权一故有所为。其责专，责专故无所诿。权二责分，大官为虚位矣"④，因而提倡重视卑员的作用，集中大官的权责。对于基层官吏的设置与选任方法，李光地认为汉代之制犹存古意，值得借鉴：

当时守土之吏，自郡守上更无人。郡有十县，县有令长，又有三老、啬夫、游徼。三老即今之乡约也，掌教化；啬夫即今之甲长也，主钱粮；游徼即今之练总也，司盗贼。县有十乡，乡有乡长，又有乡三老、啬夫、游徼，略如县制。乡有十亭，亭有亭长。凡三老、啬

① （清）李光地：《榕村集》卷三十《奏明开捐议稿未敢画题劄子》，《景印文渊阁四库全书》第1324册，台湾商务印书馆1983年版。
② （清）李光地：《榕村续语录》卷十八，《榕村语录　榕村续语录》下册，中华书局1995年版，第860页。
③ （清）李清植：《文贞公年谱》卷下，《北京图书馆藏珍本年谱丛刊》第85册，北京图书馆出版社1999年版，第352页。
④ （清）李光地：《榕村集》卷一《观澜录·治》，《景印文渊阁四库全书》第1324册，台湾商务印书馆1983年版。

夫、游徼，皆郡守自行辟除，荐诸朝，亦即为之录用，犹见圣人"辟门"之意。此等皆即用本县之人，其名俱载在宦籍，故《汉书》列之《百官志》。非比如今之乡约、甲长、练总，皆无赖之徒为之，并无职衔。他自知贪饕事败，不过笞逐，于其微贱无损也。故趋利为非，不少顾惜。①

据此，李光地指出，要想改变基层吏治的混乱状况，吏员必须改用士人，使其拥有晋升空间，并尽量多用本地之人。因为吏员若无职衔，又无晋升之望，还要长年忍受长官欺压，自然毫无荣誉感与责任心，只知一心谋财，不免奸贪百出。"若概用士人，勿以资格相限，必知自爱以幸进取矣。"② 而用本地之人，则可熟知当地事务与风土民情，"有一盗，则知其根株，不逾时而获矣；有一讼，则知其孰曲孰直，而为之调停排解，其拖累寝搁者寡矣。于土田，并知其疆界，以及其买卖所自，虽刁诬无所施。从与民亲切处料理，故得其情而事省"③。至于州县以上官员的选任，李光地虽不反对异地任官，但亦主张不宜距离过远，"宜于五百里以外，二千里以内，许其除授。如此，则道路险远得免，一也；妻孥得至，二也；亲族音问，不至经岁断绝，三也；且民情俗尚，语音食物，相习而易通，四也"④。

（四）治河与水利

自古以来，河流便是农业生产的命脉，既为沿岸地区提供了灌溉之利，而其泛滥决口又给当地民众带来了巨大的灾难，严重威胁到粮食生产、民众生计与社会稳定。因此，历代政府多将治理水患视作国家的一项重大职责与根本要务。康熙前期，直隶境内的两条主要河流子牙河和永定河水患严重，常年泛滥成灾，令沿河民众苦不堪言。其间朝廷虽亦不断派

---

① （清）李光地：《榕村语录》卷二十七，《榕村语录　榕村续语录》上册，中华书局 1995 年版，第 479 页。

② 同上书，第 483 页。

③ 同上书，第 479 页。

④ （清）李光地：《榕村续语录》卷十八，《榕村语录　榕村续语录》下册，中华书局 1995 年版，第 850 页。

员治理，但一直效果不佳。康熙三十七年（1698），李光地被任命为直隶巡抚，其中的一项重要任务便是治理直隶水患。

关于治河的方法，李光地主张以疏浚为主，因势利导，同时确保足够的行洪空间，使洪水自行消退，反对与水争地，一味筑堤束水。他说：

> 圣人治天下，只行所无事。如治水，再莫要与水争。鲧"堙洪水"，五行之所以汩陈也；禹"浚畎浍，距川"，九畴之所以锡也。惟"九泽既陂"，用堤者，仅可施之湖荡耳。如今费几百万金钱，满天下做起堤岸，总是效鲧，河道如何不决溃？如今我做直抚，只须交我三十万金，不要户部稽查，不要朝命牵掣，遍察地势，开浚沟渠，水患便可去十之七八，而田亦可增无数。①
>
> 贾让三策，以"增卑倍薄"为下，最妙。盖水无遏止之法，鲧之罪以湮，禹之功以成，曰浚，曰导，曰决，曰疏，曰瀹，曰排，曰行所无事，曰水之道。②

李光地之所以强烈反对筑堤，一是由于筑堤虽可暂时保护一地的安全，却给附近地区造成更大的水灾隐患，乃以邻为壑之举；二是筑堤人为改变了水的运行方式，妨碍了低洼处的自然行洪功能，加剧了水的威力，一旦发生决口，反而危害更大。"盖不筑堤，则受水地广，水平漫而下，力分弱，随地高下以为浅深，不能刷深成渠，涸出亦速，或麦可早种早收。又无大堤，民各作小堰，小堰多，足以御半漫之水。堤筑，愚民以为可恃，不复修堰。水势聚，则蓄怒而力猛，一溃则溜急，刷深必成大渠。即开一二闸坝，其力亦聚，行水处必成渠，废地已多。水入堤内，不能反出，受水之地转窄，停蓄反久，麦不能早种早收，明年水又及麦矣。"③他又举子牙河边的静海、大城为例，指出"先是二县无堤，并未告灾，至近

---

① （清）李光地：《榕村续语录》卷十八，《榕村语录　榕村续语录》下册，中华书局 1995 年版，第 845 页。

② 同上书，第 846 页。

③ 同上书，第 847 页。

岁堤成，民反大病"①。

但是，由于康熙帝力主筑堤，所以李光地只得调整治河思路，通过细致的实地勘察，提出了疏浚河道与筑堤束水相结合的办法，一方面集中河水的冲力冲刷河底淤积的泥沙，另一方面将子牙河与永定河的支流分别导入大运河等河流，以分二河之水势。为了保证治河工程的顺利实施，李光地制定了严密的组织规划，力求"程有常规，役无偷惰"，并每日亲赴现场视察督促，及时劝导、开解役夫的不满情绪，最终成功治理了子牙河与永定河的水患，使得"沿河田畴涸出，二麦丰收，士民讴歌"②。此后，康熙帝又将永定河的治理经验推广到黄河的治理上，亦取得了不错的效果。

李光地在治理水患的同时，还注意到了兴修水利的重要性，主张大规模地开浚沟渠，"用地利以济天时之穷，用人力以补天地之缺"③。他说：

> 太平之世，民生日滋，而土不加广，欲其地利之尽，则水利不可不兴。沟渠开泄，大以成大，小以成小，随地宜而修之。④
>
> 开沟洫是一件大好事，使旱可灌田，涝可泄水，响马不得纵横，菱芡鱼虾多利。禹治水后，大约功夫全在此。故孔子称之，不曰"尽力堤岸"，而曰"尽力沟洫"，不曰"尽力江、淮、河、汉"，而曰"尽力沟洫"。盖尽力堤岸，洪水之所以湮，鲧之事也。尽力沟洫，四陬之所以宅，禹之事也。⑤

在李光地看来，北方地区少雨多旱，农业生产面临的最大威胁便是旱灾。"然北方苦旱，遂至于不可支，不能如南人补救者，非独惰农自安，

---

①　（清）李光地：《榕村语录》卷二十八，《榕村语录　榕村续语录》上册，中华书局1995年版，第509页。

②　（清）李清植：《文贞公年谱》卷下，《北京图书馆藏珍本年谱丛刊》第85册，北京图书馆出版社1999年版，第270页。

③　（清）李光地：《饬兴水利牒》，（清）贺长龄、魏源等编《清经世文编》卷四十三《户政十八·荒政三》，中华书局1992年版，第1047页。

④　（清）李光地：《榕村语录》卷二十七，《榕村语录　榕村续语录》上册，中华书局1995年版，第481页。

⑤　（清）李光地：《榕村续语录》卷十八，《榕村语录　榕村续语录》下册，中华书局1995年版，第844页。

盖根在于水利不修，束手无措故也。"① 为此，他命令直隶各州县积极兴修水利，"因其山川高下之宜，如近山者导泉通沟，近河者引流酾渠，若无山无河平衍之处，则劝民凿井，亦可稍资灌溉"②。李光地算了一笔账，"若一县开一万井，则可溉十万亩，约计亩获米一石，十县之入，已当通直全属之仓储矣。一沟之水，又可当百井，一渠之水，又可当十沟，以此推之，水利之兴，其与积谷备荒，其利不止于倍蓰而什伯也"③。可见兴修水利亦是最佳的备荒之法，比之被动的仓储积谷要经济有效得多。

此外，针对河间府的静海、清县等位于多条河流下游的低洼易涝之地，李光地认为仅凭加固堤防并非长远之计，"倘遇溃决，仍付淹没"，不妨因地制宜，开浚沟渠，以推行南方水田之法，寓除害于兴利之中。他以涿州为例，谓："曩者涿州水占之田，一亩鬻钱二百尚无售者，后开为水田，一亩典银十两。即今淀中浮居村庄，岁收蒲稗菱藕之利，无旱暵之忧，其资生未尝减于高地也"，故主张"静海、清县上下一带水居之民，正宜以此利导之。其可兴水田者，教之栽秧插稻之法，其难以成田者，则广其蒲稗菱藕之利，使民资水以为利，则不患水之为害矣。至于献县、交河等与正定接壤之处，系盐河之上游，若能修治沟洫，杂兴水田，则水势渐分，将下流之水势亦日减，是资水之利，即以除水之害也"④。

（五）民生

在民生问题上，李光地的基本主张是政府应让利于民，不与民争利。他说："民无以耕，山泽关市之利与民共之可也；兵无以养，追胥守望之事使民兼之可也。"⑤ 关于赋税的征收，李光地认为"先王之世，取诸民者，贡、赋、税三者而已。贡其地所有之物，则为贡；计其夫家，出兵

① （清）李光地：《饬兴水利牒》，（清）贺长龄、魏源等编《清经世文编》卷四十三《户政十八·荒政三》，中华书局1992年版，第1047页。
② 同上。
③ 同上。
④ （清）李光地：《榕村集》卷二十六《请开河间府水田疏》，《景印文渊阁四库全书》第1324册，台湾商务印书馆1983年版。
⑤ （清）李光地：《榕村集》卷一《观澜录·治》，《景印文渊阁四库全书》第1324册，台湾商务印书馆1983年版。

车、牛马、器械，则曰赋；田野、山泽、关市之税，则曰税。此外不应复有名条，如后世之苛政"①，主张废除各种苛捐杂税，以减轻民众的负担。由于当时赋税较重，贫民往往无力承担，致使上一年的赋税经常要拖欠到下一年才能缴完。此时若遇到灾荒，即便皇帝准许蠲免当年的赋税，但往年所欠款项仍未停止征收，"故官吏追呼不辍，不肖者或缘旧逋以罔新额"②，使得与民休息的用意无法实现。为此，李光地提议"若遇蠲免之岁，概停旧逋之征，则民终岁休息，实沾鸿仁矣"③，得到了康熙帝的认可。

当时，福建总督屡以打击海贼为由，请求朝廷实行海禁政策，严禁渔船出海。李光地对此极力反对，认为此举非但无益，且于沿海民众伤害甚大。他分析道："如今海贼，不比当年郑成功等有巢穴。傍海如舟山、海坛、南澳、厦门、台湾诸岛，皆是官兵驻扎，海贼无驻足处。其行劫，不过如陆地之贼，偶然盗窃耳。陆地之贼，何尝断，何独异于水贼？且渠辈仍在岸上居住，何尝以海为家？"④ 因此，实行海禁非但无助于禁绝海贼，反而给广大沿海民众的生计带来严重威胁。"闽、广小民，以捕鱼为生，一行禁止，民便失业。况渔船不行，则所行者唯贼船而已。如禁夜然，不许良民夜行，行者独强盗与伙盗之营兵而已。当年迁海、禁海，使百万无辜室庐田产，荡然不存，饥寒流离而死者，不可胜数。"⑤ 李光地进一步指出，造成海贼肆虐的根本原因并不在于民众违法，恰恰在于官匪勾结。"目下法禁，何尝不具，而不肯奉法者，官也，非民也。"⑥ 若禁止民众出海谋生，无异于让海贼与贪官、猾吏、奸兵垄断了海上的生产与贸易，其结果只能助长官匪勾结之势，使他们的行动更加明目张胆、肆无忌惮。因

---

①　（清）李光地：《榕村集》卷五《周官笔记·天官》，《景印文渊阁四库全书》第 1324 册，台湾商务印书馆 1983 年版。

②　（清）李清植：《文贞公年谱》卷下，《北京图书馆藏珍本年谱丛刊》第 85 册，北京图书馆出版社 1999 年版，第 303 页。

③　同上书，第 303—304 页。

④　（清）李光地：《榕村语录》卷二十七，《榕村语录　榕村续语录》上册，中华书局 1995 年版，第 476 页。

⑤　同上。

⑥　同上。

此，李光地主张治理海疆须首先澄清吏治，然后不妨无为而治，少生事端，听任自然。"如今但讲求任用好人，一切疏节阔目，便自然利及百姓矣。"①

（六）兵制

在多数朝代，庞大的军费开支都是国家财政的一项沉重负担，清代亦然。据学者研究，"清代以兵饷马乾为主要内容的常额军费支出，约占中央财政总支出的70%……达到了中央财政所能承受的极限"②，而这中间尚不包括制造兵器、火药，修建营房、工程，驿站工食与物资转输，武将养廉与红白事例银等军事相关费用，以及战时的军费。康熙时，"各直属共养兵费一千三百余万，而满兵尚不在此数，计复倍此"，相较之下，全国官员的俸银"自王以至典史、驿丞，才一百廿八万零"，③可见军费负担之重。而这一问题之所以产生，李光地认为根本原因在于当时不合理的兵制。由于兵农分离，使得直接从事农业生产的人口减少，同时增加了大量需要国家供养而不事生产的兵丁，所谓"坐而食之者众，为之者寡"④，自然造成了国家财政收入的下降和财政支出的上升。为了维持收支平衡，保障养兵之费，政府只得尽量削减官吏俸禄、公共事务等他项支出，加派各项杂税，催促钱粮征收，从而诱发了官员的贪腐与科敛，加重了地方和百姓的负担。因此，李光地十分推崇古代兵农合一的乡兵制，认为唯有如此才能彻底解决军费过高、财政困窘的难题。"古者农隙讲武，守望相助，民间各有军器，各自备，不须另设兵。只是边防宿卫，存些兵甲。省饷以增官俸，养官之廉，养士待用，天下庶几可为。"⑤他又以汉代为例，认为

---

① （清）李光地：《榕村语录》卷二十七，《榕村语录　榕村续语录》上册，中华书局1995年版，第476页。

② 陈锋：《清代军费研究》，武汉大学出版社1992年版，第9页。

③ （清）李光地：《榕村续语录》卷十八，《榕村语录　榕村续语录》下册，中华书局1995年版，第839页。

④ 同上。

⑤ 同上。

"汉经费无兵饷，徒有吏禄而已，故太平数十年，则国富用足"①，加之"兵皆为民，是以爱护乡里，且贼之所出，再瞒不得本乡人，兵有缉贼之责，岂容贼在本乡？又兵皆有田赋，以之出战，必无土崩之患。何也？太守所管，逃将安之？妻室、父兄、田土俱在，岂不顾惜？故汉武动以百万之众，穷塞屡出，而不见有逃散之兵，以太守为将也。兵自为兵，纵练得人人骁勇，一可当百，而一溃不可复稽，精亦何用？今日只操得兵会射几支箭，有何用处？如今不能复三代，只复得汉也就大好"②。

除了兵农合一之外，李光地还崇尚文武合一，二者可谓相辅相成。在他看来，既然兵农不分，那么地方官员除了负责治民、教民之外，自然也应兼有统兵、练兵之责。"至卒长、党正之类，用之课农，则保介田畯即是人；用之劝谕，则饮射读法即是人；用之出兵，则伍两卒旅之长即是人。人相习而教有常法，文武兵民未尝分也，何等有条理。"③但是，后世帝王为了巩固自己的统治，防止地方势力坐大，便将地方的军队收回，职权分散，使其互相牵制，遂造成长期以来治教分离、文武分途的局面。对此，李光地批评道："后世治教分矣，文武离矣。会计、狱讼之苛急，则不复思教化之端；期会、簿书之烦委，则不复讲兵戎之备。凡所谓师儒、将帅云者，又卑冗不足以为兴，而暴戾徒足以为梗也。是故职分则愈惰，事离则愈隳，相扶倚者立不坚，相牵曳者行不前，犹曰所以杀其权而防其乱也。"④

乡兵制的崩溃由来久矣，自唐宋以后便难以全面施行，李光地虽对其推崇备至，但亦承认当时已不可能完全恢复古代兵农合一的乡兵制。所谓

---

① （清）李光地：《榕村语录》卷二十八，《榕村语录　榕村续语录》上册，中华书局1995年版，第503页。

② （清）李光地：《榕村续语录》卷十八，《榕村语录　榕村续语录》下册，中华书局1995年版，第840页。

③ （清）李光地：《榕村语录》卷二十八，《榕村语录　榕村续语录》上册，中华书局1995年版，第503页。

④ （清）李光地：《榕村集》卷一《观澜录·治》，《景印文渊阁四库全书》第1324册，台湾商务印书馆1983年版。

"大约弊端有一人开之，承其后者便不能变。如今焉能去兵？"① 在此情况下，李光地主张借鉴乡兵制的优点来改造现行兵制，除了保留边海经制之兵外，其余地方守军多参用民兵，给予半赍。"民兵既有田园庐落，又谙委其俗情形势，有事鼓而用之，易效臂指，事已散而归休，足以力农，如此费之省者，以百万计矣"，而边海经制之兵亦可仿效古代屯田之法，"择在所余地官予耕种，数熟之后，量减其赍粮，惟无地者乃予全给，如此费之省者，又百万计矣"。② 如此，不仅可以节省大笔费用，还可锻炼士卒的体能，改善士卒的素质。"夫兵贵精不贵多，今之兵晏然坐食，与惰游无异，一旦有事，驱使荷戈，作止疲羸，奔走不任，数虽多何益？若群之陇亩，以时搜狩，终岁勤动，必加矫强便捷也。"③ 对于节省下来的军费，李光地主张用以增加官员的俸禄，进而整顿吏治，纾解民力，推行教化，通过由上而下的方式，重建合理的政治、社会、伦理秩序。故曰："省此养兵之费，又非积之府库。散之百官，丰其廪饩，养其廉耻，贪墨则严刑处之，官知廉耻，则不朘削民，民有不富者乎？然后兴礼乐、教化，育贤才，美风俗，则三代可几矣。"④

（七）满汉关系

顺治初年，随着清军占领北京，大量满洲贵族、官吏及其仆从人员和八旗兵丁涌入北京。为了解决这些人的生活和安置问题，清政府在京畿地区实行圈地政策，大量强占汉人土地。虽然圈地令名义上是圈占无主荒田与明代皇亲国戚、达官显贵遗留的土地，但实际上这些田地多数已有人耕种，属于当地的汉族农民或地主所有。随着关内满族人口的增加，原先圈占的土地已不够分配，清政府又接连颁布圈地命令，扩大圈地的范围，不

---

① （清）李光地：《榕村续语录》卷十八，《榕村语录　榕村续语录》下册，中华书局 1995 年版，第 839 页。

② （清）李清植：《文贞公年谱》卷下，《北京图书馆藏珍本年谱丛刊》第 85 册，北京图书馆出版社 1999 年版，第 300 页。

③ （清）李清植：《文贞公年谱》卷下，《北京图书馆藏珍本年谱丛刊》第 85 册，北京图书馆出版社 1999 年版，第 300—301 页。

④ （清）李光地：《榕村续语录》卷十八，《榕村语录　榕村续语录》下册，中华书局 1995 年版，第 839 页。

论有主无主的土地都大肆侵占。仅短短两三年时间，在近京五百里的范围内，即东起山海关，西至太行山，南到河间，北至长城的广大区域，共圈占田地二百余万垧，不少州县七八成的田地都被圈占，剩余的尽是一些贫瘠歉收、旱涝无常的土地。而失地的汉人由于房屋、田产全部被抢夺，生计无着，或投充旗下作为奴仆为满洲贵族耕种田地，供其役使，或被赶到贫瘠的土地上苦苦求生，或背井离乡，逃亡外地，成为流民，生活十分凄苦。虽然顺治四年（1647）之后，皇帝曾屡次表示要停止圈地，但小规模的圈地和拨换田地仍时有发生，直到康熙二十四年（1685）后才基本宣告终止。况且圈地行为虽然停止，但京畿地区的膏腴之地也已被圈占殆尽，由圈地所造成的严重弊病并未得到革除。不少失地汉人迫于生计，只得发起反抗，或偷垦满人的土地，从而导致了满汉之间的激烈冲突。

对于残酷的圈地政策，李光地并不赞同，且对失地汉人的悲惨处境寄予深切的同情。他说："满洲生齿日繁，势不得不圈外地。百亩则失一人之产，千亩则百人，万顷则万人失业。今日圈地何下数十万顷，此失业之民，将能安其室而无怨痛乎？"[①] 因此，李光地出任直隶巡抚后，便开始着手调查满洲八旗马厂的占地情况，希望缓解满汉纷争和汉族贫民的生计问题。经过勘察，发现东翼马厂有正黄旗余地三万四千五百九十五垧零，有镶红旗余地六万五千六百七垧五亩，而已被当地民众认垦的余地则有三万二百一十六垧零。对于民众的偷垦行为，李光地解释是因为其"自种粮地碱薄洼下，舍自己之田偷垦余地，原未多占漏粮"，故请求皇帝"恩宽小民从前开荒之罪，使之各安耕种，照则输粮"，至于其他因水占及旋耕旋抛、翻掘蝻种而暂时无人承种的土地，则令各州县"相视有可耕者，陆续召劝，择地报垦，照垦荒之例升科"。[②] 此后，李光地又勘察了西翼马厂的余地情况，指出"西翼余地乃先岁用以准抵城西所圈民地者，不宜圈给旗

————————

　　① （清）李光地：《榕村续语录》卷十八，《榕村语录　榕村续语录》下册，中华书局1995年版，第849页。

　　② （清）李光地：《榕村集》卷二十六《覆马厂疏》，《景印文渊阁四库全书》第1324册，台湾商务印书馆1983年版。

人，即旗人旧所侵圈，亦宜斥以予民"①。康熙帝同意了李光地的建议，使得八旗都统不得不退还这部分侵占的汉人土地。

李光地进一步指出，满汉之间之所以会出现各种矛盾冲突，问题的根源皆在于当时的满汉分别政策。"旗下衣好、食好，游手无事，民一投旗，则好帽一顶，好衣一身，靴一双，断不可少。何也？欲其异于齐民也。外边州县打旗人有罪，犯军流则鞭责，渠亦自以为应安坐而享福，其敝也风俗侈靡。子女之费、婚丧之费无所出，不能自给时，虽欲自己趁食，而一出境则为逃人，欲投靠则无主敢收。"② 可见这一政策不仅对于广大汉人有失公平，损害了汉人的利益，而且也限制了满人的发展，使其养成游手好闲、奢靡堕落的恶习，乃"旗人与人民两敝之道也"。因此，李光地主张实行彻底的民族平等政策，将满人与汉人一体看待，"算定了满洲兵应用若干，则注籍若干，其它宜尽行听其自便。弛满、汉之禁，令其佃佣、商贾，活动则通流，犯法则有司与民一例得而刑罚加之。州县佐贰，汉军可做者，满洲亦可做，亦与汉军人一例黜陟。何必拘聚于京师，共怨困顿哉？如此，则民有营生之路，而官失骄倨之资，生计渐广，而人才亦出矣"③。

第三节　蔡世远的实学研究

关于儒学的内涵，不同学者自然会有不同的理解与回答。在蔡世远看来，道学、经济、文章、气节四者相互联系，未尝相离，共同构成了儒学的基本内涵，儒学即"道学、经济、文章、气节四者合而为一者也"④。这

① （清）李清植：《文贞公年谱》卷下，《北京图书馆藏珍本年谱丛刊》第 85 册，北京图书馆出版社 1999 年版，第 274—275 页。

② （清）李光地：《榕村续语录》卷十八，《榕村语录　榕村续语录》下册，中华书局 1995 年版，第 849—850 页。

③ 同上书，第 850 页。

④ （清）蔡世远：《二希堂文集》卷一《杨龟山先生集序》，《景印文渊阁四库全书》第 1325 册，台湾商务印书馆 1983 年版。

既是蔡世远对于杨时学术的总结与褒扬，亦可视作其对自己的期许。针对某些学者对于理学与理学家空谈心性、论多迂疏、无裨实用的批评，蔡世远亦做了坚决的反驳。他说："夫学贵有本，无本之学，纵修饰补苴，无用于世。有本之学，其根沃者其叶茂。本圣贤所以出治者发而见之事业，是则莫大之经济也；与师友讲明而论著，罔非载道之书，是则莫大之文章也；可死可辱，而浩然之气刚大常伸，是则莫大之气节也。"① 换言之，理学乃有本有末、有体有用之学，唯其根本深厚，真实无妄，故能发为经济、文章、气节之用，实有大用于世。他又以宋、元、明三代之治乱兴衰为例，认为"使程朱得大用于世，隆古之治可复也。宋季指为伪学，国随以微。鲁斋之在元，略见施用，有经邦定国之功。明初正学昌明，成弘之际，风俗淳茂近古，嘉隆以后，人不遵朱，学术漓而政纪亦坏，非其明效大验欤？"② 而蔡世远本人治学亦注重内圣与外王兼顾，以治平天下为归依。在谈及自己的理想与志向时，他说："学问未敢望朱文公，庶几其真希元乎？事业未敢望诸葛武侯，庶几其范希文乎？"③ 可见其理解与追求的朱子学确实是一种实学。

一　蔡世远义理思想中的实学因素

根据蔡世远的理解，作为本体的天理即是一种生生之理，其最主要的性质是善。"生生之理，善之长也。己与物之所共也，贵与贱之所同也。"④ 这种善并非一般意义上的善恶之善，而是最高的至善，既赋予天地万物生命与本质，又构成了万事万物一体相通的基础。至于气，则是万物身体形质的来源，其在生生之理的主宰下通过不断的运动、变化产生天地万物。

---

① （清）蔡世远：《二希堂文集》卷一《杨龟山先生集序》，《景印文渊阁四库全书》第 1325 册，台湾商务印书馆 1983 年版。

② （清）蔡世远：《二希堂文集》卷一《历代名儒传序》，《景印文渊阁四库全书》第 1325 册，台湾商务印书馆 1983 年版。

③ （清）永瑢等撰：《四库全书总目》卷一百七十三《集部·别集类二十六》"二希堂文集"条，中华书局 1965 年版，第 1528 页。

④ （清）蔡世远：《二希堂文集》卷四《安溪李先生寿序》，《景印文渊阁四库全书》第 1325 册，台湾商务印书馆 1983 年版。

由于气直接与人的身体、欲望相关，故其往往与生生之理发生冲突，遮蔽了人的本性，阻隔了万物之间的一体相通。"人之心本有是天地生生之理，牿于气、囿于习而善心之遏绝者多矣。"① 因此，学者为学的根本目的就是恢复本然的善性。

蔡世远的理气论思想较为简单，其主要目的在于为复性说提供理论前提。事实上，蔡世远很少直接讨论理、气、心、性等形上问题，亦不注重抽象的哲学思辨，其关注的焦点始终集中于朱子学的认识论、工夫论方面，即所谓的实学与实行。蔡世远认为，朱子学以复性为宗旨，主要有三大要点，即主敬、穷理与力行。"不主敬，则无私之体何以澄之？不穷理，则天下古今当然之则何以考之？不力行，则所谓道听途说而已，何由有以复其性之本然哉？"② 在他看来，学者只有将主敬、穷理、力行三者结合起来，"纯主敬之功，穷理、力行，以复其性之本然"③，才能革除学术的虚浮、势利之病，复兴程朱之实学。

关于主敬，蔡世远强调其为彻始彻终工夫，须与立志、躬行相结合，贯穿于知行、动静之中，"谨几以审于将发，慎动以持于已发"④，方能避免"失之宽"或"失之严"之弊。故曰："程子论学之功，莫要于主敬。曰：'主一之谓敬，无适之谓一。'又曰：'只整齐严肃则心便一，一则自无非僻之干。'然此际加功最难，过于矜持则苦而难久，稍宽缓又便怠弛。惟立志既坚，躬行又力，用谢氏心常惺惺之法，常自提撕敛束，自然坐立不至放佚，心体不至昏怠。以此穷理，心极清明，以此克己，气极勇决，更日加涵养，自然德成而学就，所谓彻始彻终工夫也。"⑤

关于穷理，蔡世远特别重视读书的作用。他说："由明以求诚之方，

① （清）蔡世远：《二希堂文集》卷四《安溪李先生寿序》，《景印文渊阁四库全书》第1325册，台湾商务印书馆1983年版。
② （清）蔡世远：《二希堂文集》卷一《学规类编序》，《景印文渊阁四库全书》第1325册，台湾商务印书馆1983年版。
③ 同上。
④ （清）蔡世远：《二希堂文集》卷五《诸罗县学记》，《景印文渊阁四库全书》第1325册，台湾商务印书馆1983年版。
⑤ （清）蔡世远：《二希堂文集》卷八《寄宁化五峰诸生》，《景印文渊阁四库全书》第1325册，台湾商务印书馆1983年版。

惟读书为最要。朱子曰：'读书之法，当循序而有常，致一而不懈，从容于句读文义之间，而体验乎操存践履之实。'学者率此以读天下之书，则义理浸灌，致用宏裕。"①他还将读书视作力行的基础和前提，提出："要其加功用力之始，专在读书。若读一书而近里著己，以身体之，以心契之，虽未知果能力行与否，然方其开卷绎诵时，谁无激励与愧耻之心？激励愧耻之心日进不已，则力行而至于古人之涂径也。"②

关于力行，蔡世远将其视为立志与穷理的完成和实现。若知而不行，则流为空谈，无益身心，故称"力行为贵"③。在他看来，"凡讲学不在辨别异同，贵能自得师，知得一事，便行一事。……徒讲解剖判，皆肤词也"④，又谓："不加体察躬行之功，徒夸闳博雕镂之用，先儒之所羞称也。言不能以足志，文不能以行远，亦大雅之所弗尚也"⑤，可见其对力行的重视。

由于当时学者常有好高骛远、厌弃卑近之病，不问具体切近之实事，专求虚玄高妙之空理，故蔡世远论学亦注重下学上达、由博至约之序，强调笃实与晓事之难，要求学者多于此处用功。他说："学者患于无志；有志矣，又苦不能笃实；笃实矣，又苦不能晓事。以陈北溪之贤，受业漳州，与闻至道，越十年，往见朱子于竹林精舍，犹谓其尚少下学之功，勉之曰：'当学曾子之所谓贯，勿遽求曾子之所谓一；当学颜子之博约，勿遽求颜子之卓尔。'北溪自此精进有加。盖笃实之难也。以司马温公之学识，一代宁有几人？明道犹谓君实不晓事。使明道得大用于世，其明通公溥，比之温公，自是不侔。然温公尚未足当晓事之称，由是言之，学之进

①　（清）蔡世远：《二希堂文集》卷五《诸罗县学记》，《景印文渊阁四库全书》第1325册，台湾商务印书馆1983年版。
②　（清）蔡世远：《二希堂文集》卷七《与李世賁书》，《景印文渊阁四库全书》第1325册，台湾商务印书馆1983年版。
③　（清）蔡世远：《二希堂文集》卷八《与李巨来同年》，《景印文渊阁四库全书》第1325册，台湾商务印书馆1983年版。
④　同上。
⑤　（清）蔡世远：《二希堂文集》卷一《古文雅正序》，《景印文渊阁四库全书》第1325册，台湾商务印书馆1983年版。

境，岂有涯哉！"①

二　蔡世远的经世之学

作为一位理学名臣，蔡世远屡次批评当时的学者与士子多不知读书为学的目的，"以记诵、词章为止境，以科名、爵位为可毕一生能事"②。在他看来，读书并不是为了记诵、词章，而是为了学为圣人，使万物各得其所，安顿天下秩序；谋求科名、爵位亦不是为了个人的富贵利禄，而是为了施展抱负，学以致用，"可以见一生之品节、经济，不至泯没以终耳"③。因此，蔡世远十分重视经世之学，自言："自年十二三时，涉猎经史诸书，便讲气节，喜作古文，谈经济"④，而方苞亦称其"夙尚气节，敦行孝弟，好语经济，而一本于诚信。……议论慷慨，自为诸生，即以民物为己任。及从清恪公游，吏疵民病，言无不尽，政行众服，而莫知其自公"，即便私下所论，"皆民生之利病，吏治之得失，百物之息耗，士类之邪正，无一语及身家浅事者"。⑤ 正因为如此，故其经世思想能与社会现实紧密结合，颇多可观之处。

关于为政之道，蔡世远特别强调恳恻与条理两方面因素。恳恻关乎体，条理关乎用，二者不可偏废。他说："恳恻者，仁也，即《易》所谓'元者，善之长'，程子所谓'满腔皆恻隐之心'，张子所谓'乾父坤母''民胞物与'者是也。有条理者，本平日读书穷理之功，措则正而施则行也。无恳恻则立体不宏，无条理则致用不裕。"⑥ 蔡世远指出，为政者的恳恻并非出于后天功利的考虑，而是源自先天的仁心，"从本原之地流出"，

①　（清）蔡世远：《二希堂文集》卷八《与雷贯一》，《景印文渊阁四库全书》第1325册，台湾商务印书馆1983年版。
②　（清）蔡世远：《二希堂文集》卷七《与李世贵书》，《景印文渊阁四库全书》第1325册，台湾商务印书馆1983年版。
③　同上。
④　同上。
⑤　（清）方苞：《方望溪全集》卷十《礼部侍郎蔡公墓志铭》，中国书店1991年版，第127页。
⑥　（清）蔡世远：《二希堂文集》卷七《与杨宾实先生书》，《景印文渊阁四库全书》第1325册，台湾商务印书馆1983年版。

故能"以不容已之心，行不容已之事，尽吾性分所固有，行吾职分所当为"①，从而构成了王道政治的前提与基础，亦是分辨王道与霸道的根本标准。如管仲治齐，虽亦民衣民食、教孝教弟、示义示信，极有条理，但其动机在于追求国家富强，而非出于本心之恳恻，故只是霸道而非王道。

在恳恻的基础上，为了妥善地应对和解决现实治理中面临的各种复杂问题，蔡世远亦很注重为政之条理。"所谓恳恻者无尽，而条理者无穷。事变繁多，土俗各别，所谓条理者，尤难之又难。"② 与传统政治思想所提倡的"有治人，无治法"不同，蔡世远较为重视法的作用，主张廉法结合、以法济廉。因为在他看来，"大臣能廉，仅得其半，非廉无以行法，非法无以佐廉。使一己廉静而属员奸贪，或限于耳目之所不周，或因循牵制而不能决去，犹是独善其身，岂称开府之治哉？"③ 同时，蔡世远还很赞赏薛瑄所说的"立法贵在必行，法立而不行，则法为虚文，适足以启下人之玩而已"，主张通过严格的奉法与执法来树立法令的权威性，以此维护民众的利益。蔡世远特别指出，当时地方上以"蠹役与健讼之徒最为民害。蠹役朘民之膏，中人以法，至其骄横已极，陵绅士如草芥。……健讼者指无为有，饬毫末之事以为滔天，上官不知，辄为听理，小民身家荡散无余"④。故其主张依法严厉打击蠹役与健讼之徒，"摘其尤者，宁确无滥，宁重无轻，惩奸慝以安善良，固仁政之先务也"⑤。

关于治术，蔡世远并未简单以权术视之，而是将其建立在身心性命之学的基础上，主张"治术关于学术，经济通于性命"⑥。因此，当谈及大臣所应具备的素质时，蔡世远认为其应兼具五方面的综合素质："大臣以身任事，必有公清之操，有恺恻之怀，有明通之识，有强毅之概，有儆惧之心。无公清之操，则不免有宠利之疾矣。无恺恻之怀，则不能有纳沟之耻

① （清）蔡世远：《二希堂文集》卷七《与杨宾实先生书》，《景印文渊阁四库全书》第1325册，台湾商务印书馆1983年版。
② 同上。
③ 同上。
④ 同上。
⑤ 同上。
⑥ 同上。

矣。无明通之识，则胶执而鲜通矣。无强毅之概，则虽知其然，发之不勇，守之不固矣。无儆惧之心，则自信太过，祸且随之矣。"① 这一概括同时兼顾了官员的德行、能力与性格、心态等各方面要素，颇为全面，值得所有官员对照反思，引为鉴戒。

县令作为国家的基层官员，直接与民众相接触，负责管理地方上的日常事务，具体执行国家的法令政策，是政府与民众之间的重要纽带。蔡世远就相当重视县令的作用，称其为"亲民之官"，认为"欲天下之均平，人被尧舜之泽，非亲民之官不可"②。根据蔡世远的理解，县令的工作无非三项要点，即息讼、薄赋与兴教。而要做好这三件事，就必须做到"民以事至县者，胥役不扰，无守候之劳，分其曲直，惩其诬黠，诲谕之，又加详焉，则讼自息矣。民有惟正之供者，为案实立限，使自封投柜，主以信。使投毕，躬自称平之，榜列明示，归其有余，使补其不足，如期至，则民自不欺，输将恐后矣。择士民之秀者聚之于学，课文饬行，月三四至，又于暇日适山村里闾，言孝弟农桑之事。其有家门敦睦、守分力田者，表厥里居，或造访其家以荣之，而教道兴矣"③。在此基础上，他又告诫即将出任县令的弟子，须淡泊自守，爱民如子，积极为民兴利除害，"事上贵恭不贵屈，驭民以诚不以术"④，如此方可成为一名合格的县令。

对于县令与学政二官的职责特点，蔡世远亦有自己独到的理解。他说："今之持论者，皆曰外官惟县令与学使最难供职。世远窃谓此二者为最易。夫县令者，朝行一政则夕及于民，兴政立教无耳目不周之处，无中隔之患，古人所谓得百里之地而君之也。学使无刑名、钱谷之繁，惟以衡文劝学、广励学官、振饬士子为职业，草偃风行，比地方职守者尤易。或又以为是二者皆有掣肘之患，不知所谓掣肘者，多由于自掣，非尽人掣之也。夫布衣则古称先，自强不懈，人犹称其严毅清苦，力行可畏，况居官

---

① （清）蔡世远：《二希堂文集》卷七《与陈沧州总河书》，《景印文渊阁四库全书》第1325册，台湾商务印书馆1983年版。
② （清）蔡世远：《二希堂文集》卷三《送张黄二县令序》，《景印文渊阁四库全书》第1325册，台湾商务印书馆1983年版。
③ 同上。
④ 同上。

哉？但气不可胜，事不可激，当谨确完养以合乎中耳。"① 在此，蔡世远表面上是在强调县令与学政之官易做，实则蕴含了其对这两种官员的重视与期许，希望他们能够善用手中的权力，勤勉于公事，不受外界的掣肘和私心的干扰，忠实履行自己的职责。

康熙六十年（1721），台湾爆发朱一贵事变，震动全台，声势极大，清政府派遣闽浙总督满保督师入台平乱。蔡世远与满保交好，对于征台一事亦十分关注，曾为此数次致信满保，对征台用兵及后续的治台事宜提出了不少有价值的意见和建议。这些建议多被满保采纳施行，对于台湾的安定、治理与发展发挥了积极作用。

在蔡世远看来，此次起事者只是一群草窃小寇、乌合之众，与当年的郑氏政权不可同日而语，故讨平叛乱不足为虑。其最担心的是用兵过程中造成的杀掠之祸。蔡世远强调，台湾乃吾故土，台民为吾同胞，大部分从乱者只不过是为人所裹胁驱使，并非有意反叛朝廷，故希望满保能够"严饬将士，并移檄施、蓝二公，约以入台之日，不妄杀一人"②。后事变果然被迅速平定，对于台湾社会亦未造成太大的破坏。但蔡世远并未满足于此，而是着眼于台湾的长治久安，进一步提出了"平台匪易，而安台实难"③的观点。在他看来，台湾之所以难治易乱，固然有其特殊的地理位置与复杂的人口结构等客观因素，但主要原因还是在于当地官员的治理不善。他说："台湾五方杂处，骄兵悍民，靡室靡家，日相哄聚，风俗侈靡。官斯土者，不免有传舍之意，隔膜之视，所以致乱之由。"④ 又说："夫台湾鲜土著之民，耕凿流落，多闽粤无赖子弟，土广而民杂，至难治也。为司牧者不知所以教之，甚或不爱之，而因以为利。夫杂而不教，则日至于侈靡荡逸而不自禁；不爱而利之，则下与上无相维系之情。为将校者，所

---

① （清）蔡世远：《二希堂文集》卷八《与郑鱼门侍讲书》，《景印文渊阁四库全书》第 1325 册，台湾商务印书馆 1983 年版。

② （清）蔡世远：《二希堂文集》卷八《与总督满公论台湾事宜书》，《景印文渊阁四库全书》第 1325 册，台湾商务印书馆 1983 年版。

③ （清）蔡世远：《二希堂文集》卷八《再与总督满公书》，《景印文渊阁四库全书》第 1325 册，台湾商务印书馆 1983 年版。

④ 同上。

属之兵平居不能训练而又骄之。夫不能训练，则万一有事不能以备御；骄之，则恣睢侵轶于百姓。夫聚数十万无父母妻子之人，使之侈靡荡逸，无相维系之情，又视彼不能备御之兵，而有恣睢侵轶之举，欲其帖然无事也难矣。"[①] 为了解决台湾的治理难题，蔡世远主张须对台湾民众"教而爱之"，趁此平乱更革之际，彻底整顿吏治，完善管理，与民休息，推行教化。他向满保建议："文武之官，必须慎选洁介严能者，保之如赤子，理之如家事，兴教化以美风俗，和兵民以固地方。内地遗亲之民，不许有司擅给过台执照，恐长其助乱之心。新垦散耕之地，不必按籍编粮，恐扰其乐生之计。三县县治，不萃一处，则教养更周。南北宽阔，酌添将领，则控驭愈密。"[②] 显然，蔡世远的这些看法与主张是符合当时台湾的实际情况，并有利于台湾的安定和发展的。

第四节　蓝鼎元的实学研究

蓝鼎元论学主要有两大特点，一是笃守朱子之学而不稍改，力辟释、道、心学等异端；一是注重实用，留心实际，强调有体有用之学，力戒无用之空谈。这两点相辅相成，皆以"实"为根本，体现于其一生行事之中，共同成就了蓝鼎元"经世之良才，吾道之羽翼"的美誉。

一　蓝鼎元义理思想中的实学因素

在讨论理学的基本范畴"道"时，蓝鼎元说道：

> 圣贤之道，原非高远，不外纲常伦纪、日用常行之事。[③]

---

① （清）蔡世远：《二希堂文集》卷三《送黄侍御巡按台湾序》，《景印文渊阁四库全书》第1325册，台湾商务印书馆1983年版。

② （清）蔡世远：《二希堂文集》卷八《再与总督满公书》，《景印文渊阁四库全书》第1325册，台湾商务印书馆1983年版。

③ （清）蓝鼎元：《棉阳学准》卷一《同人规约》，《四库全书存目丛书》子部第28册，齐鲁书社1995年版，第416页。

道本在人伦日用之间，未尝有出于知能行习之外。随处检点，察识扩充，则可驯致于圣贤之域。①

俗士狃于见闻，以科名利禄相矜高，与之言圣人之道，则骇为狂且愚，不知道非高远，即在人伦日用之间。臣忠子孝，兄友弟恭，夫妇居室，朋侪洽比，一举一动，皆有当然不易之则，夫谁能出吾道之范围乎？饥而食，渴而饮，人人皆然也。而食所当食，饮所当饮，即道也。异学以窈冥昏默、虚空影响言道，似人生纲常伦纪之外，别有凭虚仿佛之一物，是以终日言道而无可捉摸，言悟道而归于惝恍。……圣贤未尝难学，人人皆可以勉而能，而特不许浮伪者之矫托于其间。②

其论太极要义时亦云：

《太极》一图，先儒论说已多，学者望而生畏，谓穷幽极渺，无预吾身日用伦常事，驰骛于太空杳冥不可据之域，以为道体浩浩，非吾人所能测识。不知《太极》一篇，周子发明天地万物之理，而专其责于人，此即逝者不舍之意，鸢飞鱼跃之旨。盖欲学者反求诸身，时时省察，而不可有须臾之离，原非穷幽极渺之论也。③

由此可见，在蓝鼎元看来，道并非虚无缥缈、不可捉摸的神秘之物，而是日用伦常之事的规律与准则，与每个人直接相关，存于心而见于事，并且可以借由学习而把握。若在日用伦常之事外别求所谓高深玄妙之道，则入于异端。正因为道与事物不相离异，所以蓝鼎元要求学者在了解道理之后，将其用于治心修身、经世理物等实事上，"践而履之为德行，措而

---

① （清）蓝鼎元：《鹿洲初集》卷五《王滋晼历试草序》，《景印文渊阁四库全书》第1327册，台湾商务印书馆1983年版。

② （清）蓝鼎元：《鹿洲初集》卷六《送谢古梅太史还闽序》，《景印文渊阁四库全书》第1327册，台湾商务印书馆1983年版。

③ （清）蓝鼎元：《棉阳学准》卷五《太极要义》，《四库全书存目丛书》子部第28册，齐鲁书社1995年版，第479页。

施之为事业"，若"不用则虚而无寄"①。

同时，由于蓝鼎元主张"先王之道，具在六经"②，故其对经学亦十分重视，强调为学以穷经为要，将六经视为治学与治国的根本准则，以及分辨王道与霸道、正统与异端的重要标准。他说："六经，圣人经世之书也。有天下国家、身心性命之人，皆不可一日废者也。为治而不本六经，必流为刑名法术、杂霸小补之治；为学而不本六经，必流为异端邪说、支离固陋之学。故自古今以来名为儒者，无不以穷经为要。"③ 根据蓝鼎元的理解，经学亦是一种经世之学，"古人本经济为文章，六经字字皆可见之施行"④，所以他反对仅仅将经学理解为训诂考据之学，要求学者"坐而言，起而行"，将经典中蕴含的道理运用于日用伦常与经世理物的实践中，"终身由之而不尽"⑤。反之，若是"墨守训诂，茫然不知所位置，无用之儒也"⑥。

与一般主张事功论的学者不同，蓝鼎元虽注重外王之学，但并未否定内圣之学的价值与意义，认为身心性命之学亦可以成为一种实学。对于其他学者以身心性命之学为空谈、无用的批评，蓝鼎元回应道：

> 身心性命，非空谈也，所以端其本而裕其末，清其源而洁其流也。明此者，谓之明体；达此者，谓之达用。体明而后用达，故君子常勉勉焉。无体之用，非用也，权谋术数而已矣；无用之体，非体也，虚空清净而已矣。君子不流于刑名杂霸之学，亦不入于异端寂灭之归，则惟其身心性命之间有大过人者在也。⑦

---

① （清）蓝鼎元：《鹿洲初集》卷十三《王用九字说》，《景印文渊阁四库全书》第1327册，台湾商务印书馆1983年版。

② （清）蓝鼎元：《鹿洲初集》卷十三《阴子儒字说》，《景印文渊阁四库全书》第1327册，台湾商务印书馆1983年版。

③ 同上。

④ （清）蓝鼎元：《棉阳学准》卷一《同人规约》，《四库全书存目丛书》子部第28册，齐鲁书社1995年版，第420页。

⑤ （清）蓝鼎元：《鹿洲初集》卷十三《阴子儒字说》，《景印文渊阁四库全书》第1327册，台湾商务印书馆1983年版。

⑥ 同上。

⑦ （清）蓝鼎元：《棉阳学准》卷四《闲存录》，《四库全书存目丛书》子部第28册，齐鲁书社1995年版，第461页。

心不正，身不修，不知仁义礼智信为吾性中所自具之理，不知耳目口鼻四肢之欲有命焉，以为之裁制，则其所存所发殆将有不可问者。是以先圣教人，齐家治国，必本于正心修身，可知身心所系者重。操之在暗室屋漏之中，应之在家国天下之大，可谓谈身心者为空虚无实乎？尽己之性，以尽人物之性，则可以赞化育；穷理尽性，以至于命，则为参天两地之圣人，可谓谈性命者为空虚无实乎？身心性命，皆实理也。正心修身，养性立命，皆实事也。存之为实体，发之为实用，内圣外王之道备矣。①

在蓝鼎元看来，身心性命之学是一切学术的根基，决定了学术的内容与性质，故具有最为重要的意义，不可轻忽。只有首先正心修身，涵养德性，以理制欲，才能保证所学所行符合道德的要求。而要判断身心性命之学是否属于空谈，则需要看其是否与"用"相结合。有体无用，则非实体，只是异端之虚空清净；有用无体，亦非实用，只是霸道之权谋术数。在蓝鼎元眼中，真正的儒学是有体有用、明体达用之学，由身心性命之地可以推而行诸家国天下，由穷理尽性可以参赞化育、成圣成贤，故所论身心性命皆为实理，所行正心修身、养性立命皆为实事。

由上亦可看出，蓝鼎元对于身心性命之学的关注重点显然不在本体论方面，而在工夫论方面。对于儒者的为学与修养工夫，蓝鼎元强调居敬与穷理二者相辅相成，交修并进，缺一不可。他说：

> 朱子曰："儒者之学，大要以穷理为先。"此言居敬中实事，而吾道、异端所以判也。异学求心而不求理，是以其流为清静寂灭。圣学格物穷理，以致其知，是以泛应曲当，至于从心所欲不逾矩。故知居敬穷理，圣贤彻始彻终之实学也。②

> 居敬以立其本，穷理以致其知，有交修并进，而无先后者也。居

---

① （清）蓝鼎元：《棉阳学准》卷四《闲存录》，《四库全书存目丛书》子部第28册，齐鲁书社1995年版，第461页。

② 同上书，第455—456页。

敬则此心有主，必穷理以充之；穷理则此心有物，必居敬以纯之。敬至而穷理始精，理明而居敬愈固，二者缺一不可，而分为两事者亦非也。①

同时，为了避免学者因主敬而流于虚寂，蓝鼎元还强调了主敬与主静的区别，提出主敬须以天理为准则，以无欲为内容，贯穿于动静之中，不可舍敬而言静。他说：

居敬非窈冥昏默，如异端坐禅入定之谓也。随时随处，以天理为准绳，无斯须之敢忽，无一毫之敢肆。静而处暗室屋漏之中，罔弗敬也；动而应天下国家之务，罔弗敬也。②

学者无事静坐，当以持敬为主，固不可恁虚妄想，自放厥心，亦不宜槁木死灰，专一凝寂。盖舍敬而言静，则已入于释老矣。③

儒者所谓静，以无欲为主，无欲则心不妄动，是故为主敬，为存诚。异学所谓静，以无事为主，必绝物息虑而神乃全，是故为虚空，为寂灭。虽主静似同，而静之实不同也。④

除了工夫论之外，蓝鼎元亦很重视格物致知的认识论，积极肯定即物穷理的重要作用。在他看来，具体的事物虽然细微，但其理皆出于那个根本的道理，只有通过对具体事物之理的研究与认识，才能最终把握先天的根本道理。"凡有所为皆后起之数，不可混乎其初。物曲至微，而有原有委。君子所以贵格物也。凡有所为皆踵事之增，不可忘乎其后。艺能至末，而有天有人。昔贤所以务穷理也。"⑤ 在格物的方法上，蓝鼎元十分重视读书，认为只有读书精熟，才能获得圣贤之道。故曰：

---

① （清）蓝鼎元：《棉阳学准》卷四《闲存录》，《四库全书存目丛书》子部第 28 册，齐鲁书社 1995 年版，第 456 页。

② 同上书，第 455 页。

③ 同上书，第 456 页。

④ 同上。

⑤ （清）蓝鼎元：《鹿洲全集·鹿洲藏稿》卷一《论语》，厦门大学出版社 1995 年版，第 850 页。

读书不熟，则圣贤之精意不出。惝恍游移，终于蒙昧而已矣。若经传正史之外，子集百家，典章故实，虽毕世不能穷也，必句句而记诵之，所得能几何哉！涉猎多，则神智日益。如珍馐罗列，厌饫之后，亦归无有，而晬面盎背，有不知其所以然而然者。①

由此可见，蓝鼎元所主张的读书或格物的内容与对象是十分广泛的，不仅是儒家经典与正史，子集百家、典章故实等各种有益的知识与学问都需要尽量考究与记诵。因为格物致知是一个积累的过程，只有涉猎越多，才能所得越多，进而产生增益神智的效果。因此，蓝鼎元教育学生须"沉浸于《四子》《六经》以正其本，讲究性理先儒诸书以清其源，熟读紫阳《纲目》《左》《国》、班、马以下诸家之史，周、秦、汉、唐、宋、明以来诸家之文，泛滥乎诸子百氏之著述，以广闻见"②。而在读书的同时，还应考虑到实践的问题，"当句句反求诸己，思我必能行之，思我必如何而后可以行之，切实体验，方为有得"③。

不惟书本知识，蓝鼎元对于直接的经验与见闻亦很重视，注重通过实地的考察研究来发现、认识各种实用知识与事物之理，并以此检验已经掌握的知识与道理。譬如，蓝鼎元在台湾诸罗县目睹了海中火山的奇景之后，不仅对其进行了观察和记录，还不禁感慨道："天下事之不可解，非寻常所能测度，类如斯已。未尝经目见耳闻，自以为予智莫己若，直夏虫不足与语冰耳。君子所以叹学问无穷，而致知格物之功，又当兼阅历验之也。"④ 蓝鼎元在常年驰驱四方的过程中，每至一处，便留心考察当地的山川形势、风土民情与政教利弊，记载其所见所闻，不仅获得了大量第一手资料，而且留下了不少有价值的记录与论述，纠正了一些错误的记载与看

---

① （清）蓝鼎元：《棉阳学准》卷四《闲存录》，《四库全书存目丛书》子部第 28 册，齐鲁书社 1995 年版，第 458 页。
② （清）蓝鼎元：《棉阳学准》卷一《同人规约》，《四库全书存目丛书》子部第 28 册，齐鲁书社 1995 年版，第 420 页。
③ （清）蓝鼎元：《棉阳学准》卷四《闲存录》，《四库全书存目丛书》子部第 28 册，齐鲁书社 1995 年版，第 458 页。
④ （清）蓝鼎元：《东征集》卷六《纪火山》，《景印文渊阁四库全书》第 369 册，台湾商务印书馆 1983 年版。

法。譬如，蓝鼎元自台湾归乡后，见市面有售所谓《靖台实录》，而其内容皆"未经身历目睹，徒得之道路之传闻者。其地、其人、其时、其事多谬误舛错"①，恐世人信以为真，史家据以征信，遂根据亲身见闻撰为《平台纪略》，据事直书，以纪其实。其所作《东征集》亦载台湾各处形胜事迹与征台用兵中的公檄谋谟，可与《平台纪略》互相发明，既为日后台湾的开发、治理提供了重要的参考与鉴戒，又为后人了解当日实情保留了珍贵的史料。此外，《鹿洲初集》中所载有关贵州、福建、广东三省及下辖府县《总论》《图说》与诸志《总论》《小序》皆简明扼要，议论正大，见解通达，且于各地山川形势、治乱之由、经理之要言之凿凿，深有裨于经世与志乘。

综上可知，蓝鼎元思考与研究的范围虽然广泛，性理、经史、格物、经世等都包含在内，但其核心却在于世道人心、生民社稷。在他看来，只要与世道人心、生民社稷有关的学问，无论"穷檐之休戚，风化之盛衰，山海之经营，纪纲之条布，刑兵礼乐之升降，穷边绝岛、雕题凿齿之情形，千载以上之治乱是非、兴亡成败，千载以下之学术邪正、道统绝续，知识之所及，思虑之所周，大则鸿篇万言，可补经传，不嫌其多，小则片言只字，可垂语录，不厌其寡，皆吾所愿闻也"②。同时，蓝鼎元还很强调学问的实用性，认为实学不仅需要关注世道人心，还必须能够见诸实用而无不合，经得起实践和时间的检验。故曰："吾所谓学者，取材千古，陶铸百家，措之方州而咸宜，施之民物而各当，藏之名山，俟百世圣人而不惑，盖有用之实学也。"③

二　蓝鼎元的经世之学及其实践

蓝鼎元不仅治学有道，而且素有用世之志，特别留心于礼乐兵农、刑名钱谷之设施，故能在经世治国方面提出许多有价值的意见与建议，居官

---

① （清）蓝鼎元：《平台纪略·序》，《景印文渊阁四库全书》第369册，台湾商务印书馆1983年版。

② （清）蓝鼎元：《棉阳学准》卷一《同人规约》，《四库全书存目丛书》子部第28册，齐鲁书社1995年版，第420页。

③ 同上书，第419—420页。

亦有惠政，为循吏之典范。在他看来，施行仁政的根本在于爱民，要顺民之欲，为民兴利除害。"夫仁莫大于爱民，爱民莫若顺其欲而除其害。"①而要做到这一点，则必须战胜个人的私欲、私利，视民犹己，推己及人。蓝鼎元指出，"道莫大于通"，"道莫大于类情"，所有人的心灵与情感原本相通，若能在待人处事时无反无侧、无偏无党，便可达到"不顾一人之欲而即以通天下之欲"，"得一二人之情而即以类千万人之情"的境界。②

爱民的同时还须敬民。蓝鼎元认为，官员与民众从根本上说都是上天的子民、人君的子民，官员若思敬天敬君之义便知敬民，不应自恃高人一等而随意愚弄、欺压民众。所以他告诫为官者，治民"当以敬为主，勿谓蚩蚩，可以术驭也；勿谓卑卑，可以势压也。思民吾同胞之义，则知乾父坤母，不欲我之伤骨肉也。推君民一体之怀，则知元首腹心，不欲我之残手足也。夫如是，尚敢以蚩蚩卑卑，而谓我之下民哉？知斯民为天之民，为君之民，而敢有不敬乎？"③

蓝鼎元接着指出，治国之要在于教、养二端，且养民先于教民。只有首先满足民众的基本生活需要，确保其可以自食其力，安定生活，然后才有条件推行教化。他说："视草野之饥寒困穷，皆吾子之嗷嗷待哺也。欲使之各遂其生，岂必家赐而人益。惟在保全其脂膏，宽恤其物力，劝农桑树艺畜牧，导养其山林川泽之利，制节其凶丰奢俭、积贮贸迁之宜，寓军政于保甲之中，行催科于抚字之内，然后其民可得而教也。"④而施行教化的具体方法亦因人而异，必须有所区别。"教善良之民如克家子焉，则从而咨嗟乐道之，抚摩奖劝，以益笃其为善之心。教顽恶之民如不肖子焉，多方诱掖创惩，至于厉声震色，涕泣笞捶，必欲其迁善远罪而后已。"⑤在

① （清）蓝鼎元：《鹿洲初集》卷十六《读西门豹传》，《景印文渊阁四库全书》第1327册，台湾商务印书馆1983年版。
② （清）蓝鼎元：《鹿洲全集·鹿洲藏稿》卷二《大学》，厦门大学出版社1995年版，第876页。
③ （清）蓝鼎元：《棉阳学准》卷四《闲存录》，《四库全书存目丛书》子部第28册，齐鲁书社1995年版，第455页。
④ 同上书，第465页。
⑤ 同上。

蓝鼎元眼中，只要官员视民如子，教导得法，便无不可教化之民。

教化民众亦不能离开对法令的使用，故蓝鼎元十分注重维护法令的公信力与权威性。他说："立法之初，必诚必信。凡文告号令，必实在可行者方出之，无朝三而暮四，言必践，禁必伸，万万不可移易，则民知在上之不可犯，而教易从。"① 同时，考虑到一般民众文化水平较低，无权无势，在司法过程中容易受到权富之家及其聘请的讼师的欺压，亦有损于法令的权威，故蓝鼎元提醒官员在审理案件时应明辨是非，铁面无私，严厉打击那些玩弄法令之徒，以此保护贫民的利益。针对台湾"讼师最多""民皆健讼"的情况，蓝鼎元建议"宜严反坐之法，听讼时平心霁色，使村哑期艾，咸得自达其情。得情时，铁面霜威，使狡猾财势俱无所施其巧。凡平空架害，审系虚诬，不可姑息，务必将原告反坐，登时研究讼师姓名，飞拿严讯，责逐过水，递回原籍，取本县收管，回文存案"②。

蓝鼎元论为官之道首重公正、清廉，将其视为善治的根本保障。他说："居官处事，惟公惟明，惟正惟直。公则人不我怨，明则人不我欺，正则莫敢干以邪，直则莫敢行其诈。"③ 又说："人不实心皆私欲，间之私则不公，欲则不洁，而教养之政为虚文。是以上官掣其肘，僚属挠其权，胥吏穿其鼻，豪强拊其背。若公而无私，洁己而无欲，则数者皆无之矣。故居官以廉为称首。"④ 由此可见，公正与清廉二者相辅相成，互相影响，且皆以实心为本。官员存实心方可行实政，若心中充满私欲，则公正与清廉皆不可得。所以他要求"居官者当以君父之心为心，以百姓之心为心，不可以一己之心为心"⑤。蓝鼎元进一步指出，真正有效的清廉应是整体的清廉，而非个体的清廉，故为官者不能独善其身，还必须严格管束胥吏僚属，确保属下的清廉。所谓"世有居官能廉，而不能禁胥吏僚属之不贪，

---

① （清）蓝鼎元：《鹿洲初集》卷二《与吴观察论治台湾事宜书》，《景印文渊阁四库全书》第 1327 册，台湾商务印书馆 1983 年版。

② 同上。

③ （清）蓝鼎元：《棉阳学准》卷四《闲存录》，《四库全书存目丛书》子部第 28 册，齐鲁书社 1995 年版，第 470 页。

④ 同上书，第 465 页。

⑤ 同上书，第 470 页。

是犹不为盗而窝盗，欲守贞而畜妓者也，其罪乃甚于自为之"①。虽然清官在各个时代普遍受到赞誉，但清官群体中也确实存在某些负面问题，导致一些官员对清官有所怀疑和批评。如不少清官自恃清廉，便自以为是，刚愎自用，或责人过严，不通人情，故为政往往流于残酷、刻薄。蓝鼎元显然也意识到了这一问题，所以强调"廉亦居官分内事，自矜为廉，非真廉也。谓廉洁可以骄人，犹男子自夸其不偷盗，女人自诩其不淫奔，然则然矣，恐旁观者将掩口而窃笑"②，进而提出"清而勿刻，廉而不矫，激斯为善矣"③。

此外，蓝鼎元对于总督、巡抚、布政使、按察使等高级官员的职责所在与注意事项亦有所讨论，而其要旨皆归于公正清廉。譬如他说："为国家爱惜人才，是制抚第一事。乃有以属吏才能为忌嫉，而偏欲挫折排挤，以示威于庸庸之辈，使之恐惧奉承，此不可解者也"，"不营私则不忌才。或他人营私忌才，而制抚误堕其术中者有之"，"为制抚者，当谨守鼻窍，不可为旁人所穿而牵之东西南北也"。又说："藩司以布政为名，人称方伯，其责甚重，全省吏治民生当一力肩任焉。以钱粮吏自诿者固非，蟠结党类，把持腥臭，更非也。"又说："司臬操全省民命，一举一动，关人死生兴亡，二十分谨凛兢业，尚恐刑罚不中，况将之以私意，临之以威福，当思冥冥之中，有操券而随其后者"，"司臬一官，可为而不可为。其可为者，持平一省之狱讼，能锄奸理枉也。不可为者，杀戮多而生全少，万一有一人一事之错误，则伤天地之和，夺子孙之福。所以居是官者，尤不可不慎也"。④

不过，相较之下，蓝鼎元还是更加关注基层守令的职责和作用。因为守令作为基层政府的主官，地方上的各类事务皆由其负责，与民众的关系最为密切，既有较大的空间可以充分施展其才能，又能够直接改变一地的

---

① （清）蓝鼎元：《棉阳学准》卷四《闲存录》，《四库全书存目丛书》子部第 28 册，齐鲁书社 1995 年版，第 466 页。
② 同上。
③ 同上书，第 465 页。
④ 同上书，第 469 页。

风俗与面貌。但守令所要处理的工作亦十分繁杂，同时还要面对来自上下各方的影响与干扰，稍有不慎，对民众的伤害亦甚大。故曰："天下之官，最难为者，莫如守令；最可为者，亦莫如守令。守令皆能其官，则唐虞三代之治如运掌然。守令之难为，难乎其称职也。守令之可为，以其与民最亲，德易遍而才得展也。德不足，才不长，督抚司道皆掣肘也，佐贰僚属皆旁挠也，吏胥皂隶皆为鬼为蜮，欲掩其目而穿其鼻也，势豪巨猾皆如虎如狼，欲箝其口而拊其背也。民繁事多，案牍山积，刑名之出入，钱谷之征催，盗贼之攘窃，稍一毫不尽厥心，而民之受害，不可言矣。"①

蓝鼎元晚年曾出任广东普宁知县，后又兼理潮阳县事，其治理乡村社会的基本原则是将得人与用法结合起来，本诚心以办实政。譬如，蓝鼎元十分重视地方的治安工作，将严厉打击盗匪、奸民与不法豪强视作乡治的前提和基础。他强调："治民者，弭盗不可不严，防奸不可不密，搏击豪强不可不毅。买虎蛇以放生，不顾他人之受其咀嚼，则佛氏所谓慈悲者，非治也。"② 而其用以弭盗诘奸的基本手段则是传统的保甲法。在蓝鼎元看来，同样是保甲法，其能否发挥作用主要取决于地方官员的执行情况。"本诚而力行之，其为用也大矣。行之不诚，有名无实，无益也。或滋烦扰，反以厉民，则害也。故为牧令者必推心入小民之隐，而后保甲行焉。"③ 因此，在保甲法的具体实施上，蓝鼎元特别重视人与法的结合，通过合理的用人来保证制度的执行，进而营造一个良好的社会秩序，寓教化于保甲之中。他说："择正人为之长，以次统属，优其礼貌，重其责成，期赞宣治化也。计其烟井，分甲合户，悬之门版，编之册籍，俾条理可稽也。简厥丁壮，免其差徭，教以逐捕盗贼，捍卫乡境，寓兵于农之道也"，"方编甲立册之初，必防饭食楮墨之科敛，朔望具结亦如之。临村庄而点阅，无以供亿累吾民，而从役骚扰，尤当厉禁"，"于是明赏罚以鼓舞之，使保甲长皆公正恪勤，而其民臂指联络，外侮不生，且暮知其所为，出入

① （清）蓝鼎元：《棉阳学准》卷四《闲存录》，《四库全书存目丛书》子部第28册，齐鲁书社1995年版，第464—465页。
② 同上书，第467页。
③ 同上书，第466—467页。

知其所往，善相劝，过相规，婚丧相助，患难相恤，化行俗美，油油乎仁让可风，不特为弭盗而已。即止于弭盗诘奸，其于治亦思过半矣"。① 正是由于蓝鼎元的诚心实意与措施得法，在短短一两年时间内，便将素称难治的潮普地区治理得井井有条，成为传统乡村治理的典范。

值得注意的是，由于蓝鼎元的个人经历与生活环境，使其对于沿海、边疆与民族地区的治理问题特别关注，提出了不少真知灼见，对台湾等地的开发与治理产生了深远的影响。譬如，对于贵州、云南、四川、两广等省土民杂居地区的民族冲突，蓝鼎元认为问题的根源不在苗民，而在土司，而根本的解决之道则在于改土归流、推行教化。因此，蓝鼎元一方面主张实行民族平等政策，对苗民与汉民一例轸恤教化，命"地方大小吏加意绥辑，使知孝弟礼让，奉公守法，自然不敢行凶杀夺"②；另一方面严格约束土司的权力和行为，以削地之法惩治土司的暴虐与不法，从而逐渐实现改土归流的目的。蓝鼎元指出，土司与汉官不同，既无俸可罚，又无级可降，即便予以革职，子孙依旧承袭其职，仍可暴虐其民，故常规的处罚方法对其一概无效，只有削夺土地才能真正令其畏惧。所以他建议朝廷"题定削土则例，照所犯重轻削夺村落里数，以当罚俸降级。所犯重大至革职者，相其远近强弱，可以改土为流，即将土地人民归州县官管辖，勿许承袭，并土民有不甘受土司毒虐，愿呈改土籍为汉民者，亦顺民情改归州县。其深山穷谷，流官威法所不及之处，则将所削之土分立本人子弟为众土司，使其地小势分，事权不一，而不能为害。将来教化日深，皆可渐为汉民。至山中生苗，责成附近土司招徕向化，一体恩抚。如此数年之间，生苗可化为熟苗，熟苗可化为良善，不特五六省地方享宁静和平之福，而自唐虞以来，仅传七旬舞干一格者，至我皇上而悉为衣冠礼义、户口贡赋之区"③。

---

① （清）蓝鼎元：《棉阳学准》卷四《闲存录》，《四库全书存目丛书》子部第 28 册，齐鲁书社 1995 年版，第 467 页。

② （清）蓝鼎元：《鹿洲初集》卷一《论边省苗蛮事宜书》，《景印文渊阁四库全书》第 1327 册，台湾商务印书馆 1983 年版。

③ 同上。

　　对于当时朝廷因恐惧南洋为患中国等原因而禁止福建、广东等地民众与南洋通商的政策，蓝鼎元表示强烈反对，主张"南洋诸番不能为害，宜大开禁网，听民贸易，以海外之有余，补内地之不足"①。为了证明自己的观点，蓝鼎元主要从内外两方面做了分析。从外部看，蓝鼎元列举了当时海外诸国的基本情况，指出"统计天下海岛诸番，惟红毛、西洋、日本三者可虑耳"，而"南洋数十岛番，则自开辟以来，未尝侵扰边境，贻中国南顾之患，不过货财贸易，通济有无"，② 故与南洋诸国贸易并不足以威胁中国的安全。从内部看，"闽广人稠地狭，田园不足于耕，望海谋生十居五六，内地贱菲无足重轻之物，载至番境，皆同珍贝"，故"南洋未禁之先，闽广家给人足，游手无赖亦为欲富所驱，尽入番岛，鲜有在家饥寒，窃劫为非之患。既禁以后，百货不通，民生日蹙，居者苦艺能之罔用，行者叹致远之无方。……其深知水性，惯熟船务之舵工水手，不能肩担背负以博一朝之食，或走险海中，为贼驾船，图目前糊口之计，其游手无赖，更靡所之，群趋台湾，或为犯乱"。③ 同时，他还根据自己对南洋诸国及海上贸易情况的了解，一一驳斥了迂儒"海商卖船与番""载米接济异域""出洋被盗劫掠"等谬见。据此，蓝鼎元总结道："今禁南洋有害而无利，但能使沿海居民富者贫，贫者困，驱工商为游手，驱游手为盗贼耳。闽地不生银矿，皆需番钱，日久禁密，无以为继，必将取给于楮币皮钞，以为泉府权宜之用，此其害匪甚微也。开南洋有利而无害，外通货财，内消奸宄，百万生灵仰事俯畜之有资，各处钞关且可多征税课，以足民者裕国，其利甚为不小。"④

　　康熙六十年（1721），台湾爆发朱一贵事变，蓝鼎元应其族兄南澳镇总兵蓝廷珍之邀，作为蓝廷珍的幕僚协助其入台平乱。在用兵期间，蓝鼎元参赞军务，出谋划策，为蓝廷珍代拟各种奏章、公檄、条陈、露布，厥

---

① （清）蓝鼎元：《鹿洲初集》卷三《论南洋事宜书》，《景印文渊阁四库全书》第 1327 册，台湾商务印书馆 1983 年版。
② 同上。
③ 同上。
④ 同上。

功非小。蓝廷珍称赞其"深谙全台地理情形，调遣指挥，并中要害，决胜擒贼，手到功成。当羽檄交驰，案牍山积，裁决如流，倚马立办"①。事变平定后，蓝鼎元又继续协助蓝廷珍招抚降众和逃亡百姓，安置番民，处理台湾的善后事宜。正是由于蓝鼎元在全台各处的实地考察与出色的经世才能，使其对于台湾的特殊性与重要性有着深刻的认识，见解独出众人之上。

他说："统计宇内全局，则台湾为海外弹丸黑子，似在无足重轻之数。然沃野千里，粮糈足食，舟楫之利通天下，万一为盗贼所有，或荷兰、日本所据，则沿海六七省皆不得安枕而卧，关系东南半壁治乱，非浅尠也！"②又说："台湾海外天险，治乱安危，关系国家东南甚钜。其地高山百重，平原万顷，舟楫往来，四通八达。外则日本、琉球、吕宋、噶啰吧、暹罗、安南、西洋、荷兰诸番，一苇可杭；内则福建、广东、浙江、江南、山东、辽阳，不啻同室而居，比邻而处，门户相通，曾无藩篱之限，非若寻常岛屿郡邑介在可有可无间。"③因此，蓝鼎元坚决反对当时盛行的"弃台守澎"的观点，认为一旦弃守台湾，将台湾总兵移镇澎湖，本岛仅设副将，则台湾危若累卵。"台湾一去，则泉、漳先为糜烂，而闽、浙、江、广四省俱各寝食不宁，山左、辽阳皆有边患。"④在他看来，台湾幅员一千五百里，山海形势复杂，但全岛仅有七千余名官兵驻守，显然兵力不足，故"台兵宜增而不宜减，营宜增而不宜裁"⑤，甚至"论理尚当添兵，易总兵而设提督五营，方足弹压"⑥。同时，蓝鼎元还指出了台湾守军

---

① （清）蓝鼎元：《鹿洲全集·东征集·旧序》，厦门大学出版社 1995 年版，第 524 页。
② （清）蓝鼎元：《东征集》卷三《与制军再论筑城书》，《景印文渊阁四库全书》第 369 册，台湾商务印书馆 1983 年版。
③ （清）蓝鼎元：《东征集》卷三《覆制军台疆经理书》，《景印文渊阁四库全书》第 369 册，台湾商务印书馆 1983 年版。
④ （清）蓝鼎元：《东征集》卷四《论台镇不可移澎书》，《景印文渊阁四库全书》第 369 册，台湾商务印书馆 1983 年版。
⑤ （清）蓝鼎元：《东征集》卷五《论复设营汛书》，《景印文渊阁四库全书》第 369 册，台湾商务印书馆 1983 年版。
⑥ （清）蓝鼎元：《东征集》卷四《论台镇不可移澎书》，《景印文渊阁四库全书》第 369 册，台湾商务印书馆 1983 年版。

过于集中南部，导致大片地区兵力空虚的弊病，主张在北、中、南三路合理布防，并在鸡笼、后垅等港添设水师，修筑炮城，以防备来自海上的威胁。为了解决增兵所带来的军饷压力，缓解土客矛盾，蓝鼎元提出新增士兵可从本地农民中招募，命其在驻地屯田，"资以牛种农具及一二年之食，至成田登谷之后，停止给粮，即以所垦官田俾世其业。……其父母妻子，皆许携至行间助耕馌饷"，"且兵丁有父母妻子，必不肯受贼蹂躏，无有如前岁之临阵不勇，以孑然一身逃归内地者"，[①] 从而形成客兵与土著之间的主客相维之势。

在行政管理上，蓝鼎元同样主张在台湾中、北部增设县治，以便对全台实施有效管理。譬如，他提议在虎尾溪与大甲溪之间增设彰化县，驻扎半线，又设淡水厅，管理淡水地区，还预言竹堑埔与淡水未来也将设县。由于当时朝廷严禁大陆官民携带家眷赴台，造成台湾男女比例严重失调，极大地破坏了社会稳定。"统计台湾一府，唯中路台邑所属，有夫妻子母之人民。自北路诸罗、彰化以上，淡水、鸡笼、山后千有余里，通共妇女不及数百人。南路凤山、新园、瑯峤以下四五百里，妇女亦不及数百人。合各府各县之倾侧无赖，群聚至数百万人，无父母妻子宗族之系累。"[②] 为了安定民心，蓝鼎元主张修改、放宽台湾的移民限制，"凡民人欲赴台耕种者，务必带有眷口，方许给照载渡，编甲安插。其先在台湾垦田编甲之民，有妻子在内地者，俱听搬取渡台完聚，地方汛口，不得需索留难。其余只身游棍，一概不许偷渡"[③]，从而使台民能够各遂家室，安心生产，而无轻弃走险之思。

在地方治安上，蓝鼎元认为除了实行保甲法外，还应积极团练乡兵，"训练乡壮，联络村社，以补兵防之所不周。家家户户，无事皆农，有事皆兵，使盗贼无容身之地"[④]。他借鉴古代兵民合一之法，专门设计了一

---

① （清）蓝鼎元：《鹿洲全集·鹿洲奏疏·台湾水陆兵防》，厦门大学出版社 1995 年版，第808 页。

② （清）蓝鼎元：《鹿洲全集·鹿洲奏疏·经理台湾》，厦门大学出版社 1995 年版，第 805 页。

③ 同上。

④ （清）蓝鼎元：《东征集》卷四《请权行团练书》，《景印文渊阁四库全书》第 369 册，台湾商务印书馆 1983 年版。

种乡长制，"就各县各乡，金举一干练勤谨、有身家、顾惜廉耻之人，使为乡长。就其所辖数乡家喻户晓，联守望相助之心，给之游兵，以供奔走使令之役。如有一家被盗，则前后左右各家齐出救援，堵截各处要口，务必协力擒获。又设大乡总一二人，统辖各乡长，督率稽查，专其责成。乡长有生事扰民，纵容奸匪，缉捕不力，救护不齐等弊，大乡总稽察报查，如有失察，一体同罪。是虽无乡兵之名，而众志成城，不啻有乡兵之实"①。

在经济开发上，蓝鼎元反对"划界迁民"与限制垦荒的保守政策，主张鼓励全台的官员、百姓、兵丁都参与开垦荒地，并宽其赋税。如台北彰化县这种原先禁民开垦的番地，"今已设县治，无仍弃抛荒之理。……宜先出示，令各土番自行垦辟，限一年之内尽成田园，不垦者听民垦耕，照依部例，即为业主。或令民贴番纳饷，易地开垦，亦两便之道也"②。而像台北竹堑埔，"沃衍百余里，可辟千顷良田，又当孔道冲要……但地大需人，非民力所能开垦"，便可"合全台文武各官，就此分地垦辟，各捐赀本，自备牛种田器，结庐招佃，永为本衙门恒产"。③ 如此，不仅可以为官员提供养廉资金，还可以恢廓疆境，怯番害，益国赋，足民食，可谓一举多得。同时，蓝鼎元还大力提倡桑麻之政，主张在台湾推广种植桑树、麻苎、木棉等经济作物，教导广大妇女从事蚕桑纺织之务，既可增加收入，又可改变游惰之习，养成勤俭之风，使"民可富而俗可美也"④。

在教育教化上，蓝鼎元主张兴学校，重师儒，广设义学，建立较为完善的教育体系，以振兴台湾的文教。他提议："于府城设书院一所，选取品格端正、文理优通、有志向上者为上舍生徒，延内地名宿文行素著者为之师，讲明父子、君臣、长幼之道，身心性命之理，使知孝弟忠信，即可以造于圣贤。为文章，必本经史古文、先辈大家，无取平庸软靡之习。每

---

① （清）蓝鼎元：《东征集》卷四《请行保甲责成乡长书》，《景印文渊阁四库全书》第369册，台湾商务印书馆1983年版。

② （清）蓝鼎元：《鹿洲初集》卷二《与吴观察论治台湾事宜书》，《景印文渊阁四库全书》第1327册，台湾商务印书馆1983年版。

③ 同上。

④ 同上。

月有课，第其高下而奖赏之，朔望亲临，进诸生而谆切教诲之。台邑、凤山、诸罗、彰化、淡水各设义学，凡有志读书者皆入焉，学行进益者升之书院，为上舍生，则观感奋兴，人文自必日盛。"① 同时，蓝鼎元还很注重民间的道德教化与移风易俗，主张在台属四县及淡水等市镇村庄多人处设立讲约，"朔望集绅衿耆庶于公所，宣讲《圣谕广训》万言书及古今善恶故事，以警动颛蒙之知觉。……使愚夫愚妇皆知为善之乐，则风俗自化矣。讲生就本地选取贡监生员，或村庄无有，则就其乡之秀者，声音洪亮，善能讲说，便使为之。官待以优礼，察其勤惰，分别奖励"②。

在理番问题上，蓝鼎元根据自己对各处番地的实地考察，反对传统的汉番隔离政策，主张加强汉人与番人之间的交流融合，将理番与拓地设县、开垦荒地结合起来，以招抚、开垦、征剿并用的方式治理番害。他说："内山生番，好出杀人，然必深林密箐，可以藏身，乃能为害。若田园平埔，无藏身之所，则万万不敢出也。荆棘日辟，番患自消，是莫如听民开垦矣。番闻枪炮之声则惊逃，数日不敢复至，此可以番和番，招徕归顺。招徕既久，渐化渐多，将生番皆熟，是又为朝廷扩土疆，增户口贡赋也。"③ 此外，蓝鼎元还要求官府严厉打击利用贸易、输纳等事盘剥欺压番人的"社商""通事"，以及教唆番人劫掠闹事的"社棍"，以维护番人利益，改善汉番关系，"使番黎安居循法，乐役趋公"④。

《清史稿》曾将蓝鼎元的治台主张归纳为"信赏罚、惩讼师、除草窃、治客民、禁恶俗、儆吏胥、革规例、崇节俭、正婚嫁、兴学校、修武备、严守御、教树畜、宽租赋、行垦田、复官庄、恤澎民、抚土番、招生番"⑤等十九事，其中涉及行政、经济、军事、治安、司法、文教、风俗、民族等各个方面，构成了一个较为完善的治台思想体系，不仅为当时台湾的稳定与开发做出了巨大贡献，而且为后人治理、经营台湾提供了重要的参考

---

① （清）蓝鼎元：《鹿洲初集》卷二《与吴观察论治台湾事宜书》，《景印文渊阁四库全书》第 1327 册，台湾商务印书馆 1983 年版。

② 同上。

③ 同上。

④ 同上。

⑤ 赵尔巽等撰：《清史稿》卷四百七十七《循吏二》，中华书局 1976 年版，第 13010 页。

和借鉴。直到光绪十一年（1885）台湾建省，首任台湾巡抚刘铭传上任时仍将蓝鼎元的相关著作视为重要的施政参考，可见其影响之深远，亦足证蓝鼎元经世之长才。

综上所述，清初福建朱子学者的实学思想还是相当丰富且突出的。虽然不同学者因其各自的身份地位、学术风格、思辨能力与志趣禀赋的不同，而在实学研究的关注重点、论述详略与理论精粗上有所差别，但从整体上看，其讨论的内容几乎已经涵盖了传统实学思想的各种类型和各个层面。与其他一些著名的实学思想家相比，清初福建朱子学者的实学思想在某些方面可能不是最为突出或最为激烈的，但是通过他们的所思所行已经足以使我们认识清初实学的大致面貌，且这一认识或许更加符合清初实学发展的一般情况。

若就清初福建朱子学者的实学思想的基本特点来看，则在于其标榜的是一种有体有用、明体达用之学。清初福建朱子学者往往将天地的生生之理视作万事万物的根据与本体，即所谓实理，而这一实理又具体表现为仁义礼智等道德原则与事物的条理、规律、属性两方面内容，从而与现实中的具体事物和日用伦常建立起直接联系。因此，学者的为学工夫就必须将尊德性与道问学、约礼与博文、居敬与穷理、涵养与致知两方面结合起来，既要穷格具体的事物之理，广泛学习有关天文地理、历史事变、典章制度等方面的知识，又要修养自身的德性，养成崇高的品格，并使一切行为自觉符合道德规范的要求。就格物穷理而言，清初福建朱子学者使用的基本方法仍是读书，但读书的范围十分广泛，亦有一些学者注重通过对自然与社会事物的直接观察、研究来发明事物之理，并能主动吸收、借鉴西方先进的科技知识，在天文、历算等学科上取得了不少研究成果。格物致知之后还须继以力行。清初福建朱子学者都很重视力行践履的意义，强调道德知识若不能转化为道德实践，则知识亦无意义。在格物、致知、诚意、正心以至修身的基础上，清初福建朱子学者进一步强调内圣须与外王相贯通，积极肯定事功的价值，注重将所掌握的知识与道理运用于经国济民的思考与实践中，故在经世致用方面亦取得了不错的成绩，对于清初社会的稳定与繁荣做出了较大的贡献。

此外，受到清初经学复兴的影响，清初福建朱子学者普遍较为重视经典与经学，一方面主张汉宋兼采，不立门户，在治经中借助训诂考据等手段来解释经文，从而使其经学研究带有某些实证、实据的特点；另一方面则强调经术与经世之间的联系，注重从经典中阐发经世之理，以此达到明经致用的目的。

结　语

　　日本著名的康德研究专家安倍能成曾经提出过一个非常有名的说法：
康德"在近代哲学上恰似一个处于贮水池地位的人。可以这样说，康德以
前的哲学概皆流向康德，而康德以后的哲学又是从康德这里流出的"①。这
个比喻极为生动形象地揭示了康德哲学在西方哲学史中所处的承上启下的
枢纽地位。而从某种意义上来说，朱熹及其学术思想在中国传统儒学史中
亦扮演着这样一种承上启下的贮水池的角色。通过本书的论述可以发现，
朱熹不但集宋代理学之大成，而且将此前的先秦儒学与汉唐经学亦加以重
释、改铸后，容纳在自己的学术思想体系中。而在朱熹之后，历代的朱子
学自不必论，即便是在明代中后期思想界占据主导地位的阳明心学，亦是
在朱子学所提供的思想基础和理论语境上演变、分化出来的，可以视作朱
子学在明代的一种特殊的发展与延续，尽管这种延续在表面上采取了反叛
的形式，并且最终发展到了朱子学的对立面。

　　同样，明末清初涌现出来的各种新思潮和新思想，虽然派别众多，观
点复杂，甚至彼此间激烈冲突，但从其内部的思想逻辑、理论背景和外部
的产生、发展过程上看，多数亦与朱子学存在某种关联，或是由朱子学直
接发展而来，或是借由朱子学而进一步走向完善和成熟。譬如，当时理学
上的反思王学思潮的一个基本主张就是尊朱黜王，要求重新回到朱子理学
的立场上，借用朱子理学的思想理论来批判王学。还有一些学者主张朱王
调和，亦是以朱子学来补充、救正王学的偏差与不足。而当时的经学复兴

---

① ［日］安倍能成：《康德实践哲学》，于凤梧、王宏文译，福建人民出版社1984年版，第3页。

运动和经世致用思潮，包括对道德实践实修的强调与对科学技术等实用知识的追求，几乎都可找到与朱子学之间直接或间接的联系，或是为其提供了一些可资参考、借鉴的学术方法与学术成果，或是为其提供了某种思想原则与理论依据上的支持。如兼重经学考据与经世致用，被后世尊为清学开山的顾炎武，便对朱熹十分推重，称赞朱子之学"主敬涵养，以立其本，读书穷理，以致其知，身体力行，以践其实，三者交修并尽"①，晚年更言："两汉而下，虽多保残守缺之人；六经所传，未有继往开来之哲。惟绝学首明于伊洛，而微言大阐于考亭，不徒羽翼圣功，亦乃发挥王道，启百世之先觉，集诸儒之大成"②，直以内圣外王许之朱熹。顾炎武亦曾借用朱熹的思想言论来批判明代心学的虚妄之弊。如他在《日知录》的"夫子之言性与天道"条中征引朱熹之言道："朱子曰：'圣人教人，不过孝弟忠信，持守诵习之间。此是下学之本。今之学者以为钝根，不足留意，其平居道说，无非子贡所谓"不可得而闻"者。'又曰：'近日学者病在好高。《论语》未问"学而时习"，便说"一贯"，《孟子》未言"梁惠王问利"，便说"尽心"。《易》未看六十四卦，便读《系辞》。'此皆'躐等之病'。又曰：'圣贤立言，本自平易，今推之使高，凿之使深。'"③ 顾氏又见当时语录之书汗牛充栋，学者言学必求诸语录，而误入禅学者实多，"故取慈溪黄氏《日钞》所摘谢氏、张氏、陆氏之言，以别其源流，而衷诸朱子之说"，编成《下学指南》一书，希望"能由朱子之言，以达夫圣人下学之旨"。④ 在经学方面，顾炎武则肯定朱熹的《四书章句集注》《周易本义》《诗集传》，以及蔡沈的《尚书集传》、陈澔的《礼记集说》有功

---

① （清）顾炎武：《日知录集释》卷十八《朱子晚年定论》，（清）黄汝成集释，上海古籍出版社 2006 年版，第 1064 页。

② （清）顾炎武：《亭林文集》卷五《华阴县朱子祠堂上梁文》，《顾亭林诗文集》，中华书局1983 年版，第 121 页。

③ （清）顾炎武：《日知录集释》卷七《夫子之言性与天道》，（清）黄汝成集释，上海古籍出版社 2006 年版，第 401 页。

④ （清）顾炎武：《亭林文集》卷六《下学指南序》，《顾亭林诗文集》，中华书局 1983 年版，第 131—132 页。

于六经传注，乃所谓"代用其书，垂于国胄"① 者。同为清代经学开创者的阎若璩，在论学治经中亦多称引朱熹之说。其虽认为朱熹之说在某些方面亦有所未尽，但仍称赞朱熹为"三代以下之孔子"，并且感叹："朱子出而前乎朱子众儒之说得朱子而论定，朱子亡而后乎朱子众儒之说又安得起朱子而折衷哉！"② 所以他要求学者以朱熹为法，汉宋兼采，谓："学者诚能以心合圣人心，而即以心证圣人之经，沉潜以体之，涵泳以通之，不敢以先儒之成说为可安，不敢以后儒之异说为可废，唯一以自然的当、不可移易为主，而广集众说以成一书，以上之天子焉，则六经之在学官，有汉人之宏博而无唐人之隘，有宋人之精醇而无明人之陋，圣人之道不昭昭然若明之丽于天者，吾不信也。"③ 即便到了考据学已颇为兴盛的时代，经学大师戴震早年仍很推崇程朱之学，还曾为程朱对《大学》文本的改订及其格物致知论进行辩护，提出："自程子发明'格物致知'之说，始知《大学》有阙文。凡后儒谓格物致知不必补，皆不深究圣贤为学之要而好为异端，其亦谬妄也矣"④，又谓："董氏诸人，于程子、朱子'格物致知'之说初未有得，遂谓《大学》无阙文，而欲以'知止'至'则近道矣'及'听讼'节为'格物致知'之义，其亦谬矣。夫古人之书不必无残阙，知有阙而未言者，则书虽阙而理可得而全。苟穿凿附会，强谓之全书，害于理转大。读古人书，贵心通乎道。寻章摘句之儒，徒滋异说，以误后学，非吾所闻也。"⑤ 可见由朱子学转向经学考据或经世实学确是一条可能的，而且较为顺畅的路径。故章学诚指出："朱子求一贯于多学而识，寓约礼于博文，其事繁而密，其功实而难；虽朱子之所求，未敢必谓无失也。然沿其学者，一传而为勉斋、九峰，再传而为西山、鹤山、东发、厚斋，三

---

① （清）顾炎武：《日知录集释》卷十四《嘉靖更定从祀》，（清）黄汝成集释，上海古籍出版社 2006 年版，第 855 页。

② （清）阎若璩：《潜邱劄记》卷四，清乾隆十年眷西堂刻本。

③ 同上。

④ （清）戴震：《经考附录》卷四《二程子更定大学》，《戴震全集》第 3 册，清华大学出版社 1994 年版，第 1578 页。

⑤ （清）戴震：《经考附录》卷四《变乱大学》，《戴震全集》第 3 册，清华大学出版社 1994 年版，第 1580 页。

传而为仁山、白云，四传而为潜溪、义乌，五传而为宁人、百诗，则皆服古通经，学求其是，而非专己守残，空言性命之流"，又谓戴震等清代考据学者"虽与朱氏为难，学百倍于陆、王之末流，思更深于朱门之从学，充其所极，朱子不免先贤之畏后生矣。然究其承学，实自朱子数传之后起也，其人亦不自知也"。① 此外，如坚持传统理学立场的李颙等人，亦有从批评的角度指出清初考据学与朱子学之间的这种密切关系："世之从考亭者，多辟姚江，而竟至讳言上达，惟以闻见渊博、辩订精密为学问之极，则又矫枉失直，劳罔一生，而究无关乎性灵。"②

若以清初福建朱子学为代表进行考察，亦可发现朱子学在清初的学术变革与学风转换过程中发挥了一种中介与助推的重要作用。譬如，在义理方面，清初福建朱子学者主要从"性即理"与"心即理"、"尊德性"与"道问学"、"格物穷理"与"致良知"三个方面对陆王之学进行了辨析与批驳，在批判王学负面影响的同时，注重发掘其背后的思想根源，从而为其他学者反思、批判王学提供了有力的思想武器与理论依据。在经学方面，清初福建朱子学者不但肯定了汉儒的传经、注经之功及其注解经典的优点与长处，而且在治经实践中提倡汉宋兼采，不立门户，积极参考、借鉴汉唐经师的治经方法与治经成果来为自己的经学和理学研究服务。以李光地为核心的清初福建朱子学者尤其在易学与三礼学研究方面取得了较为丰硕的成绩，形成了自己的学术团队与学术传统，促进了清代易学与三礼学研究的繁荣与兴盛。清初福建朱子学者不但自身撰写了不少经学著作，而且在培养、奖掖经学人才，改革科举考试制度，搜集、编纂、刊印经学典籍等方面做了大量有益的工作，从整体上推动了清初经学的复兴与发展。在实学方面，清初福建朱子学者不但注重知识的学习与自身的道德修养和道德践履，而且十分关注各种经世之学，强调学问须切于世用，故能在经国济民方面提出许多有价值的思想和主张，亦在施政中取得了不少实绩，为清初社会的恢复、稳定与发展做出了重要贡献。同时，由于不少清

---

① （清）章学诚：《文史通义校注》卷三《朱陆》，叶瑛校注，中华书局 1985 年版，第 264 页。
② （清）李颙：《二曲集》卷十五《富平答问》，中华书局 1996 年版，第 129 页。

初福建朱子学者继承了朱熹格物致知的理念与精神，注重通过对客观事物的观察、研究来发明事物的规律与原理，故在格物之学的研究上亦取得了可观的成果。譬如，李光地就精于天文、历算之学，不仅亲自从事相关的研究与撰述，而且延揽、培养、提携了一大批天文、历算人才，资助梅文鼎等人刊刻出版最新的学术成果，围绕其形成了一个活跃的学术研究团体，从而有力地推动了清初天文、历算之学的繁荣。对于当时传入的西方科学技术，李光地等人在总体上亦持开放与开明的接受态度，不仅能肯定西学的长处，学习其先进知识与研究方法，而且将学习所得运用在自己的研究中，使西学与中国的传统学术互相发明，从而在一定程度上促进了西学的传播。由此可见，清初福建朱子学者的实学研究几乎已经涉及传统实学的各个方面，对于清初的实学思潮自然起到了积极的推动作用。由于朱子学作为清代的官方正学，清初福建重要的朱子学者或具有官员的身份，或是与官方关系密切，故与那些为人们所熟知的明遗思想家相比，在直接批判皇权与君主专制方面不免显得较为薄弱。但是，若从其实学思想的具体内容上分析，清初福建朱子学者亦提出了民为邦本、爱民敬民、顺民之情、君臣之道重义尊贤等思想观念，主张轻徭薄赋，严惩贪腐，扩大地方自治权力，重视基层官员及制度、法令的重要性，反对君主独断专行，视天下为一家之私产，因而在基本精神上与其他实学思想家并无根本差别。加之清初福建朱子学者身份上的优势与便利，使其经世主张往往更为贴近现实，亦更容易得到付诸实践的机会。

与此同时，清初福建朱子学在发展与演变的过程中亦保持了自身的理学特色，从而与其他学术类型相区别。作为宋明理学自身思想发展的延续，特别是经历了明代王学的激烈冲击与洗礼，清初福建朱子学者在继承和坚持朱子学基本原理的同时，也吸收和融摄了王学的一些思想因素，以此作为对王学冲击的反思与回应，并以一种更加包容的态度来巩固朱子学在清初思想领域的主导地位。以李光地的理学思想为例，其在本体论与心性论方面就提出了"理即性"的重要命题，试图以性本体改造传统朱子学的理本体，从而将作为本体的性与主体的情感、意识等经验内容和感性因素更加紧密地联系起来，突出了心性本体的内在性与人的主体性，同时亦在一定程度上承认了个体情欲的合理性，有助于缓解天理与人欲、道心与人心之间的紧张和冲突。在格物致知问题上，李光地亦明显受到陆王心学的影响，偏重以知本、知所先后、知性明善来理解格物致知的含义，并且强调身为本，家国天下为末，"壹是皆以修身为本，其本乱而末治者否矣"，从而更加突出了格物致知思想的道德修养意义，缩小了格物的范围，减弱了格物致知的知识性与认识论意义。而在对于《大学》文本的理解上，李光地则充分肯定了王阳明恢复《大学》古本的主张，认为《大学》古本乃一篇完整文字，"文从理得"，故不需要区分经传，也不必移文补传。同时，李光地还提出了"《大学》之宗，归于诚意"① 的观点，不仅将格物致知视作"诚意中事"，而且进一步将诚意贯穿于三纲领、八条目之中，使之成为统率《大学》诸工夫的核心与灵魂。这些都体现出清初福建朱子学在义理思想方面的新思考与新发展。

此外，清初福建朱子学者在经学研究中并非单纯强调训诂考据，而是注重将训诂考据与义理阐发结合起来，既肯定"因经以求道""传经所以存道"，又主张"志道以明经""知道而后能明经"，并且通过"由濂、洛、关、闽之书以进于《四子》，由《学》《庸》《语》《孟》之道以达于六经"② 的读书之序与入道之序，以程朱理学的义理来为烦琐、庞杂的经学研究指引方向、确立标准，从而使程朱之理与孔孟之道、圣贤之经融为一体，达到以理学统摄经学的目的。而在实学研究中，清初福建朱子学者则标榜其为有体有用、明体达用之学，首先关注所谓实理、实心、实性的探讨，以及道德方面的修养和践履，强调外王须与内圣相结合，从而将经世致用的外王之学建立在内圣的基础之上，避免其流为霸道权谋。这些思想主张亦皆体现出清初福建朱子学鲜明的理学特色。

尽管从表面上看，清初福建朱子学在研究内容与研究对象上并未明显超出传统朱子学的范围，在基本原理与为学方法上亦未做出颠覆性的变

---

① （清）李光地：《榕村集》卷十《大学古本私记序》，《景印文渊阁四库全书》第1324册，台湾商务印书馆1983年版。
② （清）李光地：《榕村集》卷二十一《课王生仲退》，《景印文渊阁四库全书》第1324册，台湾商务印书馆1983年版。

革，似乎确实是对传统朱子学的一种模仿与重复。但是，若对其进一步分析则不难发现，清初福建朱子学除了在义理思想上有所调整之外，更为重要的是能够顺应思想潮流的发展与时代环境的要求，将经学、实学等朱熹思想体系中原先容易被学者所忽视和遗漏的这部分内容与资源重新发掘出来，并将其作为学术研究与实践的重点予以提倡和发扬，不仅有力地推动了清初经学与实学的发展，促成了学风士习由虚到实的转变，而且为清初社会的恢复、稳定与发展贡献了力量，从而彰显了清初朱子学的重要时代意义与学术价值。只不过由于长期以来学者们对于朱子学的刻板印象，以及对某些清初朱子学者的成见与偏见，使得清初朱子学在这方面的意义与价值总是被人们有意无意地忽视甚至否定，这显然是不公平的。当然，平心而论，清初福建朱子学在思想创新上所表现出来的薄弱与乏力仍不免令人感到惋惜和遗憾。从清初学术思想界的整体情况来看，实学领域显然是新思想最有可能发生的一片沃土。尽管不少清初福建朱子学者都十分重视实学研究，但其研究的突出成果主要集中在"用"的层面上，而在"体"的方面则主要沿袭传统的论述，不免使所谓的"有体有用"日益走向体用分离，最终未能越出理学的藩篱，为朱子学找到一条新的出路。

参考文献

一　古籍

[1]（汉）司马迁：《史记》，中华书局 2006 年版。

[2]（汉）毛亨传：《毛诗注疏》，（汉）郑玄笺，（唐）孔颖达疏，商务印书馆 1935 年版。

[3]（汉）戴德：《大戴礼记》，（北朝）卢辩注，中华书局 1985 年版。

[4]（汉）班固：《汉书》，中华书局 2007 年版。

[5]（汉）郑玄注：《仪礼》，（清）黄丕烈校，中华书局 1985 年版。

[6]（汉）郑玄注：《周礼郑氏注》，中华书局 1985 年版。

[7]（魏）王弼注：《周易注校释》，楼宇烈校释，中华书局 2012 年版。

[8]（唐）陆德明：《经典释文》，中华书局 1983 年版。

[9]（唐）韩愈：《韩昌黎文集校注》，马其昶校注，上海古籍出版社 1986 年版。

[10]（宋）范仲淹：《范文正公集》，商务印书馆 1937 年版。

[11]（宋）柳开：《河东集》，《景印文渊阁四库全书》第 1085 册，台湾商务印书馆 1983 年版。

[12]（宋）孙复：《孙明复小集》，《景印文渊阁四库全书》第 1090 册，台湾商务印书馆 1983 年版。

[13]（宋）石介：《石徂徕集》，中华书局 1985 年版。

[14]（宋）欧阳修：《欧阳修全集》，中国书店 1986 年版。

[15]（宋）程颢、程颐：《二程集》，中华书局 1981 年版。

[16]（宋）程颢、程颐：《二程文集》，中华书局 1985 年版。

[17]（宋）杨时编辑：《二程粹言》，中华书局 1985 年版。

[18]（宋）朱熹：《朱文公文集》，朱杰人、严佐之、刘永翔主编《朱子全书》第 20—25 册，上海古籍出版社、安徽教育出版社 2002 年版。

[19]（宋）朱熹：《四书章句集注》，朱杰人、严佐之、刘永翔主编《朱子全书》第 6 册，上海古籍出版社、安徽教育出版社 2002 年版。

[20]（宋）朱熹：《四书或问》，朱杰人、严佐之、刘永翔主编《朱子全书》第 6 册，上海古籍出版社、安徽教育出版社 2002 年版。

[21]（宋）朱熹：《周易本义》，苏勇校注，北京大学出版社 1992 年版。

[22]（宋）朱熹：《诗集传》，中华书局 1958 年版。

[23]（宋）朱熹、（宋）吕祖谦编：《近思录》，（清）张伯行集解，中华书局 1985 年版。

[24]（宋）黎靖德编：《朱子语类》，朱杰人、严佐之、刘永翔主编《朱子全书》第 14—18 册，上海古籍出版社、安徽教育出版社 2002 年版。

[25]（宋）陆九渊：《陆九渊集》，钟哲点校，中华书局 1980 年版。

[26]（宋）黄榦：《勉斋先生黄文肃公文集》，《北京图书馆古籍珍本丛刊》第 90 册，书目文献出版社 1988 年版。

[27]（宋）陈淳：《北溪大全集》，《景印文渊阁四库全书》第 1168 册，台湾商务印书馆 1983 年版。

[28]（宋）刘宰：《漫塘集》，《景印文渊阁四库全书》第 1170 册，台湾商务印书馆 1983 年版。

[29]（宋）真德秀：《西山读书记》，《景印文渊阁四库全书》第 706 册，台湾商务印书馆 1983 年版。

[30]（宋）朱鉴编：《诗传遗说》，《景印文渊阁四库全书》第 75 册，台湾商务印书馆 1983 年版。

[31]（宋）章如愚：《山堂考索》，中华书局 1992 年版。

[32]（宋）王应麟：《诗考》，中华书局 1985 年版。

[33]（宋）周密：《癸辛杂识》，吴企明点校，中华书局 1988 年版。

[34]（宋）戴表元：《剡源文集》，《景印文渊阁四库全书》第 1194 册，台湾商务印书馆 1983 年版。

[35]（宋）《皇宋中兴两朝圣政》，赵铁寒主编《宋史资料萃编》第 1辑，文海出版社 1967 年版。

[36]（元）脱脱等撰：《宋史》，中华书局 2000 年版。

[37]（元）吴澄：《吴文正集》，《景印文渊阁四库全书》第 1197 册，台湾商务印书馆 1983 年版。

[38]（元）程端礼：《畏斋集》，《景印文渊阁四库全书》第 1199 册，台湾商务印书馆 1983 年版。

[39]（元）虞集：《道园学古录》，商务印书馆 1937 年版。

[40]（元）欧阳玄：《圭斋文集》，《景印文渊阁四库全书》第 1200 册，台湾商务印书馆 1983 年版。

[41]（元）郑玉：《师山遗文》，《景印文渊阁四库全书》第 1217 册，台湾商务印书馆 1983 年版。

[42]（元）赵汸：《东山存稿》，《景印文渊阁四库全书》第 1221 册，台湾商务印书馆 1983 年版。

[43]（明）陈献章：《陈献章集》，孙通海点校，中华书局 1987 年版。

[44]（明）胡居仁：《胡文敬集》，《景印文渊阁四库全书》第 1260 册，台湾商务印书馆 1983 年版。

[45]（明）程敏政：《道一编》，《续修四库全书》第 936 册，上海古籍出版社 1995 年版。

[46]（明）程敏政：《篁墩文集》，《景印文渊阁四库全书》第 1252 册，台湾商务印书馆 1983 年版。

[47]（明）罗钦顺：《困知记》，阎韬点校，中华书局 1990 年版。

[48]（明）王守仁：《王阳明全集》，吴光、钱明、董平、姚延福编校，上海古籍出版社 1992 年版。

[49]（明）王畿：《王龙溪全集》，（台湾）华文书局 1970 年版。

[50]（明）罗洪先：《念庵文集》，《景印文渊阁四库全书》第 1275 册，台湾商务印书馆 1983 年版。

[51] （明）王艮：《明儒王心斋先生遗集》，（明）王艮等撰，陈祝生主编《王心斋全集》，江苏教育出版社 2001 年版。

[52] （明）王艮：《王心斋先生遗集》，（清）袁承业辑，清宣统二年排印本。

[53] （明）董燧等编：《王心斋先生年谱》，于浩辑《宋明理学家年谱》第 11 册，北京图书馆出版社 2005 年版。

[54] （明）王栋：《明儒王一庵先生遗集》，（明）王艮等撰，陈祝生主编《王心斋全集》，江苏教育出版社 2001 年版。

[55] （明）王襞：《明儒王东厓先生遗集》，（明）王艮等撰，陈祝生主编《王心斋全集》，江苏教育出版社 2001 年版。

[56] （明）杨慎：《升庵集》，《景印文渊阁四库全书》第 1270 册，台湾商务印书馆 1983 年版。

[57] （明）曹安：《谰言长语》，中华书局 1991 年版。

[58] （明）陈建：《学蔀通辨》，商务印书馆 1936 年版。

[59] （明）归有光：《归震川全集》，世界书局 1936 年版。

[60] （明）何心隐：《何心隐集》，容肇祖整理，中华书局 1960 年版。

[61] （明）张居正：《张太岳集》，上海古籍出版社 1984 年版。

[62] （明）李贽：《焚书》，中华书局 1974 年版。

[63] （明）李贽：《藏书》，中华书局 1959 年版。

[64] （明）焦竑：《澹园集》，李剑雄点校，中华书局 1999 年版。

[65] （明）焦竑：《焦氏笔乘》，中华书局 1985 年版。

[66] （明）顾宪成：《顾端文公遗书》，《续修四库全书》第 943 册，上海古籍出版社 1995 年版。

[67] （明）高攀龙：《高子遗书》，《景印文渊阁四库全书》第 1292 册，台湾商务印书馆 1983 年版。

[68] （明）利玛窦：《乾坤体义》，《景印文渊阁四库全书》第 787 册，台湾商务印书馆 1983 年版。

[69] （明）刘宗周：《刘宗周全集》，吴光主编，浙江古籍出版社 2007 年版。

［70］（明）黄道周：《黄漳浦集》，王德毅主编《丛书集成三编》第 52
册，新文丰出版公司 1997 年版。

［71］（明）黄道周：《榕坛问业》，清乾隆文林堂重刊本。

［72］（明）方以智：《青原志略》，张永义校注，华夏出版社 2012 年版。

［73］（明）方以智：《通雅》，中国书店 1990 年版。

［74］《明世宗实录》，（台湾）"中研院"历史语言研究所 1965 年版。

［75］《明神宗实录》，（台湾）"中研院"历史语言研究所 1966 年版。

［76］（清）钱谦益：《牧斋初学集》，（清）钱曾笺注，钱仲联标校，
上海古籍出版社 1985 年版。

［77］（清）钱谦益：《牧斋有学集》，（清）钱曾笺注，钱仲联标校，
上海古籍出版社 1996 年版。

［78］（清）顾炎武：《顾亭林诗文集》，华忱之点校，中华书局 1983 年版。

［79］（清）顾炎武：《日知录集释》，（清）黄汝成集释，栾保群、吕
宗力校点，上海古籍出版社 2006 年版。

［80］（清）黄宗羲原著，（清）全祖望补修：《宋元学案》，陈金生、
梁运华点校，中华书局 1986 年版。

［81］（清）黄宗羲：《明儒学案》，沈芝盈点校，中华书局 2008 年版。

［82］（清）黄宗羲：《南雷文定》，中华书局 1985 年版。

［83］（清）黄宗羲：《明夷待访录》，中华书局 1981 年版。

［84］（清）黄宗羲：《黄梨洲文集》，陈乃乾编，中华书局 1959 年版。

［85］（清）王夫之：《礼记章句》，岳麓书社 2011 年版。

［86］（清）王夫之：《张子正蒙注》，中华书局 1975 年版。

［87］（清）张履祥：《杨园先生全集》，陈祖武点校，中华书局 2002 年版。

［88］（清）陆世仪：《陆桴亭思辨录辑要》，中华书局 1985 年版。

［89］（清）费密：《弘道书》，王德毅主编《丛书集成续编》第 154 册，
新文丰出版公司 1989 年版。

［90］（清）阎若璩：《潜邱劄记》，清乾隆十年眷西堂刻本。

［91］（清）毛奇龄：《四书改错》，清嘉庆十六年金孝柏学圃刻本。

［92］（清）张烈：《王学质疑》，中华书局 1985 年版。

[93] （清）王锡阐：《晓庵先生文集》，《清代诗文集汇编》第 105 册，上海古籍出版社 2010 年版。

[94] （清）汤斌：《汤潜庵集》，中华书局 1985 年版。

[95] （清）汤斌：《汤斌集》，范志亭、范哲辑校，中州古籍出版社 2003 年版。

[96] （清）李颙：《二曲集》，陈俊民点校，中华书局 1996 年版。

[97] （清）吕留良：《吕晚村先生四书讲义》，《四库禁毁书丛刊》经部第 1 册，北京出版社 1997 年版。

[98] （清）吕留良：《吕晚村先生文集》，《续修四库全书》第 1411 册，上海古籍出版社 1995 年版。

[99] （清）陆陇其：《学术辨》，中华书局 1985 年版。

[100] （清）陆陇其：《陆稼书先生文集》，中华书局 1985 年版。

[101] （清）陆陇其：《三鱼堂日记》，中华书局 1985 年版。

[102] （清）陆陇其：《三鱼堂文集·外集》，《景印文渊阁四库全书》第 1325 册，台湾商务印书馆 1983 年版。

[103] （清）熊赐履：《经义斋集》，《四库全书存目丛书》集部第 230 册，齐鲁书社 1997 年版。

[104] （清）熊赐履：《下学堂札记》，《续修四库全书》第 947 册，上海古籍出版社 1995 年版。

[105] （清）颜元：《颜元集》，王星贤、张芥尘、郭征点校，中华书局 1987 年版。

[106] （清）李塨：《恕谷后集》，中华书局 1985 年版。

[107] （清）李塨：《圣经学规纂》，中华书局 1985 年版。

[108] （清）李塨：《大学辨业》，中华书局 1991 年版。

[109] （清）潘耒：《遂初堂集》，《续修四库全书》第 1417 册，上海古籍出版社 1995 年版。

[110] （清）张玉书编：《圣祖仁皇帝御制文集》，《景印文渊阁四库全书》第 1298 册，台湾商务印书馆 1983 年版。

[111] 《康熙几暇格物编译注》，李迪译注，上海古籍出版社 2007

年版。

[112]（清）李光地：《榕村集》，《景印文渊阁四库全书》第 1324 册，台湾商务印书馆 1983 年版。

[113]（清）李光地：《榕村语录　榕村续语录》，陈祖武点校，中华书局 1995 年版。

[114]（清）李光地等编纂：《音韵阐微》，商务印书馆 1936 年版。

[115]（清）李光地等编纂：《周易折中》，刘大钧整理，巴蜀书社 2006 年版。

[116]（清）李光地：《周易观象》，《景印文渊阁四库全书》第 42 册，台湾商务印书馆 1983 年版。

[117]（清）李光地：《周易通论》，《景印文渊阁四库全书》第 42 册，台湾商务印书馆 1983 年版。

[118]（清）李光地：《诗所》，《景印文渊阁四库全书》第 86 册，台湾商务印书馆 1983 年版。

[119]（清）李光地：《尚书七篇解义》，《景印文渊阁四库全书》第 68 册，台湾商务印书馆 1983 年版。

[120]（清）李光地：《春秋毁余》，（清）李光地撰，陈祖武点校《榕村全书》第 3 册，福建人民出版社 2013 年版。

[121]（清）李光地：《古乐经传》，《景印文渊阁四库全书》第 220 册，台湾商务印书馆 1983 年版。

[122]（清）李光地：《榕村四书说》，《景印文渊阁四库全书》第 210 册，台湾商务印书馆 1983 年版。

[123]（清）李光地等编：《朱子全书》，《景印文渊阁四库全书》第 720 册，台湾商务印书馆 1983 年版。

[124]（清）李光地：《握奇经注》，《藏外道书》第 24 册，巴蜀书社 1992 年版。

[125]（清）李光地：《注解正蒙》，《景印文渊阁四库全书》第 697 册，台湾商务印书馆 1983 年版。

[126]（清）李光坡：《皋轩文编》，《清代诗文集汇编》第 180 册，上

海古籍出版社 2010 年版。

[127] （清）李光坡：《周礼述注》，清光绪三年重刊本。

[128] （清）李光坡：《周礼述注》，《景印文渊阁四库全书》第 100 册，台湾商务印书馆 1983 年版。

[129] （清）李光坡：《仪礼述注》，《景印文渊阁四库全书》第 108 册，台湾商务印书馆 1983 年版。

[130] （清）李光坡：《礼记述注》，《景印文渊阁四库全书》第 127 册，台湾商务印书馆 1983 年版。

[131] （清）李清植：《文贞公年谱》，《北京图书馆藏珍本年谱丛刊》第 85 册，北京图书馆出版社 1999 年版。

[132] （清）李清馥：《榕村谱录合考》，《北京图书馆藏珍本年谱丛刊》第 85 册，北京图书馆出版社 1999 年版。

[133] （清）杨名时：《周易劄记》，《景印文渊阁四库全书》第 47 册，台湾商务印书馆 1983 年版。

[134] （清）杨名时：《诗经劄记》，《景印文渊阁四库全书》第 87 册，台湾商务印书馆 1983 年版。

[135] （清）方苞：《方望溪全集》，中国书店 1991 年版。

[136] （清）张廷玉等撰：《明史》，中华书局 2000 年版。

[137] （清）陆廷灿：《南村随笔》，《四库全书存目丛书》子部第 116 册，齐鲁书社 1995 年版。

[138] 《大义觉迷录》，沈云龙主编《近代中国史料丛刊》第 36 辑，文海出版社 1969 年版。

[139] （清）蔡世远：《二希堂文集》，《景印文渊阁四库全书》第 1325 册，台湾商务印书馆 1983 年版。

[140] （清）蓝鼎元：《鹿洲全集》，蒋炳钊、王钿点校，厦门大学出版社 1995 年版。

[141] （清）蓝鼎元：《鹿洲初集》，《景印文渊阁四库全书》第 1327 册，台湾商务印书馆 1983 年版。

[142] （清）蓝鼎元：《平台纪略》，《景印文渊阁四库全书》第 369 册，

台湾商务印书馆 1983 年版。

[143]（清）蓝鼎元：《东征集》，《景印文渊阁四库全书》第 369 册，台湾商务印书馆 1983 年版。

[144]（清）蓝鼎元：《棉阳学准》，《四库全书存目丛书》子部第 28 册，齐鲁书社 1995 年版。

[145]（清）童能灵：《理学疑问》，《四库全书存目丛书》子部第 28 册，齐鲁书社 1995 年版。

[146]（清）童能灵：《冠豸山堂文集》，《四库全书存目丛书》集部第 234 册，齐鲁书社 1997 年版。

[147]（清）全祖望：《经史问答》，江苏广陵古籍刻印社 1990 年版。

[148]（清）程晋芳：《勉行堂诗文集》，魏世民校点，黄山书社 2012 年版。

[149]（清）戴震：《戴震文集》，赵玉新点校，中华书局 1980 年版。

[150]（清）戴震：《经考附录》，《戴震全集》第 3 册，清华大学出版社 1994 年版。

[151]（清）戴震：《孟子字义疏证》，何文光整理，中华书局 1982 年版。

[152]（清）王鸣盛：《十七史商榷》，商务印书馆 1937 年版。

[153]（清）永瑢等撰：《四库全书总目》，中华书局 1965 年版。

[154]（清）周永年辑：《先正读书诀》，中华书局 1985 年版。

[155]（清）段玉裁：《经韵楼集》，钟敬华校点，上海古籍出版社 2008 年版。

[156]（清）翁方纲：《复初斋文集》，《续修四库全书》第 1455 册，上海古籍出版社 1995 年版。

[157]（清）孙希旦：《礼记集解》，沈啸寰、王星贤点校，中华书局 1989 年版。

[158]（清）章学诚：《文史通义校注》，叶瑛校注，中华书局 1985 年版。

[159]（清）章学诚：《文史通义》，刘公纯标点，古籍出版社 1956 年版。

[160]（清）凌廷堪：《校礼堂文集》，王文锦点校，中华书局 1998 年版。

[161]（清）江藩：《国朝汉学师承记》，钟哲整理，中华书局 1983 年版。

[162] （清）焦循：《里堂家训》，《续修四库全书》第 951 册，上海古籍出版社 1995 年版。

[163] （清）焦循：《雕菰集》，中华书局 1985 年版。

[164] （清）王引之：《王文简公文集》，（清）王念孙等撰，罗振玉辑《高邮王氏遗书》，江苏古籍出版社 2000 年版。

[165] （清）阮元等撰：《畴人传汇编》，彭卫国、王原华点校，广陵书社 2009 年版。

[166] （清）方东树：《汉学商兑》，商务印书馆 1937 年版。

[167] （清）陈寿祺：《左海文集》，《续修四库全书》第 1496 册，上海古籍出版社 1995 年版。

[168] （清）陈庚焕：《惕园初稿》，清道光元年木活字本。

[169] （清）李祖陶辑：《国朝文录》，《续修四库全书》第 1669 册，上海古籍出版社 1995 年版。

[170] （清）龚自珍：《龚自珍全集》，王佩诤校，中华书局 1959 年版。

[171] （清）魏源：《魏源集》，中华书局 1983 年版。

[172] （清）贺长龄、（清）魏源等编：《清经世文编》，中华书局 1992 年版。

[173] （清）李元度：《国朝先正事略》，易孟醇点校，岳麓书社 1991 年版。

[174] （清）王先谦：《荀子集解》，沈啸寰、王星贤点校，中华书局 1988 年版。

[175] （清）皮锡瑞：《经学历史》，周予同注释，中华书局 2004 年版。

[176] 《清圣祖实录》，中华书局 1985 年版。

[177] 《清高宗实录》，中华书局 1986 年版。

[178] 《清朝文献通考》，《景印文渊阁四库全书》第 633 册，台湾商务印书馆 1983 年版。

[179] 《清史列传》，王钟翰点校，中华书局 1987 年版。

[180] 徐世昌等编：《清儒学案》，沈芝盈、梁运华点校，中华书局 2008 年版。

[181] 赵尔巽等撰：《清史稿》，中华书局 1976 年版。

二　近现代著作

[1] 余重耀辑：《阳明先生传纂》，中华书局 1924 年版。

[2] 白寿彝编：《朱熹辨伪书语》，朴社出版社 1933 年版。

[3] 侯外庐：《近代中国思想学说史》，生活书店 1947 年版。

[4] 厦门大学历史系编：《李贽研究参考资料》第 1 辑，福建人民出版社 1975 年版。

[5] 杨伯峻编著：《春秋左传注》，中华书局 1981 年版。

[6] 张岱年：《中国哲学大纲》，中国社会科学出版社 1982 年版。

[7] 陈荣捷：《王阳明传习录详注集评》，台湾学生书局 1983 年版。

[8] 刘述先：《朱子哲学思想的发展与完成》，台湾学生书局 1984 年版。

[9] 〔日〕岛田虔次：《朱子学与阳明学》，蒋国保译，陕西师范大学出版社 1986 年版。

[10] 高令印、陈其芳：《福建朱子学》，福建人民出版社 1986 年版。

[11] 梁启超：《饮冰室合集·文集》，中华书局 1989 年版。

[12] 陈鼓应、辛冠洁、葛荣晋：《明清实学思潮史》，齐鲁书社 1989 年版。

[13] 唐君毅：《唐君毅全集》卷十八《哲学论集》，台湾学生书局 1990 年版。

[14] 束景南：《朱子大传》，福建教育出版社 1992 年版。

[15] 许苏民：《李光地传论》，厦门大学出版社 1992 年版。

[16] 陈锋：《清代军费研究》，武汉大学出版社 1992 年版。

[17] 杨国桢、李天乙主编：《李光地研究——纪念李光地诞生 350 周年学术论文集》，厦门大学出版社 1993 年版。

[18] 章太炎：《訄书》，辽宁人民出版社 1994 年版。

[19] 葛荣晋主编：《中国实学思想史》，首都师范大学出版社 1994 年版。

[20] 〔美〕艾尔曼：《从理学到朴学——中华帝国晚期思想与社会变

化面面观》，赵刚译，江苏人民出版社 1995 年版。

[22] 张捷夫主编：《清代人物传稿》上编第九卷，中华书局 1995 年版。

[23] 周予同：《周予同经学史论著选集》，朱维铮编，上海人民出版社 1996 年版。

[24] 梁启超：《中国近三百年学术史》，东方出版社 1996 年版。

[24] 钱穆：《国学概论》，商务印书馆 1997 年版。

[25] 侯外庐、邱汉生、张岂之主编：《宋明理学史》，人民出版社 1997 年版。

[26] 杨国荣：《心学之思——王阳明哲学的阐释》，生活·读书·新知三联书店 1997 年版。

[27] 冯友兰：《中国哲学史》，华东师范大学出版社 2000 年版。

[28] 陈来：《朱子哲学研究》，华东师范大学出版社 2000 年版。

[29] 蔡方鹿：《朱熹与中国文化》，贵州人民出版社 2000 年版。

[30] 周作人：《看云集》，河北教育出版社 2002 年版。

[31] 陈来：《中国近世思想史研究》，商务印书馆 2003 年版。

[32] 胡适：《胡适全集》第一卷，季羡林主编，安徽教育出版社 2003 年版。

[33] 余英时：《中国思想传统的现代诠释》，江苏人民出版社 2003 年版。

[34] ［韩］金永植：《朱熹的自然哲学》，潘文国译，华东师范大学出版社 2003 年版。

[35] 汪学群：《清初易学》，商务印书馆 2004 年版。

[36] 章太炎：《章太炎讲演集》，马勇编，河北人民出版社 2004 年版。

[37] 刘师培：《清儒得失论——刘师培论学杂稿》，中国人民大学出版社 2004 年版。

[38] 张舜徽：《清人文集别录》，华中师范大学出版社 2004 年版。

[39] 罗常培：《罗常培语言学论文集》，商务印书馆 2004 年版。

[40] 林国标：《清初朱子学研究——对一种经世理学的解读》，湖南人民出版社 2004 年版。

[41] 钱穆：《朱子学提纲》，生活·读书·新知三联书店 2005 年版。

[42] 萧一山：《清代通史》，华东师范大学出版社 2006 年版。

[43] 章太炎、刘师培等撰：《论中国近三百年学术史》，徐亮工编校，上海古籍出版社 2006 年版。

[44] 梁启超：《论中国学术思想变迁之大势》，上海古籍出版社 2006 年版。

[45] 余英时：《宋明理学与政治文化》，广西师范大学出版社 2006 年版。

[46] 陈荣捷：《朱学论集》，华东师范大学出版社 2007 年版。

[47] 陈荣捷：《朱子新探索》，华东师范大学出版社 2007 年版。

[48] 龚书铎主编，史革新著：《清代理学史》上卷，广东教育出版社 2007 年版。

[49] 傅小凡、卓克华：《闽南理学的源流与发展》，福建人民出版社 2007 年版。

[50] 李泽厚：《中国古代思想史论》，生活·读书·新知三联书店 2008 年版。

[51] 罗常培：《罗常培文集》，山东教育出版社 2008 年版。

[52] 杨世文：《走出汉学——宋代经典辨疑思潮研究》，四川大学出版社 2008 年版。

[53] 杨菁：《李光地与清初理学》，花木兰文化出版社 2008 年版。

[54] 钱穆：《中国学术思想史论丛》（八），生活·读书·新知三联书店 2009 年版。

[55] 陆宝千：《清代思想史》，华东师范大学出版社 2009 年版。

[56] 葛兆光：《中国思想史》，复旦大学出版社 2009 年版。

[57] 梁启超：《清代学术概论》，中华书局 2010 年版。

[58] 李纪祥：《宋明理学与东亚儒学》，广西师范大学出版社 2010 年版。

[59] 杨燕：《〈朱子语类〉经学思想研究》，东方出版社 2010 年版。

[60] 乐爱国：《朱子格物致知论研究》，岳麓书社 2010 年版。

[61] 钱穆：《朱子新学案》，九州出版社 2011 年版。

[62] 钱穆：《中国近三百年学术史》，九州出版社 2011 年版。

［63］汤一介、李中华主编，汪学群著：《中国儒学史》（清代卷），北京大学出版社 2011 年版。

［64］林庆彰：《清初的群经辨伪学》，华东师范大学出版社 2011 年版。

［65］余英时：《朱熹的历史世界——宋代士大夫政治文化的研究》，生活·读书·新知三联书店 2011 年版。

［66］蔡方鹿：《中国经学与宋明理学研究》，人民出版社 2011 年版。

［67］周予同：《中国经学史讲义》，上海人民出版社 2012 年版。

［68］陈祖武：《清代学术源流》，北京师范大学出版社 2012 年版。

［69］余英时：《论戴震与章学诚——清代中期学术思想史研究》，生活·读书·新知三联书店 2012 年版。

［70］陈来：《有无之境——王阳明哲学的精神》，北京大学出版社 2013 年版。

［71］杜维明：《仁与修身——儒家思想论集》，生活·读书·新知三联书店 2013 年版。

［72］束景南：《朱熹年谱长编》，华东师范大学出版社 2014 年版。

［73］［日］沟口雄三：《中国的历史脉动》，乔志航、龚颖等译，生活·读书·新知三联书店 2014 年版。

三 期刊论文

［1］熊铁基：《评朱熹的政治思想》，《华中师院学报》（哲学社会科学版）1982 年第 2 期。

［2］方尔加：《论王阳明对〈大学〉的重解》，《安徽师大学报》（哲学社会科学版）1988 年第 1 期。

［3］王国轩：《二程与〈四书集注〉研究》，《中州学刊》1989 年第 1 期。

［4］陈祖武：《〈榕村语录〉及李光地评价》，《福建论坛》（文史哲版）1990 年第 2 期。

［5］［日］冈田武彦：《论明代学术思想的源流——朱陆异同源流考》，吴光等译，《朱子学刊》1991 年第 2 辑。

［6］何锦山：《试论李光地对音乐的研究》，《泉州师范学院学报》

1992 年第 3 期。

[7] 陈祖武：《论李光地的历史地位》，《福建论坛》（文史哲版）1992 年第 5 期。

[8] 郭志超：《蓝鼎元筹台说服述论》，《厦门大学学报》（哲学社会科学版）1994 年第 4 期。

[9] 蒋炳钊：《"筹台宗匠"蓝鼎元——评述蓝鼎元治台方略及其意义》，《福建师范大学学报》（哲学社会科学版）1995 年第 1 期。

[10] 贺威：《试论李光地的中国传统天文学》，《自然科学史研究》1995 年第 3 期。

[11] 章权才：《宋代退五经尊四书的过程与本质》，《学术研究》1996 年第 2 期。

[12] 张民权：《李光地与〈音学五书〉》，《南京社会科学》1996 年第 8 期。

[13] ［美］艾尔曼：《清代科举与经学的关系》，张琰译，《故宫博物院院刊》1996 年第 4 期。

[14] 刘泽亮：《从〈五经〉到〈四书〉：儒学典据嬗变及其意义——兼论朱子对禅佛思想挑战的回应》，《东南学术》2002 年第 6 期。

[15] 乐胜奎：《李光地对程朱理学的承袭与拓展》，《湖北大学学报》（哲学社会科学版）2008 年第 6 期。

[16] ［日］佐藤錬太郎：《明清时代对王学派批判》，《学海》2010 年第 3 期。

[17] 冯建民：《考试文化的历史印记——乾嘉汉学对科举考试的影响》，《考试研究》2012 年第 1 期。

[18] 叶国盛：《李光坡生平与著述考略》，《文教资料》2012 年 9 月号中旬刊。

[19] 许明珠：《李光地对朱子学的承接与调修》，《泉州师范学院学报》2013 年第 1 期。

[20] 李志阳、连振标：《李光地〈易〉例及评价》，《江西社会科学》2014 年第 7 期。

[21] 陈支平：《闽台儒学史导论》，《闽学研究》2015 年第 1 期。

四 学位论文

［1］王寅：　《李光地与清初经学》，博士学位论文，南开大学，2013年。

［2］姚艳霞：《李光地理学思想研究》，博士学位论文，湖南大学，2013年。

后　记

　　本书是在我的博士学位论文的基础上修改完成的，这篇后记自然也脱胎于原先那篇。由于当时时间紧迫，亟亟将论文赶完以提交答辩，对于前途亦存忧虑，故心绪不能安宁，那篇后记写得颇不成样子，唯望此次能够稍从容淡定耳。

　　余自 2005 年进入厦门大学哲学系求学，复于本系硕博连读，又因论文事延期一年，统计前后，恰十年矣。十年，显然不是一段很短的时光，虽然身处其中的人往往不易觉察，但猛然回头一看，又不免要暗暗吃一惊。有歌云"十年之前"，"十年之后"，"怎么说出口，也不过是分手"。人生总是难以避免各种形式的分手。所以那一段时间，每当听到别人说起"把青春献给厦大"之类的话时，总会生出一些莫名的、之前未曾体会的感慨。这种感觉或许就是人们常说的恍如一梦吧。唐人杜牧有"十年一觉扬州梦"之句，或许我这也勉强称得上是"十年一觉厦大梦"吧。

　　十年只不过是做了一个梦，这在务实有为者看来，多半是不能免于讪笑的。殊不知，梦正是人类一项伟大的生理机制和文化现象，构成了人类精神生活的基石之一。仅以中国而论，梦的文化史亦可谓源远流长，内容丰富多彩。孔子有他的周公梦，庄周有他的化蝶梦，李白有他的天姥梦，杜牧有他的扬州梦，卢生有他的黄粱梦，淳于棼有他的南柯梦。梦既预示着失去，也给予你补偿；它既来源于现实，又超越于俗世。

　　方今躬逢盛世，更是一个做梦的好时代。上有大人先生的中国梦，下有芸芸众生的选秀梦。君不见，神州大地专家学者齐上阵，送你进入美梦乡；"导师"高坐评审台，逢人便问："你的梦想是什么?""梦想"本身诚然是一个好词，但在这样一个商业资本横行无忌、政治话语无孔不入的时代，一旦不幸被其盯上，自然也逃脱不了被竭泽而渔的命运，最终沦为人们嘴里的一块口香糖。但这于我却并没有什么妨碍，因为我所说的"梦"乃是"方其梦也，不知其梦也，梦之中又占其梦焉"的所谓"大梦"。它是没有目的、自本自根、亦真亦幻的，因而可以被理解为一种生活方式，尽管它并不拘泥于某种特定的形式或内容。自从十年前来到厦大，选择了这样一种生活方式，就仿佛在最美校园中兴之所至地漫步一般，似乎是自然而然地走到了今天。途中不论经历过怎样的欢欣与苦痛、得意与失落、徘徊与坚定，最后终于得了一种超脱的轻松，只留下美好的回忆。这确乎是一个幸运的梦。

而让这个梦显得如此充实、如此安宁的背后，自然离不开各位挚爱的师友与亲朋。在此，首先要感谢我的导师陈支平教授，您是最可爱的人！若没有您多年来的关心与帮助、教导与鼓励、信任与纵容，就没有这篇博士论文的完成，更不会有学生这些年来的成长与收获。余自本科三年级期末与陈师初晤，畀以整理标点《马平霞殿林氏族谱》，并与尊旺师兄、婷玉师姐共撰《清代林贤总兵》之任以来，即受陈师之栽培与提携，后更从师于硕博阶段，得聆绪论，仰望风采，深受老师所倡"文史哲不分家"之治学理念的教益与影响，何其感佩！

论及本书，犹记当年您携学生赴金门参加会议，在五通码头的候船室里第一次同我说起博士论文选题的情景。当时您建议我研究清代经学家群体的朱子学思想，并嘱我认真准备。后经反复地思考、权衡与修改，形成了现在的题目，您又对论文的写作提出了许多极具启发性的指导意见，鼓励学生摆脱传统的论述模式与研究视野的束缚，写出具有新意的内容。如今论文已然完稿，可惜学生学力有限，虽然或可免于步入邪路，但仍不免走上老路，有负老师期望，每思及此，惭愧非常，唯有日后加倍努力耳。

十年前，我对哲学知之甚少，机缘巧合之下来到厦大哲学系。如今博士毕业，虽仍不敢言知，但对哲学研究能够略窥门径，初登堂奥，有了一丁点"不知之知"，这其中的进步端赖哲学系诸位老师的谆谆教诲。因此，要对课堂内外曾给予我指导与教益、曾为我的博士论文提出意见与建议的刘泽亮教授、詹石窗教授、朱人求教授、乐爱国教授、盖建民教授、黄永锋教授、傅小凡教授、谢晓东教授、吴洲教授等各位老师致以深深的谢意！同时，也要感谢蔡振磊、王国彬、张新国、李伟、游均、张沁兰等诸位同学好友在学习、生活以及论文撰写中给予我的关心与帮助，是你们让校园生活显得如此美好而难忘。

最后，还要感谢父母一直以来对我在各方面的无限关爱、鼓励与支持，使我得以免除后顾之忧，始终专心于学业。当我面对各种人生困难的时候，你们始终是我最坚强的依靠，给予我战胜困难的勇气与力量。厦大食堂虽素号"家的味道"，但每次回家之时，正是由于你们提供的丰富的精神与物质食粮，使人颇有"此间乐，不思蜀"之感。

2015年毕业后，我又进入清华大学国学院从事博士后研究工作，有幸从陈来教授、刘东教授诸先生游，闻第一义谛，参最上禅机，复得与诸位学友切磋讲论，这才有了修改完善本书的机会。

由于此次机缘，我结识了本书的责任编辑张林老师。张老师博学多闻，待人热情，认真负责，编辑经验丰富，给我留下了极深的印象。正是由于您的辛勤劳动与大力协助，本书才有机会如此迅速、顺利的得到出版，在此谨致谢忱。

我将这十年献给了厦大，厦大也将这十年献给了我，望师友一切安好，厦大有缘再见。

方遥
2015年6月初识于福州金桥
2016年7月改订于清华园